예기역주 4

禮記譯註 4

예기역주禮記譯註 4

초판 1쇄 인쇄 2024년 4월 21일
초판 1쇄 발행 2024년 4월 25일

지은이 / 정현鄭玄 주注, 진호陳澔 집설集說
옮긴이 / 박례경
인 쇄 / 북토리

펴낸곳 / 도서출판 동과서
경기 고양시 일산서구 송파로 151번길 24
등록번호 / 1996년 제22-405호
D.K.S. Publishing Co.
24, Songpa-ro 151 beon-gil, Ilsanseo-gu,
Goyang-si, Gyeonggi-do, Korea

전화 / (02)333-7533
팩스 / (02)6280-2353

값 45,000원

ISBN 978-89-6525-163-7 (94140)
978-89-6525-159-0 (세트)

잘못된 책은 교환해 드립니다.

예기역주 4

禮記譯註 4

정현鄭玄 주注 / 진호陳澔 집설集說

박례경 옮김

동과서

옮긴이 박례경 :

연세대학교 대학원 철학과에서 석사 및 박사학위를 받았으며, 서울대학교 규장각한국학연구원 책임연구원, 대진대학교 인문학연구소 학술연구교수를 역임하였고, 현재 연세대학교 국학연구원 전문연구원으로 재직 중이다. 동아시아 고대 예제의 예경학적 기초와 정현 예학 및 삼례학에 대한 연구와 역주를 진행해왔다. 논저에 「조선시대 국장에서 조조의 설행 논의와 결과」, 「규범의 근거로서 친친 존존의 정당화 문제」, 「주자가례 속의 인간과 사회-새로운 종법 이해와 재구성의 고례적 맥락에 대한 성찰」, 『의례 역주(5)』(공역), 「정현 예학의 이론 구성적 성격-정현 삼례학과 고례의 재구성」, 『역주 주례주소(1)』(공역) 등이 있다.

예기역주 서문

본 『예기역주』는 김용천, 박례경, 이봉규, 이원택, 장동우 다섯 사람이 권근權近(1352~1409)의 『예기천견록禮記淺見錄』을 역주하면서 함께 『예기』에 대한 연구와 역주를 진행하여 이룬 결과이다. 『예기천견록』은 이색李穡(1328~1396)의 유업을 이어받아 권근이 원대元代 학자 진호陳澔의 『예기집설禮記集說』을 바탕으로 이룬 주석서이다. 본 연구팀은 조선시대 내내 『예기집설대전禮記集說大全』이 『예기』의 대표적 주석서로 사용되었던 것을 고려하여, 경문 배치를 『예기집설대전』의 체제에 의거해서 구성하였다. 다만 「대학」과 「중용」은 『예기집설』에 없어 주희朱熹의 『대학장구大學章句』와 『중용장구中庸章句』를 새로 번역하여 넣었다. 그리고 십삼경주소본 『예기정의禮記正義』 가운데 정현鄭玄의 주注를 뽑아서 진호의 집설 앞에 배치하여 함께 완역하였다. 정현의 주는 한대漢代 예학 해석의 집성이라고 할 수 있고, 진호의 집설은 주자학의 입장에서 송대宋代 예설을 수렴한 것이라고 할 수 있다. 따라서 독자는 본 『예기역주』를 통해서 『예기』와 관련한 한대와 송대의 두 대표적 주석을 만나게 될 것이다.

역주에 참여한 다섯 사람의 『예기』에 대한 공동 강독과 역주, 연구는 『예기천견록』의 번역을 시작했던 2001년 이전으로 거슬러 올라간다. 다섯 사람 모두 학위 과정에서부터 삼례三禮와 예제禮制에 대한 연구에 종사해왔다. 김용천은 역사학 전공자로 한대 예학을 중심으로 중국 예제를 연구해왔다. 박례경은 철학 전공자로 『예기』에 대한 경학적 연구로 박사학위를 취득하였고, 중국과 한국의 예제와 예학 일반을 연구해왔다. 이봉규는 철학 전공자로 예설의 철학적 기반과 조선시대 예제에 대하여 연구해왔다. 이원택은 정치학 전공자로 조선 후기 예송을 중심으로 예설과 예제의 정치학적 맥락을 연구해왔다. 장동우는 철학 전공자로 조선 후기 예학의 변화와 조선시대 가례에 대하여 연구해왔다. 『예기』에 대한 공동 연구와 역주는 다섯 사람이 예학 관련 전공자로 성장하는 큰 바탕이 되었다.

다섯 사람은 함께 연구하는 과정에서, 한국연구재단의 지원을 받아 『의례儀禮』를 완역하여 2012년 8책의 『의례역주儀禮譯註』를 출간하였다. 그리고 『주례周禮』에 대한 역주를 김용천과 박례경 박사가 함께 진행하여 매년 『주례역주周禮譯註』가 순차적으로 출간되고 있다. 반면, 가장 먼저 역주를 시작한 『예기역주』는 이렇게 늦게야 독자에게 모습을 보이게 되었다. 늦게나마 출간하게 되어 만감이 교차하지만, 그 원인은 게으른 교열 때문으로 그 당사자의 한 사람으로서 사과드리지 않을 수 없다.

『예기역주』를 완역하는 동안 다섯 사람의 지식이 너무 부족하여 주변의 도움을 받지 않을 수 없었다. 『예기역주』 자체는 외부 지원 없이 다섯 사람의 공동 노력으로 이루어졌지만, 『예기천견록』 역주에 힘껏 지원해준 청명문화재단의 도움이 없었다면 어쩌면 이삭만 피고 결실을 맺지 못했을 것이다. 재단을 설립하신 청명 선생님과 재단에 깊은 감사를 드린다. 김유철 교수와 함께 『이십오사』의 『예악지』를 연구, 정리하고 역주하였던 김선민, 문정희, 방향숙, 최진묵, 홍승현 박사 이하 여러 선생님들로부터 중국 예학과 예제에 대한 무수한 정보들을 배울 수 있었다. 복식과 관련해서는 단국대 최연우 교수의 눈에 보일 듯한 설명이 또한 시야를 넓혀주었다. 장동우 교수의 주도로 올해 사업이 마무리된 『가례대전』 연구팀, 한재훈, 전성건, 김

윤정, 정현정, 박윤미, 차서연, 남경한, 김진우 선생님을 비롯해 여러 동학들의 지적을 통해 교정되었다. 이외에도 우리의 지식을 넓혀준 언급하지 못한 선생님들이 많다. 진심으로 감사드린다.

관혼상제를 비롯한 여러 예제와 세부 의절에 대하여 다양한 이야기가 『예기』에 담겨 있다. 대목마다 인류가 여러 환경에서 삶을 가꾸어갔던 곡절이 퇴적되어 있다. 청명 선생님은 당신을 매장하지 말라고 유언하셨고, 제자들은 그대로 따랐다. 그러나 기억하는 사람들에게 그리워하는 마음은 매장하던 시대의 사람들이 가졌던 것 못지않다. 그리워하는 마음을 어떻게 담아낼 것인가 하는 것은 우리가 빚어내는 방식에 달려 있다. 『예기』는 동아시아에서 인류가 빚어냈던 천고의 문양들로 우리를 안내해준다. 부디 독자가 그 문양을 완색하고 활용할 수 있기를 바란다.

번역은 생각보다 오역이 많다. 저술은 정보가 잘못되어도 맞지 않는 주장이라고 생각하면 되지만, 오역은 독자에게 오해를 야기한다. 그래서 번역은 끝이 나도 마음이 편치 않은 일이다. 여러 사람의 도움이 있었어도, 『예기역주』의 오역은 오로지 각 권을 맡은 역자의 책임이다. 단지 다섯 사람은 지적을 받고 고쳐서 더 나아지게 하리라는 마음을 늘 겸손하게 일관하겠다.

역자를 대표해
2024년 3월 1일
이봉규 삼가 적는다.

차례

예기역주 4

예기역주 1

곡례상曲禮上 ___ 곡례하曲禮下 ___ 단궁상檀弓上 ___ 단궁하檀弓下

예기역주 2

왕제王制 ___ 월령月令 ___ 증자문曾子問 ___ 문왕세자文王世子 ___ 예운禮運

예기역주 3

예기禮器 ___ 교특생郊特牲 ___ 내칙內則 ___ 옥조玉藻 ___ 명당위明堂位 ___ 상복소기喪服小記 ___ 대전大傳 ___ 소의少儀 ___ 학기學記

예기역주 5

방기坊記 ___ 중용中庸 ___ 표기表記 ___ 치의緇衣 ___ 분상奔喪 ___ 문상問喪 ___ 복문服問 ___ 간전間傳 ___ 삼년문三年問 ___ 심의深衣 ___ 투호投壺 ___ 유행儒行 ___ 대학大學 ___ 관의冠義 ___ 혼의昏義 ___ 향음주의鄉飮酒義 ___ 사의射義 ___ 연의燕義 ___ 빙의聘義 ___ 상복사제喪服四制

○ 본 『예기역주』는 진호陳澔의 『예기집설禮記集說』을 완역하고, 정현鄭玄의 주註를 완역하여 부가한 것이다. 체제는 『예기집설』의 경문, 정현의 주, 진호의 집설의 순으로 배치하였다. 아울러 『예기집설』에 없는 『대학大學』과 『중용中庸』 두 편은 주희의 『장구章句』와 정현의 주를 마찬가지 체제로 구성하여 부가하였다.

○ 본 번역의 주대본으로 『예기집설』은 보경문화사에서 1984년 영인한 『예기집설대전禮記集說大全』을, 정현의 주는 북경대학교 출판부에서 2000년 간행한 십삼경주소(정리본) 『예기정의禮記正義』를, 『대학장구』와 『중용장구』는 보경문화사에서 1990년 영인한 『대학大學·중용中庸 부언해附諺解』*를 사용하였다. 보조 대본으로 사고전서四庫全書를 이용하였다.

○ 본 번역의 권차卷次는 『예기집설대전』에 따라 30권 49편의 체제로 되어 있다.

○ 본 번역에서는 『예기집설대전』이 구분한 장차章次에 따라 일련번호를 붙였다. 예컨대, 번역문과 본문의 첫머리에 '【교특생 62】'로 되어 있는 것은 『예기집설대전』 「교특생」의 62번째 장이라는 뜻이다.

○ 『집설』에 성씨姓氏만으로 인용된 제유諸儒에 대한 정보를 제공하기 위해 「예기집설대전범례禮記集說大全凡例」를 책머리에 번역하여 실었고, 인용문이 사고전서四庫全書에서 분명하게 확인된 경우에는 괄호 속에 성명을 기입하였다.

○ 번역에서 경전이나 제자서 등을 인용한 경우에는 인용문을 번역하고 괄호 안에 원문을 수록하였다.

○ 각주에 수록된 도상 자료는 송宋 섭숭의聶崇義의 『삼례도三禮圖』, 청淸 『흠정의례의소欽定儀禮義疏』 「예기도禮器圖」, 청淸 황이주黃以周의 『예서통고禮書通考』, 1998년 강소고적출판사江蘇古籍出版社에서 간행한 전현錢玄의 『삼례사전三禮辭典』 등에서 해당 도상을 찾아 수록하였다.

○ 용어의 번역은 가독성을 높이기 위해 가능한 우리말로 번역하고 원문 용어를 병기하는 것을 원칙으로 하였다.

* 영조의 1758년 서문이 있는 내각장본을 경신년(1860, 1920)에 간행한 판본이다.

예기역주 권18

악기 제19
樂記

정현鄭玄의 『예기목록禮記目錄』에서 말한다. "「악기樂記」라고 제목을 붙인 것은 악樂의 뜻에 대하여 기록하였기 때문이다. 이 편은 유향劉向의 『별록別錄』에서는 「악기樂記」에 속해 있다. 대개 11편이 1편으로 합해진 것으로, 생각건대 『악본樂本』·『악론樂論』·『악시樂施』·『악언樂言』·『악례樂禮』·『악정樂情』·『악화樂化』·『악상樂象』·『빈무가賓牟賈』·『사을師乙』·『위문후魏文侯』 등이 있었다. 이제 여기에 합해 놓았지만 대략 구분됨이 있다."

鄭『目錄』云: "名曰「樂記」者, 以其記樂之義. 此於『別錄』屬「樂記」. 蓋十一篇合爲一篇, 謂有『樂本』, 有『樂論』, 有『樂施』, 有『樂言』, 有『樂禮』, 有『樂情』, 有『樂化』, 有『樂象』, 有『賓牟賈』, 有『師乙』, 有『魏文侯』. 今雖合此, 略有分焉."

【악기 1】

무릇 음音의 시작은 사람의 마음으로 말미암아 생겨난다. 마음이 움직임은 외물이 그렇게 하도록 하는 것이다. 마음이 외물에 감발되면 움직이기 때문에, 그 움직임이 성聲(소리)에서 나타난다. 성聲

은 서로 호응하므로 변화를 낳는다. 변화는 곡조(方)를 이루는데, 그것을 음音(음률)이라고 한다. 음을 안배하고 합하여 악기로 연주하며, 방패(干), 도끼(戚), 꿩의 깃(羽), 소의 꼬리(旄)를 잡고 춤을 추게 되면, 그것을 악樂이라고 한다.

凡音之起, 由人心生也. 人心之動, 物使之然也. 感於物而動, 故形於聲.① 聲相應, 故生變.② 變成方, 謂之音.③ 比音而樂之, 及干·戚·羽·旄, 謂之樂.④

鄭注 ① 궁宮·상商·각角·치徵·우羽가 함께 섞여서 안배된 것을 '음音'이라고 하고, 하나의 소리만 나오는 것을 '성聲'(소리)이라고 한다. '형形'은 나타난다는 뜻과 같다. 宮·商·角·徵·羽雜比曰'音', 單出曰'聲'. '形', 猶見也.

② 악기는 그 궁宮을 연주하면 여러 궁들이 호응한다. 그러나 악樂이 되기에는 부족하다. 그러므로 변화시켜서 섞이게 한다. 『역易』에서 "같은 성聲은 서로 응하고 같은 기氣는 서로를 찾는다"[1]고 하였다. 『춘추좌씨전』에서 "만약 물에다 물을 타서 맛을 내면 누가 기꺼이 먹겠는가? 만약 금琴과 슬瑟 가운데 한 가지만 연주한다면 누가 기꺼이 듣겠는가?"[2]라고 하였다. 樂之器, 彈其宮則衆宮應. 然不足樂. 是以變之使雜也. 『易』曰: "同聲相應, 同氣相求." 『春秋傳』曰: "若以水濟水, 誰能食之? 若琴瑟之專一, 誰能聽之?"

③ '방方'은 문장文章과 같다. '方', 猶文章也.

④ '간干'은 방패이다. '척戚'은 도끼다. 무무武舞를 출 때 잡는 것이다. '우羽', 꿩의 깃이다. '모旄'는 모우旄牛[3]의 꼬리다. 문무文舞를 출 때 잡는 것이다. 『주례』에 무사舞師와 악사樂師가 춤을 가르치는 것을 관장하는데, 병무兵舞가 있고, 간무干舞가 있고, 우무羽舞가 있고, 모무旄舞가 있다. 『시詩』에서 "왼손에 피리(籥)를 잡고 오른손에 꿩 깃(翟)을 잡았네"[4]라고 하였다. '干',

盾也. '戚', 斧也. 武舞所執也. '羽', 翟羽也. '旄', 旄牛尾也. 文舞所執. 『周禮』舞師·樂師掌敎舞, 有兵舞, 有干舞, 有羽舞, 有旄舞. 『詩』曰: "左手執籥, 右手秉翟."

集說 무릇 악樂에서 음音이 처음 일어나는 것은 모두 사람의 마음이 외물에 감발됨으로 말미암아 생긴다. 인심은 비어 있으면서도 영활하여(虛靈) 어둡지 않아서 외물에 감발되면 이어 통하게 된다. (감발되면) 정情이 속에서 움직이는 까닭에 말에서 나타나고 성聲(소리)이 된다. 성聲에 실린 말과 뜻은 서로 응하여 자연히 맑고 탁하며 높고 낮은 변화를 낳는다. 변화하여 시詩를 노래하는 방식을 이루는데, 그것을 음音이라고 한다. '방方을 이룬다'는 것은 '곡조曲調를 이룬다'고 말하는 것과 같다. 그 음을 안배하고 합하여 악기로 연주하고, 방패(干), 도끼(戚), 깃(羽), 소의 꼬리(旄)를 잡고 춤을 추게 되면, 그것을 악樂이라고 한다. 방패와 도끼를 잡고 추는 춤은 무무武舞이고, 깃과 소의 꼬리를 잡고 추는 춤은 문무文舞이다. 凡樂, 音之初起, 皆由人心之感於物而生. 人心虛靈不昧, 感而遂通. 情動於中, 故形於言而爲聲. 聲之辭意相應, 自然生淸濁·高下之變. 變而成歌詩之方法, 則謂之音矣. '成方', 猶言'成曲調'也. 比合其音而播之樂器, 及舞之干·戚·羽·旄, 則謂之樂焉. 干·戚, 武舞也, 羽·旄, 文舞也.

【악기 2】

악이란 음音으로 말미암아 생겨나는 것으로,[5] 그 시작은 사람의 마음이 외물에 감발되는 것에 있다. 그러므로 그 슬픈 마음이 감발되면 그 성聲(소리)은 급박하고 쇠미하다. 그 즐거운 마음이 감발되면 그 성은 넉넉하고 느긋하다. 그 기쁜 마음이 감발되면 그 성은 올라가고 흩어진다. 그 노여운 마음이 감발되면 그 성은 거칠고 사납다. 그 경외하는 마음이 감발되면 그 성은 곧고 날카롭다. 그 사랑스러운 마음이 감발되면 그 성은 온화하고 부드럽다. 여섯 가지 성聲은 성性이 아니라 외물에 감발된 이후에 움직인 것이다.

樂者, 音之所由生也, 其本在人心之感於物也. 是故其哀心感者, 其聲噍以殺. 其樂心感者, 其聲嘽以緩. 其喜心感者, 其聲發以散. 其怒心感者, 其聲粗以厲. 其敬心感者, 其聲直以廉. 其愛心感者, 其聲和以柔. 六者非性也, 感於物而后動.

鄭注 사람의 성聲은 보는 것에 달려 있는 것이요 일정함이 있는 것이 아님을 말한다. '초噍'는 급박하다는 뜻이다. '천嘽'은 넉넉하고 여유 있는 모습이다. '발發'은 올라간다는 뜻이다. '조粗'는 거칠다는 뜻이다. 言人聲在所見, 非有常也. '噍', 踧也. '嘽', 寬綽貌. '發', 猶揚也. '粗', 麄也.

集說 방씨方氏(방각方慤)는 말한다. "사람의 정情은 하고자 하는 바를 얻으면 즐겁고, 하고자 하는 바를 잃으면 슬프다. 자신의 마음에 따르면 기쁘고, 자신의 마음에 거슬리면 노여워진다. 두려운 것에 대해서는 삼가고, 기뻐하는 것에 대해서는 사랑한다. 급박하면(噍) 갈진하여 윤택함이 없고, 쇠미하면(殺) 줄어들어 풍성하지 못하다. 대개 마음이 하고자 하는 바를 잃었기 때문에 성聲(소리)에서 나타나는 것이 이와 같다. 넉넉하면(嘽) 한껏 펼쳐져 여한이 없고, 느긋하면(緩) 완곡하여 급박하지 않다. 대개 마음이 하고자 하는 바를 얻었기 때문에 성聲에서 나타나는 것이 이와 같다. 올라가면(發) 나와 막힘이 없고, 흩어지면(散) 베풀고 쌓아둠이 없다. 대개 자신의 마음에 따르기 때문에 성에서 나타나는 것이 이와 같다. 곧으면(直) 굽힘이 없고, 날카로우면(廉) 분별함이 있다. 대개 마음에 삼가는 바가 있기 때문에 성聲에서 나타나는 것이 이와 같다. 온화하면(和) 어긋나지 않고, 부드러

우면(柔) 순조로움을 이룬다. 대개 마음에 기뻐하는 바가 있기 때문에 성聲에서 나타나는 것이 이와 같다." ○ 내가 생각건대, '거칠고 사납다'(粗以厲)는 것은 높고 급하여 매섭고 사나움에 가까운 것이다. 여섯 가지 성聲은 마음이 사물에 감발되어 움직인 것이니 곧 정情이지 성性이 아니다. 성性은 기뻐하고 성내고 슬퍼하고 즐거워하는 것이 아직 발하기 이전의 것이다.

方氏曰: "人之情, 得所欲則樂, 喪所欲則哀. 順其心則喜, 逆其心則怒. 於所畏則敬, 於所悅則愛. 噍則竭而無澤, 殺則減而不隆. 蓋心喪其所欲, 故形於聲者如此. 嘽則闡而無餘, 緩則紓而不迫. 蓋心得其所欲, 故形於聲者如此. 發則生而不窮, 散則施而無積. 蓋順其心, 故形於聲者如此. 直則無委曲, 廉則有分際. 蓋心有所畏, 故形於聲者如此. 和則不乖, 柔則致順. 蓋心有所悅, 故形於聲者如此." ○ 愚謂, '粗以厲'者, 高急而近於猛暴也. 六者心感物而動, 乃情也, 非性也. 性則喜怒哀樂未發者也.

【악기 3】

그런 까닭에 선왕은 인심을 감발시키는 바에 대하여 신중하였다. 그러므로 예禮로써 백성의 뜻(志)이 지향하는 바를 인도하고, 악樂으로써 그 성聲을 조화롭게 하고, 정政(정교)으로써 그 행위를 통일시키고, 형刑(형벌)으로써 그 간악함을 방지하였다. 예·악·형·정은 그 이르는 바가 하나이니 민심을 같게 하여 치도治道(다스림의 방도)를 산출하는 것이다.

是故先王愼所以感之者. 故禮以道其志, 樂以和其聲, 政以一其行, 刑以防其姦. 禮·樂·刑·政, 其極一也,① 所以同民心而出治道也.②

鄭注 ① '극極'은 이른다는 뜻이다. '極', 至也.

② 이것이 이른바 '이른다'는 것이다. 此其所謂'至'也.

集說 유씨劉氏는 말한다. "정치가 인심을 감발시키는 바에 대해 신중히 하기 때문에, 예禮로써 백성의 뜻이 지향하는 바를 인도하여 반드시 절도에 맞게 하고, 악樂으로써 그 성聲으로 말하는 바를 조화시켜 어그러짐이 없게 하고, 정政(정교)으로써 잘하지 못하는 자를 가르쳐 그 행위를 통일시키고, 형刑으로써 따르지 않는 자를 벌하여 그 간악함을 방지한다. 예·악·형·정의 네 가지의 역할이 다르지만 그 귀결처는 하나같이 인심을 감발시키는 바에 대하여 신중히 하는 것으로 돌아가니, 민심을 같게 하여 치도治道(다스림의 방도)를 산출하는 것이다." 劉氏曰: "愼其政之所以感人心者, 故以禮而道其志之所行, 使必中節, 以樂而和其聲之所言, 使無乖戾, 政以敎不能而一其行, 刑以罰不率而防其姦. 禮·樂·刑·政四者之事雖殊, 而其致則一歸於愼其所以感之者, 所以同民心而出治道也."

【악기 4】

음音이란 인심에서 생기는 것이다. 정情이 속에서 움직이므로 성聲에서 나타난다. 성이 곡조(文)를 이룬 것을 음音이라고 한다. 이러한 까닭에 잘 다스려는 시대의 음은 편안하고 즐거우니 그 정치가 조화롭기 때문이다. 어지러운 세상의 음은 원망하고 노여워하니 그 정치가 어그러졌기 때문이다. 망하는 나라의 음은 슬프고 근심하니 그 백성들이 괴롭기 때문이다. 성음聲音의 도道는 정치와 통한다.

凡音者, 生人心者也. 情動於中, 故形於聲. 聲成文, 謂之音. 是故治世之音, 安以樂, 其政和. 亂世之音, 怨以怒, 其政乖. 亡國之音, 哀以思, 其民困. 聲音之道, 與政通矣.

鄭注 여덟 가지 음이 조화되는가 안 되는가는 정치에 달려 있음을 말한다. 「옥조玉藻」(5)에서는 "어고御瞽(천자를 모시는 악인樂人)는 성聲의 높고 낮음을 살핀다"라고 하였다. 言八音和否, 隨政也. 「玉藻」曰: "御瞽幾聲之上下."

集說 이 경문은 음音이 인심의 감발됨에서 생겨나는데, 인심이 슬퍼하고 즐거워함이 감발되는 것은 정치의 득실에서 비롯함을 말한 것이다. 이것이 감발시키는 바에 대하여 신중히 하는 이유이다. 잘 다스려진 시대(治世)에는 정사가 조화롭고 화평하다. 그러므로 성음聲音에 나타나는 것이 편안하고 즐겁다. 어지러운 시대에는 정사가 조화롭지 못하고 어그러진다. 그러므로 성음에 나타나는 것이 원망하고 노여워한다. 장차 망하는 나라는 그 백성이 괴롭고 고통스럽다. 그러므로 성음에 나타나는 것이 슬프고 근심한다. 이것이 성음이 정치와 통하는 이유이다. ○ 『시詩』의 소疏[6]에서 말한다. "'섞여서 안배된 것을 음音이라고 하고, 하나의 소리만 나오는 것을 성聲이라 한다.'[7] 슬퍼하고 즐거워하는 정情은 말하는 소리에서 발현된다. 이때 비록 슬퍼하고 즐거워하는 일을 말하면서도 궁宮·상商의 곡조가 아직 없으니 이것은 성聲일 뿐이다. 시詩를 지을 때에 이르러 맑고 탁함을 안배하고 높고 낮음을 조절하여 오성五聲이 곡조를 이루게 하면 오색이 무늬를 이루는 것과 비슷하니 곧 이것이 음이다." 이 음이 현악기와 관악기로 드러나야 악樂이 된다. 此言音生於人心之感, 而人心哀樂之感, 由於政治之得失. 此所以愼其所以感之者也. 治世政事和諧. 故形於聲音者安以樂. 亂世政事乖戾. 故形於聲音者怨以怒. 將亡之國其民困苦. 故形於聲音者哀以思. 此聲音所以與政通也. ○ 『詩』疏

曰: "'雜比曰音, 單出曰聲.' 哀樂之情, 發見於言語之聲. 於時雖言哀樂之事, 未有宮・商之調, 惟是聲耳. 至於作詩之時, 則次序淸濁, 節奏高下, 使五聲爲曲, 似五色成文, 卽是爲音." 此音被諸絃管, 乃名爲樂.

【악기 5】

궁宮은 임금이 되고, 상商은 신하가 되고, 각角은 백성이 되고, 치徵는 일이 되고, 우羽는 물건이 된다. 다섯 가지가 어지럽지 않으면, 조화롭지 않은 음이 없게 된다.

宮爲君, 商爲臣, 角爲民, 徵爲事, 羽爲物. 五者不亂, 則無怗懘之音矣.

鄭注 '다섯 가지'(五者)는 임금・신하・백성・일・물건을 가리킨다. 무릇 성聲에서 탁한 것은 존귀하고 맑은 것은 비천하다. '조화롭지 않다'(怗懘)는 것은 질서가 무너져 조화를 이루지 못하는 모양이다. '五者', 君臣民事物也. 凡聲, 濁者尊, 淸者卑. '怗懘', 敝敗不和之貌.

集說 유씨劉氏는 말한다. "오성五聲의 근본은 황종黃鐘의 율에서 나온다. 그 길이가 9촌인데 매 촌마다 9등분을 한다. 9등분한 것이 아홉으로 81이 되는데, 이것이 궁성宮聲의 수가 된다. 81을 3등분 하고 그 하나를 덜어 아래로 치徵를 낳으니 27을 제거하여 54를 얻는다. 치를 3등분하고 그 하나를 더하여 위로 상商을 낳으니 18을 더하여 72를 얻는다. 상을 3등분하고 그 하나를 덜어 아래로 우羽를 낳으니 24를 제거하여 48을 얻는다. 우를 3등분하고 그 하나를 더하여 위로 각角을 낳으니 16을 더하여 64를 얻는다. 각성角聲의 수는 3등분하면 완전히 나누어지지 않으므로 그 수는 사용

되지 않는다. 그러므로 성聲은 다섯에 그친다. 이것이 그 상생의 순서이다. 궁宮은 토土에 속하고, 현絃은 81줄을 사용하여 가장 많고 성이 가장 탁하다. 오성 가운데 홀로 존귀하므로 임금의 상象이 된다. 상商은 금金에 속하고, 현은 72줄을 써서 성이 궁 다음으로 탁하다. 그러므로 임금의 다음으로서 신하의 상象이 된다. 각角은 목木에 속하고, 현은 64줄을 사용하여 성이 반은 맑고 반은 탁하다. 오성의 가운데에 자리하므로 신하의 다음으로서 백성의 상象이 된다. 치徵는 화에 속하고, 현은 54줄을 사용하여 성이 맑다. 백성이 있은 뒤에 일이 있으므로 일의 상象이 된다. 우羽는 수數에 속하고, 현은 48줄을 사용하여 가장 적어서 성이 지극히 맑다. 일이 있은 뒤에 물건을 쓴다. 그러므로 물건의 상象이 된다. 이것은 크고 작음의 차례이다. 오성은 본래 황종黃鐘이 궁宮이 되는 것을 근본으로 한다. 그러나 돌아가며 서로 궁이 되니 그 나머지 11율도 모두 궁이 될 수 있다. 궁은 반드시 임금이 되므로 신하보다 아래가 될 수 없고, 상은 반드시 신하가 되므로 임금보다 위가 될 수 없다. 각은 백성, 치는 일, 우는 물건이 되는 것은 모두 차서를 따라서 강쇄降殺하는 것이다. 신하가 임금을 넘어서고, 백성이 신하를 넘어서고, 일이 백성을 넘어서고, 물건이 일을 넘어서는 등의 경우가 생기면 정성正聲을 사용하지 않고 반성半聲으로 응한다. 이것이 팔음이 잘 어울려서 서로 윤서倫序를 빼앗는 일이 없는 방법이다. 그러나 성음의 도는 정치와 서로 통하니 반드시 임금·신하·백성·일·물건의 다섯 가지가 각자 자기의 이치를 얻어서 어지럽지 않으면 성음이 화합하여 조화롭지 않음이 없다. '조화롭지 않음(怗懘)'은 질서가 무너진 것이다." 劉氏曰: "五聲之本, 生於黃鍾之律. 其長九寸, 每寸九分. 九九八十一, 是爲宮聲之數. 三分損一以下生徵, 則去二十七, 得五十四也. 徵三分益一以上生商, 則加十八, 得七十二也. 商三分損一以下生羽, 則去二十四, 得四十八也. 羽三分益一以上生角, 則加十六, 得六十四也. 角聲之數, 三分之不盡一算, 其數不行. 故聲止於五. 此其相生之次也. 宮屬土, 絃用八十一

絲爲最多, 而聲至濁. 於五聲獨尊, 故爲君象. 商屬金, 絃用七十二絲, 聲次濁. 故次於君而爲臣象. 角屬木, 絃用六十四絲, 聲半淸半濁. 居五聲之中, 故次於臣而爲民象. 徵屬火, 絃用五十四絲, 其聲淸. 有民而後有事, 故爲事象. 羽屬水, 絃用四十八絲, 爲最少, 而聲至淸. 有事而後用物. 故爲物象. 此其大小之次也. 五聲固本於黃鍾爲宮. 然還相爲宮, 則其餘十一律皆可爲宮. 宮必爲君而不可下於臣, 商必爲臣而不可上於君. 角民徵事羽物, 皆以次降殺. 其有臣過君, 民過臣, 事過民, 物過事者, 則不用正聲, 而以半聲應之. 此八音所以克諧而無相奪倫也. 然聲音之道與政相通, 必君臣民事物五者, 各得其理而不亂, 則聲音和諧而無怗懘也. '怗懘'者, 敝敗也."

【악기 6】

궁宮이 어지러우면 악樂의 소리가 흩어지니, 그 임금이 교만한 것이다. 상商이 어지러우면 악樂의 소리가 기울어지니, 그 관리들이 부정부패한 것이다. 각角이 어지러우면 악樂의 소리가 근심스러우니, 그 백성이 원망하는 것이다. 치徵가 어지러우면 악樂의 소리가 슬프니, 그 일이 고달픈 것이다. 우羽가 어지러우면 악樂의 소리가 위태로우니, 그 재화가 궁핍한 것이다. 다섯 가지가 모두 어지러워서 번갈아가며 서로 넘어서는 것을 '교만하다'(慢)라고 한다. 이와 같으면 나라가 멸망할 날이 얼마 남지 않은 것이다.

宮亂則荒, 其君驕. 商亂則陂, 其官[8]壞. 角亂則憂, 其民怨. 徵亂則哀, 其事勤. 羽亂則危, 其財匱. 五者皆亂, 迭相陵, 謂之'慢'. 如此, 則國之滅亡無日矣.

鄭注 임금 · 신하 · 백성 · 일 · 물건 등에서 그 도가 어지러우면, 음이 그에 상응하여 어지럽다. '황荒'은 흩어진다는 뜻과 같다. '피陂'는 기울어진다는 뜻이다. 『서書』에서 "임금께서 혼란하고 만홀漫忽하였다"[9]고 하였고, 『역易』에서 "평평하기만 하고 기울어지지 않는 경우는 없다"[10]고 하였다. 君臣民事物, 其道亂, 則其音應而亂. '荒', 猶散也. '陂', 傾也. 『書』曰: "王耄荒", 『易』曰: "無平不陂."

集說 이 경문은 "악을 살펴서 정치를 안다"[11]는 것에 대해 말하였다. 만약 궁宮이 어지러우면 악의 소리가 무질서하게 흩어진다. 이것으로 그 임금이 교만하고 방자한 것이 그렇게 만들었기 때문임을 안다. 나머지 네 가지 경우도 같은 방식으로 유추하였다. ○ 진씨陳氏는 말한다. "오성은 임금 · 신하 · 백성 · 일 · 물건의 상象을 포함하니 반드시 그 이치를 얻어야 비로소 곡조가 율려를 얻는다. 그렇지 않으면 신하가 임금을 무시하고 백성이 신하를 넘어서는 일이 생기니 그것을 윤서倫序를 빼앗음(奪倫)이라고 한다. 이것은 한유漢儒가 본으로 삼는 데 억지로 끌어다 붙이던 말과는 같지 않으니, 이러한 일이 갖추어지면 그 결과는 털끝만큼도 어긋나지 않는다. 혹시라도 악樂의 소리가 윤서를 잃으면, 그 나라의 임금과 신하, 백성과 물건에 반드시 자신의 본분을 다하지 않은 일이 있는 것이다. 주구州鳩[12]와 사광師曠[13] 같은 이들은 모두 이것으로 저것을 알 수 있었으니, 바로 악樂과 정치는 서로 통하는 것이다." 此言"審樂以知政." 若宮亂則樂聲荒散. 是知由其君之驕恣使然也. 餘四者例推. ○ 陳氏曰: "五聲含君 · 臣 · 民 · 事 · 物之象, 必得其理, 方調得律呂. 否則有臣陵君 · 民過臣, 而謂之奪倫矣. 此却不比漢儒附會效法之言, 具有此事, 毫髮不可差. 設或樂聲奪倫, 卽其國君臣民物必有不盡分之事. 如州鳩師曠皆能以此知彼, 正是樂與政通."

【악기 7】

정鄭나라와 위衛나라의 음音은 난세의 음으로, '교만하다'는 것에 가깝다. 복수濮水의 상림桑林 부근 음音은 나라를 망하게 하는 음으로, 정치는 흩어지고 백성은 떠돌아, 윗사람을 속이고 사욕을 행하는 데 금지시킬 수가 없다.

鄭·衛之音, 亂世之音也, 比於'慢'矣.① 桑間濮上之音, 亡國之音也, 其政散, 其民流, 誣上行私而不可止也.②

鄭注 ① '비比'는 같다는 뜻이다. '比', 猶同也.

② 복수濮水에 상간桑間이라는 지역이 있는데 망국의 음이 이 복수 지역에서 나왔다. 옛날에 은殷나라의 주紂왕이 사연師延을 시켜 퇴폐스러운 음악을 짓게 하였는데 이윽고 스스로 복수에 빠져 죽었다. 뒷날 사연師涓이 그곳을 지나갔는데, 밤에 그 음을 듣고 옮겨 적었다가 진晉나라 평공平公을 위하여 연주하였다. 이 음악을 말하는 것이다. 상간은 복양濮陽의 남쪽에 있다. '무誣'는 속인다는 뜻이다. 濮水之上, 地有桑間者, 亡國之音, 於此之水出也. 昔殷紂使師延作靡靡之樂, 已而自沈於濮水. 後師涓過焉, 夜聞而寫之, 爲晉平公鼓之. 是之謂也. 桑間在濮陽南. '誣', 罔也.

集說 이 '만慢'이라는 글자는 윗글에서 '교만하다고 한다'고 했던 것을 이어서 말하였다. '비比'는 가깝다는 뜻이다. '상간桑間'과 '복상濮上'은 위衛나라 지역의 복수濮水에 있는 상림桑林 부근이다. 『사기』에서는 말한다. 위나라 영공靈公이 진晉나라에 가면서 복수濮水에서 머물렀는데, 밤에 금琴 소리를 듣고는 사연師涓을 불러서 듣고 옮겨 적게 하였다. 진나라에 이르러 사연에게 명하여 평공平公을 위해 연주하도록 하자, 사광師曠이 말하기를 "이

것은 사연師延의 퇴폐스러운 음악입니다. 무왕武王이 걸桀을 치자 사연이 복수에 몸을 던져 죽었습니다. 그러므로 이 소리를 들은 것은 반드시 복수에서 입니다"라고 하였다. 정치가 흩어지므로 백성들이 윗사람을 속이고, 백성들이 떠돌므로 방탕하고 지나친 사욕을 행하는 것이다.[14] ○ 장자張子(장재張載)[15]는 말한다. "정鄭나라와 위衛나라는 지역이 황하 주변으로서 모래땅으로 토양이 척박하므로 그 사람들의 기풍이 경박하다. 그 지세는 평지가 낮아 기질이 유약하고, 그 땅이 비옥하여 밭 갈고 김매는데 힘을 쓰지 않으므로 그 인심이 나태하다. 그 사람들의 성정이 이와 같으니 그 성음 또한 그러하다. 그러므로 그 악을 들으면 사람으로 하여금 그와 같이 나태하게 만든다." ○ 주자는 말한다. "정나라 음악이 문란한 것은 위나라보다 심하다. 공자께서 나라를 다스리는 것에 관해 말씀할 때 유독 정성鄭聲으로 경계를 삼은 것은 대개 심각한 것을 들어 말씀하신 것이다." 此'慢'字, 承上文'謂之慢'而言. '比', 近也. '桑間'·'濮上', 衛地濮水之上桑林之間也. 『史記』言, 衛靈公適晉, 舍濮上, 夜聞琴聲, 召師涓聽而寫之. 至晉, 命涓爲平公奏之, 師曠曰: "此師延靡靡之樂. 武王伐紂, 師延投濮水死. 故聞此聲必於濮水之上也." 政散故民罔其上, 民流故行其淫蕩之私也. ○ 張子曰: "鄭·衛地濱大河, 沙地土薄, 故其人氣輕浮. 其地平下, 故其質柔弱, 其地肥饒, 不費耕耨, 故其人心怠惰. 其人情性如此, 其聲音亦然. 故聞其樂使人如此懈慢也." ○ 朱子曰: "鄭聲之淫, 甚於衛. 夫子論爲邦, 獨以鄭聲爲戒, 蓋擧重而言也."

【악기 8】

무릇 음音이란 인심에서 생겨나는 것이다. 악樂이란 무리(倫)마다의 조리條理에 통하는 것이다. 이러한 까닭에 성聲을 알지만 음音을 모르는 존재는 금수가 이 부류이다. 음音을 알지만 악樂을 모르는 존재는 중서衆庶(대중)가 이 부류이다. 오직 군자만 악樂을 알 수 있다. 이러한 까닭에 성聲을 살펴서 음音을 알고, 음音을 살펴서 악樂을 알며, 악樂을 살펴서 정치를 알면 다스리는 도가 갖추어진다. 이러한 까닭에 성聲을 모르는 자는 그와 더불어 음音에 대해 말할 수 없다. 음音을 모르는 자는 그와 더불어 악樂에 대해 말할 수 없다. 악樂을 알면 예禮에 거의 가깝다. 예와 악을 모두 얻으면, 그것을 일러 덕德이 있다고 한다. 덕이란 얻음이다.

凡音者, 生於人心者也. 樂者, 通倫理者也.① 是故知聲而不知音者, 禽獸是也. 知音而不知樂者, 衆庶是也. 唯君子爲能知樂.② 是故審聲以知音, 審音以知樂, 審樂以知政, 而治道備矣. 是故不知聲者, 不可與言音. 不知音者, 不可與言樂. 知樂, 則幾於禮矣. 禮樂皆得, 謂之有德. 德者得也.③

鄭注 ① '윤倫'은 부류(類)와 같다. '리理'는 구분을 뜻한다. '倫', 猶類也. '理', 分也.

② 금수는 어떤 것이 성聲이 되는 것을 알 뿐이고 그 궁宮·상商으로 변하는 것은 모른다. 팔음이 함께 나와서 조화로운 것을 '악樂'이라고 한다. 禽獸知此爲聲耳, 不知其宮商之變也. 八音並作克諧曰'樂'.

③ '기幾'는 가깝다는 뜻이다. 악樂을 듣고 정치가 잘되고 못된 것을 알면, 임금·신하·백성·일·물건의 예를 바르게 할 수 있다. '幾', 近也. 聽樂而知政之得失, 則能正君臣民事物之禮也.

集說 윤리倫理는 사물의 무리가 각각 그 리理를 가지고 있는 것이다. ○ 방씨方氏(방각方慤)[16]는 말한다. "무릇 귀는 듣는 것을 가지고 있으면 모두 성聲를 알 수 있고, 마음은 아는 것을 가지고 있으면 음音을 알 수 있고, 도는 통하는 것을 가지고 있으면 이에 악樂을 알 수 있다. 호파瓠巴[17]가 슬瑟을 타자 헤엄치던 물고기가 나와서 듣고, 백아伯牙[18]가 금琴을 타자 여섯 마리 말이 머리를 들고 먹이를 먹은 것[19]과 같은 것은 짐승이 성聲을 아는 것이다. 위魏나라 문후文侯가 정나라와 위나라의 음音을 좋아하고, 제齊나라 선왕宣王이 세속의 악樂을 좋아하였으니 이것은 중서衆庶가 음音을 아는 것이다. 공자가 제나라에서 들은 것[20]과 계찰季札이 노魯나라에 빙문聘問을 가서 본 것[21]과 같은 것은 군자가 악樂을 아는 것이다." ○ 응씨應氏(응용應鏞)[22]는 말한다. "윤리 안에는 모두 예가 깃들어 있으니 악을 알면 예에 통한다. '통한다'고 하지 않고 '가깝다'고 한 것은 정미한 차이를 변석함이 지극한 것이다." 倫理, 事物之倫類, 各有其理也. ○ 方氏曰: "凡耳有所聞者, 皆能知聲, 心有所識者, 則能知音, 道有所通者, 乃能知樂. 若瓠巴鼓瑟, 流魚出聽, 伯牙鼓琴, 六馬仰秣, 此禽獸之知聲者也. 魏文侯好鄭・衞之音, 齊宣王好世俗之樂, 此衆庶之知音者也. 若孔子在齊之所聞, 季札聘魯之所觀, 此君子之知樂者也." ○ 應氏曰: "倫理之中, 皆禮之所寓, 知樂則通於禮矣. 不曰'通'而曰'幾'者, 辨析精微之極也."

【악기 9】

이러한 까닭에 악樂의 성대함은 음音을 다 발휘하는 것이 아니다. 사례食禮와 향례饗禮 등의 예禮는 음식의 맛을 다 갖추는 것이 아니다. 「청묘淸廟」를 연주하는 슬瑟은 (누인) 붉은색 실로 현을 매고 바닥의 구멍으로 소리가 소통케 하여, 한사람이 노래를 부르면 세 사람만 화답하여 부르는데, (그 가운데) 남아서 울리는 음音이 있다. 대향大饗의 예는 현주玄酒를 높이고 날 생선을 조俎에 담으며, 태갱大羹은 조미를 가하지 않는데, (그 가운데) 남아서 나는 맛이 있다. 이러한 까닭에 선왕이 예악禮樂을 제정한 것은 입과 배, 귀와 눈의 욕구를 다하려는 것이 아니요, 백성들이 좋아하고 싫어함을 균평히 하도록 가르쳐서 인도人道의 올바른 상태로 되돌아가게 하려는 것이다.

是故樂之隆, 非極音也. 食饗之禮, 非致味也.① 「清廟」之瑟, 朱絃而疏越, 壹倡而三歎, 有遺音者矣. 大饗之禮, 尙玄酒而俎腥魚, 大羹不和, 有遺味者矣.② 是故先王之制禮樂也, 非以極口腹耳目之欲也, 將以敎民平好惡, 而反人道之正也.③

鄭注 ① '융隆'은 성대하다는 뜻과 같다. '극極'은 다 발휘한다는 뜻이다. '隆', 猶盛也. '極', 窮也.

② '「청묘淸廟」'는 악樂을 행하여 「청묘」를 노래하는 것이다. '현을 붉은색 실로 맨다'는 것은 누인 붉은색 실로 현을 매는 것이다. 실을 누이면 소리가 탁해진다. '월越'은 슬瑟 바닥의 구멍이다. 소리를 분할하여 통과시켜서 소리가 느려지게 한다. '창倡'은 노래 구절을 선창하는 것이다. '삼탄三歎'은 세 사람이 따라서 노래할 뿐임을 말한다. '대향大饗'은 선왕에게 협제祫祭를 지내는 것으로, 날 생선을 조俎에 담는 제수로 쓰는데 삶아 익히지 않는다. '태갱大羹'은 고기 국물인데 소금과 채소로 조미를 하지 않는다. '유遺'는 나머지와 같은 뜻이다. '「淸廟」', 謂作樂歌「淸廟」也. '朱弦', 練朱弦. 練則聲濁. '越', 瑟底孔也. 畫疏之, 使聲遲也. '倡', 發歌句也. '三歎', 三人從歎之耳. '大饗', 祫祭先王,

以腥魚爲俎實, 不臑熟之. '大羹', 肉湆, 不調以鹽菜. '遺', 猶餘也.

③ 가르쳐서 좋아하고 싫어하는 것을 알게 하는 것이다. 教之使知好惡也.

集說 악樂의 융성함은 성음의 아름다움을 다 발휘하기 위함이 아니다. 사례食禮와 향례饗禮[23], 체제禘祭와 협제祫祭[24] 등의 융숭한 예는 진미의 아름다움을 다 갖추기 위함이 아니다. 대개 악樂은 풍속을 옮기고 바꾸는 것에 주안점이 있고, 제사는 근본에 보답하고 시원으로 돌아가는 것에 주안점이 있다. 「청묘」의 시를 연주하는 슬瑟은 붉은 실을 누여서 현을 만든다. 실은 누이지 않으면 소리가 맑고 누이면 소리가 탁하다. '소疏'는 통한다는 뜻이다. '월越'은 슬瑟 바닥의 구멍이다. 소리를 소통시켜서 그 소리가 느리고 늘어지게 하는 것이다. 슬瑟의 소리가 탁하고 느린 것, 이것은 질박하고 소박한 소리요, 아름답고 미묘한 음이 아니다. 이 소리를 처음 한사람이 선창할 때 겨우 세 사람만이 따라서 화답하니, 화답하는 사람이 적음을 말한다. 성음의 아름다움을 다 발휘하지 않기 때문에 듣기 좋은 것은 적지만, 그 가운데 다 소멸하지 않은 남은 음이 울리는 바가 있다. 그러므로 '남아서 울리는 음이 있다'고 한 것이다. 준尊은 현주玄酒(물)를 높은 것으로 치고, 조俎는 날 생선을 귀신에게 올리는 것으로 삼는다. 태갱大羹은 맛을 조미함이 없으니 이것은 질박하고 소박한 음식으로 사람이 즐기고 좋아하는 맛이 아니다. 그러나 그 가운데 다 없어지지 않은 남은 맛이 나는 바가 있다. 그러므로 '남아서 나는 맛이 있다'고 한 것이다. 이런 점으로 보면, 예악 이것은 입과 배, 귀와 눈의 욕구를 다하려는 것이 아니다. '백성들이 좋아하고 싫어함을 균평히 하도록 가르친다'는 것은 그 좋아하고 싫어함이 치우치고 사사롭게 됨을 원치 않음을 말한다. 인도人道가 올바르지 않은 것은 반드시 좋아하고 싫어함이 균평하지 못함에서 시작되니, 좋아하고 싫어함이 균평함을 얻으면, 인도의 올바른 상태로 되돌아가 기풍과 습속이

변화되고 바뀌게 될 수 있다. ○ 주자朱子는 말한다. "'일창이삼탄一倡而三歎'은 한사람이 노래를 부르면 세 사람만 화답하여 부르는 것을 말한다. 오늘날 해석하는 사람들은 세 번 감탄하는 것이라고 하는데 잘못이다." 樂之隆盛, 不是爲極聲音之美. 食·饗·禘·祫之重禮, 不是爲極滋味之美. 蓋樂主於移風易俗, 而祭主於報本反始也. 鼓「淸廟」之詩之瑟, 練朱絲以爲絃. 絲不練則聲淸, 練之則聲濁. '疏', 通也. '越', 瑟底之孔也. 疏而通之, 使其聲遲緩. 瑟聲濁而遲, 是質素之聲, 非要妙之音也. 此聲, 初發一倡之時, 僅有三人從而和之, 言和者少也. 以其非極聲音之美, 故好者少, 然而其中則有不盡之餘音存焉. 故曰'有遺音者矣'. 尊以玄酒爲尙, 俎以生魚爲薦. 大羹無滋味之調和, 是質素之食, 非人所嗜悅之味也. 然而其中則有不盡之餘味存焉. 故曰'有遺味者矣'. 由此觀之, 是非以極口腹耳目之欲也. '敎民平好惡', 謂不欲其好惡之偏私也. 人道不正, 必自好惡不平始, 好惡得其平, 則可以復乎人道之正, 而風移俗易矣. ○ 朱子曰: "'一倡而三歎', 謂一人倡而三人和. 今解者, 以爲三歎息, 非也."

【악기 10】

인간이 처음 태어나서 고요한 것은 하늘의 성性이다. 외물에 감발되어 움직임은 성性이 하고자 하는 것이다. 외물이 이르면 지각知覺이 작동한다.

人生而靜, 天之性也. 感於物而動, 性之欲也.① 物至知知.

鄭注 성性은 외물을 보지 않으면 욕구함이 없음을 말한다. 言性不見物, 則無欲.

集說 주자는 말한다. "위의 '지知'는 체體이고 아래의 '지知'는 용用이다." 朱子曰: "上'知'字是體, 下'知'字是用."

【악기 11】

그런 뒤에 좋아하고 싫어함이 나타난다. 좋아하고 싫어함에 내면에서 절도가 없으면 지각이 외부에 의해 유도당하고, (그런데도) 자신을 돌아보지 못하면 천리天理가 없어진다. 대저 외물이 사람을 감발시킴은 끝이 없는데 사람이 좋아하고 싫어함에 절도가 없으면 이것은 외물이 다가옴에 사람이 외물에 의해 변화되는 것이다. 사람이 사물에 의해 변화된다는 것은 천리를 없애고 인욕人欲을 다 행하는 것이다. 이에 어그러지고 거짓된 마음이 있게 되고, 지나치게 방탕하고 분란을 일으키는 일이 있게 된다. 그런 까닭에 강한 자가 약한 자를 협박하고, 다수가 소수를 함부로 하고, 지혜로운 자가 어리석은 자를 속이고, 용맹한 자가 겁약한 자를 괴롭히며, 병든 자는 요양을 받지 못하고, 늙은이와 어린이, 고아와 자식 없는 늙은이가 제 자리를 차지하지 못하니, 이것이 큰 쟁란의 도이다.

然後好惡形焉.① 好惡無節於內, 知誘於外, 不能反躬, 天理滅矣.② 夫物之感人無窮, 而人之好惡無節, 則是物至而人化物也. 人化物也者, 滅天理而窮人欲者也.③ 於是有悖逆詐僞之心, 有淫泆作亂之事. 是故强者脅弱, 衆者暴寡, 知者詐愚, 勇者苦怯, 疾病不養, 老幼孤獨不得其所, 此大亂之道也.

鄭注 ① '지至'는 다가온다는 뜻이다. '지지知知'는 외물이 다가올 때마다 또한 지각함이 있는 것이니, 외물을 보는 것이 많으면 욕구함도 더욱 많아짐을 말한다. '형形'은 나타난다는 뜻과 같다. '至', 來也. '知知', 每物來, 則又有知也, 言見物多則欲益衆. '形', 猶見也.

② '절節'은 법도이다. '지知'는 욕구한다는 뜻과 같다. '유誘'는 인도한다, 이끈다는 뜻과 같다. '궁躬'은 자기 자신이다. '리理'는 성性의 뜻과 같다. '節', 法度也. '知', 猶欲也. '誘', 猶道也, 引也. '躬', 猶己也. '理', 猶性也.

③ 인욕人欲을 다 행한다는 것은 하지 못하는 짓이 없음을 말한다. 窮人欲, 言無所不爲.

集說 유씨劉氏(유창劉敞)[25]는 말한다. "'사람이 처음 태어나서 고요하다'는 것은 희노애락이 아직 발동하지 않은 중中의 상태로, 하늘이 명한 성性이다. 외물에 감발되어 움직이게 되면 성性이 발하여 정情이 된다. 인심은 허령虛靈하여 지각知覺하는 것이니 사태가 이르고 외물이 다가오면 반드시 그것을 지각하며, 좋아하고 싫어함이 나타난다. 선함을 좋아하고 악함을 싫어하는 것은 도심道心이 지각하는 것이니 의리義理에 근원한 것이다. 예쁜 것을 좋아하고 미운 것을 싫어하는 것은 인심이 지각하는 것이니, 형기形氣에서 발한 것이다. 좋아하고 싫어함에 내면에서 절도가 없어 지각이 외부에 의해 이끌리게 되면, 도심은 어두워져 주재하지 못하고, 인심은 위태로워져서 외물이 인심과 사귀어 이끌게 되는 것이다. 그런데도 자신을 돌아보아 그 리理의 옳고 그름을 생각하지 못하면, 인욕은 거세지고 천리는 없어진다. 더구나 절도 없는 좋아하고 싫어함으로 무궁무진한 외물에 접촉하여 감발하게 되면 마음은 외물에게 부림을 당하게 되어 금수와의 차이가 거의 없게 된다. 금수와의 차이가 거의 없게 되면 손발톱이 강한 자는 결단내고, 힘센 자는 빼앗으니, 이것이 큰 분란의 도가 되는 이유이다." 劉氏曰: "'人生而靜'者, 喜怒哀樂未發之中, 天命之性也. 感於物而動, 則性發而爲情也. 人心虛靈知覺, 事至物來, 則必知之, 而好惡形焉. 好善惡惡, 則道心之知覺, 原於義理者也. 好姸惡醜, 則人心之知覺, 發於形氣者也. 好惡無節於內, 而知誘於外, 則是道心昧而不能爲主宰, 人心危而物交物則引之矣. 不能反躬以思其理之是非, 則人欲熾而天理滅

矣. 況以無節之好惡, 而接乎無窮之物, 感則心爲物役, 而違禽獸不遠矣. 違禽獸不遠, 則爪剛者決, 力强者奪, 此所以爲大亂之道也."

【악기 12】

이러한 까닭에 선왕이 예악을 제정할 때 사람들을 위해 절도節度를 마련하였다. 최복衰服과 마질麻絰, 곡哭과 읍泣의 제도는 상사喪事에 절도를 세우기 위한 것이다. 종鐘과 고鼓, 간干과 척戚의 제도는 편안하고 즐거워함을 조화롭게 하기 위한 것이다. 혼례昏禮와 관례冠禮, 계례笄禮는 남녀를 구별하기 위한 것이다. 사례射禮와 향음주례鄕飮酒禮, 사례食禮와 향례饗禮는 교류하고 접대하는 일을 바르게 하기 위한 것이다. 예禮로 백성의 마음을 절도 있게 하고, 악樂으로 백성들의 소리를 조화롭게 하며, 정政(정령)으로 시행하고 형刑(형벌)으로 방지한다. 예禮·악樂·형刑·정政이 사방에 통용되어 어그러지지 않으면 왕도王道가 갖추어진다.

是故先王之制禮樂, 人爲之節.① 衰麻·哭泣, 所以節喪紀也. 鍾鼓·干戚, 所以和安樂也. 昏姻·冠笄, 所以別男女也. 射·鄕·食饗, 所以正交接也.② 禮節民心, 樂和民聲, 政以行之, 刑以防之. 禮·樂·刑·政, 四達而不悖, 則王道備矣.

鄭注 ① 그 때문에 법도를 만들어서 그 욕구를 막았음을 말한다. 言爲作法度, 以遏其欲.

② 남자는 20세에 관례를 행하고, 여자는 혼인을 허락하고 계례笄禮를 행하니 성인成人이 되는 예이다. 사射·향鄕은 대사례大射禮와 향음주례鄕飮酒禮

를 말한다. 男二十而冠, 女許嫁而笄, 成人之禮. 射·鄕, 大射·鄕飮酒也.

集說 유씨劉氏는 말한다. "선왕이 예악을 제정할 때는 인정에 따르면서 거기에 절도와 문식을 가하였다. 죽음을 슬퍼하는 인정을 따르면서도 상을 치르는 기간에 한도가 없기 때문에 상복과 곡하고 읍하는 한도를 정하여서 인정을 절제시켰다. 편안하고 즐거운 것을 좋아하는 인정을 따르면서도 사람들이 의리에 화순和順하지 못하기 때문에 종鐘과 고鼓, 간干과 척戚의 악樂을 만들어서 인정을 조화시켰다. 이성에 대한 욕구가 있는 것에 따르면서도 사람들이 그 구별을 알지 못하기 때문에 혼례昏禮·관례冠禮·계례笄禮를 제정하여 구별하게 하였다. 교류하고 접대하는 일을 따르면서도 사람들이 더러 그 바름을 잃기 때문에 사례射禮·향음주례鄕飮酒禮·사례食禮·향례饗禮 등을 제정하여 바로잡았다. 그 마음을 절제시키는 것은 행동함에 지나치거나 모자람이 없게 하기 위함이요, 그 소리를 조화롭게 하는 것은 말함에 어그러짐이 없게 하기 위함이다. 정령(政)을 제정하여 행함은 나태해지는 것을 통솔해서 예악의 가르침이 행해지지 않음이 없게 하는 것이요, 형벌을 제정하여 행함은 거리낌 없이 제멋대로 하는 것을 방비하여 예악의 도가 감히 폐해지지 않도록 하는 것이다. 예·악·형·정의 네 가지가 천하에 모두 시행되어 백성들에 어기고 어긋나는 자가 없으면 왕도를 행하는 자의 다스리는 도가 갖추어진다." 劉氏曰: "先王之制禮樂, 因人情而爲之節文. 因其哀死而喪期無數, 故爲衰麻哭泣之數, 以節之. 因其好逸樂而不能和順於義理, 故爲鍾鼓·干戚之樂以和之. 因其有男女之欲而不知其別, 故爲昏姻·冠笄之禮以別之. 因其有交接之事而或失其正, 故爲射鄕食饗之禮以正之. 節其心, 所以使之行而無過不及, 和其聲, 所以使之言而無所乖戾. 爲之政, 以率其怠倦, 而使禮樂之敎無不行, 爲之刑, 以防其恣肆, 而使禮樂之道無敢廢. 禮·樂·刑·政, 四者通行於天下, 而民無悖違之者, 則王者之治道備矣."

【악기 13】

악樂은 같음을 추구하고 예禮는 차이를 추구한다. 같으면 서로 친애하고 차이를 두면 서로 공경한다. 악이 지나치면 방탕해지고[26] 예가 지나치면 멀어진다. 정情을 함께하고 외모를 수식하는 것은 예와 악이 하는 일이다. 예에서 의義가 확립되면 귀천貴賤에 등급이 선다. 악樂에서 문식(文)이 하나가 되면 윗사람과 아랫사람이 화합한다. 좋아하고 싫어하는 것이 명확히 드러나면 현능한 사람과 부족한 사람이 구별된다. 형벌로 포악함을 금지하고 작위로 현능한 사람을 등용하면 정치가 균평해진다. 인仁으로 사랑하고 의義로 바르게 한다. 이와 같이 하면 백성을 잘 다스리는 것이 실행된다.

樂者爲同, 禮者爲異. 同則相親, 異則相敬.① 樂勝則流, 禮勝則離.② 合情飾貌者, 禮樂之事也.③ 禮義立, 則貴賤等矣. 樂文同, 則上下和矣. 好惡著, 則賢不肖別矣. 刑禁暴, 爵擧賢, 則政均矣. 仁以愛之, 義以正之. 如此, 則民治行矣.④

鄭注 ① '동同'은 좋아하고 싫어하는 것을 함께함을 말한다. '이異'는 귀하고 천한 것을 구별함을 말한다. '同', 謂協愶好惡也. '異', 謂別貴賤也.

② '유流'는 함께 다니면서 공경하지 않는 것을 말한다. '이離'는 떨어져 살면서 화목하지 못한 것을 말한다. '流', 謂合行不敬也. '離', 謂析居不和也.

③ 함께 행해지는 것이 아름답게 어우러지기를 바라는 것이다. 欲其並行斌斌然.

④ '등等'은 계층의 등급이다. '等', 階級也.

集說 화합을 통해 같음으로 통일하고, 차서次序를 통해 차이를 구별한다.

'악이 지나치면 방탕해진다'(樂勝則流)는 것은 같음으로 통일하는 것에 지나친 것이다. '예가 지나치면 멀어진다'(禮勝則離)는 것은 차이를 구별함에 지나친 것이다. '정을 함께한다'(合情)는 것은 악樂을 통해 마음에서 화합하는 것으로 멀어지는 잘못에서 구하는 것이다. '외모를 수식한다'(飾貌)는 것은 예禮를 통해 행동에서 단속하는 것으로 설만하는 잘못에서 구하는 것이다. 이것이 예의 의義이고 악의 문식(文)이니, 서로 의지하여 쓰임이 되는 것이다. '인仁으로 사랑한다'(仁以愛之)면 서로 공경하면서도 멀어지는 지경에 이르지 않고 '의義로 바르게 한다'(義以正之)면 서로 친애하면서도 방탕한 지경에 이르지 않는다. 이것은 또한 인과 의을 가지고 예와 악을 돕는 것으로 삼는 것이다. 귀천의 등급을 세우는 것, 윗사람과 아랫사람을 화합시키는 것, 현능한 사람과 부족한 사람을 구별하는 것, 정치를 균평하게 하는 것, 이 네 가지는 모두 백성을 다스리는 것을 실행하는 방법이다. 그러므로 '백성을 잘 다스리는 것이 실행된다'고 하였다. ○ 응씨應氏(응용應鏞)[27]는 말한다. "위에서는 '왕도가 갖추어진다'고 했으니 정치의 도구가 됨을 말한 것이다. 여기서는 '백성을 잘 다스리는 것이 실행된다'(民治行)고 했으니 정치의 효과가 됨을 말한 것이다." 和以統同, 序以辨異. '樂勝則流', 過於同也. '禮勝則離', 過於異也. '合情'者, 樂之和於內, 所以救其離之失. '飾貌'者, 禮之檢於外, 所以救其流之失. 此禮之義樂之文, 所以相資爲用者也. '仁以愛之', 則相敬而不至於離, '義以正之', 則相親而不至於流. 此又以仁義爲禮樂之輔者也. 等貴賤, 和上下, 別賢不肖, 均政, 此四者皆所以行民之治. 故曰'民治行矣'. ○ 應氏曰: "上言'王道備', 言其爲治之具也. 此言'民治行', 言其爲治之效."

【악기 14】

악樂은 마음에서 나오고 예禮는 외모로 표현한다. 악은 마음에서 나오므로 고요하고 예는 외모로 표현하므로 문식함이 있다. 대악大樂은 반드시 평이하고 대례大禮는 반드시 간소하다. 악이 두루 통용되면 원망함이 없고 예가 두루 통용되면 다투지 않는다. 읍양揖讓할 뿐인데 천하를 다스렸다는 것은 예와 악을 가리킨다. 흉포한 백성들이 일어나지 않고, 제후들은 화합하여 순종하고, 무기가 있어도 사용하지 않고, 다섯 가지 형벌이 있어도 쓰지 않으며, 백성들은 근심이 없고 천자는 성낼 만한 일이 없으니, 이와 같으면 악樂이 두루 통용된다. 부자父子의 친애하는 정에 화합하고 장유長幼의 윤서를 밝혀 사해 안을 공경하게 하니, 천자가 이와 같이 하면 예禮가 행해진다.

樂由中出,① 禮自外作.② 樂由中出, 故靜, 禮自外作, 故文.③ 大樂必易, 大禮必簡.④ 樂至則無怨, 禮至則不爭. 揖讓而治天下者, 禮樂之謂也.⑤ 暴民不作, 諸侯賓服, 兵革不試, 五刑不用, 百姓無患, 天子不怒, 如此, 則樂達矣. 合父子之親, 明長幼之序, 以敬四海之內, 天子如此, 則禮行矣.⑥

鄭注 ① 화합(和)은 마음에 있다. 和在心也.

② 공경(敬)은 외모에 있다. 敬在貌也.

③ '문文'은 움직인다는 뜻과 같다. '文', 猶動也.

④ '평이함'과 '간소함'은 「청묘淸廟」의 연주나 대향大饗의 예에서 행하는 경우와 같은 것이다. '易'·'簡', 若於「淸廟」大饗然.

⑤ '지至'는 통용된다, 행해진다는 뜻과 같다. '至', 猶達也, 行也.

⑥ '빈賓'은 화합한다는 뜻이다. '시試'는 사용한다는 뜻이다. '賓', 協也. '試', 用也.

集說 응씨應氏는 "'사해지내四海之內' 네 글자는 아마도 '합合' 자 위에 있어야 할 것 같다"[28]라고 하였는데, 그러하면 문리文理가 순조롭게 된다. ○ 유씨劉氏는 말한다. "기뻐하고 사랑하는 화합의 정은 마음에서 나오고, 나아가고 물러가며 두루 움직이는 질서는 밖으로 나타난다. 화합하면 정의情意가 편안하고 펴지므로 고요하다. 질서가 있으면 위의威儀가 상호간에 펼쳐지므로 문식함이 있다. 대악大樂은 천지와 더불어 화합(和)을 같이 하니, 건乾이 평이함으로 주관하는 것과 같아 수고롭지 않다. 대례大禮는 천지와 더불어 절도(節)를 같이 하니, 곤坤이 간소함으로 잘 이루는 것과 같아 번거롭지 않다.[29] 악이 통용되면 사람들이 모두 자신이 있을 곳을 얻어서 원망함이 없고, 예가 통용되면 사람들이 각자 자신의 분수를 편안하게 여겨서 다투지 않는다. 예컨대 제왕帝王의 시대에 읍양揖讓하였을 뿐인데 천하가 다스려진 것은 예와 악이 통용된 것이다. '달達'이란 상대편에 통하는 것을 말한다. '행行'이란 이쪽에서 나오는 것을 말한다. 이쪽에서 나옴은 상대편에 통하는 것의 근본이요, 상대편에 통함은 이쪽에서 나온 것의 효험이다. 천자가 스스로 부자父子의 친애의 정에 화합하고 장유長幼의 윤서를 밝히면, 집마다 질서가 잡히고 종족마다 화목해진다. 또 나의 부모를 친애하여 남의 부모에게 미치고, 나의 어른을 어른으로 대접하여 남의 어른에게 미칠 수 있으면, 이것이 '사해 안을 공경하게 한다'는 것이니, 곧 예의 근본이 확립되고 그 쓰임이 행해지는 것이다. 예를 쓰는 것이 행해진 뒤에 악의 효험이 관철된다. 그러므로 악에 대해서는 단지 '천자가 성낼 만한 것이 없음'을 말하였고, 예에 대해서는 '천자와 이와 같이 하면'이라고 말했

으니, 악이 통용되는 것은 천자가 예를 행한 효험인 것이다. 주자周子(주돈이周敦頤)가 '만물은 각자 자기의 이치를 얻은 뒤에 화합한다. 그러므로 예가 먼저이고 악이 나중이다'[30]라고 한 것이 이것이다." 應氏謂, "'四海之內'四字, 恐在'合'字上", 如此則文理爲順. ○ 劉氏曰: "欣喜歡愛之和, 出於中, 進退周旋之序, 著於外. 和則情意安舒, 故靜. 序則威儀交錯, 故文. 大樂與天地同和, 如乾以易知而不勞. 大禮與天地同節, 如坤以簡能而不煩. 樂至則人皆得其所而無怨, 禮至則人各安其分而不爭. 如帝世揖讓而天下治者, 禮樂之至也. '達'者, 徹於彼之謂. '行'者, 出於此之謂. 行者達之本, 達者行之效. 天子自能合其父子之親, 明其長幼之序, 則家齊族睦矣. 又能親吾親以及人之親, 長吾長以及人之長, 是謂'以敬四海之內', 則禮之本立而用行矣. 禮之用行, 而後樂之效達. 故於樂但言'天子無可怒'者, 而於禮則言'天子如此', 是樂之達, 乃天子行禮之效也. 周子曰: '萬物各得其理而後和. 故禮先而樂後', 是也."

【악기 15】

대악大樂은 천지와 화합함(和)을 함께하고 대례大禮는 천지와 절도(節)를 함께한다. 화합하므로 만물이 성性을 잃지 않고 절도가 있으므로 천지에 제사를 지낸다. 밝은 곳에는 예악이 있고 어두운 곳에는 귀신이 있다. 이와 같이 하면 사해의 안이 공경함에 화합하고 친애함을 같이 한다. 예란 일을 다르게 하면서 공경함에 화합하는 것이다. 악이란 문식을 다르게 하면서 친애함을 같이 하는 것이다. 예와 악에서 정情은 같으므로 성명聖明한 왕은 서로 이어받아 계승하였다. 그러므로 일은 시대와 더불어 함께하고 명칭은 공功과 더불어 함께하였다.

大樂與天地同和, 大禮與天地同節.① 和, 故百物不失,② 節, 故祀天祭地.③ 明則有禮樂,④ 幽則有鬼神.⑤ 如此, 則四海之內, 合敬同愛矣. 禮者, 殊事合敬者也. 樂者, 異文合愛者也. 禮樂之情同, 故明王以相沿也.⑥ 故事與時並,⑦ 名與功偕.⑧

鄭注 ① 천지의 기氣와 수數에 따르는 것을 말한다. 言順天地之氣與其數.

② 그 성性을 잃지 않는 것이다. 不失其性.

③ 만물을 이루어줌에 공이 있으므로 (제사로) 보답하는 것이다. 成物有功報焉.

④ 사람들을 가르치는 것이다. 教人者.

⑤ 천지를 도와 만물을 이루어주는 것이다. 『역易』「계사繫辭」에서 말하기를 "이러한 까닭에 귀신의 정상情狀을 안다. 천지와 서로 닮았다"고 하였다. 「오제덕五帝德」에서 황제黃帝의 덕을 해설하면서 "죽어서도 백성이 그 신神을 두려워한 것이 백 년이었다"라고 하였다. 『춘추전春秋傳』에서 "약오씨若敖氏의 귀신들"31)이라고 하였다. 그렇다면 성인의 정기精氣는 신神이라 하고, 현능하고 지혜로운 자의 정기는 귀鬼라고 한다. 助天地成物者也. 『易』曰: "是故知鬼神之情狀. 與天地相似." 「五帝德」說黃帝德曰: "死而民畏其神者百年." 『春秋傳』曰: "若敖氏之鬼." 然則聖人之精氣謂之神, 賢知之精氣謂之鬼.

⑥ '연沿'은 이어받아 조술한다는 뜻과 같다. 공자는 "은나라는 하나라의 예를 이어받았으니 손익 한 바를 알 수 있다. 주나라는 은나라의 예를 이어받았으니 손익 한 바를 알 수 있다"32)라고 하였다. '연沿'은 '연緣'(따른다)으로도 되어 있다. '沿', 猶因述也. 孔子曰: "殷因於夏禮, 所損益可知也. 周因於殷禮, 所損益可知也." '沿', 或作'緣'.

⑦ 일을 행하는 것은 그 시대에 따르는 것이다. 「예기禮器」(5)에서 "요堯임

금이 순舜임금에게, 순임금이 우禹임금에게 왕위를 전해준 것과, 탕湯임금이 걸桀을 무왕武王이 주紂를 정벌한 것은 때에 따른 것이다"라고 하였다. 擧事在其時也. 「禮器」曰: "堯授舜, 舜授禹, 湯放桀, 武王伐紂, 時也."

⑧ 명칭은 그 공功에 달려 있기 때문이다. '해偕'는 함께한다는 뜻과 같다. 요堯가 「대장大章」을, 순舜이 「대소大韶」를, 우禹가 「대하大夏」를, 탕湯이 「대확大濩」을, 무왕武王이 「대무大武」를 지었으니, 명칭은 각각 그들이 천하에 큰 공을 세운 것에 따른 것이다. 爲名在其功也. '偕', 猶俱也. 堯作「大章」, 舜作「大韶」, 禹作「大夏」, 湯作「大濩」, 武王作「大武」, 名因其得天下之大功.

集說 '백물불실百物不失'은 각자 자신의 성性을 이루는 것을 말한다. ○ 주자朱子는 말한다. "예는 덜어내는 것을 주로 하고 악은 채우는 것을 주로 한다. 귀신도 단지 굽히고 펴는 뜻일 뿐이다. 예악과 귀신은 하나의 이치다."33) 주자는 또 말한다. "성인이 제작하는 부분이 예악이고, 조화가 작용하는(功用) 부분이 귀신이다. 예에서 경례經禮와 곡례曲禮의 일이 다르지만 공경하는 것은 같고, 악에서 오성五聲과 육률六律의 문식이 다르지만 친애하는 것은 같다. 사해의 안이 공경함에 화합하고 친애함을 같이하게 할 수 있는 것은 모두 대악大樂과 대례大禮로 감화한 것이다. 예악의 제정은 성명聖明한 왕에 이르러 비록 덜어내거나 보태어 개정함이 있지만, 정情이 같은 것은 서로 이어받아 조술한다. 오직 이와 같기 때문에, 왕도를 행하는 자가 나와 흥기하면, 일이 시대와 함께한다. 예를 들면, 당唐우虞 시대에는 선양禪讓으로 제위를 양위한 일이 있었고, 하夏은殷의 시대에는 방벌放伐(추방과 정벌)로 교체한 일이 있었다. '명칭은 공功과 더불어 함께하였다'는 것은 공로가 이루어지면 악樂을 제작하기 때문이다. 따라서 역대의 악명樂名은 모두 세운 공에 따라서 이름을 지은 것이다."34) ○ 채씨蔡氏는 말한다. "예와 악은 본래 뚜렷이 구분되는 두 가지 별개의 것이 아니다. 사람들은 악이

양으로부터 나오고 예가 음으로부터 시작되는 것만 보고, 곧바로 예는 음에 속하고 악은 양에 속하여 완전히 다른 일이라고 여기는데, 음과 양이 같은 기임을 전혀 이해하지 못한 것이다. 음기陰氣가 유행하는 것이 곧 양이고 양기陽氣가 응취凝聚된 것이 곧 음일 뿐, 정말로 두 가지 사물이 있는 것이 아니다. 예와 악도 단지 하나의 이치일 뿐이니, 예가 화합하는 것이 곧 악이고, 악이 절도에 맞는 것이 곧 예로서, 또한 두 가지 사물이 아니다. 잘 살피는 자가 음과 양, 예와 악이 서로 구별되는 이유를 알면서, 동시에 음과 양, 예와 악이 하나인 이유도 이해하면 예악의 체와 용에 통달할 것이다." '百物不失', 言各遂其性也. ○ 朱子曰: "禮主減, 樂主盈. 鬼神亦止是屈伸之義. 禮樂鬼神一理." 又曰: "在聖人制作處, 便是禮樂, 在造化功用處, 便是鬼神. 禮有經禮曲禮之事殊而敬一, 樂有五聲六律之文異而愛一. 所以能使四海之內, 合敬同愛者, 皆大樂大禮之所感化也. 禮樂之制, 在明王, 雖有損益, 而情之同者, 則相因述也. 惟其如此, 是以王者作興, 事與時並. 如唐虞之時, 則有揖讓之事, 夏殷之時, 則有放伐之事. '名與功偕'者, 功成作樂. 故歷代樂名, 皆因所立之功而名之也." ○ 蔡氏曰, "禮樂本非判然二物也. 人徒見樂由陽來, 禮由陰作, 卽以爲禮屬陰, 樂屬陽, 判然爲二, 殊不知陰陽一氣也. 陰氣流行, 卽爲陽, 陽氣凝聚, 卽爲陰, 非眞有二物也. 禮樂亦止是一理, 禮之和卽是樂, 樂之節卽是禮, 亦非二物也. 善觀者旣知陰陽禮樂之所以爲二, 又知陰陽禮樂之所以爲一, 則達禮樂之體用矣."

【악기 16】

그러므로 종鐘·고鼓·관管·경磬과 우羽·약籥·간干·척戚은 악의 도구이다. 굽히고 펴며, 구부리고 우러러보며, 춤추는 위치 배열과 춤동작의 범위, 동작의 느리고 빠름은 악의 문식이다. 보簠·궤簋·조俎·두豆와 제도制度·문장文章은 예의 도구이다. 위아래로 오르고 내리며, 둥글게 돌아서 방향을 전환하고 옷을 드러내거나 감추어 입는 것은 예의 문식이다. 그러므로 예악의 정情을 아는 자라야 제작할 수 있고, 예악의 문식(文)을 아는 자라야 이어받아 조술할 수 있다. 제작하는 자를 성스럽다(聖)고 하고, 이어가는 자를 밝다(明)고 한다. 밝다는 것, 성스럽다는 것은 이어받아 조술하는 것, 제작하는 것을 말한다.

故鐘·鼓·管·磬, 羽·籥·干·戚, 樂之器也. 屈·伸·俯·仰, 綴·兆·舒·疾, 樂之文也. 簠·簋·俎·豆, 制度·文章, 禮之器也. 升降上下, 周還·裼襲, 禮之文也.① 故知禮樂之情者能作, 識禮樂之文者能述.② 作者之謂聖, 述者之謂明. 明聖者, 述作之謂也.

鄭注 ① '철綴'은 춤추는 위치를 나타내는 표지(酇)를 가리키니, 춤추는 사람의 위치다. '조兆'는 (춤추는 사람이) 외부로 차지하는 영역이다. '綴', 謂酇, 舞者之位也. '兆', 其外營域也.

② '술述'은 그 의미를 풀이하는 것이다. '述', 謂訓其義也.

集說 '철綴'은 춤추는 자의 줄과 위치가 서로 이어져 있는 것이다. '조兆'는 한 위치에서 (춤 동작을 펼칠 때) 밖으로 차지하는 영역이다. '석裼'과 '습襲'은 「곡례曲禮」 편에 설명이 보인다. '정情'은 깊이 속에 담긴 이치와 지향을 말한다. 그것을 앎이 주밀하기 때문에 제작할 수 있다. '문文'은 절주節奏가 펼쳐져 드러나는 것을 말한다. 그것을 앎이 상세하기 때문에 이어서 조술할 수가 있다. 황제黃帝·요堯·순舜이 각기 율려律呂를 만들고

의상衣裳을 제정한 것과 우禹·탕湯·문왕과 무왕이 서로 계승하여 사용하지 않은 것은, 모두 성스런 이(聖者)가 예악을 제작한 경우이다. 주공周公이 예악의 제도를 경영할 때는 모두 선대의 예악에서 가져와 참고하고 사용하였으니, 성스런 이가 제작하고 밝은 이가 조술하는 것을 겸하여 행한 것이다. 계찰季札이 악樂을 관찰하고 각기 논한 바가 있으니, 이것은 밝은 이(明者)가 조술한 것이다. 공자가 성인이었음에도 조술하기만 하고 제작하지 않았던 것은 성인의 덕은 있었으나 천자의 지위가 없었기 때문이다.

'綴', 舞者行位相連綴也. 兆, 位外之營兆也. '裼襲', 說見「曲禮」. '情', 謂理趣之深奧者. 知之悉, 故能作. '文', 謂節奏之宣著者. 識之詳, 故能述. 若黃帝·堯·舜之造律呂垂衣裳, 禹·湯·文武之不相沿襲, 皆聖者之作也. 周公經制, 盡取先代之禮樂而參用之, 兼聖明之作述也. 季札觀樂, 而各有所論, 此明者之述也. 夫子之聖, 乃述而不作者, 有其德無其位故耳.

【악기 17】

악이란 천지의 화합이고 예란 천지의 질서이다. 화합하므로 만물이 모두 화생化生하고, 질서가 있으므로 모든 사물들이 모두 구별된다. 악은 하늘을 본받아 제작되고 예는 땅을 본받아 제정된다. 예의 제정을 잘못하면 어지러워지고, 악의 제작을 잘못하면 횡포해진다. 천지의 조화와 질서에 밝은 뒤에야 예와 악을 일으킬 수 있다.

樂者, 天地之和也, 禮者, 天地之序也. 和故百物皆化, 序故群物皆別.① 樂由天作, 禮以地制.② 過制則亂, 過作則暴.③ 明於天地, 然後能興禮樂也.

鄭注 ① '화化'는 낳는다는 뜻과 같다. '별別'은 형체가 다른 것을 말한다. '化', 猶生也. '別', 謂形體異也.

② 천지를 본받음을 말한다. 言法天地也.

③ '과過'는 잘못이라는 뜻과 같다. 횡포하여 문악文樂과 무악武樂의 뜻을 잃어버린 것이다. '過', 猶誤也. 暴失文武之意.

集說 주자朱子는 말한다. "'악은 하늘을 본받아 제작하여' 양陽에 속하기 때문에 움직인다는 뜻이 있다. '예는 땅을 본받아 제정하여' 땅으로부터 나오기 때문에 옮겨서 바꿀 수 없다."[35] ○ 유씨劉氏는 말한다. "앞에서 '대악大樂은 천지와 화합함을 함께하고, 대례大禮는 천지와 절도를 함께한다'고 하였는데, 공을 이룸에 부합하는 바를 가지고 말한 것이다. 여기서는 '악이란 천지의 화합이고, 예란 천지의 질서이다'라고 하였으니, 본받을 때 근본하는 바를 가지고 말한 것이다. 대개 성인의 예악은 천지의 음양과 더불어 서로 유행하며 통한다. 그러므로 처음에는 음양을 본받아서 예악을 만들고, 나중에는 예악으로써 음양을 돕는 것이다. '천지의 조화'은 양이 움직여서 만물을 낳는 것이다. 기가 유행하여 어그러지지 않음으로 만물이 다 화생한다. '천지의 질서'는 음이 고요하여서 만물을 이루는 것이다. 바탕이 갖추어지고 질서가 있음으로 모든 사물이 다 구별된다. '악은 하늘을 본받아 제작된다'는 것은 기가 하늘에서 유행하는 것을 본받아서 제작하는 것이다. 그러므로 움직여서 양에 속한다. 성음聲音은 기에 의해 만들어진다. '예는 땅을 본받아 제정된다'는 것은 바탕이 땅에서 갖추어진 것을 본받아 제작하는 것이다. 그러므로 고요하여 음에 속한다. 의칙儀則은 질質에 의해 만들어진다. 예의 제정을 잘못하면 그 질서를 잃어버리니, 음이 지나쳐서 엄혹하면 만물이 이루어졌던 것이 다시 무너지는 것과 같다. 그러므로 어지러워진다. 악의 제작을 잘못하면 그 조화를 잃어버리니, 양이 지나쳐서

너무 높아지면 만물이 생장하던 것이 도리어 상하는 것과 같다. 그러므로 횡포해진다. 천지의 조화와 질서에 밝은 뒤에야 예악을 일으켜서 화육을 도울 수 있다." 朱子曰: "'樂由天作', 屬陽, 故有運動底意. '禮以地制', 如由地出, 不可移易." ○ 劉氏曰: "前言'大樂與天地同和, 大禮與天地同節', 以成功之所合而言也. 此言'樂者, 天地之和, 禮者, 天地之序', 以效法之所本而言也. 蓋聖人之禮樂, 與天地之陰陽, 相爲流通. 故始也法陰陽以爲禮樂, 終也以禮樂而贊陰陽. '天地之和', 陽之動而生物者也. 氣行而不乖, 故百物皆化. '天地之序', 陰之靜而成物者也. 質具而有秩, 故群物皆別. '樂由天作'者, 法乎氣之行於天者而作. 故動而屬陽. 聲音, 氣之爲也. '禮以地制'者, 法乎質之具於地者而制. 故靜而屬陰. 儀則, 質之爲也. 過制則失其序, 如陰過而肅, 則物之成者復壞矣. 故亂. 過作則失其和, 如陽過而亢, 則物之生者反傷矣. 故暴. 明乎天地之和與序, 然後能興禮樂以贊化育也."

【악기 18】

가사가 논할 만하고 음에 윤서倫序가 있어서 해침을 근심함이 없는 것이 악樂의 정情이고, 기뻐하고 좋아하는 것이 악의 직분(官)이다. 절도에 맞고 올바름으로써 치우침이 없는 것이 예의 바탕(質)이고, 위엄 있고 삼가면서도 공손하고 순종하는 것이 예의 제도(制)이다. 예와 악에서 금석金石으로 연주하고 성음聲音에 실어 퍼뜨려서, 종묘와 사직에 사용하고 산천의 신과 여러 귀신에게 제사지내는 등과 같은 일은 백성들과 함께하는 것이다.

論倫無患, 樂之情也, 欣喜歡愛, 樂之官也.① 中正無邪, 禮之質也, 莊敬恭順, 禮之制也.② 若夫禮樂之施於金石, 越於聲音, 用

於宗廟社稷, 事乎山川鬼神, 則此所與民同也.③

鄭注 ① '윤倫'은 부류와 같다. '환患'은 해친다는 뜻이다. '관官'은 일삼는다는 뜻과 같다. '倫', 猶類也. '患', 害也. '官', 猶事也.

② '질質'은 근본과 같은 뜻이다. '質', 猶本也.

③ 정情(취지)·직분(官)·바탕(質)·제도(制)는 선왕이 전유專有하는 것이다. 言情·官·質·制, 先王所專也.

集說 방씨方氏(방각方慤)[36]는 말한다. "금석金石과 성음聲音은 악樂일 뿐인데 또한 예와 통합해서 말한 것은, 일반적으로 예를 거행한 뒤에 악을 사용하고, 악을 사용함으로써 예를 완성하는 것이어서 악을 사용하고도 예를 거행하지 않는 경우는 없기 때문이다. 정情·직분(官)·바탕(質)·제도(制)는 예악의 뜻(義)이고, 금석金石과 성음聲音은 예악의 수數이다. 그 수數는 진설하여 보일 수 있으므로 백성들이 함께하는 바이다. 그 뜻(義)은 알기 어렵기 때문에 임금이 전유專有하는 바이다. 그러므로 금석과 성음에 대해서 '이는 백성들과 함께하는 것이다'라고 하였다." ○ 유씨劉氏는 말한다. "'논한다'는 것은 아雅와 송頌의 가사이다. '윤서'란 율려律呂의 음이다. 가사가 논할 만하고 음에 윤서가 있으므로, 그 화합함을 지극하게 하여 해침을 근심함이 없다. 이것이 악의 본 정情인데, 사람에게 있어서는 '기뻐하고 좋아하는 것'을 가지고 악을 제작하는 주안점으로 삼는다. '중中'이란 행하는 것이 지나치거나 모자람이 없는 것이다. '정正'이란 서는 것이 치우치거나 기울어짐이 없는 것이다. 서는 것이 바르고 행하는 것이 절도에 맞기 때문에 그 윤서를 얻어서 치우침이 없다. 이것이 예의 본바탕(質)인데, 사람에게 있어서는 '위엄 있고 삼가면서도 공손하고 순종하는 것'을 가지고 예를 행하는 제도로 삼는다. 이러한 것은 성스럽고 현명한 군자가 홀로 아는 바이

다. 악기로 연주하고 소리로 실어 퍼뜨려 귀신에게 제사지내는 것과 같은 것은 일반 사람들이 다 함께 아는 것이다." 方氏曰: "金石·聲音, 特樂而已, 亦統以禮爲言者, 凡行禮然後用樂, 用樂以成禮, 未有用樂而不爲行禮者也. 情·官·質·制者, 禮樂之義也, 金石·聲音者, 禮樂之數也. 其數可陳, 則民之所同. 其義難知, 則君之所獨. 故於金石·聲音, 曰'此所與民同也'." ○ 劉氏曰: "'論'者, 雅頌之辭. '倫'者, 律呂之音. 惟其辭足論, 而音有倫, 故極其和而無患害. 此樂之本情也, 而在人者, 則以'欣喜歡愛'爲作樂之主焉. '中'者, 行之無過不及. '正'者, 立之不偏不倚. 惟其立之正而行之中, 故得其序而無邪僻. 此禮之本質也, 而在人者, 則以'莊敬恭順'爲行禮之制焉. 此聖賢君子之所獨知也. 若夫施之器而播之聲, 以事乎鬼神者, 則衆人之所共知者也."

【악기 19】

왕이 된 자는 공이 이루어지면 악樂을 제작하고 다스림이 안정되면 예禮를 제정한다. 그 공이 큰 자는 악이 완비되고, 그 다스림이 두루 미치는 자는 예가 갖추어진다. 간干과 척戚의 춤을 춘다고 해서 악을 갖춘 것이 아니며, 익힌 고기로 제사를 지낸다고 해서 예를 갖춘 것이 아니다. 오제五帝는 처한 때가 달랐으므로 악을 서로 습용하지 않았고, 삼왕三王은 처한 시대가 달랐으므로 예를 서로 습용하지 않았다. 악이 극한까지 가면 근심하고, 예가 소략하면 치우친다. 악을 돈독하게 하여도 근심함이 없게 하고, 예를 완비하여 치우치지 않게 함에 이르러서는 오직 위대한 성인聖人이 그렇게 할 뿐이다!

王者功成作樂, 治定制禮.① 其功大者其樂備, 其治辯者其禮具.②

干戚之舞, 非備樂也,③ 孰亨而祀, 非達禮也.④ 五帝殊時, 不相沿樂. 三王異世, 不相襲禮.⑤ 樂極則憂, 禮粗則偏矣.⑥ 及夫敦樂而無憂, 禮備而不偏者, 其唯大聖乎!⑦

鄭注 ① 공이 이루어지고 다스림이 안정되는 것은 때와 같이 한다. 공功은 왕의 사업을 위주로 삼고, 다스림(治)은 백성의 교화를 위주로 삼는다. 「명당위明堂位」(6)에서는 주공에 대하여 "천하를 다스린 지 6년이 되자 제후들을 명당에서 조회하고 예와 악을 제정하였다"고 하였다. 功成治定, 同時耳. 功主於王業, 治主於教民. 「明堂位」說周公曰: "治天下六年, 朝諸侯於明堂, 制禮作樂."

② '변辯'은 두루 미치는 것이다. '辯', 徧也.

③ 악은 문덕文德을 구비하였을 때 완비된 악으로 여긴다. 「함지咸池」와 같은 악이 그렇다. 공자는 "「소韶」는 아름다움을 다하였고, 또 선함을 다하였다"라고 하였고 "「무武」는 아름다움은 다하였으나, 선함은 다하지 못하였다"[37]라고 하였다. 樂以文德爲備. 若「咸池」者. 孔子曰: "「韶」盡美矣, 又盡善也", 謂, "「武」盡美矣, 未盡善也."

④ '달達'은 갖춘다는 뜻이다. 「교특생郊特牲」(2)에 "교제郊祭에서는 희생의 피를, 대향大饗의 제사에서는 날고기를, 삼헌三獻의 제사에서는 데친 고기를, 일헌一獻의 제사에서는 익힌 고기를 바친다. 지극히 공경하는 제사에서는 맛있는 것을 대접하지 않고 기氣와 냄새를 존귀하게 여긴다"라고 하였다. '達', 具也. 「郊特牲」曰: "郊血, 大饗腥, 三獻爓, 一獻孰. 至敬不饗味而貴氣臭也."

⑤ 덜고 더함이 있음을 말한다. 言其有損益也.

⑥ 악樂은 사람이 좋아하는 것이다. 폐해는 지나친 것에 있다. 예는 사람이 부지런히 하는 것이다. 폐해는 게으르고 소략한 것에 있다. 樂, 人之所好也. 害在淫侉. 禮, 人之所勤也. 害在倦略.

⑦ '돈敦'은 도탑다는 뜻이다. '敦', 厚也.

集說 간干과 척戚을 잡고 추는 춤은 무무武舞이다. 소昭 악이 지극히 선하고 지극히 아름다운 것만 같지 못하므로 '악을 갖춘 것이 아니다'라고 하였다. 희생을 익혀서 제사를 지내는 것이 옛날에 희생의 피와 날고기로 제사를 지내면서도 예禮의 뜻을 얻었던 것만 같지 못하므로 '예를 갖춘 것이 아니다'라고 하였다. 악을 연주하는데 그 성음의 즐거움을 끝까지 다하려고 하면, 즐거움이 다하고 슬픔이 온다. 그러므로 '악樂이 극한까지 가면 근심한다'고 하였다. 예를 행하는 것이 거칠고 소략하여 자세히 살피지 못하면, 절제하고 문식하는 의절에 반드시 치우치고 빠져서 갖추지 못한 것이 생긴다. 그러므로 '예가 소략하면 치우친다'고 하였다. 오직 위대한 성인이라야 도가 완전하고 덕이 갖추어져서, 비록 악에 대해 돈독하게 하여도 즐거움이 극도에 이르러 슬픔이 오는 걱정이 없고, 그 예의가 완비되어 치우치고 소략하게 되는 잘못이 없다. 干戚之舞, 武舞也. 不如韶樂之盡善盡美, 故云'非備樂也'. 熟亨牲體而薦, 不如古者血腥之祭爲得禮意, 故云'非達禮也'. 若奏樂而欲極其聲音之娛樂, 則樂極悲來. 故云'樂極則憂'. 行禮粗略而不能詳審, 則節文之儀, 必有偏失而不擧者. 故云'禮粗則偏矣'. 惟大聖人則道全德備, 雖敦厚於樂, 而無樂極悲來之憂, 其禮儀備具, 而無偏粗之失也.

【악기 20】

하늘은 높고 땅은 낮으며 만물은 흩어져 각기 다르니 예의 재제裁制가 시행된다. 유행하여 쉬지 않으며 화합하여 하나가 되어 화생하니 악이 일어난다. 봄은 낳고 여름은 기르니 인仁이다. 가을은 거두어들이고 겨울은 저장하니 의義이다. 인은 악樂에 가깝고 의는 예禮에 가깝다. 악이란 화합을 돈독히 하니 신神을 따르고 하늘에 순종한다. 예란 마땅한 바를 구별하니 귀鬼에 거처하여 땅에 순종한다. 그러므로 성인은 악을 제작하여 하늘에 응하고 예를 제정하여 땅에 짝한다. 예와 악이 명확해지고 완비되면 하늘과 땅이 직분을 다한다.

天高地下, 萬物散殊, 而禮制行矣.① 流而不息, 合同而化, 而樂興焉.② 春作夏長, 仁也. 秋斂冬藏, 義也. 仁近於樂, 義近於禮.③ 樂者敦和, 率神而從天. 禮者別宜, 居鬼而從地.④ 故聖人作樂以應天, 制禮以配地. 禮樂明備, 天地官矣.⑤

鄭注 ① 예는 구별하는 것을 추구한다. 禮爲異也.

② 악은 화합하는 것을 추구한다. 樂爲同也.

③ 악은 양을 본받아 낳고, 예는 음을 본받아 완성한다. 言樂法陽而生, 禮法陰而成.

④ '화합을 돈독히 한다'(敦和)는 것은 악이 함께 같이함을 귀하게 여기는 것이다. '솔率'은 준수한다는 뜻이다. '종從'은 순종한다는 뜻이다. '마땅한 바를 구별한다'(別宜)는 것은 예가 구별함을 숭상하는 것이다. '귀鬼에 거처한다'(居鬼)는 것은 귀가 하는 바에 거처한다는 것이니 또한 그것을 따름을 말한다. '귀鬼'와 '신神'은 선대의 성인과 현인을 말한다. '敦和', 樂貴同也. '率', 循也. '從', 順也. '別宜', 禮尙異也. '居鬼', 謂居其所爲, 亦言循之也. '鬼'·'神', 謂先聖先賢也.

⑤ '관官'은 일을 맡아 한다는 뜻과 같다. 각자 자기의 역할을 얻는 것이다. '官', 猶事也. 各得其事.

集說 만물은 각자 사물됨을 부여받고 있어 억지로 같게 할 수 없다. 이것이 조화造化가 인간에게 저절로 그렇게 되는 예의 제도로서 보여주는 것이다. 기운이 서로 감응하여 화생하고 있어 홀로 다를 수가 없다. 이것이 조화가 인간에게 저절로 그러한 악樂의 정情으로서 보여주는 것이다. '화합하여 하나가 된다'는 것은 봄과 여름의 인仁이다. 그러므로 '인은 악에 가깝다'고 하였다. '흩어져 천차만별이다'라는 것은 가을과 겨울의 의義이다. 그러므로 '의는 예에 가깝다'고 하였다. '화합을 돈독히 한다'는 것은 기氣가 같은 것을 도탑게 하는 것이다. '마땅한 바를 구별한다'는 것은 사물이 다른 것을 분변하는 것이다. '신神을 따른다'는 것은 기의 펼침에 따른다는 것이다. '귀鬼에 거처한다'는 것은 기의 굽힘을 거두어들이는 것이다. 양을 펼쳐서 하늘을 따르고 음을 굽혀서 땅을 따른다. 이것으로 말하면, 성인의 예와 악에 대한 정미한 뜻이 제작하는 가운데 깃들어 있어, 이미 명확하고도 또 완벽하므로 얻어서 알 수가 있다. '관官'은 주관한다는 뜻과 같다. 하늘이 만물을 낳고 땅이 만물을 이루는 것이 각자 그 직분을 얻은 것임을 말하는 것이다. ○ 유씨劉氏는 말한다. "이 경문에서는 예란 천지의 질서이고 악이란 천지의 조화임을 거듭하여 밝혔다. 높고 낮으며 흩어져 천차만별임은 질質이 갖추어진 것이요, 천지자연의 질서이니, 성인이 이를 본받으면 예의 제도가 실행된다. 두루 유행하여 화합하여 화생함은 기가 유행流行하는 것이요, 천지자연의 조화이니, 성인이 이를 본받으면 악樂이 일어난다. 봄은 낳고 여름은 기르니 천지가 만물을 낳는 인仁이다. 기가 유행하여 화합함을 같이하므로 악에 가깝다. 가을은 거두어들이고 겨울은 거두니 천지가 만물을 이루는 의義이다. 질質이 갖추어지고 윤서倫序를 구별하므로 예에 가깝다. 이것은 본받는 것이 근본하는 바를 말한 것이다. '화합을 돈독히 한다'는 것은 기氣가 같은 것을 돈독히 하는 것이다. '마땅한 바를

구별한다'는 것은 그 질質이 다른 것을 분변하는 것이다. '신神'이란 양의 영靈이다. '귀鬼'는 음의 영靈이다. '신神을 따라 하늘에 순종한다'는 것은 그 기의 펼침을 창달시켜 하늘에서 행하는 것이고, '귀鬼에 거처하여 땅에 순종한다'는 것은 그 기의 굽힘을 거두어들여서 땅에 갖추는 것이다. 대개 악은 천지의 화합함을 도탑게 하여 양이 낳는 바를 창달하게 할 수 있다. 예는 천지의 마땅한 바를 분별하여 음이 이루는 바를 안정시킬 수 있다. 그러므로 성인은 악을 제작하여 하늘이 만물을 낳는 것에 호응해 돕고, 예를 제정하여 땅이 만물을 이루는 것에 짝하여 부합한다. 예와 악의 제작이 이미 명확해지고 또 갖추어지면, 그 도를 재단하여 완성하고 그 마땅함을 도와 하늘이 낳고 땅이 이루는 것이 각기 그 역할을 얻을 수 있다. 이것은 공을 이루는 것이 부합하는 바를 말한 것이다." 物各賦物而不可以强同. 此造化示人以自然之禮制也. 絪緼化醇而不容以獨異. 此造化示人以自然之樂情也. '合同'者, 春夏之仁. 故曰'仁近於樂'. '散殊'者, 秋冬之義. 故曰'義近於禮'. '敦和', 厚其氣之同者. '別宜', 辨其物之異者. '率神', 所以循其氣之伸. '居鬼', 所以斂其氣之屈. 伸陽而從天, 屈陰而從地也. 由是言之, 則聖人禮樂之精微寓於制作者, 旣明且備, 可得而知矣. '官', 猶主也. 言天之生物, 地之成物, 各得其職也. ○ 劉氏曰: "此申明禮者天地之序, 樂者天地之和. 高下散殊者, 質之具, 天地自然之序也, 而聖人法之, 則禮制行矣. 周流同化者, 氣之行, 天地自然之和也, 而聖人法之, 則樂興焉. 春作夏長, 天地生物之仁也. 氣行而同和, 故近於樂. 秋斂冬藏, 天地成物之義也, 質具而異序, 故近於禮. 此言效法之所本也. '敦和'者, 厚其氣之同. '別宜'者, 辨其質之異. '神'者, 陽之靈. '鬼'者, 陰之靈. '率神以從天'者, 達其氣之伸而行於天, '居鬼而從地'者, 斂其氣之屈而具於地. 蓋樂可以敦厚天地之和, 而發達乎陽之所生. 禮可以辨別天地之宜, 而安定乎陰之所成. 故聖人作樂以應助天之生物, 制禮以配合地之成物. 禮樂之制作, 旣明且備, 則足以裁成其道, 輔相其宜, 而天之生地之成, 各得其職矣. 此言成功之所合也."

【악기 21】

하늘은 높고 땅은 낮으니 임금과 신하가 정해진다. 낮고 높음으로써 펼쳐지니 귀하고 천함이 자리 잡는다. 움직임과 고요함이 일정함이 있으니 작고 큼이 달라진다. 도리(方)는 부류에 따라 처신하고 일은 유형에 따라 구분하니, 성명性命이 다르기 때문이다. 하늘에서는 상象을 이루고 땅에서는 형形을 이룬다. 이와 같으므로 예는 천지의 구별이다.

天尊地卑, 君臣定矣. 卑高以陳, 貴賤位矣. 動靜有常, 小大殊矣. 方以類聚, 物以群分, 則性命不同矣. 在天成象, 在地成形. 如此, 則禮者, 天地之別也.

鄭注 '낮고 높음'(卑高)은 산과 못을 말한다. '자리 잡는다'(位矣)는 것은 높고 낮음의 자리이니, 산과 못을 본보기로 삼는다. '움직임과 고요함'(動靜)은 음양이 일하는 것이다. '작고 큼'(小大)은 만물이다. 큰 것은 변하지 않고 존재하고 작은 것은 음양을 따라서 나오기도 하고 들어가기도 한다. '방方'은 금수와 벌레 등을 말한다. '물物'은 초목을 말한다. '성性'의 언어적 의미는 생명을 뜻한다. '명命'은 생명의 길고 짧음을 말한다. '상象'은 빛나는 것이다. '형形'은 형체의 모습이다. '卑高', 謂山澤也. '位矣', 尊卑之位, 象山澤也. '動靜', 陰陽用事. '小大', 萬物也. 大者常存, 小者隨陰陽出入. '方', 謂行蟲也. '物', 謂殖生者也. '性'之言生也. '命', 生之長短也. '象', 光耀也. '形', 體貌也.

集說 이것은 『역易』「계사繫辭」와 대략 같다. 기록한 자가 인용한 것으로, 성인이 예를 제정함에 천지자연의 이치에 근본을 둔 것이 이와 같음을 말한 것이다. 임금과 신하의 예를 정하는 것은 하늘과 땅이 높고 낮은 형

세에서 취한 것이요, 귀하고 천한 지위를 배치하는 것은 산과 못이 낮고 높은 형세에서 취한 것이다. 작은 것은 커질 수 없고 큰 것은 작아질 수 없으므로 작고 큰 것이 다른 것은 음양의 움직이고 고요함이 일정한 것에서 취하였다. 여기서의 작고 큼은 『논어』의 "작은 일이나 큰일이나 모두 그것을 따랐다"[38]는 뜻과 같으니 작은 일과 큰일을 말한다. '방方'은 도道와 같다. '취聚'는 처하는 것이다. 군신·부자·부부·장유·붕우 관계에는 각각 그 도가 있으므로 각각 그 부류에 따라서 처신하는 것을 '방이유취方以類聚'라고 한다. '물物'은 일이다. 예를 실행하는 일은 바로 천리天理의 절도와 문식이고 인사人事의 마땅함과 준칙이다. 실행하는 것이 일단에 그치지 않으므로 구분하는 것은 반드시 각자 그 일에 따르는 것을 '물이군분物以群分'이라고 한다. 그러한 이유는 하늘이 부여한 명命과 사람이 받은 성性에는 자연히 이 삼강三綱 오상五常의 윤리가 있어서 그 사이의 높고 낮으며 후하고 박한 등급을 뒤섞어서 하나로 만드는 것이 용납되지 않기 때문이다. 그러므로 '성명性命 다르기 때문이다'라고 한 것이다. '하늘에서는 상象을 이룬다'는 것은 의복과 깃발의 문장에 해·달·별의 상을 드러낸 것과 같다. '땅에서는 형形을 이룬다'는 것은 궁실과 기구에 각각 높고 낮으며 크고 작은 제도가 있는 것과 같으니 이것은 땅에서 법을 취한 것이다. 이로부터 말하면 예에 구별이 있는 것은 천지자연의 이치가 아니겠는가? ○ 응씨應氏는 말한다. "이것이 바로 '하늘은 높고 땅은 낮으며 만물은 흩어져 각기 다르니 예의 재제裁制가 시행된다'[39]는 것이다." ○ 유씨劉氏는 말한다. "여기서 또 예가 천지의 질서임을 거듭 말하였다. 천지만물은 움직임과 고요함의 일정함을 각기 갖추고 있다. 큰 것에는 크게 움직임과 고요함이 있고, 작은 것에는 작게 움직임과 고요함이 있다. 따라서 크고 작은 일에 그것을 본받아 행하는데 오래 걸리고 짧게 걸리는 기간이 달라진다. '방

이유취方以類聚'는 중국中國과 만蠻·이夷·융戎·적狄의 백성이 각각 부류에 따라 모이는 것을 말하고, '물이군분物以群分'은 새와 물고기, 동물과 식물이 각각 무리에 따라 나뉘는 것을 말하니, 저마다 성명을 바르게 하는 것이 같지 않기 때문이다. 그러므로 성인이 그것에 따라서 그 예를 다르게 하였다. '재천형상在天成象'은 해·달·별의 역수曆數가 각각 그 순서가 있는 것이고, '재지성형在地成形'은 산천과 인물의 등급과 윤서에 각각 그 마땅함이 있는 것이다. 이로부터 말하건대, 예라는 것이 어찌 천지의 구별이 아니겠는가?" 此與『易』「繫辭」略同. 記者引之, 言聖人制禮, 其本於天地自然之理者如此. 定君臣之禮者, 取於天地尊卑之勢也, 列貴賤之位者, 取於山澤卑高之勢也. 小者不可爲大, 大者不可爲小, 故小大之殊, 取於陰陽動靜之常也. 此小大如『論語』"小大由之之義", 謂小事大事也. '方', 猶道也. '聚', 猶處也. 君臣·父子·夫婦·長幼·朋友, 各有其道, 則各以其類而處之, 所謂'方以類聚'也. '物', 事也. 行禮之事, 卽謂天理之節文, 人事之儀則. 行之不止一端, 分之必各從其事, 所謂'物以群分'也. 所以然者, 以天所賦之命人所受之性, 自然有此三綱五常之倫, 其間尊卑厚薄之等, 不容混而一之也. 故曰'性命不同矣'. '在天成象', 如衣與旗常之章, 著爲日月星辰之象也. '在地成形', 如宮室器具, 各有高卑大小之制, 是取法於地也. 由此言之, 禮之有別, 非天地自然之理乎? ○ 應氏曰: "此卽所謂'天高地下, 萬物散殊, 而禮制行矣'." ○ 劉氏曰: "此又申言禮者天地之序也. 天地萬物, 各有動靜之常. 大者有大動靜, 小者有小動靜. 則小大之事法之, 而久近之期殊矣. '方以類聚', 言中國·蠻·夷·戎·狄之民, 各以類而聚, '物以群分', 言飛潛動植之物, 各以群而分, 則以其各正性命之不同也. 故聖人亦因之而異其禮矣. '在天成象', 則日月星辰之曆數, 各有其序, '在地成形', 則山川人物之等倫, 各有其儀. 由此言之, 則禮者豈非天地之別乎?"

【악기 22】

땅의 기운은 위로 올라가고 하늘의 기운은 아래로 내려간다. 음과 양이 서로 갈마들고 하늘과 땅이 서로 밀어 옮긴다. 우레와 번개로 울리고 바람과 비로 떨친다. 사시로 움직이고 해와 달로 따뜻하게 하니 만물이 화생하여 일어난다. 이와 같으므로 악은 천지의 조화이다.

地氣上齊, 天氣下降. 陰陽相摩, 天地相蕩. 鼓之以雷霆, 奮之以風雨. 動之以四時, 煖之以日月, 而百化興焉. 如此, 則樂者, 天地之和也.

鄭注 '제齊'는 제躋로 읽는다. '제躋'는 올라간다는 뜻이다. '마摩'는 절박切迫하다는 뜻과 같다. '탕蕩'은 움직인다는 뜻이다. '분奮'은 빠르다는 뜻이다. '백화百化'는 모든 사물이 화생한다는 뜻이다. '齊', 讀爲躋. '躋', 升也. '摩', 猶迫也. '蕩', 猶動也. '奮', 訊[40]也. '百化', 百物化生也.

集說 응씨應氏는 말한다. "이 경문은 바로 '유행하여 쉬지 않으며 화합하여 하나가 되어 화생하니 악이 일어난다'[41]는 것이다." ○ 유씨劉氏는 말한다. "이 경문은 악이 천지의 조화라는 것을 거듭 말하였다. '제齊'는 '제躋'로 읽는다. '천지상탕天地相蕩'은 또한 기가 퍼져서 움직이는 것을 말한다. '백화흥언百化興焉'은 이른바 '하늘과 땅의 기운이 서로 감응하여 만물이 응취한다'[42]는 것이다. 이상은 본받는 것이 근본한 바를 말하였다." 應氏曰: "此卽所謂'流而不息, 合同而化, 而樂興'焉." ○ 劉氏曰: "此申言樂者, 天地之和也. '齊', 讀爲'躋'. '天地相蕩', 亦言其氣之播蕩也. '百化興焉', 所謂天地絪縕而萬物化醇也. 以上言效法之所本."

【악기 23】

화육함이 때에 맞지 않으면 만물을 낳지 못하고, 남녀가 분별이 없으면 어지러움이 일어나니, 이것이 천지의 정情이다.

化不時則不生, 男女無辨則亂升, 天地之情也.

鄭注 '변辨'은 구별한다는 뜻이다. '승升'은 성립한다는 뜻이다. 악이 잘못되면 만물을 해치고, 예가 잘못되면 사람을 어지럽힌다. '辨', 別也. '升', 成也. 樂失則害物, 禮失則亂人.

集說 이 경문은 예악이 잘되고 잘못되는 것은 천지와 서로 관련이 있음을 말하였다. 이른바 "조화로운 기운은 상서를 불러오고 어그러진 기운은 재이를 불러온다"[43]는 것으로, 위 경문 두 절節[44]의 뜻을 총결하였다. 此言禮樂之得失, 與天地相關. 所謂"和氣致祥, 乖氣致異"也, 總結上文兩節之意.

【악기 24】

예禮와 악樂이 하늘에 이르고 땅에 위탁하여, 음양에 행해지고 귀신에 통하며, 높고 먼 것을 다하여 깊고 두터운 것을 헤아리게 되면, 악은 태초의 시작에 머무르고 예는 만물을 이루는 것에 거처한다. 쉬지 않고 행함을 드러내는 것은 하늘이요, 움직이지 않음을 드러내는 것은 땅이요, 한 번 움직이고 한 번 고요한 것은 하늘과 땅의 사이이다. 그러므로 성인은 '예악'이라고 하신 것이다.

及夫禮樂之極乎天而蟠乎地, 行乎陰陽而通乎鬼神, 窮高極遠而測深厚,① 樂著太始, 而禮居成物.② 著不息者, 天也, 著不動者, 地也,③ 一動一靜者, 天地之間也.④ 故聖人曰'禮樂'云.⑤

鄭注 ① '극極'은 이른다는 뜻이다. '반蟠'은 위탁한다는 뜻이다. '고원高遠'은 해 · 달 · 별을 가리킨다. '심후深厚'는 산천山川을 가리킨다. 예악의 도가 위로는 하늘에 이르고 아래로는 땅에 위탁하여 그 사이에 이르지 않는 곳이 없는 것이다. '極', 至也. '蟠', 猶委也. '高遠', 三辰也. '深厚', 山川也. 言禮樂之道, 上至於天, 下委於地, 則其間無所不之.

② '착著'의 뜻은 거처하다이다. '태시大始'는 백물百物이 처음 화생하는 것이다. '著'之言'處'也. '大始', 百物之始生[45]也.

③ '저著'는 분명하다는 뜻과 같다. '식息'은 쉰다는 뜻과 같다. 『역易』에 "하늘의 운행은 강건하니, 군자는 이를 본받아 자신을 건실하게 하기를 쉬지 않는다"[46]고 하였다. '著', 猶明白也. '息', 猶休止也. 『易』曰: "天行健, 君子以自強不息."

④ '간間'은 모든 사물을 가리킨다. '間', 謂百物也.

⑤ 예와 악이 하늘과 땅을 본받음에 악은 고요함을 예는 움직임을 주로 하는데, 그것이 함께 일을 하는 것은 또한 하늘과 땅 사이임을 말한다. 言禮樂之法天地也, 樂靜而禮動, 其並用事, 則亦天地之間耳.

集說 주자朱子는 말한다. "'하늘은 태초의 시작을 주관하고, 땅은 만들어 만물을 이룬다'[47]는 말에서 '지知'는 주관한다는 뜻이다. 하늘이 주관하는 것은 태초의 시작이고, 태초의 시작은 곧 만물이 생겨나는 처음이다. 건乾은 만물을 처음 낳고 곤坤을 그것을 이루어준다."[48] ○ 응씨應氏는 말한다. "'급及'은 이른다는 뜻이다. 이 경문은 다음과 같은 뜻이다. 악樂이 저절로 이루어지는 조화에서 나오고 예禮가 저절로 이루지는 질서에서 나와 두 가

지의 작용이 충만하게 유행하여, 드러난 곳에 도달하지 않음이 없고 어두운 곳에 이르지 않음이 없으며 높은 곳에 도달하지 않음이 없고 깊은 곳에 들어가지 않음이 없게 되면, 악은 건乾이 태초의 시작을 주관하는 처음에 머무르고 예는 곤坤이 만들어 만물을 이루어주는 자리에 머무르게 되는데, 쉬지 않음을 밝게 드러내는 것은 하늘이 하늘 된 까닭이고, 움직이지 않음을 밝게 드러내는 것은 땅이 땅 된 이유이다. 움직이지 않음을 드러내는 것은 작용 가운데 숨기는 것이요, 쉬지 않음을 드러내는 것은 인 가운데 드러내는 것이다. 하늘과 땅 사이는 한 번 움직이고 한 번 고요함에 불과할 뿐이다. 그러므로 성인聖人이 그것을 밝게 드러내 사람에게 보이고 예와 악이라고 이름하였다."[49] 어떤 이는 말한다. "쉬지 않는 것과 움직이지 않는 것은 하늘과 땅으로 나누어 드러나지만, 한 번 움직이고 한 번 고요하여 끝없이 순환하는 것은 하늘과 땅의 사이다. 움직이고 고요한 것이 서로 떨어질 수 없으니, 예와 악은 혹이라도 나뉘는 것을 용납하지 않는다. 그러므로 성인이 예악을 말할 때는 반드시 합해서 말하였고, 나누어 분리해서 말한 적이 없다. 이상은 공功을 이룸이 부합하는 바를 말하였다." ○ 유씨劉氏는 말한다. "일양一陽이 자子에서 생기는 것에서부터 육양六陽이 사巳에서 지극해져서 건乾이 되기까지 이 과정은 건乾이 태초의 시작을 주관하는 것이다. 일음一陰이 오午에서 생기는 것에서부터 육음六陰이 해亥에서 지극해져서 곤坤이 되기까지 이 과정은 곤이 만들어 만물을 이루는 것이다. 또 건과 곤이 태泰와 비否에서 교대하는데, 한 해에서는 정월 태泰, 이월 대장大壯, 삼월 쾌夬, 사월 건乾, 오월 구姤, 유월 둔遯에는 모두 건괘를 가지고 있어 이로써 음을 통섭하니 이것이 건이 봄과 여름을 주관하는 것이다. 칠월 비否, 팔월 관觀, 9월 박剝, 시월 곤坤, 자월인 십일월 복復, 축월인 십이월 임臨은 모두 곤괘를 가지고 있어 이로써 양을 통섭하니 이것이 곤이 가을과 겨울을 주관하는 것이다." 朱子曰: "'乾知太始, 坤作成物', '知'者, 管也. 乾管

却大始, 太始卽物生之始. 乾始物而坤成之也." ○ 應氏曰: "'及', 至也. 言樂出於自然之和, 禮出於自然之序, 二者之用, 充塞流行, 無顯不至, 無幽不格, 無高不屆, 無深不入, 則樂著乎乾知太始之初, 禮居乎坤作成物之位, 而昭著不息者, 天之所以爲天, 昭著不動者, 地之所以爲地. 著不動者, 藏諸用也, 著不息者, 顯諸仁也. 天地之間, 不過一動一靜而已. 故聖人昭揭以示人, 而名之曰禮樂也." 或曰: "不息不動, 分著於天地, 而一動一靜, 循環無端者, 天地之間也. 動靜不可相離, 則禮樂不容或分. 故聖人言禮樂, 必合而言之, 未嘗析而言之也. 以上言成功之所合." ○ 劉氏曰: "自一陽生於子, 至六陽極於巳而爲乾, 此乾知太始也. 自一陰生於午, 至六陰極於亥而爲坤, 此坤作成物也. 又乾坤交於否泰, 一歲, 則正月泰·二壯·三夬·四乾·五姤·六遯, 皆有乾以統陰, 是乾主春夏也. 七月否·八觀·九剝·十坤·子復·丑臨, 皆有坤以統陽, 是坤主秋冬也."

【악기 25】

옛날에 순舜이 오현금을 제작하여 「남풍南風」을 노래하였는데, 기夔가 처음으로 악樂을 제작하여 제후들에게 상을 주었다. 그러므로 천자가 악을 제작하는 것은 덕이 있는 제후에게 상으로 주는 것이다. 덕이 성대하고 교화가 존숭되며 오곡이 때에 맞게 익은 뒤에 악으로써 상을 내린다. 그러므로 그 정치가 백성이 힘들고 피로한 경우는 그 춤의 행렬에서 춤추는 위치 사이의 거리가 서로 멀고, 그 정치가 백성들이 편안하고 즐거운 경우는 그 춤의 행렬에서 춤추는 위치 사이의 거리가 짧다. 그러므로 그 춤을 보면 그 덕을 알고 그 시호를 들으면 그 행적을 안다.

昔者, 舜作五絃之琴以歌「南風」, 夔始制樂以賞諸侯.① 故天子之爲樂也, 以賞諸侯之有德者也. 德盛而敎尊, 五穀時熟, 然後賞之以樂. 故其治民勞者, 其舞行綴遠, 其治民逸者, 其舞行綴短.② 故觀其舞, 知其德, 聞其謚, 知其行也.③

鄭注 ① 기夔는 순舜이 이 악樂을 천하의 국군들과 공유하기를 원하였다. 남풍南風은 성장하도록 길러주는 바람이다. 이 바람에서 뜻을 취하여 부모가 나를 길러주었음을 말한 것인데, 그 가사는 전해지지 않는다. '기夔'는 순임금 때에 악을 관장한 신하이다. 『서書』에서 "기야, 너에게 악을 관장할 것을 명한다"고 하였다. 夔欲舜與天下之君共此樂也. 南風, 長養之風也. 以言父母之長養己, 其辭未聞也. '夔', 舜時典樂者也. 『書』曰: "夔, 命女典樂."

② 백성들이 힘들어 피로하면 덕이 작으니, 춤추는 위치 사이의 거리가 서로 멀어서 춤추는 사람의 수가 적다. 백성들이 편안하면 덕이 성대하니 춤추는 위치 사이의 거리가 서로 가까워서 춤추는 사람의 수가 많다. 民勞則德薄, 酇相去遠, 舞人少也. 民逸則德盛, 酇相去近, 舞人多也.

③ '시호'(謚)란 행실의 자취이다. '謚'者, 行之迹也.

集說 응씨應氏(응용應鏞)는 말한다. "백성을 다스리는데 부지런하면 덕이 성대하여 악樂이 융성하다. 그러므로 춤추는 대열이 멀고 길다. 백성을 다스리는데 게으르면 덕이 엷어지고 악樂도 줄어든다. 그러므로 춤추는 대열이 가깝고 짧다." ○ 석량왕씨石梁王氏는 말한다. "기夔가 악을 제작할 때 어찌 오로지 제후들에게 상을 주는 것을 위해서 하였겠는가? 이 부분은 모두 의리義理(합당한 이치)가 없다." 應氏曰: "勤於治民, 則德盛而樂隆. 故舞列遠而長. 怠於治民, 則德薄而樂殺. 故舞列近而短." ○ 石梁王氏曰: "夔制樂, 豈專爲賞諸侯? 此處皆無義理."

【악기 26】

「대장大章」은 요堯의 덕이 밝게 드러났음을 기린 것이다. 「함지咸池」는 황제黃帝에게 덕행이 갖추어짐을 기린 것이다. 「소韶」는 순舜이 요의 덕을 계승하였음을 기린 것이다. 「하夏」는 우禹가 요와 순의 덕을 크게 발전시켰음을 기린 것이다. 은殷과 주周의 악은 인사人事에 극진히 하였음을 기린 것이다.

「大章」, 章之也.① 「咸池」, 備矣.② 「韶」, 繼也.③ 「夏」, 大也.④ 殷·周之樂盡矣.⑤

鄭注 ① 요堯의 악 이름이다. 요의 덕이 드러나 밝음을 말한다. 『주례』에는 빠져있다. 어떤 곳에는 「대권大卷」으로도 되어 있다. 堯樂名也. 言堯德章明也. 『周禮』闕之. 或作「大卷」.

② 황제黃帝가 제작한 악의 이름이다. 요가 증수해서 사용하였다. '함咸'은 모두라는 의미다. '지池'는 베풂을 말한다. 덕이 베풀어지지 않음이 없음을 말한다. 『주례』에서는 '「대함大咸」'이라고 하였다. 黃帝所作樂名也. 堯增脩而用之. '咸', 皆也. '池'之言施也. 言德之無不施也. 『周禮』曰'「大咸」'.

③ 순舜의 악 이름이다. '소韶'는 계승한다는 말이다. 순이 요의 덕을 잘 계승하였음을 말한다. 『주례』에서는 '「대소大韶」'라고 하였다. 舜樂名也. '韶'之言紹也. 言舜能繼紹堯之德. 『周禮』曰'「大韶」'.

④ 우禹의 악 이름이다. 우가 요와 순의 덕을 크게 발전시켰음을 말한다. 『주례』에서는 '「대하大夏」'라고 하였다. 禹樂名也. 言禹能大堯舜之德. 『周禮』曰'「大夏」'.

⑤ 인사人事를 다하였음을 말한다. 『주례』에서는 '「대호大濩」'와 '「대무大武」'라고 하였다. 言盡人事也. 『周禮』曰'「大濩」'·'「大武」'.

集說 小疏에서 말한다. "요의 악을 「대장大章」이라고 부른 것은 요의 덕이 천하에 밝게 드러났음을 말하는 것이다. '함咸'은 모두를 뜻한다. '지池'는 베풂을 뜻한다. 「함지咸池」는 황제黃帝의 악 이름으로 덕이 모두 천하에 베풀어져 혜택을 줌에 두루 미치지 않음이 없음을 뜻한다. 이것이 갖추어졌다는 것이다. '소韶는 계승하였음을 말한다'는 말은 순의 도道와 덕德이 요로부터 계승한 것임을 말한다. '하夏'는 크다는 뜻으로 우禹의 악 이름이다. 「하夏」는 요와 순의 덕을 빛내고 크게 발전시켰음을 말한다. '은과 주의 악'(殷周之樂)이라고 한 말은 탕湯의 「대호大濩」와 무왕武王의 「대무大武」를 가리킨다. '다하였다'(盡矣)는 말은 인사人事에 극진히 하였음을 뜻한다."

疏曰: "堯樂謂之「大章」者, 言堯德章明於天下也. '咸', 皆也. '池', 施也. 「咸池」, 黃帝樂名,[50] 言德皆施被於天下, 無不周徧. 是爲備具矣. '韶, 繼也'者, 言舜之道德, 繼紹於堯也. '夏', 大也, 禹樂名. 「夏」者, 言能光大堯舜之德也. '殷周之樂', 謂湯之「大濩」·武王之「大武」也. '盡矣', 言於人事盡極矣."

【악기 27】

천지의 도는 춥고 더운 것이 때에 맞지 않으면 질병이 생기고, 바람과 비가 절도에 맞지 않으면 기근이 든다. 교화란 백성들에게 춥고 더운 것과 같다. 교화가 때에 맞지 않으면 세상 풍속을 해친다. 일이란 백성들에게 바람과 비와 같다. 일이 절도에 맞지 않으면 공을 이루지 못한다. 그러므로 선왕이 악을 제정하는 것은 그것으로 다스림의 법도를 삼기 위한 것이니, 교화가 잘되면 백성들의 행실이 임금의 덕을 닮는다.

天地之道, 寒暑不時則疾, 風雨不節則饑. 教者, 民之寒暑也. 教不時則傷世. 事者, 民之風雨也. 事不節則無功.① 然則先王之爲樂也, 以法治也, 善則行象德矣.②

鄭注 ① '교敎'는 악樂을 말한다. '敎', 謂樂也.

② '이법치以法治'는 악樂으로써 다스림의 법도를 삼는 것이다. '행상덕行象德'은 백성들의 행실이 임금의 덕을 따르는 것이다. '以法治', 以樂爲治之法. '行象德', 民之行順君之德也.

集說 '춥고 더운 것'은 한 해의 변화이고 '바람과 비'는 하루의 기후이다. 교화는 중하고 일은 가볍다. 그러므로 춥고 더운 것으로 교화에 비유하고 바람과 비로 일에 비유하였다. 따라서 선왕이 예악을 제정할 때 일에 모두 교화를 담았으니 이것이 천지의 도를 본받아 천하에서 다스림을 삼는 것이다. 정치에 베풀어서 선하지 않음이 없으면, 백성들의 행실이 군주의 덕을 닮는다. '寒暑'者, 一歲之分劑, '風雨'者, 一旦之氣候. 教重而事輕. 故以寒暑喻教, 而以風雨喻事也. 然則先王之制禮樂, 事皆有教, 是法天地之道以爲治於天下也. 施於政治而無不善, 則民之行象君之德矣.

【악기 28】

곡물을 먹여 가축을 키우고 술을 빚는 것은 화란을 야기하려 함이 아니지만 송사가 더욱 빈번해지는 것은 음주가 지나쳐서 화란을 낳았기 때문이다. 그러므로 선왕은 그러한 일을 계기로 음주의 예를 만들었다. 일헌壹獻(한 번 술을 따라 올리는 의절)의 예에서 빈객과 주인은 수없이 배례를 하여 종일토록 술을 마셔도 취할 수가 없으니, 이것이 음주로 인해 발생하는 화란을 방비하기 위한 선왕의 방법이다. 그러므로 술 마시고 밥 먹는 것은 기쁨을 함께 나누기 위한 것이다. 악樂은 덕을 본받기 위한 것이다. 예禮는 과도함을 막기 위한 것이다. 이러한 까닭에 선왕은 상사喪事를 당하면 반드시 예를 두어서 그를 슬퍼하고, 경사慶事가 생기면 반드시 예를 두어서 그것을 기뻐하였으니, 슬픔과 기쁨이 나뉨에 모두 예로써 마쳤다. 악樂이란 성인이 즐거워하였던 바로서, 백성의 마음을 착하게 할 수 있고, 사람의 마음을 감동시킴이 깊어 풍속을 옮기고 바꾸게 하므로 선왕이 그 가르침을 세웠던 것이다.

夫豢豕爲酒, 非以爲禍也, 而獄訟益繁, 則酒之流生禍也.① 是故先王因爲酒禮. 壹獻之禮, 賓主百拜, 終日飮酒而不得醉焉, 此先王之所以備酒禍也.② 故酒食者, 所以合歡也. 樂者, 所以象德也. 禮者, 所以綴淫也.③ 是故先王有大事, 必有禮以哀之, 有大福, 必有禮以樂之, 哀樂之分, 皆以禮終.④ 樂也者, 聖人之所樂也, 而可以善民心, 其感人深, 其移風易俗, 故先王著其敎焉.⑤

鄭注 ① 곡식으로 개와 돼지를 먹이는 것을 '환豢'이라고 한다. '위爲'는 빚는다는 뜻이다. 가축을 곡물을 먹여 키우고 술을 빚는 것은 본래 제사를 지내고 현인을 양성하기 위함인데, 소인들이 마시고 곧잘 주정하여 송사를 야기함을 말한다. 以穀食犬豕曰'豢'. '爲', 作也. 言豢豕作酒, 本以饗祀養賢, 而小人飮之善酗, 以致獄訟.

② '일헌壹獻'은 사士가 술을 마시는 예이다. '백배百拜'는 많음을 비유한 것이다. '壹獻', 士飮酒之禮. '百拜', 以喩多.

③ '철綴'은 금지한다는 뜻과 같다. '綴', 猶止也.

④ '대사大事'는 상사喪事를 말한다. '大事', 謂死喪也.

⑤ '저著'는 세운다는 뜻과 같다. 사악司樂 이하를 세워서 국자國子를 가르치게 함을 말한다. '著', 猶立也. 謂立司樂以下, 使敎國子.

集說 '일헌一獻의 예'는 사士의 향례饗禮로 술을 따라 올리는 예를 한 번만 한다. '철綴'은 금지한다는 뜻이다. '큰일'(大事)은 죽어서 상을 치르는 일이다. '큰 복'(大福)은 경사스러운 일이다. '큰 복'으로 '큰일'에 대비하여 말했으니 '큰일'(大事)은 불행한 일이나. 슬픈 일이나 즐거운 일이나 모두 예로써 마친다면 슬퍼하고 즐거워함을 과도하게 하는 데 이르지 않는다. 이 장은 예를 말한 곳이 많은데, 끝에서 또한 악樂을 말한 것은 예와 악이 별개의 용도가 아님을 밝힌 것이다. 응씨應氏는 『한지漢志』에 근거하여 '속俗' 아래에 '역易'을 덧붙였는데 음은 이以와 시豉의 반절이다. ○ 소疏에서 말한다. "살펴보건대, 오늘날 향음주鄕飮酒의 예는 일헌만 하고, 백배百拜를 하는 것은 없다. 여기서 '백배'라고 한 것은 많음을 비유한 것이다." '一獻之禮', 士之饗禮, 惟一獻也. '綴', 止也. '大事', 死喪之事也. '大福', 吉慶之事也. 以'大福'對'大事'而言, 則'大事'爲禍矣. 哀樂皆以禮終, 則不至於過哀過樂矣. 此章言禮處多, 而末亦云樂者, 明禮樂非二用也. 應氏本『漢志』, '俗'下增'易'字, 音以豉反. ○ 疏曰: "按今鄕飮酒之禮, 是一獻, 無百拜. 此云'百拜', 喩多也."

【악기 29】

대개 백성은 혈기血氣와 심지心知의 성性이 있으나, 슬퍼하고 즐거워하며 기뻐하고 분노함(哀樂喜怒)은 일정함이 없으며, 사물에 의해 감발되는 것에 응하여 움직이고, 그런 뒤에 마음 씀(心術)이 나타난다. 그러므로 촉급하고 가늘며 메마르고 줄어드는 음이 제작되면, 백성이 근심하는 것이다.

夫民有血氣心知之性, 而無哀樂喜怒之常, 應感起物而動, 然後心術形焉.① 是故志微·噍殺之音作,② 而民思憂.

鄭注 ① 감촉시키는 것에 달렸음을 말한다. '술術'은 말미암는 바이다. '형形'은 나타난다는 뜻과 같다. 言在所以感之也. '術', 所由也. '形', 猶見也.

② '지미志微'는 의도함이 섬세하다는 뜻이다. 오吳의 공자公子 계찰季札은 「정풍鄭風」을 듣고 "섬세함이 너무 지나치니 백성들이 감당하지 못한다"라고 하였다. '志微', 意細也. 吳公子札聽「鄭風」, 而曰: "其細已甚, 民弗堪也."

集說 유씨劉氏는 말한다. "여기서는 이 편의 처음에 '음이 생겨나는 것이 본래 인심이 사물에 느끼는 것에 달려 있다'고 한 부분의 뜻을 거듭 드러내 말하였다. 백성의 마음은 일정함이 없어 희노애락의 정이 사물에 의해 감발되는 것에 응하여 움직이고, 그런 뒤에 그 마음 씀(心術)이 성음聲音으로 나타난다. 그러므로 시詩를 채집하면 백성들의 풍속을 관찰할 수 있고, 악을 살피면 나라의 정치를 알 수 있다. '지志'는 '급急'으로 되어야 한다. '급急'은 촉급하다는 뜻이다. '미微'는 가늘다는 뜻이다. '초噍'는 메마르다는 뜻이다. '쇄殺'는 줄어든다는 뜻이다. 그 슬픈 마음이 감발된 사람은 그 소리(聲)가 메마르고 줄어든다. 그러므로 악樂을 제작함에 촉급하고 가늘며, 메마르고 줄어드는 음이 나오면 그 백성의 마음이 슬프고 근심함을 알 수 있다." 劉氏曰: "此申言篇首'音之生, 本在人心之感於物也'一條之義. 民心無常, 而喜怒哀樂之情, 應其感起於物者而動, 然後其心術形於聲音矣. 故采詩, 可以觀民風, 審樂, 可以知國政也. '志', 疑當作'急'. '急', 促. '微', 細. '噍', 枯. '殺', 減也. 其哀心感者, 其聲噍

以殺. 故作樂而有急微・噍殺之音, 則其民心之哀思憂愁可知矣."

【악기 30】

너그럽고 화합하며, 느리고 평탄하며, 문리가 풍부하고 절주가 간소한 음이 제작되면, 백성이 편안하고 즐거운 것이다.

嘽諧 · 慢易 · 繁文簡節之音作, 而民康樂.

鄭注 '간절簡節'은 적고 평이하다는 뜻이다. '簡節', 少易也.

集說 '탄嘽'은 너그럽다는 뜻이다. '해諧'는 화합한다는 뜻이다. '만慢'은 느리다는 뜻이다. '이易'는 평탄하다는 뜻이다. '번문간절繁文簡節'은 문리는 풍부하게 하고 절주를 간소하게 하는 것이다. 즐거운 마음이 감발되는 사람은 그 소리가 너그럽고 느리다. 그러므로 이와 같은 음이 제작되면 백성의 마음이 편안하고 즐거움을 알 수 있다. '嘽', 寬. '諧', 和. '慢', 緩. '易', 平也. '繁文簡節', 多文理而略節奏也. 其樂心感者, 其聲嘽以緩. 故此等音作, 則其民心之安樂可知矣.

【악기 31】

거칠고 사나우며, 맹렬하게 시작되어 빠르게 끝나며, 크게 떨치는 음이 제작되면, 백성들이 굳센 것이다.

粗厲 · 猛起 · 奮末 · 廣賁之音作, 而民剛毅.

鄭注 '분말奮末'은 팔다리를 움직여 사용한다는 뜻이다. '분賁'은 '분憤'으로 읽는다. 분憤은 성난 기운이 가득한 것이다. 『춘추전春秋傳』에서는 "혈기가 사납게 날뛴다"51)라고 하였다. '奮末', 動使四支也. '賁', 讀爲'憤'. 憤, 怒氣充實也. 『春秋傳』曰: "血氣狡憤."

集說 '조려粗厲'는 거칠고 소략하며 엄하고 사나운 것이다. '맹猛'은 위세가 성대한 모양이다. '분奮'은 떨치고 빠른 모양이다. '기起'는 처음의 뜻이다. '말末'은 끝의 뜻이다. '맹기분말猛起奮末'이란 처음 일어날 때 맹렬함이 가득하고 끝에 마칠 때 떨치고 빠른 것이다. '광廣'은 크다는 뜻이다. '분賁'은 떨친다는 뜻이다. '광분廣賁'은 중간에 사絲·죽竹·포匏·토土·혁革·목木 등의 악기 음이 다 포효하는 것을 말한다. 성내는 마음이 감발된 사람은 그 소리가 거칠고 사납다. 그러므로 그와 같은 음이 제작되면 백성들이 굳셈을 알 수 있다. '粗厲', 粗疏嚴厲也. '猛', 威盛貌. '奮', 振迅貌. '起', 初. '末', 終也. '猛起奮末'者, 猛盛於初起, 而奮振於終末也. '廣', 大. '賁', 憤也. '廣憤', 言中間絲·竹·匏·土·革·木之音皆怒也. 其怒心感者, 其聲粗以厲. 故此等音作, 則可知其民之剛毅.

【악기 32】

방정하고 곧으며, 견실하고 바르며, 장중하고 진실한 음이 제작되면, 백성이 정중하고 공경하는 것이다.

廉直·勁正·莊誠之音作, 而民肅敬.

集說 '렴廉'은 방정함(稜隅)52)이 있는 것이다. '경勁'은 견실하고 강하다는 뜻이다. 공경하는 마음이 감발된 사람은 그 소리가 곧고 방정하다. 그러므

로 그와 같은 음이 제작되면 백성이 정중하고 공경함을 알 수 있다. '廉', 有稜隅也. '勁', 堅强也. 其敬心感者, 其聲直以廉. 故此等音作, 則可知其民之肅敬.

【악기 33】

너그럽고 여유 있으며, 원만하고 유려하며, 순조롭게 이루며, 조화롭게 움직이는 음이 제작되면, 백성들이 인자하고 소중히 여기는 것이다.

寬裕・肉[53)]好・順成・和動之音作, 而民慈愛.

鄭注 '육肉'은 살지다는 뜻이다. '肉', 肥也.

集說 『주례』「고공기考工記・옥인玉人」의 정현 주에서 "호好는 벽璧의 가운데 구멍이다. 주변 옥의 넓이(肉)가 가운데 구멍보다 크기가 1배 더 크면 벽璧이라 하고, 가운데 구멍의 크기가 주변 옥의 넓이보다 1대 더 크면 원瑗이라 하며, 주변 옥의 넓이와 가운데 구멍의 크기가 같으면 환環이라 한다"고 하였다. 이와 같다면 우肉는 바로 벽의 주변 공간이다. 여기서 '우호肉好'라고 말한 것은 벽璧을 가지고 악樂의 음이 원만하고 유려함을 비유한 것이다. 소중히 여기는 마음이 감발된 사람은 그 소리가 조화롭고 부드럽다. 그러므로 그와 같은 음이 제작되면 백성들이 인자하고 소중히 여김을 안다. 「考工記」註云: "好, 璧孔也. 肉倍好曰璧, 好倍肉曰瑗, 肉好均曰環." 如此則肉乃璧之肉地也. 此言'肉好', 則以璧喻樂音之圓瑩通滑耳. 其愛心感者, 其聲和以柔. 故此等音作, 則知其民之慈愛.

【악기 34】

휩쓸려 치우치고, 삿되고 흩어지며, 한 곡이 끝나기까지 지나치게 길고, 넘쳐 참람하게 침범하는 음이 제작되면, 백성들이 참람하고 어지러운 것이다.

流辟·邪散·狄成·滌濫之音作, 而民淫亂.

鄭注 '적狄'과 '척滌'은 오고 감이 빠른 모양이다. '남濫'은 참람하게 어긋난다는 뜻이다. 이것은 모두 백성들의 마음이 일정함이 없다는 증거이다. '육肉'은 더러 '윤潤'으로 되어 있다. '狄'·'滌', 往來疾貌也. '濫', 僭差也. 此皆民心無常之徵也. '肉'或爲'潤'.

集說 '적狄'은 '적逖'(아득함)과 같으니 멀다는 뜻이다. '성成'이란 악樂이 한 곡 끝나는 것이다. '적성狄成'은 한 곡이 끝나기까지 지나치게 긴 것을 말하니, 넘치고 지나치다는 뜻이다. '척滌'은 씻는다는 뜻이다. '남濫'은 참람하게 침범한다는 뜻이다. 음音이 넘쳐흘러 참람하게 침범하는 것이 물로 물건을 씻는데 가라앉혀 잠기게 하고 참람하게 침범하여 구분함이 없는 것과 같음을 말한다. 이것은 기뻐하는 마음이 감발된 사람으로 그 소리가 그러한 것이다. 그러므로 이 음이 제작된 것을 들으면, 백성들이 참람하고 어지러움을 알 수 있다. '狄', 與'逖'同, 遠也. '成'者, 樂之一終. '狄成', 言其一終甚長, 淫泆之意也. '滌', 洗也. '濫', 侵僭也. 言其音之泛濫侵僭, 如以水洗物, 而浸漬侵濫, 無分際也. 此是其喜心感者, 而其聲然也. 故聞此音之作, 則其民之淫亂可知矣.

【악기 35】

그러므로 선왕은 (악樂을 제작할 때) 정情과 성性에 근본을 두고 도수度數로 상고하며 예의禮義로 재단함으로써, 생기生氣의 융화에 부합하고 오상五常의 유행에 따르게 하여, 양은 흩어지지 않고 음은 막히지 않게 하고, 강한 기는 성내지 않고 부드러운 기는 겁내지 않게 하여, 이 네 가지가 안에서 서로 통창通暢하고 밖으로 드러나서 모습을 이룸에, 모두 자기의 자리를 편안히 여겨 서로 침탈하지 않게 하였다. 그런 뒤에 학學(교육)에 등급에 따라 설치하여 그 절주를 더욱 많이 익히고 그 문채를 살핌으로써 선함을 검속하여 돈후한 덕을 이루게 하였고, 율律의 방식으로 음의 대소를 알맞게 하고 비比의 방식으로 오성이 시작하고 끝남을 차서가 있게 하여 일이 행해지는 바를 본떠 표현하였다. 그렇게 하여 친소·귀천·장유·남녀의 도리가 모두 악樂에서 모습이 드러나게 하였다. 그러므로 (옛말에) "악樂에서 관찰하는 바가 깊다"고 하였다.

是故先王本之情性, 稽之度數, 制之禮義, 合生氣之和, 道五常之行, 使之陽而不散, 陰而不密, 剛氣不怒, 柔氣不慴, 四暢交於中, 而發作於外, 皆安其位, 而不相奪也.① 然後立之學等, 廣其節奏, 省其文采, 以繩德厚,② 律小大之稱, 比終始之序, 以象事行.③ 使親疏·貴賤·長幼·男女之理, 皆形見於樂. 故曰: "樂觀其深矣."④

鄭注 ① '생기生氣'는 음양의 기다. '오상五常'은 오행五行이다. '밀密'은 닫힌다는 뜻이다. '섭慴'은 무서워한다는 뜻과 같다. '生氣', 陰陽氣也. '五常', 五

行也. '密'之言閉也. '懾', 猶恐懼也.

② '등等'은 차이다. 각자 그 재능의 차이에 따라서 배우는 것이다. '광廣'은 더 많이 익히는 것이다. '성省'은 살핀다는 뜻과 같다. '문채文采'는 절주가 화합하는 것을 말한다. '승繩'은 잰다는 뜻과 같다. 『주례』「춘관·대사악大司樂」에서 "악어樂語로써 국자國子를 가리키니 흥興·도道·풍諷·송誦·언言·어語이다. 악무樂舞으로서 국자를 가리키니 「운문대권雲門大卷」[54]·「대함大咸」[55]·「대소大韶」[56]·「대하大夏」[57]·「대호大濩」[58]·「대무大武」[59]를 준다"라고 하였다. '等', 差也. 各用其才之差學之. '廣', 謂增習之. '省', 猶審也. '文采', 謂節奏合也. '繩', 猶度也. 『周禮』「大司樂」"以樂語敎國子, 興·道·諷·誦·言·語. 以樂舞敎國子, 舞「雲門大卷」·「大咸」·「大韶」·「大夏」·「大濩」·「大武」."

③ '율律'은 육율六律이다. 『주례』「전동典同」에서 "육율六律과 육동六同[60]으로써 천지 사방의 음양의 성聲을 변별해서 악기를 만들었다"고 하였다. '소대小大'는 고성高聲·정성正聲[61] 등의 부류이다. '종시終始'는 궁宮에서 시작하고 우羽에서 마치는 것을 말한다. 종묘宗廟에서는 황종黃鐘이 궁이 되고, 대려大呂가 각角이 되고, 태족大蔟이 치徵가 되고, 응종應鐘이 우羽가 된다. '이상사행以象事行'은 궁은 임금이 되고, 상은 신하가 되는 것[62]이다. '律', 六律也. 『周禮』「典同」"以六律六同, 辨天地四方陰陽之聲, 以爲樂器." '小大', 謂高聲·正聲之類也. '終始', 謂始於宮, 終於羽. 宗廟, 黃鍾爲宮, 大呂爲角, 大蔟爲徵, 應鍾爲羽. '以象事行', 宮爲君, 商爲臣.

④ 함께 들으면서, 화합하여 공경스럽지 않음이 없고, 화합하여 순조롭지 않음이 없고, 화합하여 친하지 않음이 없음을 말한다. 謂同聽之, 莫不和敬, 莫不和順, 莫不和親.

集說 여기서는 윗글(29장)의 성음이 감발됨에 응하여 나타난다고 한 내용을 이어서 말하였다. '정과 성에 근본을 둔다'(本之情性)는 것은 바로 백성이

혈기血氣와 심지心知의 성性, 기뻐하고 분노하며 슬퍼하고 즐거워하는 정을 가지고 있기 때문이다.[63] '도수度數'는 십이율의 위로 낳고 아래로 낳으며 더하고 줄이는 수數(비율)이다. '예의禮義'는 귀하고 천함, 풍성하고 간략함, 맑고 탁함, 높고 낮음이 각각 그 의리를 갖추는 것이다. '생기의 융화'(生氣之和)는 조화造化가 낳고 양육하는 신묘함이다. '오상의 유행'(五常之行)은 인仁·의義·예禮·지知·신信의 덕이다. 이 부분의 취지는 다음과 같다. 성인이 악樂을 제작할 때는 인심人心과 칠정이 느끼는 음에 근본을 두고, 오성五聲과 십이율十二律의 도수를 헤아려서, 맑고 탁함, 높고 낮음, 귀하고 천함, 높이고 줄임 등의 절도로써 조정하여 각각 그 적절함을 얻게 한다. 그런 뒤에 그것을 사용하여 천지의 생기가 융화融和함에 부합하게 하여 그 양기는 움직임이 흩어짐에 이르지 않고 음기는 고요함이 막히는데 이르지 않게 하며, 인심의 오상이 유행流行함에 따르게 하여 강한 자의 기는 성냄에 이르지 않고 부드러운 자의 기는 겁냄에 이르지 않게 한다. 천지의 음양과 인심의 강하고 부드러움 등, 네 가지가 각자 그 중도를 얻어서 조화롭게 펼쳐지면, 안에서 서로 통하여 펴고 밖으로 드러나서 모습을 이룬다. 이에 궁宮의 임금과 상商의 신하와 각角의 백성과 치徵의 일과 우羽의 물건이 각각 자기의 자리를 편안히 여기고 서로 윤서倫序를 침탈하지 않는다. 이것은 성인聖人이 처음에 인정人情에 따라 악을 제작할 때 도수와 예의禮義를 상세하게 갖추어 천지의 기가 융화하고 천하의 정情이 균평하게 하여서, 천지의 기와 인정이 감발하여 크게 융화함에 이르러 악樂에 막혀 조화롭지 못한 음이 없고, 그런 뒤에 악의 교화를 미루어 사용하여 백성을 변화시키고 풍속을 이루었음을 말한다. '학學(교육)에 설치한다'는 것은 악사樂師가 국학國學의 정무를 맡고, 대서大胥가 학사學士의 판版을 관장함[64]이 그 경우이다. '등급에 따라 설치한다'는 것은 13세에 작勺으로 가락을 맞추어 춤을 추고, 성동成童[65]은 상象으로 가락을 맞추어 춤을 추는 것[66]이 그 경우이다. '광기절주廣其節奏'는 배우는 자가 익히는 것을 증대시킨다는 뜻이다. '성기문채省其文采'는 그 음곡의 가사를 잘 살펴서 오성五聲이 서로 화합하고 호응함이 오색五色이 섞여서 문채를 이루는 것과 같게 하는 것이다. '돈후함(厚)'은 『서書』에서 "백성들은 나면서 돈후하다"[67]고 할 때의 돈후함이다. '이승덕후以繩德厚'는 본디 가지고 있는 선함을 단속하여 덕을 이루도록 하는 것이다. '율律'은 법도로써 가지런하게 정돈하는 것이다. '비比'는 차서로써 연결하여 합하는 것이다. 궁宮음이 가장 크고 우羽음이 가장 작은데, 율律의 방식으로 가지런히 정돈하여 각 음이 알맞음을 얻게 한다. 황종黃鐘의 초구初九에서 시작하여 중려仲呂의 상륙上六에서 마치는데, 비比의 방식으로 연결하여 합하여 각자 그 차서를 얻게 한다. 이것을 가지고 본떠 표현하여 그 일이 행해지는 바를 담아 나타내는데 "궁宮은 임금이 되니, 궁이 어지러우면 악樂의 소리가 흩어진다"[68]는 부류와 같은 것이다. 그러므로 '이것으로 일이 행해지는 바를 본떠 표현한다'(以象事行也)라고 말한 것이다. 인륜의 도리는 그 득실을 모두 악에서 볼 수 있다. 이것이 '악에서 관찰하는 바 그 뜻이 깊다'는 것이다. 이 경문은 옛날부터 이런 말이 있었는데, 기록한 자가 인용하여 증거로 삼은 것이다. 此承上文聲音之應感而言. '本之情性', 卽民有血氣心知之性·喜怒哀樂之情也. '度數', 十二律上生下生損益之數也. '禮義', 貴賤·隆殺·淸濁·高下, 各有其義也. '生氣之和', 造化發育之妙也. '五常之行', 仁·義·禮·知·信之德也. 言聖人之作樂, 本於人心七情所感之音, 而稽考於五聲十二律之度數, 而制之以淸濁·高下·尊卑·隆殺之節, 而各得其宜. 然後用之以合天地生氣之和, 而使其陽之動而不至於散, 陰之靜而不至於密, 道人心五常之行, 而使剛者之氣不至於怒, 柔者之氣不至於懾. 天地之陰陽·人心之剛柔, 四者各得其中而和暢焉, 則交暢於中而發形於外. 於是宮君·商臣·角民·徵事·羽物, 皆安其位而不相奪倫也. 此言聖人始因人情而作樂, 有度數禮義之詳, 而以之和天地之氣, 平天下之情, 及天氣人情感而大和焉, 則樂無怗懘之音矣, 然後推樂之敎, 以化民成俗也. '立之學', 若

樂師掌國學之政, 大胥掌學士之版是也. '立之等', 若十三舞勺, 成童舞象之類是也. '廣其節奏', 增益學者之所習也. '省其文采', 省察其音曲之辭, 使五聲之相和相應, 若五色之雜以成文采也. '厚', 如『書』"惟民生厚"之厚. '以繩德厚', 謂檢約其固有之善, 而使之成德也. '律', 以法度整齊之也. '比', 以次序聯合之也. 宮音至大, 羽音至小, 律之使各得其稱. 始於黃鍾之初九, 終於仲呂之上六, 比之使各得其序. 以此法象而寓其事之所行, 如"宮爲君, 宮亂則荒"之類. 故曰'以象事行也'. 人倫之理, 其得失皆可於樂而見之. 是'樂之所觀, 其義深奧矣'. 此古有是言, 記者引以爲證.

【악기 36】

지력이 고갈되면 초목이 자라지 못하고, 어장에 정해진 때가 없이 수시로 드나들면 어류(魚鼈)가 성장하지 못하고, 기가 쇠약하면 태어난 개체들이 성숙하지 못하고, 세상이 어지러우면 예禮가 사특하고 악樂이 지나치다. 그러므로 그 소리(聲)가 슬프지만 장중하지 않고, 즐겁지만 편안하지 않다. 소홀히 경시하여 절도를 해치고, 멋대로 방종하여 근본을 잊어버린다. 크게는 간사한 짓을 하는 것을 용인하고, 작게는 탐욕스런 짓을 할 것을 생각한다. 통창한 기운을 손상시키고, 평안하고 화합하는 덕을 훼멸한다. 그러므로 군자가 그러한 예와 악을 천하게 여긴다.

土敝則草木不長, 水煩則魚鼈不大, 氣衰則生物不遂, 世亂則禮慝而樂淫. 是故其聲哀而不莊, 樂而不安. 慢易以犯節, 流湎以忘本. 廣則容姦, 狹則思欲. 感條暢之氣, 滅平和之德. 是以君子賤之也.

鄭注 '수遂'는 이룬다는 뜻과 같다. '특慝'은 더럽다는 뜻이다. '광廣'은 소리(聲)가 느린 것을 말한다. '협狹'은 소리(聲)가 급한 것을 말한다. '감感'은 동요시킨다는 뜻이다. 사람의 멀리 길게 펴는 선한 기를 동요시켜 제 자리를 잃게 하는 것이다. '遂', 猶成也. '慝', 穢也. '廣', 謂聲緩也. '狹', 謂聲急也. '感', 動也. 動人條暢之善氣, 使失其所.

集說 '토폐土敝'는 지력이 고갈된 것이다. 그러므로 초목이 자라지 못한다. '수번水煩'은 못과 어량에 들어가 물고기를 잡는 것이 정해진 때가 없음을 말한다. 어장에 들어가 물고기를 잡는 것이 빈번하고 무질서해서 물고기와 자라가 편안할 수 없으므로 성장하지 못한다. 만물이 생겨나는 것은 반드시 음양의 기를 바탕으로 한다. 기가 쇠약하고 고갈하였기 때문에 태어난 개체들이 성숙할 수가 없다. 이 세 구절은 모두 세상의 도가 어지러워진 것을 비유하였다. 위와 아래 사이에 일정함이 없으므로 예禮가 사특하고, 남녀 간에 절도가 없으므로 악樂이 지나치다. 악이 지나치므로 슬프지만 장중하지 못하고, 즐겁지만 편안하지 않다. 「관저關雎」와 같은 경우는 즐겁지만 지나치지 않고 슬프지만 마음을 해치지 않는다. 예가 사특하므로 소홀히 경시하여 절도를 어기고, 멋대로 방종하여 근본을 잊는다. 올바른 예라면, 엄숙하고 공경하면서 절도가 있고, 돌아갈 줄 알며 근본에 보답한다. '광廣'은 크다는 뜻과 같다. '협狹'은 작다는 뜻과 같다. 악이 지나치고 예가 사특하면, 크게는 간사한 짓을 행하는 것을 사람들이 용인하게 하고, 작게는 탐욕한 짓을 행할 것을 사람들이 생각하도록 이끌어, 천지의 통창通暢한 기를 손상시키고 인심의 화평한 덕을 훼멸시킨다. 따라서 군자는 이러한 예와 악을 천하게 여겨서 사용하지 않는다. '감感'은 어떤 본에는 '축蹙'으로 되어 있다. 통창한 기를 위축시킴은 곧 "생기의 융화融和에 부합함"[69]과 상반된다. '평안하고 화합하는 덕을 훼멸한다'는 것은 곧 '오상五常

의 유행에 따름'과 다르다. '土敝', 地力竭也. 故草木不長. '水煩', 謂澤梁之入無時. 水煩擾而魚鼈不得自如, 故不大也. 物類之生, 必資陰陽之氣. 氣衰耗, 故生物不得成遂也. 此三句, 皆以喻世道衰亂. 上下無常, 故禮慝. 男女無節, 故樂淫也. 樂淫, 故哀而不莊, 樂而不安. 若「關雎」則樂而不淫, 哀而不傷. 禮慝, 故慢易以犯節, 流湎以忘本. 若正禮, 則莊敬而有節, 知反而報本也. '廣', 猶大也. '狹', 猶小也. 言淫樂慝禮, 大則使人容爲姦宄, 小則使人思爲貪欲, 感傷天地條暢之氣, 滅敗人心和平之德. 是以君子賤之而不用也. '感', 或作'蹙'. 感條暢之氣, 則與'合生氣之和'者反矣. '滅平和之德', 則與'道五常之行者'異矣.

【악기 37】

무릇 간사한 소리(聲)가 사람을 감발시키면 거스르는 기운이 응한다. 거스르는 기운이 형상(象)을 이루면 지나친 악樂이 일어난다. 바른 소리(聲)가 사람을 감발시키면 순조로운 기운이 응한다. 순조로운 기운이 형상(象)을 이루면 조화로운 악이 일어난다. 선창하고 화답하는 것에는 응함이 있어, 어긋남과 치우침, 굽음과 곧음이 각각 자기의 경계로 돌아가고, 만물의 이치도 각기 부류에 따라 서로 감발하여 움직인다.

凡姦聲感人, 而逆氣應之. 逆氣成象, 而淫樂興焉. 正聲感人, 而順氣應之. 順氣成象, 而和樂興焉. 倡和有應, 回邪曲直, 各歸其分, 而萬物之理, 各以類相動也.

鄭注 '형상을 이룬다'(成象)는 것은 사람이 즐겨 익숙함을 말한다. '成象'者, 謂人樂習焉.

集說 소疏에서 말한다. "'창화유응倡和有應'이란 간성姦聲이나 정성正聲이 사람들에게 감발시키는 것이 '창倡'(선창함)이요, 역기逆氣나 순기順氣가 그것에 상응하는 것이 '화和'(화답함)이다. '회回'는 어긋나고 거스르는 것이다. '사邪'는 삿되고 치우침을 말한다. 굽음과 곧음이 각기 그 선함과 악함의 경계로 돌아가는 것에 이르면, 선함은 선함의 경계로 돌아가고 악함은 악함의 경계로 돌아가는데, 만물의 정리情理도 또한 각자 선하고 악한 부류에 따라서 서로 감발하여 움직인다." ○ 응씨應氏는 말한다. "소리(聲)는 미세한 곳에서 감발시키지만, 기氣가 응하는 것은 매우 빠르다. 기는 미세한 곳에서 응하지만 형상(象)이 이루어지는 것은 매우 뚜렷하다. 형상(象)을 이루면 형체(形)가 있어서 볼 수가 있으니, '나타나면 그것을 상象이라고 한다'70)는 것이다. '각귀기분各歸其分'이란 이른바 '악樂의 도가 여기에 돌아간다'71)는 것이다." 疏曰: "'倡和有應'者, 姦聲·正聲感人, 是'倡'也, 而逆氣·順氣應之, 是'和'也. '回', 謂乖違. '邪', 謂邪僻. 及曲之與直, 各歸其善惡之分限, 善歸善分, 惡歸惡分, 而萬物之情理, 亦各以善惡之類自相感動也." ○ 應氏曰: "聲感於微, 而氣之所應者甚速. 氣應於微, 而象之所成者甚著. 成象則有形而可見, '見乃謂之象'也. '各歸其分'者, 所謂'樂之道歸焉'耳."

【악기 38】

그러므로 군자는 정성情性의 올바름으로 돌아가 의지(志)를 조화롭게 하고, 선악의 부류를 구별하여 덕행을 이룬다. 간사한 소리(聲)와 어지러운 미색(色)을 듣고 보는 데 남겨두지 않고, 지나친 악과 사특한 예를 마음 씀에 접촉시키지 않고, 게으르고 소홀하며 삿되고 치우친 기운을 몸에 베풀지 않아서, 귀 · 눈 · 코 · 입 · 심지心知(마음의 지각) · 온몸이 모두 순조롭고 올바름을 따라서 그 의義(의로움)를 행하게 한다.

是故君子反情以和其志, 比類以成其行. 姦聲亂色, 不留聰明, 淫樂慝禮, 不接心術, 惰慢邪僻之氣, 不設於身體, 使耳 · 目 · 鼻 · 口 · 心知 · 百體, 皆由順正, 以行其義.

鄭注 '반反'은 근본으로 삼는다는 뜻과 같다. '술術'은 도道와 같다. '反', 猶本也. '術', 猶道也.

集說 '반정反情'은 그 정성情性의 올바름으로 되돌아가는 것이다. 정情이 그 바름을 잃지 않으면 뜻(志)은 화순하지 않음이 없다. '비류比類'는 선악의 부류를 구별하는 것이다. 악의 부류에 들어가지 않으면 덕행이 이루어지지 않음이 없다. '불류不留' · '부접不接' · '불설不設'이라고 한 것은 『논어』에서 '네 가지 하지 말 것(四勿)[72]'을 말한 것과 같으니, 모두 정성의 올바름으로 돌아가고 선악의 부류를 구분하여 차이를 두는 일이다. 이와 같이 하면 온몸이 명령을 따라서 의義(의로움)와 함께하게 된다. 이 한 구절은 배우는 자가 자기 몸을 수양하는 요체이다. '反情', 復其情性之正也. 情不失其正, 則志無不和. '比類', 分次善惡之類也. 不入於惡類, 則行無不成. 曰'不留' · '不接' · '不設', 如『論語』'四勿'之謂, 皆反情比類之事. 如此則百體從令而義之與比矣. 此一節, 乃學者脩身之要法.

【악기 39】

그런 뒤에 성음聲音으로 드러내고, 금슬琴瑟[73]로 문식하고, 간척干

戚[74])으로 움직이게 하고, 우모羽旄[75])로 꾸미고, 소관簫管[76])으로 따른다. 지극한 덕의 광채를 빛나게 하고, 사계절 조화로운 기를 고동鼓動시켜서 만물의 이치를 드러낸다. 이러한 까닭에 맑고 분명함(淸明)으로 하늘을 형상하고, 넓고 큼(廣大)으로 땅을 형상하고, 마침과 시작함(終始)으로 사계절을 형상하고, 원 모양으로 둥글게 방향을 전환하는 것(周還[77]))으로 바람과 비를 형상한다. 오색五色은 문채를 이루어 어지럽지 않고, 팔풍八風은 율律을 따라서 간특하지 않아, 백도百度(모든 도수)가 수를 얻어 일정함이 있다. 음의 작고 큼은 서로를 이루고, 마침과 시작함은 서로를 낳으면서, 선창과 화답, 청음과 탁음이 번갈아가며 서로 일정한 규율이 된다. 그러므로 악樂이 시행되어 윤서가 분명해지고, 보고 듣는 것이 밝아지며, 혈기가 화평해져, 기풍을 변화하고 습속을 바꾸니 천하가 모두 평안하다.

然後發以聲音, 而文以琴瑟, 動以干戚, 飾以羽旄, 從以簫管. 奮至德之光, 動四氣之和, 以著萬物之理.① 是故淸明象天, 廣大象地, 終始象四時, 周還象風雨. 五色成文而不亂, 八風從律而不姦, 百度得數而有常. 小大相成, 終始相生, 倡和淸濁, 迭相爲經.② 故樂行而倫淸, 耳目聰明, 血氣和平, 移風易俗, 天下皆寧.③

鄭注 ① '분奮'은 움직인다는 뜻과 같다. 지극한 덕의 광채를 움직이게 한다는 것은 천신天神이 강림하게 하고 지기地祇가 나오게 하며 조상이 이르게 함을 말한다. '저著'는 이룬다는 뜻과 같다. '奮', 猶動也. 動至德之光, 謂降天神, 出地祇, 假祖考. '著', 猶成也.

② '맑고 분명하다'(淸明)는 것은 사람의 목소리를 말한다. '넓고 크다'(廣大)는 것은 종고鐘鼓를 말한다. '원 모양으로 둥글게 방향을 전환한다'(周還)는

것은 춤추는 동작을 말한다. '다섯 가지 색'(五色)은 오행五行이다. '팔방의 바람이 음률을 따른다'(八風從律)는 것은 절기에 상응해 바람이 이르는 것이다. '모든 도수'(百度)는 모든 시각(百刻)을 뜻한다. 해와 달, 낮과 밤이 올바름을 잃지 않는 것이다. '청淸'은 유빈蕤賓에서 응종應鐘까지, '탁濁'은 황종黃鐘에서 중려仲呂까지를 말한다. '淸明', 謂人聲也. '廣大', 謂鐘鼓也. '周還', 謂舞者. '五色', 五行也. '八風從律', 應節至也. '百度', 百刻也. 言日月晝夜不失正也. '淸', 謂蕤賓至應鐘也, '濁', 謂黃鐘至中呂.

③ 악이 쓰이면 사람의 도리가 바르게 되고, 음양이 화합함을 말한다. '윤倫'은 사람의 도리(人道)다. 言樂用, 則正人理, 和陰陽也. '倫', 謂人道也.

集說 「대장大章」이 요堯의 덕이 밝게 드러남을 기린 것과, 「함지咸池」가 황제黃帝의 덕행이 갖추어짐을 기린 것과, 「소韶」가 순舜이 요의 덕을 이음을 기린 것은 모두 성인의 지극한 덕이 악樂에 발현된 것으로 그 빛남이 마치 볼 수 있을 듯하다. 『서書』에서 "빛이 사방을 비춘다"고 하고 "천하에 빛난다"고 한 것이 모두 이른바 '지극한 덕의 빛냄'이다. '사기지화四氣之和'는 사계절의 조화로운 기다. '소대小大'와 '종시終始'는 앞 장(35)의 '음의 대소를 알맞게 하는 것'과 '오성의 시작하고 끝남을 차서가 있게 하는 것'이다. '질상위경迭相爲經'은 앞 편의 "번갈아 서로 궁성宮聲이 된다"는 설이다. ○ 소疏에서 말한다. "'팔풍八風'은 팔방의 바람이다. '율律'은 열두 달의 율이다. 동지에서 45일이 지나면 조풍條風(동북풍)이 불어온다. '조條'란 낳는다는 뜻이다. 45일이 지나면 명서풍明庶風(동풍)이 불어온다. '명서明庶'란 여러 무리를 맞이한다는 뜻이다. 45일이 지나면 청명풍淸明風(동남풍)이 불어온다. '청명淸明'이란 싹이 난다는 뜻이다. 45일이 지나면 경풍景風(남풍)이 불어온다. '경景'은 크다는 뜻이다. 양기陽氣가 장대함을 말한다. 45일이 지나면 양풍凉風(남서풍)이 불어온다. '양凉'은 차가움이니 음기가 운행하는 것

이다. 45일이 지나면 창합풍閶闔風이 불어온다. '창합閶闔'이란 모두 거두어 저장한다는 뜻이다. 45일이 지나면 부조풍不周風이 불어온다. '부조不周'란 교접하지 않는다는 뜻이다. 음기가 아직 합하여 화생하지 않는 것을 말한다. 45일이 지나면 광막풍廣莫風이 불어온다. '광막廣莫'이란 광활함이니 양기를 여는 것이다." ○ 방씨方氏(방각方慤)는 말한다. "'맑고 분명하다'(淸明)는 것은 악의 성聲이다. 그러므로 하늘을 형상한다. '넓고 크다'(廣大)는 것은 악의 체體이다. 그러므로 땅을 형상한다. '오성이 시작하고 끝남'은 악의 차서이다. 그러므로 사계절을 형상한다. '원 모양으로 둥글게 방향을 전환한다'(周還)는 것은 악무樂舞의 절도이다. 그러므로 바람과 비를 형상한다." ○ 응씨應氏(응용應鏞)는 말한다. "오성五聲은 오행五行의 색에 짝을 이룬다. 그러므로 각기 문채를 이루어서 어지럽지 않다. 팔음八音은 팔괘八卦의 바람과 짝을 이룬다. 그러므로 각기 율律을 따라서 간사하지 않다. 일도一度에서부터 펼쳐져서 백도百度(모든 도수)에 이르면 백도百度가 각기 그 수를 얻는데, 팔괘에서 육십사괘에 이르러 그 변화가 무궁한 것과 같다. 크게는 해·달·별의 도수에서, 작게는 백공百工의 기물의 도수에 이르기까지 각기 수가 있으니, 단지 낮과 밤의 백각百刻(모든 시각)에 그치지 않는다. '어지럽지 않고'(不亂) '간사하지 않아'(不姦) 그로써 '일정함이 있다'(有常)고 한 것은 일정해서 문란하지 않음을 말한 것이다. '서로 이루고'(相成) '서로 낳으면서'(相生) '번갈아 서로 일정한 규율이 된다'(迭相爲經)고 한 것은 그 변화가 무궁함을 말한 것이다. 일정함을 따르면 그 변화를 다할 수 있다." 「大章」之章·「咸池」之備·「韶」之繼, 皆聖人極至之德發於樂者, 其輝光猶若可見也. 『書』言, "光被四表", "光天之下", 皆所謂'至德之光'也. '四氣之和', 四時之和氣也. '小大'·'終始', 卽前章'小大之稱'·'終始之序'也. '迭相爲經', 卽前篇"還相爲宮"之說也. ○ 疏曰: "'八風', 八方之風也. '律', 十二月之律也. 距冬至四十五日, 條風至. '條'者, 生也. 四十五日, 明庶風至. '明庶'者, 迎衆也. 四十五日, 淸明風至. '淸明'者, 芒也. 四十五日, 景風至. '景'

者, 大也. 言陽氣長養也. 四十五日, 凉風至. '凉', 寒也, 陰氣行也. 四十五日, 閶闔風至. '閶闔'者, 咸收藏也. 四十五日, 不周風至. '不周'者, 不交也. 言陰氣未合化也. 四十五日, 廣莫風至. '廣莫'者, 大莫也, 開陽氣也." ○ 方氏曰: "'淸明'者, 樂之聲. 故象天. '廣大'者, 樂之體. 故象地. '終始'者, 樂之序. 故象四時. '周還'者, 樂之節. 故象風雨." ○ 應氏曰: "五聲配乎五行之色. 故各成文而不亂. 八音配乎八卦之風. 故各從律而不姦. 自一度衍之而至於百, 則百度各得其數, 猶八卦至於六十四, 而其變無窮也. 大而日月星辰之度, 小而百工器物之度, 各有數焉, 不止晝夜之百刻也. 曰'不亂'·'不姦', 以至'有常', 言其常而不紊也. 曰'相成'·'相生', 以至'迭相爲經', 言其變而不窮也. 順其常, 則能極其變矣."

【악기 40】

그러므로 "악이란 즐거운 것이다"라고 하였다. 군자는 그 도를 얻음을 즐거워하고 소인은 그 욕구를 채움을 즐거워한다. 도로써 욕구를 절제하면 즐거우면서도 문란하지 않는다. 욕구 때문에 도를 잊으면 미혹되어서 즐겁지 못하다.

故曰: "樂者, 樂也." 君子樂得其道, 小人樂得其欲. 以道制欲, 則樂而不亂. 以欲忘道, 則惑而不樂.

鄭注 '도道'는 인仁과 의義를 가리킨다. '욕欲'은 사특함과 지나침을 가리킨다. '道', 謂仁義也. '欲', 謂邪淫也.

集說 군자가 도를 즐거워하는 것은 소인이 욕구를 즐거워하는 것과 같다. 군자는 도로써 욕구를 절제한다. 그러므로 "평탄하여 여유 있다." 소인은 욕구를 좇아 도를 잊는다. 그러므로 "오래도록 근심한다."[78] 君子之樂道, 猶小人之樂欲. 君子以道制欲. 故"坦蕩蕩." 小人徇欲忘道. 故"長戚戚."

【악기 41】

이러한 까닭에 군자는 정情으로 돌아가 그 뜻(志)을 조화롭게 하고, 악樂을 널리 확산하여 교화를 이루니, 악樂이 시행되어 백성들이 도道로 향함에 (이르러 군자의) 덕을 볼 수 있다.

是故君子反情以和其志, 廣樂以成其教, 樂行而民鄕方, 可以觀德矣.

鄭注 '방方'은 도道와 같다. '方', 猶道也.

集說 윗글을 이어서 군자는 정情으로 돌아가 지志를 조화롭게 함으로써 자신을 수양하고, 악을 널리 시행하여 교화를 이룸으로써 백성을 다스리니, 악의 교화가 시행되어 백성들이 도道로 나아갈 줄 아는데 이르면, 군자의 덕을 볼 수 있음을 말하였다. 承上文而言, 所以君子復情和志以脩其身, 廣樂成教以治乎民, 及樂之教行而民知向道, 則可以觀君子之德矣.

【악기 42】

덕德은 성性의 단서요, 악樂은 덕의 화려함이요, 금金·석石·사絲·죽竹은 악의 기구이다. 시詩로는 뜻(志)을 말하고, 노래(歌)로는 그 소리(聲)을 영탄하고, 춤(舞)으로는 그 용모를 움직여 표현한다. 세 가지가 마음에 근본을 둔 뒤에 악기가 뒤따른다. 이러한 까닭에 정이 깊어 문채가 밝게 드러나고, 기는 성대하여 변화됨이 신묘하다. 화순和順함이 마음에 쌓여 그 화사한 아름다움이 밖으로 드러나니, 악樂은 거짓으로 할 수 없다.

德者, 性之端也, 樂者, 德之華也, 金石絲竹, 樂之器也. 詩, 言其志也, 歌, 咏其聲也, 舞, 動其容也. 三者本於心, 然後樂器從之. 是故情深而文明, 氣盛而化神. 和順積中, 而英華發外, 惟樂不可以爲僞.

鄭注 '세 가지가 근본을 둔다'(三者本)는 것은 지志요, 성聲이요, 용容이다. 이 세 가지가 안에 근본을 둠이 없으면, 악樂을 행할 수 없음을 말한다.

'三者本', 志也, 聲也, 容也. 言無此本於內, 則不能爲樂也.

集說 석량왕씨石梁王氏는 말한다. "주註에서 지志 · 성聲 · 용容 세 가지를 본으로 삼은 것은 잘못이다. 덕은 마음이 있어 근본이 되고, 성性 또한 덕德의 근본이 되니, 그런 뒤에 시詩 · 노래(歌) · 춤(舞) 세 가지가 나온다." ○ 유씨劉氏는 말한다. "'성의 단서'(性之端)는 '화순함이 마음속에 쌓인다'는 것이다. '덕의 화려함'(德之華)은 '화사한 아름다움이 밖으로 드러난 것'이다. '삼자三者'는 뜻(志) · 소리(聲) · 용모(容)를 말한다. 뜻(志)은 단서가 처음 발한 것이요, 소리(聲)와 용모(容)는 아름다움이 이미 드러난 것이다. 뜻이 감발되면 시詩로 나타난다. 시가 이루어지면 그 소리를 노래로 영탄하게 되고, 노래 부르는 것으로 부족하면 자기도 모르게 손과 발이 춤추어 용모를 움직이게 된다. 세 가지는 모두 마음이 사물에 감발되어 움직이는 것에 근본을 두고 있다. 그런 뒤에 팔음八音의 악기에 실리고, 방패(干), 도끼(戚), 꿩의 깃(羽), 소의 꼬리(旄) 등을 들고 추는 악무樂舞에 이른다. 정이 마음속에 느껴지는 것이 깊으면 문채가 밖으로 드러남이 밝아, 천지의 기가 안에 가득하면 변화가 사물에 미치는 것이 신묘하여 헤아릴 수 없음과 같이 된다. 그러므로 '화순함이 마음에 쌓여 그 화사한 아름다움이 밖으로 드러난다'

라고 하였다. 이것으로 볼 때, 악이 진정한 악이 됨을 거짓으로 할 수 있겠는가?" 石梁王氏曰: "註以'志'·'聲'·'容'三者爲本, 非也. 德有心爲本, 性又德之本, 然後詩·歌·舞三者出焉." ○ 劉氏曰: "'性之端', '和順積中'者也. '德之華', '英華發外'者也. '三者', 謂'志'也, '聲'也, '容'也. 志則端之初發者, 聲·容則華之旣見者. 志動而形於詩. 詩成而咏[79]歌其聲, 咏歌之不足, 則不知手舞足蹈而動其容焉. 三者皆本於心之感物而動. 然後被之八音之器, 以及干·戚·羽·旄也. 情之感於中者深, 則文之著於外者明, 如天地之氣盛於內, 則化之及於物者神妙不測也. 故曰'和順積中, 而英華發外也'. 由是觀之, 則樂之爲樂, 可以矯僞爲之乎?"

【악기 43】

악樂이란 마음이 감동하는 것이다. 성聲이란 악의 형상이다. 문채와 절주는 성聲을 수식하는 것이다. 군자는 그 본심(本)을 움직이고 그 형상을 즐거워한 뒤에 그 수식하는 것을 다스린다. 그러므로 먼저 북을 울려서 경계시키고, 세 번 발을 떼어서 춤추는 방법을 보이고, (한 곡이 끝나고) 다시 시작하여 나아감을 드러내고, 다시 징을 울려 물러남을 삼가 행한다. 신속하고 빠르지만 지나칠 정도로 빠르지 않고, 지극히 은미하지만 숨기지 않고, 홀로 그 뜻(志)을 즐겨 그 도리에 싫증내지 않고, 그 도리를 갖추어 행하여 그 원하는 것을 사적으로 차지하지 않는다. 그러므로 정이 드러나면서 의가 서고, 악이 끝나면서 덕이 높아지니, 군자는 그럼으로써 선을 좋아하게 되고 소인은 그럼으로써 잘못을 인정하게 된다. 그러므로 "백성을 생육하는 도에 악樂이 중요하다"고 하였다.

樂者, 心之動也. 聲者, 樂之象也. 文采節奏, 聲之飾也. 君子動其本, 樂其象, 然後治其飾. 是故先鼓以警戒, 三步以見方, 再始以著往, 復亂以飭歸. 奮疾而不拔, 極幽而不隱, 獨樂其志, 不厭其道, 備擧其道, 不私其欲. 是故情見而義立, 樂終而德尊, 君子以好善, 小人以聽過. 故曰: "生民之道, 樂爲大焉."

鄭注 '문채文采'는 악樂의 위의威儀이다. '선고先鼓'는 악을 연주하려고 할 때 먼저 북을 쳐서 대중에게 경계시키는 것이다. '삼보三步'는 춤을 추려고 할 때 먼저 세 번 발을 떼어서 춤이 점차 진행됨을 보이는 것이다. '다시 시작하여 나아감을 드러낸다'(再始以著往)는 것은 무왕이 상喪을 마치고 맹진孟津 가에 이르렀으나 주紂를 아직 정벌할 수가 없어서 다시 돌아온 지 2년 만에 드디어 정벌하였는데, 무무武舞를 출 때 재차 다시 시작하여 정벌할 때에 다시 나아갔음을 밝힌 것이다. '제 자리로 돌아가 정비하여 그로써 (군사를) 정비하여 돌아옴을 보인다'(復亂以飭歸)는 것은 징을 울려 물러남을 말하는데, 그로써 (무왕이 주를 정벌한 한 뒤) 군사를 정비하여 돌아옴을 밝힌 것이다. '신속하고 빠르다'(奮疾)는 것은 춤추는 자를 말하고 '극히 은미하다'(極幽)는 노래하는 자를 말한다. '文采', 樂之威儀也. '先鼓', 將奏樂, 先擊鼓, 以警戒衆也. '三步', 謂將舞, 必先三擧足, 以見其舞之漸也. '再始以著往', 武王除喪, 至盟津之上, 紂未可伐, 還歸二年, 乃遂伐之, 武舞再更始, 以明伐時再往也. '復亂以飭歸', 謂鳴鐃而退, 明以整歸也. '奮疾', 謂舞者也, '極幽', 謂歌者也.

集說 '동動'은 본심이 감동하는 것이다. 마음이 감동하면 소리(聲)가 나오게 된다. 소리가 나오면 문채와 절주가 있게 되니, 곧 악樂의 문식이다. 악이 연주될 때에는 반드시 먼저 고鼓를 울려서 사람들이 듣도록 고무시킨다.

그러므로 '먼저 북을 울려서 경계시킨다'고 하였다. 춤이 시작될 때 반드시 먼저 세 번 발을 떼어서 그 춤추는 방법을 보인다. 그러므로 '세 번 발을 떼어서 춤추는 방법을 보인다'라고 하였다. '재시再始'는 한 절이 끝나고 다시 시작하는 것을 말한다. '왕往'은 나아간다는 뜻이다. '난亂'은 마친다는 뜻이다. "「관저關雎」의 마치는 장"[80]이라고 말하는 것과 같다. '귀歸'는 춤이 끝나고 물러나 제자리로 나아감을 뜻한다. '다시 시작하여 나아감을 드러낸다'(再始以著往)는 것은 다시 북을 울려 나아감을 밝히는 것을 가리킨다. '다시 마치고 물러남을 삼가 행한다'(復亂以飭歸)는 것은 다시 징을 울려서 물러남을 삼가 행하는 것을 가리킨다. 이 두 구절은 춤을 추는 사람들이 동작에 맞추어 나아가고 물러나오는 일을 말한 것이다. '발拔'은 "빨리 달려오고, 빨리 달려간다"[81]고 할 때의 '빠르다'는 뜻과 같다. 춤추는 동작이 비록 떨치며 빠르더라도 지나칠 정도로 빠르게 하지 않음을 말한다. 악의 도道는 비록 "은미하여 알기 어렵다"고 하더라도 사람에게 숨기지 않는다. 그러므로 군자가 악樂으로 자신을 위해 힘쓰면 화순하고 평안한지라 '홀로 그 뜻을 즐겨 그 도리에 싫증내지 않는 것'이니 이는 "배움에 싫증내지 않음"을 말하는 것이다. 군자가 악樂으로 남을 위해 힘쓰면 소중히 여기고 공정한지라 '도리를 갖추어 행하고 욕구를 사적으로 행하지 않는 것'이니 이는 "남을 가르침에 게을리하지 않음"[82]을 말하는 것이다. 정情은 악이 처음 시작하면서 나타나는데 그 의義가 확립됨을 본다. 교화는 악을 마치면서 이루어지는데 그 덕이 높아짐을 안다. 군자는 악을 듣고 선함을 좋아하니 악樂이 그 양심良心을 감발시킨 것이다. 소인은 악을 듣고 허물을 아니 악樂이 그 삿되고 더러움을 씻어낸 것이다. '고왈故曰' 이하는 또한 옛 말을 인용해서 말을 맺은 것이다. 이 장은 여러 학자들이 모두 「대무大武」의 악을 논하여 주紂를 정벌한 일을 밝힌 것으로 여겼고, 또 '다시 시작한다'(再始)는 것을 무왕 11년에 병력으로 시위하고, 13년에 주紂를 정벌한 것으로 여겼으니, 이러한 오독은 오래된 것이다. 생각하건대, 이 장은 다만 악樂과 춤(舞)의 이치가 이와 같다는 것을 통론한 것일 뿐이다. 그러므로 '백성을 생육하는 도에, 악이 중요하다'고 한 것이니, 어떻게 백성을 생육하는 도를 가지고 싸워서 정벌하는 일에 가장 중요하다고 할 수 있겠는가? '動', 其本心之動也. 心動而有聲. 聲出而有文采節奏, 則樂飾矣. 樂之將作, 必先擊鼓, 以聳動衆聽. 故曰'先鼓以警戒'. 舞之將作, 必先三擧足, 以示其舞之方法. 故曰'三步以見方'. '再始', 謂一節終而再作也. '往', 進也. '亂', 終也. 如云: "「關雎」之亂." '歸', 舞畢而退就位也. '再始以著往'者, 再擊鼓以明其進也. '復亂以飭歸'者, 復擊鐃以謹其退也. 此兩句, 言舞者周旋進退之事. '拔', 如"拔來赴往"之'拔'. 言舞之容, 雖若奮迅疾速, 而不過於疾也. 樂之道, 雖曰, "幽微難知", 而不隱於人也. 是故君子以之爲己, 則和而平, 故'獨樂其志, 不厭其道', 言"學而不厭"也. 以之爲人則愛而公, 故'備擧其道, 不私其欲', 言"誨人不倦"也. 情見於樂之初, 而見其義之立. 化成於樂之終, 而知其德之尊. 君子聽之而好善, 感發其良心也. 小人聽之而知過, 蕩滌其邪穢也. '故曰'以下, 亦引古語結之. 此章諸家皆以爲論「大武」之樂以明伐紂之事, 且以'再始'爲十一年觀兵, 十三年伐紂, 此誤久矣. 愚謂此特通論樂與舞之理如此耳. 故曰'生民之道, 樂爲大焉', 豈可以生民之道, 莫大於戰伐哉?

【악기 44】

악이란 베푸는 것이다. 예란 보답하는 것이다. 악은 그 말미암아 나온 바를 즐거워하고, 예는 그 말미암아 시작된 바로 돌아간다. 악은 덕을 표창하고, 예는 정에 보답하며 시작으로 돌아간다.

樂也者, 施也. 禮也者, 報也.① 樂, 樂其所自生, 禮, 反其所自始. 樂章德, 禮報情反始也.②

鄭注 ① 악樂은 나와서 돌아가지 않지만, 예禮는 가고 옴이 있음을 말한다. 言樂出而不反, 而禮有往來也.

② '자自'는 말미암는다는 뜻이다. '自', 由也.

集說 문위文蔚가 "어떻게 하는 것이 '덕을 표창하는 것'(章德)입니까?"라고 물었다. 주자朱子가 "화순和順함이 마음속에 쌓여, 화사한 아름다움이 밖으로 발현되는 것 이것이 내면의 덕을 표창하여 드러내는 것이다"라고 대답하였다.83) ○ 마씨馬氏(마희맹馬晞孟)84)는 말한다. "악樂은 양陽으로부터 나오는데, 양은 그 문채를 퍼트려서 낳고 기름을 일로 삼는다. 그러므로 악은 베푸는 것을 위주로 한다. 예禮는 음陰으로부터 나오는데, 음은 그 바탕을 수렴하여 질박함으로 돌아가는 것을 일로 삼는다. 그러므로 예는 보답하는 것을 위주로 한다. 순舜은 요堯를 계승하는 것을 위주로 하였지만 베푸는 것이 천하에 미쳤다. 따라서 「대소大韶」를 지었다. 무왕武王은 무력으로 공업을 이루는 것에 주안점을 두었지만 베푸는 것이 천하에 미쳤다. 따라서 「대무大武」를 지었다. 이것이 '그 말미암아 나온 바를 즐거워하는 것'이다. 만물은 하늘에 근본한다. 그러므로 선왕이 교제郊祭로써 하늘의 도를 밝혔다. 사람은 조상에 근본한다. 그러므로 왕이 된 자는 자기 조상이 말미암아 나온 바에 체제禘祭를 지낸다. 이것이 그 시작된 바로 돌아가는 것이다." ○ 응씨應氏(응용應鏞)는 말한다. "악은 발출하여 전함에 움직여 고무시키는 조화로움이 있어서 펼쳐져서 밖으로 나오는데, 한 번 나오면 돌아갈 수가 없다. 그러므로 '베푼다'고 한다. 예는 교제하여 사귐에 주고받는 문식이 있어서 돌이켜 안으로 돌아간다. 그러므로 '보답한다'고 한다. 「소韶」·「호濩」·「하夏」·「무武」의 악은 모두 덕을 표창하여 화합으로 인도하고, 제향祭享과 조빙朝聘의 예는 모두 정에 보답하여 처음으로 돌아간다. 이른바 '반反'이라는 것은 거두어들이는 절도가 있는 것이다." 文蔚問: "如何是'章德'?"

朱子曰: "和順積諸中, 英華發於外, 便是章著其內之德." ○ 馬氏曰: "樂由陽來, 陽散其文而以生育爲功. 故樂主於施. 禮由陰作, 陰斂其質而以反朴爲事. 故禮主於報. 舜生[85]於紹堯而施及於天下. 故作「大韶」. 武王生於武功而施及於天下. 故作「大武」. 此'樂其所自生也'. 萬物本乎天. 故先王以郊明天之道. 人本乎祖. 故王者禘其祖之所自出. 此反其所自始也." ○ 應氏曰: "樂有發達動盪之和, 宣播而出於外, 一出而不可反. 故曰'施'. 禮有交際酬答之文, 反復而還於內. 故曰'報'. 「韶」·「濩」·「夏」·「武」, 皆章德而導和, 祭享·朝聘, 皆報情而反始. 所謂'反'者, 有收斂之節也."

【악기 45】

이른바 대로大輅라는 것은 천자의 수레이다. 용이 그려진 기旂에 아홉 개의 류旒가 달린 것은 천자의 깃발이다. 청색과 흑색으로 가선을 두른 것은 천자의 보귀갑寶龜甲이다. 여기에 소와 양 여러 마리를 더하는 것은 제후에게 내리기 위한 예물이기 때문이다.

所謂大輅者, 天子之車也. 龍旂九旒, 天子之旌也. 靑黑緣者, 天子之寶龜也. 從之以牛羊之群, 則所以贈諸侯也.

鄭注 '증제후贈諸侯'는 조회하러 왔다가 돌아가려할 때 예물을 주어 전송하는 것을 말한다. '贈諸侯', 謂來朝將去, 旣[86]之以禮.

集說 천자가 수레를 하사할 때 상공上公과 동성同姓의 후侯와 백伯에게는 금로金輅를, 이성異姓에게는 상로象輅를, 사위四衛[87]에게는 혁로革輅를, 번국藩國에게는 목로木輅를 주는데, 천자에게 받은 것은 모두 '대로大輅'라고 한다. '용-기龍旂[88]의 구류九旒'도 상공과 후와 백에게는 칠류七旒를, 자子와 남男에게는 오류五旒를 준다. 보귀寶龜는 청색과 흑색으로 가선을 둘러 장

식한다. 소와 양이 한 마리가 아니므로 '군群(여러 마리)'이라고 하였다. 이것은 보답하는 예禮의 일을 밝힌 것이다. ○ 석량왕씨石梁王氏는 말한다. "이 여덟 구절은 예禮에 관해서만 말하고 있어, 위아래의 글들과 서로 이어지지 않는다. 틀림없이 다른 편이 잘못 끼어들어온 것이다." 天子賜車, 則上公及同姓侯伯金輅, 異姓則象輅, 四衛則革輅[89], 蕃國則木輅, 受於天子則總謂之'大輅'也. '龍旂九旒', 亦上公侯伯則七旒, 子男則五旒也. 寶龜則以靑黑爲之緣飾. 牛羊非一, 故稱'群'. 此明報禮之事. ○ 石梁王氏曰: "此八句專言禮, 與上下文不相承. 當是他篇之錯簡."

【악기 46】

악樂이란 정情 가운데 변할 수 없는 것이다. 예禮란 리理 가운데 바뀔 수 없는 것이다. 악은 같음을 통섭하고 예는 다름을 변별한다. 예와 악의 설은 인정에 포섭包攝된다.

樂也者, 情之不可變者也. 禮也者, 理之不可易者也.① 樂統同, 禮辨異.② 禮樂之說, 管乎人情矣.③

鄭注 ① '리理'는 일과 같은 뜻이다. '理', 猶事也.

② '통동統同'은 화합을 함께하는 것이다. '변이辨異'는 존비尊卑를 구별하는 하는 것이다. '統同', 同和合也. '辨異', 異尊卑也.

③ '관管'은 포함한다는 뜻과 같다. '管', 猶包也.

集說 유씨劉氏는 말한다. "사람의 정은 사물에 감발됨이 일정하지 않아 본래 변화가 많다. 그러나 이미 성聲과 음音으로 발하여 악樂이 되면 그 슬퍼하고 즐거워함이 일정해져 변할 수가 없다. 사리事理는 상황에 따라 다름이 있어 본시 바뀜이 많다. 그러나 이미 절도와 문식으로 드러내서 예가

되면 그 위의威儀(위용과 의절)가 일정해져 바뀔 수가 없다. 악樂은 변할 수 없기 때문에 사람으로 하여금 '편안해도 잘 처음을 생각하고, 안일해도 잘 시작하였을 때를 생각하여'[90] '도와 덕에 화순하고'[91] 순수하여 간격이 없게 하니, 이른바 '같음을 통섭한다'는 것이다. 예禮는 바뀔 수 없기 때문에 사람으로 하여금 '친소親疎에 차례가 있고 귀천貴賤에 등급이 있게 하여'[92] 절도와 문식을 삼가 살펴서 분명하여 어지럽지 않게 하니, 이른바 '다름을 구별한다'는 것이다. 이것이 예와 악의 설이 인정에 포섭되는 이유이다." 劉氏曰: "人情感物無常, 固多變. 然旣發於聲音而爲樂, 則其哀樂一定而不可變矣. 事理隨時有異, 固多易也. 然旣著之節文而爲禮, 則其威儀一定而不可易矣. 惟其不可變, 故使人'佚能思初, 安能惟始', '和順道德'而純然罔間, 所謂'統同'也. 惟其不可易, 故使人'親疎有序, 貴賤有等', 謹審節文而截然不亂, 所謂'辨異'也. 此禮樂之說, 所以管攝乎人情也."

【악기 47】

근본을 궁구하여 변화를 아는 것은 악樂의 정情이다. 참됨을 드러내어 거짓을 없애는 것은 예禮의 원칙(經)이다. 예악은 천지天地의 정을 본받고 신명神明의 덕에 통달하여, 천지의 신들을 내려오고 나오게 하고, 크고 작은 형체들을 이루어주고 바르게 하며, 부자와 군신 간의 절도를 다스린다.

窮本知變, 樂之情也. 著誠去僞, 禮之經也. 禮樂偩天地之情, 達神明之德, 降興上下之神, 而凝是精粗之體, 領父子君臣之節.

鄭注 '부偩'는 의거하여 형상形象한다는 뜻과 같다. '강降'은 내려온다는 뜻이다. '흥興'은 나온다는 뜻과 같다. '응凝'은 이룬다는 뜻이다. '정조精粗'는

만물이 크고 작은 것을 말한다. '령領'은 다스린다는 뜻과 같다. '偩', 猶依象也. '降', 下也. '興', 猶出也. '凝', 成也. '精粗', 謂萬物大小也. '領', 猶理治也.

集說 주자朱子가 "부偩는 의거하여 형상形象한다는 뜻이다"라고 하였다. ○ 유씨劉氏는 말한다. "인정은 이理는 같으나 기氣는 다르다. 같으니 근본이 하나이고, 다르니 변화가 많다. 악樂으로써 같은 것을 통섭하므로, 사람으로 하여금 그 근본이 같음을 궁구하여 그 변화가 다름을 알게 할 수 있다. 인정은 이理는 은미하고 욕심은 위태롭다. 은미하니 참됨이 숨고, 위태로우니 거짓이 생긴다. 예禮로써 다른 것을 변별하므로, 사람으로 하여금 그 욕심의 거짓됨을 제거하여 이理의 참됨을 드러나게 할 수 있다. '근본을 궁구하여 변화를 안다'는 것은 감발하여 통함이 저절로 그렇게 하는 것이다. 그러므로 '정情'이라고 하였다. '참됨을 드러내어 거짓을 없애는 것'은 수신하여 행함에 합당하게 그렇게 하는 것이다. 그러므로 '경經'이라고 하였다. ○ 생각건대, 예악의 제작에 도道와 기器가 처음부터 서로 떨어지지 않은 것이므로 '이 크고 작은 형체들을 이루어주고 바르게 한다'고 한 것이다."
朱子曰: "偩, 依象也." ○ 劉氏曰: "人情, 理同而氣異. 同則本一, 異則變多. 樂以統同, 故可使人窮其本之同而知其變之異. 人情, 理微而欲危. 微則誠隱, 危則僞生. 禮以辨異, 故可使人去其欲之僞而著其理之誠也. '窮本知變'者, 感通之自然. 故曰'情'. '著誠去僞'者, 脩爲之當然. 故曰'經'. ○ 愚謂, 禮樂之作, 道與器未始相離, 故曰'凝是精粗之體'也."

【악기 48】

그러므로 대인大人이 예와 악을 시행하면 천지가 장차 그로 인해 밝아진다. 천지의 기운이 화합하고 음양이 서로 이루어, 기로써 따뜻하게 해주고(煦) 몸으로써 따뜻하게 해주며(嫗) 만물을 덮어주고 길러준다. 그런 뒤에 초목이 무성하고 구불구불한 싹들이 나오며, 새들이 날고 짐승들이 번식하며, 동면하던 벌레가 (깨어나) 밝은 데로 나와 소생한다. 새들은 알을 품어 낳고 짐승들은 새끼를 배 태중에서 길러 낳는데, 새끼들은 태중에서 손상되지 않고 알들은 깨지지 않는다. 그러므로 악樂의 도가 여기에 돌아간다.

是故大人擧禮樂, 則天地將爲昭焉.① 天地訢合, 陰陽相得, 煦嫗覆育萬物. 然後草木茂, 區萌達, 羽翼奮, 角觡生, 蟄蟲昭蘇. 羽者嫗伏, 毛者孕鬻, 胎生者不殰, 而卵生者不殈. 則樂之道歸焉耳.②

鄭注 ① '천지가 장차 그로 인해 환해질 것이다'(天地將爲之昭焉)라고 한 것은 밝다는 뜻이다. 言'天地將爲之昭焉', 明也.

② '흔訢'은 '희熹'로 읽는다. 희熹는 '기운이 올라온다'(烝)는 뜻과 같다. 기氣로 따뜻하게 하는 것을 '후煦'라고 하고, 몸(體)으로 따뜻하게 하는 것을 '구嫗'라고 한다. 구부러져 나오는 것을 '구區'라 하고 뿔이 윤기 나는 외피가 없는 것을 '격觡93)'이라고 한다. '소昭'는 깨어난다는 뜻이다. 겨울잠을 자는 벌레의 경우 (땅 속에서) 나오는 것을 깨어나는 것으로 여기며, 다시 숨쉬는 것을 '소蘇'라고 한다. '잉孕'은 새끼를 밴다는 뜻이다. '육鬻'은 낳는다는 뜻이다. 안에서 손상되는 것을 '독殰'이라고 한다. '혁殈'은 깨진다는 뜻이다. 오늘날 제나라 사람들이 쓰는 말에 '깨진다'(殈)라는 말이 있다. '訢'讀爲'熹'. '熹'猶'烝'也. 氣曰'煦', 體曰'嫗'. 屈生曰'區', 無䚡曰'觡'. '昭', 曉也. 蟄蟲以發出爲曉, 更息曰'蘇'. '孕', 任也. '鬻', 生也. 內敗曰'殰'. '殈', 裂也. 今齊人語有'殈'者.

集說 '대인이 예악을 시행한다'(大人擧禮樂)는 것은 성인이 천자의 지위에 있으면서 예악을 제정함을 말한다. '천지가 장차 그로 인해 밝아진다'(天地

將爲昭焉)는 것은 장차 예와 악을 행하여 천지의 화생하고 양육하는 도를 밝게 드러낼 것임을 말한다. ‘흔訢’은 ‘흔欣’(화기애애함)과 같은 뜻으로, ‘흔합訢合’은 조화로운 기운이 교감하는 것, 곧 음양이 서로를 이루는 신묘한 작용을 뜻한다. 하늘은 기氣(기온)로써 따뜻하게 하고, 땅은 몸(形 체온)으로 따듯하게 해준다. 하늘이 따듯하게 덮어주고 땅이 따듯하게 길러주는 것, 이것이 ‘기로써 따뜻하게 해주고 몸으로 따뜻하게 해주어 만물을 덮어주고 길러준다’(煦嫗覆育萬物)는 것이다. (정현鄭玄의 주注에서) ‘구부러져 나오는 것을 구區라고 한다’(屈生曰勾)고 한 말은 구부러진 모양으로 생장하는 것을 말하고, 각角에 ‘새䚡가 없는 것을 격觡이라 한다’고 한 말에서 ‘새䚡’는 뿔의 겉껍질이 윤기 나는 것을 말한다. 칩거하던 벌레가 처음 나오면, 어두웠다가 햇빛을 보게 되는 것이 죽었다가 다시 살아나는 것과 같으므로 ‘밝은 곳으로 나와 소생한다’(昭蘇)라고 하였다. ‘어미가 엎드린다’(嫗伏)는 것은 몸으로 엎드려 감싸서 새끼를 낳는 것을 말한다. ‘잉육孕鬻’은 새끼를 태중에 배서 기른다는 뜻이다. ‘독殰’은 아직 태어나기 전에 태중에서 손상된다는 뜻이다. ‘혁殈’은 깨진다는 뜻이다. 만물이 모두 스스로 낳아 스스로 기를 수 있고 해침을 당하는 일이 없는 것은 모두 성인聖人이 예와 악으로 천지의 화육에 참여하고 돕는 도道에 돌아간 것이다. ‘大人擧禮樂’, 言聖人在天子之位而制禮作樂也. ‘天地將爲昭焉’, 言將以禮樂而昭宣天地化育之道也. ‘訢’, 與‘欣’同, ‘訢合’, 和氣之交感, 卽陰陽相得之妙也. 天以氣煦之, 地以形嫗之. 天煦覆而地嫗育, 是‘煦嫗覆育萬物’也. ‘屈生曰勾’, 謂勾曲而生者也, 角之‘無䚡者曰觡’, ‘䚡’, 謂角外皮之滑澤者. 蟄藏之蟲初出, 如暗而得明, 如死而更生, 故曰‘昭蘇’也. ‘嫗伏’, 體伏而生子也. ‘孕鬻’, 妊孕而育子也. ‘殰’, 未及生而胎敗也. ‘殈’, 裂也. 凡物皆得自生自育而無所害者, 是皆歸於聖人禮樂參贊之道耳.

【악기 49】

악樂이란 황종黃鐘·대려大呂의 음율, 연주하며 노래하는 것, 방패나 도끼를 들고 춤추는 것을 말하는 것이 아니니, 이것들은 악의 말단 의절이기 때문이다. 그러므로 어린 아이가 춤을 춘다. 연筵과 석席을 펴고, 준尊과 조俎를 진설하고, 변籩과 두豆를 진열하며, 오르고 내리는 것을 예로 여기는 것은 예의 말단 의절이다. 그러므로 유사有司가 담당한다. 악사樂師는 성聲과 시詩를 변별하므로 북향하여 연주한다. 종인宗人과 대축大祝은 종묘의 예를 변별하므로 시尸의 뒤에 있다. 상축商祝은 상례喪禮를 변별하므로 주인의 뒤에 있다. 이러한 까닭에 덕德이 갖추어지면 위에 자리하고 기예가 갖추어지면 아래에 자리한다. 행실(行)이 갖추어지면 앞에 자리하고 일이 갖추어지면 뒤에 자리한다. 그러므로 선왕은 위와 아래, 앞과 뒤를 둔 뒤에 천하에 예악을 제정하는 것을 할 수 있었다.

樂者, 非謂黃鍾·大呂·弦歌·干揚也,① 樂之末節也. 故童者舞之. 鋪筵席, 陳尊俎, 列籩豆, 以升降爲禮者, 禮之末節也. 故有司掌之.② 樂師辨乎聲詩, 故北面而弦. 宗祝辨乎宗廟之禮, 故後尸. 商祝辨乎喪禮, 故後主人.③ 是故德成而上, 藝成而下. 行成而先, 事成而後.④ 是故先王有上有下, 有先有後, 然後可以有制於天下也.⑤

鄭注 ① '양揚'은 도끼다. 揚, 鉞也.

② 예악의 근본은 인군人君으로 말미암음을 말한다. 예의 근본은 참됨을 드러내어 거짓을 없애는 것이요, 악의 근본은 근본을 궁구하여 변화를 아는

것이다.94) 言禮樂之本, 由人君也. 禮本著誠去僞, 樂本窮本知變.

③ '변辨'은 변별한다는 뜻과 같고, 바로잡는다는 뜻이다. '현弦'은 금슬琴瑟을 연주하는 것을 말한다. '후시後尸'는 뒤에 있으면서 예의 의절을 돕는 것을 뜻한다. 이것은 근본을 아는 자는 높고, 말단을 아는 자는 낮음을 말한다. '辨', 猶別也, 正也. '弦', 謂鼓琴瑟也. '後尸', 居後贊禮儀. 此言知本者尊, 知末者卑.

④ '덕德'은 삼덕三德이고, '행行'은 삼행三行95)이다. '예藝'는 재주와 기술(才技)이다. '선先'은 지위가 위에 있음을 말한다. '후後'는 지위가 아래에 있음을 말한다. '德', 三德也, '行', 三行也. '藝', 才技也. '先', 謂位在上也. '後', 謂位在下也.

⑤ 높고 낮음이 갖추어져야 예악을 제작하여 다스림의 법도로 삼을 수 있음을 말한다. 言尊卑備, 乃可制作以爲治法.

集說 예악의 일에는 도道가 있고 기器가 있다. 앞의 경문에서는 모두 예악의 도를 말했고 여기서는 기器로서 말했으니, 도의 정수는 기예를 익히고 일을 익히는 이들이 알 수 있는 것이 아님을 말한다. '방패'(干)와 '도끼'(揚)는 모두 춤추는 사람이 잡는 것이다. '상축商祝'은 은례殷禮를 익숙하게 아는 자이다. 은殷나라는 질質을 숭상하였는데, 상례喪禮는 질을 위주로 하므로 은殷나라의 예를 함께 사용한다. '북면北面'은 지위가 낮은 것이다. 종묘제사에서 공경하는 것은 시尸에게 있고, 상례에서 슬퍼하는 것은 주인에게 있다. 시尸와 주인의 뒤에 있으니 그 비중이 가벼움을 알 수 있다. '덕德'과 '행行'은 임금과 시尸와 주인에게 있다. '동자童子'와 '유사有司'는 기예에 익숙하고, '종축宗祝'과 '상축商祝'은 일에 익숙하다. 그러므로 위와 아래, 앞과 뒤의 순서가 이와 같다. ○ 석량왕씨石梁王氏는 말한다. "'덕이 이루어지면 위에 자리한다'에 대한 정현의 주註에서 '덕은 삼덕三德96)이다'라고 하였다. 한漢나라 때 유학자들이 훈해할 때는 매번 삼덕三德으로 덕을 해석하였다." 禮樂之事, 有道有器. 前經皆言禮樂之道, 此以器言, 謂道之精者, 非習藝習事者所

能知也. '干'·'揚', 皆舞者所執. '商祝', 習知殷禮者. 殷尙質, 喪禮以質爲主, 故兼用殷禮也. '北面', 位之卑也. 宗廟之敬在尸, 喪禮之哀在主人. 在尸與主人之後, 其輕可知也. '德'·'行'在君·尸·主人. '童子'·'有司'習於藝, '宗祝'·'商祝'習於事. 故上下先後之序如此. ○ 石梁王氏曰: "'德成而上', 註云: '德, 三德也.' 漢儒訓解, 每以三德爲德."

【악기 50】

위魏의 문후文侯가 자하子夏에게 물었다. "내가 현단복에 면관을 갖춰 입고 고악古樂을 들으면 눕게 될까 두려운데, 정鄭과 위衛의 음을 들으면 피곤한 줄을 모르겠습니다. 고악이 그와 같은 것은 무엇 때문이고 신악新樂이 이와 같은 것은 무엇 때문입니까?" 자하가 대답하였다. "이제 저 고악은 춤이 일정한 무리를 지어 가지런히 함께 나아가고 함께 물러나니 음이 조화롭고 바르며 여유가 있고, 현弦·포匏·생笙·황簧이 모두 부拊와 고鼓가 울릴 때까지 지켜서 기다렸다가 합주합니다. 북(鼓)을 울리는 것으로 연주를 시작하고, 징(鐃)을 울리는 것으로 다시 악무樂舞를 마칩니다. 상相으로 무질서한 것을 다스리고, 아雅로써 빠름을 조절합니다. 군자가 이에 악을 이야기하고, 이에 고악의 도를 말하니, 일신一身을 수양하여 집안에 미치고 천하를 균평하게 합니다. 이것이 고악이 하는 일입니다."[97]

魏文侯問於子夏曰: "吾端冕而聽古樂, 則唯恐臥. 聽鄭衛之音, 則不知倦. 敢問古樂之如彼, 何也, 新樂之如此, 何也?"① 子夏對曰: "今夫古樂, 進旅退旅, 和正以廣, 弦·匏·笙·簧, 會守拊鼓. 始奏以文, 復亂以武. 治亂以相, 訊疾以雅. 君子於是語, 於是道古, 脩身及家, 平均天下. 此古樂之發也."②

鄭注 ① '위문후魏文侯'는 진晉 대부 필만畢萬의 후손인데 제후를 참칭한 자이다. '단端'은 현의玄衣다. '고악古樂'은 선왕의 정악正樂이다. '魏文侯', 晉大夫畢萬之後, 僭諸侯者也. '端', 玄衣也. '古樂', 先王之正樂也.

② '여旅'는 함께하는 것이다. 함께 나아가고 함께 물러나는 것이니 가지런히 하나가 됨을 말한다. '화정이광和正以廣'은 간성姦聲(간사한 소리)이 없는 것이다. '회會'는 합한다는 뜻과 같으니, 모두라는 뜻이다. 여러 사람이 모두 고鼓가 울리기를 기다려서 연주하는 것을 말한다. 『주례』 「대사직大師職」에서 "대제사大祭祀에서는 고瞽를 인솔하여 등가登歌를 하는데 합주에 부拊를 친다. 아래에서는 악기를 연주하는데 합주에 인𨋏을 친다"고 하였다. '문文'은 고鼓(북)를 말한다. '무武'는 금金(징)을 말한다. '상相'은 부拊이니 역시 그것으로 악을 조절한다. 부拊는 가죽으로 표면을 만들고 강糠(겨)을 넣는다. 강은 일명 '상相'이라고도 하며, 그로 인해 이름을 삼는다. 지금 제齊나라 사람들은 더러 '강糠'을 '상相'이라고도 한다. '아雅'도 악기 이름이니, 모양은 검게 칠한 나무통과 같고 안에 추椎(방망이)가 있다. '旅', 猶俱也. 俱進俱退, 言其齊一也. '和正以廣', 無姦聲也. '會', 猶合也, 皆也. 言衆皆待擊鼓乃作. 『周禮』 「大師職」 曰: "大祭祀, 帥瞽登歌, 合奏擊拊. 下管播樂器, 合奏鼓𨋏." '文', 謂鼓也. '武', 謂金也. '相', 卽拊也, 亦以節樂. 拊者, 以韋爲表, 裝之以糠. 糠, 一名'相', 因以名焉. 今齊人或謂'糠'爲'相'. '雅', 亦樂器名也, 狀如漆筩, 中有椎.

集說 싫증이 나므로 '눕게 될까 두렵고', 좋아하므로 '피곤한 줄을 모르는 것'이다. '여피如彼'는 멀리하는 것이고, '여차如此'는 가까이 하는 것이다. '여旅'는 무리다. '혹은 나아가기도 하고 혹은 물러나기도 한다'(或進或退)는 것은 무리가 모두 하나로 가지런하여 들쑥날쑥함이 없는 것이다. '화정이

광和正以廣'은 간성姦聲(간사한 소리)이 없는 것이다. '현弦, 포匏, 생笙, 황簧'의 악기는 비록 많지만 반드시 함께 화합하여 서로 지켜서 부拊와 고鼓가 울리기를 기다린 뒤에 연주를 시작한다. '문文'은 북(鼓)을 말한다. '무武'는 징(金鐃)을 말한다. 악이 연주를 시작할 때 먼저 북을 울린다. 그러므로 '북이 울리는 것으로 연주를 시작한다'(始奏以文)라고 하였다. '난亂'이란 마치는 장의 의절이다. 물러나고자 할 때 징을 울려서 마친다. 그러므로 '징을 울리는 것으로 다시 악무를 마친다'(復亂以武)라고 하였다. '상相'은 바로 부拊이다. 악에서 연주를 돕기 위한 것으로, 무질서한 것을 다스려 질서정연하게 하므로 '상相으로 무질서한 것을 다스린다'(治亂以相)라고 하였다. '신訊'도 다스리는 것이다. '아雅'도 악기樂器이다. 지나쳐서 절도를 잃는 것을 '질疾'이라고 한다. 이 아雅를 연주하여 춤추는 자가 지나치게 빠른 것을 조절한다. 그러므로 '아雅로써 빠름을 조절한다'(訊疾以雅)라고 하였다. 여기에서 악을 '말한다'(語)는 것은 고악古樂의 바름을 말하는 것이다. 고악을 알아서 수신修身의 도를 밝히면 집안이 가지런해지고 나라가 다스려져서 천하가 평안하다. ○ 방씨方氏(방각方慤)는 말한다. "북(鼓)의 소리는 양이 되므로 문文이라고 하였다. 징(鐃)의 소리는 음이 되므로 무武라고 하였다. '평平'은 위와 아래 사이에 치우침이 없음을 말한다. '균均'은 멀고 가까운 사이에 차이를 둠이 없음을 말한다." 厭之故'惟恐臥', 好之故'不知倦'. '如彼', 外之也, '如此', 內之也. '旅', 衆也. 或進或退, 衆皆齊一, 無參差也. '和正以廣', 無姦聲也. '弦・匏・笙・簧'之器雖多, 必會合相守待擊拊・鼓, 然後作也. '文', 謂鼓也. '武', 謂金鐃也. 樂之始奏, 先擊鼓. 故云'始奏以文'. '亂'者, 卒章之節. 欲退之時, 擊金鐃而終. 故云'復亂以武'. '相', 卽拊也. 所以輔相於樂, 治亂而使之理, 故云'治亂以相也'. '訊', 亦治也. '雅', 亦樂器也. 過而失節, 謂之'疾'. 奏此雅器, 以治舞者之疾. 故云'訊疾以雅也'. 於此而'語'樂, 是道古樂之正也. 知古樂而明脩身之道, 則家齊國治而天下平矣. ○ 方氏曰: "鼓聲爲陽, 故謂之文. 鐃聲爲陰, 故謂之武. '平', 言無上下之偏. '均', 言無遠近之異."

【악기 51】

(자하가 대답하였다.) "오늘날의 저 신악은 춤추는 이들이 무질서하게 나아가고 무질서하게 물러나오니 간사한 소리(聲)가 참람하게 절도를 넘어서고, 음란하여 그치지 않으며, 광대와 난쟁이가 원숭이 모양을 흉내 내며 남녀 사이에 뒤섞여 부자의 예도 알지 못합니다. 악이 끝나도 악을 이야기할 수 없고 고악의 도를 말할 수 없으니, 이것이 신악이 하는 일입니다."

"今夫新樂, 進俯退俯, 姦聲以濫, 溺而不止, 及優·侏儒, 獶雜子女, 不知父子. 樂終, 不可以語, 不可以道古, 此新樂之發也."

鄭注 '부俯'는 굽다는 뜻과 같다. 가지런하지 않음을 말한다. '남濫'은 참람하게 훔친다는 뜻이다. '익이부지溺而不止'는 소리가 음란하여 다스릴 방도가 없는 것이다. '우獶'는 원숭이다. 춤추는 자가 원숭이가 노는 것과 같이 함을 말하니, 남녀의 존비를 어지럽히는 것이다. '우獶'는 더러 '우優'로도 되어 있다. '俯', 猶曲也. 言不齊一也. '濫', 濫竊也. '溺而不止', 聲淫亂, 無以治之. '獶', 獼猴也. 言舞者如獼猴戲也, 亂男女之尊卑. '獶'或作'優'.

集說 '무질서하게 나아가고 무질서하게 물러나온다'(進俯退俯)는 것은 굽고 꺾여서 춤추는 이들의 행렬이 무질서하고 어지러운 것이다. '간성이람姦聲以濫'은 바로 앞 장에서 말한 '참람하게 침범하는 음'(滌濫之音)[98]이니, 간사한 소리(聲)가 법도를 침범하고 넘어서 바르지 않은 것이다. '익이부지溺而不止'는 바로 앞 장에서 말한 '한 곡이 끝나기까지 지나치게 긴 음'(狄成之音)[99]이니, 그 소리가 과도함에 빠진 것이 오래됨을 말한다. 배우들이 잡희雜戲를 하는데 이르러서는, 난장이로 키가 작고 왜소한 사람들이 원숭이의 모양을

흉내 내며 남자와 부인들 속에 간간히 뒤섞여, 부자와 존비의 차이를 알지 못한다. 악을 연주하는 것이 끝났다 해도 말할 만한 것이 없는데, 하물며 더불어 옛 도道를 말할 수 있겠는가? '우獶'는 '원숭이'(猱)와 같다. '進俯退俯', 謂俯僂曲折, 行列雜亂也. '姦聲以濫', 卽前章所謂'滌濫之音', 謂姦邪之聲, 侵濫不正也. '溺而不止', 卽前章所謂'狄成之音', 謂其聲沈淫之久也. 及俳優雜戲, 侏儒短小之人, 如獼猴之狀, 間雜於男子婦人之中, 不復知有父子尊卑之等. 作樂雖終, 無可言者, 況可與之言古道乎? '獶', 與'猱'同.

【악기 52】

(자하가 대답하였다.) "이제 임금께서 물으시는 것은 악이나, 좋아하시는 것은 음입니다. 악이란 음과 서로 비슷하지만 같지 않습니다." 문후가 물었다. "어찌하여 그렇습니까?" 자하가 대답하였다. "옛날에는 천지가 화순하고 사계절이 적당하여, 백성들은 덕이 있고 오곡이 풍성하였으며, 질병이 일어나지 않고 재이도 없었으니 이것을 '크게 합당하다'(大當)라고 합니다. 그런 뒤에 성인聖人이 나와 부자와 군신의 관계를 세우고 기강으로 삼았습니다. 기강이 바르게 되면 천하가 크게 안정됩니다. 천하가 안정된 뒤에 육률六律을 바르게 하고, 오성五聲을 조화롭게 하며, 『시詩·송頌』을 연주하며 노래하니, 이것을 '덕음德音'이라 합니다. 덕음 이것을 악樂이라고 하는 것입니다. 『시詩』에서 '그 명예(德音) 조용히 안정시켰고, 그 덕 잘 밝혔네. 잘 밝혔으며 무리마다 잘 통하였고, 어른 노릇을 잘

하고 임금 노릇을 잘하였네. 큰 나라에 왕정을 베푸니, 잘 회순하고 서로 잘 친애하였네. 문왕에 이르러 그 덕 후회할 곳이 없어, 상제의 복을 받고 자손에게 벋어 미쳤네'라고 한 것은 이것을 말한 것입니다."

"今君之所問者樂也, 所好者音也. 夫樂者, 與音相近而不同."① 文侯曰: "敢問何如?"② 子夏對曰: "夫古者天地順而四時當, 民有德而五穀昌, 疾疢不作而無妖祥, 此之謂'大當'. 然後聖人作爲父子君臣, 以爲紀綱. 紀綱旣正, 天下大定. 天下大定, 然後正六律, 和五聲, 弦歌『詩·頌』, 此之謂'德音'. 德音之謂樂.③ 『詩』云: '莫其德音, 其德克明. 克明克類, 克長克君. 王此大邦, 克順克俾. 俾于文王, 其德靡悔, 旣受帝祉, 施于孫子', 此之謂也."④

鄭注 ① 문후가 음은 좋아하나 악은 모름을 말하였다. 갱장鏗鏘과 같은 종류는 모두 음이 되고 율律에 응해야 악이 된다. 言文侯好音而不知樂也. 鏗鏘之類皆爲音, 應律乃爲樂.

② 음과 악이 뜻이 다름을 알고자 한 것이다. 欲知音樂異意.

③ '합당하다'(當)는 제 자리를 잃지 않음을 말한다. '當', 謂樂[100]不失其所.

④ 이 덕이 있는 음音이 이른바 악樂이다. 덕이 바르고 응함이 조화로운 것을 '조용히 안정되다'(莫)[101]라고 한다. 사방을 밝게 비추어 임하는 것을 '밝다'(明)라고 한다. 덕을 베푸는 것을 근면하게 하여 사사로움이 없는 것을 '선하다'(類)라고 한다. 가르치는 것에 게으르지 않음을 '윗사람 노릇을 한다'(長)라고 한다. 상으로 포상하고 형벌로 위엄을 세우는 것을 '임금 노릇을 한다'(君)라고 한다. 자애로움으로 화합하고 두루 순종하는 것을 '순응한다'(順)라고 한다. '비俾'는 '비比'가 되어야 하니 발음이 비슷하여 잘못되

었다. 선을 택하여 따르는 것을 '함께한다'(比)라고 한다. '이施'는 길게 뻗어 미친다는 뜻이다. 문왕의 덕이 모두 이와 같을 수 있으므로 하늘의 복을 받고 후세에까지 길이 번어 미침을 말한다. 此有德之音, 所謂樂也. 德正應和曰'莫'. 照臨四方曰'明'. 勤施無私曰'類'. 敎誨不倦曰'長'. 慶賞刑威曰'君'. 慈和徧服曰'順'. '俾'當爲'比', 聲之誤也. 擇善從之曰'比'. '施', 延也. 言文王之德, 皆能如此, 故受天福, 延於後世也.

集說 '사시가 합당하다'(四時當)는 것은 절기의 차서를 잃지 않음을 말한다. '요상妖祥'에서 '상祥'도 또한 '요妖'(재이)의 의미다. 『서書』에서 "박亳 땅에 재이가 있다"102)고 하였다. '크게 합당하다'(大當)는 것은 만물을 화육함(大化)이 고르고 조화로운 것이다. '작위부자군신이위기강作爲父子君臣以爲紀綱'은 한 구절로 읽는다. 성인聖人이 부자와 군신의 예를 세우고, 삼강三綱과 육기六紀의 절목을 만든 것을 말한다. '강綱'은 그물에서 벼리가 되는 큰 줄이고, '기紀'는 강綱에 붙은 작은 줄이고, 강목綱目은 기紀에 붙은 줄이다. 삼강三綱은 임금은 신하의 벼리가 되고, 아버지는 아들의 벼리가 되고, 남편은 아내의 벼리가 됨을 말한다. 육기六紀는 백부와 숙부 사이에 선함이 있고, 외삼촌들 사이에 의가 있고, 족인族人들 사이에 윤서倫敍가 있고, 형과 아우 사이에 친함이 있고, 스승과 어른에 대해 존중함이 있고, 붕우 사이에 오랜 정이 있는 것이다. 먼저 예로써 질서 있게 해야, 악으로써 화합할 수 있다. 그러므로 그런 뒤에 '육률을 바로잡는다'(正六律) 이하의 일을 행한다. 주자周子는 말한다. "옛날에 성왕聖王이 예법을 제정하여 교화를 닦아서, 삼강이 바르게 되고, 구주九疇103)가 차례로 펼쳐지며, 백성이 크게 화합하고, 만물이 모두 순응하면 이에 악을 제작하여 팔풍八風의 기氣를 펼치고 천하의 정情을 화평하게 했으니, 대개 뜻이 여기에 근본한 것이다. '『시詩』'는 「대아大雅 · 황의皇矣」의 편이다. '막莫'은 조용하다는 뜻이다. '덕

음德音'은 명예이다. '비俾'는 『시詩』에 의거하여 '비比'로 써야 한다. 자하子夏가 『시』를 인용하여 덕음德音의 설을 증명하였다. ○ 엄씨嚴氏는 말한다. "왕계王季가 비록 명예를 구하는 것에 마음이 없었으나 그 덕이 천하를 밝혀서 무리마다 통하였고, 윗사람 노릇을 하고 임금 노릇을 하였으며, 화순하고 선을 따랐으니, 자연히 그 명예를 가릴 수 없었다. '무리마다 통하였다'(類)는 것은 덕을 밝힘이 충실한 것이다. '임금 노릇을 함'은 '윗사람 노릇을 함'(長)을 미루어 하는 것이다. '비比'란 화순함이 쌓인 것이다. '밝히기를 잘하였다'(克明)는 것은 이 이치를 아는 것을 말하고, '무리마다 잘 통하였다'(克類)는 것은 어느 무리와 접촉해도 통하는 것을 말하니, 하나의 이치가 혼융하여 위와 아래로 관통한 것이다. 임금은 어른보다 더 높으니, 「학기學記」(21)에서 '장長이 될 수 있어야 뒤에 임금이 될 수 있다'고 한 말이 그것이다. 그렇게 하여 큰 나라에 임금이 되면 순응함을 잘하여(克順) 그 백성들을 화합시킬 수 있고, 함께 친애함을 잘하여(克比) 그 백성들을 친애하게 할 수 있다. '순응함'(順)은 어지럽히지 않음을 말한다. '함께 친애함'(比)은 즐겁게 서로 친애하는 것이다. 문왕文王에 이르러 그 덕에 후회할 만한 것이 없고 이리저리 도에 맞아서 털끝만큼의 혐의도 없었다고 하였으니, 왕계王季의 덕이 문왕에게 전해져 더욱 성대해졌으므로 능히 하늘의 복을 받고 자손에게까지 길이 번어 미칠 수 있었음을 뜻한다." '四時當', 謂不失其序也. '妖祥', '祥'亦'妖'也. 『書』言, "毫有祥." '大當', 大化之均調也. '作爲父子君臣以爲紀綱', 是一句讀. 言聖人立父子・君臣之禮, 爲三綱・六紀之目也. '綱', 維網大繩, '紀', 附綱小繩, 綱目則附於紀也. 三綱謂君爲臣綱, 父爲子綱, 夫爲妻綱也. 六紀謂諸父有善, 諸舅有義, 族人有敍, 昆弟有親, 師長有尊, 朋友有舊也. 先序之以禮, 乃可和之以樂. 故然後有'正六律'以下之事. 周子曰: "古者聖王制禮法, 脩敎化, 三綱正, 九疇敍, 百姓大和, 萬物咸若, 乃作樂, 以宣八風之氣, 以平天下之情, 意蓋本此. '『詩』', 「大雅・皇矣」之篇. '莫', 靜也. '德音', 名譽也. '俾', 當依『詩』作'比'. 子夏引『詩』, 以證德音之說." ○ 嚴氏

曰: "王季雖無心於干譽, 然其德明而類, 長而君, 順而比, 自不可掩. '類'者, 明之充. '君'者, '長'之推. '比'者, 順之積. '克明', 謂知此理, '克類', 謂觸類而通, 一理混融, 徹上徹下也. 君又尊於長, 「學記」言, '能爲長, 然後能爲君', 是也. 以之君臨大邦, 則克順而能和其民, 克比而能親其民. '順', 言不擾. '比', 則驩然相愛矣. 比及文王, 其德無有可悔, 從容中道, 無毫髮之慊也, 言王季之德, 傳于文王而益盛, 故能受天之福, 而延于子孫也."

【악기 53】

(자하가 말하였다.) "지금 임금께서 좋아하시는 것은 탐닉하는 음(溺音)일 것입니다." 문후가 말하였다. "탐닉하는 음은 어디서 생겨나옵니까?" 자하가 대답하였다. "정鄭나라 음은 절도를 넘는 것을 좋아하여 뜻(志)을 과도하게 이끌고, 송宋나라 음은 색色을 즐겁게 여겨서 뜻(志)을 탐닉하게 하고, 위衛나라 음은 최촉하여 뜻(志)을 수고롭게 하고, 제齊나라 음은 거만하고 치우쳐서 뜻(志)을 교만하게 합니다. 이 네 가지는 모두 색色에 과도하여 덕에 해롭습니다. 그래서 제사에서 쓰지 않는 것입니다."

"今君之所好者, 其溺音乎."① 文侯曰: "敢問溺音何從出也?"② 子夏對曰: "鄭音好濫淫志, 宋音燕女溺志, 衛音趨數煩志, 齊音敖辟喬志. 此四者, 皆淫於色而害於德. 是以祭祀弗用也."③

鄭注 ① 문왕의 덕이 없으면, 좋아하는 것이 악樂이 아님을 말하였다. 言無文王之德, 則所好非樂也.

② 즐기고 익숙해진지 오래되어서 말미암아 나오는 바를 알지 못하는 것이다. 玩習之久, 不知所由出也.

③ 네 나라에서 모두 이 익음溺音이 나왔음을 말한다. '남濫'은 참람하게 훔치는 것이니, 간사한 소리(姦聲)이다. '연燕'은 편안하다는 뜻이다. 『춘추전』에서 "연정과 안일은 진실로 명예를 망친다"104)고 한다. '촉삭趨數'은 '촉속促速'(독촉하여 서두른다)의 뜻으로 읽으니 발음이 비슷하여 잘못되었다. '번煩'은 수고롭다는 뜻이다. 제사에는 음란한 악을 쓰지 않는다. 言四國皆出此溺音. '濫', 濫竊, 姦聲也. '燕', 安也. 『春秋傳』曰: "懷與安, 實敗名." '趨數', 讀爲'促速', 聲之誤也. '煩', 勞也. 祭祀者不用淫樂.

集說 '익음溺音'은 과도하게 탐닉하는 음音이다. '남濫'이란 넘쳐흐른다는 뜻이니, 법도를 넘어 자신에 속하지 않은 색色까지 미침을 말한다. '연燕'이란 편안하다는 뜻이니 즐기고 장난하는 것에 빠져 되돌아오지 않음을 말한다. '촉삭趨數'은 최촉하고 급한 것이다. '오벽敖辟'은 거만하여 제멋대로 하고 치우쳐서 삿된 것이다. 네 가지는 모두 지志로써 말했으니 (그 해로움이) 과도하고 탐닉하는 것은 비교적 심각한 것이고, 번거롭게 하고 교만하게 하는 것은 비교적 가벼운 것이다. 그러나 모두 덕을 해치기 때문에 종묘에 사용해서는 안 된다. '溺音', 淫溺之音也. '濫'者, 泛濫之義, 謂泛及非已之色也. '燕'者, 晏安之意, 謂耽於娛樂而不反也. '趨數', 迫促而疾速也. '敖辟', 倨肆而偏邪也. 四者皆以志言, 淫溺較深, 煩驕較淺. 然皆以害德, 故不可用之宗廟.

【악기 54】

(자하가 말하였다.) "『시詩』에서 '(악樂이) 경건하고 또 화순하게 울리니, 선조께서 이를 들으시네'라고 하였다. 숙肅은 경건한 것이고 옹雝은 화순한 것입니다. 공경하면서 화순하니 어떤 일엔들 쓰이지

않겠습니까?"

"『詩』云: '肅雝[105]和鳴, 先祖是聽.' 夫肅, 肅敬也, 雝, 雝和也. 夫敬以和, 何事不行?"

鄭注 고악古樂은 경건하고 또 화순하므로 어떤 일에서든 쓰이지 않음이 없지만, 탐닉하는 음(溺音)은 쓸 곳이 없음을 말한 것이다. 言古樂敬且和, 故無事而不用, 溺音無所施.

集說 『시』는 「주송周頌 · 유고有瞽」이다. 윗글에서 탐닉하는 음(溺音)이 덕을 해치기 때문에 제사에서 쓰지 않는다고 말한 것을 기회로 이 시를 인용하였다. 『詩』, 「周頌 · 有瞽」之篇. 因上文言溺音害德, 祭祀弗用, 故引之.

【악기 55】

(자하가 말하였다.) "임금이 된 자는 그 좋아하고 싫어하는 바를 조심할 뿐입니다. 임금이 좋아하면 신하가 좋아하고 위에서 시행하면 백성들이 따릅니다. 『시詩』에서 '백성을 이끄는 것이 매우 쉽네'라고 하였으니, 이것을 말하는 것입니다."

"爲人君者, 謹其所好惡而已矣. 君好之, 則臣爲之, 上行之, 則民從之. 『詩』云: '誘民孔易', 此之謂也."

鄭注 '유誘'는 나아간다는 뜻이다. '공孔'은 심하다는 뜻이다. 백성들은 임금이 좋아하고 싫어하는 바를 따라 하므로, 그들을 선에 나아가게 하는 것이 어렵지 않음을 말한 것이다. '誘', 進也. '孔', 甚也. 言民從君所好惡, 進之於善無難.

集說 덕음德音의 올바름과 탐닉하는 음(溺音)의 사사로움은 모두 사람을 감발시키기 쉽다. 그러므로 임금은 좋아하고 싫어하는 바를 조심하지 않을 수 없다. '『시』'는 「대아大雅·판板」이다. '유誘'는 『시詩』에서 '유牖'로 되어 있다. 德音之正·溺音之邪, 皆易以感人. 故人君不可不謹所好惡也. '『詩』', 「大雅·板」之篇. '誘', 『詩』作'牖'.

【악기 56】

(자하가 말하였다.) "그런 뒤에 성인聖人이 도鞉·고鼓·강椌·갈楬·훈壎·지篪[106]를 만들었으니, 이 여섯 가지는 덕음德音의 음입니다. 그런 뒤에 종鐘·경磬·우竽·슬瑟을 연주하여 조화시키고, 간干·척戚·모旄·적狄을 들고 춤을 춥니다. 이것은 선왕의 묘廟에 제사지내는 데 쓰는 것이고, 술을 올리고(獻)·술을 돌리며(酬)·술로 입가심하고(酳)·술을 되돌리는(酢) 데 쓰는 것이며, 관직 서열의 귀천이 각자 그 마땅함을 얻게 하는 데 쓰는 것이고, 후세 사람들에게 존비와 장유의 순서를 보이는 데 쓰는 것입니다."

"然後聖人作爲鞉·鼓·椌·楬·壎·篪, 此六者, 德音之音也.① 然後鍾·磬·竽·瑟以和之, 干·戚·旄·狄以舞之. 此所以祭先王之廟也, 所以獻·酬·酳·酢也, 所以官序貴賤各得其宜也, 所以示後世有尊卑長幼之序也."②

鄭注 ① 여섯 가지 악기가 근본이 되는 것은 그 소리가 질박하기 때문이다. '강椌'과 '갈楬'은 축柷과 어敔를 말한다. '훈壎'과 '지篪'는 더러 '순簨'과

'거虡'로도 되어 있다. 六者爲本, 以其聲質也. '椌'・'楬', 謂柷・敔也. '壎'・'篪'或爲'簨'・'虡'.

② '관서귀천官序貴賤'은 존비를 말한다. 악기의 반열과 수에 차등이 있다. '官序貴賤', 謂尊卑. 樂器列數有差次.

集說 '도鞉'는 고鼓(북)와 같으나 작으며, 손잡이를 잡고 흔들면 옆에 달린 귀가 스스로 친다. '강椌'과 '갈楬'은 축柷과 어敔이다. '훈壎'은 여섯 개의 구멍이 있으며, 흙을 구워서 만들었다. '지篪'는 큰 것은 길이가 1척 4촌이고 작은 것은 1척 2촌인데, 대나무로 만든다. 여섯 가지 악기는 모두 질박한 소리를 낸다. 그러므로 '덕음德音'이라고 하였다. 이미 질박한 것으로 근본을 삼은 뒤에, 종鐘・경磬・우竽・슬瑟 네 가지의 화려하고 아름다운 음音으로 그 조화로움을 돕는다. '간干'은 방패(楯)이다. '척戚'은 도끼(斧)이다. 무무武舞를 출 때 잡고 추는 것이다. '모旄'는 모우旄牛(소의 일종)의 꼬리다. '적狄'은 적치翟雉(꿩)의 깃털이다. 문무文舞를 출 때 잡고 추는 것이다. 이들은 종묘의 악이다. '윤酳'은 설명이 앞 편에 보인다.[107] 종묘에서 제사가 있으면 술을 따라 올리는 것(獻), 술을 따라 돌리는 것(酬), 술로 입가심하는 것(酳), 술을 따라 되돌리는 것(酢)의 예가 있다. 종묘와 조정에서는 예악을 쓰지 않는 일이 없기 때문에 귀한 자와 천한 자의 관직 서열과 어른과 젊은이의 높고 낮음이 현재로부터 후세에까지 드리워지는 것이다. '鞉', 如鼓而小, 持柄搖之, 旁耳自擊. '椌'・'楬', 柷・敔也. '壎', 六孔, 燒土爲之. '篪', 大者長尺四寸, 小者尺二寸, 竹也. 六者皆質素之聲. 故云'德音'. 旣用質素爲本, 然後用鍾・磬・竽・瑟四者華美之音, 以贊其和. '干', 楯也. '戚', 斧也. 武舞所執. '旄', 旄牛尾也. '狄', 翟雉羽也. 文舞所執. 此則宗廟之樂也. '酳', 說見前篇. 有事於宗廟, 則有獻・酬・酳・酢之禮也. 宗廟・朝廷無非禮樂之用, 所以貴賤之官序・長幼之尊卑, 自今日而垂之後世也.

【악기 57】

(자하가 말하였다.) "종鐘의 소리는 캉캉 울리니, 캉캉하는 소리로 호령을 세우고, 호령으로 기의 충만함을 세우고, 기의 충만함으로 무위武威를 세웁니다. 군자는 종의 소리를 들으면 무신武臣을 생각합니다."

"鍾聲鏗, 鏗以立號, 號以立橫, 橫以立武. 君子聽鍾聲, 則思武臣."

鄭注 '호號'는 호령號令의 뜻으로. 대중을 경계하는 수단이다. '횡橫'은 충만하다는 뜻으로 기가 일어나 충만해지는 것을 가리킨다. '號', 號令, 所以警衆也. '橫', 充也, 謂氣作充滿也.

集說 캉캉 소리가 나는 것은 호령하는 형상이다. 호령號令은 위엄 있게 하려는 것이다. '횡橫'은 성대한 기가 충만한 것이다. 호령이 엄하고 기가 씩씩한 것은 무武를 세우는 도이므로, 군자는 그것을 듣고 무신武臣을 생각한다. 鏗然有聲, 號令之象也. 號令欲其威嚴. '橫'則盛氣之充滿也. 令嚴氣壯, 立武之道, 故君子聽之而思武臣.

【악기 58】

(자하가 말하였다.) "석경石磬의 소리 칭칭 울리니, 칭칭 울리는 소리로 절의를 분명히 하고, 절의를 분명히 하여 목숨을 바칩니다. 군자는 석경의 소리를 들으면 목숨을 바쳐 나라를 지키는 신하(封疆之臣)를 생각합니다."

"石聲磬, 磬以立辨, 辨以致死. 君子聽磬聲, 則思死封疆之臣."

鄭注 '석성경石聲磬'에서 '경磬'은 '경罄'이 되어야 옳다. 글자가 비슷하여 잘못된 것이다. '변辨'은 절의에 분명함을 말한다. '石聲磬', '磬'當爲'罄'. 字之誤也. '辨', 謂分明於節義.

集說 구설에서 '경磬'은 '경罄'으로 읽는다고 하였다. 상성上聲이다. 그 소리가 칭칭 울리는 것을 말하니, 그것으로 변별하는 뜻을 삼는 것이다. 생사의 경계에서는 의義에 대해 분명하게 판단하고 절개를 돌같이 굳건히 하는 자가 아니라면 결단을 잘할 수가 없다. '목숨을 바쳐 나라를 지키는 신하'(封疆之臣)[108]는 저것과 이것의 분한에서 의리를 끝까지 지켜내기 때문에 환난 속에서도 목숨을 바칠 수 있다. 그러므로 군자는 소리를 듣고 생각할 바를 안다. 舊說, '磬'讀爲'罄'. 上聲. 謂其聲音罄罄然, 所以爲辨別之意. 死生之際, 非明辨於義而剛介如石者, 不能決. '封疆之臣', 致守於彼此之限, 而能致死於患難之中. 故君子聞聲而知所思也.

【악기 59】

(자하가 말하였다.) "현악기의 소리(絲聲)는 슬프니, 슬픔으로써 방정함을 세우고 방정함으로 뜻(志)을 세웁니다. 군자는 금슬琴瑟의 소리를 들으면 뜻이 의로운 신하를 생각합니다."

"絲聲哀, 哀以立廉, 廉以立志. 君子聽琴瑟之聲, 則思志義之臣."

鄭注 '렴廉'은 각이 져서 방정하다는 뜻이다. '廉', 廉隅.

集說 사람의 마음 씀은 비록 편안히 긴장이 없는 때에도 문득 슬프고 원망하는 소리를 들으면 또한 반드시 그를 위해 슬퍼하면서 마음을 검속한다. 이것이 슬퍼함으로 방정함을 세울 수 있는 것이다. 사성絲聲은 처량하고 절실하여 방정하게 가르고 재단하는 뜻이 있다. 사람에게 방정함이 있으면 뜻(志)이 욕심에 유혹되지 않는다. 선비가 특별한 사유 없이 금슬琴瑟을 치우지 않는 것은 이유가 있는 것이다. 人之處心, 雖當放逸之時, 而忽聞哀怨之聲, 亦必爲之惻然而收斂. 是哀能立廉也. 絲聲凄切, 有廉劌裁割之義. 人有廉隅, 則志不誘於欲. 士無故不去琴瑟, 有以也夫.

【악기 60】

(자하가 말하였다.) "대나무 악기의 소리(竹聲)는 거두어 모읍니다. 거두어 모음으로써 회합하는 바를 세우고 회합함으로써 대중을 모읍니다. 군자는 우竽 · 생笙 · 소簫 · 관管[109]의 소리를 들으면 백성을 포용하고 거두어 모으는 신하를 생각합니다."

"竹聲濫. 濫以立會, 會以聚衆. 君子聽竽 · 笙 · 簫 · 管之聲, 則思畜聚之臣."

鄭注 '남濫'의 뜻은 거두어 모은다는 뜻과 같다. '회會'는 모인다는 뜻과 같다. '취聚'는 더러 '최最'로도 되어 있다. '濫'之意, 猶擥聚也. '會', 猶聚也. '聚'或爲'最'.

集說 구설舊說에 의하면, '남濫'은 거두어 모은다는 뜻이다. 그러므로 모일 수 있고, 많을 수 있다. '축취지신畜聚之臣'은 재정을 절약하고 사람을 아껴 백성들을 포용하고 대중을 거두어 모으는 이를 가리키며, 세금을 가혹하게 거둬들여 모으는 신하를 가리키는 것이 아니다. ○ 유씨劉氏는 말한

다. "대나무 악기의 소리(竹聲)는 넘쳐 퍼진다. 넘쳐 퍼지면 널리 대중들에게 미치고, 대중들이 반드시 귀부한다. 그러므로 회합하는 바를 수립하여 대중을 모으니, 군자는 대나무 악기의 소리(竹聲)를 들으면 백성들을 포용하고 대중을 모으는 신하를 생각한다." 舊說, '濫'爲擥聚之義. 故可以會, 可以衆. '畜聚之臣', 謂節用愛人, 容民畜衆者, 非謂聚斂之臣也. ○ 劉氏曰: "竹聲汎濫. 汎則廣及於衆, 而衆必歸之. 故以立會聚, 而君子聞竹聲, 則思容民畜衆之臣也."

【악기 61】

(자하가 말하였다.) "북(鼓)과 작은북(鼙) 소리는 떠들썩합니다. 떠들썩함으로 감발시켜 움직이는 바를 세우고, 감발시켜 움직이게 하는 것으로 대중들을 나아가게 합니다. 군자는 북(鼓)과 작은북(鼙) 소리를 들으면 군사를 지휘하는 장수를 생각합니다. 군자가 음音을 듣는 것은 그 캉캉 울리는 소리를 들을 뿐이 아닙니다. 저 악樂의 소리에는 또한 마음에 부합하는 것이 있습니다."

"鼓·鼙之聲讙. 讙以立動, 動以進衆. 君子聽鼓·鼙之聲, 則思將帥之臣.① 君子之聽音, 非聽其鏗鏘[110]而已也. 彼亦有所合之也."②

鄭注 ① 떠들썩한 소리를 들으면 사람의 뜻이 감발되어 움직인다. '환讙'은 더러 '환歡'으로도 되어 있다. '동動'은 더러 '훈勳'으로도 되어 있다. 聞讙囂, 則人意動作. '讙'或爲'歡'. '動'或爲'勳'.

② 소리(聲)로 부합시켜 자기의 뜻(志)을 이룬다. 以聲合成己之志.

集說 '환讙'은 떠들썩한 것을 말한다. 그 소리가 떠들썩하고 뒤섞여서 사람의 마음과 생각을 감발시켜 움직인다. 그러므로 대중을 분발시킬 수 있

다. 앞 장(57)에서 무신武臣을 말한 것은 포괄적으로 넓게 말한 것이다. 이 장에서는 장수將帥만을 가리켜 말하였다. 그 이유는 대개 군사들은 북(鼓) 소리로 전진하는데, 전진시키는 권한은 장수(主將)에게 있기 때문이다. '피彼'는 악樂의 소리다. '합지合之'는 마음에 부합하는 것이다. ○ 응씨應氏는 말한다. "팔음八音에서 다섯 음만을 들고 포匏·토土·목木을 말하지 않은 것은 박으로 된 악기의 소리(匏聲)는 짧고 막히고, 흙으로 된 악기의 소리(土聲)는 무겁고 탁하고, 나무로 된 악기의 소리(木聲)는 질박해서 가볍고 맑게 멀리 날리는 운韻이 없기 때문이다. 그러나 나무(木)로 북(鼓)을 치고, 박으로 된 악기(匏)도 또한 우竽와 생笙 가운데 있다." '讙', 謂讙囂也. 其聲諠雜, 使人心意動作. 故能進發其衆. 前言武臣, 泛言之也. 此專指將帥而言. 蓋師以鼓進, 而進之權在主將也. '彼', 謂樂聲也. '合之', 契合於心也. ○ 應氏曰: "八音擧其五, 而不言匏·土·木者, 匏聲短滯, 土聲重濁, 木聲樸質而無輕清悠颺之韻. 然木以擊鼓, 而匏亦在竽·笙之中矣."

【악기 62】

빈무가賓牟賈가 공자를 모시고 앉아 있었다. 공자께서 그와 더불어 이야기 하면서, 악에 대해 미치자 말씀하였다. "「무武」에서 (악이 시작되기 전에) 북(鼓)을 울려 대중을 경계하기를 오랫동안 하는 것은 무엇 때문인가?" (빈무가가) 대답하였다. "무왕武王께서 대중들의 마음을 얻지 못함을 근심하였기 때문입니다."

賓牟賈侍坐於孔子. 孔子與之言及樂曰: "夫「武」之備戒之已久, 何也?" 對曰: "病不得其衆也."

鄭注 '「무武」'는 주周나라의 악무樂舞를 말한다. '비계備戒'는 북을 울려서 대중을 경계시키는 것이다. '병病'은 근심한다는 뜻과 같다. 대중들의 마음을 얻지 못함을 근심으로 여기니, 그 얻기 어려움을 근심한 것이다. '「武」', 謂周舞也. '備戒', 擊鼓警衆. '病', 猶憂也. 以不得衆心爲憂, 憂其難也.

集說 '빈무賓牟'는 성이고 '가賈'는 이름이다. 공자가 "「대무大武」의 악은 먼저 고鼓를 울려서 대중을 경계시키기를 오랫동안 한 뒤에야 춤추기를 시작한다. 왜 그런가?"라고 묻자, 빈무가가 "무왕武王께서 주紂를 방벌할 때에 병사들의 마음을 얻지 못함을 걱정하였습니다. 그러므로 먼저 북(鼓)을 울려서 대중을 경계시키기를 오래한 뒤에야 전쟁에 나섰습니다. 이제 이것을 형상하고자 하였으므로 춤추는 자들로 하여금 오래 머문 뒤에 나아가게 한 것입니다"라고 대답하였다. '賓牟', 姓, '賈', 名. 孔子問"「大武」之樂, 先擊鼓, 備戒已久, 乃始作舞. 何也?" 賈答言, "武王伐紂之時, 憂病不得士衆之心. 故先鳴鼓以戒衆, 久乃出戰. 今欲象此, 故令舞者久而後出也."

【악기 63】

(공자께서 말씀하였다.) "(춤이 시작되기 전에) 길게 노래하고 끊어지지 않게 하는 것은 무엇 때문인가?" (빈무가가) 대답하였다. "제후들이 전쟁의 일에 미치지 못할까 염려하였기 때문입니다."

"咏歎之, 淫液之, 何也?" 對曰: "恐不逮事也."

鄭注 '영탄咏歎'과 '음액淫液'은 노래(歌)가 느리게 이어지는 것이다. '태逮'는 미친다는 뜻이다. '사事'는 전쟁의 일이다. '咏歎'·'淫液', 歌遲之也. '逮', 及也. '事', 戎事也.

集說 이것도 공자가 묻고 빈무가가 답한 것이다. '영탄咏歎'은 길게 소리 내어서 노래하는 것이다. '음액淫液'은 성음聲音의 이어짐이 물이 흐르듯 끊어지지 않은 모양이다. '태逮'는 미친다는 뜻이다. 무왕이 뒤에 도달한 제후들이 전쟁에 미치지 못할까 염려하였으므로, 길게 노래하여서 그 기다리고 사모하는 심정을 나타낸 것이다. 此亦孔子問而賈答也. '咏歎', 長聲而歎也. '淫液', 聲音之連延, 流液不絶之貌. '逮', 及也. 言武王恐諸侯後至者, 不及戰事, 故長歌以致其望慕之情也.

【악기 64】

"(춤이 시작되면) 일찍부터 맹렬하게 춤을 추는 것은 무엇 때문인가?" (빈무가가) 대답하였다. "때에 이르러 주紂를 방벌하는 전쟁을 행하는 것이기 때문입니다."

"發揚蹈厲之已蚤, 何也?" 對曰: "及時事也."

鄭注 때가 이르러 방벌하는 일이 시행되어야 하기 때문이다. 時至, 武事當施也.

集說 공자가 '처음 춤을 출 때 바로 손발을 펴서 올리고 땅을 딛고 맹렬하게 움직이는데, 왜 그렇게 급히 서두르는가?'하고 물었는데, 빈무가賓牟賈는 '무왕이 때에 이르러 주紂를 방벌하는 일을 형상하므로 느슨하게 할 수 없습니다'라고 답하였다. 그러나 아래 경문(67)에서 공자가 "이것은 태공의 뜻(志)이다"라고 하였으니, 이 빈무가의 대답은 틀린 것이다. 問'初舞時, 卽手足發揚, 蹈地而猛厲, 何其太蚤乎?', 賈言'象武王及時伐紂之事, 故不可緩'. 然下文孔子言, "是太公之志", 則此答非也.

【악기 65】

(공자께서 말씀하였다.) "「무武」에서 무릎을 꿇을 때, 오른쪽 무릎을 지면에 대고 왼쪽 발을 들어 올리는 것은 무엇 때문인가?" (빈무가가) 대답하였다. "「무武」를 춤추는 사람이 무릎을 꿇는 것이 아닙니다."

"「武」坐, 致右憲左, 何也?" 對曰: "非「武」坐也."

鄭注 전쟁에서는 꿇어앉는 경우가 없음을 말한다. '치致'는 무릎이 땅에 닿는 것을 말한다. '헌憲'은 '헌軒'으로 읽는다. 발음이 비슷하여 잘못된 것이다. 言武之事無坐也. '致', 謂膝至地也. '憲'讀爲'軒'. 聲之誤也.

集說 '좌坐'는 무릎을 땅에 대는 것(跪)이다. '「무武」악을 춤추는 사람들은 무슨 이유에서인지 갑자기 때로 무릎을 꿇는데, 오른쪽 무릎은 땅에 대고 왼쪽 발은 든다. 왜 그런 것인가?'라고 물은 것이다. '헌憲'은 '헌지軒輊'[111]의 '헌軒'(뒤로 쳐든 듯한 모습)으로 읽는다. 빈무가는 "「무」를 춤추는 사람이 무릎을 꿇는 것이 아닙니다. 춤추는 법도에 무릎을 꿇는 것이 없습니다"고 말하였다. 그러나 아랫글(67)에서 공자는 "「무武」에서 춤이 끝났을 때 모두 꿇어앉는 것은 주공周公과 소공召公의 다스림을 형상한 것이다"라고 하였으니, 무무武舞에 꿇어앉는 것이 있다. 빈무가의 이 답 역시 그른 것이다. '坐', 跪也. 問'舞「武」樂之人, 何故忽有時而跪, 以右膝至地, 而左足仰之. 何也?' '憲', 讀爲'軒輊'之'軒'. 賈言'非「武」人坐. 舞法無坐也.' 然下文孔子言, "「武」亂皆坐, 是周召之治", 則武舞有坐. 此答亦非也.

【악기 66】

(공자가 말씀하였다.) "소리(聲)에 상商을 탐내는 뜻이 있는 것은 무엇 때문인가?" (빈무가가) 대답하였다. "「무武」의 음音이 아닙니다." 선생님께서 말씀하셨다. "만약 「무武」의 음音이 아니라면 무슨 음인가?" (빈무가가) 대답하였다. "유사有司가 전해지는 이야기를 잃어버린 것입니다. 만약 유사가 전해지는 이야기를 잃어버린 것이 아니라면 무왕武王의 뜻(志)이 노망한 것입니다." 선생님께서 말씀하셨다. "그렇다. 내가 장홍萇弘에게서 들은 것도 또한 너의 말과 같았으니 이러하였다."

"聲淫及商, 何也?" 對曰: "非「武」音也."① 子曰: "若非「武」音, 則何音也?" 對曰: "有司失其傳也. 若非有司失其傳, 則武王之志荒矣."② 子曰: "唯. 丘之聞諸萇弘, 亦若吾子之言是也."③

鄭注 ①「무武」의 노래는 군대의 일을 바르게 하는 것에 있고 상商을 탐내는 것이 아님을 말한다. 당시 사람들 중에는 더러 「무武」의 뜻이 상을 탐내고 있다고 말하였다. 言「武」歌在正其軍, 不貪商也. 時人或說其義爲貪商也.

② '유사有司'는 악樂을 담당하는 자이다. '전傳'은 이야기와 같은 뜻이다. '황荒'은 노망하다는 뜻이다. 악을 담당한 자가 그 전해지는 이야기를 잃어버리자 당시 사람들이 엉터리로 말한 것이다. 『서書』에서는 "왕이 노망하셨다"112)고 하였다. '有司', 典樂者也. '傳', 猶說也. '荒', 老耄也. 言典樂者失其說也, 而時人妄說也. 『書』曰: "王耄荒."

③ '장홍萇弘'은 주周나라 대부이다. '萇弘', 周大夫.

集說 '음淫'은 탐욕을 부린다는 뜻이다. 「무武」악의 안에 상商나라를 탐내

는 소리(聲)가 있다면, 이것은 무왕이 주紂의 천하를 탐냈기 때문에 취하였던 것이다. 빈무가賓牟賈가 '「무武」악의 성聲이 아닙니다'라고 말하자 공자가 또 묻기를 '이미 「무武」악의 소리가 아니라면 이것은 어떤 악의 소리인가?' 라고 물었다. 빈무가가 또 '이것은 악을 담당한 관리가 그 서로 전해져온 설을 잃어버린 것입니다. 만약 그 전해진 진실을 잃어버린 것이 아니고 무왕이 참으로 상商나라를 취하는데 마음이 있었다고 한다면, 이것은 무왕의 뜻이 노망한 것입니다. 어찌 정미한 밝음과 신명한 무위武威를 갖추고, 하늘에 응하며 사람들에 따르는 뜻이겠습니까?'라고 하였다. 공자가 이에 그 말을 옳다고 여기고 그 말이 장홍萇弘의 말과 서로 유사하다고 일러준 것이다. 일설에 의하면, 상성商聲은 죽이고 정벌하는 소리요, '음淫'은 상성이 길게 소리나는 것이다. 만약 이것이 「무武」악의 음音이라면 이것은 무왕에게 살육을 좋아하는 마음이 있는 것이다. 그러므로 '뜻이 노망하였다'고 한 것이다. '淫', 貪欲之意也. 「武」樂之中有貪商之聲, 則是武王貪欲紂之天下, 故取之也. 賈言'非「武」樂之聲也', 孔子又問'旣非「武」樂之聲, 則是何樂聲乎?' 賈又言'此典樂之官, 失其相傳之說也. 若非失其所傳之眞, 而謂武王實有心於取商, 則是武王之志有荒繆矣. 豈精明神武, 應天順人之志哉?' 孔子於是, 然其言, 而謂其言與萇弘相似也. 一說, 商聲爲殺伐之聲, '淫', 謂商聲之長也. 若是「武」樂之音, 則是武王有嗜殺之心矣. 故云'志荒也'.

【악기 67】

빈무가賓牟賈가 일어나서 자리를 벗어나 가르침을 청하면서 말하였다. "「무武」에서 북(鼓)을 울려서 대중을 경계시키기를 오랫동안 하는 것에 대해서는 가르침을 들어 알겠습니다. 감히 여쭙건대, 악이

느리고 느리며 또한 오래 지속하는 것은 무엇 때문인지요?" 선생님께서 말씀하였다. "앉아라. 내가 너에게 말해주겠다. 악이란 이미 성취한 공업을 형상하는 것이다. 방패를 잡고 산처럼 우뚝 서 있는 것은 무왕의 일을 형상한 것이다. 발분하여 뛰어오르고 땅을 딛고 맹렬하게 추는 것은 태공大公의 뜻을 형상한 것이다. 「무武」에서 춤을 마칠 때 모두 꿇어앉는 것은 주공周公과 소공召公의 다스림을 형상한 것이다."

賓牟賈起, 免席而請曰: "夫「武」之備戒之已久, 則旣聞命矣. 敢問遲之遲而又久, 何也?"① 子曰: "居. 吾語汝. 夫樂者, 象成者也. 總干而山立, 武王之事也. 發揚蹈厲, 大公之志也. 「武」亂皆坐, 周·召之治也."②

鄭注 ① '느리고 느리다'(遲之遲)는 춤추는 자리에 오래 서 있는 것을 말한다. '遲之遲', 謂久立於綴.

② '거居'는 편히 앉는다는 뜻이다. '성成'은 이미 이루어진 일을 말한다. '총간摠干'은 방패를 잡는다는 뜻이다. '산립山立'은 바르게 선다는 뜻과 같다. 무왕이 방패를 잡고 바르게 서서 제후를 기다리는 것을 형상한다. '발분하여 뛰어오르고 땅을 딛고 맹렬하게 춘다'(發揚蹈厲)는 위무를 떨칠 때를 형상한다. 「무武」의 춤은 전투를 형상한다. '난亂'은 대오를 잃어버리는 것이다. 대오를 잃어버리면 모두 앉으니, 주공周公과 소공召公이 문文으로 무武를 그치게 하였음을 형상한다. '居', 猶安坐也. '成', 謂已成之事也. '摠干', 持盾也. '山立', 猶正立也. 象武王持盾正立待諸侯也. '發揚蹈厲', 所以象威武時也. 「武」舞, 象戰鬪也. '亂', 謂失行列也. 失行列則皆坐, 象周公·召公以文止武也.

集說 '면석免席'은 자리를 피하는 것이다. 대중을 경계하기를 오랫동안 하는 것이 '지遲'라는 것이다. 춤추는 자리에 오래 서 있는 것이 '지이우구遲而又久'이다. 공자는 말한다. "악을 제작하는 것은 그 공을 이룬 것을 본떠 형상하는 것이다. 그러므로 춤을 추려할 때 춤추는 사람이 방패를 쥐고 산처럼 서서 우뚝하게 움직이지 않는 것은 무왕이 방패를 잡고 제후들이 이르기를 기다린 것을 형상한 것이다. 따라서 '무왕의 일이다'라고 하였다. 발분하여 뛰어 오르고 땅을 딛고 맹렬하게 추는 것은 태공太公이 위무威武를 갖추어 용맹스럽게 펼치는 뜻을 형상하는 것이다." '난亂'은 악樂의 마치는 장章이다. 앞 장(50)에서는 "징(鐃)을 울리는 것으로 다시 악무樂舞를 마친다"(復亂以武)라고 하였다. 「무武」의 춤이 끝나려 할 때 꿇어앉는 것은 주공周公과 소공召公이 문덕文德으로 다스림을 형상한다고 말한 것은 문文으로써 무武를 그치게 하는 것이다. '免席', 避席也. '備戒已久', 所謂'遲'也. 久立於綴, 是'遲而又久'也. 孔子言, "作樂者, 倣象其成功. 故將舞之時, 舞人總持干盾, 如山之立, 嶷然不動, 此象武王持盾, 以待諸侯之至. 故曰'武王之事'也. 所以發揚蹈厲, 象太公威武鷹揚之志也." '亂', 樂之卒章也. 上章言, "復亂以武." 言「武」舞將終而坐, 象周公·召公文德之治, 蓋以文而止武也.

【악기 68】

(공자가 말씀하였다.) "또한 저 「무武」는, 일성一成에서 무왕이 북쪽으로 나아가 병력으로 시위함을 형상하고, 재성再成에서 상商을 멸망시키는 것을 형상한다. 삼성三成에서 남쪽으로 돌아옴을 형상하고, 사성四成에서는 남만南蠻이 이들에 대하여 강역을 확정함을 형상한

다. 오성五成에서 주공周公은 왼쪽으로, 소공召公은 오른쪽으로 나누어 다스리게 하였음을 형상하고, 육성六成에서 군사의 일을 완결하고 다시 돌아옴에 사해四海에서 무왕을 천자로 숭앙함을 형상한다."

"且夫「武」, 始而北出, 再成而滅商. 三成而南, 四成而南國是疆. 五成而分周公左・召公右, 六成復綴以崇天子113)."

鄭注 '성成'은 연주한다는 뜻과 같다. 「무武」의 곡曲 하나를 연주하는 것이 끝날 때마다 일성一成(한 번 연주하는 것)이 된다. 처음 연주는 맹진猛進에서 병력으로 시위할 때를 형상한다. 두 번째 연주는 은殷을 이길 때를 형상한다. 세 번째 연주는 은을 이기고 여력이 있어서 돌아오는 것을 형상한다. 네 번째 연주는 남쪽 형만荊蠻의 나라에서 강역을 침범한 자들이 복종하는 것을 형상한다. 다섯 번째 연주는 주공周公과 소공召公이 직분을 나누어서 다스리는 것을 형상한다. 여섯 번째 연주는 군대가 돌아와 부대를 정돈함을 형상한다. '복철復綴'은 (춤추는 자가) 자리로 돌아와 멈추는 것이다. '숭崇'은 채운다는 뜻이다. 여섯 번의 연주로써 「무武」악을 채우는 것이다.

'成', 猶奏也. 每奏「武」曲一終爲一成. 始奏象觀兵盟114)津時也. 再奏象克殷時也. 三奏象克殷有餘力而反也. 四奏象南方荊蠻之國侵畔者服也. 五奏象周公召公分職而治也. 六奏象兵還振旅也. '復綴', 反位止也. '崇', 充也. 凡六奏以充「武」樂也.

集說 '성成'이란 곡曲이 한 번 끝나는 것이다. 『서書』에서 "「소소簫韶」가 아홉 번 연주되었다"115)라고 하였다. 공자가 또 「무武」의 춤에 대해 말하였다. 처음에는 남쪽의 제일 첫 번째 자리에서부터 이어서 북쪽의 두 번째 자리에 이른다. 그러므로 '시작하면 북쪽으로 나아간다'(始而北出)라고 하였다. 이것이 1성成이다. 재성再成은 춤추는 자가 두 번째 자리에서부터 세 번째 자리에 이르는 것으로 상商을 멸하는 것을 형상한다. 3성은 춤추는

자가 세 번째 자리에서부터 네 번째 자리에 이르는 것으로, 북에 끝까지 이르러 남으로 돌아오는 것이니 은殷을 이기고 남으로 돌아오는 것을 형상한다. 4성은 춤추는 자가 북쪽 끝 첫 번째 자리에서부터 도로 두 번째 자리에 이르는 것으로 주紂를 정벌한 뒤에 남쪽의 나라들에 대하여 국경을 확정하는 것을 형상한다. 5성은 춤추는 자가 두 번째 자리에서 세 번째 자리에 이르러서 좌우로 나뉘는 것으로 주공이 왼쪽에 거처하고 소공이 오른쪽에 거처하는 것을 형상한다. '철綴'은 남쪽 끝의 최초 자리를 말한다. 6성은 춤추는 자가 세 번째 자리에서 남쪽의 처음 자리로 돌아오는 것이다. 악이 6성에 이르러 최초 자리로 돌아오는 것이니 군사의 일이 완결되어 호경鎬京으로 돌아오고, 사해四海가 모두 무왕을 존숭하여 천자로 삼는 것을 형상한다. ○ 진씨陳氏는 말한다. "악이 끝나면 덕이 높아진다." '成'者, 曲之一終. 『書』云: "『簫韶』九成." 孔子又言「武」之舞也. 初自南第一位而北至第二位. 故云'始而北出'也. 此是一成. 再成則舞者從第二位, 至第三位, 象滅商也. 三成則舞者從第三位, 至第四位, 極於北而反乎南, 象克殷而南還也. 四成則舞者從北頭第一位, 却至第二位, 象伐紂之後, 疆理南方之國也. 五成則舞者從第二位, 至第三位, 乃分爲左右, 象周公居左, 召公居右也. '綴', 謂南頭之初位也. 六成則舞者從第三位而復于南之初位. 樂至六成而復初位, 象武功成而歸鎬京, 四海皆崇武王爲天子矣. ○ 陳氏曰: "樂終而德尊也."

【악기 69】

(공자가 말씀하였다.) "춤추는 자들을 끼고 탁鐸을 울려서 절주를 삼아 네 번씩을 치니, 나라에 무위武威를 성대하게 보이는 것이다."

"夾振之而駟伐, 盛威於中國也."

鄭注 '협진지夾振之'란 왕이 대장大將과 함께 춤추는 자들을 끼고 탁鐸을 울려서 절주를 삼는 것이다. '사駟'는 사四가 되어야 옳다. 발음이 비슷해서 잘못된 것이다. 무무武舞는 전쟁을 형상한 것이다. 매번 연주할 때마다 네 번 친 것을 형상하니, 한 번 때리고 찌르는 것을 한 번 치는 것으로 삼는다. 『서書』 「목서牧誓」에서 "오늘의 일은 네 번 치고 다섯 번 치는 것을 넘지 말 것이다"[116]라고 하였다. '夾振之'者, 王與大將夾舞者, 振鐸以爲節也. '駟'當爲四. 聲之誤也. 武舞, 戰象也. 每奏四伐, 一擊一刺爲一伐. 「牧誓」曰: "今日之事, 不過四伐五伐."

集說 여기서는 또 「무武」에서 '1성에서 북쪽으로 나아가 무위로 시위함을 상형한다'(始而北出) 이하의 일을 거듭 말하였다. 두 사람이 춤추는 자들을 끼고 탁鐸을 울려서 절주를 하면, 춤추는 자가 창(戈矛)으로 네 번 치고 찌르는데, 주紂를 방벌하는 것을 형상한 것이다. '사駟'는 '사四'로 읽는다. '친다'(伐)는 「태서泰誓」의 "네 번 치고 다섯 번 친다"(四伐五伐)[117]의 친다(伐)와 같다. 이것은 무왕의 군대를 형상한 것으로 나라에 무위武威를 성대하게 보이기 위함이다. 일설에는 "군주는 방패와 도끼를 잡고 춤추는 자리로 나아간다"[118]는 말을 논거로 '천자天子'를 아래 구절에 이어서 읽는다. 그러나 구주舊註에서 '숭崇'을 극充의 뜻으로 풀이하였는데, 통할 수 없다. '사벌四伐'은 혹 사방으로 정벌하는 것을 형상하는 것일 수 있다. 무왕이 은殷을 이기고 "나라를 멸망시킨 것이 오십 개 나라였으니"[119], 동쪽으로 정벌하고 서쪽으로 토벌하며, 남쪽으로 정벌하고 북쪽으로 정벌한 일이 있는 것이다. 此又申言「武」'始北出'以下事. 二人夾舞者而振鐸以爲節, 則舞者以戈矛, 四次擊刺, 象伐紂也. '駟', 讀爲'四'. '伐', 如「泰誓」"四伐五伐"之伐. 此象武王之兵, 所以盛威於

中國也. 一說, 引"君執干戚就舞位", 讀'天子'連下句. 但舊註以'崇'訓克, 則未可通耳. '四伐', 或象四方征伐. 武勝殷而"滅國者五十", 則亦有東征西討, 南征北伐之事矣.

【악기 70】

(공자가 말씀하였다.) "춤추는 자들을 나누어 끼고 탁鐸을 울리며 전진하여, 일이 일찍 완결되었음을 형상한다. 춤이 시작되기 전 오래도록 대오의 자리에 서 있음으로써, 무왕武王이 제후들이 이르기를 기다린 것을 형상한다."

"分夾而進, 事蚤濟也.① 久立於綴, 以待諸侯之至也."②

鄭注 ① '분分'은 부곡部曲[120]과 같다. '사事'는 행한다는 뜻과 같다. '제濟'는 이룬다는 뜻이다. 춤추는 자가 각각 부분별로 대열이 있는데, 또 그들을 끼고 탁鐸을 울리는 것은 군사를 쓸 때에는 일찍 일을 완결하는 것에 힘씀을 형상한다. '分', 猶部曲也. '事', 猶爲也. '濟', 成也. 舞者各有部曲之列, 又夾振之者, 象用兵務於早成也.

② 무왕이 주紂를 정벌하면서 제후들을 기다린 것을 형상하였다. 象武王伐紂待諸侯也.

集說 '분分'은 부분이다. 춤추는 자들에게 각각 소속된 대열이 있으며, 탁鐸을 울리는 자가 그들을 끼고 나아간다. '제濟'는 이룬다는 뜻과 같다. 이것은 무왕의 일에서 일찍 완결된 것이다. 춤추는 자가 춤추는 대오의 자리에 오랫동안 서 있는 것은 무왕이 제후들이 모이기를 기다린 것을 형상하였다. '分', 部分也. 舞者各有部分, 而振鐸者夾之而進也. '濟', 猶成也. 此於武王之事爲早成也. 舞者久立於行綴之位, 象武王待諸侯之集也.

【악기 71】

(공자가 말씀하였다.) "그리고 너는 유독 목야牧野에 관한 말을 듣지 못했느냐? 무왕이 은殷을 방벌하고 상도商都에 이르러 수레에서 내리기도 전에 황제黃帝의 후손을 계薊에 봉하고, 요의 후손을 축祝에 봉하고, 순의 후손을 진陳에 봉하였다. 수레에서 내려서는 하후夏后의 후손을 기杞에 봉하고, 은殷의 후손을 송宋으로 보내고, 왕자 비간比干의 무덤을 쌓아 주고, 기자箕子를 감옥에서 풀어주고 그에게 상용商容을 살펴보게 하고 그 지위를 회복해주고, 서민들에겐 학정虐政을 해소하여 제거해주고, 서사庶士들은 녹을 배로 늘려주었다."

"且女獨未聞牧野之語乎?① 武王克殷反商, 未及下車而封黃帝之後於薊, 封帝堯之後於祝, 封帝舜之後於陳. 下車而封夏后氏之後於杞, 投殷之後於宋, 封王子比干之墓, 釋箕子之囚, 使之行商容而復其位, 庶民弛政, 庶士倍祿."

鄭注 ① 「무武」악을 제작한 뜻을 말하고자 하는 것이다. 欲語以作「武」樂之意.

集說 '반反'은 '급及'으로 읽는다. 목야牧野에서 은殷의 군대를 이긴 뒤에 바로 주紂의 도성에 이른 것을 말한다. 은의 후손에 대해서는 '분봉하였다'(封)라고 하지 않고 '보냈다'(投)라고 한 것은 그들을 모두 이주시켰다는 말이다. 그러나 미자微子를 송宋에 봉한 일은 성왕成王 때에 있었다. 여기서는 다만 황제黃帝·요堯·순舜·우禹·탕湯의 순서로 차례대로 말했을 따름이다. '수레에서 내리기도 전에 분봉하였다'고 한 것과 '수레에서 내려서 분봉하였다'고 한 것은 앞뒤의 시간을 두고 한 말로, 읽는 이는 말 때문에 뜻을 오해하지 않는 것이 좋다. '행상용行商容'은 바로 『상서尙書』에서 "상용商容

의 마을에서 식式의 예를 하였다"고 한 것이다. '이정弛政'은 주紂의 학정虐政을 해소하여 제거한 것이다. 일설에는 그 부세와 요역을 혁파한 것이라고 한다. '배록倍祿'은 녹祿이 적은 자에게 배로 늘려준 것이다. '反', 讀爲'及'. 言牧野克殷師之後, 卽至紂都也. 殷後, 不曰'封'而曰'投'者, 擧而徙置之辭也. 然封微子於宋, 在成王時. 此特歷敍黃帝·堯·舜·禹·湯之次而言之耳. 其曰'未及下車而封'與'下車而封', 先後之辭, 讀者不以辭害意, 可也. '行商容', 卽『書』所謂"式商容閭"也. '弛政', 解散紂之虐政也. 一說謂罷其征役. '倍祿', 祿薄者倍增之也.

【악기 72】

(공자가 말씀하였다.) "황하를 건너 서쪽으로 가서 화산華山의 남쪽에 말을 풀어놓고 다시는 타지 않았고, 도림桃林의 들에 소를 풀어놓고 다시는 부리지 않았다. 수레와 갑옷에 피를 발라서 곳간에 보관하고는 다시는 사용하지 않았고, 방패와 창을 거꾸로 싣고 와서 호랑이 가죽으로 싸놓았으며, 군대의 장수를 제후로 삼고서, '전대에 넣어 잠근다'(建櫜)라고 명명하였다. 그런 뒤에야 천하 사람들이 무왕이 다시는 무력을 사용하지 않을 것을 알았다."

"濟河而西, 馬散之華山之陽而弗復乘, 牛散之桃林之野而弗復服. 車甲衅而藏之府庫而弗復用, 倒載干戈, 包之以虎皮, 將帥之士使爲諸侯, 名之曰'建櫜'. 然後天下知武王之不復用兵也."

鄭注 '반反'은 '급及' 자가 되어야 옳다. 글자상의 잘못이다. '급상及商'은 주紂의 수도에 이른 것을 말한다. 「목서牧誓」에서 "상商의 교외인 목야에 이르렀다"고 하였다. '분봉한다'(封)는 것은 이전에 토지가 없던 자를 말한

다. '보냈다'(投)는 것은 모두 이주시켰다는 말이다. 당시에 무왕이 주紂의 아들 무경武庚을 은허殷墟에 분봉하였다. 옮긴 자는 미자微子이다. 뒤에 주공周公이 다시 그를 분봉해서 확대해주었다. 봉분을 쌓는 것이 '봉封'이다. 비간의 무덤에 봉분을 만든 것은 현자를 높이는 것이다. '행行'은 살펴본다는 뜻과 같다. 기자箕子에게 상商나라 예악을 맡았던 관원을 살펴보게 하고, 현자가 살고 있으면 모두 그의 지위를 회복시켜준 것이다. '이정弛政'은 주紂의 시기에 가혹했던 정치를 제거한 것이다. '배록倍祿'은 주의 시기에 박하게 주었던 것을 다시 회복해준 것이다. '산散'은 풀어준다는 뜻과 같다. '도림桃林'은 화산華山 옆에 있다. '갑甲'은 갑옷이다. '흔衅'은 '흔釁' 자이다. 방패와 창을 호랑이 가죽으로 싸는 것은 (무왕이 자신의) 무위武威로써 병기들을 통제할 수 있음을 분명히 한 것이다. '건建'은 '잠근다'(鍵)의 뜻으로 읽으니 글자상의 잘못이다. 병갑兵甲의 전대를 '고櫜'라고 한다. '건고鍵櫜'는 병갑을 (전대에 넣어) 잠가 보관해두는 것을 말한다. 『시詩』에서 "활과 화살을 활집에 넣었네"[121]라고 했고, 『춘추좌씨전』에서 "무기를 담은 전대를 내려놓고 들어간다"[122]고 했고, 『주례』에서 "전대에 넣어서 단속한다"[123]고 하였다. '계薊'는 더러 '속續'으로 되어 있다. '축祝'은 더러 '주鑄'로 되어 있다. '反商[124]'當爲'及'. 字之誤也. '及商', 謂至紂都也. 「牧誓」曰: "至于商郊牧野." '封', 謂故無土地者也. '投', 擧徙之辭也. 時武王封紂子武庚於殷墟. 所徙者微子也. 後周公更封而大之. 積土爲'封'. 封比干墓, 崇賢也. '行', 猶視也. 使箕子視商禮樂之官, 賢者所處, 皆令反其居也. '弛政', 去其紂時苛政也. '倍祿', 復其紂時薄者也. '散', 猶放也. '桃林', 在華山旁. '甲', 鎧也. '衅', 釁字也. 包干戈以虎皮, 明能以武服兵也. '建', 讀爲'鍵', 字之誤也. 兵甲之衣曰'櫜'. '鍵櫜', 言閉藏兵甲也. 『詩』曰: "載櫜弓矢", 『春秋傳』曰: "垂櫜而入", 『周禮』曰: "櫜之欲其約也." '薊'或爲'續'. '祝'或爲'鑄'.

集說 '흔衅'은 '흔釁'과 같으니, 피를 바르는 것이다. 일반적으로 병기를 실

을 때, 나갈 때는 칼날이 앞을 향하고 들어올 때는 칼날이 뒤를 향한다. 이제 호경鎬京으로 싣고 돌아오는데 칼날이 뒤를 향하여 거꾸로 된 것과 유사하였다. 그러므로 '거꾸로 향하게 실었다'(倒載)라고 한 것이다. '건建'은 '건鍵'의 뜻으로 읽으니 잠근다는 뜻이다. '전대'(櫜)는 병기兵器를 담아두는 도구이다. 병기는 모두 전대(櫜)에 넣어 잠가 닫아 보관하여서 사용하지 않을 것임을 보인 것이다. 장수를 분봉하여 제후로 삼은 것은 그 공로를 포상한 것이다. 이제 문맥을 자세히 살펴볼 때, '전대에 넣어 잠근다 라고 명명하였다'(名之曰建櫜)는 구절은 마땅히 '호랑이 가죽'(虎皮)의 아래, '장수將帥'의 위에 있어야 한다. '衅', 與'釁'同, 以血塗之也. 凡兵器之載, 出則刃向前, 入則刃向後. 今載還鎬京而刃向後, 有似於倒. 故云'倒載'也. '建', 讀爲'鍵', 鎖也. '櫜', 韜兵器之具. 兵器皆以鍵櫜, 閉藏之, 示不用也. 封將帥爲諸侯, 賞其功也. 今詳文理, '名之曰建櫜'一句, 當在'虎皮'之下, '將帥'之上.

【악기 73】

(공자가 말씀하였다.) "군대를 해산하고 교郊의 사궁射宮에서 활쏘기를 하는데, 왼쪽 서학西學에서는 「이수貍首」를 절주로 삼아 활을 쏘고 오른쪽 동학東學에서는 「추우騶虞」를 절주로 삼아 활을 쏘니, 갑옷을 뚫는 활쏘기는 그치게 되었다. 비의裨衣와 면관冕冠을 갖추고 홀笏을 꽂으니 날랜 선비들이 칼을 풀어 벗었다. 명당明堂에서 제사를 지내니 백성들이 효孝를 알게 되었다. 조근朝覲의 예를 행한 뒤에 제후들이 신하된 도리를 알게 되었다. 천자가 적전籍田을 경작한 뒤에 제후들이 공경할 줄을 알게 되었다. 다섯 가지는 천하의

커다란 가르침이다."

"散軍而郊射, 左射「貍首」, 右射「騶虞」, 而貫革之射息也. 裨冕搢笏, 而虎賁之士說劍也. 祀乎明堂, 而民知孝. 朝覲, 然後諸侯知所以臣. 耕藉, 然後諸侯知所以敬. 五者, 天下之大教也."

鄭注 '교사郊射'는 교郊에 사궁射宮(활 쏘는 곳)을 만드는 것이다. '좌左'는 동학東學이다. '우右'는 서학西學이다. '「이수貍首」'와 '「추우騶虞」'는 노래로 불러 (활을 쏠 때의) 절주로 삼는 것이다. '관혁貫革'은 쏘아서 갑옷을 뚫는 것이다. '비면裨冕'은 비의裨衣를 입고 면冕을 쓰는 것이다. 비의裨衣는 곤면袞冕 이하의 복이다. '진搢'은 꽂는다는 뜻과 같다. '분賁'은 분노한다는 뜻이다. 문왕의 묘廟가 명당明堂이 된다. '경적耕藉'은 적전藉田제도를 말한다. '郊射', 爲射宮於郊也. '左', 東學也. '右', 西學也. '「貍首」'·'「騶虞」', 所以歌爲節也. '貫革', 射穿甲革也. '裨冕', 衣裨衣而冠冕也. 裨衣, 袞之屬也. '搢', 猶插也. '賁', 憤怒也. 文王之廟爲明堂制[125]. '耕藉', 藉田也.

集說 '산군散軍'은 군대를 해산한다는 뜻이다. '교사郊射'는 교학郊學 안에서 활쏘기를 익히는 것이다. '좌左'는 동학東學으로, 동교東郊에 있다. 동학의 활쏘기는 「이수貍首」의 시詩를 노래함으로써 절주를 삼는다. '우右'는 서학西學으로 서교西郊에 있다. 서교의 활쏘기는 「추우騶虞」의 시를 노래함으로써 절주를 삼는다. '관貫'은 뚫는다는 뜻이다. '혁革'은 갑옷이다. 군대에서는 예를 익히지 않는 것이어서, 그 활쏘기는 단지 갑옷 조각을 꿰뚫는 것을 위주로 한다. 이제 예를 행하는 것으로 활을 쏘기 때문에 이러한 활쏘기는 그쳐서 하지 않는 것이다. '비면裨冕'은 「증자문曾子問」(1)에 보인다. '진搢'은 꽂는다는 뜻이다. '탈검說劍'은 그 차고 있던 검을 풀어서 벗는 것이다. '散軍', 放散軍伍也. '郊射', 習射於郊學之中也. '左', 東學也, 在東郊. 東學之射,

歌「貍首」之詩以爲節. '右', 西學, 在西郊. 西學之射, 則歌「騶虞」之詩以爲節也. '貫', 穿也. '革', 甲鎧也. 軍中不習禮, 其射但主於穿札. 今旣行禮射, 則此射止而不爲矣. '裨冕', 見「曾子問」. '搢', 揷也. '說劍', 解去其佩劍也.

【악기 74】

(공자가 말씀하였다.) "태학大學에서 삼로三老와 오경五更에게 사례食禮를 베푸는데, 천자가 단袒을 하고 희생을 가르며, 친히 장醬을 집어서 권하고, 식사가 끝나면 친히 술잔(爵)을 집어 따라 올려서 입을 가시게 하며, 면관冕冠을 쓰고 방패(干)를 잡고 친히 춤을 추는 것 등은 제후들이 공경하도록 교화하기 위한 것이다. 이와 같으므로 주周나라의 도가 사방에 통용되고 예악이 서로 통하였던 것이니, 저 「무武」악에서 느리고 오래 끄는 것이 또한 마땅하지 않은가!"

"食三老·五更於大學, 天子袒而割牲, 執醬而饋, 執爵而酳, 冕而總干, 所以敎諸侯之弟也.① 若此, 則周道四達, 禮樂交通, 則夫「武」之遲久, 不亦宜乎!"②

鄭注 ① '삼로三老'와 '오경五更'은 호문互文[126]으로 말한 것이다. 모두 노인으로서 삼덕三德과 오사五事[127]를 잘 아는 자이다. '면관을 쓰고 방패를 잡는다'(冕而摠干)는 것은 직접 춤추는 자리에 있는 것이다. 주周나라에서는 태학을 동교東膠라고 한다. '三老'·'五更', 互言之耳. 皆老人更知三德五事者也. '冕而摠干', 親在舞位也. 周名大學於東膠.

② 「무武」악에서 느리고 오래 끄는 것은 예악을 중시하기 때문임을 말한다. 言「武」遲久爲重禮樂.

集說 '면관을 쓰고 방패를 잡는다'(冕而摠干)는 것은 머리에 면관(冕)을 쓰고 손에 방패를 잡은 것이다. 나머지 설명은 각각 앞 편에 보인다. 공자가 빈무가에게 「무武」악에 대해 말한 것이 자세하여, 말이 여기에서 그친 것이다. '冕而總干', 謂首戴冕而手執干盾也. 餘說, 各見前篇. 孔子語賓牟賈「武」樂之詳, 其言止此.

【악기 75】

군자는 말한다. "예禮와 악樂은 잠시라도 몸에서 떨어질 수 없는 것이다. 악의 이치를 깊이 파악하여 마음을 다스리면, 화평하고, 곧고, 자애롭고, 신실한 마음이 새롭게 생겨난다. 화평하고 곧고 자애롭고 신실한 마음이 생기면 즐겁고, 즐거우면 편안하고, 편안하면 오래가고, 오래가면 하늘과 같고, 하늘과 같으면 신과 같게 된다. 하늘과 같으면 말하지 않아도 믿고, 신과 같으면 성내지 않아도 위엄이 있다. 악樂을 깊이 궁구하여 그로써 마음을 다스리는 것이다."

君子曰: "禮樂不可斯須去身. 致樂以治心, 則易·直·子·諒之心油然生矣. 易·直·子諒之心生則樂, 樂則安, 安則久, 久則天, 天則神. 天則不言而信, 神則不怒而威. 致樂以治心者也."

鄭注 '치致'는 깊이 자세히 안다는 뜻과 같다. '자子'는 '불자不子'[128]라고 할 때의 '자子'와 같은 뜻으로 읽는다. '유연油然'은 새롭게 막 생겨나서 좋은 모양이다. 선한 마음이 생겨나면 이익에 대한 욕심이 적어지고, 이익에

대한 욕심이 적으면 즐겁다. 지志가 밝고 덕행이 이루어지면 말하지 않아도 하늘처럼 신뢰받고, 성내지 않아도 그를 보고 경외하기를 신처럼 한다. 악樂은 속에서 나오기 때문에 마음을 다스린다. '致', 猶深審也. '子', 讀如'不子'之'子'. '油然', 新生好貌也. 善心生則寡於利欲, 寡於利欲則樂矣. 志明行成, 不言而見信如天也, 不怒而見畏如神也. 樂由中出, 故治心.

集說 치致는 그 이치를 궁구하는 것을 말한다. 악은 속에서 나온다. 그러므로 마음을 다스리는 것으로 말하였다. '자량子諒'은 주자朱子의 설에 따르면 '자량慈良'으로 읽는다. 악樂이 인심을 감화시켜 하늘에 이르고 또 신의 경지에 이르니, 근본을 궁구하여 변화를 파악하는 신묘한 이치를 알 수 있다. ○ 주자朱子는 말한다. "'이직자량지심易直子諒之心'의 한 구절은 이제까지 설명이 이치에 닿지 않았는데, 문득 『한시외전韓詩外傳』에서 '자량子諒'이 '자량慈良' 자로 되어 있는 것을 보고서 의심스러운 것이 없어졌다." '致', 謂研窮其理也. 樂由中出. 故以治心言之. '子諒', 從朱子說, 讀爲'慈良'. 樂之感化人心, 至於天而且神, 可以識窮本知變之妙矣. ○ 朱子曰: "'易直子諒之心'一句, 從來說得無理會, 却因見『韓詩外傳』'子諒'作'慈良'字, 則無可疑矣."

【악기 76】

(군자는 말한다.) "예를 깊이 알아서 몸을 다스리면 장중하고 공경하다. 장중하고 공경하면 엄숙하고 위엄 있다. 마음속이 잠시라도 화평하지 못하고 즐겁지 않으면 비루하고 거짓된 마음이 들어온다. 밖으로 나타나는 모습이 잠깐이라도 장중하고 공경하지 않으면 경솔하고 소홀히 하는 마음이 들어온다."

"致禮以治躬, 則莊敬. 莊敬則嚴威.① 心中斯須不和不樂, 而鄙詐之心入之矣.② 外貌斯須不莊不敬, 而易慢之心入之矣."③

鄭注 ① '궁躬'은 몸이다. 예禮는 밖으로 나타나는 모습에서부터 시작되므로 몸을 다스린다. '躬', 身也. 禮自外作, 故治身.

② '비사鄙詐'는 탐내고 속이는 것이다. '鄙詐', 是貪多詐僞.

③ '이易'는 경솔하다는 뜻이다. '易', 輕易也.

集說 예禮는 밖으로 나타나는 모습에서부터 시작되므로 몸을 다스리는 것으로 말하였다. 이것은 성실함을 견지하고 거짓을 버리는 마음이 잠시라도 끊어짐이 있어서는 안 됨을 말한 것이다. 禮自外作, 故以治躬言之. 此言著誠去僞之心, 不可少有間斷.

【악기 77】

(군자는 말한다.) "그러므로 악이란 마음속에서 감발하는 것이고, 예란 밖으로 나타난 모습에서 감발하는 것이다. 악은 화평함을 지극하게 하고, 예는 공순함을 지극하게 한다. 마음속이 화평하고 바깥 모습이 공순하면 백성들은 그 얼굴빛만 보고도 더불어 다투지 않고, 그 몸가짐만 보고도 백성들은 경솔하고 소홀히 하는 마음을 내지 않는다. 그러므로 덕의 윤택함이 마음속에서 감발되면 백성들이 받들어서 듣지 않음이 없고, 몸가짐의 정연함이 밖으로 드러나면 백성들이 받들어서 따르지 않음이 없다. 그러므로 '예와 악의

도를 깊이 파악하여 천하에 들어서 시행하면 어려울 일이 없다'라고 하였다."

"故樂也者, 動於內者也, 禮也者, 動於外者也. 樂極和, 禮極順. 內和而外順, 則民瞻其顔色而弗與爭也, 望其容貌而民不生易慢焉. 故德煇動於內, 而民莫不承聽, 理發諸外, 而民莫不承順.① 故曰: '致禮樂之道, 擧而錯之天下, 無難矣.'"

鄭注 ① '덕휘德煇'는 얼굴빛이 윤택한 것이다 '리理'는 용모의 나아가고 멈추는 동작이다. '德煇', 顔色潤澤也. '理', 容貌之進止也.

集說 마음속에서 감발되면 마음을 다스릴 수 있다. 밖으로 나타난 모습에서 감발되면 몸을 다스릴 수 있다. '화평함을 지극하게 하고' '공순함을 지극하게 하면' 잠깐이라도 화평하지 못하거나 공순하지 않음이 없게 되니, 사람을 감동시키고 사물을 감동시키는 것에 그 효험이 이와 같다. 덕을 '윤택함'(煇)으로 말하는 것은 (화순함이 안에 쌓여) 영화로움이 밖으로 드러난 징험이다. '몸가짐의 정연함이 밖으로 드러남'(理發諸外)은 용모와 동작이 두루 예에 맞는 것이다. 군자가 예악의 도를 깊이 알면, 천하를 다스림에 무슨 어려움이 있겠는가? 動於內則能治心矣. 動於外則能治躬矣. '極和''極順', 則無斯須之不和不順矣, 所以感人動物, 其效如此. 德以'煇'言, 乃英華發外之驗. '理發諸外', 是動容周旋之中禮. 君子極致禮樂之道, 其於治天下乎何有?

【악기 78】

악樂이란 속에서 감발하는 것이다. 예禮란 밖으로 나타난 모습에서 감발하는 것이다. 그러므로 예는 줄이는 것을 위주로 하고 악은 채우는 것을 위주로 한다. 예는 줄이면서 나아가니, 나아가는 것으로 문식(文)을 삼는다. 악은 채우면서 돌아가니, 돌아가는 것으로 문식을 삼는다. 예가 줄이고 나아가지 않으면 쇠퇴하고, 악이 채우고 돌아가지 않으면 방탕해진다. 그러므로 예에는 보답함이 있고 악에는 돌아감이 있다. 예가 보답하는 것을 얻으면 즐겁고, 악이 되돌아가는 것을 얻으면 편안하다. 예의 보답하는 것과 악의 돌아감은 그 뜻이 같다.

樂也者, 動於內者也. 禮也者, 動於外者也. 故禮主其減, 樂主其盈.① 禮減而進, 以進爲文. 樂盈而反, 以反爲文.② 禮減而不進則銷, 樂盈而不反則放. 故禮有報而樂有反.③ 禮得其報則樂, 樂得其反則安.④ 禮之報, 樂之反, 其義一也.⑤

鄭注 ① 예가 줄임을 위주로 하는 것은 사람들이 권태롭게 여기는 바이기 때문이다. 악이 채움을 위주로 하는 것은 사람들이 기뻐하는 바이기 때문이다. 禮主其減, 人所倦也. 樂主其盈, 人所歡也.

② '진進'은 스스로 힘쓰는 것을 말한다. '반反'은 스스로 억제하는 것을 가리킨다. '문文'은 아름답다는 뜻과 같으니 훌륭하다는 뜻이다. '進', 謂自勉强也. '反', 謂自抑止也. '文', 猶美也, 善也.

③ 지나친 소리(淫聲)에 빠지면 악樂은 그칠 수 없다. '보報'는 '포褒'의 뜻으로 읽으니, 나아간다는 뜻과 같다. 放於淫聲, 樂不能止也. '報', 讀曰'褒', 猶進也.

④ '득得'은 그 의義를 이해하는 것을 말하니, 길흉이 어디로 돌아가는지 아는 것이다. '得', 謂曉其義, 知其吉凶之歸.

⑤ 다 같이 중화中和로 나아가 머물러서 쇠퇴하지도 방종하지도 않는 것이

다. 俱趨立於中, 不銷不放也.

集說 마씨馬氏는 말한다. "체體로 말하면 예는 줄이고 악은 채운다. 용用으로 말하면 예는 나아가고 악은 돌아온다. 악은 마음속에서 감발되므로 그 체가 채우는 것을 위주로 한다. 대개 악은 마음속으로부터 나오기에 사람의 마음이 기뻐하는 것이 된다. 예는 밖으로 나타난 모습에서 감발되므로 그 체가 줄이는 것을 위주로 한다. 대개 예는 밖으로 나타난 모습으로부터 이루어지므로 아마도 선왕이 그것으로 세상을 강제할 수 있었을 것이다. 예는 줄임을 위주로 하므로 힘써서 진작시키고 나아가는 것을 아름답고 훌륭하게 여긴다. 악은 채움을 위주로 하므로 돌아와 억제하여서, 돌아오는 것을 아름답고 훌륭하게 여긴다. 그러므로 일곱 명의 개介를 두어 서로 만나니 그렇지 않으면 너무 질박하게 되고, 세 번 사양하고 세 번 양보하면서 이르니 그렇지 않으면 너무 급박하게 된다. '일헌一獻의 예에서 빈객과 주인은 수없이 배례를 하고'129), '날이 저물어 사람들이 피곤해도 여전히 장중하고 반듯한 것'130), 이것이 힘써서 나아가는 것이다. '함께 나아가고 함께 물러남으로써 화합함을 보이는 것, 현弦·포匏·생笙·황簧이 부拊·고鼓가 울릴 때를 지켜서 합주함으로써 통일됨을 보이는 것, 연주를 정돈할 때 부拊를 울리고, 지나치게 빠르게 춤출 때 아雅로써 절제시키는 것'131), 축柷으로 연주를 시작하고 어敔로 연주를 멈추는 것, 이것은 모두 돌아와서 억제하는 것이다. 줄이기만 하고 나아가지 않으면 그쳐버리는 데에 가까워지므로 '쇠퇴하고', 채우기만 하고 돌아오지 않으면 빠져버리는 데에 이르게 되므로 '방탕해진다.' 선왕이 그 쉽게 치우침을 알았으므로 예에는 보답함이 있게 하였고, 악은 돌아옴이 있게 하였다. 예에 보답함이 있는 것은 악에 자뢰資賴하는 것이요, 악에 돌아옴이 있는 것은 예에 자뢰하는 것이다." ○ 유씨劉氏는 말한다. "예禮의 의용儀容은 밖으로 나타난 모

습에서 감발하여, 반드시 겸손하게 낮추고 물러나며 양보하는 것으로 자신을 기른다. 그러므로 예는 줄이는 것을 위주로 한다. 악樂의 덕德은 속에서 감발하여, 반드시 화평하고 공순함이 속에 채워지고 쌓인 뒤에 밖으로 나타난다. 그러므로 악樂은 채우는 것을 위주로 한다. 대개 악은 양에서 오기 때문에 차고, 예는 음에서 나오기 때문에 준다. 그러나 예의 체體에서는 비록 물러나고 양보하는 것을 위주로 삼는다고 해도 그 용用에서는 화평함으로 행하는 것을 소중하게 여긴다. 따라서 나아가는 것으로 문식(文)을 삼는다. 악樂의 체體에서는 비록 충분하게 하고 채우는 것을 위주로 삼지만 그 용用에서는 절도로 억제하는 것을 소중하게 여긴다. 따라서 돌아오는 것으로 문식(文)을 삼는다. 예가 물러나고 양보하는 것에 지나쳐서 나아가지 못하면, 위의가 쇠퇴하고 막혀 반드시 '예가 지나치면 멀어진다'는 잘못이 생긴다. 악樂이 채우고 만족시키는 것에 지나쳐 돌아오지 않으면 의기意氣가 풀어지고 방자해져 반드시 '악이 지나치면 방탕해진다'는 폐단이 생긴다. 그러므로 예는 반드시 화평하게 하는 것을 두어서 줄이는 것을 보답하는(報) 바로 삼으니, 보답한다(報)는 것은 서로 구제해준다는 뜻이다. 악은 반드시 절도에 맞게 하는 것을 두어서 채우는 것에서 돌아오는(反) 바로 삼으니, 돌아온다(反)는 것은 그칠 줄 아는 것을 말한다. 예에서 줄이면서도 그 화평함을 얻어 서로 구제해주면 여유롭게 흔쾌히 소중히 여기며 즐거워한다. 이것이 악樂으로써 예를 화평하게 하는 것이다. 악이 채우면서도 그 절도를 얻어 그칠 줄 안다면 넉넉하게 화평하고 적절하면서도 편안하다. 이것이 예로 악을 절도 있게 하는 것이다. 예와 악이 서로 의지하여 함께 사용됨으로써 한결같이 지나치지도 모자라지도 않는 적절한 상태로 돌아가고 사리상 합당한 바에 부합하게 된다. 그러므로 '예의 보답하는 것과 악의 돌아옴은 그 뜻이 같다'라고 하였다." 馬氏曰: "以體言之, 禮減樂盈. 以用言之, 禮進樂反. 樂動於內, 故其體主盈. 蓋樂由中出而爲人心之所喜. 禮動於外, 故其

體主減. 蓋禮自外作而疑先王有以强世也. 禮主減, 故勉而作之而以進爲文. 樂主盈, 故反而抑之而以反爲文. 故七介以相見, 不然則已慤, 三辭三讓而至, 不然則已蹙. '一獻之禮而賓主百拜', '日莫人倦而齊莊正齊', 此則勉而進之者也. '進旅退旅, 以示其和, 弦匏笙簧, 會守拊鼓, 以示其統, 治亂則以相, 訊疾則以雅', 作之以柷, 止之以敔, 此皆反而抑之者也. 減而不進則幾於息矣, 故'銷', 盈而不反則至於流矣, 故'放'. 先王知其易偏, 故禮則有報, 樂則有反. 禮有報者, 資於樂也, 樂有反者, 資於禮也." ○ 劉氏曰: "禮之儀, 動於外, 必謙卑退讓以自牧. 故主於減殺. 樂之德, 動于中, 必和順充積而後形. 故主於盈盛. 蓋樂出陽來故盈, 禮自陰作故減也. 然禮之體, 雖主於退讓, 而其用則貴乎行之以和. 故以進爲文也. 樂之體, 雖主於充盛, 而其用則貴乎抑之以節. 故以反爲文也. 禮若過於退讓而不進, 則威儀銷沮, 必有'禮勝則離'之失. 樂過於盛滿而不反, 則意氣放肆, 必有'樂勝則流'之弊. 故禮必有和以爲減之報, 報者, 相濟之意也. 樂必有節以爲盈之反, 反者, 知止之謂也. 禮減而得其和以相濟, 則從容欣愛而樂矣. 此樂以和禮也. 樂盈而得其節以知止, 則優柔平中而安矣. 此禮以節樂也. 禮樂相須並用, 而一歸於無過無不及之中, 而合其事理之宜. 故曰'禮之報, 樂之反, 其義一也'."

【악기 79】

악이란 즐거운 것이니 인정人情이 그만둘 수 없는 것이다. 즐거움은 반드시 성음聲音으로 발출하여 동정動靜으로 나타내는 것이 인지상정(人道)이다. 성음으로 발출하고 동정으로 나타내면, 성性에서 나온 술術의 변화는 여기에서 다한다. 그러므로 사람은 즐거움이 없을 수 없고, 즐거움은 나타내지 않을 수 없다. 나타내면서 도리를 따르지 않으면 문란함이 없을 수 없다. 선왕이 그 문란함을 수

치스럽게 생각하여 「아雅」와 「송頌」의 소리로 제작하여 유도해서 그 소리가 충분히 즐거우면서도 방탕하지 않고, 그 말(文)이 충분히 의리를 논하면서도 쇠퇴하지 않고, 그 완곡하고 곧은 것, 뒤섞이고 순수한 것, 맑고 탁한 것, 절제하고 합주하는 것이 사람의 착한 마음을 감통시키기에 충분할 뿐, 방종하는 마음과 삿된 기운은 범접할 수 없게 하였다. 이것이 선왕이 악을 세운 방법이다.

夫樂者, 樂也, 人情之所不能免也. 樂必發於聲音, 形於動靜, 人之道也. 聲音動靜, 性術之變, 盡於此矣.① 故人不耐無樂, 樂不耐無形. 形而不爲道, 不耐無亂.② 先王恥其亂, 故制「雅」·「頌」之聲以道之, 使其聲足樂而不流, 使其文足論而不息, 使其曲直·繁瘠·廉肉·節奏, 足以感動人之善心而已矣, 不使放心邪氣得接焉. 是先王立樂之方也.③

鄭注 ① '면免'은 스스로 그친다는 뜻과 같다. '사람의 도리'(人道)는 사람이 하는 바를 뜻한다. '성술性術'은 이것이 성性에서 나왔음을 말한다. '진어차盡於此'는 더 넘어서는 안 된다는 뜻이다. '免', 猶自止也. '人道', 人之所爲也. '性術', 言此出於性也. '盡於此', 不可過.

② '형形'은 성음聲音이 움직이고 고요함이다. '내耐'는 고서古書의 '능能' 자이다. 후세에 '능' 자로 변했는데 여기에서만 남은 것이다. 옛날에는 능能으로 삼태三台를 나타내는 글자로 사용하였다.[132] '形', 聲音動靜也. '耐', 古書'能'字也. 後世變之, 此獨存焉. 古以能爲三台字.

③ '류流'는 넘쳐서 방종하는 것이다. '문文'은 (「아雅」·「송頌」 등) 편의 문장이다. '식息'은 쇠퇴한다는 뜻과 같다. '곡직曲直'은 노래(歌)의 곡절曲折이다. '번척繁瘠'과 '염육廉肉'은 소리가 크거나 줄어드는 것이다. '절주節奏'는

악이 시작하고 끝나고 나아가고 그치는 것이 상응하는 바이다. '방方'은 도道이다. '流', 謂淫放也. '文', 篇辭也. '息', 猶銷也. '曲直', 歌之曲折也. '繁瘠', '廉肉', 聲之鴻殺也. '節奏', 闋作進止所應也. '方', 道也.

集說 방씨方氏는 말한다. "'소리가 즐겁기에 충분하다'(聲足樂)란 그 도를 즐거워함이다. '말은 논하기에 충분하다'(文足論)란 그 이치를 논하는 것이다. 도는 용用을 제어하여 절도가 있게 하는 것이다. 그러므로 비록 즐거워하더라도 방탕함에 이르지 않는다. 리理는 의리를 밝혀 막힘이 없게 하는 것이다. 그러므로 논하더라도 쇠퇴함에 이르지 않을 수 있다. '곡曲'은 소리가 부드러운 것이니 가령 현악기(絲)의 소리가 그것이다. '직直'은 소리가 딱딱한 것이니 금석으로 된 악기(金)의 소리가 그것이다. '번繁'은 소리가 섞인 것이니 가령 생笙의 소리가 그것이다. '척瘠'은 소리가 순수한 것이니 가령 경磬의 소리가 이것이다. '염廉'은 소리가 맑은 것이니 가령 우羽의 소리가 그것이다. '육肉'은 소리가 탁한 것이니 가령 궁宮의 소리가 그것이다. '절節'은 소리가 절제된 것이니 가령 치徵의 소리가 그것이다. '주奏'는 소리가 진작되는 것이니 가령 합주되는 소리(合)가 그것이다." ○ 유씨劉氏는 말한다. "인정人情이란 즐거운 바가 있으면 읊고 노래하는 것으로 발출된다. 읊고 노래하는 것으로 부족하면 어느덧 손을 휘젓고 발을 구른다. 성정의 변화는 여기에서 다하는 것이다. 그러므로 인정에 즐거움이 없을 수 없다. 속에서 즐거운 것은 밖으로 나타나서 노래하고 춤을 추지 않을 수 없다. 노래와 춤으로 구체화되었는데, 문사文辭를 넣어 예의禮義가 있는 곳으로 이끌지 않는다면 반드시 문란한 데로 빠질 것이다. 선왕은 그렇게 되는 것이 수치스러웠기 때문에 「아雅」와 「송頌」의 소리로 제작하여 『시詩』로써 유도하고 이끌어, 그 성음聲音은 즐거우면서도 방탕한 지경에 빠지지 않게 하였고, 그 문사의 질서정연함은 밝게 강구되면서도 권태롭고 쇠퇴한 지경

에 이르지 않게 하였고, 그 악률樂律의 청탁과 높낮이는 때로는 애둘러서 완곡하고, 때로는 단도직입으로 곧고, 때로는 풍부하여 뒤섞이고, 때로는 줄여서 순수하고, 때로는 각이 분명하여 맑고, 때로는 원만하게 매끄러워 탁하고, 때로는 그쳐서 절제하고, 때로는 진작하여 합주하게 하는 등, 모두가 사람의 착한 마음을 감발시켜 방탕 방종한 마음과 삿되고 치우친 기가 내 몸에 범접하지 못하게 하기에 충분하였다. 이것이 곧 선왕이 악樂을 제정한 방법이다." 方氏曰: "'聲足樂'者, 樂其道. '文足論'者, 論其理也. 道所以制用而有節. 故雖樂而不至於流. 理所以明義而無窮. 故可論而不至於息. '曲'者, 聲之柔, 若絲是也. '直'者, 聲之剛, 若金是也. '繁'者, 聲之雜, 若笙是也. '瘠'者, 聲之純, 若磬是也. '廉'者, 聲之淸, 若羽是也. '肉'者, 聲之濁, 若宮是也. '節'者, 聲之制, 若徵是也. '奏'者, 聲之作, 若合是也." ○ 劉氏曰: "人情有所樂而發於詠歌. 詠歌之不足而不知手舞足蹈. 則性情之變盡於此矣. 故人情不能無樂. 樂於中者, 不能不形於外而爲歌舞. 形於歌舞而不爲文辭以道之於禮義, 則必流於荒亂矣. 先王恥其然, 故制爲雅頌之聲, 詩以道迪之, 使其聲音足以爲娛樂而不至於流放, 使其文理足以爲講明而不至於怠息, 使其樂律之淸濁高下, 或宛轉而曲, 或徑出而直, 或豐而繁, 或殺而瘠, 或稜隅而廉, 或圓滑而肉, 或止而節, 或作而奏, 皆足以感發人之善心, 而不使放肆之心・邪僻之氣得接於吾身焉. 是乃先王立樂之方法也."

【악기 80】

그러한 까닭에 악이 종묘 안에서 연주되어 군주와 신하 위와 아래가 함께 그것을 들으면, 누구도 화합하고 공경하지 않음이 없다. 족장과 향리 안에서 연주되어 어른과 젊은이가 함께 그것을 들으면, 누구도 화합하고 순종하지 않음이 없다. 집안에서 연주되어 부자 형제가 함께 그것을 들으면, 누구도 화합하고 친애하지 않음이 없다. 그러므로 악樂이란 하나를 살펴 알아서 조화로움을 정하고, 악기를 섞어 배합해서 곡절曲節을 문식하고, 연주를 조절하여 화합케 해서 문채를 이루니, 부자와 군신을 화합하게 하며 만민을 귀부시키고 친애하게 하는 것이다. 이것이 선왕이 악을 세운 방법이다. 是故樂在宗廟之中, 君臣上下同聽之, 則莫不和敬. 在族長鄕里之中, 長幼同聽之, 則莫不和順. 在閨門之內, 父子兄弟同聽之, 則莫不和親. 故樂者, 審一以定和, 比物以飾節, 節奏合以成文, 所以合和父子君臣, 附親萬民也. 是先王立樂之方也.

鄭注 '하나를 살펴 안다'(審一)는 것은 사람의 소리를 살펴 안다는 뜻이다. '악기를 배합한다'(比物)는 것은 금金·혁革·토土·포匏의 악기 부류들을 함께 섞는 것이다. '그로써 문채(文)를 이룬다'(以成文)는 것은 오성五聲과 팔음八音이 잘 화음을 이루어 서로 응하여 화합함을 뜻한다. '審一', 審其人聲也. '比物', 謂雜金·革·土·匏之屬也. '以成文', 五聲八音, 克諧相應和.

集說 응씨應氏(응용應鏞)는 말한다. "'하나'(一)란 마음이다. 마음은 하나지만 응하는 것은 하나가 아니다. 하나를 지켜서 그 조화로움을 안정시키고, 섞어서 배합함으로써 그 곡절을 수식하여 문채를 이루게 되면, 지극히 친하고 지극히 엄한 윤서를 화합시키고, 지극히 소원하고 지극히 많은 자들을 귀부하게 하여 친애하게 할 수 있다. 대개 악은 내 마음에서 나와 남의 마음에 감발됨에 두 가지 다른 이치가 없다." ○ 유씨劉氏는 말한다. "악을 제작하는 도는 먼저 사람의 소리에 나타난 바를 살펴서 때로는 풍風으로, 때로는 아雅로, 때로는 송頌으로, 그리고 때로는 기뻐하는 것으로, 때로는

공경함으로, 때로는 친애함으로 각자 하나의 체體를 따라 그 조정한 조화로움을 정한 뒤에, 악기로 섞어 배합하여 그 절주를 수식하는 것이다. 이 한 조목은 악으로써 예를 조화롭게 함을 말하였다." 應氏曰: "'一'者, 心也. 心一而所應者不一. 守一以凝定其和, 雜比以顯飾其節, 及其成文, 可以合和至親至嚴之倫, 附親其至疎至衆者. 蓋樂發於吾心, 而感於人心, 無二理也." ○ 劉氏曰: "作樂之道, 先審人聲之所形, 或風或雅或頌, 或喜或敬或愛, 各從一體, 以定其調度之和, 然後比之樂器之物, 以飾其節奏. 此一條言樂以和禮也."

【악기 81】

그러므로 「아雅」, 「송頌」의 소리를 들으면 뜻과 생각(志意)이 넓어질 수 있다. 방패(干)와 도끼(戚)를 잡고 구부리고 우러르며 굽히고 펴는 춤사위를 익히면 용모가 장중해질 수 있다. 춤추는 행렬의 표지와 춤추는 영역을 따라 행하여 그 곡절曲節과 동작動作을 부합하게 하면 대오가 바를 수 있고 나아가고 물러가는 것이 가지런할 수 있다. 그러므로 악이란 천지天地가 명하는 것이요 중화中和로 기율하는 것이니, 인정人情이 피할 수 없는 것이다.

故聽其「雅」·「頌」聲, 志意得廣焉. 執其干·戚, 習其俯仰詘伸, 容貌得莊焉. 行其綴兆, 要其節奏, 行列得正焉, 進退得齊焉. 故樂者, 天地之命, 中和之紀, 人情之所不能免也.

鄭注 '철綴'은 표식이다. 춤추는 대오의 위치를 표시하는 것이다. 『시詩』에서 "창을 메고 대오에 든다"133)고 하였다. '조兆'는 영역이다. 춤추는 자가 나아가고 물러나는 동작이 미치는 범위다. '요要'는 모인다는 뜻과 같다.

'명命'은 가르침을 뜻한다. '기紀'는 총괄하는 요체를 지칭하는 말이다. '綴', 表也. 所以表行列也. 『詩』云: "荷戈與綴." '兆', 域也. 舞者進退所至也. '要', 猶會也. '命', 敎也. '紀', 摠要之名也.

集說 (악은) 천지가 가르쳐 명하는 것이요, 중화中和로 통할하여 기율하는 것이니, 인심을 예방하고 법도에 따르게 하는 것이 여기에 있다. 장중하다고 하고, 바르다고 하고, 가지런하다고 하고, 기강이라고 하는 것은 모두 예로써 악을 절제하는 바를 말한다. 天地之敎命, 中和之統紀, 所以防範人心者在是. 曰莊曰正, 曰齊曰紀, 皆言禮之節樂.

【악기 82】

악樂이란 선왕이 기쁨을 문식하는 것이고, 군대(軍旅)[134]와 병기(鈇鉞)는 선왕이 분노함을 문식하는 것이다. 그러므로 선왕이 기뻐하고 분노함은 모두 그 부류에 부합하여, 기뻐하면 천하 사람들이 그것에 화락하고, 분노하면 포악하고 어지러운 자가 그것을 두려워한다. 선왕의 도에서 예악禮樂은 성대하다고 할 만하다.

夫樂者, 先王之所以飾喜也, 軍・旅・鈇・鉞者, 先王之所以飾怒也. 故先王之喜怒, 皆得其儕焉,① 喜則天下和之, 怒則暴亂者畏之. 先王之道, 禮樂可謂盛矣.②

鄭注 ① '제儕'는 동류와 같다. '儕', 猶輩類.

② 천자가 천하에 대하여 기뻐하고 분노함에 그것을 예악으로 절도 있게 하면, 백성들이 화락하고 따르면서 두려워하고 공경한다. 예악禮樂은 왕이 된 자가 늘 일으키는 바이니 성대하다. 天子之於天下喜怒, 節之以禮樂, 則兆民

和從而畏敬之. 禮樂, 王者所常興則盛矣.

集說 '개득기제皆得其儕'는 각자 그 해당하는 류를 따라 기쁨이 사사로운 기쁨이 아니고 성냄이 사사로운 성냄이 아님을 말한다. '皆得其儕', 言各從其類, 喜非私喜, 怒非私怒也.

【악기 83】

자공子贛이 악사樂師인 을乙을 만나보고 물었다. "소리(聲)와 노래(歌)에는 각각 적당한 바가 있다고 사賜는 들었습니다. 저와 같은 사람은 어떤 노래가 적당합니까?" 악사樂師 을乙이 대답하였다. "저는 천한 악공樂工인데, 어찌 적당한 바를 물으실 만 하겠습니까? 제가 들은 바를 진술하겠으니 선생께서 스스로 대처하십시오. 덕이 관대하고 안정되며 유화柔和하고 정직한 자는 「송頌」을 노래하는 것이 적당합니다. 뜻이 광대하고 안정되어 통달하고 신실한 자는 「대아大雅」를 노래하는 것이 적당합니다. 삼가고 검약하여 예를 좋아하는 자는 「소아小雅」를 노래하는 것이 적당합니다. 정직하고 안정되어 방정하고 겸양한 자는 「풍風」을 노래하는 것이 적당합니다. 솔직하고 자애로워 사랑하는 자는 「상商」을 노래하는 것이 적당합니다. 온화하고 선량하며 시비를 결단할 수 있는 자는 「제齊」를 노래하는 것이 적당합니다. 노래(歌)란 자기를 곧게 해서 덕을 펼치는 것입니다. 자기 본성에서 감발하지만, 천지가 응하고 사계절이 조화롭고 별의 운행이 질서정연하고 만물이 화육됩니다."

子贛見師乙而問焉曰: "賜聞聲歌各有宜也. 如賜者宜何歌也?"① 師乙曰: "乙, 賤工也, 何足以問所宜? 請誦其所聞, 而吾子自執焉.② 寬而靜, 柔而正者, 宜歌「頌」. 廣大而靜, 疏達而信者, 宜歌「大雅」. 恭儉而好禮者, 宜歌「小雅」. 正直而靜, 廉而謙者, 宜歌「風」. 肆直而慈,③ 愛者宜歌「商」. 溫良而能斷者宜歌「齊」. 夫歌者, 直己而陳德也. 動己而天地應焉, 四時和焉, 星辰理焉, 萬物育焉."135)

鄭注 ① '자공子贛'은 공자의 제자이다. '사師'는 악관樂官이다. '을乙'은 이름이다. '소리(聲)와 노래(歌)가 각각 합당한 바가 있다'(聲歌各有宜)는 것은 기氣가 성性을 따르는 것이다. '子贛', 孔子弟子. '師', 樂官也. '乙', 名. '聲歌各有宜', 氣順性也.

② 악인樂人은 '공工'이라 일컫는다. '집執'은 대처한다는 뜻과 같다. 樂人稱'工'. '執', 猶處也.

③ 이 글은 간책이 뒤바뀌어 그 순서를 잃었다. '관이정寬而靜' 쪽이 위에 놓여야 한다. '애자의가상愛者宜歌商'은 그 아래 행을 이어서 '사직이자애자의가상肆直而慈愛者宜歌商'으로 읽어야 한다.136) '사肆'는 바르다는 뜻이다. '「상商」'은 송나라 시다. '애愛'는 더러 '애哀'로도 되어 있다. '직기이진덕直己而陳德'은 그 덕을 따라서 합당한 바를 노래하는 것이다. '육育'은 낳는다는 뜻이다. 此文換簡失其次. '寬而靜'宜在上. '愛者宜歌商'宜承此下行讀云'肆直而慈愛者宜歌商'. '肆', 正也. '「商」', 宋詩也. '愛'或爲'哀'. '直己而陳德'者, 因其德, 歌所宜. '育', 生也.

集說 '자공子贛'은 공자 제자 단목사端木賜이다. 악사樂師의 이름이 '을乙'이다. '제각기 합당함이 있다'(各有宜)는 것은 시詩의 흥취興趣를 취하여 자기

성정性情을 다스려서 마땅함에 부합하도록 함을 말한다. 이러한 덕이 있으면 마땅히 이러한 노래(歌)가 있으니, 이는 자기를 바르고 곧게 해서 그 덕을 펼치는 것이다. 그러므로 '자신을 바르고 곧게 하여 덕을 펼친다'(直己而陳德)라고 하였다. '동기動己'는 하늘의 유행함을 본성으로 삼는 것이다. 천지를 움직이고 귀신을 감동시키는 것으로 시詩보다 좋은 것이 없다. 그러므로 네 가지의 응함이 있는 것이다. ○ 방씨方氏는 말한다. "'사肆'는 관대하고 느긋한 것이다. 「상商」의 음音은 강건하고 결단력이 있다. 그러므로 본성이 부드럽고 느긋한 자가 노래하여서 부드러움을 강건하고 결단력 있게 변화시키기에 적당하다. 「제齊」의 음은 부드럽고 느긋하다. 그러므로 본성이 강하고 결단력 있는 자가 노래하여서 마침내 부드럽고 겸손함에 이르기에 적당하다. 각자 치우친 바를 고쳐서 평안하고 화합하는 경지에서 융회시킨다." '子贛', 孔子弟子, 端木賜也. 樂師名, '乙'. '各有宜', 言取詩之興趣, 以理其情性, 使合於宜也. 有此德而宜此歌, 是正直己身而敷陳其德也. 故曰'直己而陳德'. '動己', 性天之流行也. 動天地, 感鬼神, 莫近於詩. 故有四者之應. ○ 方氏曰: "'肆', 寬大而舒緩也. 「商」音剛決. 故性之柔緩者, 宜歌之而變其柔爲剛斷. 「齊」音柔緩. 故性剛決者, 宜歌之而終至於柔遜. 蓋各濟其所偏, 而融會之於平和之地也."

【악기 84】

(악사樂師 을乙이 대답하였다.) "그러므로 「상商」이란 오제五帝의 남은 소리(聲)인데, 상나라 사람들이 그것을 알기 때문에 「상」이라고 합니다. 「제齊」란 삼대三代의 남은 소리(聲)인데, 제나라 사람들이 그것을 알기 때문에 「제」라고 합니다. 「상」의 음音에 밝은 자는 일

에 임해서 자주 시비를 결단하고, 「제」의 음에 밝은 자는 이익을 보고도 양보합니다. 일에 임해서 자주 시비를 결단하는 것은 용기이고, 이익을 보고도 양보하는 것은 의義입니다. 용기가 있고 의가 있음은 노래(歌)가 아니면, 누가 이것을 편안하게 여기겠습니까?"

"故「商」者, 五帝之遺聲也, 商人識之, 故謂之「商」. 「齊」者, 三代之遺聲也, 齊人識之, 故謂之「齊」.① 明乎「商」之音者, 臨事而屢斷, 明乎「齊」之音者, 見利而讓.② 臨事而屢斷, 勇也, 見利而讓, 義也. 有勇有義, 非歌, 孰能保此?③"137)

鄭注 ① '상지유성야商之遺聲也'는 연문衍文이다. 또 잘못되어 있으니, 위에서 '고상자오제지유성야故商者五帝之遺聲也'라고 한 것은 이 연문衍文의 자리에 있어야 한다. 云'商之遺聲也', 衍字也. 又誤, 上所云'故商者, 五帝之遺聲也', 當居此衍字處也.

② '누屢'는 자주라는 뜻이다. 자주 일을 결단하는 것은 그 바르고 곧기 때문이다. '이익을 보고도 양보한다'(見利而讓)는 것은 온화하고 선량하면서도 시비를 결단할 수 있기 때문이다. '단斷'은 결정한다는 뜻과 같다. '屢', 數也. 數斷事, 以其肆直也. '見利而讓', 以其溫良能斷也. '斷', 猶決也.

③ '보保'는 편안하다, 안다는 뜻과 같다. '保', 猶安也, 知也.

集說 '보保'는 편안함과 같다. 용기를 편안하게 여기고 의를 편안하게 여겨 옮기지 않음을 말한다. ○ 소疏에서 말한다. "송宋은 상商의 후손이다. 여기서의 상인商人은 송인宋人을 말한다.138)" '保', 猶安也. 言安於勇安於義而不移也. ○ 疏曰: "宋是商後. 此商人, 謂宋人也."

【악기 85】

(악사樂師 을乙이 대답하였다.) “그러므로 노래(歌)란 높이 올라가면 들어 올리는 듯하고, 낮게 내려가면 추락하는 듯하고, 꺾이면 끊어지는 듯하고, 그치면 마른 나무와 같으며, 약간 굽으면 곱자에 맞고, 많이 굽으면 갈고리에 맞고, 소리가 층층이 이어져 단정함은 구슬을 꿰어놓은 듯합니다. 그러므로 노래(歌)라는 것은 말을 길게 읊는 것입니다. 기뻐하므로 말을 하고, 말로 부족하므로 길게 읊고, 길게 읊는 것으로 부족하므로 감탄하고 탄식하고, 감탄하고 탄식하는 것으로 부족하므로 자기도 모르게 손이 춤추고 발이 뛰는 것입니다.” 자공子貢이 예를 물은 것이다.

“故歌者上如抗, 下如隊, 曲如折, 止如槀木, 倨中矩, 句中鉤, 纍纍乎端如貫珠.① 故歌之爲言也, 長言之也. 說之, 故言之, 言之不足, 故長言之, 長言之不足, 故嗟嘆之, 嗟嘆之不足, 故不知手之舞之, 足之蹈之也.”② 子貢問樂.

鄭注 ① 노래(歌)와 소리(聲)가 드러나서 인심을 감동시키는 것의 자세함이 마치 이런 일들이 있는 것과 같음을 말하였다. 言歌聲之著, 動人心之審, 如有此事.

② ‘장언지長言之’는 그 소리를 길게 끄는 것이다. ‘차탄嗟歎’은 화답하여 잇는 것이다. ‘모르는 사이에 손이 춤추고 발이 뛴다’(不知手之舞之足之蹈之)는 즐거워함이 지극한 것이다. ‘長言之’, 引其聲也. ‘嗟歎’, 和續之也. ‘不知手之舞之足之蹈之’, 歡之至也.

集說 ‘높이 올라가면 들어 올리는 듯하고, 낮게 내려가면 추락하는 듯하

다'(上如抗, 下如隊)는 것은 노랫소리가 높이 올라가는 것이 마치 들어 올리는 것 같고, 낮게 내려가는 것이 추락하는 것과 같음을 말한다. '고목槀木'은 마른 나무이다. '거倨'는 약간 굽은 것이다. '구句'는 많이 굽은 것이다. '단端'은 바른 것이다. '장언지長言之'는 이른바 "노래는 말을 길게 읊는다"는 것이다. ○ 주자朱子는 말한다.139) "「악기樂記」를 보니, 악樂의 기상을 많이 형용하였다. 당시에는 수많은 명물名物 도수度數에 대하여 사람마다 잘 알고 있어서 설명할 필요가 없었으므로, 단지 악의 이理가 이처럼 오묘하다는 것만 말한 것이다. 이제 수많은 도수度數는 모두 없어졌고, 단지 수많은 악의 의미들만 잘 남아 있지만, 다만 어디에 안착시킬 곳이 없다." 또 말한다. "이제 예악에 관한 책이 모두 없어져서, 배우는 자들은 단지 그 의미만을 말하고, 악기樂器와 도수度數에 이르러서는 다시 알지 못하니, 대개 그 근본을 잃은 것이다." '上如抗, 下如隊', 言歌聲之高者如抗擧, 其下者如墜墮也. '고槀木', 枯木也. '倨', 微曲也. '句', 甚曲也. '端', 正也. '長言之', 所謂"歌永言"也. ○ 朱子曰: "看「樂記」, 大段形容得樂之氣象. 當時許多名物度數, 人人曉得, 不須說出, 故止說樂之理如此其妙. 今許多度數都沒了, 只有許多樂之意思是好, 只是沒頓放處." 又曰: "今禮樂之書皆亡, 學者但言其義, 至於器數, 則不復曉, 蓋失其本矣."

역주

1) 같은 ~ 찾는다 : 이 말은 『역』 「乾卦 · 文言」에 나온다.

2) 만약 물에다 ~ 듣겠는가? : 이 말은 『춘추좌씨전』, 昭公 20년 조 傳에 나온다.

3) 모우 : 旄牛라고도 하며 중국 서남부에서 생산되는 소의 일종이다. 『山海經』 「北山經」에 "潘侯山에 짐승이 있어 그 모양이 소와 같고 사시사철 털을 생산하는데, 旄牛라고 부른다"(潘侯之山有獸焉, 其狀如牛, 而四節生毛, 名曰旄牛)라고 하였고 郭璞의 注에 "오늘날 旄牛는 등과 무릎, 그리고 목과 꼬리에 모두 긴 털이 있다"(今旄牛背膝及胡尾皆有長毛)라고 하였다.

4) 왼손에 ~ 잡았네 : 이 말은 『시』 「邶風 · 簡兮」에 나온다.

5) 악이란 ~ 것으로 : 공영달의 소에 말한다. "음을 안배하여 합하면 樂을 이룬다. 이는 樂이 이 음을 말미암아 생겨나는 것이다. 그러므로 '音 그것을 말미암아 생겨나는 것이다'라고 한 것이다."(合音乃成樂. 是樂由此音而生. 故云"音之所由生也")

6) 『시』의 소 : 『詩』 「大序」의 공영달의 소를 가리킨다.

7) 섞여서 ~ 한다 : 이 말은 「樂記」(1) 정현 주에 나온다.

8) 官 : 閩 · 監 · 毛本 · 石經 · 岳本 · 嘉靖本 · 衛湜의 『集說』에는 '官'으로 되어 있다. 陳澔의 『禮記集說』, 考文이 인용한 足利本에서는 '臣'으로 되어 있다. 『石經考文提要』에 "宋大字本과 劉叔剛本 모두 '其官'으로 되어 있다"(宋大字本 · 劉叔剛本, 並作'其官')라고 하였다. 이학근 교감기는 '臣'은 오자라고 본다. 『예기정의』 제14책, 256쪽 주 2) 참조. 본 번역에서는 이학근 교감기에 따른다.

9) 임금께서 혼란하고 만홀하였다 : 이 말은 『書』 「呂刑」에 나온다. 穆王이 나이가 많이 들어 정신이 혼란하고 漫忽하였다는 뜻이다.

10) 평평하기만 ~ 없다 : 이 말은 『역』 「泰卦」에 나온다.

11) 악을 ~ 안다 : 이 말은 「樂記」(8)에서 인용한 말이다.

12) 주구 : 東周 景王 때 音律을 관장하는 樂官이었던 州鳩를 가리킨다.

13) 사광 : B.C 572~B.C 532. 字는 子野, 樂을 주관하는 大師를 지냈다. 대략 春秋 말기인 晉悼公, 晉平公이 집권한 시기에 활동하였으며, 音의 파악을 잘하였다고 한다.

14) 위나라 ~ 것이다 : 이상 내용은 『사기』 권24, 「樂書」 2에 나오는 것을 요약한 것이다.

15) 장자 : 1020~1077. 북송 五子 중의 한 사람인 張載를 가리킨다. 二程의 외삼촌(表叔)으로 이정이 배웠으며, 關學의 창시자이다. 字는 子厚이고, 橫渠선생으로 불렸다. 1057년(嘉祐 2년) 進士가 되었고, 崇文院校書 등 여러 관직을 역임하였다. 「西銘」을 지었으며, 저서에 『崇文集』, 『正蒙』, 『橫渠易說』, 『張子語錄』 등이 있고, 문집으로 『張載集』이 전한다. 인용 성씨에 대하여 이름을 병기한 것은 『欽定禮記義疏』에 근거한 것이다. 그렇지 않은 경우에는 따로 인용전거를 각주로 표시하였다.

16) 방각 : 자는 性夫. 重和 元年(1118) 진사에 급제하였다. 禮部侍郎을 지냈다. 저서에 『禮記集解』가 있다.

17) 호파 : 瓠巴는 春秋 시기 楚나라의 악사로 琴 연주에 뛰어났다고 한다. 『열자』, 『순자』 등에 언급되어 있다.

18) 백아 : 伯牙는 春秋 시기 晉나라의 上大夫를 지냈고, 琴의 연주에 뛰어났다고 전해진다. 『열자』, 『순자』 등에 언급되어 있다.

19) 호파가 ~ 먹은 것 : 이 말은 『순자』 「勸學」에 나온다.

20) 공자가 ~ 들은 것 : 관련 내용은 『논어』 「述而」에 보인다. 공자가 제나라에서 舜 임금의 음악인 韶를 듣고 석 달 동안 고기 맛을 알지 못하였다고 하는 내용을 가리킨다.

21) 계찰이 ~ 본 것 : 관련 내용은 『춘추좌씨전』, 襄公 29년 조에 보인다. 吳나라 공자 季札이 魯나라에 가서 周의 樂을 들으며 비평한 것을 가리킨다.

22) 응용 : 衛湜의 『禮記集說』 「凡例」에는 金華 출신으로 字가 子和이고 『纂義』 20권을 지었다고 소개되어 있다.

23) 사례와 향례 : 공영달의 소에 "食饗은 宗廟의 祫祭를 가리킨다. 이 예의 성대함은 효도함와 공경함을 나타내는 것에 있지, 그 아름다운 맛을 다 갖추는 것에 있지 않다"(食饗謂宗廟祫祭. 此禮之隆重, 在於孝敬也, 非在於致其美味而已)라고 하였다. 곧 食饗을 하나의 예로 이해하였다. 그러나 楊天宇의 해석에 따르면, 食禮와 饗禮는 종묘제사와 빈객에 대한 접대에서 행하는 예로서, 둘 다 소 · 양 · 돼지를 희생으로 사용하는 太牢로 행한다. 또한 食禮는 밥을 위주로 하여 犧牲은 쓰지만 술을 쓰지 않는 데 반해, 饗禮는 희생과 술을 모두 쓰는 점에서 서로 다르다. 『의례』 「公食大夫禮」는 고대의 食禮의 의절을 담고 있어 그 내용을 대체로 알 수 있지만, 饗禮는 그 의절이 망실되어 전해지지 않는다. 『禮記譯注』(下), 631쪽, 주 1) 참조.

24) 협제 : 祫은 합한다(合)는 뜻으로, 時祭를 지낼 때 훼철된 神主를 제외하고 나머지 신주들만을 太廟에 함께 모셔놓고 지내는 제사이다. 이때의 협제는 대부와 사의 경우도 지낼 수 있다. 이와는 달리 3년에 한 번 훼철된 묘의 신주까지도 함께 모셔놓고 지내는 경우를 大祫이라 하는데, 이곳에서의 협제는 대협을 의미한다.

25) 유창 : 淸江劉氏. 1019~1068. 자 原父, 호 公是이다. 저서에 『春秋權衡』, 『春秋傳』, 『七經小傳』, 『春秋傳說例』, 『春秋意林』, 『公是集』이 있다.

26) 방탕해지고 : 원문은 '流'이다. 정현은 "함께 다니면서 공경하지 않는 것"(合行不敬)을 뜻한다고 풀이하였다. 공영달의 소에는 "만일 樂이 화합하고 같아지는 것을 과도하게 행하여 禮가 결여되면, 流慢하여 더 이상 높고 낮은 사이에 공경하는 것이 없게 된다"(若樂過和同而無禮, 則流慢無復尊卑之敬)라고 하였다. 여기서 流의 字義는 지나치고 과도하다(淫)는 뜻을 의미하는 것으로 보인다. 『역』 「繫辭上」의 "널리 다녀도 방탕하지 않고, 하늘을 즐거워하고 명을 알기에 근심하지 않는다"(旁行而不流, 樂天知命, 故不憂)에 대하여 王弼은 '流'가 '淫'을 뜻한다고 하였다. 곧 방종하여 절제가 없는 태도를 뜻한

다. 樂이 지나치면 情을 함께하여 친애하는 데 지나치게 되고, 그러면 절제함이 없고 공경하지 않게 된다. '流'는 곧 친애함에 지나쳐 가깝게 여기고 공경하지 않는 태도를 의미한다. 본 번역에서는 '流'를 절제가 없고 공경하지 않는다는 뜻에서 '방탕하다'로 번역하였다.

27) 응씨 : 應鏞을 가리킨다. 衛湜의『禮記集說』「凡例」에는 金華 출신으로 字가 子和이고『纂義』 20권을 지었다고 소개되어 있다.

28) 사해지내 ~ 같다 : 衛湜의『禮記集說』에 인용된 應氏의 말은 여기까지다.

29) 건이 ~ 않다 :『역』「繫辭上」에 "乾은 평이함으로 주관하고, 坤은 간소함으로 잘 이룬다"(乾以易知, 坤以簡能)라고 하였다.

30) 만물은 ~ 나중이다 : 이 말은 周敦頤의『通書』「禮樂」에 나온다.

31) 약오씨의 귀신들 : 이 말은『춘추좌씨전』, 宣公 4년 조 傳에 나온다. 若敖氏는 후대의 楚나라 令尹子文이다.

32) 은나라는 ~ 있다 : 이 말은『논어』「爲政」에 나온다.

33) 예는 ~ 이치다 : 이 말은『주자어류』 권87,「小戴禮」에 나온다.

34) 성인이 ~ 것이다 : 이 말은『주자어류』 권87,「小戴禮」에 나온다.

35) 악은 ~ 없다 : 이 말은『주자어류』 권87,「小戴禮」에 나온다.

36) 방각 : 자는 性夫. 重和 元年(1118) 진사에 급제하였다. 禮部侍郎을 지냈다. 저서에『禮記集解』가 있다.

37)「소」는 ~ 못하였다 : 이 말은『논어』「八佾」에 나온다.

38) 작은 ~ 따랐다 :『논어』「學而」에 "예를 쓰는 데에는 화목함이 귀하다. 선왕의 도는 이 점이 훌륭하여, 작은 일이나 큰일이나 화목함을 따랐다. 행하지 못하는 바가 있으니 화목함만 알아 화목함을 위주로 하고 예로 절제하지 않는다면 또한 실행할 수 없다"(禮之用, 和爲貴. 先王之道, 斯爲美, 小大由之. 有所不行, 知和而和, 不以禮節之, 亦不可行也)라고 하였다.

39) 하늘은 ~ 시행된다 : 이 말은「樂記」(20)에 나온다.

40) 訊 : 訊은 閩·監·毛本·嘉靖本이 같고 惠棟校宋本·岳本·衛氏『集說』은 迅이라고 하였다. 阮元은『正義』本은 '迅'으로 되어 있으며, 迅이 正字라고 교감하였다.

41) 유행하여 ~ 일어난다 : 이 말은「樂記」(20)에 나온다.

42) 하늘과 ~ 응취한다 : 이 말은『역』「繫辭下」에 나온다.

43) 조화로운 ~ 불러온다 : 이 말은『前漢書』 권36,「楚元王傳」에 나온다.

44) 두 절 :「樂記」(20장과 21장)을 가리킨다.

45) 生 : 閩·監·毛本은 '主'로 되어 있고 岳本·嘉靖本·衛氏『集說』·惠棟校宋本·『考文』이 인용한 古本·足利本은 '生'으로 되어 있다.

46) 하늘의 ~ 않는다 : 이 말은『역』「文言」에 나온다.

47) 하늘은 ~ 이룬다 : 이 말은 『역』 「繫辭」 上에 나온다.

48) 하늘은 ~ 이루어준다 : 이 말은 『주자어류』 74-21에 나온다.

49) 웅씨는 ~ 이름하였다 : 衛湜의 『禮記集說』에 인용된 웅씨의 말은 여기까지다. 따라서 이하 "或曰……" 부분은 다른 사람이 한 말로 간주하여 번역하였다.

50) 「咸池」, 黃帝樂名 : 『禮記集說大全』과 『陳氏禮記集說』에는 '黃帝樂名「咸池」'로 되어 있으나 공영달의 소에 따라 '「咸池」, 黃帝樂名'으로 고친다.

51) 혈기가 ~ 날뛴다 : 이 말은 『춘추좌씨전』, 僖公 15년 조 傳에 나온다. 『춘추좌씨전』에는 "어지러운 氣가 사납게 날뛴다"(亂氣狡憤)로 되어 있다.

52) 방정함 : 사물의 모서리가 분명하게 각이 지어 방정한 것을 말한다. 품행이 절개가 있고 청렴한 것을 뜻한다.

53) 肉 : 정현은 '肉'의 음에 대하여 "'而'와 '救'의 反切"(而救反)라고 하였다. 곧 음은 '우'이다. 『禮記正義』 해당 부분 정현의 주 참조.

54) 「운문대권」 : '雲門'으로 불리며, 周나라 때 있었던 6代의 樂舞 가운데 하나로, 黃帝의 樂舞이다. 文舞에 속하며, 黃鐘, 大呂와 서로 짝이 되어 天神에게 제사할 때 사용한다. 『주례』 「春官·大師樂」에 "곧 黃鐘을 연주하고, 大呂를 노래하고, 雲門을 추며, 天神에게 제사한다"(乃奏黃鐘, 歌大呂, 舞雲門, 以祭天神)라고 하였다.

55) 「대함」 : '咸池'라고 불리기도 하며, 周나라 때 있었던 6代의 樂舞 가운데 하나로, 堯의 樂舞이다. 文舞에 속하며, 太簇·應鐘의 樂과 서로 짝이 되어, 地祇에게 제사할 때 사용한다. 『주례』 「春官·大師樂」에 "곧 大簇을 연주하고, 應鐘을 노래하고, 咸池를 추며, 地祇에게 제사한다"(乃奏大簇, 歌應鐘, 舞咸池, 以祭地祇)라고 하였다.

56) 「대소」 : '韶'라고도 불리며, 周나라 때 있었던 6代의 樂舞 가운데 하나로, 舜의 樂舞이다. 文舞에 속하며, 姑洗·南呂와 짝이 되어 四望에게 제사할 때 사용한다. 『주례』 「春官·大師樂」에 "곧 姑洗를 연주하고, 南呂를 노래하고, 大韶를 추며, 四望에게 제사한다"(乃奏姑洗, 歌南呂, 舞大韶, 以祭四望)라고 하였다. 『논어』 「述而」에 "공자가 제나라에서 「韶」를 듣고 삼 개월 동안 고기 맛을 알지 못하였다"(子在齊聞「韶」, 三月不知肉味)라고 하였고, 「八佾」에 공자가 「韶」에 대하여 "아름다움을 다하였고, 선함을 다하였다"(盡美矣, 又盡善也)라고 평가한 말이 보인다.

57) 「대하」 : 周나라 때 있었던 6代의 樂舞 가운데 하나로, 禹의 樂舞이다. 文舞에 속하며, 蕤賓·函鐘과 짝이 되어 山川에게 제사할 때 사용한다. 『管子』 「輕重乙」에 絲纊이 지었다고 한다. 『주례』 「春官·大師樂」에 "곧 蕤賓을 연주하고, 函鐘을 노래하고, 大夏를 추며, 山川에게 제사한다"(乃奏蕤賓, 歌函鐘, 舞大夏, 以祭山川)라고 하였다.

58) 「대호」 : '大護'라고도 불리며, 周나라 때 있었던 6代의 樂舞 가운데 하나로, 湯의 樂舞이다. 武舞에 속하고, 夷則·小呂와 짝이 되어 先妣 姜嫄에게 제사할 때 사용한다. 『주례』 「春官·大師樂」에 "곧 夷則을 연주하고, 小呂를 노래하고, 大護를 추며, 先妣에게 제사한다"(乃奏夷則, 歌小呂, 舞大護, 以祭先妣)라고 하였고, 정현은 주에서 先妣는 姜

嫄을 가리킨다고 하였다.

59) 「대무」 : 周의 여섯 樂舞 가운데 하나로, 武王의 樂舞이다. 武舞에 속하며, 無射 · 夾鐘과 짝이 되어 先祖에게 제사할 때 사용한다. 『주례』 「春官 · 大師樂」에 "곧 無射을 연주하고, 夾鐘을 노래하고, 大武를 추며, 先祖에게 제사한다"(乃奏蕤賓, 歌函鐘, 舞大夏, 以祭山川)라고 하였다.

60) 육율과 육동 : 六同은 六呂와 같다. '律'은 양의 소리를 '呂'는 음의 소리를 뜻한다. 고대 음악은 6개의 양의 음(六律)과 6개의 음의 음(六呂) 곧 12개의 음으로 구성된다. 그 가운데 六律은 黃鐘 · 大簇 · 姑洗 · 蕤賓 · 夷則 · 無射 등으로 구성되고, 六呂는 林鍾 · 仲呂 · 夾鍾 · 大呂 · 應鍾 · 南呂 등으로 구성된다. 『주례』 「春官 · 典同」에 자세하다.

61) 고성, 정성 : 이들 용어는 『주례』 「春官 · 典同」에 나온다. 정현의 주와 공영달 소에 따르면, 종의 모양에 따라 소리가 다르게 나는데, '高聲'은 윗부분이 큰 모양의 종에서 나는 높은 소리를, '正聲'은 위와 아래가 똑같이 곧은 모양의 종에서 나는 순정한 소리를 뜻한다.

62) 궁은 ~ 되는 것 : 「樂記」(5)에 나오는 말이다.

63) 백성이 ~ 때문이다 : 위 29장 경문에 근거하여 말한 것이다.

64) 악사가 ~ 관장함 : 관련 내용은 『주례』 「春官 · 樂官」과 「大胥」에 나온다. 정현의 주에 鄭司農의 말을 인용하여 "'學士'는 卿大夫의 여러 자제로 樂舞를 배우는 이들을 가리킨다. '版'은 호적이다. 오늘날 鄕의 戶籍을 세상에서는 '戶版'이라고 부른다. 大胥는 이 호적을 주관하여 악무를 배울 자로 경대부의 자제를 소집해야 할 때를 대비하였다가, 이 호적을 살펴 소집한다"('學士', 謂卿大夫諸子學舞者. '版', 籍也. 今時鄕戶籍, 世謂之戶版. 大胥主此籍, 以待當召聚學舞者卿大夫之諸子, 則按此籍以召之)라고 하였다.

65) 성동 : 「內則」(109)의 정현 주에 따르면 成童은 15세 이상의 청소년을 가리킨다.

66) 13세에 ~ 추는 것 : 관련 내용은 「內則」(109)에 나온다.

67) 백성들은 ~ 돈후하다 : 이 말은 『書』 「君陳」에 나온다.

68) 궁은 ~ 흩어진다 : 관련 내용은 「樂記」(5, 6)에 나온다.

69) 생기의 ~ 부합함 : 이 말은 「樂記」(35)에 나온다.

70) 나타나면 ~ 한다 : 『역』 「繫辭」에 "그러므로 문을 닫는 것을 坤이라고 하고, 문을 여는 것을 乾이라고 한다. 한 번은 닫고 한 번은 여는 것을 變이라고 하고, 가고 옴이 끊어지지 않는 것을 通이라고 한다. 나타남을 象이라고 하고, 형체가 있음을 器라고 한다. 제정하여 사용하는 것을 法이라고 하고, 실용을 편리하게 하여 안에서나 밖에서나 백성들이 모두 이용하는 것을 神이라고 한다"(是故闔戶謂之坤, 闢戶謂之乾. 一闔一闢謂之變, 往來不窮謂之通. 見乃謂之象, 形乃謂之器. 制而用之謂之法, 利用出入民咸用之謂之神)라고 하였다. 象은 경험할 수 있는 구체적인 현상으로 나타남을 말한다.

71) 악의 ~ 돌아간다. : 이 말은 「樂記」(48)에 나온다.

72) 네 가지 ~ 말 것 : 관련 내용은 『논어』 「顔淵」에 나온다. 顔淵이 공자에게 仁을 구체적인

방법을 묻자 "예가 아니면 보지 말고, 예가 아니면 듣지 말고, 예가 아니면 말하지 말고, 예가 아니면 행동하지 말라"(非禮勿視, 非禮勿聽, 非禮勿言, 非禮勿動)라고 하였다.

73) 금슬 : 현악기를 뜻한다.

74) 간척 : 武舞를 출 때 들고 추는 도구이다. 干은 방패, 戚은 도끼다.

75) 우모 : 文舞를 출 때 들고 추는 도구이다. 羽는 꿩의 깃, 旄는 소의 꼬리다.

76) 소관 : 피리 등 관악기를 뜻한다.

77) 周還 : 의식을 수행하거나 춤 동작에서 방향을 전환할 때 원 모양을 그리면서 둥글게 방향을 전환하는 동작을 가리킨다. 관련 내용은 「玉藻」(81) 및 「樂記」(16) 등에 보인다.

78) 평탄하여~ 근심한다 : 이 말들은 『논어』 「述而」에 나온다.

79) 咏 : 『예기집설대전』에는 '永'으로 되어 있으나 오기이므로 바로잡는다.

80) 「관저」의 마치는 장 : 이 말은 『논어』 「泰伯」에 나온다.

81) 빨리 ~ 달려간다 : 「少儀」(29)에 "빨리 달려오지 말고, 빨리 달려가지 말라"(毋拔來, 毋報往)라고 하였다.

82) 배움에 ~ 않음 : 이 말들은 『논어』 「述而」에서 인용한 것이다.

83) 문위가 ~ 대답하였다 : 이 말은 『주자어류』 권87, 「小戴禮」에 나온다.

84) 마희맹 : 馬希孟으로도 불린다. 자 彦醇. 神宗 熙宁 6년 진사에 급제하였다. 州学教授를 지냈고, 저서에 『禮記解』가 있다.

85) 生 : '舜生'과 '武生'의 '生'은 『陳氏禮記集說』과 『禮記集說大全』에 '生'으로 되어 있고, 衛湜의 『禮記集說』에 '主'로 되어 있다. 본 번역에서는 衛湜의 『禮記集說』에 따랐다.

86) 旣 : 閩本이 같고 惠棟校宋本 · 宋監本 · 岳本 · 嘉靖本 · 『考文』이 인용한 古本 · 足利本에서는 '送'으로 되어 있다. 監 · 毛本 · 衛氏『禮記集說』은 '報'로 되어 있다. 阮元은 『史記集解』를 인용하여 '送'으로 교감하였다.

87) 사위 : 『주례』 「春官 · 巾車」의 정현 주에 따르면 사방을 지키는 제후들로서 蠻服 이내를 가리킨다.

88) 용기 :

龍旂

『欽定儀禮義疏』(淸)

89) 輅 : 『예기집설대전』에는 '路'로 되어 있으나 오기이므로 바로잡는다.

90) 편안해도 ~ 생각하여 : 이 말은 『사기』 권24, 「樂書」 2에 나온다.

91) 도와 덕에 화순하고 : 이 말은『역』「序卦」에 나온다.

92) 친소에 ~ 하여 : 이 말은『大戴禮記』「保傅」에 나온다.

93) 격 : 사슴뿔을 가리키는데 가지가 있으면 '觡'이라고 하고, 가지가 없이 단일하면 '角'이라고 한다고도 설명한다.『爾雅翼』(羅願 著) 권20,「鹿」참조.

94) 예의 ~ 것이다 : 관련 내용은「樂記」(47)에 나온다.

95) 삼행 : 효도(孝)·우애(友)·순응(順)의 세 가지 행실을 말한다.『주례』「地官·師氏」에 "(師氏가) 세 가지 행실(行)을 가르친다. 첫째 효도의 행실(孝行)로 그로써 부모에게 친애하게 하고, 둘째 우애의 행실(友行)로 그로써 덕이 있고 능력이 있는 이를 존경하게 하고, 셋째 순응의 행실(順行)로 그로써 스승과 연세 높은 어른을 섬기게 한다"(敎三行, 一曰孝行, 以親父母, 二曰友行, 以尊賢良, 三曰順行, 以事師長)라고 하였다.

96) 삼덕 : 지극함(至)·민달함(敏)·孝 등 세 가지 덕을 말한다.『주례』「地官·師氏」에 "(師氏가) 세 가지 德을 國子에게 가르친다. 첫째 지극함의 덕(至德)으로 道의 근본을 삼게 하고, 둘째 민달함의 덕(敏德)으로 행실(行)의 근본을 삼게 하고, 셋째 효의 덕(孝德)으로 거스르는 것의 악함을 알게 한다"(以三德敎國子, 一曰至德, 以爲道本, 二曰敏德, 以爲行本, 三曰孝德, 以知逆惡)라고 하였다.

97) 생·부·고·상·아 :

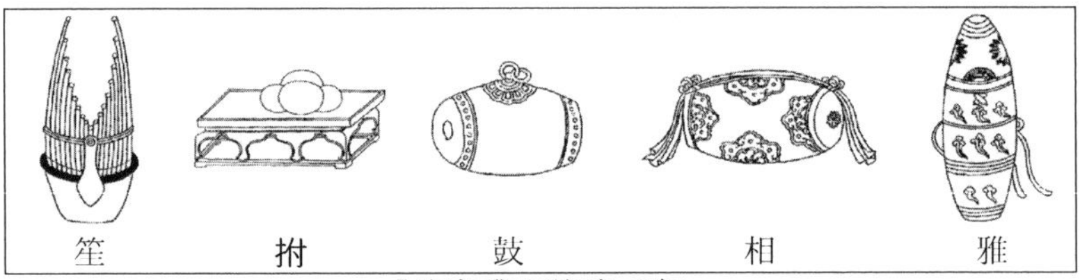

『欽定禮記義疏』(淸)

98) 참람하게 ~ 음 : 이 말은「樂記」(34)에 나온다.

99) 한 곡이 ~ 긴 음 : 이 말은「樂記」(34)에 나온다.

100) 樂 : 阮元은 校訂에서 "盧文弨는『史記集解』에는 '樂' 자가 없다고 한다.『正義』도 '樂' 자가 없다"고 하고 '樂' 자를 없앴다.

101) 조용히 안정되다 :『詩』「皇矣」에 나오는 말로,『춘추좌씨전』·『예기』·『韓詩外傳』 등에 인용된 문장에서는 '莫'으로 되어 있고,『詩』에는 '貊'으로 되어 있다. 의미는 '莫定', '靜定', '莫然而定' 등 '조용히 안정되다'는 뜻으로 해석한다.『詩』「皇矣」鄭玄注과 孔穎達疏 참조.

102)『서』: 이 인용은『書』「咸有一德」에 나온다.

103) 구주 :『書』「洪範」에 "첫 번째는 五行이다. 두 번째는 공경하되 五事로 하는 것이다. 세 번째는 농사에 八政을 쓰는 것이다. 네 번째는 합함을 五紀로 하는 것이다. 다섯 번째는 세움을 皇極으로 하는 것이다. 여섯 번째는 다스림을 三德으로 하는 것이다.

일곱 번째는 밝힘을 稽疑로 하는 것이다. 여덟 번째는 상고함을 庶徵으로 하는 것이다. 마지막 아홉 번째는 향함을 五福으로 하고, 위엄을 보임을 六極으로 하는 것이다"(初一曰五行. 次二曰敬用五事. 次三曰農用八政. 次四曰協用五紀. 次五曰建用皇極. 次六曰乂用三德. 次七曰明用稽疑. 次八曰念用庶徵. 次九曰嚮用五福·威用六極)라고 하였다. 첫째 오행은 水·火·木·金·土이다. 둘째 오사는 모양(貌)·말(言)·보는 것(視)·듣는 것(聽)·생각함(思)이다. 셋째 팔정은 먹는 것을 다스리는 것(食), 재물을 다스리는 것(貨), 제사를 다스리는 것(祀), 땅을 다스리는 것(司空), 백성을 다스리는 것(司徒), 죄를 다스리는 것(司寇), 손님을 접대하는 것(賓), 군대를 다스리는 것(師)이다. 넷째 오기는 해(歲)·달(月)·날(日)·星辰·曆數이다. 다섯째 황극은 임금이 極을 세우는 것이다. 여섯째 삼덕은 정직·剛克·柔克이다. 일곱째 계의는 그대도 찬성하고 거북점도 찬성하지만, 시초점이 반대하고 경사가 반대하며 서민도 반대할 경우가 있다. 이런 때에는 안의 일을 하는 것은 길하지만 밖의 일을 하는 것은 흉하다는 것이다. 여덟째 서징은 비(雨)·볕(暘)·더위(燠)·추위(寒)·바람(風)이 때(時)에 따라 이르는 것이다. 아홉째 오복은 장수, 부(富), 건강하고 안녕함(康寧), 덕을 좋아하는 성품(攸好德), 천수를 누리고 죽음(考終命)이다. 육극은 횡사와 일찍 죽는 것(凶短折), 병드는 것(疾), 근심스러운 것(憂), 가난한 것(貧), 악한 것(惡), 몸이 약한 것(弱)이다.

104) 연정과 ~ 망친다 : 이 말은 『춘추좌씨전』, 僖公 23년 조에 나온다.

105) 雝 : 閩·監·毛本·石經·岳本·嘉靖本은 다 같이 雍으로 되어 있고, 衛氏『禮記集說』과 陳澔『禮記集說』은 雝으로 되어 있다. 『石經考文提要』에서는 "『詩考』가 詩에서 異字 異義를 열거한 것 가운데, 宋大字本·宋本九經·南宋巾箱本·余仁仲本·劉叔剛本이 모두 雍이라 하였다"고 한다.

106) 도·강·갈·훈·지 :

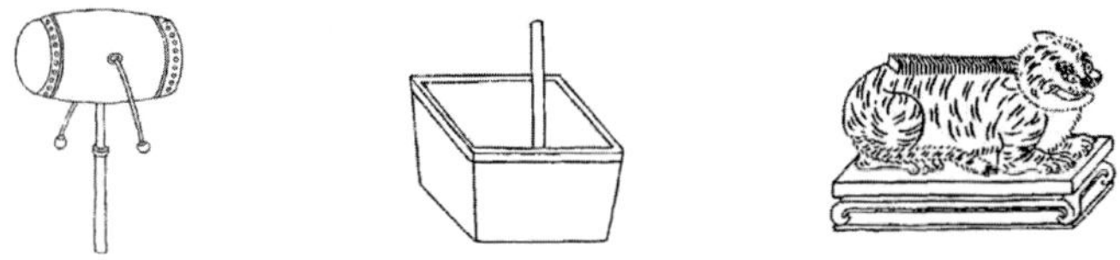

鼗 柷 敔

『欽定禮記義疏』(淸)

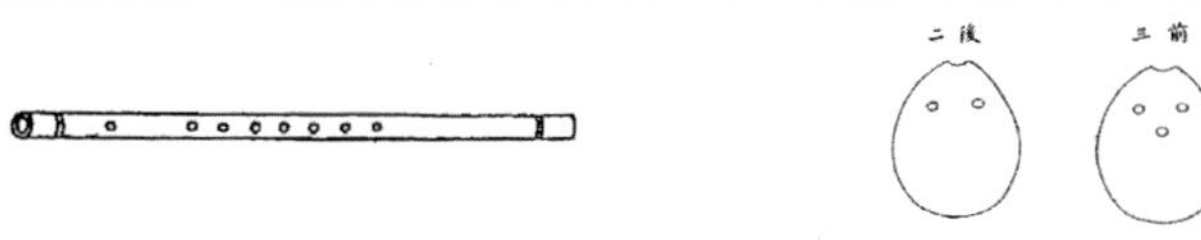

篪 壎

『欽定禮記義疏』(淸)

107) 윤은 ~ 보인다 : 「曾子問」(37, 39) 등에 보인다.

108) 목숨을 ~ 신하 : 원래는 땅을 분봉받은 신하로 제후에 해당한다. 후대에는 節度使와 같이 변방을 지키거나, 국난을 당하여 목숨을 바쳐 나라를 지키는 신하를 지칭하는 말로 사용되었다. 『漢語大詞典』 해당항목 설명 참조.

109) 우·생·소·관 :

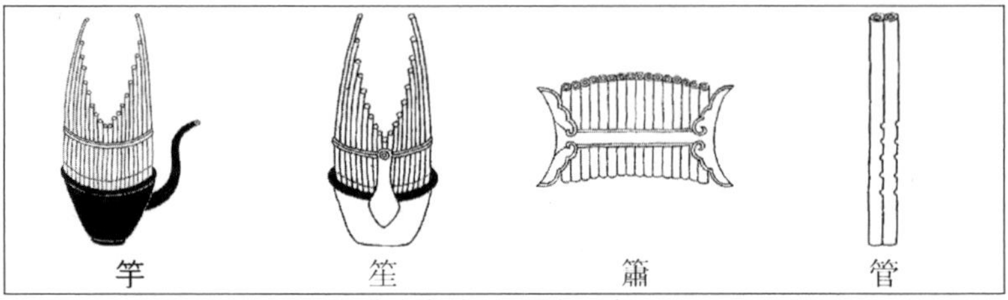

『欽定禮記義疏』(淸)

110) 鏘 : 閩·監本·嘉靖本·衛氏『禮記集說』은 '鏘'으로 되어 있다. 『爾雅』「釋文」에는 '鎗'으로 되어 있다. 『예기정의』 1309쪽 주 1) 참조.

111) 헌지 : 軒은 위로 쳐든 모양을 질은 아래로 숙인 모양을 가리킨다. 『毛詩』「小雅·六月」에 "전차가 이미 안정되어 있으니, 앞으로 숙인 듯하고 뒤로 쳐든 듯하다"(戎車旣安, 如輊如軒)라고 하였다. 정현은 箋에서 "전차의 안정된 균형은 뒤에서 볼 때 앞으로 숙인 듯하고, 앞에서 볼 때 뒤로 쳐든 듯한 뒤에 적절한 것이다"(戎車之安, 從後視之如輊, 從前視之如軒, 然後適調也)"라고 하였다.

112) 왕이 노망하셨다 : 이 말은 『書』「呂刑」에 나온다.

113) 天子 : 정현의 주는 이 '天子'를 아래 경문으로 붙여 풀이하였다. 곧 "六成復綴以崇"으로 구절을 이루고, 아래 경문을 "天子夾振之而駟伐, 盛威於中國也"로 구절이 되게 하였다. 정현의 주에 따르면 "六成復綴以崇"은 "6성에서 춤추는 이들이 다시 제 자리로 돌아와 멈추고, 「武」樂을 충만케 한다"는 뜻이 된다. 진호의 이러한 絶句는 王肅의 설을 따른 것이다. 왕숙의 설은 공영달의 소에 나와 있다.

114) 盟 : 閩·監·毛本·嘉靖本이 같고, 岳本·衛氏『禮記集說』은 '孟'이라고 하였다. 『釋文』에서는 '孟津'이라고 하고 "본래는 또한 盟으로 쓴다"고 하였다.

115) 「소소」가 아홉 번 연주되었다 : 이 말은 『書』「益稷」에 나온다. 「簫韶」는 舜임금의 樂이다. 아홉 번 연주되었다는 것은 곡이 아홉 장으로 구성되어 아홉 번 연주됨으로써 끝남을 말한다.

116) 오늘의 ~ 것이다 : 현행본 『書』「牧誓」 본문은 "今日之事……不愆于四伐五伐……"로 되어 있다.

117) 네 번 ~ 친다 : 이 말은 『書』「牧誓」에 나온다.

118) 군주는 ~ 나아간다 : 이 말은 「祭統」(9)에 나온다.

119) 나라를 ~ 나라였으니 : 이 말은 『맹자』「滕文公下」에 나온다.

120) 부곡 : 본래 군대의 편제 단위로, 曲은 部의 하부 단위다. 여기서는 춤추는 사람들이

각각 소속된 단위가 있음을 말한다.

121) 활과 ~ 넣었네 : 이 말은 『시』 「周頌 · 時邁」에 나온다.

122) 무기를 ~ 들어간다 : 이 말은 『춘추좌씨전』, 昭公 元年 조에 나온다.

123) 전대에 ~ 단속한다 : 이 말은 『주례』 「考工記 · 函人」에 나온다.

124) 商 : 『禮記注疏』는 "惠棟校宋本에는 '商'이 없다. 岳本 · 嘉靖本 · 衛氏『禮記集說』 · 『考文』이 인용한 足利本도 같다. 이 본에서 '反' 밑에 '商' 자가 필요 없이 더 있는데 閩 · 監 · 毛本이 같다"는 阮元의 교감을 따라서 '商' 자를 삭제하였다.

125) 制 : 孫氏는 교감에서 말하기를 "「覲禮」의 記에서 賈公彦이 이 注에 疏를 하면서 '저것은 본래 '制' 자가 없고 바로 '文王之廟爲明堂'이라고 하였다'고 했으니, 唐代 당시의 別本에는 본래 '制' 자가 없었던 것이다"라고 하였다. 『예기정의』 1325쪽, 주 2) 참조.

126) 호문 : 용어나 문장을 서로 연관하여 의미를 이루도록 사용하여 서술하는 방식을 말한다. 곧 三老와 五更이 서로 연관되어 하나의 의미를 나타낸다.

127) 삼덕과 오사 : 공영달의 소에 따르면, '三德'은 正直 · 剛 · 柔이고 '五事'는 貌 · 言 · 視 · 聽 · 思이다.

128) 불자 : 『書』 「益稷」의 "아들 啓가 응애응애 울어도, 내가 자식을 사랑해주는 것을 하지 못하였다"(啓呱呱而泣, 予弗子)를 가리킨다. 여기서 子는 자식에 대한 사랑, 곧 慈愛함을 뜻한다.

129) 일헌의 ~ 하고 : 이 말은 「樂記」(28)에 나온다.

130) 날이 ~ 반듯한 것 : 이 말은 「聘義」(9)에 나온다.

131) 함께 ~ 절제시키는 것 : 관련 내용은 「樂記」(50)에 보인다.

132) 능으로 ~ 사용하였다 : 곧 '台' 대신 '能'을 써서 삼태성을 지칭하였다는 말이다.

133) 창을 ~ 든다 : 이 말은 『시』 「曹風 · 候人」에 나온다.

134) 군대 : 『주례』 「地官 · 小司徒」에서 "다섯 사람이 伍가 되고, 다섯 伍가 兩이 되고, 네 兩이 卒이 되고, 다섯 卒이 旅가 되고, 다섯 旅가 師가 되고, 다섯 師가 軍이 되어 군대를 일으키고, 사냥의 사역을 일으킨다"(五人爲伍, 五伍爲兩, 四兩爲卒, 五卒爲旅, 五旅爲師, 五師爲軍, 以起軍旅, 以作田役)라고 하였다. 곧 군대를 가리킨다.

135) 子贛見師乙而問焉曰: ~ 萬物育焉 : 『禮記正義』에는 이 경문이 "子贛見師乙而問焉曰: '賜聞聲歌各有宜也. 如賜者宜何歌也?' 師乙曰: '乙, 賤工也, 何足以問所宜? 請誦其所聞, 而吾子自執焉. 愛者宜歌「商」. 溫良而能斷者宜歌「齊」. 夫歌者, 直已而陳德也, 動己而天地應焉, 四時和焉, 星辰理焉, 萬物育焉, 故「商」者五帝之遺聲也. 寬而靜, 柔而正者, 宜歌「頌」. 廣大而靜, 疏達而信者, 宜歌「大雅」. 恭儉而好禮者, 宜歌「小雅」. 正直而靜, 廉而謙者, 宜歌「風」. 肆直而慈愛'"로 되어 있다. 陳澔가 정현이 주에서 착간이라고 지적한 것에 따라 경문의 순서를 바꾸어 놓았다.

136) 이 글은 ~ 한다 : 『사기』 권24, 「樂書」 2에 "寬而靜, 柔而正者, 宜歌頌. 廣大而靜, 疏達而信者, 宜歌大雅. 恭儉而好禮者宜歌小雅. 正直淸廉而謙者宜歌風, 肆直而慈愛者宜歌

商, 溫良而能斷者宜歌齊"로 되어 있다.

137) 故「商」者, ~ 孰能保此? : 『禮記正義』에는 이 경문이 "商之遺聲也, 商人識之, 故謂之「商」. 「齊」者, 三代之遺聲也, 齊人識之, 故謂之「齊」. 明乎「商」之音者, 臨事而屢斷. 明乎「齊」之音者, 見利而讓. 臨事而屢斷, 勇也. 見利而讓, 義也. 有勇有義, 非歌, 孰能保此?"로 되어 있다. 陳澔가 정현이 주에서 착간이라고 지적한 것에 따라 경문의 순서를 바꾸어 놓았다.

138) 여기서의 ~ 말한다 : 이 부분은 현행본 疏에는 보이지 않는다. 진호 자신의 해석일 수 있다.

139) 주자는 말한다 : 이하의 인용은 『주자어류』 권87, 「小戴禮」에 나온다.

예기역주 권19

잡기상 제20
雜記上

정현鄭玄의 『예기목록禮記目錄』에서 말한다. "「잡기」라고 제목을 붙인 것은 제후 이하 사에 이르기까지의 상사喪事를 뒤섞어 기록하였기 때문이다. 이 편은 유향劉向의 『별록』에서는 「상복」에 속해 있다. 상하편으로 구분하였으나 의미는 「곡례」와 「단궁」과 특별히 다르지 않다."

鄭『目錄』云: "名曰「雜記」者, 以其雜記諸侯以下至士之喪事. 此於『別錄』屬喪服. 分爲上下, 義與「曲禮」「檀弓」分別不殊也.

【잡기상 1】

제후가 외국에 행차하는 도중에 공관에서 사망하면, 그 복復(초혼)의 예는 자신의 나라에서처럼 한다. 만일 도로에서 사망하면, 수레의 왼쪽 수레바퀴통에 올라가 깃대 끝에 드리운 장식(緌)으로 복復을 한다.

諸侯行而死於館, 則其復如於其國. 如於道, 則升其乘車之左轂, 以其緌復.

鄭注 '공관'(館)은 주국主國[1]에서 제공한 숙소이다. '복復'은 혼魂을 불러 백魄으로 되돌아오게 하는 것이다. '자신의 나라에서처럼 한다'(如於其國)는 것은 주국主國에서 빈객에게 공관을 제공하면서 빈객이 전적으로 사용하도록 하여 지붕에 올라가 포의褒衣를 사용해 혼백을 부를 수 있음을 말한다. '만약 도로에서'(如於道)라 함은 노상의 여숙廬宿[2]을 말한다. '수레의 왼쪽 수레바바퀴통에 오른다'(升車左轂)는 것은 복復을 할 때 지붕의 동쪽 처마에 오르는 것을 본뜬 것이다. '유緌'는 '유緌'(깃대 끝에 드리운 장식)로 되어야 옳다. (발음은) 유빈蕤賓의 유蕤와 같이 읽는다. 글자가 잘못 기록된 것이다. '유緌'는 깃발의 깃대 끝에 드리운 장식을 말한다. 깃발에서 드리운 장식을 벗겨서 복復에 사용하는 것으로 살아 있을 때와 달리하는 것이다. '館', 主國所致舍. '復', 招魂復魄也. '如於其國', 主國館賓, 予使有之, 得升屋招用褒衣也. '如於道', 道上廬宿也. '升車左轂', 象升屋東榮. '綏', 當爲'緌'. 讀如'蕤賓'之'蕤'. 字之誤也. '緌', 謂旌旗之旄也. 去其旒而用之, 異於生也.

集說 '공관'(館)은 주국主國에서 제공한 숙소이다. '복復'은 혼魂을 불러 백魄으로 되돌아오게 하는 것이다. '자신의 나라에서처럼 한다'(如於其國)는 것은 복復의 예를 본국에서처럼 한다는 것이다. '도道'는 도로이다. '타고 있는 수레'(乘車)는 자신이 타고 있는 수레를 말한다. 집에서라면 지붕의 동쪽 처마에 오른다. 수레가 남쪽을 향했을 때 왼쪽이 동쪽에 있게 된다. '유綏'는 '유緌'(깃대 끝에 드리운 장식)로 읽어야 한다. 유綏는 깃발의 깃대 끝에 드리운 장식을 말한다. 깃발에서 드리운 장식을 벗겨서 복復에 사용하는 것이다. 5등급 제후의 복復에서 복하는 사람의 수는 명命(작위)의 수에 맞게 한다. 이제 수레바퀴통 위는 좁기 때문에 단지 한 사람만 가능하다. '館', 謂主國有司所授館舍也. '復', 招魂復魄也. '如於其國', 其禮如在本國也. '道', 路也. '乘車', 其所自乘之車也. 在家則升屋之東榮, 車向南則左在東也. '綏', 讀爲'緌'. 旌旗之旄也, 去其旒

而用之耳. 凡五等諸侯之復, 人數視命數. 今轂上狹, 止容一人.

【잡기상 2】

상여의 덮개휘장(輤)에는 가장자리 장식(裧)을 한다. 검은 베로 상여 휘장을 치고, (누이지 않은) 흰 비단으로 지붕을 만들어 놓은 뒤에 출발한다.[3)]

其輤有裧. 緇布裳帷, 素錦以爲屋而行.

鄭注 '천輤'은 관을 싣고 빈궁으로 옮기는 상여의 덮개휘장이다. 천輤은 그 명칭을 '시신과 가까이 한다'(櫬)는 뜻과 '꼭두서니'(蒨)라는 두 뜻에서 취한 것이다. 발음은 '천패蒨旆'의 '천蒨'으로 읽는다. '친櫬'은 관棺이요, '꼭두서니'(蒨)는 붉은색으로 물들이는 풀이다. 장지로 옮길 때 관을 실은 상여의 장식을 '류柳'(상여의 덮개장식)라고 한다. '첨裧'(상여 덮개휘장의 가장자리 장식)은 수레덮개의 가선장식이다. '검은 베로 상여 휘장을 친다'(緇布裳帷)는 것은 관을 에워싸는 것을 말한다. 휘장으로 검은 베를 쓰므로 천輤(상여 덮개장식)은 붉은색을 쓴다. 천輤은 집의 지붕을 본뜬 것으로 그 안에 (흰색의) 작은 휘장이 있어 관을 가까이 덮는다. 만일 대렴大斂을 하기 전에 관을 싣고 돌아갈 때에도 상여의 장식은 이와 같다. '輤', 載柩將殯之車飾也. 輤取名於'櫬'與'蒨'. 讀如'蒨旆'之'蒨'. '櫬', 棺也, '蒨', 染赤色者也. 將葬, 載柩之車飾曰'柳'. '裧'謂鼈甲邊緣. '緇布裳帷', 圍棺者也. 裳帷用緇, 則輤用赤矣. 輤象宮室屋, 其中小帳櫬覆棺者. 若未大斂, 其載尸而歸, 車飾皆如之.

集說 '천輤'은 널을 실은 상여의 덮개휘장이다. 천은 집을 본뜬 것이다. 구설舊說에 의하면, 천輤은 붉은색으로 물들여 사용하기 때문에 꼭두서니

(蒨 붉은색으로 물들이는 염료)에서 이름을 취하였다. '첨裧'(상여 덮개휘장의 가장자리 장식)은 천輤의 사면에 아래로 드리운 장식이다. '검은 베로 상여의 휘장을 친다'(緇布裳帷)는 것은 천輤 아래 관 사방 주위로 검은색의 베를 사용하여 휘장을 쳐서 관을 에워싸는 것이다. '흰 비단으로 지붕을 만들어 놓는다'(素錦以爲屋)는 것은 흰 비단을 써서 작은 휘장을 지붕처럼 쳐 관 위를 덮는 것이다. 이러한 장식을 설치한 다음 출발한다. '輤', 載柩之車上覆飾也. 輤象宮室. 舊說, 輤用染赤色, 以蒨而名. '裧'者, 輤之四旁所垂下者. '緇布裳帷'者, 輤下棺外, 用緇色之布爲裳帷, 以圍繞棺也. '素錦以爲屋'者, 用素錦爲小帳如屋, 以覆棺之上. 設此飾乃行也.

【잡기상 3】

빈궁이 있는 곳의 문(廟門)에 이르러 관을 에워싼 휘장을 벗기지 않고 빈殯을 할 곳으로 나아간다. 다만 상여의 덮개휘장은 문 밖에서 벗긴다.

至於廟門, 不毁牆, 遂入適所殯. 唯輤爲說於廟門外.

鄭注 '묘廟'는 관을 안치한 빈궁殯宮이다. '장牆'은 상여의 휘장(裳帷)이다. '빈을 할 곳으로 나간다'(適所殯)는 것은 양쪽 기둥(楹) 사이를 말한다. 상여 덮개휘장을 벗기고 빈궁의 문으로 들어가는 것은 들어가면 집(宮室)이 있기 때문이다. '훼毁'는 어떤 본에는 '철徹'로 되어 있다. 무릇 (외지에서 사망하여) 관(柩)이 밖에서 들어오면, 양쪽 기둥(楹) 사이에 관棺을 바로 놓고 시신도 거기에 안치한다. 모두 그것을 이어 빈殯을 하는 것이다. 다른 점은 관은 허문 곳으로 들어와 서쪽 계단으로 오르고, 시신은 문으로 들어와 동쪽

계단으로 오른다. 빈을 반드시 양쪽 기둥(楹) 사이에서 하는 것은 자신의 방 안에서 임종하지 못하고 밖에서 임종하여 와서 안에서 머물기 때문에 차마 멀리하지 못하는 것이다. '廟', 所殯宮. '牆', 裳帷也. '適所殯', 謂兩楹之間. 去輤乃入廟門, 以其入自有宮室也. '毀'或爲'徹'. 凡柩自外來者, 正棺於兩楹之間, 尸亦侇之於此. 皆因殯焉. 異者柩入自闕, 升自西階, 尸入自門, 升自阼階. 其殯必於兩楹之間者, 以其死不於室, 而自外來留之於中, 不忍遠也.

集說 '묘문廟門'은 빈궁이 있는 곳의 문이다. '불훼장不毀牆'은 관을 에워싼 상여의 휘장을 제거하지 않음을 말한다. 빈을 하는 곳은 양쪽 기둥(楹) 사이에 있는데, 문 밖에서 상여의 덮개휘장(輤)을 벗기는 것은 집(宮室)에 들어오게 되면 곧 집을 본뜬 덮개휘장이 필요 없기 때문에 벗기는 것이다. '廟門', 殯宮之門也. '不毀牆'謂不折去裳帷也. 所殯在兩楹間, 脫輤於門外者, 旣入宮室, 則不必象宮之輤也, 故脫之.

【잡기상 4】

대부大夫와 사士가 길에서 사망하면 타고 있는 수레의 왼쪽 바퀴통에 올라 깃대 끝에 드리운 장식(綏)으로 복復을 한다. 만일 타국의 공관에서 사망하였으면 그 복復의 예를 자신의 집에서와 같이 한다. 대부는 흰 베로 상여의 덮개휘장(輤)을 치고 출발하고, 집에 이르면 덮개휘장을 벗기며 전거輇車로 시신을 싣는다. 시신은 문으로 들어와 동쪽 계단 아래에 이르러 수레에서 내리고 동쪽 계단으로 들어 올려 빈殯을 할 곳으로 나아간다.

大夫士死於道, 則升其乘車之左轂, 以其綏復. 如於館死, 則其

復如於家.① 大夫以布爲輤而行, 至於家而說輤, 載以輲車. 入自門, 至於阼階下而說車, 擧自阼階, 升適所殯.②

鄭注 ① 유緌는 또한 깃대 끝에 드리운 장식(緌)이다. 대부大夫가 집에서 복을 할 때 현면복玄冕服으로 하고, 사士는 작변복爵弁服으로 한다. 緌亦緌也. 大夫復於家以玄冕, 士以爵弁服.

② 대부의 상여의 덮개휘장(輤)은 베를 사용한다고 하였으니 물들이지 않은 흰 베이다. 천輤이라고 말한 것은 신분에 상관없이 통용되는 명칭이기 때문이다. 상여 휘장(裳帷)이라고 말하지 않은 것은 함께 베를 사용하고 구별하는 바가 없기 때문이다. 문에 이르면 역시 상여의 덮개휘장을 벗기고 들어간다. '천거輲車에 시신을 싣고 문으로 들어간다'(載以輲車, 入自門)는 것은 상여가 바뀌지 않음을 밝힌 것이다. 천輲은 전輇으로 읽는다. 더러 전槫[4]으로 되어 있다. 허신許愼의 『설문해지說文解字』에 "바큇살이 있는 바퀴를 륜輪, 바큇살이 없는 바퀴를 전輇이라 한다"라고 하였다. 『주례』에 의하면, 또한 신거蜃車가 있는데 천자의 상에 관을 싣는다. 신蜃과 전輇은 발음이 서로 비슷하여 그 제도 역시 같을 것이다. 전輇(바큇살이 없는 바퀴)의 높이는 대개 타고 다니는 수레의 바퀴의 절반쯤 될 것이다. 제후의 경우 '관을 에워싼 휘장을 벗기지 않는다'고 하였고, 대부와 사의 경우 '상여를 바꾸지 않는다'고 한 것은 서로 연계하여 의미를 밝힌 것이다. 바꾸지 않는다는 것은 춘楯[5]으로 바꾸지 않는다는 것이다. 묘廟 안에서는 춘輴에 관을 싣는 예가 있는데, 이 경우는 해당되지 않는다. 大夫輤言用布, 白布不染也. 言輤者, 達名也. 不言裳帷, 俱用布, 無所別也. 至門, 亦說輤乃入. 言'載以輲車, 入自門', 明車不易也. 輲讀爲輇. 或作槫. 許氏『說文解字』曰: "有輻曰輪, 無輻曰輇." 『周禮』又有蜃車, 天子以載柩. 蜃·輇聲相近, 其制同乎. 輇崇蓋半乘車之輪. 諸侯言'不毁牆', 大夫士言

'不易車', 互相明也. 不易者, 不易以楯也. 廟中有載柩以輴之禮, 此不耳.

集說 상여의 덮개휘장을 베로 한다는 것은 흰 베로 덮개휘장을 만든다는 것이다. '천輲'은 전輇으로 읽는다. 음은 선船과 같다. 『설문해자說文解字』에 "바큇살이 있는 수레바퀴를 륜輪이라 하고 바큇살이 없는 것을 전輇이라 한다"고 하였다. 바큇살이 있는 것은 따로 나무를 사용하여 바큇살을 만든다. 바큇살이 없는 것은 큰 나무를 합해서 만든다. 대부大夫가 (외지에서) 사망하였을 때 그리고 집에 이를 때 모두 관을 전거輇車에 싣는다. 이제 집에 이르면 상여의 덮개휘장(輤)을 벗기니 오직 시신이 전거 위에 있게 된다. 그러므로 '전거輇車로 싣는다'고 한 것이다. 무릇 외지에서 사망한 경우 시신은 문으로 들어와 동쪽 계단으로 오르고, 관은 허문 곳으로 들어와 서쪽 계단으로 오른다. 주나라 예에서 빈은 서쪽 계단 위에 한다. 오직 외지에서 사망하였을 경우 빈을 양쪽 기둥(楹) 사이에서 하는데 대개 차마 멀리 하지 못하기 때문이다. 布輤, 以白布爲輤也. '輲'讀爲輇. 音與船同. 『說文』"有輻曰輪, 無輻曰輇." 有輻者別用木以爲輻也. 無輻者合大木爲之也. 大夫初死, 及至家, 皆用輇車載之. 今至家而脫去輤, 則惟尸在輇車上耳. 故云'載以輇車'. 凡死於外者, 尸入自門, 升自阼階, 柩則入自闕, 升自西階. 周禮殯則於西階之上. 惟死於外者, 殯當兩楹之中, 蓋不忍遠之也.

【잡기상 5】

사士의 상여 덮개휘장(輤)은 갈대자리로 지붕을 만들고, 부들자리로 관을 에워싸는 휘장(裳帷)을 만든다.

士輤, 葦席以爲屋, 蒲席以爲裳帷.

鄭注 갈대자리로 지붕을 만든다고 하였으니 흰 비단으로 (지붕 아래의) 휘장을 치는 것이 없다. 言以葦席爲屋, 則無素錦爲帳.

集說 사士는 지위가 낮기 때문에 질박하고 간략함이 이와 같다. 士卑故質略如此.

【잡기상 6】

자신의 군주에게 부고할 때는 "군주의 신하 아무개가 사망하였습니다"라고 말한다. 아버지 · 어머니 · 아내 · 자식 등이 사망하였을 때는 "군주의 신하 아무개의 아무개가 사망하였습니다"라고 말한다. 군주가 사망하여 타국의 군주에게 부고할 때는 "과군寡君께서 녹명祿命을 다 마치지 못하셨기에(不祿) 삼가 집사執事께 부고합니다"라고 말한다. 군주의 부인이 사망한 경우는 "과소군寡小君께서 녹명을 다 마치지 못하였습니다"라고 말한다. 태자太子의 상喪에는 "과군寡君의 적자 아무개가 사망하였습니다"라고 말한다.

凡訃於其君曰: "君之臣某死."① 父 · 母 · 妻 · 長子曰: "君之臣某之某死."② 君訃於他國之君曰: "寡君不祿, 敢告於執事." 夫人曰: "寡小君不祿." 大子之喪曰: "寡君之適子某死."③

鄭注 ① 부訃는 더러 이하 글자 모두 부赴로 되어 있기도 하다. 부赴는 이른다는 뜻이다. 신하가 사망하면 그의 아들이 사람을 군주의 처소에 보내 부고한다. 訃, 或皆作赴. 赴, 至也. 臣死, 其子使人至君所告之.

② 여기서 신하는 그 집의 상喪에 상주가 되는 사람이다. 此臣, 於其家喪所主者.

③ 군주와 부인夫人의 경우 훙薨(사망함)이라고 말하지 않는 것은 타국의 군주에게 부고할 때 겸양하는 방식이다. 君・夫人不稱薨, 告他國君謙也.

集說 군주와 부인夫人의 경우 부고에서 훙薨(사망함)이라고 말하지 않고 불록不祿(그 녹명祿命을 다 마치지 못함)이라고 말하는 것은 타국의 군주에게 부고할 때 겸양하는 방식이다. '삼가 집사執事께 부고한다'고 한 것은 흉사는 군주 자신을 감히 직접 거론하지 못하기 때문이다. 君與夫人, 訃, 不曰薨而曰不祿, 告他國謙辭也. '敢告於執事'者, 凶事不敢直指君身也.

【잡기상 7】

대부가 같은 나라의 대등한 이(適者)에게 부고할 때는 "아무개가 녹명을 다 마치지 못하였습니다"라고 한다. 사士에게 부고할 때도 역시 "아무개가 녹명을 다 마치지 못하였습니다"라고 한다. 타국의 군주에게 부고할 때는 "군주의 외신外臣 과대부寡大夫 아무개가 사망하였습니다"라고 말한다. 타국의 대등한 이에게 부고할 때는 "오자吾子의 외사外私 과대부寡大夫 아무개가 녹명을 다 마치지 못하였기에 아무개를 시켜 이르게 하였습니다"라고 말한다. 사士에게 부고할 때에도 마찬가지로 "오자吾子[6]의 외사外私 과대부寡大夫 아무개가 녹명을 다 마치지 못하였기에 아무개를 시켜 이르게 하였습니다"라고 말한다.

大夫訃於同國適者, 曰: "某不祿." 訃於士, 亦曰: "某不祿." 訃於他國之君, 曰: "君之外臣寡大夫某死." 訃於適者, 曰: "吾子之外私寡大夫某不祿, 使某實." 訃於士, 亦曰: "吾子之外私寡大夫某不祿, 使某實."

鄭注 '적適'은 필적匹敵의 적敵(대등함)으로 읽는다. 작위가 같은 것을 말한다. '실實'은 지至가 되어야 옳다. 이 독음讀音은 주周나라 진秦나라 지역 사람들의 발음을 따라 생긴 잘못이다. '適'讀爲匹敵之敵. 謂爵同者也. '實'當爲至. 此讀, 周・秦之人聲之誤也.

集說 '대등한 이'(適者)는 같은 나라의 대부로 지위와 작명爵命이 서로 대등한 이를 가리킨다. '외사外私'는 타국에서 사적으로 은혜를 입은 이를 말한다. '실實'은 지至로 읽는다. 부고를 위해 이곳에 이른 것을 말한다. '適者'謂同國大夫位命相敵者. '外私', 在他國而私有恩好者也. '實'讀爲至. 言爲訃而至此也.

【잡기상 8】

사士가 같은 나라의 대부에게 부고할 때는 "아무개가 사망하였습니다"라고 말한다. 사士에게 부고할 때에도 또한 "아무개가 사망하였습니다"라고 말한다. 타국의 군주에게 부고할 때는 "군주의 외신外臣 아무개가 사망하였습니다"라고 말한다. 대부에게 부고할 때는 "오자吾子의 외사外私 아무개가 사망하였습니다"라고 말한다. 사士에게 부고할 때에도 마찬가지로 "오자吾子의 외사外私 아무개가 사망하였습니다"라고 말한다.

士訃於同國大夫, 曰: "某死." 訃於士, 亦曰: "某死." 訃於他國之君, 曰: "君之外臣某死." 訃於大夫, 曰: "吾子之外私某死." 訃於士, 亦曰: "吾子之外私某死."

集說 사士는 지위가 낮기 때문에 그 부고하는 말을 대부보다 낮춘다. 士卑, 故其辭降於大夫.

【잡기상 9】

대부大夫는 공관公館에서 거상하고 그곳에서 상을 마친다. 사士는 소상제小祥祭를 마치고 귀가하는데, 사士도 공관에서 거상한다. 대부는 의려(廬)에서 거상하며, 사士는 악실堊室에서 거상한다.

大夫次於公館以終喪. 士練而歸, 士次於公館.① 大夫居廬, 士居堊室.②

鄭注 ① '공관公館'은 군주의 처소이다. '소상小祥을 마치고 귀가하는'(練而歸) 사士는 읍재邑宰를 말한다. 소상을 마치고도 공관에서 계속 거상居喪하는 사는 조정의 사를 말한다. 오직 대부만 삼 년 동안 돌아가는 일이 없다. '公館', 公宮之舍也. '練而歸'之士, 謂邑宰也. 練而猶處公館, 朝廷之士也. 唯大夫, 三年無歸也.

② 아직 소상 이전을 말한다. '사士는 악실堊室에서 거상한다'(士居堊室)는 것 역시 읍재를 말한다. 조정의 사士는 의려(廬)에서 거상한다. 謂未練時也. '士居堊室', 亦謂邑宰也. 朝廷之士, 亦居廬.

集說 이것은 군주의 상을 당했을 때 대부가 거상居喪하는 곳은 공관公館 안에 있고, 대부는 상을 마치고 나서 귀가할 수 있음을 말한다. 읍재邑宰인 사士는 소상小祥을 마치고 자신이 다스리는 읍으로 돌아갈 수 있다. 조정朝

廷의 사士 또한 공관에서 거상하며 상을 마칠 때가지 기다린다. '의려'(廬)는 중문中門 밖의 동쪽 벽에 나무를 걸쳐서(倚木) 만든다. 그러므로 '의려倚廬'라고 말한다. 악실堊室[7]은 중문 밖의 지붕 아래에 날벽돌을 쌓아 만들고 벽을 맥질하지는 않는다. ○ 유씨劉氏는 말한다. "정현은 '악실堊室에서 거상한다는 것 역시 읍재를 말한다'고 하였다. 조정의 사士는 또한 의려倚廬에서 거상한다. 대개 참최斬衰의 상을 당하면 의려倚廬에서 거상하다가 소상을 마치고 나서 악실堊室로 옮겨 거상한다. 조정의 사士와 대부는 모두 참최복을 하는 이들이므로 소상 전에도 모두 의려倚廬에서 거상해야 한다." 此言君喪, 則大夫居喪之次, 在公館之中, 終喪乃得還家. 若邑宰之士, 至小祥, 得還其所治之邑. 其朝廷之士, 亦留次公館, 以待終喪. '廬'在中門外東壁, 倚木爲之. 故云'倚廬'. 堊室在中門外屋下, 壘墼爲之, 不塗墍. ○ 劉氏曰: "鄭云, '居堊室, 亦謂邑宰也.' 朝士亦居廬. 蓋斬衰之喪居廬, 旣練居堊室. 朝士·大夫, 皆斬衰, 未練時, 皆當居廬也."

【잡기상 10】

대부大夫가 자신의 부모와 형제 가운데 대부가 되지 못한 사람에 대하여 상복喪服을 할 때 사士의 상복과 같게 한다.

大夫爲其父母·兄弟之未爲大夫者之喪服, 如士服.

集說 석량왕씨石梁王氏는 말한다. "부모의 상에 삼년복을 하는 것은 천자로부터 서인에 이르기까지 동일하다. 주周나라 사람들이 작명爵命을 귀중히 여겨 부모를 높이는 데 적용하였는데, 이제 그 상복을 낮추어서 다르게 하는 것은 잘못이다. 주공周公이 예禮를 제정할 때에는 아마도 그 폐단이 이 지경에 이르지는 않았을 것이다." 石梁王氏曰: "父母喪, 自天子達. 周人重爵,

施於尊親, 乃異其服, 非也. 周公制禮時, 恐其弊未至此."

【잡기상 11】

사士는 부모와 형제 중 대부大夫가 된 이를 위해 상복喪服을 할 때 사士의 상복과 같이 한다. 대부의 적자適子는 대부의 상복을 한다.
士爲其父母·兄弟之爲大夫者之喪服, 如士服.① 大夫之適子, 服大夫之服.②

鄭注 ① 대부大夫가 존귀하지만 대부의 상복으로 부모와 형제에 대한 상복을 하지 않는 것은 부모와 형제보다 자신의 신분을 더 높이는 혐의가 있기 때문이다. '사士'는 대부의 서자庶子로 사士가 된 이를 가리킨다. 자신의 신분이 낮으므로 또한 존귀한 신분의 상복을 감히 하지 못한다. 오늘날 대부의 상복에 대한 예가 소실되어 사士의 예와 다른 점을 갖추어 알 수가 없다. 『춘추좌씨전』에는 다음과 같이 말한다. "제齊나라 안약晏弱이 사망하자 아들 안영晏嬰이 추최복麤衰服을 입고 참최斬衰를 하였다. 저질苴絰과 저대苴帶를 띠고 저장苴杖을 짚고 관구菅屨(엄짚신)를 신었으며, 죽을 들고, 의려倚廬에서 거상하면서 거적자리에서 자고 풀짚을 베개로 삼았다. 연로한 가신家臣이 '하고 있는 상례는 대부의 예가 아닙니다'라고 하자, 안영은 '오직 경卿이라야 대부의 상례를 하는 것이네'라고 대답하였다."[8] 이것은 안영이 겸양한 것으로, 자신이 대부가 아니기 때문에 부친을 위해 사士의 상복을 하는 것이라고 말한 것이다. '추최복麤衰服을 입고 참최를 하였다'는 것은 베의 올수(縷[9])를 자최와 참최의 중간으로 한 것이다. 올수는 3승반과 같이 하면서 3승의 참최복처럼 끝을 꿰매지 않음을 말한다. 참최복은 3승

포를 정식으로 삼으니, 약간 더 가늘면 추최麤衰에 속한다. 따라서 사士와 대부大夫가 부친에 대해 복을 하는 방식이 다른 점은 추최복麤衰服을 입고 참최복을 하며 풀짚을 베개로 삼는 것이다. 모친에 대해서는 올수를 5승으로 하면서 4승의 상복을 하고, 형제에 대해서는 올수를 6승으로 하면서 5승의 상복을 할 것이다. 오직 대부 이상이 되어야 의례儀禮를 갖추고 문식文飾을 다할 수 있다. 사士 이하는 신하가 군주에 대하여 하는 참최복으로 부친에 대하여 상복을 하며, 신하가 군주의 상복을 따라서 하는 자최복으로 모친과 형제에 대하여 상복을 한다. 이것은 또한 고상한 행실을 하도록 사람들을 면려하는 것이다. 대공복 이하에 대해서는 대부와 사의 예가 같다. 大夫雖尊, 不以其服服父母・兄弟, 嫌若踰之也. '士', 謂大夫庶子爲士者也. 己卑又不敢服尊者之服. 今大夫喪服禮逸, 與士異者未得而備聞也. 『春秋傳』曰: "齊晏桓子卒, 晏嬰麤衰斬. 苴絰・帶, 杖, 菅屨, 食粥, 居倚廬, 寢苫, 枕草. 其老曰: '非大夫之禮也.' 曰: '惟卿爲大夫.'" 此平仲之謙也, 言己非大夫, 故爲父服士服耳. '麤衰斬'者, 其縷在齊・斬之間. 謂縷如三升半, 而三升不緝也. 斬衰以三升爲正, 微細焉則屬於麤也. 然則士與大夫爲父服異者, 有麤衰斬・枕草矣. 其爲母五升縷而四升, 爲兄弟六升縷而五升乎. 惟大夫以上, 乃能備儀盡飾. 士以下則以臣服君之斬衰, 爲其父, 以臣從君而服之齊衰, 爲其母與兄弟. 亦以勉人爲高行也. 大功以下, 大夫・士服同.

② 벼슬이 대부에 이르면 현철함이 드러나고 유덕함이 성취되니 그 적자適子는 대부의 상복을 할 수 있다. 이것은 또한 그 적자가 부친의 현덕을 닮은 것을 존중하는 것이다. 仕至大夫, 賢著而德成, 適子得服其服. 亦尊其適象賢.

集說 대부大夫의 적자適子는 비록 사士가 되기 전이라도 대부의 상복을 할 수 있다. 따라서 사士가 되어서는 대부의 상복을 하는 것임을 알 수 있다. 이제 이 경문에서 말하는 사士는 대부의 서자庶子로서 사士가 된 사람이다. 서자는 신분이 낮기 때문에 신분이 높은 사람의 상복을 감히 하지

못한다. 따라서 사士의 상복과 같이 하는 것에서 그친다. 『맹자』에는 "자최의 상복은 천자로부터 모든 사람이 공통이다"10)라고 하였지만, 여기 경문은 그와 같으니 아마도 대부의 상례가 없어져 그 자세한 내용을 알지 못한 것이다. 大夫適子, 雖未爲士, 亦得服大夫之服. 則爲士而服大夫服, 可知矣. 今此所言士, 是大夫之庶子爲士者也. 庶子卑, 故不敢服尊者之服. 所以止如士服也. 『孟子』言, '齊疏之服, 自天子達', 而此經之文若此, 蓋大夫喪禮亡, 不得聞其說之詳矣.

【잡기상 12】

대부大夫의 서자庶子가 대부가 되면 부모에 대하여 대부의 상복으로 상복을 한다. 그러나 그의 위차位次는 대부가 되지 않은 적자와 같다. 大夫之庶子爲大夫, 則爲其父母服大夫服. 其位與未爲大夫者齒.

鄭注 서자庶子라 하더라도 대부의 상복을 할 수 있는 것은 덕을 존중하는 것이다. 그러나 서열을 사士와 같게 하는 것은 적자適子를 종宗으로 삼지 않으면 안 되기 때문이다. 雖庶子, 得服其服, 尙德也. 使齒於士, 不可不宗適.

集說 대부의 서자가 대부가 되면 대부의 상복으로 부모에 대하여 상복을 할 수 있다. 그러나 거상하는 위차位次에서는 적자適子 가운데 대부가 되지 못한 이와 서로 같다. ○ 소疏에서 말한다 "이 서자는 비록 대부가 되었고 그 나이가 적자보다 많더라도 오히려 적자의 아래에 있으며, 적자가 맏상주가 되게 한다." 大夫庶子, 若爲大夫, 可以大夫之喪服喪其親. 然其行位之處, 則與適子之未爲大夫者相齒列. ○ 疏曰: "此庶子雖爲大夫, 其年雖長於適子, 猶在適子下, 使適子爲主也."

【잡기상 13】

사士의 아들은 대부가 되면, 그의 부모는 상주가 되지 못하고 그의 자식이 상주 노릇하게 시킨다. 만일 자식이 없으면 그를 위해 후사를 세운다.

士之子爲大夫, 則其父母弗能主也, 使其子主之. 無子則爲之置後.

鄭注 대부大夫의 아들은 대부의 예禮를 사용할 수 있지만, 사士는 대부의 예를 사용할 수 없다. '치置'는 세운다는 뜻이다. 大夫之子, 得用大夫之禮, 而士不得也. '置'猶立也.

集說 석량왕씨石梁王氏는 말한다. "이 경문의 내용은 의리에 전혀 맞지 않는다. 그 설을 넓히게 되면 자식의 작명爵命이 부모보다 높으면 그 부모는 결국 자식으로 여길 수가 없다. 순舜임금이 부친 고수瞽瞍를 신하로 삼을 수 있다는 말과 함께 모두 제齊나라 동쪽 비鄙에 사는 야인野人의 말이다.[11]" 石梁王氏曰: "此最無義理. 充其說, 則是子爵高父母, 遂不能子之. 舜可臣瞽瞍, 皆齊東野人語也."

【잡기상 14】

대부大夫가 장지葬地를 점치고(卜宅) 장례일을 점칠 때, 유사有司는 마의麻衣를 입고 포최布衰(베로 만든 최)를 달며, 포대布帶(베로 만든 띠)를 띠고, 상복喪服의 미투리를 신고(因喪屨), 치포관緇布冠에는 갓끈 장식을 하지 않는다(不蕤). 점치는 사람(占者)은 피변복皮弁服을 입는다. 大夫卜宅與葬日, 有司麻衣布衰布帶, 因喪屨, 緇布冠不蕤. 占者皮弁.

鄭注 '유사有司'는 복인卜人(거북점치는 일을 담당하는 사람)이다. '마의麻衣'는 심의深衣를 흰 베로 지은 것인데, 여기에 최衰를 단다. 이와 함께 베로 만든 띠(布帶)를 두르고 치포관을 쓰는데 이르면 이 복식은 완전한 길복도 아니고 완전한 흉복도 아니다. 피변皮弁은 완전한 길복 중에서도 더 길한 것에 속한다. '점치는 사람'(占者)은 유사有司보다 지위가 높다. 거북점을 쳐서 길한 것을 구하므로 그 입는 옷이 더욱 길한 옷이다. 대부大夫와 사士는 매월 초하루(朔)에 피변복皮弁服을 입는다. '有司', 卜人也. '麻衣', 白布深衣, 而著衰焉. 及布帶・緇布冠, 此服非純吉, 亦非純凶也. 皮弁則純吉之尤者也. '占者'尊於有司. 卜求吉, 其服彌吉. 大夫・士朔服皮弁.

集說 '복택卜宅'은 장지를 거북점치는 것이다. '유사有司'는 거북점치는 일을 담당하는 사람이다. '마의麻衣'는 심의深衣를 흰 베로 만든 것이다. '포최布衰'는 3승반 베로 최衰를 만드는 것이다. 길이는 6촌 넓이는 4촌으로 하여 심의深衣 앞면 가슴 높이가 되는 곳에 꿰맨다. '포대布帶'는 베로 띠를 만든 것이다. '인상구因喪屨'는 상복喪服의 미투리을 신는다는 뜻이다. '유蕤'는 유緌(갓끈 장식)와 같다. 옛날에 치포관緇布冠에는 갓끈 장식이 없었는데, 후대에 유蕤(갓끈 장식)를 더하였다. 그러므로 여기서 밝혀 말한 것이다. 유사有司는 거북점을 치는 일을 도우므로 반은 길복이고 반은 흉복인 복식을 한다. '점자占者'는 거북점치는 사람이다. 유사보다 높기 때문에 피변복皮弁服을 한다. 그 복식은 더욱 더 길복이다. 피변은 천자의 경우 시조視朝[2)]할 때 하는 복식이요, 제후와 대부 그리고 사士의 경우 시삭視朔할 때 하는 복

식이다. ‘卜宅’, 卜葬地也. ‘有司’, 治卜事之人也. ‘麻衣’, 白布深衣也. ‘布衰’者, 以三升半布爲衰. 長六寸廣四寸, 就綴於深衣前, 當胸之上. ‘布帶’, 以布爲帶也. ‘因喪屨’, 因喪服之繩屨也. ‘緌’與綏同. 古者, 緇布冠無緌, 後代加緌. 故此明言之也. 有司爲卜, 故用半吉半凶之服. ‘占者’, 卜龜之人也. 尊於有司, 故皮弁. 其服彌吉也. 皮弁者於天子, 則爲視朝之服, 諸侯·大夫·士, 則爲視朔之服也.

【잡기상 15】

시초점을 치는(筮) 경우엔 서사筮史는 연관練冠을 쓰고 장의長衣를 입고서 점을 친다. 점괘를 살피는 자(占者)는 조복朝服을 입는다.

如筮, 則史練冠長衣以筮. 占者朝服.

鄭注 ‘시초점을 친다’(筮)는 것은 장지를 시초로 점치는 것이다. 하대부下大夫와 사士의 경우를 가리킨다. ‘서사筮史’는 시초점을 치는 사람이다. ‘장의長衣’는 심의深衣에 가선을 흰색으로 두른 것이다. 장의長衣를 입고 연관練冠을 쓰는 것은 완전한 흉복이다. 조복朝服은 완전한 길복이다. 대부와 사士는 매일 조복朝服을 입고 조정에 나아간다. ‘筮者’, 筮宅也. 謂下大夫若士也. ‘筮史’, 筮人也. ‘長衣’, 深衣之純以素也. 長衣練冠, 純凶服也. 朝服, 純吉服也. 大夫·士日朝服以朝也.

集說 ‘서사筮史’는 시초점을 치는 사람이다. ‘연관練冠’은 호관縞冠[13])이다. ‘장의長衣’는 심의深衣와 제도가 같은데, 흰색으로 가선을 두른다. ‘점자占者’는 괘효卦爻의 길흉을 살펴보는 사람이다. 조복朝服은 피변복皮弁服보다 낮은데, 시초점이 거북점보다 낮기 때문이다. ‘筮史’, 筮人也. ‘練冠’, 縞冠也. ‘長衣’, 與深衣制同, 而以素爲純緣. ‘占者’, 審卦爻吉凶之人也. 朝服卑於皮弁服, 以筮輕於卜也.

【잡기상 16】

대부大夫의 상喪에서 말을 바쳐 진설한 다음(旣薦馬), 사람들은 곡을 하며 용踊을 한다. 말이 나가면 이에 전물奠物을 싸고(包奠), 부의품 목록을 읽는다(讀書).

大夫之喪, 旣薦馬, 薦馬者哭踊. 出, 乃包奠, 而讀書.

鄭注 사士와 다르다고 생각할 수 있어 기록한 것이다. 『의례』「기석례旣夕禮」에 "희생을 포苞(그령풀 끈)로 쌀 때 하체를 취한다"14)고 하였고, 또 "주인의 사史가 부의품 목록(賵)을 읽을 것을 요청한다"15)고 하였다. 嫌與士異, 記之也. 「旣夕禮」曰: "包牲, 取下體", 又曰: "主人之史請讀賵."

集說 '천薦'은 바쳐 진설한다는 뜻이다. 수레에 매는 말은 수레마다 2필씩이다. 살펴보건대, 『의례』「기석례旣夕禮」에는 관이 처음에 나와 사당에 이르면 사당에 인사하는 전奠을 진설하고, 전奠이 끝나면 말을 바쳐 진설한다. 저녁에 조전祖奠16)할 때에도 말을 바쳐 진설한다. 다음날 견전遣奠17)을 진설할 때에도 말을 바쳐 진설한다. 이 경문에서 '말을 바쳐 진설한 다음'(旣薦馬)이라고 한 것은 견전遣奠을 진설할 때를 가리킨다. 말이 이르면 상여가 장차 떠나게 된다. 그러므로 상주는 그것을 감지하고 곡을 하며 용踊을 한다. '전물奠物을 싼다'(包奠)는 것은 견전遣奠에 올린 희생의 하체를 취해 (노끈[苞]으로) 싸서 견거遣車18)에 실어 사자死者를 전송한다. 말은 전물을 싸기 전에 이르는데, 경문에서 '나가면 이에 전물奠物을 싼다'(出乃包奠)라고 한 것은 전물을 싸는 것이 출발하는 의절儀節임을 밝힌 것이다. '목록을 읽는다'(讀書)는 것은 「기석례旣夕禮」에 "부의품을 방方에 쓴다"고 하였는데, 방은 판版(나무판)으로, 부의품을 기중한 사람의 성명과 그 물품을 나무판에 적고, 상여가 장지로 출발하려 할 때 주인의 사史가 관의 동쪽에서

서쪽을 향해 읽는 것을 말한다. 이 경문은 대부의 예와 사士의 예가 같음을 밝힌 것이다. '薦', 進也. 駕車之馬, 每車二匹. 按「旣夕禮」, 柩初出, 至祖廟, 設遷祖之奠, 訖乃薦馬. 至日側祖奠之時, 又薦馬. 明日設遣奠時, 又薦馬. 此言'旣薦馬', 謂遣奠時也. 馬至則車將行. 故孝子感之而哭踊. '包奠'者, 取遣奠牲之下體, 包裹而置於遣車, 以送死者. 馬至在包奠之前, 而云'出乃包奠'者, 明包奠爲出之節也. '讀書'者, 「旣夕」云: "書賵於方", 方, 版也, 謂書賵奠賻贈之人名與其物於版, 柩將行, 主人之史於柩東, 西面而讀之. 此明大夫之禮與士同.

【잡기상 17】

대부大夫의 상喪에 대종인大宗人이 상례를 돕고 소종인小宗人이 거북등에 점칠 사항을 고하고(命龜), 복인卜人[19]이 거북등을 태운다(作龜).

大夫之喪, 大宗人相, 小宗人命龜, 卜人作龜.

鄭注 장지와 장례할 날짜를 거북점치는 것이다. '상相'은 주인의 예를 돕는다는 뜻이다. '명귀命龜'는 점을 쳐 물을 일을 거북에게 고하는 것이다. '작귀作龜'는 불을 피워 거북등을 태워서 점괘가 나오게 하는 것이다. 卜葬及日也. '相', 相主人禮也. '命龜', 告以所問事也. '作龜'謂楊火灼之, 以出兆.

集說 '대종인大宗人'과 '소종인小宗人'은 곧 대종백大宗伯과 소종백小宗伯이다. '상相'은 예의를 돕는다는 뜻이다. '명귀命龜'는 점을 쳐 물을 일을 거북에게 고하는 것이다. '작귀作龜'는 거북등에 구멍을 내서 태우는 것이다. ○ 유씨劉氏는 말한다. "대종인은 어쩌면 도종인都宗人이고 소종인은 어쩌면 가종인家宗人으로 도가都家[20]의 예를 담당하는 사람일 것이다." '大宗人'·'小宗人', 卽大宗伯·小宗伯也. '相', 佐助禮儀也. '命龜', 告龜以所卜之事也. '作

龜', 鑽灼之也. ○ 劉氏曰: "大宗人或是都宗人, 小宗人或是家宗人, 掌都家之禮者."

【잡기상 18】

복復을 할 때 제후諸侯는 포의褒衣와 면복冕服 그리고 작변복爵弁服을 사용한다.

復, 諸侯以褒衣, 冕服, 爵弁服.

鄭注 '복復'은 혼魂을 불러 백魄으로 되돌아오게 하는 것이다. '면복冕服'은 상공上公이 5면冕, 후侯와 백伯이 4면, 자子와 남男이 3면이다. '포의褒衣'는 또한 처음 작명을 받아 제후가 되었을 때 입는 옷과 조근朝覲을 갔을 때 특별히 하사받는 옷이다. 포褒는 '올린다'(進)는 뜻과 같다. '復', 招魂復魄也. '冕服'者, 上公五, 侯・伯四, 子・男三. '褒衣', 亦始命爲諸侯及朝覲見加賜之衣也. 褒猶'進'也.

集說 복復에 대한 풀이는 앞([잡기상 1])에 보인다. '포의褒衣'는 처음 작명을 받아 제후가 되었을 때 입는 옷과, 조근朝覲할 때 천자가 특별히 하사하는 옷이다. '면복冕服'[21]은 상공上公이 곤면袞冕 이하 5면冕의 복식을 갖추고, 후侯와 백伯은 별면鷩冕 이하로 그 복식은 4면이고, 자子와 남男은 취면毳冕 이하로 그 복식은 3면이다. 제후의 복復에는 포의褒衣와 면복冕服 그리고 작변복爵弁服을 함께 사용한다. 復解見前. '褒衣'者, 始命爲諸侯之衣及朝覲時天子所加賜之衣也. '冕服'者, 上公自袞冕而下, 備五冕之服, 侯伯自鷩冕而下其服四, 子男自毳冕而下其服三. 諸侯之復也, 兼用褒衣及冕服・爵弁之服也.

【잡기상 19】

(복復을 할 때) 제후 부인의 상에는 단의稅衣에서 요적揄狄에 이르기까지의 옷을 사용한다. 요적과 단의는 속을 흰색의 주름진 비단으로 한다.(狄·稅素沙)

夫人稅衣·揄狄. 狄·稅[22]素沙.

鄭注 부인의 초혼례에는 단의稅衣에서 위로 요적揄狄에 이르기까지 사용함을 말한다. '요적과 단의는 속을 흰색의 주름진 비단으로 한다'(狄稅素沙)는 것은 모두 흰색의 주름진 비단으로 속을 만드는 것을 말한다. 言其招魂用稅衣上至揄狄也. '狄·稅素沙', 言皆以白紗縠爲裏.

集說 이 경문은 제후의 부인이 사망하여 복復에 사용하는 옷을 말한 것이다. '단의稅衣'는 색깔은 검은색이며 가선을 붉은색 명주(纁)로 한다. 유揄는 요搖(새매)와 같은 뜻이다. '요적揄狄'은 색깔이 청색이다. 양자강과 회수淮水 이남에서는 청색 바탕에 오색五色을 다 갖추어 문장을 이루는 것을 요적搖狄이라고 부른다. 적狄은 적翟으로 되어야 옳다. 꿩의 이름이다. 이 옷은 대개 꿩의 형태를 넣어서 문양을 만들기 때문에 그것을 따서 이름을 붙인 것이다. '요적과 단의는 속을 흰색의 주름진 비단으로 한다'(狄稅素沙)는 것은 요적에서 단의에 이르기까지 모두 흰색의 주름진 비단으로 속을 만드는 것을 말한다. 곧 오늘날의 흰 비단(白絹)이다. ○『주례』「천관·내사복內司服」을 살펴보건대, 육복六服[23]은 휘의褘衣·요적揄狄·궐적闕狄·국의鞠衣·전의展衣·단의椽衣 등이다.[24] ○『의례』 주註에 "왕의 길복吉服은 9가지인데 제복祭服은 6가지다. 왕후의 길복은 6가지인데 제복은 3가지다. 왕의 길복은 웃옷과 치마의 색이 다르지만, 왕후의 길복은 웃옷과 치마의 색이 동일하다. 부인의 덕은 근본과 말단이 모두 순일하기 때문이다.

왕의 길복은 홑옷으로 속이 없는데, 왕후의 길복은 속이 있고 홑옷이 아니다. 양은 홀수로 이루어지고 음은 짝수로 이루어지기 때문이다."[25] 此言夫人始死所用以復之衣也. '稅衣', 色黑而緣以纁. 揄與搖同. '揄狄', 色青. 江淮而南, 青質而五色皆備成章曰搖狄. 狄當爲翟. 雉名也. 此服蓋畫搖翟之形, 以爲文章, 因名也. '狄稅素沙'言自搖翟至稅衣, 皆用素沙爲裏, 卽今之白絹也. ○ 按「內司服」, 六服者, 褘衣・揄狄・闕狄・鞠衣・展衣・褖衣也. ○『儀禮』註云: "王之服九, 而祭服六. 后之服六, 而祭服三. 王之服, 衣裳之色異, 后之服, 連衣裳而其色同. 以婦人之德本末純一故也. 王之服襌而無裏, 后之服裏而不襌. 以陽成於奇, 陰成於偶故也."

【잡기상 20】

(복復을 할 때) 내자內子의 경우 포의褒衣인 국의鞠衣를 사용하며, 흰색의 주름진 비단으로 속을 만든다. 하대부의 처(下大夫)인 경우 전의襢衣를 사용하며, 그 밖의 경우는 사士의 처에 대한 복復과 같이 한다.[26] 복復을 할 때 서쪽이 위가 된다.

內子以鞠衣褒衣, 素沙. 下大夫以襢衣, 其餘如士.① 復西上.②

鄭注 ① 이 부분은 복復에서 사용하는 옷을 말하는 것으로 "제후 부인의 상에는…… 요적과 단의는 속을 흰색의 주름진 비단으로 한다"(夫人……狄稅素沙)의 아랫부분에 있어야 한다. 원래 경문이 문드러지고 탈루되어 여기에 잘못 배치된 것이다. '내자內子'는 경卿의 정처正妻이다. 『춘추좌씨전』에 "진晉나라 조희趙姬가 숙외叔隗를 적狄으로부터 받아들일 것을 요청하고, 조최趙衰가 내자內子로 삼자 그에게 자신을 낮추었다"[27]라고 한 내자內子가 그 경우이다. 하대부下大夫는 하대부의 처를 가리킨다. '전襢'은 『주례』에 전展

으로 되어 있다. 복復에 사용하는 왕후의 옷은 6가지인데 다만 상공上公의 부인은 왕후와 마찬가지로 휘의褘衣가 있다. 후侯와 백伯의 부인은 요적揄狄 이하를, 자子와 남男의 부인은 궐적闕狄 이하를, 대부의 처는 전의展衣 이하를 사용하고, 사士의 처는 단의稅衣를 사용한다. '소사素沙'는 오늘날 주름진 명주와 같다. 육복六服은 모두 겉과 속이 있는 포袍의 형태로 홑옷으로 하지 않고, 주름진 비단으로 속을 만든다. 오늘날의 규袿·포袍·선襈 등에 겹으로 비단을 포개 넣는 것과 같다. '포의褒衣'는 처음 명부命婦28)가 되어 특별히 하사받은 옷이다. 그 밖의 경우 사士의 처와 같이 한다고 하였으므로 또한 단의稅衣를 사용한다. 此復所用衣也. 當在"夫人……狄稅素沙"下. 爛脫失處在此上耳. '內子', 卿之適妻也. 『春秋傳』曰: "晉趙姬請逆叔隗於狄, 趙衰以爲內子而己下之", 是也. 下大夫, 謂下大夫之妻. '襢', 『周禮』作展. 王后之服六, 唯上公夫人亦有褘衣. 侯·伯夫人自揄狄而下, 子·男夫人自闕狄而下, 卿妻自鞠衣而下, 大夫妻自展衣而下, 士妻稅衣而已. '素沙', 若今紗縠之帛也. 六服皆袍制, 不襌, 以素紗裏之. 如今袿·袍·襈重繒矣. '褒衣'者, 始爲命婦見加賜之衣也. 其餘如士之妻, 則亦用稅衣.

② 북쪽을 향하면 서쪽이 윗자리가 된다. 양陽의 우두머리는 왼쪽이다. 복復의 수는 각각 작명爵命의 수에 맞추어 한다. 北面而西上. 陽長左也. 復者多少, 各如其命之數.

集說 '내자內子'는 경卿의 정처正妻를 뜻한다. 복復의 옷은 국의鞠衣를 사용한다. 이 옷은 내자內子의 봉호를 받았을 때 표창하여 하사하는 옷이다. 그러므로 '포의褒衣인 국의鞠衣'(鞠衣褒衣)라고 말한 것이다. 이 옷 또한 흰색의 주름진 비단으로 속을 만든다. '하대부下大夫'는 하대부의 처를 말한다. '전襢'은 『주례』에 '전展'으로 되어 있다. '그 밖의 경우는 사士와 같이 한다'(其餘如士)는 것은 사士의 처가 사망하여 복復을 할 때 단의褖衣를 사용하므로 내자內子와 하대부의 처에 대하여 복復을 할 때에도 또한 단의褖衣를 겸용

하는 것을 말한다. '복復을 할 때 서쪽이 위가 된다'(復西上)는 것은 복復을 하는 사람의 수를 각각 작명爵命의 수에 맞추어 하여 9명命의 작명을 받은 상공의 경우는 복을 하는 사람이 9인이고 이하 3명을 받은 대부는 3인을 쓰는데, 복復을 하는 사람이 북쪽을 향하면 서쪽이 왼쪽이 된다. 왼쪽은 양이 되므로 사자가 다시 소생하는 것을 돕는다. 그러므로 왼쪽을 높이는 것이다. 지위가 높은 사람이 왼쪽에 선다. '內子', 卿之適妻也. 其服用鞠衣. 此衣蓋始命爲內子時所褒賜者. 故云'鞠衣褒衣'也. 亦以素沙爲裹. '下大夫'謂下大夫之妻也. '襢', 『周禮』作'展'. '其餘如士'者, 謂上妻之復用襐衣, 內子與下大夫之妻復, 亦兼用襐衣也. '復西上'者, 復之人數多寡, 各如其命數, 若上公九命則復者九人, 以下三命則用三人, 北面則西在左. 左爲陽, 冀其復生. 故尙左也. 尊者立於左.

【잡기상 21】

대부는 상여 장식에서 교絞에 꿩을 그려 넣어 지池에 매다는 것을 하지 않는다.

大夫不揄絞, 屬於池下.

鄭注 지池의 장식을 말한다. '요揄'는 요적揄翟(움직이는 꿩 그림 장식)을 뜻한다. 비단의 채색이 청색과 황색으로 된 것을 '교絞'라고 한다. '촉屬'은 묶어 맨다는 뜻이다. 군주의 류柳는 그 지池 아래에 채색한 비단을 묶어 매달고 꿩을 그려 넣는데, 그것을 진용振容이라고 부른다. 또한 그 중간에 구리(銅)로 만든 물고기를 매단다. 대부大夫는 진용振容을 제거하고, 사士는 물고기를 제거한다. 이 경문은 군주와 사士의 경우가 빠져 있는데, 역시 기록이 탈루된 것이다. 謂池飾也. '揄', 揄翟也. 采青黃之間曰'絞'. '屬'猶繫也. 人君之柳, 其

池繫絞繒於下, 而畫翟雉焉, 名曰振容. 又有銅魚在其間. 大夫去振容, 士去魚. 此無人君及士, 亦爛脫.

集說 이것은 대부의 상여 장식을 말한 것이다. '요揄'는 꿩이다. '교絞'는 청황색의 비단이다. '지池'는 대나무를 교직하여 만드는데 모양이 삼태기 형태이며 푸른 베로 옷을 입힌다. 제후 이상은 청황색 비단(絞)에 꿩을 그려 넣어 지 아래에 매단다. 대부는 군주보다 지위가 낮으므로 교絞에 꿩을 그려 넣어 지에 매다는 것을 하지 않는다. 此言大夫喪車之飾. '揄', 翟雉也. '絞', 靑黃之繒也. '池', 織竹爲之, 形如籠, 衣以靑布. 若諸侯以上, 則畫揄翟於絞, 而屬於池之下. 大夫降於人君, 故不揄絞屬於池下也.

【잡기상 22】

대부大夫는 사士에 부祔한다. 사士는 대부에 부祔하지 못하고 대부의 형제에게 부祔한다. 그 형제 중에 사士인 사람이 없으면 그 소목昭穆의 순서에 맞는 선조에게 부祔한다. 비록 조부모가 생존해 있더라도 또한 그렇게 한다.

大夫附於士. 士不附於大夫, 附於大夫之昆弟. 無昆弟則從其昭穆. 雖王父母在亦然.

鄭注 '부附'는 모두 부祔로 읽는다. '대부는 사에 부한다'(大夫祔於士)는 것은 자신의 높은 지위를 가지고 조부와 감히 차이를 두지 않는 것이다. '사는 대부에 부하지 못한다'(士不祔於大夫)는 것은 자신의 지위가 낮아 존귀한 자와 구별하는 것이다. '대부의 형제'(大夫之昆弟)는 사士가 된 사람을 가리킨다. '그 소목의 순서에 맞는 선조에게 부한다'(從其昭穆)는 것은 한 세대를

건너뛰어 위로 올라가는 것으로, 조부에서 다시 조부의 소목으로 올라가는 것이다. '부祔'는 먼저 돌아간 이에게 부祔하는 것이다. '附', 讀皆爲'祔'. '大夫祔於士', 不敢以己尊自殊於其祖也. '士不祔於大夫', 自卑別於尊者也. '大夫之昆弟', 謂爲士者也. '從其昭穆', 中一以上, 祖又祖而已. '祔'者, 祔於先死者.

集說 '부附'는 부祔로 읽는다. 조부가 사士이고 손자가 대부大夫가 되어 사망하였다면 사士인 조부에게 부祔하여 제사할 수 있다. 그러므로 '대부大夫는 사士에 부祔한다'라고 한 것이다. 조부가 대부였고 손자는 사士로 사망하였다면, 대부인 조부에게 부祔하여 제사할 수 없다. 대부인 조부에세 부祔하여 제사할 수 없고, 사인 대부의 형제에게 부하여 제사할 수 있다. 그러므로 '사士는 대부에 부祔하지 못하고, 대부의 형제에게 부祔한다'라고 한 것이다. '조부의 형제 중에 사士인 자가 없는 경우엔 그 소목昭穆의 순서에 맞는 선조에게 부祔한다'는 것은 사士인 고조高祖에게 부祔함을 말한다. 만일 고조 역시 대부였다면 고조의 형제 가운데 사士인 분에게 부祔한다. '비록 조부모가 생존해 있더라도 또한 그렇게 한다'는 것은 손자가 사망하면 응당 조부에게 부祔해야 하는데, 지금 조부가 아직 생존해 있으므로 부祔할 수가 없는 경우 역시 고조에게 부祔함을 말한다. 「상복소기喪服小記」(54)에 "한 세대를 건너뛰어 위로 올려서 부祔한다"라고 한 말이 이와 같은 뜻이다. '附', 讀爲'祔'. 祖爲士, 孫爲大夫而死, 可以祔祭於祖之爲士者. 故曰'大夫祔於士'. 若祖爲大夫, 孫爲士而死, 不可祔祭於祖之爲大夫者. 惟得祔祭於大夫之兄弟爲士者, 故曰'士不祔於大夫, 祔於大夫之昆弟'. 若祖之兄弟無爲士者, 則從其昭穆, 謂祔於高祖之爲士者. 若高祖亦是大夫, 則祔於高祖昆弟之爲士者也. '雖王父母在, 亦然'者, 謂孫死應合祔於祖, 今祖尙存, 無可祔, 亦是祔於高祖也. 「小記」云: "中一以上而祔", 與此義同.

【잡기상 23】

며느리는 그 남편을 부祔한 분의 비妃에게 부祔한다. 합당한 비妃가 안계시면 또한 소목의 순서에 맞는 비妃에게 부祔한다. 첩妾은 시할아버지의 첩(妾祖姑)에게 부祔한다. 첩으로서 시할아버지의 첩이 없으면 또한 소목의 순서에 맞는 첩妾에게 부祔한다.

婦附於其夫之所附之妃. 無妃, 則亦從其昭穆之妃. 妾附於妾祖姑. 無妾祖姑, 則亦從其昭穆之妾.

鄭注 남편을 부祔한 분의 비妃는 아내에게는 시할머니가 된다. 夫所附之妃, 於婦則祖姑.

集說 남편을 부祔한 분의 비妃는 남편의 조모이다. '소목의 순서에 맞는 비妃'는 역시 1대를 비우고 올라가 고조高祖의 비妃에 부祔함을 말한다. 첩의 경우도 또한 그렇게 한다. 夫所祔之妃, 夫之祖母也. '昭穆之妃', 亦謂間一代而祔高祖之妃也. 妾亦然.

【잡기상 24】

남자를 조부에게 부祔하여 제사할 때, 조모도 함께 제사하지만, 여자를 조모에게 부祔하여 제사할 때는 조부를 함께 제사하지 못한다.

男子附於王父則配, 女子附於王母則不配.

鄭注 '함께 제사한다'(配)는 조모祖母도 함께 제사함을 가리킨다. '함께 제사하지 않는다'(不配)는 것은 조부를 제사하지 않는 것이다. 지위가 높은

분에 대해 일이 있을 때 지위가 낮은 분에게까지 미칠 수 있다. 그러나 지위가 낮은 분에게 일이 있을 때 지위가 높은 분을 끌어들일 수 없다. 함께 제사를 지내든 아니면 함께 지내지 않든 제사의 음식은 동일하고, 축사祝辭만 달라지는데, '아무개 비妃로 아무개씨와 함께 제사드립니다'(以某妃配某氏)라고 말하지 않을 뿐이다. '여자女子'는 시집가지 않은 딸을 가리킨다. 시집가서 3개월이 되기 전에 사망하면 친가로 돌아와 장례를 지낸다. '配'謂幷祭王母. '不配'則不祭王父也. 有事於尊者, 可以及卑. 有事於卑者, 不敢援尊. 配與不配, 祭饌如一, 祝辭異, 不言'以某妃配某氏'耳. '女子'謂未嫁者也. 嫁未三月而死, 猶歸葬於女氏之黨.

集說 남자가 사망하여 조부에게 부祔한 경우 그 축사祝辭에 "아무개 비妃로 아무개씨와 함께 제사드립니다"(以某妃配某氏)라고 말하는데, 이것은 조모를 함께 제사하는 것이다. 시집가지 않은 딸과 시집간 지 3개월이 되기 전에 사망하여 친가로 돌아와 장례를 지낸 딸은 조모에게 부祔하는데, 그때 오직 조모에게만 제사할 수 있고 조부에게는 제사하지 못한다. 그러므로 '조모에게 부祔하여 제사할 때 조부祖父를 함께 제사하지 못한다'(祔於王母, 則不配)라고 한 것이다. 대개 (축사祝辭에서) '아무개 비妃로 아무개씨와 함께 제사드립니다'(以某妃配某氏)라고 말하지 않을 뿐이다. 지위가 높은 분에게 일이 있을 경우 지위가 낮은 분에게까지 미칠 수 있지만, 지위가 낮은 분에게 일이 있을 때 지위가 높은 분을 끌어들일 수 없다. 男子死而祔祖者, 其祝辭云"以某妃配某氏", 是幷祭王母也. 未嫁之女, 及嫁未三月而死, 歸葬女氏之黨者, 其祔於祖母者, 惟得祭祖母, 不祭王父也. 故云'祔於王母, 則不配'. 蓋不言'以某妃配某氏'耳. 有事於尊者, 可以及卑, 有事於卑者, 不敢援尊也.

【잡기상 25】

공자公子는 공자公子에게 부祔한다.

公子附於公子.

鄭注 감히 군주를 친척으로 여기지 못하는 것이다. 不敢戚君.

集說 소疏에서 말한다. "공자公子의 조부가 군주일 경우 공자公子를 그 군주인 조부에게 부祔하지 못하고, 공자公子인 조부의 형제에게 부祔하는 것은 군주를 감히 친척으로 여기지 못하기 때문이다." 疏曰: "若公子之祖爲君, 公子不敢祔之, 祔於祖之兄弟爲公子者, 不敢戚君故也."

【잡기상 26】

군주가 사망하면 태자는 자신을 자子(자식)라고 부르며, 제후와 서열을 이루어 응대할 때에는 군주와 같이 한다(待猶君).

君薨, 大子號稱子, 待猶君也.

鄭注 군주가 사망하여 아직 해를 넘기지 않은 때를 가리킨다. 비록 자子(자식)로 자신을 부르더라도, 제후와 조회할 때에게는 군주와 같게 한다. 『춘추』, 희공僖公 9년 조 여름 규구葵丘의 회맹에서 송양공宋襄公은 자子(자식)라고 자신을 칭하면서도 제후와 함께 서열을 지었다. '대待'는 더러 시侍로 되어 있다. 謂未踰年也. 雖稱子, 與諸侯朝會, 如君矣. 『春秋』「魯僖公九年」, 夏, 葵丘之會, 宋襄公稱子, 而與諸侯序. '待'或爲侍.

集說 군주가 생존해 있을 때는 자신을 세자世子라고 부르고, 군주가 사망하면 자子(자식)이라고 부르며, 군주가 사망한 해를 넘기면 군君이라고 부른다. 『춘추좌씨전』, 희공僖公 9년 조 전傳에 "무릇 상喪중에 있을 때, 천자의 상喪이면 자신을 소동小童이라고 부르고, 공公과 후侯의 상喪이면 자신을 자子라고 부른다"라고 하였다. '대유군待猶君'은 제후와 함께 서열을 이루어 응대하는 예禮에서 정식 군주와 같이 함을 말한다. 君在稱世子, 君薨則稱子, 踰年乃得稱君也. 「僖九年」傳云: "凡在喪, 王曰小童, 公侯曰子." '待猶君'者, 謂與諸侯並列供待之禮, 猶如正君也.

【잡기상 27】

삼년상에 (상관喪冠과 수질首絰을 벗고) 연관練冠을 하고 있을 때, (대공복大功服의 초상初喪을 당하면) 대공복의 마질麻絰로 바꾼다. 다만 지팡이(杖)와 신발(屨)은 바꾸지 않는다.

有三年之練冠, 則以大功之麻易之. 唯杖·屨不易.

鄭注 소상小祥을 마치고 대공大功의 초상初喪을 당한 것을 말한다. 소상을 지내면 수질首絰을 벗고 요질腰絰을 갈질葛絰(칡으로 만든 띠)로 하는데, 또한 대공복에서 마질麻絰로 하는 것보다 더 무거운 상복이 못되기 때문이다. '연관을 하고 있을 때'(練冠)와 '마질로 바꾼다'(易麻)고 말한 것은 호문互文으로 말한 것이다. '다만 지팡이와 신발은 바꾸지 않는다'(唯杖·屨不易)는 것은 그 밖의 것은 모두 바꿈을 뜻한다. '신발은 바꾸지 않는다'(屨不易)는 것은 삼년상의 소상 때 입는 연복練服과 대공의 초상 때 입는 상복喪服에 함께 승구繩屨를 신기 때문이다. 謂旣練而遭大功之喪者也. 練除首絰, 要絰葛, 又不如大

功之麻重也. 言'練冠'·'易麻', 互言之也. '唯杖·屨不易', 言其餘皆易也. '屨不易'者, 練與大功俱用繩耳.

集說 대공大功의 상복에서 미성년자에 대한 상喪(殤)은 모두 9가지다. 장상長殤의 경우 모두 9월복을 하며, 중상中殤에 대해서는 모두 7월복을 하는데 이들 모두 강복降服이다. 또한 강복降服 6가지, 정복正服 5가지, 정복正服으로 하고 강복降服하지 않는 것 3가지, 의복義服 2가지는 모두 9월복을 한다. 자세한 내용은 『의례』에 나온다. 이 장은 삼년상을 하는 것을 말한다. 소상小祥에 이르면 수질首絰을 벗기 때문에 '삼년상에 (상관喪冠과 수질首絰을 벗고) 연관練冠을 하고 있을 때'라고 말한 것이다. 이때 대공大功의 상을 당했는데, 강복降服이면 상복은 7승포로 하며 강복降服인 자최복으로 장례 이후에 입는 상복과 같다. 그러므로 이 대공복의 마질麻絰로 소상복의 갈질葛絰을 바꾸어 쓴다. '다만 지팡이(杖)와 신발(屨)은 바꾸지 않는다'는 것은 대공복에 지팡이를 짚는 것이 없으므로 바꿀 필요가 없고 삼년상의 소상복小祥服은 대공복의 초상初喪 때 입는 상복과 같아서 승구繩屨(상례 때 신는 미투리)를 신음을 말한다. 大功之服, 爲殤者凡九條. 其長殤皆九月, 中殤皆七月, 皆降服也. 又有降服者六條, 正服者五條, 正服不降者三條, 義服者二條, 皆九月. 詳見『儀禮』. 此章言居三年之喪. 至練時, 首絰已除, 故云'有三年之練冠'也. 當此時, 忽遭大功之喪, 若是降服則其衰七升, 與降服齊衰葬後之服同. 故以此大功之麻絰易去練服之葛絰也. '惟杖·屨不易'者, 言大功無杖, 無可改易, 而三年之練與大功初喪同, 是繩屨耳.

【잡기상 28】

부모의 상을 당하여 (소상小祥을 지내고) 아직 대공大功의 상복을 입고 있는 기간인데 성년이 안 되어 사망한 형제를 부제祔祭해야 할 경우, 연관練冠을 그대로 쓰고 부제祔祭에 참여하며 사자를 '양동陽童 아무개보(甫)'라고 부르고, 이름을 부르지 않는다. 귀신으로 존중하는 것이다.

有父母之喪, 尙功衰, 而附兄弟之殤, 則練冠附於殤, 稱'陽童某甫', 不名. 神也.

鄭注 이 경문의 '형제지상兄弟之殤'은 대공大功의 친족관계 이하로 있는 형제가 성년이 못되어 사망한 상喪을 말한다. 참최斬衰와 자최齊衰의 상喪에서 소상이 되면 모두 대공大功의 상복으로 바꾸어 입는다. 이것을 가리켜 '대공의 상복'(功衰)이라고 한 것이다. 이때 대공의 친족관계 이하로 성년이 안 되어 사망한 이를 부祔하여 제사할 경우 그 상은 가볍기 때문에 상복을 바꾸어 입지 않는다. 자신은 관례冠禮를 마쳤는데, 형이 성년이 안 되어 사망한 경우는 자신과 형이 나이가 같은 경우이다. 즉 형이 19세로 사망하고, 자신은 다음해 상喪중에 관례를 하는 경우이다. '양동陽童'은 서자가 성년이 못되어 사망한 상喪을 가리킨다. 종자宗子의 상殤인 경우, '음동陰童'이라고 말한다. 동童은 성년이 안 된 사람에 대한 호칭이다. '아무개보'(某甫)는 또한 자字이다. 귀신을 존중하여 이름을 부르지 않고 그에게 자字를 지어주는 것이다. 此'兄弟之殤', 謂大功親以下之殤也. 斬衰・齊衰之喪練, 皆受以大功之衰. 此謂之'功衰'. 以是時而祔大功親以下之殤, 大功親以下之殤輕, 不易服. 冠而兄爲殤, 謂同年者也. 兄十九而死, 已明年因喪而冠. '陽童'謂庶殤也. 宗子則曰'陰童'. 童未成人之稱也. '某甫', 且字也. 尊神不名, 爲之造字.

集說 삼년상에서 소상을 지낸 후 상복의 승수升數는 대공복과 같다. 그러므로 '대공의 상복'(功衰)이라고 한 것이다. 이것은 부모의 상을 당해 자신이

아직 대공의 상복을 입고 있는 기간인데 소공小功의 형제가 성년이 안 되어 사망해서 부제祔祭를 지내야 하는 경우 자신은 그대로 연관練冠을 쓰고 부제에 참여하며 상복을 바꾸어 입지 않음을 말한다. 축사祝辭에서 '양동陽童'이라고 부르는 것은 서자庶子가 성년이 안 되어 사망하여 방 안의 밝은 곳에서 제사하기 때문에 '양동'이라고 부르는 것이다. 종자宗子가 성년이 안 되어 사망하였을 경우엔 방안의 아랫목(奧)에서 제사한다. 그러므로 '음동陰童'이라고 부른다. 동童은 성년이 안 된 이에 대한 호칭이다. 이제 살펴보건대, 자신은 증조曾祖의 적통이고 소공복의 형제도 증조가 같은데 그 사망한 이와 그의 부친이 모두 서자庶子인 경우 조묘祖廟에 부祔하여 제사할 수 없다. 그러므로 증조의 적손이 그를 위해 단壇을 세워 부제를 지내야 한다. 만일 자신이 조부의 적손嫡孫인 경우 대공복의 형제가 성년이 안 되어 사망하였으면 조묘祖廟에 부祔하여 제사할 수 있다. 소공복의 형제가 성년이 못되어 사망하였다면 그는 곧 조부 형제의 후손이다. 이제 '연관을 그대로 쓰고 부제에 참여한다'고 한 것은 소공복과 시마복의 친족이 성년이 안 되어 사망한 경우이다. 정복正服의 대공大功이라면 연관을 바꾸어야 한다. '아무개보'(某甫)는 그에게 자字를 지어 주고 부르는 것이다. 대개 존중하여 귀신으로 대할 경우 이름을 부를 수 없다. 三年喪, 練後之衰升數, 與大功同. 故云'功衰'也. 此言居父母之喪, 猶尙身著功衰, 而小功兄弟之殤, 又當祔祭, 則仍用練冠而行禮, 不改服也. 祝辭稱'陽童'者, 庶子之殤, 祭於室之白處, 故曰'陽童'. 宗子爲殤, 則祭於室之奧. 故稱'陰童'. 童者, 未成人之稱也. 今按, 己是曾祖之適, 與小功兄弟同曾祖, 其死者及其父, 皆庶人, 不得立祖廟. 故曾祖之適孫, 爲之立壇而祔之. 若己是祖之適孫, 則大功兄弟之殤, 得祔祖廟. 其小功兄弟之殤, 則祖之兄弟之後也. 今以'練冠而祔', 謂小功及緦麻之殤耳. 若正服大功, 則變練冠矣. '某甫'者, 爲之立字而稱之. 蓋尊而神之, 則不可以名呼之也.

【잡기상 29】

무릇 형제가 따로 사는 경우, 형제의 상喪을 처음 들으면 그저 곡하는 것으로 답하면 된다. 처음에 질대絰帶를 할 때 요질腰絰의 두르고 남은 끈을 풀어 늘어뜨린다.

凡異居, 始聞兄弟之喪, 唯以哭對可也.① 其始麻, 散帶絰.②

鄭注 ① 몹시 슬퍼하는 애통함에는 말로 하지 않는 것이 예이다. 惻怛之痛, 不以辭言爲禮也.

② 집에 있는 사람과 같다. 무릇 상喪에 소렴을 하고서 질대絰帶29)를 한다. 與居家同也. 凡喪, 小斂而麻.

集說 형제가 따로 살면서 부고가 이르면 그저 곡哭을 하는 것으로 부고를 전하러 온 사람에게 대한다. 슬프고 애통한 마음이 심하여 다른 말을 할 겨를이 없기 때문이다. 요질腰絰의 남은 끈은 처음에 모두 풀어 늘어뜨린다는 것은 대공大功 이상의 형제가 사망한 경우로 3일째 이르러 늘어뜨린 끈을 정돈하여 맨다. 소공小功 이하의 상喪에 대해서는 헤쳐 늘어뜨리지 않는다. 兄弟異居而訃至, 唯以哭對其來訃之人. 以哀傷之情重, 不暇他言也. 其帶絰之麻, 始皆散垂, 謂大功以上之兄弟, 至三日而後絞之也. 小功以下, 不散垂.

【잡기상 30】

질대絰帶를 미처 하지 못하고 상가에 도착한 경우, 주인이 아직 질대絰帶를 하기 이전일 때 소원한 친족(疏)은 주인이 행하는 절차에 맞추어 성복成服을 하고, 가까운 친족(親)은 자신이 요질腰絰의 남은 끈을 풀어 늘어뜨리고 지내는 기간을 다 마친 뒤에 성복成服을 한다. 未服麻而奔喪, 及主人之未成絰也, 疏者與主人皆成之, 親者終其麻帶絰之日數.

鄭注 '소원한 친족'(疏)은 소공小功 이하의 친족을 말한다. '가까운 친족'(親)은 대공大功 이상의 친족을 말한다. 소원한 친족이 상주喪主가 행하는 절차에 맞게 상가喪家에 도착하였으면 그 절차를 따르고, 그렇지 못하였을 경우는 자신이 해야 할 상복의 기간과 절차에 맞추어 행한다. '疏'者, 謂小功以下也. '親'者, 大功以上也. 疏者及主人之節, 則用之, 其不及, 亦自用其日數.

集說 부고를 듣고 미처 질대絰帶를 하지 못하고 곧장 상가로 달려간 경우는 상가喪家와 거리가 가까운 곳에서 부고를 듣는 즉시 온 것이다. 이때 상주는 미처 소렴小斂을 행하기 전이기 때문에 아직 마질과 마대를 하지 않은 것이다. 소공小功 이하의 친족을 '소원한 친족'(疏)이라고 한다. 소원한 친족의 경우 상주喪主가 성복成服을 하는 절차에 맞게 상가에 도착하였으면, 상주와 함께 성복을 한다. 대공大功 이상의 친족을 '가까운 친족'(親)이라고 한다. 가까운 친족이 부고를 듣고 상가에 이르렀을 때, 설령 주인이 성복成服을 하는 시기에 도착하였더라도, 자신은 반드시 요질腰絰의 남은 끈을 풀어 늘어뜨리는 기간을 다 마친 뒤에 성복成服을 한다. 若聞訃, 未及服麻而卽奔喪者, 以道路旣近, 聞死卽來. 此時主人未行小斂, 故未成絰. 小功以下謂之'疏'. 疏者值主人成服之節, 則與主人皆成之. 大功以上謂之'親'. 親者奔喪而至之時, 雖值主人成服, 己必自終竟其散麻帶絰之日數, 而後成服也.

【잡기상 31】

군주가 첩의 상에 상주가 되었으면, 부제祔祭도 자신이 지낸다. 연제練祭와 상제祥祭는 모두 그 아들에게 지내게 한다. 빈殯과 상제喪祭는 정침正寢에서 행하지 못한다.

主妾之喪則自祔. 至於練・祥, 皆使其子主之. 其殯・祭不於正室.

鄭注 부제祔祭를 자신이 직접 행하는 것은 조묘祖廟에 부祔하여 제사하기 때문이다. 祔自爲之者, 以其祭於祖廟.

集說 여군女君[30]이 사망한 뒤 첩妾이 섭위攝位하였다가 사망하면, 군주가 그 첩의 상喪에 상주가 된다. 그 부제도 군주가 직접 지낸다. 연제와 대상제의 경우 그 아들이 지낸다. '빈과 상제는 정침에서 행하지 못한다'는 것은 비록 여군女君을 대신해서 섭위하였어도 정처보다 낮기 때문에 대렴과 상제를 정침에서 하지 못하는 것이다. 여군을 대신해서 섭위하지 않은 첩이 사망하였을 경우엔 군주가 그 상喪에 상주가 되지 않는다. 女君死而妾攝女君, 此妾死, 則君主其喪. 其祔祭亦君自主. 若練與大祥之祭, 則其子主之. '殯・祭不於正室'者, 雖嘗攝女君, 猶降於正適, 故殯與祭不得在正室也. 不攝女君之妾君, 則不主其喪.

【잡기상 32】

군주는 비복婢僕(하인)과 첩妾의 시신을 어루만지지 않는다.

君不撫僕・妾.

鄭注 신분이 낮은 자에 대하여 생략하는 것이다. 略於賤也.

集說 사망하여도 군주가 (고별을 고하기 위하여) 그 시신을 어루만지지 않는 것은 신분이 낮은 자에 대하여 생략하는 것이다. 死而君不撫其尸者, 略於賤也.

【잡기상 33】

여군女君이 사망한 뒤 첩은 여군의 친족을 위해 상복을 한다. 여군을 대신해서 섭위한 경우엔 사망한 여군의 친족을 위해 상복을 하지 않는다.

女君死, 則妾爲女君之黨服. 攝女君, 則不爲先女君之黨服.

鄭注 첩은 여군의 친족에 대하여 자신의 친족처럼 여긴다. 妾於女君之親, 若其親然.

集說 여군이 사망한 뒤 첩이 여군의 친족에 대하여 상복을 하는 것은 도종徒從[31]의 예이다. 첩이 여군을 대신해서 섭위한 경우엔 여군의 친족을 위해 상복을 하지 않는다. 섭위攝位하면 지위가 조금 높기 때문이다. 女君死而妾猶服其黨, 是徒從之禮也. 妾攝女君則不服. 以攝位稍尊也.

【잡기상 34】

형제의 상을 듣고 분상奔喪할 때, 대공大功 이상은 사망한 이의 마을

이 보이면 곡哭을 한다.

聞兄弟之喪, 大功以上, 見喪者之鄕而哭.

鄭注 분상의 절차이다. 奔喪節也.

集說 「분상奔喪」(15)에 "자최齊衰의 상에는 마을이 보이면 곡을 하고, 대공大功의 상에는 그 집의 문이 보이면 곡을 한다"라고 하였다. 이 경문에서 '대공 이상'(大功以上)이라고 한 것은 강복降服으로서 대공복을 가리킨다. 무릇 상복에서 강복은 정복正服보다 무겁다. 「奔喪禮」云: "齊衰望鄕而哭, 大功望門而哭." 此言'大功以上', 謂降服大功者也. 凡喪服, 降服重於正服.

【잡기상 35】

형제의 장례葬禮에 전송하러 간 이가 (제 시간에 도착하지 못하여) 상주를 (장례를 마치고 돌아오는) 길에서 만났다면 자신은 묘소에까지 간다.

適兄弟之送葬者弗及, 遇主人於道, 則遂之於墓.

鄭注 가까운 친족의 상에 대해서는 상주喪主의 절차에 따라 행하지 않는다. 言骨肉之親, 不待主人也.

集說 '적適'은 간다는 뜻이다. 형제의 장례葬禮에 가서 전송하는데 전송하는 시간에 맞추어 도착하지 못하고 상주가 장례를 마치고 돌아올 때 만났다면, 이 전송하는 사람은 주인을 따라 반곡反哭해서는 안 되고 반드시 직접 묘소까지 간 뒤에 돌아와야 한다. '適', 往也. 往送兄弟之葬, 而不及當送之時,

乃遇主人葬畢而反, 則此送者不可隨主人反哭, 必自至墓所而後反也.

【잡기상 36】

무릇 형제의 상에 상주가 되어 주관하면 비록 소원한 사이라도 또한 우제虞祭를 지낸다.

凡主兄弟之喪, 雖疏, 亦虞之.

鄭注 상사喪事는 우제虞祭와 부제祔祭를 지내야 일을 마치게 된다. 喪事, 虞·祔乃畢.

集說 소공小功과 시마緦麻의 상복을 하면 가벼운 상복을 하는 형제이다. 그러나 사망한 이가 가까운 친족이 없을 경우 상주喪主가 되어 상을 주관한다. 일단 상사喪事를 주관하면 사망한 이를 위하여 응당 우제虞祭와 부제祔祭까지 마쳐야 한다. 小功·緦麻, 疏服之兄弟也. 彼無親者, 主之而已. 主其喪, 則當爲之畢虞·祔之祭也.

【잡기상 37】

무릇 상복을 마치지 않았을 때, 조문객이 오면 곡위哭位를 마련하여 곡을 하고, 조문하러 온 이에게 배례拜禮를 하여 감사드리고, (세 번) 용踊을 하며 애통해한다.(踊)

凡喪服未畢, 有弔者, 則爲位而哭, 拜, 踊.

鄭注 조문객이 오면 상주는 예禮를 줄여서 대해서는 안 된다. 客始來, 主人不可以殺禮待之.

集說 소疏에서 말한다. "예禮를 줄여서 처음 조문하러 온 빈객을 대하지 않는다. '무릇'(凡)이라고 말한 것은 오복五服의 상복에 모두 그렇게 함을 말한다." 疏曰: "不以殺禮而待新弔之賓也. 言'凡'者, 五服悉然."

【잡기상 38】

대부大夫가 대부의 상喪에 조문을 가서 곡哭을 할 때 머리에 변질弁經을 쓴다. 대부가 조문을 가서 빈殯에 참여할 때에도 역시 머리에 변질을 쓴다.

大夫之哭大夫, 弁經. 大夫與殯. 亦弁經.

鄭注 '변질弁經'은 대부의 석최錫衰로 대부 사이에 서로 조문하는 복식이다. 작변爵弁과 같은 모양에 누이지 않은 흰색이며 환질環經을 더한 것을 '변질'이라고 한다. '弁經'者, 大夫錫衰, 相弔之服也. 如爵弁而素, 加環經曰'弁經'.

集說 대부의 상喪에 성복成服 뒤에 대부가 조문을 가면, 자신은 석최[32]를 입고 머리에 변질을 더 쓴다. '변질弁經'은 작변과 같은 모양에 흰색이며 환질을 더한 것이다. 만일 빈에 참여하면 이는 성복成服 이전이다. 머리에 역시 변질을 쓰고 다만 몸에는 석최를 입지 않는다. 석최를 입지 않으므로 피변복皮弁服을 입는다. 大夫之喪, 旣成服, 而大夫往弔, 則身著錫衰首加弁經. '弁經'者, 如爵弁而素加以環經也. 若與其殯事, 是未成服之時也. 首亦弁經, 但身不錫衰耳. 不錫衰, 則皮弁服也.

【잡기상 39】

대부大夫가 사적인 상(私喪)에 갈질葛絰을 하고 있을 때 형제의 가벼운 상(輕喪)을 만나면 조복弔服을 입고 변질弁絰을 한다.

大夫有私喪之葛, 則於其兄弟之輕喪則弁絰.

鄭注 '사적인 상'(私喪)은 처와 자식의 상喪을 가리킨다. '가벼운 상'(輕喪)은 시마복의 상을 가리킨다. 대부大夫는 상복을 낮추어 조문복을 입고 가며, 사적인 상喪의 끝 무렵에 입는 상복 차림으로 형제의 상喪에 가지 않는다.

'私喪', 妻子之喪也. '輕喪', 緦麻也. 大夫降焉, 弔服而往, 不以私喪之末臨兄弟.

集說 '사적인 상'(私喪)은 처와 자식의 상喪을 가리킨다. 졸곡卒哭을 마치고 갈질葛絰로 마질麻絰을 바꾸어 쓰고 있는데, 이때 형제兄弟의 상喪을 당하면, 비록 시마緦麻의 가벼운 상복을 하는 형제라도 역시 조복弔服을 입고 변질弁絰을 쓰고 가며, 사적인 상喪의 끝 무렵에 하는 상복 차림으로 가지 않는다. 대부는 시마복緦麻服을 하는 방계 친족의 형제에 대하여 복을 낮추므로 상복喪服이 없다. ○ 소疏에서 말한다. "만약 성복成服 이후라면 석최錫衰를 하고 성복 이전이라면 몸에는 흰 치마를 입고 머리에 변질弁絰을 쓴다." '私喪', 妻子之喪也. 卒哭以葛代麻, 於此時而遭兄弟之喪, 雖緦麻之輕, 亦用弔服弁絰而往, 不以私喪之末臨兄弟也. 大夫降旁親於緦麻兄弟, 無服. ○ 疏曰: "若已成服, 則錫衰, 未成服, 則身素裳而首弁絰也."

【잡기상 40】

장자長子를 위해 지팡이를 짚고 있을 때, 그 아들(其子)은 지팡이를 짚고 곡위哭位에 나아가지 못한다.

爲長子杖, 則其子不以杖卽位.

鄭注 지위가 높은 분을 피하는 것이다. 辟尊者.

集說 '그 아들'(其子)은 장자長子의 아들이다. 할아버지는 손자를 지위로 누르지 않는다. 그러므로 이 장자의 아들 역시 지팡이를 짚을 수 있다. 다만 할아버지와 같이 머무를 때 손자는 지팡이를 짚고 혼자 자신의 자리에 머무를 수 없다. '其子', 長子之子也. 祖不厭孫. 此長子之子, 亦得杖. 但與祖同處, 不得以杖獨居己位耳.

【잡기상 41】

처를 위해 상복을 할 때 부모가 생존해 있으면 지팡이를 짚지 않고, 조문객에게 이마를 지면에 대고 배례하지 않는다.

爲妻, 父母在, 不杖, 不稽顙.

鄭注 지위가 높은 분이 생존해 있으므로 감히 사적인 상에 예禮를 다하지 못하는 것이다. 尊者在, 不敢盡禮於私喪也.

集說 이 경문은 적자適子의 처가 사망하였는데 부모가 모두 생존해 있으므로 그 예禮를 그와 같이 함을 말한다. 그러나 대부大夫가 맏며느리의 상에 상주가 되었기 때문에 그 남편은 지팡이를 짚지 않는 것이다. 만일 아버지가 돌아가고 어머니만 생존해 있다면, 어머니는 상喪에 상주가 되지 못하므로 자식은 지팡이를 짚을 수 있고, 이마를 지면에 대면서 하는 배례

는 하지 않는다. 이 경문은 함께 말한 것이다. 독자는 문장 상의 의미 때문에 그 취지를 곡해하지 않는 것이 좋다. 此謂適子妻死, 而父母俱存, 故其禮如此. 然大夫主適婦之喪, 故其夫不杖. 若父沒母存, 母不主喪, 則子可以杖, 但不稽顙耳. 此幷言之. 讀者不以辭害意, 可也.

【잡기상 42】

모친이 생존해 있으면 조문객에게 이마를 지면에 대고 배례拜禮하지 않는다. 이마를 지면에 대고 배례하는 경우는 부의賻儀를 기증한 것에 대하여 답배하는 것이다.

母在, 不稽顙. 稽顙者, 其贈也, 拜.

鄭注 모친만 생존해 있을 경우 부의賻儀를 가져온 조문객에게 이마를 지면에 대고 배례한다고 하였으므로, 부친이 생존해 있을 경우에는 부의를 가져온 조문객에게 이마를 지면에 대고 배례하지 않는다. 言獨母在, 於贈拜得稽顙, 則父在, 贈拜不得稽顙.

集說 증贈은 조문객이 부의賻儀를 갖고 와서 자신에게 기증하여 상사를 돕는 것을 말한다. 모친이 생존해 있을 때는 조문객에게 이마를 지면에 대고 배례拜禮하지 않는 법이지만, 오직 부의를 기증한 조문객에게 답배할 때는 이마를 지면에 대고 배례할 수 있다. 그러므로 '이마를 지면에 대고 배례하는 경우는 부의賻儀를 기증한 것에 대해서 답배하는 것이다'라고 하였다. 일설에 의하면 증贈은 상주가 사자死者를 송별하는 것을 가리킨다. 곧 『의례』「기석례既夕禮」에 "상주가 사자를 송별할 때 제폐制幣[33]를 사용한다"고 한 것이 그것이다. 贈謂人以物來, 贈己助喪事也. 母在, 雖不稽顙, 惟拜謝此

賵物之人, 則可以稽顙. 故云'稽顙者, 其賵也, 拜'. 一說賵謂以物送別死者. 卽「旣夕禮」所云: "賵用制幣"也.

【잡기상 43】

제후를 떠나(違) 대부大夫에게 가서 벼슬한 경우 이전의 군주가 사망하면 돌아가 상복을 하지 않는다. 대부를 떠나 제후에게 가서 벼슬한 경우 이전의 군주가 사망하면 돌아가 상복을 하지 않는다.
違諸侯, 之大夫, 不反服. 違大夫, 之諸侯, 不反服.

鄭注 그 군주의 존비가 다르기 때문이다. '위違'는 떠난다는 뜻이다. 제후를 떠나 제후에게 벼슬하고, 대부를 떠나 대부에게 벼슬하면 이전의 군주에 대하여 상복喪服을 할 수 있다. 其君尊卑異也. '違'猶去也. 去諸侯, 仕諸侯, 去大夫, 仕大夫, 乃得爲舊君服.

集說 '위違'는 떠난다는 뜻이다. 자신이 본래 군주의 신하였는데 이제 군주를 떠나 다른 나라 대부의 신하가 되면 이는 신분이 높은 데에서 낮은 데로 가는 것이다. 만일 이전의 군주가 사망하면 자신은 돌아가 상복을 하지 않는다. 신분이 낮은 신하에게 벼슬하고 있는데 이전의 신분이 높은 군주에게 돌아가 상복을 할 수 없기 때문이다. 본래 대부의 신하였는데, 이제 그를 떠나 제후의 신하가 되었다면 이는 신분이 낮은 데에서 높은 데로 간 것이다. 만일 돌아가 낮은 신분의 군주를 위해 상복을 한다면 새로 벼슬한 군주에게 수치가 된다. 그러므로 역시 돌아가 상복을 하지 않는다. 만일 새로 벼슬한 군주와 이전의 군주가 신분이 같다면, 이전의 군주를 위해서 상복을 한다. '違', 去也. 己本是國君之臣, 今去國君而往爲他國大夫之臣, 是自

尊適卑. 若舊君死, 己不反服. 以仕於卑臣, 不可反服於前之尊君也. 本是大夫之臣, 今去而仕爲諸侯之臣, 是自卑適尊. 若反服卑君, 則爲新君之恥矣. 故亦不反服. 若新君與舊君等, 乃爲舊君服也.

【잡기상 44】

상관喪冠은 한 가닥 끈으로 이어서(條屬) 길사吉事와 흉사凶事를 구별한다. 삼년상의 연관練冠에도 역시 한 가닥 끈으로 잇고, 주름을 접어 오른쪽으로 향하게 꿰맨다. 소공小功 이하의 상복喪服은 왼쪽으로 향하게 주름을 접어 꿰맨다.

喪冠條屬, 以別吉凶. 三年之練冠, 亦條屬, 右縫.① 小功以下, 左.②

鄭注 ① 길흉吉凶을 구별하는 것이다. 길관吉冠은 한 가닥 끈으로 잇지(條屬) 않는다. '한 가닥 끈으로 잇는다'(條屬)는 것은 한 가닥 끈이나 베를 통하고 굽혀서(通屈) 무武를 만들고 남은 부분을 늘어뜨려서 갓끈을 삼는다. 관에 잇는 것은 태고시절에 상사喪事가 간략하였음을 본받은 것이다. 길관吉冠은 갓끈과 무가 재료를 달리 한다. '오른쪽으로 향하게 꿰맨다'(右縫)는 것은 오른쪽으로 향하게 주름을 접어 꿰매는 것이다. 別吉凶者. 吉冠不條屬也. '條屬'者, 通屈一條繩若布, 爲武, 垂下爲纓. 屬之冠, 象大古喪事略也. 吉冠則纓・武異材焉. '右縫'者, 右辟而縫之.

② 왼쪽으로 주름을 접는 것은 길사를 본뜬 것으로 상복이 가볍기 때문이다. 左辟, 象吉, 輕也.

集說 상관喪冠은 한 가닥 끈을 굽혀 관冠에 이어서 관의 무武를 만들고 남은 부분을 늘어뜨려 갓끈으로 삼는다. 그러므로 '상관喪冠은 한 가닥 끈

으로 잇는다'고 한 것이다. '촉屬'은 잇는다는 뜻과 같으며, 관에 잇는 것을 말한다. 이 갓끈과 무는 함께 한 가닥의 끈으로 만든다. 길관吉冠의 경우 갓끈과 무는 제각기 독립된 재료이다. 「옥조玉藻」(33)에 "누이지 않은 흰 비단의 관(縞冠)에 검은색 무武를 한다"고 말한 부류가 그것이다. 길사와 흉사 때의 제도는 같지 않다. 그러므로 '길사吉事와 흉사凶事를 구별한다'고 말한 것이다. '삼년복의 연관練冠'은 소상小祥 때 쓰는 관으로 한 가닥 끈으로 잇는 것(條屬)은 같다. 길관吉冠의 경우는 주름을 접어 꿰맬 때 왼쪽을 향하게 한다. 왼쪽은 양의 방향이요 길吉의 방향이다. 흉관凶冠은 주름을 접어 꿰맬 때 오른쪽을 향하게 한다. 오른쪽은 음의 방향이요 흉凶의 방향이다. 소공小功과 시마緦麻의 상복은 가볍기 때문에 주름을 접어 꿰맬 때 왼쪽을 향하게 하여 길관과 같게 한다. 喪冠以一條繩屈而屬於冠, 以爲冠之武而垂下爲纓. 故云'喪冠條屬'. 屬猶著也, 言著於冠也. 是纓與武, 共此一繩. 若吉冠, 則纓與武各一物. 「玉藻」云"縞冠, 玄武"之類, 是也. 吉凶之制不同. 故云'別吉凶'也. '三年練冠', 小祥之冠也, 其條屬亦然. 吉冠則襵縫向左. 左爲陽吉也. 凶冠則襵縫向右. 右爲陰凶也. 小功·緦麻之服輕, 故襵縫向左而同於吉.

【잡기상 45】

시마복緦麻服의 상관喪冠은 갓끈을 잿물로 씻어 만든다. 대공大功 이상의 상복喪服은 요질腰絰의 남은 끈을 풀어 헤쳐 늘어뜨린다.

緦冠繰纓.① 大功以上散帶.②

鄭注 ① '조繰'는 "잿물로 씻은(澡) 삼베로 만든 요대腰帶와 수질首絰을 한다"(澡麻帶絰)34)라고 할 때의 '조澡'(잿물로 씻는다)가 되어야 한다. 발음 때문에

잘못 기록된 것이다. 삼베를 잿물로 씻어 갓끈을 만드는 것을 말한다. '繰', 當爲'澡麻帶・絰'之'澡'. 聲之誤也. 謂有事其布以爲纓.

② 소공小功과 시마緦麻의 상복은 가벼우므로 초상初喪 때 마질麻絰의 늘어뜨린 끈을 정돈하여 맨다. 小功・緦輕, 初而絞之.

集說 시마복의 올수(縷)에서 그 베의 고운 정도는 조복朝服의 15승升포와 같게 하지만 올수는 그 절반으로 하여 조정하되 잿물로 그 베를 씻지 않는다. 상관喪冠과 상복喪服 모두 이 베로 만든다. 다만 갓끈을 만드는 베는 잿물로 씻는다. 그러므로 '시마복緦麻服의 상관喪冠은 갓끈을 잿물로 씻어 만든다'고 한 것이다. '조繰'는 조澡로 읽는다. 대공大功 이상의 상복은 무거우므로 초상初喪 때 요질腰絰의 남은 끈을 풀어 헤쳐 늘어뜨리고, 성복成服 때에 이르러 정돈하여 맨다. 소공小功 이하의 상복은 초상初喪 때 곧 정돈하여 맨다. 緦服之縷, 其麤細與朝服十五升之布同, 而縷數則半之, 治其縷, 不治其布. 冠與衰同是此布也. 但爲纓之布, 則加以灰澡治之耳. 故曰'緦冠繰纓'. '繰', 讀爲澡. 大功以上服重, 初死麻帶散垂, 至成服乃絞. 小功以下, 初死卽絞也.

【잡기상 46】

조복朝服은 15승升 베로 만드는데, 그 올수의 절반을 줄여 시마緦麻의 상복喪服을 만들고, (절반의 올수를 줄인) 그 베를 잿물로 씻어내 석최錫衰를 만든다.

朝服十五升, 去其半而緦, 加灰, 錫也.

鄭注 시마복의 고운 정도는 조복朝服과 같지만, 그 올수의 절반을 제거하므로 600올(縷)의 거친 베가 된다. 또한 그 베를 가공하지 않으므로 잿물로

씻지 않는다. 緦精麤與朝服同, 去其半, 則六百縷而疏也. 又無事其布, 不灰焉.

集說 조복朝服은 정미하고 가늘어 전부 15승 베를 사용하여 만든다. 그 반을 줄이면 7승반 베가 되는데 그것을 사용하여 시마복緦麻服을 만든다. '시緦'라고 함은 그 올수의 가는 것이 명주실(絲) 같기 때문이다. 이 베를 잿물을 가하여 씻어내면 석錫이라고 한다. 이른바 조복弔服으로 사용하는 석최錫衰이다. '석錫'은 매끄러운 모양이다. 시마의 상복은 잿물을 가하여 씻어내지 않는다. 조복弔服은 1200올로 폭幅(넓이의 단위)을 이룬다. 시마복에서 올의 가늘기는 조복朝服과 같지만, 그 베의 폭은 600올로 성글다. 그러므로 『의례』「상복喪服」에 "올수는 조정을 하고 그 베는 잿물로 씻어 가공하지 않는 것을 시緦라고 한다"라고 하였다. 朝服精細, 全用十五升布爲之. 去其半, 則七升半布也, 用爲緦服. '緦'云者以其縷之細如絲也. 若以此布而加灰以澡治之, 則謂之錫. 所謂弔服之錫衰也. '錫'者, 滑易之貌. 緦服不加灰治也. 朝服一千二百縷終幅. 緦之縷細與朝服同, 但其布終幅止六百縷而疎. 故『儀禮』云: "有事其縷, 無事其布曰緦."

【잡기상 47】

제후가 서로 부의賻儀를 기증할 때 후로後路와 면복冕服으로 한다. 선로先路와 포의褒衣는 부의로 기증하지 않는다.

諸侯相襚, 以後路與冕服, 先路與褒衣不以襚.

鄭注 자신의 정거正車와 정복正服을 다른 사람에게 부의賻儀로 기증하지 않는 것은 그가 정거正車와 정복正服으로 사용하지 않기 때문이다. '후로後路'는 이거貳車(예비로 뒤따르는 수레)이다. 이거는 행차 때 뒤에서 따른다. 不以己之正者施於人, 以彼不以爲正也. '後路', 貳車. 貳車行在後也.

集說 '후로後路'는 이거貳車(예비로 뒤따르는 수레)이다. 이거는 행차 때 뒤에서 따르기 때문에 후로後路라고 한다. '면복冕服'은 가장 높은 면冕 뒤에 오는 두 번째 면(次冕)이다. 상공上公은 별면鷩冕을 두 번째 면으로, 후侯와 백伯은 취면毳冕을 두 번째 면으로, 자子와 남男은 치면絺冕을 두 번째 면으로 삼는다. '선로先路'는 정로正路이다. '포의褒衣'에 대한 설은 앞 장에 나온다. 서로 부의賻儀를 기증하는데 자신의 정거正車와 정복正服을 기증하지 않는 것은 상대가 정거正車와 정복正服으로 사용하지 않기 때문이다. '後路', 貳車也. 貳車在後, 故曰後路. '冕服', 上冕之後次冕也. 上公以鷩冕爲次, 侯・伯以毳冕爲次, 子・男以絺冕爲次. '先路', 正路也. '褒衣'說見前章. 相襚, 不可用己之正車服者, 以彼不用之以爲正也.

【잡기상 48】

견거遣車는 견전遣奠에 올린 희생의 덩치를 싼 개수에 맞추어 한다. 거친 베로 수레덮개휘장(輤)을 설치하고, 사방을 가린다. (하관하고서 견거에 실은 희생 덩치를) 관의 네 모퉁이에 놓는다. 쌀을 견거에 싣자[35], 유자有子가 "예가 아니다. 견전에 올리는 것은 포해脯醢일 뿐이다"라고 하였다.

遣車視牢具.① 疏布輤, 四面有章. 置于四隅.② 載粻, 有子曰: "非禮也.③ 喪奠, 脯醢而已."④

鄭注 ① (상여를 뒤따르는) 수레의 수는 각각 견전遣奠을 지내고 싼 희생 덩치(牲體)의 수대로 하는 것을 말한다. 따라서 '견거遣車'는 견전에 올린 희생의 덩치를 싼 것을 실어 보관하는 것일 것이다. 견전遣奠은 천자의 경우

태뢰太牢로 지내며 9개를 싼다. 제후 역시 태뢰로 지내며 7개를 싼다. 대부 역시 태뢰로 지내며 5개를 싼다. 사士는 소뢰少牢로 지내며 3개를 싼다. 대부 이상만 견거遣車가 있다. 言車多少, 各如所包遣奠牲體之數也. 然則'遣車', 載所包遣奠而藏之者與. 遣奠, 天子大牢, 包九个. 諸侯亦大牢, 包七个. 大夫亦大牢, 包五个. 士少牢, 包三个. 大夫以上乃有遣車.

② '천輤'은 견거의 덮개휘장이다. 사면을 모두 가려서 고기를 안보이게 한다. '네 모퉁이'(四隅)는 관곽(椁)의 네 모퉁이다. '輤', 其蓋也. 四面皆有章蔽, 以隱翳牛肉. '四隅', 椁中之四隅.

③ '장粻'은 쌀이다. '粻', 米糧也.

④ 사자死者는 양식을 먹지 않음을 말한다. 견전遣奠에 본래 메기장(黍)과 찰기장(稷)을 올리지 않는다. 言死者不食糧也. 遣奠本無黍稷.

集說 '견거遣車'에 대한 설명은 「단궁하檀弓下」(1)에 보인다. '견전遣奠에 올린 희생의 덩치를 싼 개수에 맞추어 한다'(視牢具)는 것은 천자의 경우 태뢰로 견전을 지내고 9개를 싸므로 견거가 9승乘이 된다. 제후는 태뢰로 지내고 7개를 싸므로 7승이 된다. 대부 역시 태뢰로 지내고 5개를 싸므로 5승이 된다. 천자의 상사上士로 3명命의 작명을 받은 경우 소뢰少牢로 견전을 지내고 3개를 싸므로 견거는 3승이 된다. 제후의 사士는 견거가 없다. 견거 위에 거친 베로 덮개휘장(輤)을 설치한다. '천輤'은 덮개휘장이다. 사면을 물건으로 가린다. '장章'은 장障(가린다)과 같은 뜻이다. '네 모퉁이'(四隅)는 바깥 널(椁)의 네 모퉁이다. '장粻'은 쌀이다. 견전遣奠의 음식에 본래 메기장(黍)과 찰기장(稷)이 없다. 그러므로 유자有子가 쌀을 싣는 것은 예禮가 아니라고 여긴 것이다. '희생의 덩치'(牲體)는 곧 포해脯醢의 뜻이다. '遣車', 說見「檀弓」. '視牢具'者, 天子太牢包九箇, 則遣車九乘. 諸侯太牢包七箇則七乘. 大夫亦太牢包五箇則五乘. 天子之上士三命, 少牢包三箇則三乘也. 諸侯之士無遣車. 遣車之上, 以

麤布爲輤. '輤', 蓋也. 四面有物以障蔽之. '章', 與障同. '四隅', 椁之四角也. '粻', 米糧也. 遣奠之饌無黍稷. 故有子以載粻爲非禮. '牲體'則脯醢之義也.

【잡기상 49】

길제吉祭에서는 효자孝子 또는 효손孝孫이라고 부르고, 흉제凶祭에서는 애자哀子 또는 애손哀孫이라고 부른다. 단최端衰와 상거喪車는 신분에 따른 차이가 없다.

祭稱孝子·孝孫, 喪稱哀子·哀孫.① 端衰·喪車皆無等.②

鄭注 ① 각각 그 의리에 맞게 부른다. 各以其義稱.

② 상거喪車는 조악한 수레이다. 상을 당한 자가 입는 상복과 타는 상거喪車는 신분에 상관없이 같다. 돌아간 부모에 대해 가지는 자식의 정리情理는 같기 때문이다. 상복인데 단端이라고 말한 것은 현단복은 길한 때 입는 평상복인데 상중에 입는 상복도 응당 그 현단복과 같기 때문이다. 喪車, 惡車也. 喪者衣衰及所乘之車, 貴賤同. 孝子於親一也. 衣衰言端者, 玄端吉時常服, 喪之衣衰當如之.

集說 '제사'(祭)는 길제吉祭이다. 졸곡卒哭 이후 상제喪祭는 길제가 된다. 그러므로 축사祝辭에 효자孝子 또는 효손孝孫이라고 말한다. 우제虞祭 이전의 상제喪祭는 흉제凶祭가 된다. 그러므로 애자哀子 또는 애손哀孫이라고 부른다. '단端'은 정식이라는 뜻이다. '단최端衰'는 상복喪服의 상의이다. 길한 때 현단복을 입는데, 몸체 부분과 소매가 같이 2척2촌을 정식으로 삼는다. 상복으로 입는 상의 역시 같이 만드는데, 가슴 앞에 6촌의 최衰를 꿰매어 단다. 그러므로 '단최端衰'라고 말한 것이다. '상거喪車'는 상주가 타는 조악

한 수레이다. 이 두 가지는 모두 신분의 차이가 없다. '祭', 吉祭也. 卒哭以後爲吉祭. 故祝辭稱孝子或孝孫. 自虞以前爲凶祭. 故稱哀. '端', 正也. '端衰', 喪服上衣也. 吉時玄端服, 身與袂同以二尺二寸爲正. 喪衣亦如之, 而綴六寸之衰於胸前. 故曰'端衰'也. '喪車', 孝子所乘惡車也. 此二者, 皆無貴賤之差等.

【잡기상 50】

대백관大白冠과 치포관緇布冠에는 모두 갓끈 장식을 하지 않는다. 현관玄冠과 호관縞冠(누이지 않은 흰 비단의 관)에 무武를 단 이후에 갓끈 장식을 한다.

大白冠·緇布之冠, 皆不蕤. 委武玄·縞而后蕤.

鄭注 '갓끈 장식을 하지 않는다'(不蕤)는 것은 질박하여 장식함이 없는 것이다. '대백관大白冠'은 태고시대의 베로 만든 관이다. 『춘추좌씨전』에 "위衛나라 문공文公이 거친 베로 지은 옷을 입고 대백관을 썼다"36)고 하였다. '위무委武'는 관의 권卷이다. 진秦나라 사람들은 위委라고 불렀고, 제齊나라 동쪽 지역에서는 무武라고 불렀다. '현玄'은 현관玄冠이다. '호縞'는 호관縞冠이다. '不蕤', 質無飾也. '大白冠', 大古之布冠也. 『春秋傳』曰: "衛文公, 大布之衣, 大白之冠." '委武', 冠卷也. 秦人曰委, 齊東曰武. '玄', 玄冠也. '縞', 縞冠也.

集說 '대백관大白冠'은 태고시대의 흰 베로 만든 관이다. '치포관緇布冠'은 검은 베로 만든 관이다. 이 두 관은 장식이 없기 때문에 모두 갓끈을 달지 않는다. 그러나 「옥조玉藻」(32)에 "치포관에 채색한 갓끈 장식을 한다"고 하였다. 이것은 제후의 관이다. 따라서 이 갓끈 장식을 하지 않는 것은 대부와 사의 관이다. '위委'와 '무武'는 모두 관의 아래로 늘어뜨리는 권卷이다.

진秦나라 사람들은 권卷을 위委라고 불렀고, 제齊나라 사람들은 권을 무武라고 불렀다. '현玄'은 현관玄冠이다. '호縞'는 호관縞冠이다. 현관과 호관의 두 관에는 이미 별도로 관의 권卷을 달았으므로 반드시 갓끈 장식이 있다. 그러므로 '현관玄冠과 호관縞冠에 무武를 단 이후에 갓끈 장식을 한다'고 말한 것이다. '大白冠', 太古之白布冠也. '緇布冠', 黑布冠也. 此二冠無飾, 故皆不蕤. 然「玉藻」云: "緇布冠繢緌." 是諸侯之冠. 則此不緌者謂大夫·士也. '委'·'武'皆冠之下卷. 秦人呼卷爲委, 齊人呼卷爲武. '玄', 玄冠也. '縞', 縞冠也. 玄·縞二冠, 旣別有冠卷, 則必有蕤. 故云'委武玄·縞而后蕤'也.

【잡기상 51】

대부大夫는 치면絺冕을 쓰고 군주의 제사를 도우며, 작변爵弁을 쓰고 자신의 사당에서 제사를 지낸다. 사士는 작변을 쓰고 군주의 제사를 도우며, 현관玄冠을 쓰고 자신의 사당에서 제사를 지낸다. 사士는 작변을 쓰고 친영親迎의 예를 행한다. 따라서 사士도 작변을 쓰고 자신의 사당에서 제사지내는 것이 가능하다.

大夫冕而祭於公, 弁而祭於己. 士弁而祭於公, 冠而祭於己.① 士弁而親迎. 然則士弁而祭於己, 可也.②

鄭注 ① '변弁'은 작변爵弁이다. '관冠'은 현관玄冠이다. '제어공祭於公'은 군주의 제사를 돕는 것이다. 대부가 작변爵弁을 하고 자신의 사당에서 제사를 지내는 것은 오직 고孤이다. '弁', 爵弁也. '冠', 玄冠也. '祭於公', 助君祭也. 大夫爵弁而祭於己, 唯孤爾.

② 유사한 부류를 따라서 허용하려는 것이다. 그러나 친영親迎은 비록 자신

의 일이기는 해도 존귀한 복식으로 행하는 것(攝盛服)[37]이요, 정상적인 복식으로 행하는 것이 아니다. 緣類欲許之也. 親迎, 雖亦己之事, 攝盛服爾, 非常也.

集說 '면冕'은 치면絺冕이다. '제어공祭於公'은 군주의 제사를 돕는 것이다. '변弁'은 작변爵弁이다. '제어기祭於己'는 자신의 사당에서 제사하는 것이다. '관冠'은 현관玄冠이다. 남의 제사를 도울 때는 존귀한 것을 사용하고, 자신의 제사에서는 낮은 것을 사용한다. 그러므로 관과 옷이 차이가 있다. 『의례』「소뢰궤사례少牢饋食禮」에 따르면, 상대부上大夫가 자신의 사당에서 제사지낼 때 현관玄冠을 쓴다.[38] 이 경문에서 '작변爵弁을 쓰고 자신의 사당에서 제사지낸다'고 한 것은 이 경문의 대부가 고孤[39]를 지칭하여 말한 것이기 때문이다. 경문을 기록한 이가 사士의 친영親迎에 작변爵弁을 사용하는 것을 가지고 작변을 쓰고 자신의 사당에서 제사할 수 있다고 하였는데, 친영의 작변은 잠시 존귀한 복식을 빌려 쓰는 것일 뿐이다. 제사에는 정해진 예가 있기 때문에 어지럽혀서는 안 된다. '冕', 絺冕也. '祭於公', 助君之祭也. '弁', 爵弁也. '祭於己', 自祭其廟也. '冠', 玄冠也. 助祭爲尊, 自祭爲卑. 故冠服有異也. 『儀禮』少牢上大夫自祭用玄冠. 此云'弁而祭於己'者, 此大夫指孤而言也. 記者以士之親迎用弁, 以爲可以弁而祭於己, 然親迎之弁, 暫焉攝用耳. 祭有常禮, 不可紊也.

【잡기상 52】

울창(鬱)을 절구로 찧을 때, 절구는 측백나무로 된 것을, 절굿공이는 오동나무로 된 것을 사용한다. 비枇(희생의 덩치를 뜨는 국자모양의 도구)는 뽕나무로 된 것을 사용하는데 길이는 3척이다. 어떤 이는 5척이라고도 한다. 필畢(희생을 꿰는 도구)은 뽕나무로 된 것을 사용하는데 길이는 3척이고, 자루와 끝부분을 깎아낸다.

暢, 臼以椈, 杵以梧.① 枇以桑, 長三尺. 或曰五尺.② 畢用桑, 長三尺, 刊其柄與末.③

鄭注 ① 울창을 찧는 방식이다. '국鞠'은 측백나무이다. 所以擣鬱也. '椈', 柏也.

② '비枇'는 희생의 덩치를 뜨는 것이다. 이것은 상제喪祭를 가리킨다. 길제吉祭의 경우 비枇는 대추나무로 된 것을 사용한다. '枇', 所以載牲體者. 此謂喪祭也. 吉祭, 枇用棘.

③ '필畢'은 주인이 뜨는 것을 돕는 도구이다. '간刊'은 깎는다는 뜻과 같다. '畢', 所以助主人載者. '刊'猶削也.

集說 '창暢'은 울창鬱鬯이다. '국椈'은 측백나무이다. 울창을 찧을 때 측백나무로 절구를, 오동나무로 절굿공이를 만들어 쓴다. 측백나무는 향기가 좋고 오동나무는 깨끗하다. 그러므로 사용하는 것이다. 가마솥(鑊)에 있는 희생 덩치를 비枇[40]를 사용하여 들어서 정鼎(세발 달린 솥)에 넣는다. 또한 비枇를 사용하여 정鼎에서 들어 조俎에 올려놓는다. 주인이 고기를 들을 때 집사執事가 필畢(희생을 꿰는 도구)[41]로 드는 것을 돕는다. 이 두 가지 기물은 길제吉祭의 경우 대추나무로 된 것을 사용하고, 상제喪祭의 경우 뽕나무로 된 것을 사용한다. 필의 자루와 끝을 깎아내는데 비枇도 또한 반드시 깎아낸다. '暢', 鬱鬯也. '椈', 柏也. 擣鬱鬯者, 以柏木爲臼, 梧木爲杵. 柏香芳而梧潔白. 故用之. 牲體在鑊, 用枇升之以入鼎. 又以枇自鼎載之入俎. 主人擧肉之時, 執事者則以畢助之擧. 此二器, 吉祭以棘木爲之, 喪祭則用桑木. 畢之柄與末, 加刊削, 枇亦必然也.

【잡기상 53】

율대率帶는 제후와 대부의 경우 5가지 색깔로 문식하고, 사士는 2가지 색깔로 문식한다.

率帶, 諸侯·大夫皆五采, 士二采.

鄭注 이것은 시신을 습襲할 때 사용하는 큰 띠(大帶)를 말한다. '율率'은 접어서 가선을 두르는 것(繂)이다. 접어서 가선을 두르기만 하고 바늘로 꿰매지 않는다. 대부大夫 이상은 띠에 다시 5가지 색깔로 문식하고, 사士는 붉은색과 녹색으로 문식한다. 습襲은 띠를 두르는 것에서 완성된다. 변화를 주는 것은 살아 있는 사람과 달리하는 것이다. 此謂襲尸之大帶. '率', 繂也. 繂之不加箴功. 大夫以上, 更飾以五采, 士以朱·綠. 襲事成於帶. 變之, 所以異於生.

集說 '율率'은 '률繂'과 같다. 사자死者에게 옷을 입히는 것이 끝나면 이 띠를 두른다. 그것을 률繂이라고 말한 것은 띠의 가장자리를 접어서 다리미로 눌러 붙일 뿐 바늘로 가선을 꿰매지 않기 때문이다. 5가지 색깔로 문식한다. 『의례』「사상례士喪禮」에 치대緇帶(검은색의 베로 만든 띠)를 두른다고 하였다. 여기에 2가지 색깔로 문식한다고 한 것은 천자天子의 사士를 가리킨다. '率'與'繂'同. 死者著衣畢而加此帶. 謂之繂者, 但繘帛邊而熨殺之, 不用箴線也. 以五采飾之. 「士喪禮」緇帶. 此二采, 天子之士也.

【잡기상 54】

단술(醴)은 입쌀로 담근 것이다. 독(甕)·단지(甒)·둥구미(筲)·항(衡)

등은 관을 덮는 보(見) 사이에 넣어 둔다. 이후에 절折이 들어간다.

醴者, 稻醴也. 甕·甒·筲·衡, 實見間. 而后折入.

鄭注 이 부분은 매장할 때 무덤에 넣는 물품들을 가리킨다. '형衡'은 '항桁'이 되어야 한다. 독(甕)과 단지(甒) 등을 올려놓는 것인데 발음상 잘못 기록된 것이다. '관을 덮는 보(見) 사이에 넣어 둔다'(實見間)는 것은 관을 덮는 보의 밖과 바깥널(椁)의 안 사이에 저장해둔다는 것이다. '절折'은 자리를 떠받치는 판이다. 此謂葬時藏物也. '衡', 當爲'桁'. 所以庪甕·甒之屬, 聲之誤也. '實見間', 藏於見外·椁內也. '折', 承席也.

集說 이 부분은 매장할 때 무덤에 넣는 물품들을 가리킨다. '도례稻醴'는 입쌀로 단술을 만든 것이다. '독'(甕)과 '단지'(甒)는 모두 질그릇이다. 독에는 젓갈을 담고, 단지에는 단술과 술을 담는다. '둥구미'(筲)는 대그릇으로 거기에 메기장(黍)과 찰기장을 담는다. '형衡'은 '항桁'으로 읽는다. 나무로 만들며 독과 단지 등을 올려놓는 것이다. '현見'은 관을 덮는 보이다. 이 독(甕)·단지(甒)·둥구미(筲)·항衡 등을 관을 덮는 보의 밖과 바깥 널(椁) 안 사이에 넣어 두는 것을 말한다. '이후에 절折이 들어간다'는 것은 이렇다. 절折[42]의 형태는 침상과 같은데 다리가 없고 나무로 만들며 세로로 셋 가로로 다섯이 되게 한다. 하관을 마친 뒤에 무덤 위에 넣어서 항석抗席(흙을 막는 부들로 된 자리)[43]을 떠받치게 한다. 此言葬時所藏之物. '稻醴', 以稻米爲醴也. '甕'·'甒', 皆瓦器. 甕盛醯·醢, 甒盛醴·酒. '筲', 竹器, 以盛黍·稷. '衡', 讀爲'桁'. 以木爲之, 所以庋擧甕·甒之屬也. '見', 棺衣也. 言此甕·甒·筲·衡, 實於見之外·椁之內. '而后折入'者. 折形如床而無足, 木爲之, 直者三, 橫者五. 窆事畢而後加之壙上, 以承抗席也.

【잡기상 55】

중重은 우제가 끝난 뒤에 땅에 묻는다.

重, 旣虞而埋之.

鄭注 중重을 세워 두었던 곳에 나아가 묻는다. 就所倚處埋之.

集說 중重에 대한 설명은 「단궁하檀弓下」(26)에 나온다. 우제虞祭가 끝난 뒤 조묘祖廟의 문 밖 동쪽에 묻는다. 重說見「檀弓」. 虞祭畢, 埋於祖廟門外之東.

【잡기상 56】

무릇 부인婦人에 대한 예禮의 등급은 그 남편의 작위爵位를 따라서 정한다.

凡婦人, 從其夫之爵位.

鄭注 부인은 독자적으로 결정하는 예가 없다. 살아 있을 때 행하는 예禮나 사망한 뒤 치르는 상사喪事에서 남편의 작위를 기준으로 존비尊卑의 등급을 삼는다. 婦人無專制. 生禮死事, 以夫爲尊卑.

集說 부인의 상사喪事를 진행하는 것은 모두 남편 작위爵位의 등급을 가지고 정하며, 달리하는 예禮가 없다. 治婦人喪事, 皆以夫爵位尊卑爲等降, 無異禮也.

【잡기상 57】

소렴小斂과 대렴大斂 또는 계빈(啓)의 절차가 진행 중일 때 조문객이 오면, 모두 (절차가 끝난 뒤) 상주喪主는 (당堂 아래 곡위哭位로 나아가) 조문객에게 두루 배례한다.

小斂・大斂・啓, 皆辯拜.

鄭注 (이 세 가지 절차가) 진행 중일 때 조문객이 오면 상주는 끝내 배례拜禮하지 않을 것이라고 여기는 혐의가 있기 때문에 밝힌 것이다. 이 경우 그 절차가 끝나면 모두 배례한다. 嫌當事, 來者終不拜, 故明之也. 此旣事, 皆拜.

集說 예禮에 따를 때 대렴大斂[44]・소렴小斂[45] 또는 계빈啓殯[46] 등의 절차가 진행되고 있는데 군주가 조문을 오면 진행하던 절차를 중단하고 나아가 배례拜禮한다. 만일 다른 조문객이 오면 진행하던 절차를 그만두지 않고, 절차가 끝난 다음에 당堂 아래 곡위哭位로 나아가 두루 배례한다. 그러므로 특별히 이 세 가지 절차를 들어서 말한 것이다. 사士가 대부大夫에 대해서라면, 절차가 진행 중일 때 대부가 이르면 사士는 역시 나가서 배례한다. 禮當大斂・小斂及啓攢之時, 君來弔, 則輟事而出拜之. 若它賓客至, 則不輟事, 待事畢, 乃卽堂下之位而徧拜之. 故特擧此三節言之. 若士於大夫, 當事而大夫至, 則亦出拜之也.

【잡기상 58】

조석곡朝夕哭을 할 때 휘장을 걷는다. 장례 뒤 관이 없게 되면 휘장을 치지 않는다.

朝夕哭不帷.① 無柩者不帷.②

鄭注 ① 상주가 빈궁殯宮의 무덤(肂)과 관(殯)을 보고 싶어 하는 것에 따른 것이다. 곡哭을 마치고 나오면 휘장을 내린다. 귀신은 깊고 어두운 것을 좋아하기 때문이다. 緣孝子心欲見殯・肂也. 旣出則施其扆. 鬼神尙幽闇也.

② 장례를 마친 뒤를 말한다. 관이 이미 빈궁을 떠났으므로 귀신은 방에 있고, 당堂에서는 일이 없다. 그러므로 휘장을 치우는 것이다. 謂旣葬也. 棺柩已去, 鬼神在室, 堂無事焉. 遂去帷.

集說 아침저녁 사이에도 효자는 빈궁의 관(殯)을 보고 싶어 한다. 그러므로 곡을 할 때 그 휘장을 걷고, 곡을 마치면 휘장을 내린다. '관이 없다'(無柩)는 것은 장례를 마친 뒤를 말한다. 신주神主는 사당에 부祔한 뒤에 방으로 돌아와 있으므로 당堂에서는 일이 없다. 그러므로 다시 휘장을 치지 않는다. 朝夕之間, 孝子欲見殯. 故哭則褰擧其帷, 哭畢仍垂下之. '無柩'謂葬後也. 神主祔廟之後, 還在室, 無事於堂. 故不復施帷.

【잡기상 59】

관이 상여에 이미 실린 뒤에 군주가 와서 조문하면, 상주는 동쪽을 향해 배례하고, 문의 오른쪽에서 북쪽을 향해 용踊을 한다. (군주보다 먼저) 문을 나가 기다리고, 군주가 돌아가라고 명령한 뒤에 돌아와 전奠을 올린다.

君若載而后弔之, 則主人東面而拜, 門右北面而踊. 出待, 反而后奠.

鄭注 상주가 빈객의 자리에서 배례를 하고 용踊을 하는 것은 군주를 감히 압박하지 못하기 때문이다. 군주는 조문을 하고 상여 동쪽에 있는다. '문을 나가 기다린다'(出待)는 것은 군주가 더 머물 필요가 없기 때문이다. 군주가 상주에게 돌아가게 하면, 곧 돌아와 사자死者에게 전奠을 올린다. 主人拜踊於賓位, 不敢迫君也. 君卽位車東. '出待', 不必君留也. 君反之, 便奠.

集說 이 부분은 군주가 신하의 상에 조문을 왔는데 관이 이미 사당에 인사드리는 예를 마치고 관이 상여에 실려 있을 때면, 군주는 조문을 하고 수레의 동쪽에 있는다. 주인은 수레의 서쪽에서 동쪽을 향해 배례한다. '문의 오른쪽'은 사당 문의 서쪽이다. 문 안에서 나올 때는 오른쪽이 서쪽이 된다. 상주는 군주에게 배례拜禮를 하고 자리에 따라 서 있기 때문에, 문 안의 서쪽에서 북쪽을 향해 곡哭을 하고 용踊을 하는 것이 예에 맞다. 용踊을 마치고 나서 군주보다 먼저 문을 나와서 군주에게 배례하고 전송하기를 기다리는 것은 군주가 오래 머물 필요가 없기 때문이다. 군주가 상주에게 돌아가라고 명령하면, 상주의 자리로 돌아와 바로 전을 진설하여 사자死者에게 아뢰서 군주가 와서 조문하였음을 알린다. 일설에는 이 부분이 사당에서 관을 상여에 실을 때를 말하는 것이고, 전奠은 돌아와 조전祖奠을 진설하는 것이라고 한다.[47] 此謂君來弔臣之喪, 而柩已朝廟畢, 載在柩車, 君旣弔, 位在車之東. 則主人在車西東面而拜. '門右', 祖廟門之西偏也. 自內出則右在西. 孝子旣拜君, 從位而立, 故於門內西偏, 北面而哭踊爲禮也. 踊畢, 先出門以待拜送, 不敢必君之久留也. 君命之反, 還喪所, 卽設奠以告死者, 使知君之來弔也. 一說, 此謂在廟載柩車之時, 奠謂反設祖奠.

【잡기상 60】

자고子羔의 상에 습襲을 할 때 사용한 옷은 핫옷(繭衣裳)과 치마의 끝동(衻)을 붉은 비단으로 두른 단의稅衣가 한 벌을 이루었고, 소단素端 한 벌, 피변복皮弁服 한 벌, 작변복爵弁服 한 벌, 현면복玄冕服 한 벌 등이었다. 그러자 증자는 "부인의 복식으로 염하지 않는 법이다"라고 비난하였다.

子羔之襲也, 繭衣裳與稅衣纁衻爲一, 素端一, 皮弁一, 爵弁一, 玄冕一. 曾子曰: "不襲婦服."

鄭注 '견의상繭衣裳'(핫옷)은 지금의 대촉大褐(통치마)과 같다. 새 솜으로 견繭(핫옷)을 짓고 헌 솜으로 도포(袍 핫옷)를 지어 단의稅衣를 겉에 입는 것이 곧 한 벌이 된다. '단의稅衣'는 현단복과 같은데 웃옷과 치마를 이어놓은 것이다. 대부가 붉은색 명주(纁)로 가선을 두르는 것은 잘못이다. 오직 부인의 경우 옷의 끝동(衻)을 붉은 비단으로 두른다. 예禮에서는 관冠으로 복식의 명칭을 규정한다. 이 부분은 그 옷을 가지고 습襲하는 것이요, 그 관冠을 가지고 습하는 것이 아니다. 증자曾子는 부인婦人이 하는 복식으로 습하는 것을 비난하였을 뿐이다. '현면玄冕'은 또한 대부의 복식이다. 자고子羔가 무엇 때문에 현면복으로 습하였는지 모르겠다. '현면玄冕'은 어떤 곳에는 현관玄冠으로 되어 있고 어떤 곳에는 현단玄端으로 되어 있다. '繭衣裳'者, 若今大褐也. 纊爲繭, 縕爲袍, 表之以稅衣, 乃爲一稱爾. '稅衣', 若玄端而連衣裳者也. 大夫而以纁爲之緣, 非也. 唯婦人纁衻. 禮以冠名服. 此襲其服, 非襲其冠. 曾子譏襲婦服而已. '玄冕', 又大夫服. 未聞子羔曷爲襲之. '玄冕'或爲玄冠, 或爲玄端.

集說 '자고子羔'는 공자의 제자인 고시高柴이다. '습襲'은 옷을 시신에게 입

히는 것(斂)이다. '견의상繭衣裳'(핫옷)은 상의와 치마를 서로 잇고 솜으로 붙인 것을 말한다. 단의稅衣는 검은색이다. '훈纁'은 붉은색 명주이다. '끝동'(袡)은 치마 하단의 가선이다. 핫옷(繭衣)은 속옷이기 때문에 단의褖衣를 겉에 걸치며 합해서 한 벌이 된다. 그러므로 '핫옷(繭衣裳)과 치마의 끝동(袡)을 붉은 비단으로 두른 단의稅衣가 한 벌을 이루었다'라고 말한 것이다. '소단素端[48] 한 벌'은 시신에게 두 번째 입히는 옷 한 벌이다. 하창賀瑒은 "상의와 치마를 함께 흰색으로 만든 것이다"라고 하였다. '피변복皮弁服 한 벌'은 시신에게 세 번째 입히는 옷 한 벌이다. 피변복은 흰 베로 상의를 만들고 흰 생비단으로 치마를 만든다. '작변복爵弁服 한 벌'은 시신에게 네 번째 입히는 옷이다. 그 복식은 검은색 베로 상의를 만들고 붉은 비단으로 치마를 만든다. '현면복玄冕服 한 벌'은 시신에게 다섯 번째 입히는 옷이다. 그 복식은 상의를 검은색으로 하고 치마는 붉은색으로 한다. 상의에는 문양이 없고, 치마에는 보불黼黻 문양을 수놓는다. 대부大夫의 가장 높은 옷이다. '부인의 복식'(婦服)은 치마 끝동에 붉은색 비단으로 가선을 두르는 것을 가리켜 말한 것이다. 증자曾子가 비난한 것은 그것이 예에 맞지 않기 때문이다.

'子羔', 孔子弟子高柴也. '襲', 以衣斂尸也. '繭衣裳', 謂衣裳相連而綿爲之著也. 稅衣黑色. '纁', 絳色帛. '袡', 裳下緣也. 繭衣褻, 故用褖衣爲表, 合爲一稱. 故云'繭衣裳與稅衣纁袡爲一'. '素端一', 第二稱也. 賀氏云: "衣裳並用素爲之." 皮弁一, 第三稱也. 皮弁之服, 布衣而素裳. '爵弁一', 第四稱也. 其服玄衣而纁裳. '玄冕一', 第五稱也. 其服玄衣纁裳. 衣無文而裳刺黼. 大夫之上服也. '婦服'指纁袡而言. 曾子非之, 以其不合於禮也.

【잡기상 61】

군주의 사신으로 외국에 가서 사망한 경우 공관公館에서 사망하였으면 복復을 하고, 사관私館에서 사망하였으면 복을 하지 않는다. 공관은 공公의 궁궐과 공이 지은 별도의 처소이다. 사관은 경卿과 대부大夫 이하의 집이다.

爲君使而死, 公館復, 私館不復. 公館者, 公宮與公所爲也. 私館者, 自卿·大夫以下之家也.

鄭注 '공이 지은 것'(公所爲)은 군주가 지은 별도의 처소를 뜻한다. '公所爲', 君所作離宮別館也.

集說 설명은 「증자문曾子問」(58)에 보인다. 說見「曾子問」.

【잡기상 62】

공公은 7차례 용踊을 하고 대부大夫는 5차례 용을 하는데 부인은 중간에 행한다. 사士는 3차례 용을 하는데 부인은 모두 중간에 행한다.

公七踊, 大夫五踊, 婦人居間. 士三踊, 婦人皆居間.

鄭注 '공公'은 군주이다. 초상初喪과 소렴小斂 그리고 대렴大斂에 용踊을 하는 것은 군주와 대부 그리고 사士가 동일하다. 따라서 모두 세 번 용踊을 한다. 군주는 5일 만에 대렴을 하고 대부는 3일 만에 대렴을 한다. 사士는 2일 만에 대렴을 한다. 사士는 소렴하는 날 조전朝奠에 용踊을 하지 않는다. 군주와 대부는 대렴하는 날 조전朝奠에 용을 하지 않는다. '부인은 중간에 행한다'(婦人居間)는 것은 용을 할 때 반드시 번갈아가면서 하기 때문에 상주가 용을 하고 다음에 부인이 용을 하면 조문객이 용踊을 한다. '公', 君也.

始死及小斂·大斂而踊, 君·大夫·士一也. 則皆三踊矣. 君五日而殯, 大夫三日而殯. 士二日而殯. 士小斂之朝不踊. 君·大夫大斂之朝乃不踊. '婦人居間'者, 踊必拾, 主人踊, 婦人踊, 賓乃踊.

集說 국군國君은 5일 만에 빈殯을 하는데, 초상으로부터 대렴에 이르기까지 전부 7차례 용踊을 한다. 처음 사망하였을 때가 첫 번째, 다음날 습襲할 때가 두 번째, 습襲을 한 다음날 조전朝奠할 때가 세 번째, 그 다음날 조전할 때가 네 번째, 그날 소렴을 마칠 때가 다섯 번째, 소렴한 다음날 조전할 때가 여섯 번째, 다음날 대렴할 때가 일곱 번째이다. 대부는 3일 만에 빈殯을 하는데, 전부 5차례 용踊을 한다. 처음 사망하였을 때가 첫 번째, 다음날 습襲하는 아침 조전할 때가 두 번째, 그 다음날 조전할 때와 소렴할 때가 (세 번째와) 네 번째, 소렴한 다음날 대렴할 때가 다섯 번째이다. 사士는 2일 만에 빈殯을 하는데, 전부 3차례 용을 한다. 처음 사망하였을 때가 첫 번째, 소렴을 할 때가 두 번째, 대렴을 할 때가 세 번째이다. 무릇 용踊은 남자가 먼저 하고, 남자가 하는 것이 끝난 뒤에 부인이 한다. 부인이 용을 하는 것이 끝나면 조문객이 용을 한다. 부인이 상주와 조문객 사이에 행하기 때문에 '중간에 행한다'고 한 것이다. 그러나 『예기』를 기록한 자가 이미 "시신을 이동하고 널을 움직일 때 곡哭과 용踊을 하는데 정해진 횟수가 없다"[49]고 하였는데, 이 경문에서는 3차례, 5차례, 7차례 등의 차이를 두었다. 이 경문은 예경禮經의 정상적인 절차로 말한 것이고, 앞의 경문은 애통해하는 마음의 일반적 정서로 말한 것이다. 또한 이른바 '정해진 수가 없다'는 것은 한 번 용을 할 때마다 3번씩만 뛰어 9번 뛰는 것으로 3번 용을 하는 수로 한정하지 않는다는 것이다. 國君五日而殯, 自死至大斂, 凡七次踊者. 始死一也, 明日襲二也, 襲之明日之朝三也, 又明日之朝四也, 其日旣小斂五也, 小斂明日之朝六也, 明日大斂時七也. 大夫三日而殯, 凡五次踊者. 始死一也,. 明日襲之朝二

也, 明日之朝及小斂四也, 小斂之明日大斂五也. 士二日而殯, 凡三次踊者. 始死一也, 小斂時二也, 大斂時三也. 凡踊, 男子先踊, 踊畢而婦人乃踊. 婦人踊畢, 賓乃踊. 是婦人居主人與賓之中間, 故云'居間'也. 然記者固云: "動尸・擧柩, 哭踊無數", 而此乃有三五七之限者. 此以禮經之常節言, 彼以哀心之泛感言也. 又所謂'無數'者, 不以每踊三跳, 九跳爲三踊之限也.

【잡기상 63】

공公을 습할 때 권의卷衣 한 벌, 현단복玄端服 한 벌, 조복朝服 한 벌, 소적素積 한 벌, 훈상纁裳 한 벌, 작변복爵弁服 두 벌, 현면복玄冕服 한 벌, 포의褒衣 한 벌을 사용하며, 띠는 붉은색과 녹색으로 문식하고, 위에 큰 띠(大帶)를 거듭해서 채운다.

公襲, 卷衣一, 玄端一, 朝服一, 素積一, 纁裳一, 爵弁二, 玄冕一, 褒衣一, 朱綠帶, 申加大帶於上.

鄭注 '붉은색과 녹색으로 띠를 문식한다'(朱綠帶)는 것은 염할 때 시신에게 입히는 옷의 띠다. 붉은색과 녹색으로 섞어서 문식하는 것은 살아 있을 때와 달리하는 것이다. 이 띠 역시 흰 베로 만든다. '신申'은 거듭한다는 뜻이다. 가죽 띠(革帶) 위에 거듭해서 두르는 것이다. 가죽 띠는 거기에 폐슬(韍)[50]을 찬다. '큰 띠(大帶)를 거듭해서 채운다'(重加大帶)고 말한 것은 비록 살아 있을 때와 달리 변화를 주기는 하지만, 이 두 띠는 반드시 갖추어야 함을 밝힌 것이다. 사士를 습할 때는 3벌을 쓰는데, 자고子羔를 습할 때 5벌을 썼다. 이제 공公을 습할 때 9벌을 쓰니 신분의 차이에 따라 습에 사용하는 옷의 수도 다른 것이다. 제후는 7벌을 하고, 천자에게는 12벌을 할 것이

다. '朱綠帶'者, 襲衣之帶. 飾之雜以朱綠, 異於生也. 此帶亦以素爲之. '申', 重也. 重於革帶也. 革帶以佩韍. 必言'重加大帶'者, 明雖有變, 必備此二帶也. 士襲三稱, 子羔襲五稱. 今公襲九稱, 則尊卑襲數不同矣. 諸侯七稱, 天子十二稱與.

集說 신분이 낮은 자는 신분이 낮은 옷으로 살과 닿게 가장 안쪽에 입힌다. 자고子羔를 염할 때 하였던 방식이 그 사례이다. 공公은 신분이 존귀하기 때문에 가장 높은 옷(上服)으로 살과 닿게 가장 안쪽에 입힌다. 포의褒衣를 가장 바깥쪽에 입히는 것은 존귀함을 드러내는 것이다. '포의褒衣'는 상공上公의 옷이다. '현단玄端'은 상의를 검은색으로 치마를 붉은색으로 하며 재계할 때 입는 옷이다. 천자는 한가롭게 지낼 때 입는 옷으로, 사士는 제복祭服으로 삼는다. 대부와 사士가 그들의 사적인 조정朝廷에서 입는 옷으로 삼는다. '조복朝服'은 상의는 검은색으로 치마는 흰색으로 하며, 공公이 날마다 정사를 볼 때 입는 옷이다. '소적素積'은 피변복皮弁服으로 제후가 정사를 볼 때 입는 옷이다. '훈상纁裳'은 면복冕服의 치마이다. '작변복爵弁服 두 벌'은 검은색 상의와 훈상纁裳 두 벌이다. 이 옷은 처음 작명을 받을 때 입은 옷이기 때문에 특별이 두 벌을 쓴다. 근본을 중시함을 보이는 것이다. '현면玄冕'에 대한 설명은 위 장에 나온다. '포의褒衣'는 군주가 특별히 하사한 옷이므로 가장 위에 입는다. 군주가 하사한 것을 영예롭게 여기는 것이다. 제후는 시신을 습할 때 작은 띠(小帶)를 사용하여 묶는 것으로 삼는다. 이 띠는 흰 베로 만들고 붉은색과 녹색의 색깔로 문식한다. '신申'은 거듭한다는 뜻이다. 가죽 띠를 사용하였는데, 다시 거듭해서 큰 띠를 채우는 것은 살았을 때 큰 띠를 차던 것을 본뜬 것이다. 이 띠는 곧 위 장(53)에서 "율대率帶는 제후와 대부의 경우 5가지 색깔로 문식하고, 사士는 2가지 색깔로 문식한다"라고 한 말이 그것이다. 卑者以卑服親身. 如子羔之襲, 是也. 公貴者, 故上服親身. 褒衣最外, 尊顯之也. '褒衣', 上公之服也. '玄端', 玄衣朱裳, 齊服也. 天子以

爲燕服, 士以爲祭服. 大夫・士以爲私朝之服. '朝服', 緇衣素裳, 公日視朝之服也. '素積', 皮弁之服, 諸侯視朝之服也. '纁裳', 冕服之裳也. '爵弁二'者, 玄衣纁裳二通也. 以其爲始命所受之服, 故特用二通. 示重本也. '玄冕', 見上章. '褒衣'者, 君所加賜之衣, 最在上. 榮君賜也. 諸侯襲尸, 用小帶以爲結束. 此帶則素爲之, 而飾以朱綠之采也. '申', 重也. 已用革帶, 又重加大帶, 象生時所服大帶也. 此帶卽上章所云: "率帶, 諸侯・大夫皆五采, 士二采"者, 是也.

【잡기상 64】

소렴小斂 뒤에 수질(環絰)을 하는 것은 공公과 대부大夫 그리고 사士가 동일하다.

小斂, 環絰, 公・大夫・士一也.

鄭注 '수질'(環絰)은 한 가닥으로 만든다. 이른바 전질纏絰이다. 사士는 흰색의 위모威貌를 쓰고, 대부大夫 이상은 흰색의 작변爵弁을 쓰고, 그리고 이 수질을 더하며, 요질腰絰의 두르고 남은 끈을 풀어 늘어뜨린다. '環絰'者, 一股. 所謂纏絰也. 士素委貌, 大夫以上素爵弁, 而加此絰焉, 散帶.

集說 소疏에서 말한다 "수질(環絰)은 한 가닥의 삼(麻)으로 얽은 것이다. 부모가 돌아가시면 처음에 상주는 관을 벗는다. 소렴小斂 때 이르면 문식함이 없을 수 없으므로 사士는 흰색의 위모威貌[51]를 쓰고, 대부大夫 이상은 흰색의 작변爵弁을 쓴다. 그러나 (그 위에) 신분의 차이에 상관없이 모두 수질首絰을 더할 수 있기 때문에 '공公과 대부大夫 그리고 사士가 동일하다'고 한 것이다." 疏曰: "環絰, 一股而纏也. 親始死, 孝子去冠, 至小斂不可無飾, 士素委貌, 大夫以上素弁. 而貴賤悉得加於環絰, 故云'公・大夫・士一也'."

【잡기상 65】

공公이 신하의 대렴大斂에 직접 와서 볼 때, 공公이 당에 오른 뒤에 상축商祝이 돗자리(席)를 펴고 대렴을 진행한다.

公視大斂, 公升, 商祝鋪席, 乃斂.

鄭注 「상대기喪大記」(49)에 "대부의 상에서 대렴을 행하고자 효포(絞)·홑이불(紟)·이불(衾)·수의(衣)를 펴 놓았는데 군주가 조문하러 이른다"라고 하였는데, 이 군주가 당堂에 오르면 다시 자리를 펴는 것이다. 따라서 군주가 이르면 그를 위해 바꾸고 새로 시작한다. 「喪大記」曰: "大夫之喪, 將大斂旣鋪絞·紟·衾, 君至", 此君升[52]乃鋪席. 則君至爲之改, 始新之也.

集說 군주가 신하의 상喪에 직접 와서 대렴大斂을 행하는 것을 보는 경우이다. 상축商祝은 은殷나라의 예를 잘 아는 자로 염하는 일을 전담하여 주관한다. 상주는 비록 먼저 돗자리를 깔고 효포(絞)와 홑이불(衾) 등 물품들을 펼쳐놓았더라도 군주가 도착한다는 소식이 들리면 모두 철수하고 군주가 도착하여 당에 오르기를 기다린 다음에 상축商祝이 처음부터 돗자리를 펴고 대렴의 일을 진행한다. 대개 군주가 와서 그 예禮를 진행하는 것을 영예롭게 여기는 것이다. 君臨臣喪, 而視其大斂. 商祝, 習知殷禮者, 專主斂事. 主人雖先已鋪席, 布絞·紟等物, 聞君將至, 悉徹去之, 待君至升堂, 商祝乃始鋪席爲斂事. 蓋榮君之至而擧其禮也.

【잡기상 66】

노魯나라 사람들이 사자死者에게 증여하는 것(贈)으로 검은색 명주 세 덩치와 붉은색 명주 두 덩치를 사용하는데, 그 폭이 1척이고 길이는 1폭을 다한 정도(2척 4촌)였다.
魯人之贈也, 三玄二纁, 廣尺, 長終幅.

鄭注 예禮에 어긋남을 말한 것이다. 「사상례士喪禮」의 하편인 『의례』 「기석례既夕禮」에 "사자死者에게 증여하는 것(贈)은 제폐制幣를 사용하는데, 검은색과 붉은색의 명주 1속束이다"라고 하였다. 言失之也. 「士喪禮」下篇曰: "贈用制幣, 玄纁束帛."

集說 '증贈'은 물건을 바깥 널(椁) 안에 넣어 사자死者를 전송하는 것이다. 『의례』 「기석례既夕禮」에 "사자死者에게 증여하는 것(贈)은 제폐制幣를 사용하는데, 검은색과 붉은색의 명주 1속束이다"라고 하였다. 1장 8척이 1제制이다. 지금 노魯나라 사람들이 검은색과 붉은색 비단을 사용하지만 이처럼 짧고 좁은 것은 예에 맞지 않는다. 그러므로 기록한 자가 비난한 것이다. 폭의 길이는 2척 2촌이다. '贈', 以物送別死者於椁中也. 「既夕禮」曰: "贈用制幣玄纁束." 一丈八尺爲制. 今魯人雖用玄與纁, 而短狹如此, 則非禮矣. 故記者譏之. 幅之度, 二尺二寸.

【잡기상 67】

조문하러 온 사자使者는 대문의 서쪽에 서서 동쪽을 향한다. 그 개介(부관)들은 동남쪽에서 북쪽을 향해 있는데 서쪽 윗자리가 되고 문에서 서쪽에 선다.(西於門) 주국主國의 고孤(상주)는 서쪽을 향한다. 상사喪事를 돕는 자(相)가 상주의 명령을 받아 "고자孤子 아무개는 아무개를 시켜 무슨 일로 오셨는지 여쭙게 하였습니다"라고 한다. 조문하러 온 사자는 "과군寡君께서 아무개를 시켜 조문하게 하였습니다. 어쩌다가 좋지 않은 일을 당하셨습니까!"라고 한다. 상을 돕는 자가 들어와 아뢰고, 다시 나가서 "고자孤子 아무개가 기다립니다"라고 말한다. 조문하러 온 사자가 대문을 들어오면 주인은 당으로 올라 서쪽을 향한다. 사자는 서쪽 계단으로 당堂에 올라 동쪽을 향하고 군주의 명령을 전하여 "과군께서 군주의 상사를 들으시고 과군께서 아무개를 시켜 조문하게 하였습니다. 어쩌다가 좋지 않은 일을 당하셨습니까!"라고 말한다. 상주는 이마를 지면에 대고 배례拜禮를 하며, 사자는 계단을 내려가 (대문 밖의) 자리로 돌아간다.

弔者卽位于門西, 東面. 其介在其東南, 北面, 西上, 西於門.① 主孤西面.② 相者受命曰: "孤某使某請事." 客曰: "寡君使某. 如何不淑!"③ 相者入告, 出曰: "孤某須矣."④ 弔者入, 主人升堂, 西面. 弔者升自西階, 東面, 致命曰: "寡君聞君之喪, 寡君使某. 如何不淑!" 子拜稽顙, 弔者降反位.⑤

鄭注 ① 빈賓은 문밖에 서되 문 중앙에 있지 않는다. 賓立門外, 不當門.

② 조계阼階 아래에 선다. 立於阼階下.

③ '수명受命'은 주인의 명령을 받아 나가는 것이다. 빈擯(인도하는 사람)을 말하지 않은 것은 상사喪事에는 손님을 접대하는 예가 없기 때문이다. '숙淑'은 좋다는 뜻이다. '어쩌다가 좋지 않은 일을 당하셨습니까?'(如何不善)라는 말은 군주가 애통해함이 심하여 아무개를 시켜 조문하는 것을 말한다. '受命', 受主人命以出也. 不言擯者, 喪無接賓也. '淑', 善也. '如何不善!', 言君痛之甚, 使某弔.

④ 군주의 이름을 부르는 이유는 군주가 사망하였을 때 '자子 아무개'라고

불러 사람들에게 적통 후사後嗣임을 알게 하는 것이다. '기다립니다'(須矣)라는 말은 나가서 맞이하지 않는다는 것이다. 稱其君名者, 君薨, 稱'子某', 使人知適嗣也. '須矣', 不出迎也.

⑤ '자子'는 고자孤子(상주)이다. '내려가 자리로 돌아간다'(降反位)는 것은 나와서 문 밖의 자리로 돌아감을 말한다. '출出' 자가 없는 것은 탈락된 것이다. '子', 孤子也. '降反位'者, 出反門外位. 無'出'字, 脫.

集說 이 부분은 제후국에서 사신을 파견하여 상사喪事에 조문하는 예를 말한다. '조문하러 온 이'는 군주가 파견하여 온 사자이다. '개介'는 부관이다. '대문의 서쪽'은 주국主國(사신의 조문을 받는 나라)의 대문 서쪽을 말한다. '서쪽이 위가 된다'는 것은 개介가 1명이 아니기 때문에 윗사람이 서쪽에 서서 정사正使 가까이 있는 것이다. '문에서 서쪽에 선다'(西於門)는 것은 문의 중앙에 감히 있지 못하는 것이다. '주국主國의 고孤(상주)는 서쪽을 향한다'(主孤西面)는 것은 동쪽 계단 아래에 서 있는 것을 말한다. '돕는 자(相)가 명령을 받는다'(相者受命)는 것은 예를 돕는 자가 상주의 명령을 받는 것이다. '어쩌다가 좋지 않은 일을 당하셨습니까?'(如何不善)라는 말은 위로하는 말로서 '어쩌다가 이런 흉한 화를 당하였냐?'고 말하는 것이다. '수須'는 기다린다는 뜻이다. 흉례凶禮에서는 손님을 나가서 맞이하지 않는다. 그러므로 '기다립니다'고 한 것이다. '주인은 당으로 오른다'는 것은 동쪽 계단으로 오르는 것이다. '내려가 자리로 돌아간다'는 것은 계단을 내려와 나가서 문 밖의 자리로 돌아감을 말한다. 「곡례상曲禮上」(164)에 "(상喪중에는) 오르고 내려올 때 동쪽 계단을 이용하지 않는다"고 한 것은 조문객이 없는 평상시를 말한다. ○ 석량왕씨石梁王氏는 말한다. "이 한 단락은 상당히 자세하여 제후의 상례喪禮가 손실된 것을 보완할 수 있다." 此言列國遣使弔喪之禮. '弔者', 君所遣來之使也. '介', 副也. '門西', 主國大門之西也. '西上'者, 介非一人, 其長者在

西, 近正使也. '西於門', 不敢當門之中也. '主孤西面', 立於阼階之下也. '相者受命', 相禮者受主人之命也. '如何不淑!', 慰問之辭, 言'何爲而罹此凶禍?'也. '須', 待也. 凶禮不出迎. 故云'須矣'. '主人升堂', 由阼階而升也. '降反位', 降階而出復門外之位也. 「曲禮」云: "升降不由阼階", 謂平常無弔賓時耳. ○ 石梁王氏曰: "此一段頗詳, 可補諸侯喪禮之缺."

【잡기상 68】

반함飯含[53)]에 쓰는 옥을 전하는 자(含者)는 옥을 들고 명령을 전달하기를 "과군寡君께서 아무개를 시켜 반함에 쓸 옥을 부의하게 하였습니다"라고 한다. 상사喪事를 돕는 자(相)가 들어와 아뢰고, 다시 나가서 "고자孤子 아무개가 기다립니다"라고 말한다. 옥을 전하는 자가 들어와 당에 올라서 명령을 전달하면, 상주는 이마를 지면에 대고 배례한다. 옥을 전하는 자는 빈궁殯宮의 동남쪽에 꿇어앉아서 전하는데, (이때 장례를 하기 전이면) 갈자리(葦席)를 깔아 받치고, 장례를 마친 뒤라면 부들자리(蒲席)를 깔아 받친다. 옥을 전하는 자는 계단을 내려와 문을 나가서 문밖의 자신의 자리로 돌아간다. 재부宰夫는 조복朝服을 입고 상喪중에 신는 미투리(喪屨)를 그대로 신고서 서쪽 계단으로 올라 서쪽을 향하고 꿇어앉아서 옥을 들며, 계단을 내려와 동쪽으로 간다.

含者執璧將命曰: "寡君使某含." 相者入告, 出曰: "孤某須矣."① 含者入, 升堂致命, 子拜稽顙. 含者坐委于殯東南, 有葦席, 旣葬蒲席. 降出反位.② 宰夫朝服, 卽喪屨, 升自西階, 西面坐取璧, 降自西階, 以東.

鄭注 ① 반함飯含에 쓰는 옥玉은 벽璧의 형식이지만, 그 크기의 수치에 대해서는 알려진 바가 없다. 含玉爲璧制, 其分寸大小未聞.

② '계단을 내려와 문을 나가서 문밖의 자신의 자리로 돌아간다'(降出反位)고 말한 것은 곧 개介가 그렇게 하는 것이다. 『춘추』에 장례를 치른 뒤에도 반함에 쓰는 옥, 말과 수레(賵), 그리고 의복과 이불(襚) 등을 부의한 사례가 있는데 비난하지 않고 모두 빈궁殯宮에서 받았다. 言'降出反位', 則是介也. 『春秋』有旣葬歸含・賵・襚, 無譏焉, 皆受之於殯宮.

③ '조복朝服을 입는다'는 것은 이웃나라를 내하는 예이다. '즉卽'은 나아간다는 뜻이다. '동쪽으로 간다'(以東)는 것은 안에다 보관한다는 것이다. '朝服', 告隣國之禮也. '卽', 就也. '以東', 藏於內也.

集說 이 부분은 제후국에서 반함에 쓰는 옥을 부의하는 예를 말한 것이다. 반함에 쓰는 옥의 형태와 제도는 벽璧과 같다. 구주舊注[54]에서는 "크기의 수치에 대해서는 알려진 바가 없다"고 하였다. '좌위坐委'는 꿇어앉아서 전하여 놓는다는 뜻이다. 장례葬禮를 하기 전에는 갈자리(葦席)를 진설하고 받치고, 장례를 한 뒤라면 부들자리(蒲席)를 진설하고 받친다. 이웃 나라는 먼 곳도 있고 가까운 곳도 있어 장례를 지낸 뒤에야 도착하여 반함에 쓰는 옥을 부의하는 경우도 있다. '계단을 내려와 문을 나가서 문밖의 자신의 자리로 돌아간다'는 것은 반함에 쓰는 옥을 전하는 자가 옥을 전달하는 것을 마치고 계단을 내려와 문을 나가서 문 밖의 자리로 돌아감을 말한다. 위 장의 '조문하러 온 사자'는 정사正使이고 이 장의 '반함飯含에 쓰는 옥을 전하는 자'(含者)는 그 정사의 개介(부관)이다. 무릇 상을 당한 초기 (장례를 하기 이전)에는 상주가 직접 받지 않고 대부大夫를 시켜 빈궁殯宮에서 받는다. 이 경우는 상을 당한 지 오래 지났기 때문에 상주가 직접 받고 나서 재부宰夫가 가져가 보관한 것이다. '조복朝服'은 길복吉服이다. "옥을 든 이

는 요질을 두르지 않는다."[55] 그러므로 조복朝服을 입는 것이다. 상喪중에 있을 때는 완전한 길복吉服으로 바꿀 수 없기 때문에 상중에 신는 미투리(喪屨)를 그대로 신는다. '앉아서 옥(璧)을 든다'는 것 역시 꿇어앉아서 드는 것이다. '동쪽으로 간다'는 것은 안에다 보관하는 것이다. 소疏에서 말한다. "재宰는 상경上卿을 말한다. 이곳의 '부夫'는 잘못 부가된 글자이다." 此言列國致含之禮. 含玉之形制如璧. 舊註云: "分寸大小未聞." '坐委', 跪而致之也. 未葬之前, 設葦席以承之, 旣葬, 則設蒲席承之. 隣國有遠近, 故有葬後來致含者. '降出反位', 謂含者委璧訖, 降階而復門外之位也. 上文'弔者'爲正使, 此'含者'乃其介耳. 凡初遭喪, 則主人不親受, 使大夫受於殯宮. 此遭喪已久, 故嗣子親受之, 然後宰夫取而藏之也. '朝服', 吉服也. "執玉不麻." 故著朝服. 以在喪不可純變吉, 故仍其喪屨. '坐取璧', 亦跪而取之也. '以東', 藏於內也. 疏云: "宰謂上卿. '夫'字衍."

【잡기상 69】

옷을 전하는 자가 "과군寡君께서 아무개를 시켜 옷을 부의하게 하였습니다"라고 한다. 상사喪事를 돕는 자(相)가 들어와서 아뢰고 다시 나가 "고자孤子 아무개가 기다립니다"라고 말한다. 옷을 전하는 자는 면복冕服을 드는데, 왼손으로 옷깃(領)을 잡고 오른손으로 옷의 허리춤을 잡고서 대문을 들어와 당에 올라 명령을 전하기를 "과군寡君께서 아무개를 시켜 옷을 부의하게 하였습니다"라고 한다. 상주는 이마를 지면에 대고 배례한다. 옷을 빈궁의 동쪽에서 전하여 놓는다. 옷을 전한 자는 계단을 내려가 작변복爵弁服을 받아 대문 안의 처마 낙숫물받이(霤)가 있는 곳까지 와서 명령을 전달한다. 상주는 이마를 지면에 대고 배례하는데 처음 면복冕服을 받을 때와 같이 한다. 피변복皮弁服은 가운데 뜰에서 받고, 조복朝服은 서쪽 계단에서 받고, 현단복玄端服은 당堂에서 받으며, 명령을 전달한다.[56] 상주는 이마를 지면에 대고 배례를 하는데 모두 처음 면복을 받을 때와 같이 한다. 옷을 전하는 자는 계단을 내려와 문을 나가서 자신의 자리로 돌아간다. 재부宰夫 5인이 (각각 한 벌씩) 부의한 옷을 들고 동쪽으로 가는데, 서쪽 계단을 통해 내려간다. 옷을 들 때, 옷을 전하는 자가 옷을 전할 때 서쪽을 향하던 것과 마찬가지로 한다.

襚者曰: "寡君使某襚." 相者入告, 出曰: "孤某須矣." 襚者執冕服, 左執領, 右執要, 入, 升堂, 致命曰: "寡君使某襚." 子拜稽顙. 委衣于殯東.① 襚者降, 受爵弁服於門內霤, 將命. 子拜稽顙如初. 受皮弁服於中庭, 自西階受朝服, 自堂受玄端, 將命. 子拜稽顙, 皆如初. 襚者降出反位.② 宰夫五人擧以東, 降自西階. 其擧亦西面.③//??

鄭注 ① 옷을 전하였던 것과 마찬가지로 옷을 전하였던 자리의 북쪽에서 하며, 그 높고 낮은 서열에 맞게 진행한다. 亦於席上所委璧之北, 順其上下.

② 옷을 전하는 이(襚者)에게 옷을 건네는 자는 가인賈人[57]이다. 授襚者以服者, 賈人.

③ '서쪽을 향하던 것과 마찬가지로 한다'(亦西面)는 것은 옷을 부의하는 자가 옷을 전달할 때와 마찬가지로 서쪽을 향한다는 것이다. '亦西面'者, 亦襚者委衣時.

集說 이 부분은 제후국에서 의복(襚)[58]을 부의賻儀하는 예를 말한다. 의복을 부의하는 것을 수襚라고 한다. '빈궁殯宮의 동쪽에서 전하여 놓는다'는

것은 곧 옥을 전한 자리다. '왼손으로 옷깃(領)을 잡는다'는 것은 옷깃이 남쪽을 향하게 하는 것이다. 옷을 전하는 자가 면복冕服을 전하는 것을 마치면 도로 계단을 내려와서 문을 나가 작변복爵弁服을 가지고 대문 안의 처마(霤)까지 이르러 명령을 전한다. '상주가 배례를 하는데 처음처럼 한다'는 것은 면복冕服을 받을 때처럼 한다는 것이다. 받는 것을 마치면, 옷을 전한 자는 다시 나가서 피변복皮弁服을, 그 다음에는 조복朝服을, 그 다음에는 현단복玄端服을 차례로 가져와 전한다. 매 옷마다, 전하고 받는 예가 처음과 같다. 다만 옷을 받는 장소가 다를 뿐이다. 5복服을 전하는 것을 모두 마치면, 옷을 전한 자는 계단을 내려와 대문을 나가서 자신의 자리로 되돌아가고, 재부宰夫 5인은 각각 옷 한 벌씩 들고 동쪽으로 간다. 옷을 들 때 또한 옷을 전한 자가 서쪽을 향하던 것과 같이 한다. 此言列國致襚之禮. 衣服曰襚. '委於殯東', 卽委璧之席上也. '左執領', 則領向南. 此襚者旣致冕服訖, 復降而出取爵弁服, 以進至門之內霤而將命. '子拜如初'者, 如受冕服之禮也. 受訖, 襚者又出取皮弁服及朝服及玄端服. 每服, 進受之禮皆如初. 但受之之所, 不同耳. 致五服皆畢, 襚者乃降出反位, 而宰夫五人, 各擧一服以東. 而其擧之也, 亦如襚者之西面焉.

【잡기상 70】

상개上介가 수레와 말(賵)을 부의하는데, 규를 잡고 명령을 전하기를 "과군寡君께서 아무개를 시켜 수레와 말을 부의하게 하였습니다"라고 한다. 상사喪事를 돕는 자(相)가 들어와서 아뢰고 다시 나가 "고자孤子 아무개가 기다립니다"라고 말한다. 네 마리 황색 말과 대로大路를 빈궁殯宮이 있는 뜰의 중앙에 진설하는데 수레의 끌채(輈)

가 북쪽을 향하게 한다. 상개上介가 규圭를 잡고 명령을 전한다. 상개上介의 하인은 말을 끌고 와 수레의 서쪽에 진설한다. 상주는 이마를 지면에 대고 배례한다. 상개上介는 꿇어앉아서 빈궁殯宮의 동남쪽 모퉁이에 있는 자리 위에 규圭를 놓는다. 재宰는 규圭를 들고서 동쪽으로 간다.

上介賵, 執圭將命曰: "寡君使某賵." 相者入告, 反命曰: "孤某[59]須矣." 陳乘黃·大路於中庭, 北輈. 執圭將命. 客使自下由路西. 子拜稽顙. 坐委于殯東南隅. 宰擧以東.

鄭注 '주輈'는 끌채(轅)이다. '자自'는 이끈다는 뜻이다. '하下'는 말을 가리킨다. 말은 수레의 아래(동쪽)에 진설되기 때문이다. 『의례』「근례覲禮」에 "수레 아랫자리(곧 수레의 동쪽)에 진설되는 네 마리 말이 다음으로 진설된다"고 하였다. 상개(客)가 부리는 하인이 들어와 네 마리 황색 말을 대로大路 서쪽에 진설하고, 상개가 들어오면 명령을 전한다. '사使'가 더러 사史로 된 것도 있다. '輈', 轅也. '自', 率也. '下'謂馬也. 馬在路之下. 「覲禮」曰: "路下四亞之." 客給使者入, 設乘黃於大路之西, 客入則致命矣. '使'或爲史.

集說 이 부분은 제후국에서 수레와 말(賵)을 부의하는 예를 말한다. 수레와 말을 부의하는 것을 '봉賵'이라고 한다. '승황乘黃'은 네 마리 말이다. '대로大路'는 수레이다. '끌채(輈)가 북쪽을 향하도록 한다'(北輈)는 것은 수레의 끌채가 북쪽을 향하게 진설한다는 것이다. 객사客使는 상개上介가 부리는 사람이다. 객客이 부리기 때문에 객사客使라고 한다. '자自'는 이끈다는 뜻이다. '하下'는 말을 가리킨다. '유由'는 있게 한다는 뜻이다. '수레'(路)는 곧 대로大路이다. 수레의 끌채가 북쪽을 향하도록 해서 수레의 진설을 마치면 수레와 말을 부의하는 자가 규圭를 잡고 당堂으로 올라 명령을 전한다. 상

개上介의 하인은 말을 끌고 와 수레 서쪽에 진설한다. 수레 또한 이 하인이 진설한다. 상주가 배례拜禮한 뒤에 수레와 말을 전하는 상개上介는 꿇어앉아서 규圭를 빈궁의 동남쪽 모퉁이에 있는 자리 위에 놓는다. 재부宰夫가 그 규를 들고서 동쪽으로 가 안에다 보관한다. 또한 살펴보건대, 『의례』 「근례覲禮」에는 수레가 서쪽에 진설되어 빈객이 통솔하게 되어 있다. 「기석례旣夕禮」에는 수레의 경우 서쪽을 윗자리로 삼는데, 그것은 사자死者를 위해서 귀신의 자리에다 진설하기 때문이다. 그러나 여기 수레와 말을 부의하는 예에서 수레와 말은 상주가 장례를 준비하는 것을 돕기 위한 것이므로 주인이 통솔하도록 진설한다. 따라서 수레는 말의 동쪽에 놓인다. ○ 육씨陸氏는 말한다. "'고수의孤須矣(고자孤子가 기다립니다)'는 이 장에서 이 편 끝까지 모두 '모某(아무개)'자가 없다. 모某자가 들어간 것은 잘못된 것이다." 此言列國致賵之禮. 車馬曰'賵'. '乘黃', 四黃馬也. '大路', 車也. '北輈', 車之輈轅北向也. '客使', 上介所役使之人也. 爲客所使, 故曰'客使'. '自', 率也. '下'謂馬也. '由', 在也. '路'卽大路也. 陳車北轅畢, 賵者執圭, 升堂致命. 而客之從者, 率馬設在車之西也. 車亦此從者設之. 子拜之後, 賵客卽跪而置其圭於殯東南隅之席上. 而宰擧之以東而藏於內也. 又按, 「覲禮」車在西統於賓也. 「旣夕禮」車以西爲上者, 爲死者而設於鬼神之位也. 此賵禮車馬, 爲助主人送葬, 而設統於主人. 故車在東也. ○ 陸氏曰: "'孤須矣', 從此盡篇末, 皆無'某'字. 有者非."

【잡기상 71】

무릇 명령을 전할 때는 빈궁殯宮을 향해 명령을 전하고, 상주는 이마를 지면에 대고 배례를 하고, 명령을 전하는 자는 서쪽을 향해 꿇어앉아서 부의하는 물건을 놓는다. 재宰(상경)는 반함에 쓰는 옥(璧)과 규圭를 들고, 재부宰夫(상경의 보좌관)는 수의를 드는데, 서쪽 계단으로 올라와 서쪽을 향하고 꿇어앉아서 들고 서쪽 계단으로 내려간다.

凡將命, 鄕殯將命, 子拜稽顙, 西面而坐委之. 宰擧璧與圭, 宰夫擧襚, 升自西階, 西面坐取之, 降自西階.

鄭注 '범凡'이란 말은 언급되지 않는 경우까지 포함하여 말하는 것이다. '빈궁殯宮을 향해 명령을 전한다'(鄕殯將命)는 것은 명령을 전할 때 빈궁의 서남쪽에 서서 하는 것이다. '재부宰夫'는 재宰(상경上卿)의 보좌관이다. 여기서 '재宰는 반함에 쓰는 옥과 규를 든다'(宰擧璧與圭)고 말하였으므로 위 장의 '재부가 조복을 입는다'(宰夫朝服)는 구절에서 '부夫' 자는 쓸데없이 들어간 것이다. '凡'者, 說不見者也. '鄕殯將命', 則將命時, 立於殯之西南. '宰夫', 宰之佐也. 此言'宰擧璧與圭', 則上'宰夫朝服', 衍'夫'字.

集說 '무릇 명령을 전할 때'라는 말은 위 장에서 조문을 하고, 반함에 쓰는 옥을 부의하고, 옷을 부의하고, 수레와 말을 부의할 때 명령을 전하는 예를 모두 포괄해서 말하는 것이다. '빈궁殯宮을 향한다'는 것은 빈궁의 서남쪽에 서서 동북쪽으로 빈궁을 향하는 것이다. 명령을 전할 때, 상주가 이마를 지면에 대고 배례하기를 마치면 상개上介는 곧 서쪽으로 향하여 꿇어앉아서 자신이 들고 있는 물건을 놓는다. 반함에 쓰는 옥과 규는 재宰(상경)가 들고, 수의襚衣는 재부宰夫가 든다. 그들이 들 때, 모두 서쪽 계단으로 당堂에 올라 서쪽을 향해 꿇어앉아서 들고, 서쪽 계단으로 내려간다. '凡將命'者, 總言上文弔·含·襚·賵將命之禮也. '鄕殯'者, 立于殯之西南, 而面東北以向殯

也. 將命之時, 子拜稽顙畢, 客即西向跪而委其所執之物. 其含璧與圭, 則宰擧之, 襚衣則宰夫擧之. 而其擧也, 皆自西階升, 而西面以跪而取之, 乃自西階以降也.

【잡기상 72】

수레와 말(賵)을 부의하는 자는 문을 나가 문밖에 있는 자신의 자리로 돌아간다.

賵者出, 反位于門外.

鄭注 이에 문밖이라고 드러내서 말한 것은 예禮의 진행이 끝나면 다시 일이 있을 것임을 밝힌 것이다. 乃著言門外, 明禮畢將更有事.

集說 이 구절은 앞 장(70) "상개上介가 수레와 말(賵)을 부의하는데…… 재宰는 규圭를 들고서 동쪽으로 간다"의 다음에 이어 놓아야 옳다. 此句當屬於前章"上介賵云云, 宰擧以東"之下.

【잡기상 73】

상객上客(조문하러 온 정사正使)가 "과군寡君께서 종묘宗廟에 일이 있어 직접 조문을 오지 못하고, 일개一介 노신老臣 아무개를 시켜 상여끈을 잡아끄는 것을 돕게 하였습니다"라고 말한다. 상사喪事를 돕는 자(相)가 (들어와서 아뢰고) 다시 나가 "고자孤子 아무개가 기다립니다"라고 말한다. 상객은 들어가 문의 오른쪽에 서고, 개介들은 모두 상객을 뒤따라 그의 왼쪽에 서는데 동쪽이 윗자리가 되게 선다.

종인宗人은 빈객을 들여보내고자 당으로 올라가 군주로부터 명령을 받고 내려와 상객에게 "고자孤子께서는 선생께서 욕되게도 낮추어 신하의 자리에 계시는 것을 사양하십니다. 선생께서는 빈객의 자리로 돌아가시기를 청합니다"라고 말한다. 상객은 "과군寡君께서 아무개에게 감히 빈객으로 처신하지 말도록 명령하셨습니다. 감히 사양합니다"라고 말한다. 종인宗人이 다시 군주의 명령을 받아 전하여 "고자孤子께서는 선생께서 욕되게도 낮추어서 신하의 자리에 계시는 것을 거듭 사양하십니다. 선생께서는 빈객의 자리로 돌아가시기를 청합니다"라고 말한다. 상객은 "과군寡君께서 아무개에게 감히 빈객으로 처신하지 말도록 명령하셨습니다. 감히 거듭 사양합니다"라고 말한다. 종인宗人이 다시 군주의 명령을 받아 전하여 "고자孤子께서는 선생께서 욕되게도 낮추어서 신하의 자리에 계시는 것을 거듭 사양하십니다. 선생께서는 빈객의 자리로 돌아가시기를 청합니다"라고 말한다. 상객은 "과군寡君께서 아무개에게 감히 빈객으로 처신하지 말도록 명령하셨습니다. 그러므로 감히 거듭 사양합니다. 거듭 사양하여도 허락해주시지 않으니, 감히 삼가 (말씀하신 바에) 따르지 않을 수 있겠습니까?"라고 한다. 상객은 문의 서쪽에 서고 개介들은 문의 왼쪽에 서는데 동쪽이 윗자리가 되게 선다. 고자孤子가 동쪽 계단으로 당堂을 내려와 상객에게 배례한다. 상객과 고자가 함께 당으로 올라가 곡을 하는데, 상객과 함께 번갈아 가면서 용踊을 세 번 한다. 상객이 대문을 나가면 고자孤子는 문 밖에서 전송하고, 이마가 땅에 닿도록 배례한다.

上客臨曰: "寡君有宗廟之事, 不得承事, 使一介老某相執綍."① 相者反命曰: "孤某[60]須矣." 臨者入門右, 介者皆從之, 立于其左, 東上.② 宗人納賓, 升受命于君, 降曰: "孤敢辭吾子之辱. 請吾子之復位." 客對曰: "寡君命, 某毋敢視賓客. 敢辭." 宗人反命曰: "孤敢固辭吾子之辱. 請吾子之復位." 客對曰: "寡君命, 某毋敢視賓客. 敢固辭." 宗人反命曰: "孤敢固辭吾子之辱. 請吾子之復位." 客對曰: "寡君命, 使臣某毋敢視賓客. 是以敢固辭. 固辭不獲命, 敢不敬從?"③ 客立于門西, 介立于門左, 東上. 孤降自阼階, 拜之. 升, 哭, 與客拾踊三.④ 客出, 送于門外, 拜稽顙.⑤

鄭注 ① '상객上客'은 조문하러 온 사자使者이다. '임臨'은 살펴본다는 뜻이다. 들어와서 상사喪事에 부족한 것을 살펴보고 돕고자 한다고 말하는 것으로 겸양의 말이다. 실제로는 곡哭을 하기 위함이다. '上客', 弔者也. '臨', 視也. 言欲入視喪所不足而給助之, 謙也. 其實爲哭耳.

② 들어와 문 오른쪽에 있는 것은 감히 빈객의 지위로 처신하지 않는 것이다. 入門右, 不自同於賓客.

③ 조문하는 자(賓)가 세 번 사양한 뒤에야 사신使臣이라고 자신을 호칭하는 것은 공손한 태도를 취하는 것이다. 공손한 태도를 취함은 그 명령을 따르고자 하는 것이다. 賓三辭而稱使臣, 爲恭也. 爲恭者, 將從其命.

④ 조문객에게 배례를 하는 것은 그의 후의厚意에 감사드리는 것이다. 拜客, 謝其厚意.

⑤ 조문객을 영접하지는 않고 전송만 하는 것은 상사喪事에 손님을 영접하는 예가 없기 때문이다. 不迎而送, 喪無接賓之禮.

集說 '상객上客'은 곧 앞 장(67)에서 말한 '조문하러 온 사자'(弔者)로, 대개

이웃나라에서 조문하러 온 정사正使이다. 반함에 쓰는 옥(含)·수의(襚)·수레와 말(賵) 등을 부의하는 절차를 모두 마친 뒤에, 정사正使 자신이 빈궁殯宮에 다가가 곡哭을 하는 예를 행하는데, 빙례聘禮에서 사적私覿[61]의 예禮가 있는 것과 같다. 그러나 대개 사적인 예일 뿐이다. 상주가 문으로 들어가 오른쪽에 위치하고 손님은 문으로 들어가 왼쪽에 위치하는 것이 예이다. 그런데 이제 이 조문객이 문으로 들어와 오른쪽에 위치하는 것은 감히 빈객賓客의 예로 처신하지 않는 것이다. '종인宗人'은 예를 담당하는 관리다. 이 조문객을 (조문하도록) 들여보내고 싶기 때문에 먼저 조문객을 들여보내라는 명령을 주국主國의 사군嗣君으로부터 받은 다음에, 계단을 내려와 조문객에게 문의 왼쪽에 있는 빈객의 자리로 돌아가라고 말한다. 종인은 빈객의 사양하는 답사答辭를 들어가 군주에게 아뢰고, 다시 조문객에게 이른다. 이렇게 하기를 3차례 하고 나서 조문객이 자신을 사신使臣으로 호칭하고 그 명령을 따른다. 이때 조문객이 문의 서쪽 빈객의 자리에 서고, 주국主國의 군주君主는 계단을 내려와 배례한다. 군주와 조문객이 함께 당에 오르고 곡을 하며 번갈아 용踊을 하기를 3차례 한다. 이른바 '용踊을 이루는 것'(成踊)이다. 조문객이 나가면 군주는 전송하고 배례한다. 그가 수고스럽게 자신을 낮추어서까지 조문한 것에 감사드리는 것이다. '上客', 卽前章所云'弔者', 蓋隣國來弔之正使也. 弔含·襚·賵, 皆畢, 自行臨哭之禮, 若聘禮之有私覿. 然蓋私禮爾. 主人入門而右, 客入門而左, 禮也. 今此客入門之右, 是不敢以賓禮自居也. '宗人', 掌禮之官. 欲納此弔賓, 先受納賓之命於主國嗣君, 然後降而請於客, 使之復門左之賓位也. 宗人以客答之辭, 入告於君, 而反命于客. 如是者三, 客乃自稱使臣, 而從其命. 於是立于門西之賓位, 主君自阼階降而拜之. 主客俱升堂, 哭而更踊者三. 所謂'成踊'也. 客出, 送而拜之. 謝其勞辱也.

【잡기상 74】

자신의 나라에 군주의 상이 있을 때, 부모의 상을 당한 신하는 감히 타국의 빈객으로부터 조문을 받지 않는다.

其國有君喪, 不敢受弔.

鄭注 자신의 부모 상喪에 애통해함을 군주에 대한 상과 대등하게 하는 혐의를 피하는 것이다. 辟其痛傷己之親如君.

集說 경卿과 대부大夫 이하가 군주의 상喪중인데 또한 부모의 상을 당하면 감히 타국의 빈객이 조문하는 것을 받지 않는다. 군주를 존중하기 때문이다. 言卿·大夫以下有君喪, 而又有親喪, 則不敢受他國賓客之弔. 尊君故也.

【잡기상 75】

외종外宗의 여자들은 방 안에서 남쪽을 향해 서 있는다. 소신小臣은 대렴大斂을 행할 돗자리(席)를 깔아놓는다. 상축商祝이 효포(絞)[62]·홑이불(紟[63])·이불(衾[64]) 등을 깔아놓고, 사士는 세숫대야(盤)의 북쪽에서 손을 씻은 다음 시신을 대렴할 곳으로 옮긴다. 대렴을 마치면, 재宰가 상주喪主에게 아뢴다. 아들 상주는 시신에 기대어 곡哭을 하고 용踊을 한다. 부인夫人은 (시신의 서쪽에서) 동쪽을 향해 앉아서 시신에 기대어 곡哭을 하고 일어나 용踊을 한다.

外宗房中南面. 小臣鋪席. 商祝鋪絞·紟·衾, 士盥于盤北, 擧遷尸于斂上. 卒斂, 宰告. 子馮之踊. 夫人東面坐馮之, 興踊.

鄭注 이 부분은 「상대기喪大記」(48)의 문장이 탈루된 것으로 여기에 중복해서 나온 것이다. 此「喪大記」脫字, 重著於是.

集說 이 부분은 「상대기喪大記」(48) '군주의 대렴' 장에 있는 문장이 여기에 중복해서 나온 것이다. 설명은 해당 장에 나온다. 此是「喪大記」'君大斂'章文, 重出在此. 說見本章.

【잡기상 76】

사士의 상례喪禮에 천자天子의 상례와 동일한 것이 세 가지다. 관을 사당으로 옮기는 날 밤새 불을 밝혀놓는 것, 다른 사람을 시켜 상여를 끌게 하는 것(乘人), 상여가 길을 전용專用하여(專道) 가는 것 등이다.

士喪有與天子同者三. 其終夜燎, 及乘人, 專道而行.

鄭注 '승인乘人'은 다른 사람을 시켜서 상여를 끌게 하는 것을 말한다. '길을 전용專用한다'(專道)는 것은 다른 사람들이 길을 피해주는 것을 말한다. '乘人'謂使人執引也. '專道', 人辟之.

集說 '밤새 불을 밝혀놓는다'는 것은 관을 사당으로 옮기는 날 밤에 새벽까지 불을 밝혀놓는 것을 말한다. '승인乘人'은 다른 사람을 시켜서 상여를 끌게 하는 것을 말한다. '길을 전용專用한다'(專道)는 것은 길에서 상여가 지나갈 때 사람들이 모두 피해주는 것을 말한다. '終夜燎', 謂遷柩之夜, 須光明達旦也. '乘人', 使人執引也. '專道', 柩行於路, 人皆避之也.

역주

1) 주국 : 제후가 聘問한 나라를 가리킨다. 제후가 천자를 방문한 경우면 천자의 국가가 되고, 제후끼리 방문한 경우면 방문한 제후국이 된다.

2) 여숙 : 使者들이 오가는 도로에 마련된 숙소이다. 『주례』「地官・遺人」에 "십 리마다 廬가 있어 廬에 음식이 있고, 삼십 리마다 宿이 있어 宿에는 객사(路室)가 있고 객사에는 委가 보관되어 있다. 오십 리마다 市가 있어 市에는 候館이 있고 후관에는 積이 보관되어 있다"(十里有廬, 廬有飮食, 三十里有宿, 宿有路室, 路室有委, 五十里有市, 市有候館, 候館有積)라고 하였다. 候館은 전망대가 있는 숙소로 객사보다 큰 규모이다. 委와 積은 국가의 경상 재정 이외에 빈객의 접대나 재난 구호 등 필요시 쓰기 위해 여분으로 준비해놓은 물자를 뜻한다. 이상 정현 주와 공영달의 소 참조.

3) 상여 장식 :

棺飾 『欽定禮記義疏』(淸)

4) 전 : 字典에 '단'으로 음이 되어 있으나 공영달의 소의 '市專反', '市轉反'에 따라 '전'으로 음을 달았다. 『禮記集說大全』에는 '遄' 즉 '천'으로 되어 있는데 공영달의 소와 같은 음을 의미하는 것으로 생각된다.

5) 춘 : 輴으로, 朝廟(죽은 이가 사당에 모신 선조들의 신령을 알현하는 의식)를 하기 위해 관을 옮길 때 사용하는 수레로, 천자와 제후는 이를 殯宮으로도 사용한다.

6) 오자 : 상대를 지칭하는 존칭어이다.

7) 악실 : 喪主들이 머무르는 방이다. 벽을 희게 만든다. 『주례』「春官・守祧」 참조.

8) 제나라 ~ 대답하였다 : 이 말은 『춘추좌씨전』, 襄公 17년 조 傳에 나온다.

9) 올수 : 縷는 실의 한 올을 뜻한다. 1升은 80縷이다. 升數가 많을수록 고운 베가 된다. 『의례』「喪服」, "冠六升"에 대한 정현 주 참조.

10) 자최의 ~ 공통이다 : 이 말은 『맹자』「滕文公上」에 나온다.

11) 순임금이 ~ 말이다 : 관련 내용은 『맹자』「萬章上」에 나온다. 순이 임금이 되자 제위를 물려준 堯와 부친 瞽瞍가 北面하여 신하로 처신하였다는 말을 듣고 맹자가 가당치 않은 말이라고 비판하면서 그런 말은 군자가 하는 말이 아니라 齊나라 東鄙의 野人이 하는 말이라고 하였다. 즉 禮를 모르는 野人의 말로 전혀 이치에 맞지 않음을 뜻한다.

12) 시조 : 천자와 제후가 매월 초하루 사당에 고하고 太廟에서 정사를 듣는 것을 제후의

경우는 視朔, 천자의 경우는 視朝라고 한다. 대부와 사 역시 매월 초하루 사당에 고한다. 경문의 朔은 이러한 일들을 통칭해서 말한 것이다.

13) 호관 : 누이지 않은 흰 생 비단으로 만든 관으로 練祭 때 쓰며 흉에서 길에 가까워진 것을 상징한다. 「玉藻」(33), "縞冠素紕"에 대한 공영달의 소 참조.

14) 희생을 ~ 취한다 : 『의례』「旣夕禮」 원문은 "苞牲, 取下體"로 되어 있다. 苞는 그령풀로 노끈을 만드는 재료가 된다. 여기서는 그령풀을 꼬아 만든 노끈을 의미한다. 『의례』 원문은 그령풀로 만든 노끈을 사용하여 희생을 쌀 때, 희생의 하체 즉 다리 부분을 취하여 싼다는 의미다. 다리 부분을 싸는 것은 출발하여 가는 것을 의미를 상징한다. 楊天宇, 『儀禮譯註』(上海, 上海古籍出版社, 1994), 626쪽 참조.

15) 주인의 ~ 요청한다 : 史는 士의 개인적 관리로 문서를 담당한다. 賵은 부의품을 받고 적은 목록으로 정현에 의하면 나무판(板)에 기록한다. 장지로 출발하기에 앞서 상여 앞에서 읽어, 死者와 喪主가 알게 한다.

16) 조전 : 발인하기 전날 해가 기울 때 올리는 喪祭로 祖廟의 中庭에서 지낸다. 祖는 출발의 시작을 뜻한다. 살아 있을 때도 길을 떠날 일이 있으면 술을 마시고 전별하는 예가 있는데 이를 '祖'라고 한다. 그 때문에 死者가 길을 떠나려고 할 때 奠을 진설하는 것 또한 조라고 한다. 『한서』「臨江王傳」의 注에 "黃帝의 아들인 累祖가 먼 곳으로 유람하기를 좋아하다가 길에서 죽었으므로 후세 사람들이 그를 제사지내면서 行神으로 삼았다. '祖'라는 것은 길을 떠나는 사람을 전송하면서 지내는 제사이다"라고 하였다. 『의례』「旣夕禮」 注에 "장차 길을 떠나면서 술을 마시는 것을 '祖'라고 하는데, '祖'는 시작의 뜻이다"라고 하였고, 이에 대한 疏에 "살펴보건대, 『시』에 이르기를 '한후가 나가 路祭를 지내니, 나가서 도 땅에 유숙하도다. 현보가 나아가 전송하니, 청주가 백 동이로다'(韓侯出祖, 出宿于屠. 顯父餞之, 淸酒百壺)라고 하였으며, 또 이르기를 '자 땅에 나가 유숙하고, 예 땅에서 전별주를 마시도다'(出宿于泲 飮餞于禰) 하였는데, 여기서는 모두 장차 길을 떠날 적에 술을 마시는 것을 '조'라고 하였다. 그런데 이곳 「기석례」에서는 죽은 자가 장차 길을 떠나는 것도 '조'라고 하였다. 이는 처음 길을 떠나는 것이기 때문에 '조'라고 한 것이다"라고 하였다.

17) 견전 : 발인 때 장지로 떠나기 전에 대문 밖에서 지내는 喪祭로 路奠, 路祭라고도 한다. 「檀弓下」(64)의 "사망한 초기에 脯와 醢로 전을 올리고, 매장하러 갈 때 遣奠을 올리고 나서 보낸다"(始死, 脯醢之奠, 將行, 遣而行之)의 정현 주 참조.

18) 견거 : 장례 때 뒤따르는 수레로 明器다. 나무로 만들며 보통의 수레보다 작다. 鸞車·塗車라고도 한다. 장지로 출발하기 전에 遣奠에 올린 희생 가운데 하체 즉 다리 부분을 취해서 노끈(苞)으로 묶어 싣고, 상여를 뒤따른다. 장례 때 무덤 안에 관을 놓고 관의 네 귀퉁이에 이 遣車를 놓고 그 옆에 풀을 묶어 사람 모양으로 만든 芻靈을 세워 놓는다. 『三禮辭典』, 967쪽, '遣車' 항목 참조.

19) 복인 : 거북점을 치는 일을 돕는 관직명이다. 大卜·卜師 등이 거북점을 치는 일을 진행

하는 것을 돕는다. 中士 또는 下士가 담당한다. 『주례』「春官 · 宗伯」 참조.

20) 도가 : 都는 왕의 서자와 형제들 그리고 公卿의 采地를, 家는 대부의 采地를 의미한다. 『주례』「秋官 · 方士」의 “方士가 都家를 관장한다”(方士掌都家)의 정현 주 참조.

21) 면복 : 冕服은 면류관을 쓸 때 착용하는 복식 일습을 말하고, 시대에 따라 조금씩 차이는 있지만 면류관 · 상의(玄衣) · 하상(裳) · 중단 · 바지 · 버선 · 신 · 大帶 · 혁대 · 폐슬 · 綬 · 패옥 · 劍 · 圭로 구성된다. 면복의 종류는 등급의 순서대로 大裘冕 · 衮冕 · 鷩冕 · 毳冕 · 希冕(絺冕) · 玄冕의 6가지가 있다. 大裘冕이 가장 높은 등급이고, 玄冕의 등급이 가장 낮다. '大裘冕'은 昊天 · 上帝 · 五帝에 제사할 때 입고, '衮冕'은 先王에게 제사지낼 때와 왕이 종묘에서 제후의 朝覲을 받을 때 입으며, '鷩冕'은 先公에게 제사할 때와 종묘에서 大射禮를 행할 때 입는다. '毳冕'은 四望과 山川에 제사할 때 입고, '絺冕'은 사직과 五祀에 제사지낼 때 입는다. 이들 면복은 면류관의 旒의 수와 상의와 하상에 표현된 무늬로 구별한다. 그런데 이 6가지 冕服을 모두 입을 수 있는 신분은 천자뿐이고, 諸侯 · 孤 · 卿 · 大夫는 衮冕服 이하 玄冕服까지를 각 신분과 의례 상황에 따라 차별적으로 입는다. 단 이들 신하가 衮冕服부터 絺冕服까지를 입을 수 있는 것은 천자가 주관하는 제사에 참여하여 제사를 도울 때뿐이고, 각자 자신이 주관하는 제사에서는 6면복 가운데 가장 낮은 등급인 현면복만 입을 수 있다.

22) 稅 : 『禮記集說大全』의 音注에 '彖'으로 되어 있다. 稅衣는 왕후의 육복 가운데 하나인 褖衣이다.

23) 육복 : 왕후의 육복은 왕후가 입는 여섯 가지의 예복으로, 褘衣 · 揄狄 · 闕狄 · 鞠衣 · 展衣 · 褖衣를 말한다. 위의는 왕후가 전용으로 입는 것이고, 나머지 5복은 왕의 3부인, 제후의 처 및 경대부사의 처의 옷으로 분류된다. 『三禮辭典』, 810쪽 및 242쪽 참조.

24) 휘의 · 국의 :

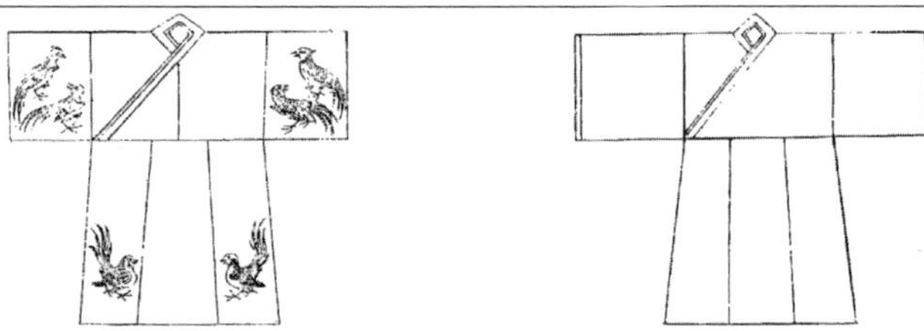

褘衣(揄狄 · 闕狄同)　　鞠衣(展衣 · 褖衣同)

『欽定禮記義疏』(淸)

25) 왕의 길복은 ~ 때문이다 : 인용문은 楊復의 『儀禮圖』「冕弁門 · 內司服圖」 註에 나온다.

26) (복을 할 때) ~ 한다 : 『禮記正義』 등 다른 판본들에는 이 부분이 위 “大夫의 喪에 大宗人이 상례를 돕고 小宗人이 거북등에 점칠 사항을 고하고(命龜), 卜人이 거북등을 태운다(作龜)”([雜記上 17]) 다음에 배치되어 있다. 정현은 주에서 “제후 부인의 상에는…… 요적과 단의는 속을 흰색의 주름진 비단으로 한다”(夫人……狄稅素沙)([雜記上 19])의

다음에 배치되어야 할 것이 탈루되어 잘못 배치된 것이라고 지적하였는데, 陳澔가 정현의 지적에 따라서 재배치한 것이다.

27) 진나라 ~ 낮추었다 : 이 부분은 『춘추좌씨전』, 僖公 24년 조 傳에서 축약하여 인용하였다.

28) 명부 : 여자로서 封號를 받은 사람이다. 여기서는 남편을 따라 卿의 正妻, 즉 內子로서 봉호를 받은 여자를 가리킨다.

29) 질대 : 首絰과 腰絰이다. 수질은 머리에 두르는 띠고, 요질은 허리에 두르는 띠다. 초상 때 小斂 뒤에 착용하는 것으로 삼(麻)으로 만들며 麻絰·麻帶라고도 한다. 통칭해서 麻帶絰·麻絰帶 또는 줄여서 麻라고도 표현한다. 小祥 뒤에 首絰은 벗고 腰絰은 칡(葛)으로 만든 葛絰로 바꾸어 쓴다.

30) 여군 : 군주의 正妻에 대하여 妾이 부르는 칭호이다. 『의례』「喪服」에 "첩이 女君을 섬기는 것은 며느리가 시부모를 섬기는 것과 같다"(妾之事女君, 與婦之事舅姑等)라고 하였다. 정현은 주에서 "여군은 군주의 정처이다"(女君, 君嫡妻也)라고 하였다. 『爾雅』「釋名·釋親屬」에 "첩이 남편의 정처에 대하여 女君이라고 부른다. 남편은 男君이므로 그 처에 대하여 女君이라고 부른다"(妾謂夫之嫡妻曰女君. 夫爲男君, 故名其妻曰女君)라고 하였다.

31) 도종 : 喪服에서 從服의 한 형태이다. 자신과 친족관계가 없는 사람의 친족을 위해서 하는 상복을 뜻한다. 즉 자신이 섬기는 사람이 자신과 친족관계가 없지만, 그 섬기는 사람의 친족을 위해 상복을 하는 경우를 가리킨다. 「大傳」(13), '從服有六' 부분 참조.

32) 석최 : 7승반의 고운 삼베로 지은 喪服이다. 군주가 신하를 위해 조문할 때 또는 대부가 命婦를 위해 조문할 때 입는다. 『주례』「春官·司服」 참조.

33) 제폐 : 吉事와 凶事의 禮에 사용하는 幣帛이다. 길이 1丈 8尺, 폭 2尺 4寸이 1制가 된다. 幣는 검은색과 붉은색 2가지 색으로 된 명주(玄纁)를 뜻한다. 『의례』「旣夕禮」에 "상주가 사자를 전송하는 증여물(贈)은 검은색과 붉은색의 명주 1속을 쓴다"(贈用制幣, 玄纁束)라고 하였는데, 1束은 10制의 단위다. 즉 검은색과 붉은색 비단을 18丈을 무덤 안에 상주가 넣어 사자를 전송하는 것이다. 검은색 명주와 붉은색 명주는 3 : 2의 비율, 즉 세 덩치와 두 덩치를 사용한다. 『三禮辭典』, 451쪽, '制幣' 항목 참조.

34) 잿물로 ~ 한다 : 인용문은 『의례』「喪服」에 나온다.

35) 하관하고서 ~ 신자 : 이 부분에 대한 해석은 공영달의 소를 따랐다. 楊天宇는 '置於四隅. 載粻'을 도치된 한 문장으로 파악하고 '쌀을 관의 네 모퉁이에 놓자'라고 해석하였다. 楊天宇, 『禮記譯注』(下) 629쪽 29항 참조.

36) 위나라 ~ 썼다 : 이 인용문은 『춘추좌씨전』, 閔公 2년 조 傳에 나온다. 원문에는 '大白'이 '大帛'으로 되어 있고, 주석에 의하면 '굵은 명주'(厚繒)를 뜻한다.

37) 존귀한 ~ 행하는 것 : 혼례에서 수레와 복식 등을 자신의 신분보다 한 단계 더 존귀한 신분의 것을 사용하는 것을 말한다. 『의례』「士昏禮」 "乘墨車" 注疏 참조.

38) 상대부가 ~ 쓴다 : 『의례』「少牢饋食禮」는 諸侯의 卿과 大夫가 자신의 사당에서 제사하는 예를 서술하고 있다. 玄冠을 쓴다는 기술은 없지만 유추한 것이다. 제후의 士가

제사하는 것을 서술한 「特牲饋食禮」에서 이미 "특생궤사의 예를 행할 때 그 복식은 모두 朝服을 입고 玄冠을 쓰며, 緇帶와 緇韠을 착용한다"(特牲饋食, 其服皆朝服·玄冠·緇帶·緇韠)고 하였다.

39) 고 : 卿보다 높고 公보다 낮은 관직이다. 『주례』「春官·典命」에 "公의 孤는 4命이고…… 그 卿은 3命이며, 그 대부는 2命이다"(公之孤四命……其卿三命, 其大夫再命)라고 하였다. 大師·大傅·大保를 三公, 少師·少傅·少保를 三孤라고 한다. 『三禮辭典』, 466쪽, '孤' 항목 참조.

40) 비 : 솥에서 犧牲의 삶은 고기를 건지거나 서직을 뜰 때 사용하는 대추나무 혹은 뽕나무로 만든 주걱 모양의 도구이다. 匕라고도 한다. 삶은 희생의 고기를 건지는 용도로 사용하는 것으로는 桃匕와 疏匕가 있다. 黍稷을 뜰 때 사용하는 것은 黍匕라고 한다.

41) 필 : 주인이 삶은 희생의 고기를 鼎에서 꺼낼 때 이를 돕기 위해 사용하는 갈고리 모양의 기구이다. 모양이 叉 또는 畢星과 유사한데, 叉는 머리 부분이 뾰족하게 갈라져서 물건을 찍어서 집는 데 사용하는 기구이고, 畢星은 8개의 별들이 포개어 꿰어져 있는데 양쪽으로 갈라진 형상을 하고 있다.

42) 절 : 하관한 다음 관을 가리는 시렁 모양의 나무판자이다. 折은 시렁(庋)과 같은 것이다. 모나게 깎은 나무를 이어 만든다. 대개 牀과 형태가 같은데 세로 쪽이 셋이고 가로 쪽이 다섯이며 대자리(簀)는 없다. 매장하는 일이 끝나면 壙 위에 설치하여 抗席을 받친다.

43) 항석 : 하관한 뒤 관 위에 折을 덮고, 절 위에 항석을 놓는데 먼지를 막기 위해서이다. 항석은 띠풀로 만드는데 세 겹이다. 『의례』「既夕禮」에 "(抗木 위에) 抗席을 포개는데 세 겹으로 한다"(加抗席三)라고 한 것에 대해 정현의 주에서는 "'席'은 먼지를 막는 것이다"('席'所以禦塵)라고 하였다.

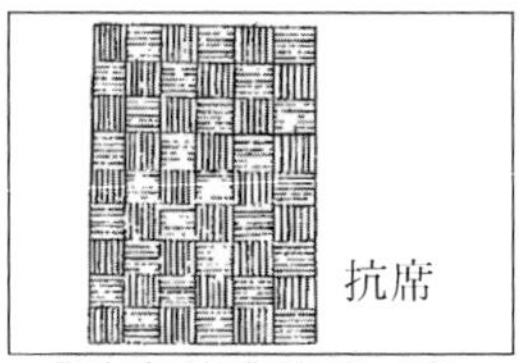

『欽定儀禮義疏』(淸)

44) 대렴 : 小斂을 마친 시신에 다시 壽衣를 입히고 이불을 덮어 殯을 준비하는 상례 의절이다. 斂이란 시신을 싸서 갈무리하는 것으로, 士는 30벌의 壽衣를 입히고 군주는 100벌, 대부는 50벌을 입힌 뒤 絞(수의를 묶는 끈)로 묶도록 되어 있다. 『의례』「士喪禮」에 "小斂 다음날 날이 밝으면 (밤 동안 뜰에 밝혀 놓았던) 화톳불을 끈다. 동쪽 방에 대렴에 사용할 옷을 진설해 놓는데, 옷깃이 남쪽을 향하게 하고 서쪽을 윗자리로 삼으며, 서쪽에서부터 동쪽으로 늘어놓다가 동쪽 끝에 이르면 다시 서쪽으로 꺾어 놓는다. 먼저 絞, 홑이불(紟) 각 1개, 斂衾 2개를 동쪽 방에 진설해 놓고 이어서 君襚, 祭服, 散衣, 庶襚 등 모두 30벌을 진설한다. 그러나 교와 염금 그리고 홑이불은 30벌에 들어가지 않으며, 기증한 옷을 전부 다 사용할 필요는 없다"(厥明滅燎. 陳衣于房, 南領, 西上, 綪. 絞·紟·衾二, 君襚·祭服·散衣·庶襚, 凡三十稱, 紟不在筭, 不必盡用.)"라고 하였다.

45) 소렴 : 襲을 마친 시신에 수의와 이불을 덮어주는 상례 의절이다. 士의 경우 사망한 지 2일째, 군주의 상에는 3일째에 진행한다. 신분에 상관없이 수의 19벌을 입힌다. 이

불의 경우, 군주는 비단이불, 대부는 흰 비단 이불, 사는 검은 명주 이불을 쓰며, 수의와 이불 모두 솜을 넣은 것을 사용한다. 「단궁상」(101) 각주 참조.

46) 계빈 : 매장을 하기 위해 임시로 안치한 殯宮에서 널을 꺼내는 의식이다. 士와 大夫는 3개월 만에, 제후는 5개월 만에 매장을 하고 사의 경우는 매장 하루 전에 계빈을 하도록 되어 있다. 계빈을 한 뒤에는 널을 祖廟로 옮겨 祖奠을 올린 뒤 發引을 한다. 『의례』 「旣夕禮」에 "有司는 주인에게 啓殯할 시간을 지시해 줄 것을 청하고 그 시간을 賓에게 알린다"(請啟期, 告於賓) 한 것에 대해 鄭玄은 注에서 "장례를 치르려면 관을 祖廟에 옮겨야 하는데, 유사가 이때 주인에게 계빈할 시간을 지시해 줄 것을 청하고 그 시간을 빈에게 알려 준다. 빈들이 그 시간을 알아야 하기 때문이다"(將葬, 當遷柩於祖, 有司於是乃請啟肂之期於主人以告賓, 賓宜知其時也.)"라고 하였다.

47) 일설에는 ~ 한다 : 일설은 누구의 설인지 분명하지 않지만, 공영달의 소에 소개되어 있다.

48) 소단 : 玄端服(검은 베로 만든 옷)이 吉事 때 재계하기 위해 입는 옷인 반면, 素端服(흰 베로 만든 옷)은 본래 凶事 때 재계하기 위해 입는 옷이다. 縞冠을 쓰고 상하 흰 옷을 입으며, 흰 신을 신는 복식이다. 이것을 喪事에 壽衣로 사용할 때의 모양에 대해서는 설이 일정하지 않다. 賀瑒은 상의와 하의를 모두 흰 베로 만든다고 하였고, 盧植은 상의는 흰 베로 만들고 하의는 피변복 차림이라고 하였다. 위 경문에 대한 공영달의 소 및 『주례』 「春官 · 司服」의 "그 재계할 때 입는 복식에 현단복과 소단복이 있다"(其齊服有玄端 · 素端)에 대한 정현 주 참조. 『三禮辭典』, 671쪽, '素端' 항목 참조.

49) 시신을 ~ 한다 : 이 글은 「問喪」(2)에 나오는 말이다.

50) 폐슬 : 冕服을 입을 때 가슴에서 늘어뜨려 무릎을 가리는 앞치마 모양의 장식, 즉 韠의 일종을 가리킨다. 초기 글자는 市고 韐이라고도 한다. 앞면에 산 · 불 · 용 등 문양을 넣는다. 복식을 존귀하게 높이는 의미가 있다. 「明堂位」(40)의 "유우씨는 가죽으로 만든 폐슬(韍)을 입었다"(有虞氏服韍)에 대한 정현 주 참조. 『三禮辭典』, 1033쪽, '韍' 항목 참조.

51) 위모 : 「郊特牲」(64)의 "委貌는 周나라의 道이다"(委貌, 周道也)라고 한 부분 참조.

52) 君至." 此君升 : 이 부분은 『禮記注疏』를 비롯해 일부 판본에 빠져 있다. 阮元의 校勘과 李學勤의 校勘에 따라 넣었다.

53) 반함 : 襲을 하기 전 시신을 목욕시킨 뒤 진주, 생쌀, 조개 등을 죽은 이의 입에 넣어 아름답게 장식하는 의절이다. 飯은 신분에 따라 잘게 부순 玉을 쌀과 섞은 含玉, 수수, 기장 등으로 입 안을 가득 채우는 것이고, 含은 옥, 조개 등으로 양쪽 어금니 부분과 입 중앙에 놓는 것이다. 『주례』 「춘관 · 典瑞」에 "大喪 때 飯玉과 含玉을 공급한다"(大喪, 共飯玉 · 含玉)에 대해 鄭玄은 注에서 "반옥은 옥을 잘게 부수어 쌀과 섞은 것이다. 함옥은 좌우 어금니를 괴는 것과 입 중앙에 놓는 것이다"(飯玉, 碎玉以雜米也. 含玉, 柱左右齻及在口中者)라고 하였다.

54) 구주 : 정현 주를 가리킨다.

55) 옥을 ~ 않는다 : 「雜記下」(59)의 경문에서 인용한 것이다.

56) 옷을 ~ 전달한다 : 陳澔는 이 부분의 옷을 받는 것을 상주 측이 받는 것으로 해석하였는데, 정현을 비롯한 대부분의 주석은 옷을 賻儀하는 자가 첫 번째 冕服을 전달한 다음 당을 내려와 대문을 나가지 않고 당의 처마 낙숫물받이가 있는 곳에서 자신의 수행자로부터 받아 당으로 올라와서 빈궁의 동쪽에서 전하는 것으로 해석하였다.

57) 가인 : 품질과 가격 등 물품의 구입과 관련한 일을 담당하는 관직이다. 『의례』 「聘禮」의 "가인이 서쪽을 향해 앉는다"(賈人西面坐)에 대한 정현 주 참조. 『三禮辭典』, 958쪽, '賈人' 항목 참조.

58) 의복 : 死者에게 옷과 이불 등을 부의하는 것을 가리킨다. 襲과 斂에 시신에 입히는 옷과 시신을 덮는 이불, 그리고 장례 때 관 동쪽에 넣는 의복 등을 모두 襚, 또는 襚衣라고 한다. 『의례』 「士喪禮」의 "군주가 사자를 시켜 의복을 부의한다"(君使人襚)에 대한 정현 주에 "襚는 전해준다는 뜻이다. 의복의 경우를 襚라고 한다"(襚之言遺也,. 衣被曰襚)라고 하였다. 「少儀」(6)에는 "신하가 군주에게 襚衣를 보낼 때에는 '賈人에게 못 쓰는 옷을 보냅니다'라고 말한다. 대등한 사이일 경우에는 ('못 쓰는 옷'이라고 하지 않고) '수의'라고 말한다"(臣致襚於君, 則曰'致廢衣於賈人', 敵者曰襚)라고 하였다. 따라서 대등한 사이에 또는 신분이 높은 쪽에서 낮은 이에게 의복을 부의하는 것을 襚라고 불렀음을 알 수 있다.

59) 孤某 : 『예기집설대전』에는 '孤'로 되어 있으나 『예기정의』에 따라 바로잡는다.

60) 孤某 : 『예기집설대전』에는 '孤'로 되어 있으나 『예기정의』에 따라 바로잡는다.

61) 사적 : 聘禮에서 공식적인 聘禮와 享禮의 절차를 마치고 개인적으로 상대국의 군주와 관리들을 만나보는 것을 가리킨다. 私面이라고도 한다. 『의례』 「聘禮」와 『예기』 「聘義」(5) 등에 그 내용이 자세하다. 『三禮辭典』, 421쪽, '私面' 항목 참조.

62) 효포 : 小斂과 大斂 때 시신에게 입힌 의복을 묶는 천으로 된 띠다. 『의례』 「士喪禮」에 "효포는 가로로 3개, 세로로 1개를 깔고 넓이는 1폭(2척)으로 하며 끝부분을 세 가닥으로 잘라놓는다"(絞橫三, 縮一, 廣終幅, 析其末)라고 하였다. 이는 小斂할 때의 효포를 말한다. 「喪大記」(39)에는 "대렴에, 베로 만든 효포(布絞)를 사용하는데 세로로 된 것이 세 폭이고, 가로로 된 것이 다섯 폭이다"(大斂布絞, 縮者三, 橫者五)라고 하였다. 자세한 내용은 이들에 대한 정현 주와 공영달의 소에 보인다. 『三禮辭典』, 855쪽, '絞' 항목을 참조.

63) 紟 : 紟은 홑이불을 뜻한다. 혼례와 大斂 등에 사용된다. 「喪大記」(39)에 "홑이불(紟)은 다섯 폭인데, 표식을 붙이지 않는다"(紟, 五幅, 無紞)라고 하였다. 이에 대한 정현 주에 "'紞'은 비단 끈 종류로 만드는데 옷깃(領)의 가에 붙이는 것으로 오늘날의 被識과 같은 것이다. 살아 있을 때에는 홑이불(禪被)에 표식을 해 두었다가 사망하면 그것을 제거하는데, 살아 있을 때와 달리하는 것이다"('紞', 以組類爲之, 綴之領側, 若今被識矣. 生時禪被有識, 死者去之, 異於生也)라고 하였다.

64) 衾 : 보통 이불을 뜻하며, 여기서는 소렴과 대렴에 사용하는 이불을 가리킨다. 솜을 넣은 겹이불과 속이 없는 홑이불이 있는데, 후자를 裯라고 부른다. 『三禮辭典』, 690쪽, '衾' 항목 참조.

예기역주 권20

잡기하 제21

雜記下

【잡기하 1】

부친의 상喪이 소상小祥은 지나고 아직 대상大祥 이전으로 상복을 벗지 않은 상태인데 모친이 사망하면, 부친의 상복을 벗는 대상제에서 대상제의 옷(除服)을 입고 제사를 지내며, 대상제를 마친 다음 모친을 위한 상복으로 도로 갈아입는다.

有父之喪, 如未沒喪而母死, 其除父之喪也, 服其除服, 卒事, 反喪服.

鄭注 '몰沒'은 마친다는 뜻과 같다. '상복을 벗을 때의 옷'(除服)은 대상제大祥祭에 입는 옷을 가리킨다. '일을 마친다'(卒事)는 것은 대상제를 마치는 것을 가리킨다. '상복으로 갈아입는다'(反喪服)는 것은 뒤에 사망한 이를 위한 상복으로 도로 갈아입는 것을 뜻한다. '沒'猶竟也. '除服'謂祥祭之服也. '卒事', 旣祭. '反喪服', 服後死者之服.

集說 '몰沒'은 마친다 또는 벗는다는 뜻과 같다. 부친의 상喪이 소상小祥은 지나고 대상大祥은 아직 지나지 않은 시기인데 또 모친의 상을 당하면, 부친의 상을 마칠 때에 상을 마칠 때 입는 옷을 입고 대상제大祥祭의 예禮를

행한다. 이 대상제가 끝난 다음 곧 모친을 위한 상복으로 갈아입는다. 만일 모친의 상이 아직 장례를 치르기 전인데 부친의 소상小祥이나 대상제大祥祭가 있게 되면 연복練服과 대상제의 옷을 입을 수 없다. 대상제는 길제吉祭이지만, 장례를 치르기 전은 흉凶의 상태로서 흉凶의 시기에 차마 길례吉禮를 행하지 못하기 때문이다. '沒', 猶終也, 除也. 父喪在小祥後大祥前, 是未沒父喪也, 又遭母喪, 則當除父喪之時, 自服除喪之服, 以行大祥之禮. 此禮事畢, 卽服喪母之服. 若母喪未葬, 而値父之二祥, 則不得服祥服者. 以祥祭爲吉, 未葬爲凶, 不忍於凶時行吉禮也.

【잡기하 2】

비록 (삼년상이 아닌) 백부伯父와 숙부叔父 또는 형제의 상喪이어도, 부모의 상喪 기간 중에 상기喪期를 마치게 되면, 그들을 위한 대상제大祥祭를 지낼 때 모두 대상제의 옷을 입고 지내며, 제사가 끝나면 도로 부모에 대한 상복으로 갈아입는다.

雖諸父・昆弟之喪, 如當父母之喪, 其除諸父・昆弟之喪也, 皆服其除喪之服, 卒事反喪服.

鄭注 부모의 상喪중이어도 오히려 가벼운 상복을 위해 대상제大祥祭의 옷(除服)을 입고 대상제를 지내는 것은 사자死者가 골육의 은恩이 있는 혈연이기 때문이다. 오직 군주의 상을 당하였을 때만, 사적인 상복을 위해 대상제의 옷을 입고 대상제를 지내지 못한다. '당當'(맞는다)이라고 말한 것은 아마도 기년복과 대공복의 상이 시작되고 끝나는 것을 모두 삼년상 중에 맞기 때문이다. 소공복과 시마복은 대상제에서 상복을 벗을 때 입는 옷을 입지

못한다. 장상長殤과 중상中殤의 경우엔 상복을 벗을 때 입는 옷을 입고 대상제를 지낸다. 雖有親之大喪, 猶爲輕服者除, 骨肉之恩也. 唯君之喪, 不除私服. 言'當'者, 期·大功之喪, 或終始皆在三年之中. 小功·緦麻則不除. 殤長·中乃除.

集說 백부伯父와 숙부叔父 그리고 형제의 상喪이 처음 발생해서 복을 벗을 때까지 모두 부모의 상喪 기간 안에 있을 때, 상복의 경중이 서로 다르지만 대상제의 옷을 입는 것을 없애지 않는 것은 친애함을 돈독히 하려는 의리다. 만일 군주의 상을 만나면 자신의 개인적인 상복을 위해서 대상제에서 대상제의 옷을 입지 못한다. 「증자문曾子問」(41)에서 언급하고 있다. 諸父·昆弟之喪, 自始死至除服, 皆在父母服內, 輕重雖殊, 而除喪之服不廢者, 篤親愛之義也. 若遭君喪, 則不得自除私服. 「曾子問」言之矣.

【잡기하 3】

가령 앞서 일어난 상이 삼년상이라면, (뒤에 일어난 삼년상이) 이미 경질潁絰로 바꾼 뒤일 경우 연제練祭(소상제)와 상제祥祭(대상제)를 모두 정식으로 지낸다.

如三年之喪, 則旣潁, 其練·祥皆行.

鄭注 현재 진행 중인 상喪이 이미 경질潁絰을 하고 있을 때이면 이전의 삼년상에 대하여 연복練服과 대상제의 옷으로 갈아입고 연제練祭와 대상제를 지냄을 말한다. 이 상주는 먼저 부모의 상을 당하고 이제 또 장자長子의 상을 당한 경우를 가리킨다. 먼저 장자의 상을 당하고 이제 다시 부모의 상을 당한 경우도 그 예는 같다. 따라서 경질潁絰로 갈아입을 때보다도 이후인 연제練祭를 지내고 아직 상을 마치지 않은 경우에도 이전의 상喪에

대하여 당연히 연복練服과 대상제의 옷을 입고 연제와 대상제를 지낸다. '경潁'(어저귀)은 풀의 이름이다. 칡이 없는 지방에서는 마질麻絰을 벗고 갈질葛絰을 할 때 대신 경潁으로 만든 질을 사용한다. 言今之喪既服潁, 乃爲前三年者變除而練・祥祭也. 此主謂先有父母之服, 今又喪長子者. 其先有長子之服, 今又喪父母, 其禮亦然. 然則言未沒喪者, 已練・祥矣. '潁', 草名. 無葛之鄉, 去麻則用潁.

集說 앞서 당한 상喪과 뒤에 당한 상이 함께 삼년상일 경우 뒤에 당한 상이 마질麻絰을 갈질葛絰로 바꾼 이후의 기간이라면 앞서 당한 상을 위해 연제練祭와 대상제大祥祭를 정식으로 지낼 수 있다. '이미 경질潁絰로 바꾼 뒤'(既潁)라는 것은 우제虞祭 뒤에 상복을 갈아입을 때 허리의 마질麻絰을 갈질葛絰로 바꾸어 두른다는 것이다. '경潁'(어저귀)은 풀이름이다. 칡(葛)이 없는 지방에서는 경潁으로 대신한다. 前喪・後喪, 俱是三年之服, 其後喪既受葛之後, 得爲前喪行練・祥之禮也. '既潁'者, 既虞受服之時, 以葛絰易要之麻絰也. '潁', 草名. 無葛之鄉, 以潁代.

【잡기하 4】

조부가 사망하여 (부제祔祭는 지내고) 아직 연제練祭와 상제祥祭를 지내지 않은 기간에 손자가 또 사망하면, 손자의 신주는 조부에게 부祔하여 부제를 지낸다.

王父死未練・祥, 而孫又死, 猶是附於王父也.

鄭注 '아직 연제와 대상제를 지내지 않은 경우'(未練・祥)라고 말한 이유는 아직 협제祫祭를 지내지 않아 (천묘遷墓하지 않았을) 때에는 소목昭穆의 순서에 포함시킨다는 혐의가 있기 때문이다.[1)] 조부가 사망한 뒤 이미 부제祔

祭를 지낸 뒤라면 (손자孫子가 그 뒤에 사망하였을 경우) 이 조부에게 부제할 수 있다. '유猶'는 유由 자로 써야 옳다. '유由'는 용用(으로)의 뜻이다. '부附'는 모두 부祔 자로 써야 옳다. '未練·祥', 嫌未祫祭, 序於昭穆爾. 王父既附, 則孫可祔焉. '猶'當爲由. '由', 用也. '附'皆當作祔.

集說 손자를 조부에게 부祔하는 것은 예禮에서 반드시 그렇게 해야 하는 것이다. 그러므로 조부가 사망하여 (부제는 지내고) 아직 연제와 대상제大祥祭를 지내지 않았는데 손자가 또 사망하였다면, 또한 반드시 이 사망한 조부에게 부祔하여 부제를 지낸다. 孫之祔祖, 禮所必然. 故祖死雖未練·祥, 而孫又死, 亦必祔於祖.

【잡기하 5】

(부모의 상喪을 당하여 아직 시신이) 빈궁에 있을 때(有殯), 멀리 떨어진 형제 상(外喪)의 부고를 받으면, 다른 방에 마련된 곡위哭位에서 새로 사망한 형제를 위해 곡을 한다. (다음날 아침 조전朝奠 때) 부모의 빈궁에 들어가 전을 올린다.(入奠) 전례奠禮가 끝나면 나와 상복을 갈아입고 (형제 상을 위한) 곡위로 나아가 (전날) 처음 곡위에 나아가 하였던 예禮와 똑같이 한다.

有殯, 聞外喪, 哭之他室.① 入奠. 卒奠出, 改服卽位, 如始卽位之禮.②

鄭注 ① 곡을 하는 대상이 다름을 밝힌 것이다. 곡을 할 때는 곡위哭位를 마련한다. 明所哭者異也. 哭之爲位.

② 다음날 아침 곡을 할 때 빈궁에 들어가 전奠을 올리고, 전례가 끝나면 상복을 바꿔 입고 (새로운 상喪의) 곡위哭位로 나아가는데, 다른 방에 마련된 곳으로 가서 전날 상喪 소식을 처음 듣고 곡위에 나아가 곡을 하던 방식과 같이 한다. 謂後日之哭朝, 入奠於其殯, 旣乃更卽位, 就他室, 如始哭之時.

集說 '빈궁殯宮에 있다'는 것은 부모의 상을 당해 아직 장례葬禮를 행하지 않은 때임을 말한다. '외상外喪'은 멀리 떨어져 사는 형제가 사망한 것이다. 빈궁殯宮에서 곡을 하지 않고 다른 방에서 곡을 하는 것은 빈궁에 모셔진 분을 위한 곡哭이 아님을 밝히는 것이다. '빈궁에 들어가 전을 올린다'(入奠)는 것은 (형제의 상 소식을 듣고 처음) 곡을 한 다음날 아침 본래 상의 상복을 입고 빈궁에 들어가 전奠을 올리는 것이다. 전례奠禮가 끝나면 나와 본래 상의 상복을 벗고 새로 사망한 이에 대한 성복成服 이전의 옷을 입고서 어제 다른 방에서 곡을 하였던 곡위로 나아간다. '처음 곡위에 나아가 하였던 예와 똑같이 한다'는 것은 전날 처음 상喪을 부고 받고 곡위에 나아가 하였던 예와 똑같이 한다는 것이다. '有殯'謂父母喪未葬也. '外喪', 兄弟之喪在遠者也. 哭不於殯宮而於他室, 明非哭殯也. '入奠'者, 哭之明日之朝, 著已本喪之服, 入奠殯宮. 奠畢而出, 乃脫已本喪服, 著新死者未成服之服, 而卽昨日他室所哭之位. '如始卽位之禮'者, 謂今日之卽哭位, 如昨日始聞喪而卽位之禮也.

【잡기하 6】

대부大夫와 사士가 군주(公)의 제사에 참여하여 기물을 씻는 것을 감독하고 있는데 부모가 사망하면 그대로 제사에 참여하는데, 다른 건물에 머무른다. 제사가 끝나면 제복을 벗고 군주(公)의 대문 밖으로 나아가 곡을 하고 돌아간다. 그 밖의 예절은 분상奔喪할 때의 예禮와 같이 한다. 기물을 씻는 것을 감독하기 이전에 부모가 사망한 경우 사람을 시켜 군주에게 보고하게 하고, 보고한 이가 돌아온 이후에 곡을 한다.

大夫・士將與祭於公, 旣視濯, 而父母死, 則猶是與祭也, 次於異宮. 旣祭, 釋服, 出公門外, 哭而歸. 其他如奔喪之禮. 如未視濯, 則使人告, 告者反而后哭.

鄭注 '유猶' 자는 위에서와 마찬가지로 유由 자가 되어야 한다. '다른 건물에 머무른다'(次於異宮)는 것은 길사와 흉사에 처소를 같이 해서는 안 되기 때문이다. 심부름꾼이 돌아온 이후에 곡을 하는 것은 군주의 명령에 대하여 자신의 뜻대로 감히 판단하지 않는 것이다. '猶'亦當爲由. '次於異宮', 不可以吉與凶同處也. 使者反而后哭, 不敢專己於君命也.

集說 '씻는 것을 감독한다'는 것은 기물을 씻는 것을 감독하는 것이다. '그대로 제사에 참여한다'는 것은 여전히 길례의 행사 중에 있으므로 제사에 참여하지 않을 수 없다는 것이다. 다만 다른 건물에 머무를 뿐인데 길사와 흉사에 처소를 같이 해서는 안 되기 때문이다. 만일 기물을 씻는 것을 아직 감독하지 않는 상태에서 부모가 돌아가시면, 곧 사람을 시켜 군주에게 보고하고 보고한 이가 돌아온 이후에 부모를 위해 곡을 한다. '視濯', 監視器用之滌濯也. '猶是與祭'者, 猶是在吉禮之中, 不得不與祭. 但居次於異宮耳, 以吉凶不可同處也. 如未視濯, 而父母死, 則使人告於君, 俟告者反, 而後哭父母也.

【잡기하 7】

백부伯父와 숙부叔父 · 형제 · 고모 · 자매의 상喪을 당한 경우, 이미 숙계宿戒를 받았으면 제사에 참여한다. 제사를 마치고, 군주(公)의 대문을 나와서 제복을 벗고 이후 돌아간다. 그 밖의 예절은 분상奔喪 때의 예와 같다. 사망한 이가 같은 집에 사는 사람이라면, (숙계를 받았을 때) 다른 집에 나아가 머무른다.

如諸父 · 昆弟 · 姑 · 姊妹之喪, 則旣宿則與祭. 卒事, 出公門, 釋服而后歸. 其他如奔喪之禮. 如同宮, 則次于異宮.

鄭注 '숙계를 받았으면 제사에 참여하고'(宿則與祭), '대문을 나와서 제복을 벗는 것'(出門乃解祭服) 등은 모두 조금 더 늦추는 것이다. '宿則與祭', '出門乃解祭服', 皆爲差緩也.

集說 '숙계宿戒[2]를 이미 받은 상태'(旣宿)라는 말은 제사 전 3일 치재致齊에 들어갈 때를 가리킨다. 이미 숙계를 받았으면 반드시 공가公家의 제사에 참여하는 것은 기년期年 이하의 상복은 가벼운 상복이기 때문이다. '사망한 이가 같은 집에 사는 사람이라면 다른 집에 나아가 머무른다'는 것은 이 사망한 사람이 같은 집에 사는 사람이므로 숙계를 받은 이후에 다른 집에 가서 머무르는 것이다. 이것 또한 길사와 흉사에 처소를 같이해서는 안 되기 때문이다. ○ 정씨鄭氏(정현鄭玄)는 말한다. "옛날에 형제는 다른 집에 살면서 재산은 같이 사용한다. 동궁東宮과 서궁西宮, 남궁南宮과 북궁北宮이 있다." '旣宿'謂祭前三日, 將致齋[3]之時. 旣受宿戒, 必與公家之祭, 以期以下之喪服輕故也. '如同宮則次於異宮'者, 謂此死者是己同宮之人, 則旣宿之後, 出次異宮. 亦以吉凶不可同處也. ○ 鄭氏曰: "古者昆弟, 異居同財. 有東宮有西宮, 有南宮有北宮."

【잡기하 8】

증자가 물었다. "경卿과 대부大夫가 공公의 제사에 시尸가 되기 위하여 재차 군주의 명을 받고 재계齋戒하고 있는데, 자최에 해당하는 내상內喪이 생기면 어떻게 합니까?" 공자께서 말씀하였다. "군주의 공관公館으로 나가 머물면서 제사 일을 마칠 때까지 기다리는 것이 예이다." 공자께서 말씀하였다. "시尸가 고깔(弁)이나 면冕을 하고 나가면, 경卿과 대부大夫 그리고 사士는 모두 수레에서 내린다. 시尸는 반드시 인사(式[4])를 하며, 반드시 전구前驅를 둔다."

曾子問曰: "卿・大夫將爲尸於公, 受宿矣, 而有齊衰內喪, 則如之何?" 孔子曰: "出舍乎公宮以待事, 禮也."① 孔子曰: "尸弁冕而出, 卿・大夫・士皆下之. 尸必式, 必有前驅."②

鄭注 ① 시尸는 중요한 일이므로 숙계宿戒를 받으면 곡을 할 수 없다. '내상內喪'은 같은 집에 사는 사람이 사망한 경우를 말한다. 尸重, 受宿, 則不得哭. '內喪', 同宮也.

② 면冕을 말하면서 변弁도 함께 말한 것은 군주의 시尸가 더러 (당사자의 신분에 따라) 사士와 대부大夫의 복식을 입기 때문이다. 여러 관리들이 시尸를 보면 수레에서 내린다. 경의를 표하는 것이다. 시尸가 식式을 하는 것은 예에 따른 것이다. 冕兼言弁者, 君之尸或服士・大夫之服也. 諸臣見尸而下車. 敬也. 尸式, 以禮.

集說 설명은 「증자문曾子問」(61, 62)에 나온다. 說見「曾子問」篇.

【잡기하 9】

부모의 상喪에 소상小祥 또는 대상제大祥祭를 지내려고 하는데 (떨어져 사는) 형제가 사망하면 빈殯이 끝나기를 기다린 뒤에 제사를 지낸다. 만일 같은 집에 사는 이가 사망하면 비록 사망한 이가 신첩臣妾과 같은 천한 신분이라고 해도 장례葬禮를 마친 뒤에 제사를 드린다.

父母之喪, 將祭, 而昆弟死, 旣殯而祭. 如同宮, 則雖臣妾, 葬而后祭.

鄭注 '제사를 지내려고 한다'(將祭)는 것은 소상小祥 또는 대상제大祥祭를 지내려고 한다는 것이다. '만일 같은 집에 사는 이가 사망하면'(若同宮)이라고 말하였으므로, 이 경문은 다른 집에 사는 형제가 사망한 경우이다. 옛날에 형제는 거처를 달리하지만 재산은 공동으로 소유하였다. 그래서 동궁東宮·서궁西宮·남궁南宮·북궁北宮 등이 있었다. 부모의 상이라면 응당 빈궁에 있어야 하는데, 다른 집에 있다는 것은 질병이 있어 혹 자신의 집으로 돌아간 경우이다. '將祭'謂練·祥也. 言'若同宮', 則是昆弟異宮也. 古者, 昆弟異居同財. 有東宮有西宮, 有南宮有北宮. 有父母之喪, 當在殯宮, 而在異宮者, 疾病或歸者.

集說 '제사를 지내려고 한다'(將祭)는 것은 소상小祥 또는 대상제大祥祭를 지내려고 한다는 것이다. 그때 마침 형제의 상을 당하면, 빈殯이 끝날 때까지 기다려서 소상 또는 대상제를 지낸다. 그러나 이것은 사망한 이가 다른 집에 사는 형제일 경우이다. 만일 같은 집에 사는 이가 사망하였다면, 비록 사망한 이가 신첩과 같은 비천한 신분이라도 또한 장례葬禮가 끝나기를 기다려서 소상 또는 대상제를 지낸다. 길사와 흉사를 서로 간섭되게 해서는 안 되기 때문이다. 그래서 『의례』「상복喪服」에 "집안에 사망한 사람이 있으면, 그를 위해 3개월 동안 제사를 지내지 않는다"고 하였다. '將祭', 將行小

祥或大祥之祭也. 適有兄弟之喪, 則待殯訖乃祭. 然此死者乃是異宮之兄弟耳. 若是同宮, 則雖臣妾之卑賤, 亦必待葬後乃祭. 以吉凶不可相干也. 故「喪服傳」云: "有死於宮中者, 則爲之三月不擧祭."

【잡기하 10】

소상小祥 또는 대상제大祥祭를 지낼 때(祭), 주인主人(상주)이 계단을 오르고 내리는데 각 발로 오르고 내리면(散等) 집사執事도 마찬가지로 각 발로 계단을 오르고 내린다. 비록 우제虞祭와 부제祔祭 때라도 또한 그렇게 한다.

祭, 主人之升·降, 散等, 執事者亦散等. 雖虞·祔, 亦然.

鄭注 '주인主人'은 적자適子이다. '산등散等'은 계단을 발을 모으지 않고 각 발로 오르고 내리는 것으로 새로운 상喪 때문에 위의威儀를 생략하는 것이다. '主人', 適子. '散等', 栗階, 爲新喪略威儀.

集說 '산散'은 건너뛴다는 뜻이다. '등等'은 계단의 단이다. 길제吉祭에서는 계단을 오르고 내릴 때 발을 모아서 오르고 내린다. 상제喪祭에서는 발을 모으지 않고 각 발로 오르고 내린다. 소상小祥과 대상제大祥祭는 길례吉禮이므로 발을 모아서 계단을 오르고 내려야 함에도 각 발로 오르고 내리는 것은 형제의 상이 발생하였기 때문에 위의威儀를 생략하는 것이다. 『의례』「연례燕禮」에 "각 발로 오르고 내리는 것은 두 단을 넘지 못한다"라고 하였다. 대개 처음 계단을 오를 때는 여전히 발을 모아서 옮기고 두 번째 단에 이르러 좌우 발로 각각 한 단씩 옮겨 당에 오른다. '비록 우제虞祭와 부제祔祭 때라도 또한 그렇게 한다'는 것은 주인主人(상주)이 형제의 우제와 부제

때에 이르러 부모의 소상 또는 대상제를 지내게 될 경우, 집사執事와 더불어 모두 각 발로 계단을 오르고 내리는 것을 말한다. '散', 栗也. '等', 階也. 吉祭則涉級聚足. 喪祭則栗階. 二祥之祭, 吉禮, 宜涉級聚足, 而栗階者, 以有兄弟之喪, 故略威儀也. 「燕禮」云: "栗階不過二等." 蓋始升猶聚足連步, 至二等則左右足各一發而升堂也. '雖虞・祔, 亦然'者, 謂主人至昆弟虞・祔時, 而行父母祥祭, 則與執事者亦皆散等也.

【잡기하 11】

제후에서 여러 사士에 이르기까지 소상제小祥祭에서 주인이 되돌린 잔을 마실 때는 치아에 이를 정도로 맛본다. 중빈衆賓과 형제는 모두 목으로 넘어갈 정도로 맛본다. 대상제大祥祭에서는 주인은 목으로 넘어갈 정도로 맛을 본다. 중빈衆賓과 형제는 모두가 마셔도 된다.
自諸侯達諸士, 小祥之祭, 主人之酢也嚌之. 衆賓兄弟則皆啐之. 大祥, 主人啐之. 衆賓兄弟皆飮之可也.

鄭注 '제嚌'와 '쵀啐' 모두 맛본다는 뜻이다. 제嚌는 맛이 치아까지 이르는 것이고, 쵀啐는 목으로 넘어가는 것이다. '嚌'・'啐', 皆嘗也. 嚌至齒, 啐入口.

集說 맛보는 것이 치아에 이르는 것이 '제嚌', 목으로 넘어가는 것이 '쵀啐'이다. '주인이 되돌린 잔을 마실 때 치아에 이를 정도로 맛본다'(嚌之)는 것은 정제正祭[5]의 절차가 끝난 뒤에 주인이 빈장賓長(빈객 중의 존장자)에게 술을 따라 주면 빈장은 마시고 주인에게 잔을 되돌리는데, 이때 주인이 되돌려 받은 잔을 치아에 이를 정도로 맛보는 것을 가리킨다. '중빈衆賓과 형제는 목으로 넘어갈 정도로 맛본다'는 것은 정제正祭의 절차가 끝난 뒤에 주

인이 따라주는 잔을 받아 마실 때 목으로 넘어갈 정도로 맛보는 것을 가리킨다. 至齒爲'嚌', 入口爲'啐'. '主人之酢嚌之', 謂正祭之後, 主人獻賓長, 賓長酢主人, 主人受酢則嚌之也. '衆賓·兄弟啐之', 謂祭末受獻之時, 則啐之也.

【잡기하 12】

상제喪祭에서 의례를 돕는 사람(侍祭喪)이 빈객에게 포脯와 젓갈(薦)을 고수레하라고 알려도 빈객은 고수레만 하고 음식을 먹지는 않는다.
凡侍祭喪者, 告賓祭薦而不食.

鄭注 '천薦'은 포脯와 젓갈이다. 길제吉祭일 경우 빈객에게 포와 젓갈을 고수레하라고 알리면, 빈객은 고수레를 하고 음식을 먹지만, 상제喪祭일 경우 빈객은 먹지 않는다. '薦', 脯·醢也. 吉祭, 告賓祭薦, 賓既祭而食之, 喪祭, 賓不食.

集說 '시제상侍祭喪'은 상제喪祭에서 의례를 돕는 사람을 말한다. '천薦'은 포脯와 젓갈을 말한다. 의례를 돕는 사람은 단지 포와 젓갈을 고수레하라고 알리기만 하지만, 빈객은 고수레만 하고 음식을 먹지는 않는다. 길제吉祭일 경우 빈객은 고수를 마치고 음식을 먹는다. 이 경문은 연제練祭와 대상제大祥祭에서 주인이 빈객에게 술을 따라주면 빈객은 술을 받고 주인이 포와 젓갈을 진설하는 때를 가리킨다. 우제虞祭와 부제祔祭에서는 빈객에서 술을 따라주는 예禮가 없다. '侍祭喪', 謂相喪祭禮之人也. '薦', 謂脯·醢也. 相禮者但告賓祭此脯·醢而已, 賓不食之也. 若吉祭, 賓祭畢則食之. 此亦謂練·祥之祭, 主人獻賓, 賓受獻, 主人設薦時也. 虞·祔無獻賓之禮.

【잡기하 13】

자공子貢이 상喪에 대하여 여쭈었다. 공자께서 말씀하였다. "공경하는 것이 제일이고, 슬퍼하는 것이 그 다음이요, 몸을 훼손하는 것은 아래이다. 안색은 그 정리情理에 맞게 하고 슬퍼하는 위의威儀는 그 상복喪服에 맞게 해야 한다."

子貢問喪. 子曰: "敬爲上, 哀次之, 瘠爲下. 顔色稱其情, 戚容稱其服."

鄭注 '상喪에 대하여 여쭌다'(問喪)는 말은 부모의 상喪을 당하여 거상居喪하는 법에 대하여 질문하는 것이다. 상례에서는 슬퍼하는 것을 숭상하지만 '공경하는 것이 제일이다'(敬爲上)라고 말한 것은 지나치게 슬퍼하여 병이 나면 공경할 수 없기 때문이다. '용容'은 위의威儀이다. 『효경孝經』에 "위의威儀가 볼 만하다"[6]고 하였다. '問喪', 問居父母之喪也. 喪尙哀, 言'敬爲上'者, 疾時尙不能敬也. '容', 威儀也. 『孝經』曰: "容止可觀."

集說 '상喪에 대하여 여쭌다'(問喪)는 말은 부모의 상喪을 당하여 거상居喪하는 법에 대하여 질문하는 것이다. 시신에 기대고 관에 기대는 것은 모두 진실한 마음으로 신실함을 다하려는 것이다. 그러므로 '공경하는 것이 제일이다'라고 한 것이다. 자유子游는 "상喪을 당해서는 슬퍼하는 마음을 다하는 것에서 그친다"[7]라고 하였다. 이에 대하여 선유先儒는 "이지而止(에서 그친다) 두 글자가 고원高遠하려는 것에 지나쳐 미세한 부분을 간략히 다룬 흠이 있다"고 하였다.[8] 이 경문 '슬퍼하는 것은 그 다음이다'라고 한 말에서 그 뜻을 볼 수 있다. (슬퍼하는 것이 지나쳐) 못 가눌 정도로 몸을 훼손하고 상喪을 감내하지 못하는 것은 곧 아비 노릇을 못하고 불

효하는 것에 비견된다.[9] 그러므로 '몸을 훼손하는 것은 아래이다'라고 말한 것이다. 자최와 참최의 상복에는 본래 무겁고 가벼운 차이가 있으므로 그 정리情理에 맞게 하고 그 상복에 맞게 하면 예에 합당하게 된다. '問喪', 問居父母之喪也. 附於身附於棺者, 皆欲其必誠必信. 故曰'敬爲上'. 子游言, "喪致乎哀而止." 先儒謂'而止'二字微有過於高遠而簡略細微之弊. 此言'哀次之', 可見矣. 毁瘠不形, 不勝喪, 乃比於不慈不孝. 故曰'瘠爲下'也. 齊·斬之服, 固有重輕, 稱其情稱其服, 則中於禮矣.

【잡기하 14】

"형제의 상喪에 대하여 여쭙습니다." 공자께서 말씀하였다. "형제의 상에 대해서는 문헌에 기록되어 있다."

"請問兄弟之喪." 子曰: "兄弟之喪, 則存乎書策矣."

鄭注 소원한 상복喪服의 경우 예禮에 따라 행하고 더 추가하여 행하지 않음을 말한다. 자최齊衰와 참최斬衰의 상복은 슬퍼하는 위의威儀의 모양을 경經에서 실어 표현할 수가 없다. 言疏者, 如禮行之, 未有加也. 齊·斬之喪, 哀容之體, 經不能載矣.

集說 '문헌에 기록되어 있다'는 말은 예경禮經에 기록된 것에 따라 행하라는 말이다. 부모의 상喪처럼 슬퍼하는 위의의 모양을 말로 표현할 수 없어 경經에서 갖추어 기록하지 못한 것과 같지 않다. '存乎書策'者, 言依禮經所載而行之. 非若父母之喪, 哀容體狀之不可名言, 而經不能備言也.

【잡기하 15】

군자는 남의 상喪을 빼앗지 않고, 또한 자신의 상을 다른 일에 빼앗기지도 않는다.

君子不奪人之喪,① 亦不可奪喪也.②

鄭注 ① 상례喪禮를 중시하는 것이다. 重喪禮也.

② 자신보다 가볍게 여겨서는 안 되기 때문이다. 不可以輕之於己也.

集說 군자는 남이 거상하고 있는 정리情理를 빼앗아 폐하지 않으며, 자신이 거상하는 정리情理 또한 다른 일에 빼앗겨 폐하지 않는다. 모름지기 각각 그 예를 다할 수 있게 할 뿐이다. ○ 소疏에서 말한다. "남의 상喪을 빼앗지 않는 것은 서恕(내가 원치 않는 것은 남에게도 시행하지 않는 것)이다. 자신의 상喪을 빼앗기지 않는 것은 효孝이다." 君子不奪廢他人居喪之情, 而君子居喪之情, 亦不可爲他事所奪廢. 要使各得盡其禮耳. ○ 疏曰: "不奪人喪, 恕也. 不奪己喪, 孝也."

【잡기하 16】

공자께서 말씀하였다. "소련少連과 대련大連은 거상居喪을 잘하였다. 3일 동안 게으르게 하지 않았고, 3개월 동안 해이하지 않았으며, 1년 동안 슬퍼하였고, 3년 동안 걱정하며 초췌하였다. 동이東夷족의 자손이다."

孔子曰: "少連 · 大連善居喪. 三日不怠, 三月不解, 期悲哀, 三年憂. 東夷之子也."

鄭注 그들이 오랑캐 땅에서 태어났어도 예를 알고 있음을 말한다. '태怠'는 게으르다는 뜻이요, '해解'는 해이하다는 뜻이다. 言其生於夷狄而知禮也. '怠', 惰也, '解', 倦也.

集說 소련少連이라는 이름은 『논어』에 보인다.[10] '3일'은 부모가 돌아가신 초기를 말한다. '게으르게 하지 않다'는 것은 애통함이 절박하여 비록 음식을 들지 않지만 자신의 힘으로 그 예를 다해내는 것을 말한다. '3개월'은 부모가 돌아가시고 빈궁에 모셔져 있는 시기를 말한다. '해解'는 해懈와 같은 의미로 해이하다는 뜻이다. 또는 해解(벗는다)자 본래의 뜻으로 읽기도 하는데 잠잘 때 수질과 요대를 벗지 않는 것을 가리킨다. '우憂'는 걱정하여 초췌한 것을 말한다. 少連見『論語』. '三日', 親始死時也. '不怠'謂哀痛之切, 雖不食, 而能自力以致其禮也. '三月', 親喪在殯時也. '解'與懈同, 倦也, 或讀如本字, 謂寢不脫絰帶也. '憂', 謂憂戚憔悴.

【잡기하 17】

삼년상 중에 있을 때는 자신의 일을 말할 뿐 남을 위해 논의하고 말하지 않으며, 대답은 하지만 묻지는 않는다. 의려倚廬[11]와 악실堊室[12]에 머무르는 동안 다른 사람과 함께 지내지 않는다. 악실堊室에 머무르는 동안에 때에 따른 일로 모친을 뵙는 게 아니면 중문中門[13]으로 들어가지 않는다.

三年之喪, 言而不語, 對而不問. 廬·堊室之中, 不與人坐焉. 在堊室之中, 非時見乎母, 也不入門.

鄭注 '언言'은 자신의 일을 말하는 것이다. 다른 사람을 위해 설명하는 것이 어語이다. 악실堊室에 머무는 동안 때에 따른 일로 모친을 뵐 경우에만 침문寢門(방문)에 들어간다. 따라서 의려倚廬에 머무를 때에는 침문에 들어가지 않는 것이다. '言', 言己事也. 爲人說爲語. 在堊室之中, 以時事見乎母, 乃後入門. 則居廬時, 不入門.

集說 '언言'은 자신의 일을 말하는 것이다. '어語'는 다른 사람을 위해 논의하고 말하는 것이다. 의려와 악실은 그 설명이 앞 편에 나왔다. '때에 따른 일로 모친을 뵙는다'는 것은 일이 있어 예를 행할 때에 들어가 모친을 뵙는 것을 말한다. 이런 경우가 아니면 중문中門으로 들어가지 않는다. '言', 自言己事也. '語', 爲人論說也. 倚廬及堊室, 說見前篇. '時見乎母', 謂有事行禮之時, 而入見母也. 非此, 則不入中門.

【잡기하 18】

자최(疏衰)의 상복으로 거상하는 사람은 악실堊室에 머무르고 의려倚廬에 머무르지 않는다. 의려는 (삼년상에) 엄숙하게 거상하는 곳이다. 疏衰, 皆居堊室, 不廬. 廬, 嚴者也.

鄭注 의려倚廬는 슬퍼하고 공경하는 곳으로 그럴 만한 일이 있지 않으면 그 곳에서 거처하지 않는다는 말이다. 言廬, 哀敬之處, 非有其實, 則不居.

集說 '소최疏衰'는 자최齊衰의 상복을 말한다. 자최에는 3년, 1년, 3월 등이 있다. 무릇 거상하는 곳은 참최斬衰의 경우 의려에서, 자최의 경우 악실堊室에서 머물고, 대공大功은 휘장을 치고 지내며, 소공小功과 시마緦麻는 침

상에 대자리를 깔고 지낸다. '의려倚廬는 엄숙하게 거상하는 곳'이라는 말은 의려는 슬퍼하고 공경하며 엄숙하게 거상하는 곳으로 가벼운 상喪에 거상하는 사람은 거기에 머무를 수 없음을 말한다. '疏衰', 齊衰也. 齊衰, 有三年者, 有期者, 有三月者. 凡喪次, 斬衰居倚廬, 齊衰居堊室, 大功有帷帳, 小功・緦麻有牀第. '廬, 嚴者', 謂倚廬, 乃哀敬嚴肅之所, 服輕者不得居.

【잡기하 19】

처妻의 상喪에 대한 위의威儀는 숙부모叔父母의 상에 대한 위의와 같게 하고, 고모姑母와 자매姊妹의 경우는 형제兄弟의 상과 같게 하며, 장상長殤과 중상中殤 그리고 하상下殤은 성인成人의 상과 같게 한다.
妻視叔父母, 姑・姊妹視兄弟, 長・中・下殤視成人.

鄭注 '시視'는 견주어 같게 한다는 뜻이다. 같게 하는 것은 슬퍼하는 위의威儀와 거상하는 장소이다. '視'猶比也. 所比者, 哀容居處也.

集說 상복에서 슬퍼하는 위의威儀의 가볍고 무거운 정도가 각각 견주어 같은 바가 있다. 상殤(미성년자에 대한 상복)은 상복은 모두 낮추어 입는데 슬퍼하는 위의는 성인成人에 대한 것과 같이 한다. 본래의 친속 관계가 무겁기 때문이다. 哀戚輕重之等, 各有所比. 殤, 服皆降, 而哀之如成人. 以本親重故也.

【잡기하 20】

부모의 상喪에 대해서는 기간이 지나서 상복을 벗고, 형제의 상에 대해서는 기간이 지나기 전에 벗는다.
親喪外除,① 兄弟之喪內除.②

鄭注 ① 기간이 지났어도 슬퍼하는 마음이 아직 사라지지 않았기 때문이다. 日月已竟, 而哀未忘.

② 기간이 아직 남았어도 슬퍼하는 마음은 이미 줄었기 때문이다. 日月未竟, 而哀已殺.

集說 정씨鄭氏(정현鄭玄)는 말한다. "기간을 지나서 상복을 벗는 것은 기간이 지나도 슬퍼하는 마음이 아직 사라지지 않았기 때문이다. 기간이 지나기 전에 상복을 벗는 것은 기간이 아직 남아 있지만 슬퍼하는 마음은 이미 줄었기 때문이다." 鄭氏曰: "外除, 日月已竟, 而哀未忘. 內除, 日月未竟, 而哀已殺."

【잡기하 21】

군주의 어머니와 군주의 아내에 대한 상복은 형제의 상복과 같게 한다. 그러나 안색으로 나타나는 술과 음식은 또한 마시거나 먹지 않는다.
視君之母與君之妻, 比之兄弟. 發諸顏色者, 亦不飮食也.

鄭注 소군小君(군주의 처)에 대한 상복은 가볍기 때문에 역시 기간이 지나기 전에 벗는다. '안색으로 나타난다'(發於顏色)는 것은 진한 술과 좋은 음식은 사람을 취하고 배불리 먹게 함을 말한다. 言小君服輕, 亦內除也. '發於顏色', 謂醲美酒食, 使人醉飽.

集說 군주의 어머니와 아내는 소군이다. 상복이 가볍기 때문에 슬퍼하는 위의를 형제의 상과 같게 한다. 그러나 진하고 맛있는 술과 안주 등 안색으로 나타날 수 있는 음식은 역시 마시지도 먹지도 않는다. 君母·君妻, 小君也. 服輕, 哀之比兄弟之喪. 然於酒肴之珍醇, 可以發見顏色者, 亦不飮之食之也.

【잡기하 22】

상복喪服을 벗은 뒤에도 길을 가다가 부모와 닮은 사람을 보면 눈이 놀라 변하고, 부모와 같은 이름을 들으면 마음이 놀라 변하며, 조문을 하거나 아픈 사람을 문안할 때에도 걱정하는 안색과 모습이 반드시 남과 달리 더한 점이 있다. 그렇게 한 뒤에야 삼년상에 대한 복을 할 수 있다. 그 나머지 가벼운 상복들은 상례의 도리대로 행하면 된다.

免喪之外, 行於道路, 見似目瞿, 聞名心瞿, 弔死而問疾, 顏色戚容必有以異於人也. 如此而后, 可以服三年之喪. 其餘則直道而行之, 是也.

鄭注 슬퍼하고 가슴아파하는 심정을 이와 같이 할 수 있다면, 자최齊衰 이하의 기타 상복은 상례의 도리대로 실행해도 모두 합당하게 될 것이다. '닮은 사람'(似)은 용모가 자신의 부모와 비슷한 사람을 말한다. '이름'(名)은 부모와 같은 이름이다. 惻隱之心能如是, 則其餘齊衰以下, 直道而行, 盡自得也. '似' 謂容貌似其父母也. '名', 與親同.

集說 외모가 그의 부모와 닮은 사람을 보면 곧 눈이 그 때문에 깜짝 놀라

서 변하고, 남이 부르는 이름에 부모와 같은 이름을 들으면 마음이 그 때문에 깜짝 놀라서 변한다. 상복을 벗었지만 남은 슬픔이 아직 다 사라지지 않았기 때문에 조문을 하거나 아픈 사람을 문안할 때 슬퍼하는 모양이 근심이 없는 사람과 달리 더하다. 이와 같이 한 뒤에야 삼년상에 대한 복을 하였다고 말할 수 있으니, 그 슬퍼하는 마음이 진실하여 거짓이 없음을 말하는 것이다. 그 나머지 가벼운 상복은 '상례의 도리대로 행하면 된다'고 하였으니 그저 상례喪禮를 따라 행하면 되는 것이다. 見人貌有類其親者, 則目爲之瞿然驚變, 聞人所稱名與吾親同, 則心爲之瞿然驚變. 喪服雖除, 而餘哀未忘, 故於弔死問疾之時, 戚容有加異於無憂之人也. 如此而後, 可以服三年之喪, 言其哀心誠實無僞也. 其餘服輕者, '直道而行', 則不過循喪禮而已.

【잡기하 23】

상제祥祭(대상제)는 상주가 상복을 벗는 제사이다. 대상제 전날 저녁에 제사 때를 알리는데 조복朝服을 입는다. 대상제를 지낼 때 전날 입었던 조복을 그대로 입고 지낸다.

祥, 主人之除也. 於夕爲期, 朝服. 祥因其故服.

鄭注 '제사 때를 알린다'(爲期)는 것은 대상제大祥祭를 지낼 때를 알리는 것이다. 조복朝服을 입고 제사 때까지 기다리며, 다음날 제사를 지낼 때도 역시 조복을 입고 지낸다. 비로소 길吉로 나아가므로 정식으로 제복祭服을 입는다. 「상복소기喪服小記」(90)에 "성인의 상喪에서 상복을 벗는 이는 그 대상제大祥祭에서 조복朝服을 입고 호관縞冠을 쓴다"고 하였는데, 바로 그것이다. 제사에서 호관縞冠을 쓰는 것은 아직 완전한 길吉로 되지 않았기 때문

이다. 대상제가 끝나면, 곧 '대상제를 지내는데, 누이지 않은 흰 비단의 관(縞冠)에 흰색의 누인 비단으로 가선을 둘러쓰고 麻衣를 입는 복장'[14]으로 갈아입는다. 『석담지례釋禫之禮』에 "현의玄衣(검은색 상의)와 황상黃裳(황색 치마)을 입는다"고 하였으니, 담제禫祭을 지낼 때 현관玄冠(검은색 관)을 쓰는 것이다. 황상黃裳을 입는 것은 아직 크게 길한 것이 아니기 때문이다. 담제가 끝나면, 담제 뒤에 입는 조복朝服과 섬관綅冠으로 갈아입는다. 달을 넘겨 길제吉祭를 지낼 때 현관玄冠과 조복朝服을 입고, 제사가 끝나면 현단복玄端服을 입고 거처하며 평상의 모습으로 되돌아온다. '爲期', 爲祭期也. 朝服以期, 至明日而行祭, 亦朝服. 始即吉, 正祭服也. 「喪服小記」曰: "除成喪者, 其祭也, 朝服縞冠", 是也. 祭猶縞冠, 未純吉也. 旣祭, 乃服'大祥素縞麻衣'. 『釋禫之禮』云: "玄衣黃裳", 則是禫祭, 玄冠矣. 黃裳者, 未大吉也. 旣祭, 乃服禫服朝服綅冠. 踰月吉祭, 乃玄冠朝服, 旣祭, 玄端而居, 復平常也.

集說 '상祥'은 대상제大祥祭이다. ○ 소疏에서 말한다. "대상제 때 상주喪主가 상복을 벗는 절차에 관한 것이다. '저녁에 제사 때를 알린다'(於夕爲期)는 것은 대상제 전날 저녁 내일이 제삿날임을 미리 알리는 것을 말한다. '조복朝服'은 상주가 조복朝服을 입는데, 치의緇衣(검은색 상의)와 소상素裳(흰색 치마)을 입고 관은 호관縞冠(흰색 관)을 쓰는 것을 말한다. '대상제를 지낼 때 전날 입었던 조복을 그대로 입고 지낸다'(祥因其故服)는 것은 다음날 아침 대상제를 지낼 때 상주가 전날 저녁 입었던 조복朝服을 그대로 입는 것을 말한다." 소疏에서 또 말한다. "이 경문은 제후諸侯 · 경卿 · 대부大夫의 경우를 근거하여 말한 것이다. 대상제大祥祭에서 길제吉祭에 이르기까지 복장은 모두 6번 변화가 있다. 대상제를 지낼 때 조복朝服에 호관縞冠의 복장을 하는 것이 첫째다. 대상제를 마치고 소비素紕와 호관縞冠 그리고 마의麻衣의 복장을 하고 지내는 것이 두 번째이다. 담제禫祭를 지낼 때 현관玄冠과 황상黃

裳의 복장을 하는 것이 세 번째이다. 담제를 마치고 조복朝服과 섬관纖冠의 복장으로 지내는 것이 네 번째이다. 달을 넘겨 길제吉祭를 지낼 때 현관玄冠과 조복朝服의 복장을 하는 것이 다섯 번째이다. 길제吉祭가 끝나면 현단복玄端服으로 지내는 것이 여섯 번째이다." ○ 육씨陸氏(육전陸佃)[15]는 말한다. "'섬纖'은 식息과 렴廉의 반절이다. 날줄을 흰색으로 씨줄을 검은색으로 교직한 비단을 섬纖이라고 한다." 祥, 大祥也. ○ 疏曰: "祥祭之時, 主人除服之節. '於夕爲期', 謂於祥祭前夕, 預告明日祭期也. '朝服', 謂主人著朝服, 緇衣素裳, 其冠則縞冠也. '祥因其故服'者, 謂明旦祥祭時, 主人因著其前夕故朝服也." 又曰: "此據諸侯·卿·大夫言之. 從祥至吉, 凡服有六. 祥祭朝服縞冠一也. 祥訖素縞麻衣二也. 禫祭玄冠黃裳三也. 禫訖朝服纖冠四也. 踰月吉祭玄冠朝服五也. 旣祭玄端而居六也." ○ 陸氏曰: "'纖', 息廉反. 黑經白緯曰纖."

【잡기하 24】

자유子游가 말하였다. "대상제가 지난 뒤에 조문하러 온 이가 있으면, 비록 호관縞冠(누이지 않은 흰 비단으로 만든 관)을 하는 때가 아니지만, 반드시 대상제 때 하는 호관 복장을 하고 조문을 받으며, 조문이 끝난 뒤에 대상제 후의 복장인 누이지 않은 흰 비단의 관(縞冠)에 흰색의 누인 비단으로 가선을 둘러 쓰고 마의麻衣를 입는 복장으로 도로 갈아입는다.

子游曰: "旣祥, 雖不當縞者, 必縞, 然後反服."

鄭注 상사喪事로 부의賻儀하러 온 이가 비록 시기(장례 이전)에 맞추지 못하였더라도 여전히 상복을 바꾸어 대상제 때 입는 상복을 입고 부의품을

받는다. 그 조문하는 예를 중시하는 것이다. 이때 처음 조문한 경우는 위衛나라 장군 문자文子의 상喪에 그 아들이 하였던 것이 바로 그 경우이다.[16] '도로 갈아입는다'(反服)는 것은 누이지 않은 흰 비단의 관(縞冠)에 흰색의 누인 비단으로 가선을 둘러 쓰고 마의麻衣를 입는 것으로 돌아가는 것이다. 謂有以喪事贈賵來者, 雖不及時, 猶變服, 服祥祭之服以受之. 重其禮也. 其於此時始弔者, 則衛將軍文子之爲之, 是矣. '反服', 反素縞麻衣也.

集說 소疏에서 말한다. "'대상제가 지난 뒤'(旣祥)라는 말은 대상제가 지난 뒤에 조문하러 온 이가 있을 경우를 말한다. '비록 호관縞冠을 하는 때가 아니지만'(雖不當縞)이라는 말은 호관縞冠을 쓰고 대상제를 지내는 때에 오지 않았음을 말한다. '반드시 호관縞冠을 쓰며, 마친 뒤에 도로 갈아입는다'(必縞, 然後反服)는 말은 상주가 반드시 대상제 때 하였던 호관縞冠 복장을 하고 조문하는 이의 예禮를 받으며, 조문이 끝난 뒤에 대상제 후의 복장인 누이지 않은 흰 비단의 관(縞冠)에 흰색의 누인 비단으로 가선을 둘러 쓰고 마의麻衣를 입는 복장으로 도로 갈아입는다는 말이다." 疏曰: "'旣祥'謂大祥後有來弔者. '雖不當縞', 謂不正當祥祭縞冠之時也. '必縞, 然後反服'者, 主人必須著此祥服縞冠, 以受弔者之禮, 然後反服大祥後素縞麻衣之服也."

【잡기하 25】

단袒을 하고 있을 때 대부가 조문하러 집에 도착하면, 상주는 비록 용踊을 하던 중이라도 용을 그만두고 문에 나아가 대부에게 배례한다. 배례를 마치고 돌아와 다시 새로 용을 하여 용踊의 의례를 이룬 다음 단袒을 하였던 옷을 잘 입는다. (같은 상황에서) 사士가 조문하러 왔을 경우에 상주는 하던 절차를 마치고 용踊의 의례를 다한 다음 단袒을 하였던 옷을 잘 입고 나서 사士에게 배례한다. 다시 용踊을 하지 않는다.

當袒, 大夫至, 雖當踊, 絶踊而拜之. 反改成踊, 乃襲.① 於士, 旣事成踊, 襲而后拜之. 不改成踊.②

鄭注 ① 대부가 조문을 오는 것을 존중하여, 그가 집에 이르면 곧장 배례하고 자신이 하던 절차가 끝날 때까지 기다리지 않는다. 용踊을 다시 하는 것은 새로 하는 것이다. 尊大夫來, 至則拜之, 不待事已也. 更成踊者, 新其事也.
② '사士일 경우'(於士)는 사士가 조문하기 위해 도착했을 때를 말한다. '일'(事)은 대렴大斂과 소렴小斂 등을 말한다. '於士', 士至也. '事', 謂大·小斂之屬.

集說 소疏에서 말한다. "이것은 사士가 상喪을 당하였을 때 대부大夫와 사士가 조문하러 온 경우의 예禮를 밝힌 것이다. 사士가 상을 당해 단袒을 행할 때 대부가 조문하러 왔다는 것은 대개 소렴 또는 대렴이 막 끝났을 때이다. 상주는 용踊을 할 때이지만, 하던 용踊을 반드시 중단하고 나와서 이 대부에게 배례한다. '반反'은 돌아온다는 뜻이다. '개改'는 다시 새로 한다는 뜻이다. 배례를 마치고 이전의 자리로 돌아와 용踊을 다시 새로 시작하여 비로소 용踊을 이룬다. 대부가 조문하러 온 것을 존중하여 그 용踊의 의례를 새로 하는 것이다. '이에 옷을 잘 입는다'(乃襲)는 것은 용踊을 마치면 곧 처음에 단袒(왼쪽 어깨를 드러내는 것)을 하였던 옷을 다시 잘 입는 것을 말한다. '사士가 조문하러 왔을 경우에 상주는 하던 절차를 마치고 용踊의 의례를 다한 다음 단袒을 하였던 옷을 잘 입는다'(於士, 旣事, 成踊襲)는 구절에서 '기旣'는 마친다는 뜻이다. 상주가 대렴과 소렴 등의 절차를 진행하고 있을 때 사士가 조문하러 오면, 상주는 그 절차를 마치고 용踊을 하며, 용을 마치

고 단袒을 하였던 옷을 다시 잘 입는다. 옷을 입는 것이 끝나면 그때 사士에게 배례한다. 배례를 하는 것으로 그치며 다시 사士를 위해 용踊을 하지 않는다." 疏曰: "此明士有喪, 大夫及士來弔之禮. 士有喪當袒之時, 而大夫來弔, 蓋斂竟時也. 雖當主人踊時, 必絶止其踊, 而出拜此大夫. '反', 還也. '改', 更也. 拜竟而反還先位, 更爲踊而始成踊. 尊大夫之來, 新其事也. '乃襲'者, 踊畢, 乃襲初袒之衣也. '於士, 旣事, 成踊襲'者, '旣'猶畢也. 若當主人有大・小斂諸事, 而士來弔, 則主人畢事而成踊, 踊畢而襲. 襲畢乃拜之. 拜之而止, 不更爲之成踊也."

【잡기하 26】

상대부上大夫는 우제虞祭에 소뢰少牢를 쓰고, 길사吉事를 이루는 졸곡제(卒哭成事)와 부제祔祭에 모두 태뢰太牢를 쓴다. 하대부下大夫는 우제에 특생特牲을 쓰고 졸곡제와 부제에 모두 소뢰를 쓴다.

上大夫之虞也少牢, 卒哭成事・附, 皆大牢. 下大夫之虞也犆牲, 卒哭成事・附, 皆少牢.

鄭注 졸곡제卒哭祭와 부제祔祭를 두고 '모두'(皆)라고 말하였으니 졸곡제와 부제는 우제虞祭와 달리하는 것이다. 하대부下大夫가 우제를 행할 때 희생은 특생特牲을 쓴다고 한 것은 『의례』「사우례士虞禮」의 규정과 같을 것이다. 卒哭成事・附言'皆', 則卒哭成事・附, 與虞異矣. 下大夫虞以犆牲, 與「士虞禮」同與.

集說 졸곡卒哭을 가리켜 '일을 이룬다'(成事)고 한 것은 길사吉事를 이룬다는 뜻이다. '부祔'는 사당의 조상 신주들에게 새로 들어갈 신주를 인사시키는 제사이다. 卒哭謂之'成事', 成吉事也. '附', 祔廟也.

【잡기하 27】

장례葬禮와 우제虞祭의 날짜를 점칠 때 축祝이 상주喪主를 호칭하는 말은, 상주가 아들이나 손자일 경우 '애哀'라고 하고, 상주가 남편일 경우 '내乃'라고 하고, 상주가 형이나 동생일 경우 '아무개'(某)라고 한다. 동생이 형의 장례 날짜를 점치는 경우 동생은 '백자伯子 아무개(의 장례 날짜를 점칩니다)'라고 말한다.

祝稱卜葬·虞, 子·孫曰'哀', 夫曰'乃', 兄弟曰'某'. 卜葬其兄, 弟曰'伯子某'.

鄭注 '축祝이 장례葬禮와 우제虞祭의 날짜를 점칠 때 호칭하는 것'(祝稱卜葬·虞)이라는 말은 장례와 우제의 날짜를 점칠 때 축祝이 상주喪主를 호칭하는 말을 뜻한다. '손孫'은 조부의 후사가 된 사람을 가리킨다. 그 경우 "애손哀孫 아무개가 조부 아무개보甫의 장례 날짜에 대하여 점을 칩니다"라고 말한다. 상주가 남편인 경우엔 "이에 아무개가 그 처 아무개씨의 장례 날짜에 대하여 점을 칩니다"라고 말한다. 형제 사이에 서로 점을 칠 때에는 이름을 부른다. '祝稱卜葬·虞'者, 卜葬卜虞, 祝稱主人之辭也. '孫', 謂爲祖後者. 稱曰: "哀孫某卜葬其祖某甫." 夫曰: "乃某卜葬其妻某氏." 兄弟相爲卜, 稱名而已.

集說 초우初虞는 장례葬禮를 한 날 지낸다. 그러므로 '장葬과 우虞'라고 함께 말한 것이다. 아들이 아버지의 장례 날짜를 점치는 경우 축사祝辭에서 "애자哀子 아무개는 그 아버지 아무개보甫의 장례 날짜를 점칩니다"라고 한다. 상주가 손자일 경우에는 "애손哀孫 아무개가 그 조부 아무개보(甫)의 장례 날짜를 점칩니다"라고 한다. 상주가 남편일 경우에는 "이에 아무개가 그의 처 아무개씨의 장례 날짜를 점칩니다"라고 한다. '이에'(乃)는 어조사

로, 처는 신분이 낮기 때문이다. 동생이 형을 위해서 점칠 경우엔 "아무개는 형兄 백자伯子 아무개의 장례 날짜를 점칩니다"라고 한다. 형이 동생을 위해서 점칠 경우엔 "아무개가 그 동생 아무개의 장례 날짜를 점칩니다"라고 한다. 初虞, 卽葬之日. 故幷言'葬'·'虞'. 子卜葬父, 則祝辭云: "哀子某卜葬其父某甫." 孫則云: "哀孫某卜葬其祖某甫." 夫則云: "乃某卜葬其妻某氏." '乃'者, 助語之辭, 妻卑故爾. 若弟爲兄則云: "某卜葬兄伯子某." 兄爲弟則云: "某卜葬其弟某."

【잡기하 28】

옛날에는 신분에 상관없이 모두 상장喪杖(상복喪服에 사용하는 지팡이)를 하였다. 숙손무숙叔孫武叔이 조정에 나아가다가 수레바퀴를 제작하는 관원(輪人)이 자신의 상장喪杖으로 수레의 바퀴통에 끼워 바퀴를 돌리는 것을 보았다. 이로부터 작위爵位를 가진 경우에만 상장喪杖을 하게 되었다.

古者, 貴賤皆杖. 叔孫武叔朝, 見輪人以其杖關轂而輠輪者. 於是有爵而後杖也.

鄭注 서인庶人이 예를 그르친 것이 발생한 최초의 연유를 기록한 것이다. '숙손무숙叔孫武叔'은 노魯나라 대부 숙손주구叔孫州仇이다. '윤인輪人'은 수레바퀴를 제작하는 관원이다. 記庶人失禮所由始也. '叔孫武叔', 魯大夫叔孫州仇也. '輪人', 作車輪之官.

集說 '윤인輪人'은 수레바퀴를 제작하는 관원이다. '관關'은 끼운다는 뜻이다. '과輠'는 돌린다는 뜻이다. 상복喪服을 할 때 쓰는 상장喪杖으로 수레 바퀴통에 끼워 그 바퀴를 돌리는 것을 말한다. 비루하고 천함이 심한 것이다.

이후 작위爵位가 없는 자는 상장喪杖을 하지 못하게 하였다. 이 경문은 서인庶人이 예를 폐하게 된 연유를 기록한 것이다. '輪人', 作車輪之人也. '關', 穿也. '轢', 迴也. 謂以其衰服之杖, 穿於車轂中, 而迴轉其輪. 鄙褻甚矣. 自後無爵者, 不得杖. 此記庶人廢禮之由也.

【잡기하 29】

수건으로 시신의 얼굴을 가리고 반함飯含을 하는 것은 공양고公羊賈가 처음 그렇게 하였다.

鑿巾以飯, 公羊賈爲之也.

鄭注 사士가 예禮를 그르친 것이 발생한 최초의 연유를 기록한 것이다. 사士는 자신이 직접 반함飯含을 행하며, 반드시 시신을 덮은 수건을 걷고 한다. 대부大夫 이상의 신분은 빈賓이 대신 반함을 하며, 시신에 수건을 덮고 한다. 記士失禮所由始也. 士親飯, 必發其巾. 大夫以上, 賓爲飯焉, 則有鑿巾.

集說 '반飯'은 반함飯含이다. 대부大夫 이상은 신분이 귀하므로 빈賓을 시켜서 돌아가신 부모에게 반함을 하도록 한다. 이때 빈賓이 시신을 꺼리고 불결하게 여기게 될 것을 염려하여 수건으로 시신의 얼굴을 가리고 입에 해당하는 부분만 구멍을 뚫어 반함의 옥玉을 입에 넣을 수 있게 한다. 사士는 신분이 낮으므로 빈賓을 시키지 못하고 아들인 자신이 직접 반함을 한다. 시신을 꺼리고 불결하게 여기는 마음이 없기 때문에 수건으로 시신의 얼굴을 가리지 않는다. 공양고公羊賈는 사士이다. 그런데 수건으로 시신의 얼굴을 가리고 반함을 한 것은 사망한 부모를 꺼리고 불결하게 여기는 것이다. 이 경문은 사士가 예를 그르친 것이 처음 발생한 연유를 기록한 것이

다. '飯', 含也. 大夫以上貴, 使賓爲其親含. 恐尸爲賓所憎穢, 故以巾覆尸面, 而當口處鑿穿之, 令含玉得以入口. 士賤不得使賓, 子自含. 無憎穢之心, 故不以巾覆面. 公羊賈, 士也. 而鑿以飯, 是憎穢其親矣. 此記士失禮之所由也.

【잡기하 30】

모冒(시신을 싸는 자루 모양의 천)는 무엇인가? 시신의 형체를 가리기 위한 것이다. 습襲을 하고 소렴小斂에 이르기까지 모冒를 진설하여 가리지 않으면 시신의 형체가 드러난다. 그러므로 습을 하면서 모冒를 진설하여 시신을 가린다.

冒者何也? 所以掩形也. 自襲以至小斂, 不設冒則形. 是以襲而后設冒也.

鄭注 모冒를 진설하는 것은 시신의 형체를 사람들이 꺼려하기 때문이다. 습襲을 하면서 모冒를 진설한다. '후后' 자는 불필요하게 더 들어간 글자이다. 言設冒者, 爲其形人將惡之也. 襲而設冒. 言'后', 衍字耳.

集說 모冒에 대한 설명은 「왕제王制」(123)에 나온다. '습襲'은 시신을 씻기고 옷을 입히는 절차이다. '곧 형체가 드러난다'(則形)는 말은 시신에 비록 옷을 입혔더라도 모冒를 진설하지 않으면, 시신의 형체가 드러나 사람들이 꺼려하게 된다. 그러므로 습을 하면서 모冒를 진설하여 시신을 덮어 가린다. '후后' 자는 불필요하게 더 들어간 글자이다. 冒說見「王制」. '襲', 沐浴後以衣衣尸也. '則形'者, 言尸雖已著衣, 若不設冒, 則尸象形見, 爲人所惡. 是以襲而設冒也. '后'字衍.

【잡기하 31】

어떤 이가 증자曾子에게 물었다. "견전遣奠을 지내고 그 남은 희생의 고기를 싸서 보내는 것은 남의 집에서 식사 대접을 받고 나서 남은 음식을 싸 가지고 가는 것과 같은 꼴이 아닌가? 군자가 식사 대접을 받아 식사가 끝난 뒤에 남은 음식을 싸가지고 가는가?" 증자가 대답하였다. "선생은 대향大饗의 예를 보지 못하였는가? 대저 대향大饗의 예에서 연회가 끝나면 조俎에 남은 세 희생의 고기를 싸서 빈객의 처소에 보낸다. 부모이지만 빈객으로 접대하는 것은 슬퍼하는 것이다. 선생은 대향의 예를 보지 못하였는가?"

或問於曾子曰: "夫既遣而包其餘, 猶既食而裹其餘與? 君子既食, 則裹其餘乎?"① 曾子曰: "吾子不見大饗乎? 夫大饗, 既饗, 卷三牲之俎, 歸于賓館. 父母而賓客之, 所以爲哀也. 子不見大饗乎?"②

鄭注 ① '견전遣奠을 지내고 또 그 음식을 싸서 보내는 것은 남에게 식사 대접을 받아 식사가 끝난 뒤 남은 음식을 싸서 가지고 가는 것과 무엇이 다른가? 군자가 어떻게 이런 행위를 할 수 있는가?' 라고 말한 것이다. 청렴의 의리를 손상함을 말한 것이다. 言'遣既奠而又包之, 是與食於人, 已而裹其餘將去, 何異與? 君子寧爲是乎?' 言傷廉也.

② 대향大饗이 끝난 뒤 빈객에게 남은 조俎의 음식을 싸서 보내는 것은 빈객에 대한 접대를 후하게 하는 것이다. '부모는 집안의 주인인데, 지금 빈객으로 대접하는 것은 상주喪主가 부모께서 떠나가는 것을 슬퍼하는 것'임을 말한다. 既饗歸賓俎, 所以厚之也. 言'父母, 家之主, 今賓客之, 是孝子哀親之去'也.

集說 견전遣奠을 진설하여 제사를 마치면 곧 남은 희생을 싸서 견거遣車

에 실어 보내 무덤 안에 넣는다. 어떤 사람이 이 예禮를 의심하여 '이는 군자가 남의 집에서 식사 대접을 받는데 식사가 끝난 뒤 또 남은 음식을 싸서 가지고 돌아가는 꼴이니 어찌 청렴의 의리를 손상하지 않겠는가?'라고 하였다. 이에 대하여 증자가 '대향大饗의 예가 끝나면 조俎에 담긴 세 희생의 고기를 싸서 빈객의 처소로 보내는데 바로 이 뜻과 같다. 부모는 집안의 주인이지만 이제 사망하여 장례를 행하려 하니 상주가 빈객賓客의 예로 대우하는 것이다. 이것은 슬퍼함이 지극한 것이다'라고 알려주고, (대향의 예를 보지 못하였는가라고) 거듭 말하여 깨우쳐 주었다. 設遣奠訖, 卽以牲體之餘, 包裹而置之遣車, 以納于壙中. 或人疑此禮, 謂'如君子食於他人家, 食畢而又包其餘以歸, 豈不傷廉乎?' 曾子告以'大饗之禮畢, 卷俎內三牲之肉, 送歸賓之館中, 猶此意耳. 父母, 家之主, 今死將葬, 而孝子以賓客之禮待之. 此所以悲哀之至也', 重言以喩之.

【잡기하 32】

다른 사람의 상喪을 위해 문상問喪하여 위로하는 것(問)이 아닌가? 하사해주는 것인가?

非爲人喪問與? 賜與?

鄭注 이 경문 위가 없어져 탈락돼서 그 서두에서 무엇을 언급하였는지 알 수 없다. 이 부분은 "다른 사람의 상喪을 위해 문상問喪하여 위로하는 것(問)이 아닌가? 다른 사람의 상을 위해 하사해주는 것(賜)인가?"라고 말한 것이다. '문상하여 위로한다'(問)는 것은 음식이나 물건 등을 보내는 것이다. 오랫동안 일이 없었을 때를 '문問'이라고 한다. 此上滅脫, 未聞其首云何. 是言"非爲人喪而問之與? 人喪而賜之與?" '問', 遺也. 久無事曰'問'.

集說 이 경문 위로 탈락된 부분이 있다. "상喪이 있기 때문에 문상問喪하여 위로하는 것(問)이 아닌가? 하사해주는 것(賜)인가?"라고 말한 것이다. '문상하여 위로하는 것'(問)은 대등한 사이에 행하는 예절이다. '하사해주는 것'(賜)은 윗사람의 명령을 높이는 것이다. 此上有闕文. 言"非爲其有喪而問遺之歟? 賜予之歟?" '問', 敵者之禮. '賜', 尊上之命.

【잡기하 33】

삼년상이면 상배喪拜로 배례를 하고 삼년상이 아니면 길배吉拜로 배례한다.

三年之喪, 以其喪拜, 非三年之喪, 以吉拜.

鄭注 위로를 받고 하사를 받는 것을 가리킨다. 이마를 지면에 대고 나서 배례拜禮 하는 것을 '상배喪拜'라 하고 배례를 하고 나서 이마를 지면에 대는 것을 '길배吉拜'라고 한다. 謂受問受賜者也. 稽顙而後拜曰'喪拜', 拜而后稽顙曰'吉拜'.

集說 문상하여 위로하는 것에 대하여 배례하고, 하사해주는 것에 배례하고, 손님에게 배례하는 것 모두 배례이다. '상배喪拜'는 이마를 지면에 댄 뒤에 배례한다. '길배吉拜'는 배례를 하고 나서 이마를 지면에 댄다. 이제 살펴보니, 「단궁상檀弓上」(6)의 정현 주에 배례를 한 뒤에 이마를 지면에 대는 것은 은殷나라의 상배喪拜이고 이마를 지면에 대고 나서 배례를 하는 것은 주周나라의 상배喪拜라고 하였다. 그에 대한 공영달의 소에 "정현이 이것을 아는 것은 공자가 논한 것들이 매양 은殷과 주周 2대를 대비하여 말하였기 때문이다. 그러므로 '삼년상에는 내가 그 슬픔을 지극히 하는 쪽

을 따르겠다'고 공자께서 말씀하신 것이다. 그러나 은나라의 상례에서는 참최복에서 시마복에 이르기까지 모두 배례를 하고 이마를 지면에 대는데 질박함 때문이다. 주나라 제도에서는 장기杖期 이상의 상喪일 경우 모두 이마를 먼저 지면에 대고 나서 배례를 하고 부장기不杖朞 이하의 상에 은나라의 상배喪拜와 같이 한다"라고 하였다. 이 장의 공영달의 소疏와 「단궁」의 소疏를 함께 고려해서 보아야 그 자세한 맥락을 알 수 있다. 拜問拜賜拜賓, 皆拜也. '喪拜', 稽顙而后拜也. '吉拜', 拜而後稽顙也. 今按「檀弓」鄭註以拜而后稽顙爲殷之喪拜, 稽顙而后拜爲周之喪拜. 疏云: "鄭知此者, 以孔子所論每以二代對言. 故云, '三年之喪, 吾從其至者.' 但殷之喪拜, 自斬衰至緦麻, 皆拜而後稽顙, 以其質故也. 周制, 則杖期以上, 皆先稽顙而後拜, 不杖期以下, 乃作殷之喪拜." 此章疏義與「檀弓」疏互看, 乃得其詳.

【잡기하 34】

삼년상 중에 혹시 술과 고기를 보내주는 경우가 있으면, 그것을 받는데 반드시 세 번 사양한다. 주인은 상복을 입고 질대를 두르고 받는다. 만일 군주가 명령하였다면 사양하지 않고 받아서 사당에 올린다. 상중에 있는 사람은 다른 사람에게 음식을 보내지 않는다. 다른 사람이 음식을 보내오면 비록 술과 고기라도 받는다. 종부從父(아버지의 형제)와 형제 이하의 상을 당해서 졸곡卒哭을 치른 뒤라면 다른 사람에게 음식을 보내도 된다.

三年之喪, 如或遺之酒肉, 則受之, 必三辭. 主人衰絰而受之.① 如君命, 則不敢辭, 受而薦之.② 喪者不遺人. 人遺之, 雖酒肉, 受

也. 從父·昆弟以下旣卒哭, 遺人可也.③

鄭注 ① 정복正服(거상하는 중에 입고 있는 상복)을 입고 받는 것은 좋은 맛에 구애받지 않음을 밝히는 것이다. 受之必正服, 明不苟於滋味.

② 사당에 올리는 것은 군주를 존중하는 예禮이다. 薦於廟, 貴君之禮.

③ 자최齊衰와 참최斬衰의 상喪은 무거워 남에게 은혜를 베푸는 것에 생각이 가지 않음을 말하는 것이다. 言齊斬之喪重, 志不在施惠於人.

集說 「상대기喪大記」(36)에 "장례를 마친 뒤, 군주가 음식을 하사하면 먹고, 대부와 부친의 친구가 음식을 하사하면 먹는다"라고 하였다. 이 경문에서는 '상복을 입고 질대를 두르고 받는다'라고 하였으니, 비록 받더라도 먹지는 않는다. 사당에 올리는 것은 군주가 하사한 것을 존중하는 것이다. 상喪중에 있는 사람이 다른 사람에게 음식을 보내지 않는 것은 슬프고 애통한 가운데 다른 사람에게 예를 행해서는 안 되기 때문이다. 졸곡卒哭 뒤에는 다른 사람에게 음식을 보낼 수 있는 것은 상복이 가벼워지고 슬픔이 줄었기 때문이다. ○ 석량왕씨石梁王氏는 말한다. "상복을 하고 있는 동안에 술과 고기를 보내는 일이 있다면 반드시 아픈 사람일 것이다." 「喪大記」云: "旣葬, 君食之則食之, 大夫·父之友食之則食之." 此云'衰絰而受', 雖受而不食也. 薦之者, 尊君之賜. 喪者不遺人, 以哀戚中, 不當行禮於人也. 卒哭可以遺人, 服輕哀殺故也. ○ 石梁王氏曰: "居喪有酒肉之遺, 必疾者也."

【잡기하 35】

현자縣子[17]는 말한다. "삼년상을 당하면 애통함이 칼로 베는 듯하고, 기년상을 당하면 애통함이 칼로 깎는 듯하다."
縣子曰: "三年之喪如斬, 期之喪如剡."

鄭注 애통해서 슬퍼하는 정도에 깊고 얕은 차이가 있음을 말한다. 言其痛之惻怛有淺深也.

集說 '염剡'은 깎는다는 뜻이다. 이 경문은 애통해함에 깊고 얕은 차이가 있음을 말하는 것이다. '剡', 削也. 此言哀痛淺深之殊.

【잡기하 36】

삼년상에는 비록 소상을 마치고 대공의 상복(功衰)으로 갈아입은 상태라도 조문을 가지 않는다. 이것은 제후에서 사士에 이르기까지 동일하다. 만일 (오복五服의 친속이) 상을 당하여 가서 곡을 할 경우라면 (자신의 상복이 아닌) 새로 죽은 이를 위한 상복을 입고 간다.
三年之喪, 雖功衰, 不弔. 自諸侯達諸士. 如有服而將往哭之, 則服其服而往.

鄭注 '대공大功의 상복'(功衰)은 연제練祭를 지낸 뒤에 입는 상복이다. 제후가 새로 죽은 이를 위한 상복을 입고 가서 곡을 하는 것은 신하로 여기지 않음을 말한다. '功衰', 旣練之服也. 諸侯服新死者之服而往哭, 謂所不臣也.

集說 소疏에서 말한다. "소상 뒤에 입는 상복은 대공복과 같다. 그러므로 '대공의 상복'이라고 말한 것이다. 만일 오복五服의 친속이 상을 당하여 가서 곡을 할 경우라면, 자신의 대공복을 입지 않고 상대 친속의 관계에 따른

상복을 입는다." '조문을 가지 않는다'는 것과 '가서 곡을 한다'는 것 두 가지는 신분의 높고 낮음과 상관없이 모두 동일하다. 疏曰: "小祥後衰與大功同. 故曰'功衰'. 如有五服之親喪而往哭, 不著己之功衰, 而依彼親之節以服之也." '不弔'與'往哭'二者, 貴賤皆同之.

【잡기하 37】

기년상은 11개월이 되면 연제練祭(소상제)를 지내고 13개월이 되면 상제祥祭(대상제)를 지내고, 15개월이 되면 담제禫祭를 지낸다. 연제를 마친 뒤에는 다른 사람의 상에 조문을 갈 수 있다.

期之喪十一月而練, 十三月而祥, 十五月而禫.① 練則弔.②

鄭注 ① 이 경문은 부친이 살아 있는데 모친이 돌아가서 상복을 하는 경우이다. 이 경문은 '연제를 마친 뒤에는 조문을 한다'(練則弔)는 것은 경문 위에 배치되어야 옳은데, 잘못 탈루되어 여기에 배치되었다. 此謂父在爲母也. 當在'練則弔'上, 爛脫在此.

② 부친 생존시 모친이 돌아가서 상복을 하는 경우 (연제를 마친 뒤여서) 대공의 상복으로 바꾸어 입고 있을 때 다른 사람의 상에 조문을 가도 되는 것은 아버지가 생존하여 있기 때문이다. 그러므로 외출하기에 가볍다. 그렇다면 자최 11월복을 하는 경우 (소상을 마친 뒤라면) 모두 조문하러 갈 수 있다. 父在爲母功衰, 可以弔人者, 以父在. 故輕於出也. 然則凡齊衰十一月, 皆可以出矣.

集說 정씨鄭氏(정현鄭玄)는 말한다. "자최 11월복을 하는 경우 (소상을 마친 뒤라면) 모두 조문하러 갈 수 있다." 정씨鄭氏(정현鄭玄)는 또 말한다. "이 경문은 부친 생존시 어머니가 돌아가서 상복을 하는 경우이다." 鄭氏曰: "凡

齊衰十一月, 皆可以出弔." 又曰: "此爲父在爲母."

【잡기하 38】

대공복에서 장례를 마친 뒤에 (다른 사람의 상에 조문을 가서) 조문하고 곡을 하고 물러나오며 일(事)을 돕지(聽)는 않는다.

既葬大功, 弔哭而退, 不聽事焉.

鄭注 '청聽'은 돕는다(待)는 뜻과 같다. '일'(事)은 습襲과 염斂, 상여끈을 잡는 따위 등의 일을 가리킨다. '聽'猶待也. '事'謂襲・斂・執紼之屬.

集說 '대공복에서 장례를 마친 뒤'라는 말은 자신이 대공복의 상을 당하여 장례를 이미 마친 뒤임을 말한다. '조문하고 곡을 하고 물러나온다'는 것은 다른 사람의 상에 가서 조문을 할 경우 조문하고 곡을 하는 것을 마쳤으면 곧바로 물러나오고 상주와 습襲・염斂 등의 일을 돕지 않음을 말한다. '既葬大功'者, 言已有大功之喪, 已葬也. '弔哭而退', 謂往弔他人之喪, 則弔哭既畢即退去, 不待與主人襲・斂等事也.

【잡기하 39】

기년상에 아직 장례를 마치지 않았지만 향인의 상에 조문을 간다. 곡을 하고 물러나오며 일을 돕지 않는다. (장례를 마친 뒤) 대공의 상복으로 바꾸어 입은 상태라면 일을 도우며, 다만 일을 진행하지는 않는다.

期之喪未葬, 弔於鄕人. 哭而退, 不聽事焉. 功衰弔, 待事, 不執事.

鄭注 상주가 없는 고모와 자매가 사망하여 빈궁이 자신의 친족에 있지 않는 경우를 가리킨다. 謂爲姑·姊妹無主, 殯不在己族者.

集說 『의례』「상복喪服·전傳」에 의하면 시집가서 상주 없이 사망한 고모와 자매의 상에 대하여 그리고 조카와 형제의 상에 대하여 자최부장기복을 한다. 이 경문에서 '기년상'(期之喪)이라고 말한 것은 바로 그 경우를 가리킨다. 비록 장례를 마치지 않았더라도 또한 조문하러 갈 수 있다. 다만 곡을 마치고 물러나오며 일을 돕지는 않는다. 이 상복의 경우 장례를 마치고 대공의 상복으로 바꾸어 입은 뒤를 '대공의 상복'이라고 한다. 이 뒤에는 다른 사람의 상사에 조문을 가서 상주가 습襲·염斂 등의 일을 하는 것을 도울 수 있다. 다만 직접 그 일을 진행하지는 못한다. 『儀禮』「喪服·傳」, 姑·姊妹適人無主者·姪與兄弟, 爲之齊衰不杖期. 此言'期之喪', 正謂此也. 雖未葬, 亦可出弔. 但哭而退, 不聽事也. 此喪既葬, 受以大功之衰, 謂之'功衰'. 此後弔於人, 可以待主人襲·斂等事. 但不親自執其事耳.

【잡기하 40】

소공小功과 시마緦麻의 상복을 하고 있을 경우 일은 진행하지만 예禮에는 참여하지 않는다.

小功·緦, 執事, 不與於禮.

鄭注 '예禮'는 궤전饋奠(상중喪中에 올리는 전奠)이다. '禮', 饋奠也.

集說 '일을 진행한다'(執事)는 것은 빈상擯相(빈객을 인도하여 의례의 진행을 돕는 것)의 일을 가리킨다. '예禮'는 궤전饋奠을 가리킨다. 상복이 가벼우면 다른 사람을 위해 빈상의 일을 할 수 있다. 빈상은 일이 가볍기 때문이다. 궤전의 예는 무겁기 때문에 참여하지 않는다. '執事', 謂擯相也. '禮', 饋奠也. 輕服可以爲人擯相. 擯相事輕故也. 饋奠之禮重, 故不與.

【잡기하 41】

이름을 알고 지내는 사이(相趨)는 관이 사당 빈궁殯宮의 문을 나오면 물러나온다. 서로 인사를 나눈 사이(相揖)는 관이 애차哀次에 이른 뒤에 물러나온다. 서로 음식을 보내주는 사이(相問)라면 하관한 뒤에 물러나온다. 예물을 갖추어 방문해서 인사를 나눈 사이(相見)라면 상주가 반곡反哭을 마친 뒤에 물러나온다. 붕우朋友 사이라면 상주가 우제虞祭와 부제祔祭를 마친 뒤에 물러나온다.

相趨也, 出宮而退. 相揖也, 哀次而退. 相問也, 旣封而退. 相見也, 反哭而退. 朋友, 虞附而退.

鄭注 이 경문은 조문하는 이가 상주와의 사이에 은의恩義의 정도에 따라 물러나는 시점의 차이를 두는 절도에 대하여 말한 것이다. '상추相趨'는 상주와 서로 이름을 알고 지내지만 인사를 나눈 적이 없는 사이로 상사喪事에 와서 참여한 경우를 말한다. '상읍相揖'은 다른 곳에서 상주와 서로 만나 인사를 나눈 적이 있는 사이를 말한다. '상문相問'은 상주와 서로 음식 등을

보내준 적이 있는 사이를 말한다. '상견相見'은 예물을 갖추어 방문해서 서로 인사한 적이 있는 사이를 말한다. '부附'는 모두 '부祔'로 되어야 한다. 此弔者恩薄厚・去遲速之節也. '相趨'謂相聞姓名, 來會喪事也. '相揖'嘗會於他也. '相問', 嘗相惠遺也. '相見', 嘗執摯相見也. '附'皆當爲'祔'.

集說 이 경문은 상사에 조문하는 예에서 은의恩義(친밀함의 정도)에 차이가 있기 때문에 물러나고 머무는 것에 차이가 있음을 말한다. '이름을 알고 지내는 사이'(相趨)는 옛 사람들이 종종걸음으로 달려 나아가는 것으로서 상대에게 공경함을 표시하였으니, 『논어』의 "지나갈 때 반드시 종종걸음으로 지나간다"18)고 한 것과 『춘추좌씨전』의 "투구를 벗고 빨리 달려 나아간다"19)고 한 경우가 그것이다. 이것은 조문하는 사람이 상주와 예전에 서로 달려 나아가는 공경을 표시한 사이이기 때문에 와서 상사에 조문하는데 둘 사이의 정리情理가 가볍기 때문에 관이 사당의 빈궁 문을 나가면 곧 물러 나옴을 말한다. '서로 인사를 나눈 사이'는 이전에 서로 인사를 나누어 알고 지냈기 때문에 관이 대문 밖의 상차喪次에 이른 다음에 물러나온다. '서로 음식을 보내주는 사이'는 은의恩義를 주고받은 적이 있는 사이이므로 하관이 끝난 다음에 물러나온다. '예물을 갖추어 방문해서 인사를 나눈 사이'는 정리가 좀 더 무겁기 때문에 상주가 집에서 반곡反哭한 다음에 물러나온다. '붕우朋友 사이'는 은의恩義가 더욱 무겁기 때문에 상주가 우제虞祭와 부제祔祭를 마친 다음에 물러나온다. 此言弔喪之禮, 恩義有厚薄, 故去留有遲速. '相趨'者, 古人以趨示敬, 『論語』"過之必趨"・『左傳』"免胄趨風"之類, 是也. 言此弔者與主人, 昔嘗有相趨之敬, 故來弔喪, 以情輕故柩出廟之宮門, 卽退去也. '相揖'者, 已嘗相會相識, 故待柩至大門外之哀次而退也. '相問'遺者, 是有往來恩義, 故待窆畢而退. 嘗執贄行'相見'之禮者, 情又加重, 故待孝子反哭於家乃退. '朋友'恩義更重, 故待虞祭附祭畢而后退也.

【잡기하 42】

조문하는 것은 상주를 뒤에서 따르기(從) 위함이 아니다. 40세까지는 상여끈을 붙잡는다. 같은 향촌 사람으로 50세가 된 이는 상주가 반곡하는 행렬을 뒤에서 따른다. 40세까지는 무덤을 흙으로 덮는 것을 마친 다음에 물러나온다.

弔非從主人也. 四十者執紼.① 鄕人五十者從反哭. 四十者待盈坎.②

鄭注 ① 조문하는 사람은 반드시 주인의 일을 돕는 것을 말한다. '종從'은 뒤에서 따른다는 뜻과 같다. '성인成人'은 20세 이상 40세에 이르기까지가 건장한 때이다. 言弔者必助主人之事. '從'猶隨也. '成人', 二十以上至四十, 丁壯時.

② 같은 향촌 사람이 아니면 노소를 막론하고 모두 반곡을 뒤따른다. 멀리에서 온 사람들을 우대하는 것이다. '감坎'은 더러 '광壙'(무덤 안)으로 되어 있기도 하다. 非鄕人, 則長少皆反. 優遠也. '坎'或爲'壙'.

集說 상사에 조문하는 것은 상사의 여러 일을 돕기 위함이요 한갓 상주를 뒤따르기 위함이 아님을 말하는 것이다. 그러므로 40세 이하는 힘이 건장하므로 모두 상여끈을 붙잡는다. 같은 향촌 사람으로 50세에 이른 사람은 쇠약해지기 시작하는 연령이므로 상주가 반곡하는 것을 뒤에 따르고, 40세까지는 광壙(무덤 속)에 흙을 채워 덮은 뒤에 떠난다. 言弔喪者是爲相助凡役, 非徒隨從主人而已. 故年四十以下者力壯, 皆當執紼. 同鄕之人, 五十者始衰之年, 故隨主人反哭, 而四十者待土盈壙乃去.

【잡기하 43】

상사를 당해서 음식이 조악하더라도 반드시 허기를 채운다. 허기져 일을 폐하는 것은 예가 아니다. 배불리 먹어 슬픔을 잊는 것 역시 예가 아니다. 눈이 보이지 않고 귀가 들리지 않고 제대로 걷지 못하고 슬퍼할 줄 모르는 것을 군자는 병통으로 여긴다. 그러므로 상주가 질병이 있을 때 술을 마시고 고기를 먹으며, 50세에 이른 상주는 몸을 해칠 정도에 이르게 슬퍼하지 않으며, 60세에 이른 상주는 몸을 해치지 않으며, 70세에 이른 상주가 술과 고기를 먹는 것은 모두 죽을까 염려해서이다.

喪食雖惡, 必充飢. 飢而廢事, 非禮也. 飽而忘哀, 亦非禮也. 視不明, 聽不聰, 行不正, 不知哀, 君子病之. 故有疾飮酒食肉, 五十不致毁, 六十不毁, 七十飮酒食肉, 皆爲疑死.

鄭注 '병病'은 병통으로 여긴다는 뜻과 같다. '의疑'는 염려한다는 뜻과 같다. '病'猶憂也. '疑'猶恐也.

集說 '의사疑死'는 죽을까 염려하는 것이다. '疑死', 恐其死也.

【잡기하 44】

상중에 다른 사람이 초대하는 식사자리에는 가지 않는다. 대공大功 이하의 상을 당해 장례를 마쳤으면 다른 사람의 초대에 응하고, 음식을 대접하는 경우, 친족(黨)이면 음식을 들지만 친족이 아니면 먹지 않는다.

有服, 人召之食, 不往. 大功以下旣葬, 適人, 人食之, 其黨也食之. 非其黨弗食也.

鄭注 가서 음식을 대접받았을 때에는 음식을 먹어도 된다. 음식 때문에 가는 것은 옳지 않다. '당黨'은 친족과 같은 뜻이다. 친족도 아닌데 음식을 먹는다면 다른 사람에게 음식을 대접받는 것이 한정 없게 된다. 往而見食, 則可食也. 爲食而往, 則不可. '黨'猶親也. 非親而食, 則是食於人無數也.

集說 '당黨'은 족인과 친척을 가리킨다. '黨', 謂族人與親戚也.

【잡기하 45】

자최와 참최 등의 상을 당해 소상을 지난 뒤로 공최功衰의 상복을 입고 있을 때는 채소와 과일을 먹고 물과 신맛이 나는 음료수(漿)를 마시지만 소금과 유장(酪)은 없다. 만일 음식을 들지 못하는 경우라면 소금과 유장을 먹는 것도 가능하다.

功衰, 食菜果, 飮水漿, 無鹽酪. 不能食食, 鹽酪可也.

鄭注 '공최功衰'는 자최齊衰와 참최斬衰의 상을 당해 끝(연제練祭를 지낸 뒤)에 입는 상복이다. '락酪'은 식초이다. '功衰', 齊·斬之末也. '酪', 酢截.

集說 '공최功衰'는 자최齊衰와 참최斬衰의 상을 당해 끝(연제를 지낸 뒤)에 입는 상복이다. '락酪'은 『설문해자說文解字』의 유장乳漿(동물의 젖을 발효한 것)이다. '功衰', 斬衰·齊衰之末服也. '酪', 『說文』乳漿也.

【잡기하 46】

공자께서 말하였다. "몸에 종기가 있으면 몸을 씻는다. 머리에 부스럼이 있으면 머리를 감는다. 병이 있으면 술을 마시고 고기를 먹는다. 너무 슬퍼하여 몸을 상해서 병이 나는 것을 군자는 하지 않는다. 슬퍼하다 몸을 상해서 죽음에 이르면 군자는 자식을 두지 않았다고 말한다."

孔子曰: "身有瘍則浴. 首有創則沐. 病則飮酒食肉. 毁瘠爲病, 君子弗爲也. 毁而死, 君子謂之無子."

鄭注 몸을 상하게 해서 죽는다면, 이것은 부모를 중히 여기지 않는 것이 된다. 毁而死, 是不重親.

集說 「곡례상」(165)에 "상喪을 감내하지 못하는 것은 곧 아비 노릇을 못하고 불효하는 것에 비견된다"라고 하였다. 이것은 자식을 둔 경우나 두지 않은 경우 모두 마찬가지다. 「曲禮」曰: "不勝喪, 比於不慈不孝." 是有子與無子同也.

【잡기하 47】

상여를 따라 장지로 가거나 반곡할 때가 아니면 길(堩)에서 문免[20]을 착용하지 않는다.

非從柩與反哭, 無免於堩.

鄭注 상복을 입고 출입할 때 이 두 가지 일이 아니면 모두 관을 쓴다. '문免'은 관을 대신하는 것이다. 사람이 길을 갈 때 문식文飾이 없어서는 안

된다. '긍堩'은 길이다. 言喪服出入, 非此二事, 皆冠也. '免', 所以代冠. 人於道路, 不可以無飾. '堩', 道路.

集說 '긍堩'은 길이다. 길을 갈 때 문식이 없어서는 안 된다. 따라서 상여를 좇아 장지로 가거나 장례를 마치고 반곡할 때 모두 문免을 착용하고 길을 간다. 이 두 가지 경우가 아니라면, 문免을 착용하지 않는다. 그러나 문免을 착용하는 경우도 장지가 가까울 때를 가리켜 말하는 것이다. 「상복소기喪服小記」(88)에 "먼 곳에서 장례葬禮를 행한 경우, 반곡反哭하기 위해 따르는 자는 모두 관冠을 한다. 교郊에 이른 후에 문免을 착용하고, 사당에 이르러 반곡反哭한다"라고 하였다. '堩', 道路也. 道路不可無飾. 故從柩送葬與葬畢反哭, 皆著免而行於道路. 非此二者, 則否也. 然此亦謂葬之近者. 「小記」云: "遠葬者, 比反哭皆冠. 及郊而後免也."

【잡기하 48】

무릇 상을 당해 소공小功 이상의 상복을 할 때 우제虞祭 · 부제祔祭 · 연제練祭 · 상제祥祭가 아니면 머리를 감고 몸을 씻지 않는다.
凡喪, 小功以上, 非虞 · 附 · 練 · 祥, 無沐浴.

鄭注 문식할 일이 없으면 머리를 감고 몸을 씻지 않음을 말한다. 言不有飾事, 則不沐浴.

集說 깨끗이 씻고 꾸미는 것은 신과 교접交接하기 위함이다. 그러므로 이 네 가지 제사가 아니면 머리를 감고 몸을 씻지 않는다. 潔飾, 所以交神. 故非此四祭, 則不沐浴也.

【잡기하 49】

자최의 상복(疏衰)을 하는 상을 당해서는 장례를 치른 뒤에 다른 사람이 만나기를 청하면 만나지만, 내 쪽에서 다른 사람을 만나기를 청하지는 않는다. 소공小功의 상복을 하는 상을 당해서는 내 쪽에서 다른 사람을 청해도 된다. 대공의 상복을 하는 상중에는 (다른 사람을 만날 때) 예물을 갖추지 않는다. 부모의 상을 당했을 때만 상대를 피하지 않고 눈물을 흘리고 울면서(不辟涕泣) 상대를 만난다.

疏衰之喪, 旣葬, 人請見之, 則見, 不請見人. 小功, 請見人可也. 大功不以執摯. 唯父母之喪不辟涕泣而見人.

鄭注 무거운 상喪중에는 가서 사람을 만나기를 청하지 않으며, 사람이 찾아와서 만나기를 청하면 또한 만날 수 있다. '피하지 않고 눈물을 흘리고 운다'(不辟涕泣)는 것은 지극한 슬픔에는 문식하지 않음을 말한다. 言重喪, 不行求見人爾, 人來求見己, 亦可以見之矣. '不辟涕泣', 言至哀無飾也.

集說 '소최疏衰'는 자최齊衰의 상복을 말한다. '지摯'는 지贄와 같은 글자이다. '疏衰', 齊衰也. '摯', 與贄同.

【잡기하 50】

삼년상을 당해서는 대상제大祥祭를 지내고 정사에 종사한다. 기년상을 당해서는 졸곡을 마치고 정사에 종사한다. 대공의 상을 당해서는 장례를 마치고 정사에 종사한다. 소공과 시마복의 상을 당해서는 빈殯을 마치고 정사에 종사한다.

三年之喪, 祥而從政. 期之喪, 卒哭而從政. 九月之喪, 旣葬而從政. 小功緦之喪, 旣殯而從政.

鄭注 「왕제」(137)의 규정으로 말하면, 이 경문의 규정은 서인庶人의 경우를 가리킨다. '종정從政'은 위정자의 명령에 따르는 것으로 부역에 이바지하는 것을 말한다. 以「王制」言之, 此謂庶人也. '從政', 從爲政者教令, 謂給繇役.

集說 '종정從政'은 서인이 부역의 일에 이바지하는 것을 말한다. 「왕제王制」(137)에 "자최齊衰나 대공大功에 해당하는 상을 당하면 3개월 동안 부역에서 면제해준다"라고 하였다. 서인은 사례士禮에 따르는데, 졸곡卒哭과 장례葬禮를 똑같이 3개월 만에 행한다. '從政', 謂庶人供力役之征也. 「王制」云: "齊衰・大功, 三月不從政." 庶人依士禮, 卒哭與葬同三月也.

【잡기하 51】

증신曾申이 증자에게 물었다. "부모의 상을 당해 곡哭을 할 때 일정한 목소리를 내어 곡을 합니까?" 증자가 대답하였다. "길에서 어린아이(嬰兒)가 자기 어미를 잃었는데 어떻게 일정한 목소리를 낼 수 있겠는가?"

曾申問於曾子曰: "哭父母有常聲乎?" 曰: "中路嬰兒失其母焉, 何常聲之有?"

鄭注 '영嬰'은 갓난아이와 같은 뜻이다. 어린아이가 어미를 잃고 어미를

찾으며 우는 경우와 같으니 어찌 일정한 목소리를 낼 수 있겠느냐고 (반문하여) 말한 것이다. 이른바 "곡哭을 하는 소리를 완곡婉曲하게 내지 않는다"는 것이다. '嬰'猶鷖彌也. 言其若小兒亡母啼號, 安得常聲乎. 所謂"哭不偯."

集說 애통함이 극도에 이르면 더 다시 우는 소리에 절조가 있지 않게 된다. 이른바 "곡을 하는 소리를 완곡하게 내지 않는다"21)는 것이다. 哀痛之極, 無復音節, 所謂"哭不偯"也.

【잡기하 52】

졸곡을 하고 나서는 망자亡者에 대하여 휘諱한다. 아버지의 조부모祖父母·백부伯父와 숙부叔父·고모姑母·자매姊妹에 대해서는 자식과 아버지가 함께 휘諱한다.

卒哭而諱.① 王父母·兄弟·世父叔父·姑·姊妹, 子與父同諱.②

鄭注 ① 이 졸곡으로부터 망자亡者를 귀신으로 섬기기 때문에 높여서 그 이름을 휘諱한다. 自此而鬼神事之, 尊而諱其名.

② 아버지가 자신의 부모를 위해 휘하면 자식은 부모를 따라서 휘하지 않을 수 없다. 조부모 이하의 친속에 대하여 휘하는 것은 아버지가 사士임을 말한다. 천자와 제후는 모든 선조에 대하여 휘諱한다. 父爲其親諱, 則子不敢不從諱也. 謂22)王父母以下之親諱, 是謂士也. 天子諸侯諱群祖.

集說 졸곡卒哭 이전에는 살아 있는 분을 모시는 예로 망자亡者를 섬긴다. 따라서 그 이름을 휘諱하지 않는다. 졸곡 이후에는 귀신의 도리로 망자를 섬긴다. 따라서 그 이름을 휘하고 부르지 않는다. 이 경문은 아버지가 휘

하는 대상에 대하여 자식 또한 휘하지 않을 수 없는 경우만 말하였다. 그러므로 '자식과 아버지가 함께 휘諱한다'라고 말한 것이다. 아버지에게 조부모祖父母·백부伯父·숙부叔父·고모姑母가 되는 분 등은 나에게는 소공小功 이하의 상복을 하는 대상이 되므로 본래는 휘諱할 필요가 없다. 그러나 아버지가 휘하는 바여서 내가 또한 휘하는 것이다. 만일 아버지의 형제와 자매라면, 나 스스로 휘諱해야 하며, 아버지를 따라서 휘하지 않는다. 또 살피건대 "부모를 섬기지 않은 경우에는 조부모의 이름을 부르는 것을 피하지 않는다"[23]라고 한 것은 서인庶人의 경우를 가리킨다. 이 경문에서 말한 바는 아버지가 사士이기 때문에 아버지를 따라서 휘諱하는 경우이다. 卒哭以前, 猶以生禮事之. 故不諱其名. 卒哭後, 則事以鬼道. 故諱其名而不稱也. 此事言父之所諱, 則子亦不敢不諱. 故曰'子與父同諱也'. 父之祖父母·伯父·叔父及姑等, 於己小功以下, 本不合諱. 但以父之所諱, 己亦從而諱也. 若父之兄弟及姊妹, 己自當諱, 不以從父而諱也. 又按: "不逮事父母, 則不諱王父母", 謂庶人. 此所言, 以父是士, 故從而諱也.

【잡기하 53】

어머니가 휘諱하는 친속에 대하여 같은 집 안에서는 자식도 휘한다. 아내가 휘하는 친속에 대하여 남편은 아내의 곁에서 그 이름을 일컫지 않는다. 어머니가 휘하는 친속이나 아내가 휘하는 친속이 종조형제(從祖昆弟 6촌 형제)의 이름과 같을 경우에는 휘한다.

母之諱, 宮中諱. 妻之諱, 不擧諸其側. 與從祖昆弟同名則諱.

鄭注 어머니가 자신의 친속을 위해 휘하는 이름을 그 자손들은 집 안에서 말하지 않는다. 아내가 자신의 친속을 위해 휘하는 이름을 남편은 아내

의 곁에서 역시 말하지 않는다. 상주는 망자亡者의 이름을 들으면 가슴이 놀란다. 무릇 남이 휘하는 이름을 말하지 않는 것은 서로가 마음으로 영향을 받기 때문이다. 자식이 아버지와 같이 휘하면, 자식은 증조曾祖가 같은 친속범위까지 다 휘諱할 수 있다. (아버지의) 종조형제(6촌 형제)도 그 친속 안에 포함되는데, 아버지에게도 가벼운 복을 하는 사이이기 때문에 자식은 휘하지 않는다. 종조형제 중 어머니 또는 아내가 휘하는 친속과 이름이 같은 이가 겹쳐 있으면 휘한다. 母之所爲其親諱, 子孫於宮中不言. 妻之所爲其親諱, 夫於其側亦不言也. 孝子聞名心瞿. 凡不言人諱者, 亦爲其相感動也. 子與父同諱, 則子可盡曾祖之親也. 從祖昆弟在其中, 於父輕, 不爲諱. 與母・妻之親同名重, 則諱之.

集說 어머니가 자신의 친속을 위해 휘諱하면 자식은 같은 집 안에서 마찬가지로 휘諱한다. 아내가 자신의 친속을 위해 휘諱하면 남편도 아내의 곁에서는 그 말을 거론하지 않는다. 집 안이 아니고 아내의 곁이 아니라면, 물론 일컬을 수 있다. 만일 어머니와 아내가 휘하는 대상이 마침 자신의 종조형제(6촌 형제)와 이름이 같다면 다른 곳에서도 휘한다. 母爲其親諱, 則子於一宮之中, 亦爲之諱. 妻爲其親諱, 則夫亦不得稱其辭於妻之左右. 非宮中, 非其側, 則固可稱矣. 若母與妻所諱者, 適與己從祖昆弟之名同, 則雖他所, 亦諱之也.

【잡기하 54】

상喪으로 인해 상관喪冠을 하는 것은 비록 삼년상이라도 할 수 있다. 이미 상관을 하고 상차喪次에 있다면, 들어가 곡용哭踊하는 것을 세 번 뛰기를 세 차례 한다.(三者三) 그러고 나서 빈궁을 나가 상차로 간다.

以喪冠者, 雖三年之喪, 可也. 旣冠於次, 入哭踊三者三. 乃出.

鄭注 '비록'(雖)이라고 말한 것은 자최복 이하의 상을 당한 경우에도 모두 상관喪冠을 할 수 있음을 밝힌 것이다. 처음 상을 당했을 때가 관례冠禮를 행할 달이었다면, 상복喪服을 하고 이어 상관을 한다. 관례를 할 달이 아니었다면, 상복을 바꾸어 입는 절차를 지나거나 졸곡 뒤에 상관을 한다. '차次'는 상차喪次(상중에 상주가 머무르는 곳)이다. '수雖'는 더러 '유唯'로 되어 있다. 言'雖'者, 明齊衰以下, 皆可以喪冠也. 始遭喪以其冠月, 則喪服因冠矣. 非其冠月, 待變除·卒哭而冠. '次', 廬也. '雖'或爲'唯'.

集說 관례를 행할 때가 되어 오복五服의 상을 당하였다면 성복成服할 때에 상복을 하고 상관喪冠을 한다. 이 예는 상복의 경중을 가리지 않고 행하기 때문에 '비록 삼년상이라도 할 수 있다'고 한 것이다. 이미 상차喪次에서 상관喪冠을 하고 있다면, 빈궁에 들어가 곡용哭踊을 한다. 무릇 용踊(발을 뛰는 것)을 할 때에는 세 번 뛰는 것이 한 절차가 된다. '삼자삼三者三'이란 이와 같이 하기를 세 차례 함을 말한다. '그러고 나서 나간다'(乃出)는 것은 빈궁을 나가 상차喪次로 가는 것이다. 내용이 「증자문曾子問」(10)에 자세히 보인다. 當冠而遭五服之喪, 則因成喪服而遂加冠. 此禮無分服之輕重, 故曰'雖三年之喪可也'. 旣冠於居喪之次, 乃入哭踊. 凡踊三踊爲一節. '三者三'言如此者三次也. '乃出', 出就次所也. 詳見「曾子問」.

【잡기하 55】

대공복大功服의 끝에는 자식에게 관례를 시키고 딸을 시집보낼 수 있다. 아버지가 소공복의 끝에 있을 때 자식에게 관례를 시키고 딸을 시집보낼 수 있으며 며느리를 맞이할 수 있다. 자신이 소공복

小功服을 하는 중이더라도 졸곡卒哭을 마쳤으면 관례를 할 수 있고 자신의 처를 맞이할 수 있다. 그러나 하상下殤의 소공복을 할 경우는 안 된다.

大功之末, 可以冠子, 可以嫁子. 父小功之末, 可以冠子, 可以嫁子, 可以取婦. 己雖小功, 旣卒哭, 可以冠取妻. 下殤之小功, 則不可.

鄭注 이 경문은 상喪중에 길례吉禮를 행할 수 있는 시기를 말한 것이다. 아버지가 대공복 중에 졸곡을 마친 뒤라면 자식에게 관례와 혼인을 시킬 수 있다. 아버지가 소공복 중에 졸곡을 마친 뒤라면 아버지가 혼인을 할 수 있다. 자신이 대공복 중에 졸곡을 마친 뒤라면 자식에게 관례를 시킬 수 있다. 자신이 소공복 중에 졸곡을 마친 뒤라면 자신의 혼인을 할 수 있다. 반드시 이들 모두 상제喪祭를 지낸 뒤에 행한다. 하상下殤의 소공복을 하거나 자최齊衰의 친속에 대한 상喪에서는 상복을 벗은 뒤에 혼례를 행할 수 있다. 무릇 관례를 할 자가 상을 당하였을 때 관례를 할 시기라면 성복成服할 때 상복을 입으면서 상관喪冠을 한다. 此皆謂可用吉禮之時. 父大功卒哭而可以冠子嫁子. 小功卒哭而可以取婦. 己大功卒哭而可以冠子. 小功卒哭而可以取妻. 必偕祭乃行也. 下殤小功齊衰之親, 除喪而後可爲昏禮. 凡冠者, 其時當冠, 則因喪而冠之.

集說 '말末'은 상복을 벗으려는 때이다. 구설舊說에서 '말末'을 졸곡 뒤로 해석하였는데, 그러나 대공복의 상은 졸곡 뒤에도 아직 6개월의 상기가 남아 있어 말末이라고 말할 수 없을 듯하다. 소공복의 상에서 이미 말末이라고 하고 또 졸곡卒哭이라고 말하였으니 말末이 졸곡을 가리키지 않음이 분명하다. 아래 경문에서 '아버지가 소공복의 끝(末)에 있을 때'라고 하였으니 위 경문에서 '대공복의 끝에 있을 때'는 자신이 하는 상복을 가지고 말한

것이다. 구설에서 아버지와 자신이 함께 대공복의 끝에 또는 소공복의 끝에 있을 때라고 해석하였는데 옳지 않은 듯하다. 하상下殤의 소공복을 하는 경우는 기년복에서 낮추어 하는 것으로 본복本服이 무겁기 때문에 관례와 결혼을 할 수 없다. '末', 服之將除也. 舊說以'末'爲卒哭後, 然大功卒哭後, 尙有六月, 恐不可言末. 小功旣言末, 又言卒哭, 則末非卒哭明矣. 下言'父小功之末', 則上文'大功之末', 是據己身而言. 舊說父及己身, 俱在大功之末或小功之末, 恐亦未然. 下殤之小功, 自期服而降, 以本服重, 故不可冠娶也.

【잡기하 56】

무릇 고깔(弁)과 수질首絰을 할 때, 그 최복衰服은 소맷자락을 크게 한다.

凡弁絰, 其衰侈袂.

鄭注 '치侈'는 크다는 뜻과 같다. '고깔과 수질'(弁絰)은 상복 중에 있는 사람의 조복이다. 그 최복衰服은 석최錫衰[24]·시최緦衰[25]·의최疑衰[26] 등을 입는다. 소매가 작은 것은 2척 2촌이고, 큰 것은 작은 것의 절반만큼 더 더하므로 크기가 3척 3촌이 된다. '侈', 猶大也. '弁絰', 服者弔服也. 其衰, 錫也, 緦也, 疑也. 袂之小者二尺二寸, 大者半而益之, 則侈袂三尺三寸.

集說 고깔과 수질을 하는 차림은 조복이다. 머리에 흰 고깔을 쓰고 한 가닥으로 된 수질을 두른다. 그 조복에는 3가지 등급이 있는데, 석최·시최·의최 등이다. '치侈'는 크다는 뜻이다. 소매가 작은 것은 2척 2촌인데, 이 경우는 3척 3촌이다. 弁絰之服, 弔服也. 首著素弁, 而加以一股環絰. 其服有三等, 錫衰, 緦衰, 疑衰也. '侈', 大也. 袂之小者二尺二寸, 此三尺三寸.

【잡기하 57】

아버지가 상복을 하고 있으면 같은 집에 사는 자식은 악樂에 참여하지 않는다. 어머니가 상복을 하고 있으면, 소리가 들려도 악樂에 참여하지 않는다. 아내가 상복을 하고 있으면, 아내의 곁에서 악樂을 행하지 않는다. 대공복을 하는 이가 이르려고 하면 금슬琴瑟을 물리친다. 소공복을 하는 이가 이를 때는 악樂을 중단하지 않는다.

父有服, 宮中子不與於樂. 母有服, 聲聞焉不擧樂. 妻有服, 不擧樂於其側.① 大功將至, 辟琴瑟.② 小功至, 不絶樂.

鄭注 ① '같은 집에 사는 자식'(宮中子)은 아버지와 같은 집에 사는 자식을 가리킨다. 「내칙內則」(14)에 "명사命士(작명을 받은 사士) 이상의 신분은 부자가 모두 처소를 달리한다"라고 하였다. '악樂에 참여하지 않는다'(不與於樂)는 것은 밖에 나가서 악樂을 보았을 때 구경할 수 없음을 말하는 것이다. '宮中子', 與父同宮者也. 『禮』"由命士以上, 父子異宮." '不與於樂', 謂出行見之, 不得觀也.
② 또한 슬퍼함을 돕는 것이다. '지至'는 온다는 뜻이다. 亦所以助哀也. '至', 來也.

集說 '같은 집에 사는 자식'은 아버지와 같은 집에서 사는 자식을 말한다. 명命(작위)을 받은 사士 이상은 아버지와 자식이 다른 집에서 산다.27) '악樂에 참여하지 않는다'는 것은 밖에서 악樂을 보았을 때 구경하지 않고 듣지 않음을 말한다. 만일 다른 집에서 산다면 그렇게 하지 않는다. 이 경문의 경우는 또한 상복이 가벼운 경우를 말하는 것이다. 만일 무거운 상복을 하는 중이라면 자식 역시 상복을 하고 있을 터인데 악樂에 참여할 수 있겠는가? 소리가 들릴 정도이면 더 가까운 것이다. '그 곁'(其側)은 더욱 가까운

것이다. 상복의 무겁고 가벼운 정도에 따라 달리하는 절도가 이와 같은 것이다. '대공복을 하는 이가 이르려고 한다'는 것은 대공의 상복을 하고 있는 이가 다가옴을 말한다. 그를 위해 금슬琴瑟을 물리치는 것은 또한 슬퍼하는 마음을 돕는 뜻이다. 소공복을 하는 이에 대해서는 복이 가벼우므로 그를 위해 악樂을 중단하지 않는다. '宮中子', 與父同宮之子也. 命士以上, 乃異宮. '不與於樂', 謂在外見樂, 不觀不聽也. 若異宮則否. 此亦謂服之輕者. 如重服, 則子亦有服, 可與樂乎? 聲之所聞, 又加近矣. '其側', 則尤近者也. 輕重之節如此. '大功將至', 謂有大功喪服者將來也. 爲之屛退琴瑟, 亦助之哀戚之意. 小功者輕, 故不爲之止樂.

【잡기하 58】

고모나 자매가 남편이 이미 사망하였었는데 남편의 친속 가운데 형제가 없으면, 남편의 족인이 상주가 된다. 처의 친속은 비록 친親의 관계가 있다고 해도 상주가 되지 못한다. 남편에게 족인이 없을 경우에는 앞뒤의 이웃이나 좌우의 이웃이 상주가 된다. 그런 이웃도 없을 경우에는 이윤里尹이 상주가 된다. 어떤 이는 "처의 친속이 상주가 되어 남편의 친족에 붙여 제사한다"라고 말한다.

姑·姊妹, 其夫死, 而夫黨無兄弟, 使夫之族人主喪. 妻之黨雖親, 弗主.① 夫若無族矣, 則前後家·東西家. 無有, 則里尹主之.② 或曰: "主之而附於夫之黨.③

鄭注 ① 이 경문은 고모와 자매가 자식 없이 과부가 되어 사망한 경우를 말한다. '남편의 친속 가운데 형제가 없다'(夫黨無兄弟)는 것은 시마복緦麻服의 친속이 없다는 뜻이다. 상을 주관하는 상주는 처妻의 (오복 안에 있는)

친속을 시키지 않고 남편의 (오복 밖에 있는) 족인族人을 시킨다. 부인婦人은 시집을 와서 남편을 의지해서 일원이 된 사람(外成)이므로 상주는 반드시 남편의 족인에서 취해야 한다. 此謂姑・姊妹無子, 寡而死也. '夫黨無兄弟', 無緦之親也. 其主喪不使妻之親, 而使夫之族人. 婦人外成, 主必宜得夫之姓類.

② 상喪에는 상주가 없는 법이 없다. '이윤里尹'은 여서閭胥와 이재里宰의 부류이다. 『왕도기王度記』에서 말한다. "100호戶가 리里가 된다. 리里마다 한 명의 윤尹을 두는데, 그 녹봉은 서인庶人으로 관원이 된 경우와 같다." '리里'는 더러 '사士'로 되어 있기도 하다. 제후가 외국의 신하에게 조문을 할 때, 그 나라의 국군이 상주가 된다. 이윤里尹이 상주가 되는 것도 그런 뜻에서이다. 喪無無主也. '里尹', 閭胥・里宰之屬. 『王度記』曰: "百戶爲里. 里一尹, 其祿如庶人在官者." '里'或爲'士'. 諸侯弔於異國之臣, 則其君爲主. 里尹主之, 亦斯義也.

③ 처의 친속이 스스로 상주가 되는 것은 잘못이다. '남편의 족인'(夫之黨)이라 함은 조부와 고모를 가리킨다. 妻之黨自主之, 非也. '夫之黨', 其祖・姑也.

集說 이 경문은 고모나 자매姊妹가 사망하였는데 남편도 자식도 없는 경우를 밝힌 것이다. 상喪에는 상주가 반드시 있어야 한다. 부인은 자신의 친속에 대하여 상복을 낮추어 입는다. 외족外族(남편의 친족)에 의지해서 일원이 되기 때문이다. 그러므로 본가의 친족은 그 상喪에 상주가 될 수 없다. '이윤里尹'은 대개 여서閭胥와 이재里宰의 부류이다. 어떤 이는 처妻의 친족이 상주가 되어 그 (남편의) 조부祖父나 고모에 붙여 제사한다고도 말하는데 이것은 잘못이다. 그러므로 기록해서 함께 밝혀둔 것이다. 此明姑・姊妹死而無夫無子者. 喪必有主. 婦人於本親降服. 以其成於外族也. 故本族不可主其喪. '里尹', 蓋閭胥・里宰之屬也. 或以爲妻黨主之, 而祔祭於其祖・姑, 此非也. 故記幷著之.

【잡기하 59】

요질을 두른 자는 대대大帶를 두르지 않는다. 옥을 든 이는 요질을 두르지 않는다. 요질은 채색의 옷(예복)에 두르지 않는다.

麻者不紳. 執玉不麻. 麻不加於采.

鄭注 길례와 흉례는 서로 간여하지 않는다. '마麻'는 요질腰絰을 말한다. '신紳'은 대대大帶이다. 상사喪事에는 요질로 대대를 대신한다. '요질은 채색의 옷(예복)에 두르지 않는다'(麻不加於采)는 것은 채색의 옷을 입은 사람은 요질을 두르지 않는 것으로 '고깔과 수질을 한 사람은 반드시 조복弔服을 입는다'고 한 것이 그것이다. '채采'는 검붉은 채색의 옷이다. 吉凶不相干也. '麻', 謂絰也. '紳', 大帶也. 喪以要絰代大帶也. '麻不加於采', 衣采者不麻, 謂'弁絰者必服弔服', 是也. '采', 玄纁之衣.

集說 '마麻'는 상복의 요질腰絰을 가리킨다. '신紳'은 대대大帶[28])이다. 길례와 흉례는 방식을 달리한다. 상복을 하는 중에는 요질로 대대를 대신한다. '옥을 든 이는 요질을 두르지 않는다'는 것은 상복을 입고 요질을 두른 사람은 옥을 들고 예를 집행할 수 없음을 말하는 것이다. '채采'는 검붉은 채색의 옷이다. ○ 소疏에서 말한다. "살펴보건대, 『의례』 「빙례聘禮」에 '빙문聘問을 간 사자가 자신의 국군이 사망한 뒤에 초청한 나라에 들어갔으면, (부고를 알리는 자가 도착한 뒤에) 상복을 입고 나가 (초청국의 인사들을) 만난다'고 하였는데, 그에 대한 정현의 주에 '흉복을 입고 일을 행할 수 있다'라고 하였다. 그 이유는 대개 초청국의 군주가 베푸는 작은 의례에 참여할 때에는 흉복凶服을 입고 참여할 수 있기 때문이다. 만일 빙문에 대한 향례享禮 등 큰 의례일 경우는 반드시 길복吉服을 입어야 한다." '麻', 謂喪服之絰也. '紳', 大帶也. 吉凶異道. 居喪以絰代大帶也. '執玉不麻', 謂著衰絰者, 不得執玉

行禮也. '冞', 玄纁之衣也. ○ 疏曰: "按「聘禮」, '己國君薨, 至於主國, 衰而出', 註云: '可以凶服將事.' 蓋受主君小禮, 得以凶服. 若聘享大事, 則必吉服也."

【잡기하 60】

나라에서 곡을 금하면 곡을 멈춘다. 아침과 저녁으로 올리는 전奠은 때가 되면 조계阼階 아래의 자리에 나아가 전례前例에 따라 행한다.
國禁哭則止. 朝夕之奠卽位, 自因也.

鄭注 '곡을 금한다'(禁哭)는 것은 중요한 제사를 지낼 때를 말한다. 이때 비록 곡을 하지는 않지만 아침과 저녁으로 전을 올리는 예는 행한다. '자인自因'은 스스로 전례를 따라 행함을 말한다. '禁哭', 謂大祭祀時. 雖不哭, 猶朝夕奠. '自因', 自用故事.

集說 나라에 중요한 제사가 있으면 상복을 하는 이는 곡을 하지 못한다. 그러나 아침과 저녁으로 전奠을 올릴 때에는 스스로 조계阼階 아래의 자리에 나아가 예절의 전례에 따라 행한다. 國有大祭祀, 則喪者不敢哭. 然朝奠夕奠之時, 自卽其阼階下之位, 而因仍禮節之故事以行也.

【잡기하 61】

미성년자는 곡哭을 하는 소리를 완곡婉曲하게 내지 않고, 용踊을 하지 않으며, 지팡이(杖)를 짚지 않고, 초리草履를 신지 않으며, 상차喪次에 머물지 않는다.

童子哭不偯, 不踊, 不杖, 不菲, 不廬.

鄭注 미성년자는 예를 갖추지 않는다. 아버지의 후사가 되어 집안일을 주관하는 경우라면 (상복에서) 지팡이를 짚는다. 未成人者, 不能備禮也. 當室則杖.

集說 '의偯'는 완곡한 소리다. '비菲'는 초리草屨(상복을 할 때 신는 풀로 엮은 신발)이다. '려廬'는 상차喪次이다. 미성년자가 아버지의 후사가 되었으면 상喪중에 지팡이를 짚는다. '偯', 委曲之聲也. '菲', 草屨也. '廬', 倚廬也. 童子爲父後者則杖.

【잡기하 62】

공자께서 말하였다. "백모伯母와 숙모叔母에 대한 자최의 상복에서는 용踊을 땅에서 발이 떨어지지 않게 하고, 고모와 자매에 대한 대공의 상복에서는 용踊을 발이 땅에서 떨어지게 한다. 이것을 아는 사람은 예로 문식하는 것을 잘 사용할 것이요, 예로 문식하는 것을 잘 사용할 것이다."

孔子曰: "伯母·叔母疏衰, 踊不絶地. 姑·姊妹之大功, 踊絶於地. 如知此者, 由文矣哉, 由文矣哉!"

鄭注 '유由'는 사용한다는 뜻이다. 용踊을 땅에서 발이 떨어지게 하거나 또는 떨어지지 않게 하는 것의 취지를 아는 사람은 예로 문식하는 것을 잘 사용함을 말한 것이다. 예로 문식하는 것을 잘 사용한다는 것은 찬미하는 것이다. 백모와 숙모의 상에 용踊을 하는 것은 의義를 따라 하는 것이요,

고모와 자매의 상에 용踊을 하는 것은 친속親屬의 정情에 따라 하는 것이다. '由', 用也. 言知此踊絶地不絶地之情者, 能用禮文哉. 能用禮文哉, 美之也. 伯母·叔母, 義也. 姑·姊妹, 骨肉也.

集說 백모와 숙모에 대한 자최복은 상복이 무거움에도 땅에서 발이 떨어지지 않는 방식으로 용踊을 하는 것은 그 정情이 가볍기 때문이다. 고모와 자매에 대한 대공복은 상복이 가벼움에도 반드시 발이 땅에서 떨어지게 용踊을 하는 것은 그 정情이 무겁기 때문이다. 공자가 찬미하여 이처럼 용踊을 발이 땅에서 떨어지게 또는 떨어지지 않게 하는 취지를 아는 사람은 예로 문식하는 것을 잘 사용할 것이라고 말한 것이다. ○ 정씨鄭氏(정현鄭玄)는 말한다. "백모와 숙모의 상에 용踊을 하는 것은 의義를 따라 하는 것이요, 고모와 자매의 상에 용踊을 하는 것은 친속親屬의 정情에 따라 하는 것이다." 伯叔母之齊衰服重, 而踊不離地者, 其情輕也. 姑·姊妹之大功服輕, 而踊必離地者, 其情重也. 孔子美之, 言知此絶地不絶地之情者, 能用禮文矣哉. ○ 鄭氏曰: "伯母·叔母, 義也. 姑·姊妹, 骨肉也."

【잡기하 63】

설류泄柳의 어머니가 사망하자 돕는 사람이 왼쪽에 위치하여 상주를 도왔다. 설류泄柳가 사망하자 그 제자들이 오른쪽에서 상주를 도왔다. 오른쪽에서 상주를 돕는 것은 설류의 제자들이 하기 시작한 것이다.

泄柳之母死, 相者由左. 泄柳死, 其徒由右相. 由右相, 泄柳之徒爲之也.

鄭注 또한 예를 그르친 것이 처음 시작된 사례를 기록한 것이다. '설류泄柳'는 노魯나라 목공穆公 때의 현인이다. '상相'은 주인(여기서는 상주喪主를 말함)의 행례를 돕는 것이다. 亦記失禮所由始也. '泄柳', 魯穆公時賢人也. '相', 相主人之禮.

集說 도공悼公이 유약有若의 상에 조문할 때 자유子游가 빈擯으로 도왔는데 왼쪽에 위치하여 도왔다.[29] 따라서 오른쪽에서 돕는 것은 예가 아니다. 이것은 예를 그르친 것이 처음 시작된 사례를 기록한 것이다. 悼公弔有若之喪, 而子游擯由左. 則由右相者, 非禮也. 此記失禮所自始.

【잡기하 64】

천자의 반함(飯)에는 9개의 조개를 사용하고, 제후의 반함에는 7개, 대부大夫의 반함에는 5개, 사士의 반함에는 3개를 사용한다.
天子飯九貝, 諸侯七, 大夫五, 士三.

鄭注 이것은 하夏나라 때의 예이다. 주周나라의 예에서는 천자天子의 반함飯含에 옥玉을 사용하였다. 此蓋夏時禮也. 周禮天子飯含用玉.

集說 '반飯'은 반함飯含이다. '조개'(貝)는 물에서 나는 것으로 고대에는 재화로 삼았다. 『의례』「사상례士喪禮」에 "조개껍질 세 개를 변笲[30]에 담아놓는다"라고 하였다. 주周나라의 예는 천자의 반함飯含에 옥玉을 사용하였다. 이 경문의 내용은 아마도 다른 시대의 제도일 것이다. '飯', 含也. '貝', 水物, 古者以爲貨. 「士喪禮」"貝三實于笲." 周禮天子飯含用玉. 此蓋異代之制乎.

【잡기하 65】

사士는 사망한 지 3개월 만에 장례葬禮를 행하고 장례를 행한 달에 졸곡卒哭을 한다. 대부大夫는 사망한 지 3개월 만에 장례를 행하고 사망한 지 5개월 만에 졸곡을 한다. 제후諸侯는 사망한 지 5개월 만에 장례를 행하고 사망한 지 7개월 만에 졸곡을 한다. 사는 3번 우제虞祭를 지내고, 대부는 5번 우제를 지내며, 제후는 7번 우제를 지낸다.

士三月而葬, 是月也卒哭. 大夫三月而葬, 五月而卒哭. 諸侯五月而葬, 七月而卒哭. 士三虞, 大夫五, 諸侯七.

鄭注 존비尊卑의 차이에 따라 은恩을 표현하는 정도에 차이가 있다. 천자에서 사士에 이르기까지 장례葬禮를 마치면 돌아와 우제虞祭를 지낸다. 尊卑恩之差也. 天子至士, 葬卽反虞.

集說 소疏에서 말한다. "대부大夫 이상은 지위가 높아 부모를 생각하는 슬픈 마음을 기간에서 길게 펼친다. 사士는 직분이 비속하고 지위가 낮아 예禮에 정해진 수數를 다 펼치지 못한다." 疏曰: "大夫以上位尊, 念親哀情, 於時長遠. 士職卑, 位下, 禮數未伸."

【잡기하 66】

제후가 사신을 파견해와 조문을 행하면, 그 다음에 반함에 쓰는 옥玉 등을 부의하는 것(含), 옷과 이불을 부의하는 것(襚), 수레와 말을 부의하는 것(賵), 자리에 나아가 곡을 하는 것(臨) 등의 의절을 모두 (조문을 행한) 같은 날에 진행을 마치는데, 그 순서는 이와 같다.

諸侯使人弔, 其次含 · 襚 · 賵 · 臨, 皆同日而畢事者也, 其次如此也.

鄭注 5가지가 차례로 동시에 진행됨을 말한다. 言五者相次同時.

集說 제후가 사망하면, 이웃 나라에서 사신을 보내와 먼저 조문의 의례(弔禮)를 행하고, 반함에 쓰는 옥玉 등을 부의하는 것(含), 옷과 이불을 부의하는 것(襚), 수레와 말을 부의하는 것(賵), 자리에 나아가 곡을 하는 것(臨) 등의 의례를 차례로 행한다. 네 가지 의례가 하루에 모두 행해진다. 자세한 내용은 위 편([잡기상 67~73])에 보인다. 諸侯薨, 隣國遣使來先弔, 次含次襚次賵次臨. 四者之禮一日畢行. 詳見上篇.

【잡기하 67】

경卿과 대부大夫가 위독하면 국군國君이 위문하는데 횟수를 정하지 않는다. 사士가 위독하면 국군이 한 번 위문한다. 국군은 경卿과 대부大夫의 상喪에 대하여 장례 때가 되면 고기를 먹지 않고, 졸곡卒哭 때에 이르면 악樂을 사용하지 않는다. 사士의 상에 대해서는 빈殯을 할 때에 이르면 악樂을 사용하지 않는다.

卿 · 大夫疾, 君問之無算, 士壹問之. 君於卿 · 大夫, 比葬不食肉, 比卒哭不擧樂. 爲士, 比殯不擧樂.

集說 「상대기喪大記」(69)에 "세 번 문병을 한다"라고 하였는데 이 경문에서는 '횟수를 정하지 않는다'라고 하였다. 아마도 은의恩義가 사師와 보保의 경우일 것이다. 또는 '세 번 위문한다'는 것은 국군이 직접 위문하는 경우이고, '횟수를 정하지 않는다'는 것은 사자를 파견하는 경우일 것이다. 사士가 위독하면 국군이 위문하는 것이 단지 1회에 그치는 것은 신분이 낮기 때문이다. '비比'는 이른다(及)는 뜻이다. 「喪大記」云: "三問", 此云'無算'. 或恩義如師·保之類乎. 或'三問'者君親往, 而'無筭'者遣使乎. 士有疾, 君問之惟一次, 卑賤也. '比', 及也.

【잡기하 68】

널(柩)을 사당에 올려놓고 바로잡을 때, 제후의 상에 상여끈을 잡는 사람이 500인으로, 4줄의 상여끈을 잡는 사람은 모두 입에 재갈(枚)을 문다. 사마司馬가 방울(鐸)을 들고 왼쪽에 8인 오른쪽에 8인으로 나누어 있으며, 장인匠人이 우보羽葆를 잡고 상여(柩車)를 인도한다. 대부의 상喪에는 널을 사당에 올려놓고 바로잡을 때 상여끈을 잡는 사람이 300인이다. 방울을 잡는 사람은 왼쪽과 오른쪽으로 각각 4인이다. 상여(柩車)를 인도하는 사람은 기(茅)를 가지고 한다.[31)]

升·正柩, 諸侯執綍五百人, 四綍皆銜枚. 司馬執鐸, 左八人, 右八人, 匠人執羽葆御柩. 大夫之喪, 其升正柩也, 執引者三百人. 執鐸者左右各四人. 御柩以茅.

鄭注 '널(柩)을 사당에 올려놓고 바로잡는다'(升·正柩)는 것은 장례를 하기 위해 (발인發靷하기 전에) 사당에서 조전朝奠의 예를 행할 때 사당에 관을

바로 놓는 것이다. '500인'(五百人)은 한 당黨의 인민 수이다. 제후의 대부는 읍邑에 300호戶 규모의 인구가 있다. '발綍'과 '인引'은 (상여끈으로) 같은 뜻이다. 사당 안에서는 발綍이라고 말하고 길에서는 인引이라고 말한다. 호언互言으로 말한 것이다. 상여를 인도하는 자가 앞에서 위치하여 바로 잡는다. 대부와 사士는 상여끈이 둘이다. '升·正柩'者, 謂將葬朝于祖, 正棺於廟也. '五百人', 謂一黨之民. 諸侯之大夫, 邑有三百戶之制. '綍'·'引'同耳. 廟中曰綍, 在塗曰引. 互言之. 御柩者居前道正之. 大夫·士皆二綍.

集說 '널(柩)을 사당에 올려놓고 바로잡는다'는 것은 장례葬禮를 하기 위해 관을 사당으로 옮겨 조전朝奠의 예를 행할 때 관을 서쪽 계단으로 올리는데 공축輁軸(관을 실어 옮기는 도구)을 이용하여 양쪽 영楹(기둥) 사이에 올려놓고 바로잡는다. 널(柩)에는 4개의 상여끈이 있다. '매枚'는 모양이 젓가락 형태로 양쪽 끝에 조그만 끈이 달려 있어 입을 막고 목 뒤에서 묶으면 말을 하지 못한다. 시끄럽게 소리 내는 것을 막는 장치다. 500명이 모두 사용한다. 사마司馬 16인이 방울을 잡고 좌우로 나누어 서서 상여(柩車)를 끼고 상여꾼들을 호령한다. '보葆'는 덮개 모양으로 깃털로 만든다. '상여를 인도한다'(御柩)는 것은 상여 앞에서 길에 높고 낮은 굴곡이나 패인 곳이 있으면, 잡고 있는 것을 가지고 누르고 올리며 좌우로 움직이는 표시를 행하여 상여끈을 붙잡은 사람들이 알게 한다는 것이다. '인引'은 곧 발綍(상여끈)로 호언互言으로 말한 것이다. '기'(茅)는 모茅(띠풀)로 기를 만든다. '升·正柩'者, 將葬, 柩朝祖廟, 升西階, 用輁軸, 載柩于兩楹間而正之也. 柩有四綍. '枚', 形似箸, 兩端有小繩, 銜于口而繫于頸後, 則不能言. 所以止喧譁也. 五百人皆用之. 司馬十六人執鐸, 分居左右, 夾柩以號令於衆也. '葆', 形如蓋, 以羽爲之. '御柩'者, 在柩車之前, 若道塗有低昂傾虧, 則以所執者爲抑揚左右之節, 使執綍者知之也. '引'卽綍, 互言之耳. '茅', 以茅爲麾也.

【잡기하 69】

공자께서 말하였다. "관중管仲은 궤簋를 아로새겼고(鏤簋), 관의 끈(紘)을 붉은색으로 하였으며, 두공枓栱에 산의 문양을 아로새겼고(山節), 동자기둥에 물풀 문양을 그려 놓았다(藻棁). 뛰어난 대부이지만, 그의 윗자리에 있기는 어렵다.

孔子曰: "管中鏤簋而朱紘, 旅樹而反坫, 山節而藻棁. 賢大夫也, 而難爲上也.

鄭注 관중이 신분에 어긋나게 천자와 제후가 궤簋에 곤충과 짐승 모양을 새겨 넣는 예를 행하였음을 말한 것이다. 관冠에 비녀가 있는 경우 끈(紘)을 단다. 끈은 갓끈(纓)이 있는 곳의 양쪽에 달려 있는데 위쪽은 연결되어 있고 아래쪽은 묶여 있지 않다. '여수旅樹'는 문 가리개이다. '반점反坫'은 잔을 되돌려놓는 대이다. '산절山節'은 두공枓栱에 산 모양을 아로새기는 것이다. '조절'(棁)은 동자기둥에 물풀 문양을 그려놓는 것이다. 言其僭天子·諸侯, 鏤簋刻爲蟲獸也. 冠有笄者爲紘. 紘在纓處兩端, 上屬下不結. '旅樹', 門屛也. '反坫', 反爵之坫也. '山節', 薄櫨刻之爲山. 棁, 侏儒柱畫之爲藻文.

集說 '궤簋를 아로새긴다'(鏤簋)는 것은 궤에 아로새기는 장식을 하는 것이다. '끈'(紘)은 면류관의 장식이다. 천자는 붉은색으로, 제후는 파란색으로, 대부와 사는 검은색으로 한다. '려旅'는 길을 뜻한다. '수樹'는 가리개이다. 다니는 길목에 가리개를 세워 안과 밖을 가린다. '반점反坫'은 잔을 되돌려놓는 대이다. 흙으로 만들어 두 기둥(楹) 사이에 놓는다. '산절山節'은 기둥머리의 두공枓栱에 산을 아로새기는 것이다. '조藻'(마름)는 물풀이다. '조절藻棁'은 물풀을 들보 위의 짧은 기둥에 아로새기는 것이다. '윗자리에 있기

가 어렵다'(難爲上)는 것은 참람하게 윗사람의 신분을 침범함을 말한다. '鏤簋', 簋有雕鏤之飾也. '紘', 冕之飾. 天子朱, 諸侯靑, 大夫·士緇. '旅', 道也. '樹', 屛也. 立屛當所行之路, 以蔽內外也. '反坫', 反爵之坫也. 土爲之, 在兩楹間. '山節', 刻山於柱頭之斗栱[32]也. '藻', 水草. '藻梲', 畫藻於梁上之短柱也. '難爲上', 言僭上也.

【잡기하 70】

안평중晏平仲은 조상에게 제사를 드릴 때, 희생으로 쓴 돼지의 어깨 부위가 두豆를 채우지도 못하였다. 뛰어난 대부이기는 하지만 그의 아랫자리에 있기는 어렵다. 군자는 위로 윗사람을 침범하지 않고 아래로 아랫사람에게 압박을 주지 않는다."

晏平仲祀其先人, 豚肩不揜豆. 賢大夫也, 而難爲下也.① 君子上不僭上, 下不偪下."

鄭注 ① 사士와 서인庶人에게 압박을 줌을 말한다. '돼지고기'(豚)는 조俎에 담는 제수祭需이다. 두豆는 지름이 한 척이다. 돼지의 두 어깨 부위를 합해 놓아도 두豆를 채우지 못함을 말하는 것으로 작음을 비유한 것이다. 言其偪士·庶人也. '豚', 俎實. 豆徑尺. 言并豚兩肩不能覆豆, 喩小也.

集說 대부는 제사에서 소뢰小牢를 쓰고 원래 돈豚(새끼 돼지)을 쓰지 않는다. 어깨 부위는 조俎에 놓고 두豆에 놓지 않는다. 여기서는 매우 작음을 비유한 것이다. 돼지의 양 어깨 부위를 합해도 두豆를 채우기에 부족하였다고 말하는 것이다. '아랫자리에 있기는 어렵다'(難爲下)는 것은 아랫사람에게 압박을 줌을 말한다. 大夫祭用少牢, 不合用豚. 肩, 在俎, 不在豆. 此但喩其極小. 謂併豚兩肩亦不能揜豆耳. '難爲下', 言偪下也.

【잡기하 71】

부인婦人은 삼년상이 아니면 국경을 넘어서 조문하지 않는다. 삼년상인 경우 국군의 부인夫人은 부모의 나라로 돌아간다. 부인이 돌아갈 때 제후가 조문하는 예를 사용하고, 주국主國(조문을 받는 나라)에서 맞이할 때에도 제후를 대하는 예와 같이 한다. 부인은 도착하면 위문闈門으로 들어가고 동쪽의 방계(側階)로 올라가며, 그 밖의 의례는 분상奔喪하는 의례와 같이 한다.

婦人非三年之喪, 不踰封而弔.① 如三年之喪, 則君夫人歸.② 夫人其歸也, 以諸侯之弔禮. 其待之也, 若待諸侯然.③ 夫人至, 入自闈門, 升自側階, 君在阼, 其他如奔喪禮然.④

鄭注 ① '유봉踰封'은 국경을 넘는다는 뜻이다. 더러 '월강越疆'으로 되어 있기도 하다. '踰封', 越竟也. 或爲'越疆'.

② 부모의 상喪에 분상奔喪하는 것이다. 奔父母喪也.

③ 부인夫人의 행차·수레·복식 등에 대하여 주국主國(조문을 받는 나라)에서 예우함을 말한다. 謂夫人行道車服, 主國致禮.

④ 여자는 자신을 여빈女賓(여성 빈객)과 동일시하지 못한다. 궁 안의 문을 위문闈門이라고 하는데, 서로 통하기 위해 만든 것이다. '측계側階'는 또한 방계旁階(옆쪽에 설치된 계단)이다. '그 밖'(他)은 곡哭·용踊·좌髽[33]·마麻[34] 등의 의례를 가리킨다. '위문闈門'은 더러 '유문帷門'으로 되어 있기도 하다. 女子子不自同於女賓也. 宮中之門曰闈門, 爲相通者也. '側階', 亦旁階也. '他'謂哭·踊·髽·麻. '闈門'或爲'帷門'.

集說 '삼년상'은 부모의 상喪을 말한다. 여자가 시집가면 친부모를 위해

서 기년복을 한다. 이 경문에서 삼년복이라고 한 것은 본래의 친복親服으로 말한 것이다. '유봉踰封'은 국경을 넘는 것이다. 국군國君의 부인이 부모의 상에 분상奔喪할 때 제후가 조문하는 예를 사용하는데 주국主國(조문을 받는 나라)에서도 대우할 때 역시 제후의 예로 대우한다. '위문闈門'은 정문이 아니라 궁 안에서 다니는 문이다. '측계側階'는 정계正階가 아니라 동쪽의 방계房階이다. 이런 것은 모두 여빈女賓과 달리하는 것이다. 주국의 국군은 조계阼階 위에 있고, 내려와서 맞이하지 않는다. '분상奔喪'은 곡哭·용踊·좌髽·마麻 등의 외례를 가리킨다. '三年之喪', 父母之喪也. 女嫁者爲父母期. 此以本親言也. '踰封', 越疆也. 言國君夫人奔父母之喪, 用諸侯弔禮, 主國待之, 亦用待諸侯之禮. '闈門', 非正門, 宮中往來之門也. '側階', 非正階, 東房之房階也. 此皆異於女賓. 主國君在阼階上, 不降迎也. '奔喪', 謂哭·踊·髽·麻之類.

【잡기하 72】

형제의 아내(嫂)는 남편 형제(叔)의 시신을 쓰다듬지 않고, 남편의 형제는 형제 아내의 시신을 쓰다듬지 않는다.

嫂不撫叔, 叔不撫嫂.

鄭注 혐의를 멀리하고 구별하는 것이다. 遠別也.

集說 '쓰다듬는다'(撫)는 것은 사망하였을 때 그 시신을 쓰다듬는다는 것이다. 수숙嫂叔 사이에는 혐의를 멀리해야 하기 때문에 모두 쓰다듬지 않는다. '撫', 死而撫其尸也. 嫂·叔宜遠嫌, 故皆不撫.

【잡기하 73】

군자君子는 세 가지 근심(三患)을 갖는다. 아직 듣지 못했을 때에는 듣지 못한 것을 근심하고, 들은 다음에는 배우지 못한 것을 근심하고, 배운 다음에는 실행하지 못한 것을 근심한다. 군자는 다섯 가지 부끄러움(五恥)을 갖는다. 그 자리에 있을 때 잘했다는 말을 듣지 못하면 군자는 부끄러워한다. 말을 해놓고 행동을 하지 못하면 군자는 부끄러워한다. 이미 얻었는데 또 잃어버리면 군자는 부끄러워한다. 땅이 여유가 있는데 백성들이 넉넉하지 못하면 군자는 부끄러워한다. 상대와 내가 부역을 함에 사람 수가 서로 같은데 상대의 성과가 내 쪽보다 배가 되면 군자는 부끄러워한다.

君子有三患. 未之聞, 患弗得聞也, 旣聞之, 患弗得學也, 旣學之, 患弗能行也. 君子有五恥. 居其位無其言, 君子恥之. 有其言無其行, 君子恥之. 旣得之而又失之, 君子恥之. 地有餘而民不足, 君子恥之. 衆寡均而倍焉, 君子恥之.

鄭注 백성이 넉넉하지 못한 것을 부끄러워하는 것은 옛날에 백성들을 거주시킬 때 지역을 살펴서 읍邑을 건설하고, 토지를 계산해서 백성을 거주시켜서 지역의 읍과 백성의 거주가 반드시 서로 걸맞았다. '많은 것과 적은 것이 고르다'(衆寡均)는 것은 함께 부역의 일을 할 때 사람 수가 같음을 말한다. '배가 된다'(倍焉)는 것은 상대의 성과가 내 쪽보다 배가 된다는 뜻이다.

恥民不足者, 古者居民, 量地以制邑, 度地以居民, 地邑民居必參相得也. '衆寡均'謂俱有役事, 人數等也. '倍焉', 彼功倍己也.

集說 '세 가지 근심'(三患)은 학문을 하는 군자를 말하고, '다섯 가지 부끄

러움'(五恥)은 정치를 하는 군자를 말한다. 벼슬자리에 있으면서 들을 만한 칭찬이 없는 것 이것은 정사政事를 강구하여 밝히지 못한 것으로 첫 번째 부끄러움이다. 말만 하고 행동을 하지 않는 것 이것은 언행이 일치되지 않는 것으로 두 번째 부끄러움이다. 처음에는 덕 있는 사람으로 나아갔다가 이제 와서는 덕이 없는 사람으로 물러나는 것은 세 번째 부끄러움이다. 백성들을 끌어안지 못하여 달아나고 흩어지게 하는 것은 네 번째 부끄러움이다. 나라에 부역이 있을 때 자신과 상대의 사람 수가 같은데도 상대의 성과가 자신보다 배가 되는 것 이것은 일이나서 아랫사람들을 이끌고 격려하지 못한 것으로 다섯 번째 부끄러움이다. '三患'言爲學之君子, '五恥'言爲政之君子也. 居位而無善言之可聞, 是不能講明政事, 一恥也. 有言無行, 是言行不相顧, 二恥也. 始以有德而進, 今以無德而退, 三恥也. 不能撫民, 使之逃散, 四恥也. 國有功役, 己與彼衆寡相等, 而彼之功績倍於己, 是不能作興率勵其下, 五恥也.

【잡기하 74】

공자께서 말하였다. "흉년에는 노마駑馬를 타고, 제사는 낮은 등급의 희생(下牲)으로 지낸다."

孔子曰: "凶年則乘駑馬, 祀以下牲."

鄭注 자신의 규모를 줄이고, 또한 공급하기 쉽도록 함을 취한 것이다. '노마駑馬'는 6종류의 말 가운데 가장 하급의 말이다. '낮은 등급의 희생'(下牲)은 소뢰小牢 또는 한 마리 어른 돼지나 한 마리 새끼돼지를 뜻한다. 自貶損, 亦取易供也. '駑馬', 六種最下者. '下牲', 少牢, 若特豕・特豚也.

集說 『주례』「교인校人」에 따르면, 6등급의 말은 종마種馬·융마戎馬·제마齊馬·도마道馬·전마田馬·노마駑馬이다. '노마駑馬'는 그 중 가장 낮은 등급의 말이다. '낮은 등급의 희생'(下牲)은 가령 보통 제사에서 태뢰太牢를 사용하는데 낮추어서 소뢰小牢를 사용하고, 소뢰小牢를 사용하는 제사에 낮추어서 한 마리 희생만 쓰고, 한 마리 어른 돼지를 낮추어서 한 마리 새끼 돼지를 쓰는 따위다. 한 해 농사가 흉작이기 때문에 줄이는 것이다. 「왕제王制」(49)에 "무릇 제사를 지낼 때에는, 풍년이라고 해서 사치스럽게 지내지 않고 흉년이라고 해서 검소하게 지내지 않는다"라고 하여, 그 내용이 이 경문과 다르지만, 이유가 자세하지 않다. 『周禮』「校人」, 六馬曰種馬·戎馬·齊馬·道馬·田馬·駑馬. '駑馬', 其最下者. '下牲', 如常祭用太牢者降用少牢, 少牢者降用特牲, 特豕者降用特豚之類. 以年凶, 故貶損也. 「王制」云: "凡祭, 豐年不奢, 凶年不儉", 與此不同, 未詳.

【잡기하 75】

휼유恤由의 상喪에 애공哀公이 유비孺悲를 공자에게 보내서 사상례士喪禮를 배우게 하였다. 이에 「사상례士喪禮」가 쓰였다.

恤由之喪, 哀公使孺悲之孔子, 學士喪禮. 「士喪禮」於是乎書.

鄭注 당시 사람들이 변전變轉해서 참람하게 신분을 넘는 예를 행하자, 사士의 상례가 없어졌다. 공자가 사상례士喪禮로 유비孺悲에게 가르치자 나라 사람들이 다시 글로 써서 보존하였다. 時人轉而僭上, 士之喪禮已廢矣. 孔子以敎孺悲, 國人乃復書而存之.

集說 정씨鄭氏(정현鄭玄)는 말한다 "당시 사람들이 변전變轉해서 참람하게 신분을 넘는 예를 행하자, 사士의 상례가 없어졌다. 공자가 사상례士喪禮로 유비孺悲에게 가르치자 나라 사람들이 다시 글로 써서 보존하였다." 鄭氏曰: "時人轉而僭上, 士之喪禮已廢矣. 孔子以教孺悲, 國人乃復書而存之."

【잡기하 76】

자하子夏가 납향제(蜡)를 구경하였는데, 공자가 말하였다. "사賜야 즐거운가?" 자하가 대답하였다. "한 나라 사람들이 모두 미친 듯합니다.(若狂) 사賜는 그 즐거움을 모르겠습니다." 공자가 말하였다. "백일 동안의 노고 뒤에 납향제를 지내 하루 동안 즐기게 하니 임금의 은택이다. 네가 알 수 있는 것이 아니다."

子貢觀於蜡, 孔子曰: "賜也, 樂乎?" 對曰: "一國之人皆若狂, 賜未知其樂也."① 子曰: "百日之蜡, 一日之澤. 非爾所知也."②

鄭注 ① '사蜡'는 찾는다는 뜻이다. 한 해 12월이 되면 만물을 모아 공로가 있는 신을 찾아서 그 신들에게 바치는 제사이다. 나라에서 귀신을 찾아서 제사하면, 당정黨正이 예禮로써 백성들을 모으고 서序에서 술을 마시며 그를 통해 연령에 따른 위차位次를 바로잡는다. 이때 백성들은 취하지 않는 이가 없으니 미친 듯하다. '그 즐거움을 모르겠습니다'(未知其樂)라고 말한 것은 괴이하게 여긴 것이다. '蜡'也者, 索也. 歲十二月合, 聚萬物而索饗之祭也. 國索鬼神而祭祀, 則黨正以禮屬民, 而飲酒于序, 以正齒位. 於是時, 民無不醉者如狂矣. 曰'未知其樂', 怪之.

② 납향제(蜡)는 농사를 처음 지은 선조(神農)를 위주로 삼는다. 학궁學宮에서 대규모로 마시고 조俎에 희생을 올려놓고 농부들을 위로하여 쉬게 하니 그 뜻은 다음과 같다. 백성들이 모두 농사에 부지런히 힘써 백일의 수고로움이 있다는 것은 힘든 기간이 오래임을 비유한 것이요, 이제 하루 술을 마시게 하고 즐기게 하는 것은 군주의 은택이라는 것이다. 네가 알 수 있는 것이 아니라고 하는 것은 그 뜻이 큼을 말한다. 蜡之祭, 主先嗇也. 大飮烝勞農以休息之. 言民皆勤稼穡有百日之勞, 喻久也, 今一日, 使之飮酒燕樂, 是君之恩澤. 非女所知, 言其義大.

集說 납향제는 「교특생郊特牲」(46 이하)에 보인다. '미친 듯하다'(若狂)는 것은 술을 마셔 취한 것이 심함을 말한다. '그 즐거움을 모르겠습니다'는 것은 술에 취해 예모가 없는 모습이 또한 싫어할 지경인데 무슨 즐거움이 있겠느냐고 말하는 것이다. 공자는 '백일 동안의 노고 뒤에 이 납향제를 지내서 농민들이 한 해를 마치도록 수고롭게 노동하다가 이제 겨우 하루 술을 마시며 노는 잔치를 즐기게 하니 이는 임금의 은택'이라고 말하였다. '네가 알 수 있는 것이 아니다'라는 말은 그 뜻이 큼을 말한다. 蜡祭見「郊特牲」. '若狂'言飮酒醉甚也. '未知其樂', 言醉無禮儀, 方且可惡, 何樂之有. 孔子言'百日勞苦而有此蜡, 農民終歲勤動, 今僅使之爲一日飮酒之歡, 是乃人君之恩澤'. '非爾所知', 言其義大也.

【잡기하 77】

"활시위를 팽팽하게만 해놓고 늦추어 풀어놓지 않으면 문왕文王과 무왕武王도 다스릴 수 없다. 활시위를 늦추어 풀어놓고 팽팽하게 하지 않는 것을 문왕과 무왕은 하지 않는다. 한 번은 팽팽하게 하고 한 번은 늦추어 풀어놓는 것이 문왕과 무왕의 법도이다."
"張而不弛, 文 · 武弗能也. 弛而不張, 文 · 武弗爲也. 一張一弛, 文武之道也."

鄭注 활시위를 팽팽하게 하는 것과 늦추어 풀어놓는 것은 활을 쏘는 것으로 사람을 비유한 것이다. 활에서 시위를 팽팽하게 하는 상태를 오래 지속하면 활의 힘을 잃게 되고 늦추어 풀어놓은 상태를 오래 지속하면 활의 모양을 잃게 된다. 張 · 弛, 以弓弩喻人也. 弓弩, 久張之則絶其力, 久弛之則失其體.

集說 '당긴다'(張)는 것은 활의 시위를 팽팽하게 하는 것이다. '늦춘다'(弛)는 것은 시위를 늦추어 풀어놓는 것이다. 공자는 활로 백성을 비유하여 다음과 같은 뜻으로 말하였다. 활의 특성은 시위를 팽팽하게 하는 상태를 오래 지속하면 활의 힘을 반드시 잃게 되고, 늦추어 풀어놓은 상태를 오래 지속하면 활의 모양이 변한다. 그것은 백성들이 오래 수고롭게 일하면서 쉬지 않으면 백성들의 체력이 피로해지고, 또 오랫동안 쉬고 수고롭게 일을 하지 않으면 백성들의 뜻이 해이해지는 것과 같다. 활은 반드시 때로 팽팽하게 해주고 때로 늦추어 풀어놓아야 하고, 백성들도 반드시 때로 노동하고 때로 쉬어야 한다. '문왕文王과 무왕武王도 다스릴 수 없다'는 것은 비록 문왕과 무왕이라 해도 또한 다스릴 수 없음을 말한 것이다. 편안히 즐기는 것에만 안주해서도 안 되기 때문에 '문왕과 무왕은 하지 않았다'라고 말한 것이다. '張', 張弦也. '弛', 落弦也. 孔子以弓喻民. 謂弓之爲器久張而不弛, 則力必絶, 久弛而不張, 則體必變. 猶民久勞苦而不休息, 則其力憊, 久休息而不勞苦, 則其志逸. 弓必有時而張, 有時而弛, 民必有時而勞, 有時而息. '文 · 武弗能', 言雖文王 · 武王亦不能爲治也. 一於逸樂則不可, 故言'文武弗爲'.

【잡기하 78】

맹헌자孟獻子가 "정월 동지(日至)에는 상제上帝에게 제사할 수 있고, 7월 하지(日至)에는 선조에게 제사할 수 있다"라고 하였다. 7월에 체제禘祭를 지내는 것은 헌자獻子가 하였다.

孟獻子曰: "正月日至, 可以有事於上帝. 七月日至, 可以有事於祖." 七月而禘, 獻子爲之也.

鄭注 노魯나라가 예禮를 벗어난 연유를 기록한 것이다. '맹헌자孟獻子'는 노나라 대부 중손멸仲孫蔑이다. 노나라는 주공周公으로 인해 정월 동지일 이후에 하늘에 교제를 지내고 또한 시조 후직后稷을 배향할 수 있었다. 헌자獻子가 선조를 높이고 싶어 하늘에 교제郊祭를 지내는 달과 상대되는 달(7월 하지)에 체제禘祭를 지냈으니 예禮가 아니다. 노나라의 종묘宗廟제사는 여름의 첫 달에 지낼 뿐이다. 「명당위明堂位」(8)에 "계하 6월에, 태묘에서 체례禘禮로 주공에게 제사하였다"라고 하였다. 記魯失禮所由也. '孟獻子', 魯大夫仲孫蔑也. 魯以周公之故, 得以正月日至之後郊天, 亦以始祖后稷配之. 獻子欲尊其祖, 以郊天之月對月禘之, 非也. 魯之宗廟, 猶以夏時之孟月爾. 「明堂位」曰: "季夏六月, 以禘禮祀周公於大廟."

集說 '헌자獻子'는 노魯나라 대부 중손멸仲孫蔑이다. '정월正月'은 주력周歷 건자建子의 달이다. '일지日至'는 동지다. '상제에게 제사한다'는 것은 교제交祭이다. '칠월七月'은 건오建午의 달이다. '일지日至'는 하지다. '선조에게 제사한다'는 말은 체제禘祭이다. 「명당위明堂位」(8)에 "계하 6월에, 태묘에서 체례로 주공에게 제사하였다"라고 하였으니, 대개 하력夏曆 건사建巳(음력 4월)의 달이다. 교제를 동지에 지내는 것은 예禮의 당연한 바이다. 이 경문은 헌자가 예를 변경하여 7월에 체제를 지냈음을 말하였다. 그러나 '헌자

로부터 시작되었다'(自獻子始)라고 말하지 않고, '헌자가 하였다'(獻子爲之)라고 말하였으니 대개 일시적인 사건이다. '獻子', 魯大夫仲孫蔑. '正月', 周正建子之月也. '日至', 冬至也. '有事上帝', 郊祭也. '七月', 建午之月也. '日至', 夏至也. '有事於祖', 禘祭也. 「明堂位」云: "季夏六月, 以禘禮祀周公於太廟", 蓋夏正建巳之月. 郊用冬至, 禮之當然. 此言獻子變禮, 用七月禘祭. 然不言'自獻子始', 而但言'獻子爲之', 蓋一時之事耳.

【잡기하 79】

부인夫人이 천자天子에게 작명을 받지 않은 것은 노魯나라 소공昭公으로부터 시작되었다.

夫人之不命於天子, 自魯昭公始也.

鄭注 이 경문도 노魯나라가 예禮를 벗어난 연유를 기록한 것이다. 주周나라의 제도에 따르면, 동성同姓 사이에는 아무리 오래되어도 혼인하지 못한다. 오吳나라는 태백太伯 이후로 노魯나라와 동성이었다. 그런데 노魯나라 소공昭公이 오吳나라 여자와 혼인을 하고 오맹자吳孟子라고 불렀으며, 천자에게 알리지 않았다. 그 뒤로 결혼하는 제후들이 천자에게 그 사실을 알리지 않았고, 천자도 또한 작명을 내리지 않았다. 亦記魯失禮所由也. 周之制, 同姓百世昏姻不通. 吳, 大伯之後, 魯同姓. 昭公取於吳, 謂之吳孟子, 不告於天子. 自此後, 取者遂不告於天子, 天子亦不命之.

集說 소공昭公이 오吳나라에서 아내를 맞이하고 동성이라 천자에게 알리지 못하였다. 천자 또한 작명을 내리지 않았는데, 그 뒤로 드디어 상례가 되었다. 이 경문은 노魯나라가 예禮를 벗어난 연유를 기록한 것이다. ○ 소

疏에서 말한다. "천자는 경기京畿(직할지) 밖의 제후 부인에 대해서는 작명을 내린다. 경기京畿 안의 제후 부인과, 경·대부의 처에 대해서는 「옥조玉藻」(73) 주註에 '천자와 제후는 그 신하에게 작명爵命을 내리고, 후后와 부인夫人 또한 그 처에게 의복으로 작명을 내린다'라고 하였다." 昭公娶吳, 爲同姓, 不敢告天子. 天子亦不命之, 後遂以爲常. 此記魯失禮之由. ○ 疏曰: "天子命畿外諸侯夫人. 若畿內諸侯夫人及卿大夫之妻, 則「玉藻」註云: '天子諸侯命其臣, 后夫人亦命其妻也.'"

【잡기하 80】

외종外宗이 군부인君夫人을 위해 하는 상복은 내종內宗과 같다.

外宗爲君夫人, 猶內宗也.

鄭注 모두 나라 안에서 시집간 경우를 말한다. 국군國君을 위해서 참최복을 하고 부인夫人을 위해서 자최복을 하는 것은 지존至尊에 대하여 친복親服으로 상복을 하지 못하기 때문이다. '외종外宗'은 고모와 자매의 딸, 외삼촌의 딸, 이모(從母) 등이 모두 해당된다. '내종內宗'은 오복五服의 친속에 있는 이의 딸을 가리킨다. 복이 없지만 여러 신하에게 시집간 경우는 종복從服으로 남편의 군주를 위해 하는 상복을 한다. 서인庶人에게 시집간 경우는 종복從服으로 서인이 국군을 위해 하는 상복을 한다. 皆謂嫁於國中者也. 爲君服斬, 夫人齊衰, 不敢以其親服服至尊也. '外宗'謂姑·姊妹之女, 舅之女及從母, 皆是也. '內宗', 五屬之女也. 其無服而嫁於諸臣者, 從爲夫之君. 嫁於庶人, 從爲國君.

集說 소疏에서 말한다. "'외종外宗'은 국군의 고모나 자매의 딸, 외삼촌의 딸, 이모의 딸 등이 모두 해당된다. '내종內宗'은 국군의 오속五屬 안에 드는

친족의 딸을 가리킨다. 내종內宗은 국군國君을 위해 참최복斬衰服을 하고 부인夫人을 위해 자최복齊衰服을 한다. 이 경문에서 '내종內宗과 같다'라고 하였으니, 자최복과 참최복이 모두 같다. '군부인君夫人'은 나라 사람들이 부르는 호칭이다. 이 경문의 '외종外宗'은 나라 안으로 시집간 사람을 가리킨다. 만일 나라 밖으로 시집간 경우라면 '제후'라고 말해야 한다. 옛날에 대부는 나라 밖에서 아내를 맞이하지 않았다. 따라서 국군의 고모와 자매가 나라 안의 대부에게 시집가서 처가 되었으니 정상적인 모습이다. 제후는 나라 안에서 아내를 맞이하지 않았다. 따라서 외삼촌의 딸과 이모의 딸은 나라 안에 있을 수 없다. 무릇 내종과 외종은 모두 작위를 가진 사람들에 한하여 말하는 것이다. '복이 없지만 여러 신하에게 시집간 경우는 종복으로 남편의 군주를 위해 하는 상복을 한다'는 것은 내종과 외종이 모두 해당된다. '서인에게 시집간 경우는 즉 또한 종복으로 국군을 위해 3개월 동안 상복을 한다'는 것 또한 내종內宗과 외종外宗 모두 그러하다." ○ 또 살펴보건대, 『의례』「상복喪服」 소疏에서 말한다. "외종外宗에 셋이 있다. 『주례』에 '외종의 딸이 작위가 있는 경우 경卿·대부大夫의 처와 통한다'라고 한 것이 그 첫째요, 「잡기雜記」 주註에 '국군의 고모와 자매의 딸, 외삼촌의 딸, 이모(從母) 등이 모두 그들이다'라고 한 것이 그 둘째이다. '고모의 며느리와 이모의 며느리 경우 그 남편은 국군國君의 외친外親이 되기 때문에 국군을 위해 참최복을 하고, 그 며느리 역시 외종外宗이라고 부르며 국군을 위해 기년복을 한다'라고 한 경우가 그 셋째이다. 내종에는 둘이 있다. 『주례』에 '내녀內女(국군과 동성同姓인 자의 딸)가 작위가 있는 경우는 동성同姓의 딸이 모두 이들이다'라고 한 것이 그 첫째이다. 「잡기하」(80) 주註에 '국군의 오속五屬 안에 드는 친족의 딸을 가리킨다' 한 것이 그 둘째이다." 疏曰: "'外宗'者, 謂君之姑·姊妹之女, 及舅之女, 及從母, 皆是也. '內宗'者, 君五屬內之女. 內宗爲君服斬衰, 爲夫人齊衰. 此云'猶內宗也', 則齊·斬皆同. '君夫人'者, 是國人所稱號. 此'外宗'謂嫁在國中者.

若國外, 當云'諸侯'也. 古者大夫不外娶. 故君之姑・姊妹嫁於國內大夫爲妻, 是其正也. 諸侯不內娶. 故舅女及從母不得在國中. 凡內・外宗, 皆據有爵者. '其無服而嫁於諸臣, 從爲夫之君'者, 內・外宗皆然. 若'嫁於庶人, 則亦從其夫爲國君服齊衰三月'者, 亦內・外宗皆然." ○ 又按, 『儀禮』「喪服」疏云: "外宗有三. 『周禮』, '外宗之女有爵, 通卿大夫之妻', 一也, 「雜記」註謂, '君之姑・姊妹之女, 舅之女, 從母, 皆是', 二也. '若姑之子婦・從母之子婦, 其夫是君之外親, 爲君服斬, 其婦亦名外宗, 爲君服期', 三也. 內宗有二. 『周禮』, '內女之有爵, 謂同姓之女悉是', 一也. 「雜記」註, '君之五屬之內女', 二也."

【잡기하 81】

마구간이 불탔다. 공자가 자신의 화재를 위로하기 위해 찾아온 마을 사람에게 배례를 하였다. 배례를 하는데, 찾아온 사람이 사士이면 한 번을 하고 대부大夫이면 두 번 한다. 이 또한 서로 조문하는 도리다.

廏焚. 孔子拜鄉人爲火來者.① 拜之, 士壹, 大夫再. 亦相弔之道也.②

鄭注 ① '배례를 하였다'(拜)는 것은 감사를 표시한 것이다. '拜', 謝之. ② '배례를 한다'(拜之)는 것은 찾아와서 자신을 조문하였기 때문이다. 「종백직宗伯職」에 "조문하는 예로 화재禍災를 위로한다"라고 하였다.[35] 言'拜之'者, 爲其來弔己. 「宗伯職」曰: "以弔禮哀禍災."

集說 정씨鄭氏(정현鄭玄)는 말한다. "「종백직宗伯職」에 '조문하는 예로 화재禍災를 위로한다'라고 하였다." 鄭氏曰: "「宗伯職」曰: '以弔禮哀禍災.'"

【잡기하 82】

공자께서 말하였다. "관중管仲이 도둑을 만났는데 (그 도둑 가운데) 두 사람을 임용하였고, 천거하여 국군(公)의 신하가 되게 하면서, '그들이 교유한 사람들이 나쁜 사람들일 뿐, 임용할 만한 사람들입니다'라고 하였다. 관중이 죽자 환공桓公이 두 사람에게 관중을 위해 상복을 하게 하였다. 대부에게 벼슬하였던 사람이 (돌이켜) 그 대부를 위해 상복을 하는 것은 관중으로부터 시작되었으니, 국군의 명령이 있었기 때문이다."

孔子曰: "管仲遇盜, 取二人焉, 上以爲公臣, 曰: '其所與遊辟也. 可人也.'① 管仲死, 桓公使爲之服. 宦於大夫者之爲之服也, 自管仲始也, 有君命焉爾也."②

鄭注 ① 이 사람은 괜찮았지만, 악인惡人들 가운데 있는 바람에 법法을 위반하게 되었다고 말한 것이다. 言此人可也, 但居惡人之中, 使之犯法.

② 예에 어긋나게 된 연유를 기록한 것이다. 환공桓公이 현자의 추천을 잊지 않음을 좋게 여긴 것이다. '환宦'은 벼슬한다는 뜻과 같다. 이 경우는 대부에게 벼슬하였다가 다시 공公(국군)에게 벼슬하는 지위로 올라간 경우로, 대부에게서 떨어져 나와 제후에게 간 경우와 같다. 예禮에 의하면 상복喪服을 과거의 상태로 되돌려서 하지 않는다. 亦記失禮所由也. 善桓公不忘賢者之擧. '宦'猶仕也. 此仕於大夫, 更升於公, 與違大夫之諸侯同爾. 禮不反服.

集說 관중管仲이 도둑떼를 만났다가 두 사람을 취해서 추천하여 승진시키고 공가公家의 신하가 되게 하였다. 게다가 '함께 교유한 사람들이 나쁜 사람들이었기 때문에 서로 이끌려서 도둑이 되었을 뿐이다. 이 두 사람은

본래 적합한 사람들이니 임용할 만합니다'라고 하였다. 그 후 관중이 죽자, 환공桓公은 이 두 사람에게 관중을 위해 상복을 하게 시켰다. 기록한 사람은 대부에게 벼슬하였다가 그 대부를 위해 상복을 하는 경우가 이 사례로부터 시작되었으며, 국군의 명령이라 어길 수 없었다고 말하였다. 대개 예禮에 의하면 대부에게서 떨어져 나와 제후에게 간 사람은 대부를 위해 되돌려서 상복을 하지 않는다. 환공桓公의 뜻은 대개 관중이 현인을 천거한 것에 대하여 잊지 않으려는 것이다. 管仲遇群盜, 簡取二人, 而薦進之, 使爲公家之臣. 且曰'爲其所與交遊者, 是邪僻之人, 故相誘爲盜爾. 此二人本是堪可之人, 可任用也'. 其後管仲死, 桓公使此二人爲管仲服. 記者言仕於大夫而爲之服, 自此始, 以君命不可違也. 蓋於禮, 違大夫而之諸侯, 不爲大夫反服. 桓公之意, 蓋不忘管仲之擧賢也.

【잡기하 83】

잘못하여 국군國君의 이름을 일컬었을 때 일어난다. 여러 신하들의 이름 중에 국군의 이름과 같은 경우엔 자字를 부른다.

過而擧君之諱, 則起.① 與君之諱同, 則稱字.②

鄭注 ① '거擧'는 일컫는다는 뜻과 같다. 일어나는 것은 말을 잘못하여 고쳐서 자신을 새롭게 하는 것이다. '擧'猶言也. 起立者, 失言而變自新.

② 여러 신하의 이름을 가리킨다. 謂諸臣之名也.

集說 '과過'는 잘못한 것이다. '거擧'는 일컫는다는 뜻과 같다. '기起'는 일어난다는 뜻이다. 말을 잘못하여 편치 않기 때문에 일어나서 고쳐서 변하는 뜻을 보이는 것이다. 여러 신하들의 이름이 더러 국군國君의 이름과 같을 경우 자字를 부른다. '過', 失誤也. '擧'猶稱也. '起', 起立也. 失言不自安, 故起立

示改變之意. 諸臣之名, 或與君之諱同, 則稱字也.

【잡기하 84】

내란內亂에 대해서는 참여하지 않고, 외환外患에 대해서는 피하지 않는다.

內亂不與焉, 外患弗辟也.

鄭注 경卿·대부大夫를 가리킨다. 동료가 장차 난을 일으키려 할 때 자신의 힘으로 토벌할 수 없으면 참여하지 않는다. 이웃 나라에서 침략해올 때에는 응당 나라를 위해 목숨을 바친다. 『춘추』에 노魯나라 "공자公子 계우季友가 진陳나라로 가서 원중原仲의 장례에 참여하였다"라고 하였는데, 전傳에 "군자는 국내의 난難에 대해서는 피하지만 외국이 침략해온 난難에 대해서는 피하지 않는다"36)라고 하였다. 謂卿大夫也. 同僚將爲亂, 己力不能討, 不與而已. 至於隣國爲寇, 則當死之也. 『春秋』魯"公子友如陳, 葬原仲", 傳曰: "君子辟內難, 而不辟外難."

集說 '내란內亂'은 본국에서 일어난 화란禍難을 가리킨다. 경卿·대부大夫가 국내에 있을 때 동료 중에 난亂을 일으키려고 도모하는 자가 나오면, 자기 힘으로 토벌할 수 있으면 토벌하고 토벌할 수 없으면 삼가 피하며 참여하지 않는다. 나라 밖으로부터 외구外寇의 근심이 있어 가령 이웃나라가 침략해온다거나 또는 오랑캐가 침략하여 소요騷擾를 일으키면 피해서는 안 되고 응당 힘을 다해 막아내고 의義를 위해 죽는 것이 옳다. '內亂'謂本國禍難也. 言卿大夫在國, 若同僚中有謀作亂者, 力能討則討之, 力不能討則謹自畏避, 不得干與. 其或寇患在外, 如隣國來攻, 或夷狄侵擾, 則不可逃避, 當盡力捍禦, 死義, 可也.

【잡기하 85】

「찬대행贊大行」에서 말한다. "규圭는 공公이 9촌寸, 후侯·백伯이 7촌, 자子·남男이 5촌인데, 넓이는 3촌, 두께는 반촌이며, 좌우로 각 1촌 반씩 위를 깎는다. 재료는 옥玉이다. 옥받침(藻)은 3가지 색끈으로 6줄을 장식한다."

「贊大行」曰: "圭, 公九寸, 侯·伯七寸, 子·男五寸, 博三寸, 厚半寸, 剡上左右各寸半. 玉也. 藻, 三采六等."

鄭注 '「찬대행贊大行」'은 책에서 대행인大行人의 예를 설명한 편의 명칭이다. '조藻'는 옥을 올리는 데 사용하는 판板이다. '3가지 색끈으로 6줄을 장식한다'(三采六等)는 것은 붉은색·백색·청색 등 끈으로 채색하여 2줄을 장식하는 것이다. 자子와 남男이 벽옥을 잡는데, 이 「찬贊」을 지은 사람이 잘못 기술한 것이다. '「贊大行」'者, 書說大行人之禮者名也. '藻', 薦玉者也. '三采六等', 以朱·白·蒼畫之再行也. 子·男執璧, 作此「贊」者失之矣.

集說 '「찬대행贊大行」'은 옛 예서禮書의 편명이다. 그 책은 필시 모두 대행인大行人의 직무를 설명하였을 것이다. 이제 『예기』를 기록하는 이가 그것을 인용하였기 때문에 '「찬대행贊大行」에서 말한다'라고 한 것이다. 자子·남男은 벽옥(璧)을 잡고 규圭를 잡지 않는다. 기록한 이가 잘못 기술한 것이다. '넓이가 3촌이다'는 것은 규圭에 해당한다. '두께가 반촌이다'라는 것은 규圭와 벽옥(璧) 각각 두께가 반촌임을 가리킨다. '위를 뾰족하게 깎는다'(剡上)는 것은 윗부분을 깎아 내는 것이다. 옥을 받치는 것은 가죽으로 판을 입히고 받침에 붉은색·백색·청색 등 3 가지 색끈으로 채색하여 6줄을 장식한다. 따라서 '옥받침(藻)은 3가지 색끈으로 6줄을 장식한다'라고 말한

것이다. ‘「贊大行」’, 古禮書篇名也. 其書必皆贊說大行人之職事. 今記者引之, 故云‘「贊大行」曰’. 子・男執璧, 非圭也. 記者失之. ‘博三寸’, 圭也. ‘厚半寸’, 圭・璧各厚半寸也. ‘剡上’, 削殺其上也. 藉玉者, 以韋衣板而藻畫朱・白・蒼三色爲六行. 故曰‘藻, 三采六等也’.

【잡기하 86】

애공哀公이 자고子羔에 물었다. “그대의 가문이 녹祿을 받은 것이 어느 때부터인가?” 자고가 대답하였다. “문공文公의 휘하에서 일을 맡아 행하였습니다.”

哀公問子羔曰: “子之食奚當?”① 對曰: “文公之下執事也.”

鄭注 ① 그 선대에 처음 벼슬하여 녹祿을 받은 것이 어느 임금 때인지 물은 것이다. 問其先人始仕食祿, 以何君時.

集說 그 선대에 처음 벼슬하여 녹祿을 받은 것이 어느 임금 때인지 물은 것이다. 문공文公에서 애공哀公까지는 7명의 임금이 있다. 問其先人始仕食祿, 當何君時. 文公至哀公, 七君.

【잡기하 87】

종묘를 낙성하면 피를 바르는 의식을 행한다. 그 예禮에서 축祝・종인宗人・재부宰夫・옹인雍人 등은 모두 작변爵弁과 치의純衣를 한다. 옹인雍人은 양을 씻기고(拭羊), 종인宗人은 축을 한다. 재부宰夫는 비碑의 남쪽에서 북쪽을 향해 서 있는다. 동쪽이 윗자리가 된다. 옹인雍人은 양을 들고 중앙으로부터 지붕에 올라간다. 지붕의 중앙에서 남쪽을 향해 양을 베어 피가 앞으로 흐르면 내려온다. 문門과 협실夾室에서는 모두 닭을 사용한다. 먼저 문門에서 하고, 그 뒤에 협실에서 한다. 그 이衈의 의식은 모두 지붕 아래에서 한다. 닭을 베어 피를 흘리는 의식은 문門은 문에 해당하는 지붕에서 협실은 협실의 지붕 중앙에서 행한다. 유사有司들은 모두 실室을 향하여 서 있는데, 문門에서는 유사가 문의 위치에서 북쪽을 향해 서 있는다. 의식이 끝나면 종인이 의식이 끝났음을 알린다. 그러고 나서 모두 물러나온다. 돌아와 국군에게 보고하기를 "아무 종묘에 피를 바르는 의식을 마쳤습니다"라고 한다. 노침路寢에 돌아와 고하면, 국군은 문門 안에서 남쪽을 향해 조복朝服을 하고 있는다. 돌아와 보고하는 것을 마치면 물러나온다.

成廟則釁之. 其禮, 祝·宗人·宰夫·雍人, 皆爵弁純衣.① 雍人拭羊, 宗人祝37)之. 宰夫北面于碑南. 東上.② 雍人擧羊升屋自中. 中屋南面, 刲羊, 血流于前, 乃降. 門·夾室皆用雞. 先門而後夾室. 其衈皆於屋下. 割雞, 門當門, 夾室中室.③ 有司皆鄉室而立, 門則有司當門, 北面.④ 旣事, 宗人告事畢. 乃皆退.⑤ 反命于君, 曰: "釁某廟事畢." 反命于寢, 君南鄉于門內, 朝服. 旣反命, 乃退.⑥

鄭注 ① 종묘가 새로 낙성되면 반드시 피를 바르는 의식을 행하는데, 높

여 신성하게 여기는 것이다. 종인宗人이 먼저 국군에 요청하기를 "아무개의 종묘에 피를 바르는 의식을 행하도록 명해주시기를 요청합니다"라고 한다. 군주가 허락하면 시행한다. 廟新成, 必釁之, 尊而神之也. 宗人先請於君曰, "請命以釁某廟." 君諾之乃行.

② 윗자리에 있는 이는 재부宰夫이다. '재부宰夫'는 섭주攝主(주인을 대신해서 의식을 주관하는 사람)이다. '식拭'은 깨끗하다는 뜻이다. 居上者, 宰夫也. '宰夫', 攝主也. '拭', 靜也.

③ '자自'는 ~부터라는 뜻이다. '이衈'는 희생을 베어 피를 바를 때 먼저 귀 옆의 털을 제거하고 바친다. 귀는 소리를 듣는 기관이다. 신에게 고하는 것은 신이 듣기를 바라는 것이다. 『주례』에 기이刉衈[38]의 예가 있다. '自', 由也. '衈', 謂將封割牲以釁, 先滅耳旁毛薦之. 耳, 聽聲者. 告神, 欲其聽之. 『周禮』有刉衈.

④ '유사有司'는 재부宰夫 · 축祝 · 종인宗人 등이다. '有司', 宰夫 · 祝 · 宗人.

⑤ '고한다'(告)는 것은 재부宰夫에게 고하는 것이다. '告'者, 告宰夫.

⑥ 국군이 조복朝服을 하고 있는 것은 종묘에 이르지 않기 때문이다. 君朝服者, 不至廟也.

集說 종묘가 처음 낙성되면 희생의 피를 바르는데 신명神明의 거처를 높이는 것이다. '작변爵弁'은 사士의 복장이다. '치의純衣'는 검은색의 상의와 검붉은 색의 치마이다. '양을 씻긴다'(拭羊)는 것은 양을 씻어서 정결하게 하는 것이다. '종인은 축을 한다'고 하였는데, 그 내용은 알려져 있지 않다. '비碑'는 희생을 매는 비다. 종묘의 중앙 뜰에 있다. '중앙으로부터 지붕에 올라간다'(升屋自中)는 것은 지붕의 동과 서의 중앙으로부터 올라감을 말한다. '문門'은 종묘의 문이다. '협실夾室'은 동쪽과 서쪽 행랑(廂)이다. 문과 협실에 각각 닭 한 마리씩 사용하므로, 모두 세 마리의 닭을 사용하는데 마찬가지로 지붕에 올라가서 벤다. '이衈'는 아직 양과 닭을 베지 않았을 때, 먼

저 귀 옆의 털을 제거하여 신에게 올리는 것이다. 귀는 듣는 것을 주관하기 때문에 신명神明이 듣기를 바라는 것이다. 종묘는 종묘의 지붕 아래에 있다. 문과 협실은 문과 협실의 지붕 아래에 있다. '문門'은 문의 지붕 중앙에 해당한다. '협실夾室'은 협실의 지붕 중앙에 해당한다. 그러므로 '문門은 문에 해당하는 지붕에서 협실夾室은 협실의 지붕 중앙에서 행한다'라고 말한 것이다. '유사有司'는 재부宰夫·축祝·종인宗人 등이다. '종인이 의식이 끝났음을 알린다'는 것은 재부宰夫에게 고하는 것이다. 재부宰夫는 섭주攝主로 침전寢殿에 돌아와 보고한다. 그때 국군은 노침路寢에 있다. 宗廟初成, 以牲血塗釁之, 尊神明之居也. '爵弁', 士服也. '純衣', 玄衣纁裳也. '拭羊', 拭之使淨潔也. '宗人祝之', 其辭未聞. '碑', 麗牲之碑也. 在廟之中庭. '升屋自中', 謂由屋東西之中而上也. '門', 廟門也. '夾室', 東西廂也. 門與夾室, 各一雞, 凡三雞也, 亦升屋而割之. '衈'者, 未刲羊割雞之時, 先滅耳旁毛以薦神. 耳主聽, 欲神聽之也. 廟則在廟之屋下. 門與夾室, 則亦在門與夾室之屋下也. '門'則當門屋之中. '夾室'則當夾室屋之中. 故云'門當門, 夾室中室'也. '有司', 宰夫·祝·宗人也. '宗人告事畢', 告于宰夫也. 宰夫爲攝主, 反命于寢. 其時君在路寢也.

【잡기하 88】

노침路寢이 완성되면 낙성식을 하고 피를 바르는 의식은 행하지 않는다. 집에 피를 바르는 의식을 행하는 것은 신명神明과 교접하는 도리다.

路寢成, 則考之而不釁. 釁屋者, 交神明之道也.

鄭 '노침路寢'은 살아 있는 사람이 거처하는 곳이다. '피를 바르는 의식

注 은 행하지 않는다'(不釁)는 것은 신성한 곳으로 여기지 않는다는 것이다. '낙성식을 한다'(考之)는 것은 성대한 음식을 베풀어 완성을 축하할 뿐임을 말한다. 「단궁하檀弓下」(119)에 "진晉나라의 헌문자獻文子가 집을 완성하자, 진나라의 대부가 예를 갖추어 가서 축하했다"라고 하였는데, 이 경우이다. 言'路寢'者, 生人所居. '不釁'者, 不神之也. '考之'者, 設盛食以落之爾. 「檀弓」曰: "晉獻文子成室, 諸大夫發焉", 是也.

集說 소疏에서 말한다. "'낙성식을 한다'(考之)는 것은 성대한 음식을 베풀어 완성을 기념함을 말한다. 유울지庾蔚之는 '낙성식(落)은 빈객과 더불어 연회를 하고 술과 음식으로 완성을 축하하는 것을 말한다. 곧 기뻐하고 즐거워한다는 뜻이다'라고 하였다." 疏曰: "'考之'者, 謂盛饌以落之. 庾蔚云: '落謂與賓客燕會, 以酒食澆落之, 卽歡樂之義也.'"

【잡기하 89】

무릇 종묘의 기물 가운데 명문이 있는 기물은 완성되면 수퇘지로 피를 바르는 의식을 행한다.

凡宗廟之器, 其名者, 成則釁之以豭豚.

鄭注 종묘의 명문이 있는 기물은 준尊·이彝 등의 종류를 말한다. 宗廟名器謂尊·彝之屬.

集說 '명名'은 명문이 있는 기물로 준尊·이彝 등의 종류이다. '가돈家豚'은 수퇘지다. '名'者, 有名之器, 若尊·彝之屬也. '豭豚', 牡豚也.

【잡기하 90】

제후가 부인을 내보내면, 부인이 자신의 나라에 이르기까지 부인의 예로 간다. 자신의 나라에 이르면, 부인의 예로 들어간다. 사자使者가 명령을 가지고 "우리 임금께서 불민하여 우리 임금을 따라 부인이 사직과 종묘를 섬길 수 있게 하지를 못하였습니다. 그래서 사신 아무개를 시켜 감히 집사에게 고하게 하였습니다"라고 한다. 주인은 "우리 임금께서 본래 앞서 가르치지 못하였다고 사과말씀 드린 적이 있습니다. 우리 임금께서 감히 공경스럽게 기다리면서 명령을 따르지 않을 수 있겠습니까!"라고 대답한다. 유사有司의 관원이 기물과 그릇(器皿)을 진설하면, 주인의 유사有司도 역시 관원이 받는다.

諸侯出夫人, 夫人比至于其國, 以夫人之禮行. 至, 以夫人入.① 使者將命, 曰: "寡君不敏, 不能從而事社稷宗廟. 使使臣某敢告於執事." 主人對曰: "寡君固前辭不敎矣. 寡君敢不敬須以俟命!"② 有司官陳器皿, 主人有司亦官受之.③

鄭注 ① 부인의 예로서 길을 가는 것은 내보내진 아내의 경우 그 본가에 내보내졌다는 명령을 전달한 뒤에 부부의 의義가 끊어지고, 부인의 예를 쓰지 않는 것이 이때부터 시작되기 때문이다. 行道以夫人之禮者, 棄妻致命其家, 乃義絶, 不用, 此爲始.

② '앞서 가르치지 못하였다고 사과말씀 드린 적이 있습니다'(前辭不敎)라는 것은 납채納采 때에 한 말을 가리킨다. 이 말은 빈賓이 문 밖에 있고 빈擯이 전달한다. 빈賓이 들어와 처음처럼 명령을 전달하면, 주인은 "감히 명을 따

르지 않을 수 있겠습니까"라고 마무리하여 말한다. '前辭不敎', 謂納采時也. 此辭賓在門外, 擯者傳焉. 賓入致命如初, 主人卒辭曰: "敢不聽命."

③ '기물과 그릇'(器皿)은 부인이 본래 가져왔던 것이다. 율律에 "내쫓긴 처에게는 가져온 물건을 준다"라고 하였다. '器皿', 其本所齎物也. 律"棄妻畀所齎."

集說 '부인을 내보낸다'(出夫人)는 것은 부인이 죄를 지어서 내보내 본국으로 돌려보내는 것이다. 길에서, 본가에 이르러서, 그리고 본가에 들어가는 동안 계속 부인의 예로 행하는 것은 그 나라에 내보냈다는 명령을 전달한 뒤에 부부의 의義가 끊어지기 때문이다. 명령을 전달하는 자가 '우리 임금께서 불민하여 우리 임금을 따라 부인이 사직과 종묘를 섬길 수 있게 하지를 못하였습니다'라고 겸손하게 말하고 부인의 죄를 직접 가리켜 말하지 않는다. 그 대답으로 '앞서 가르치지 못하였다고 사과말씀 드린 적이 있습니다'라고 한 말은 납채納采를 할 때 일찍이 이것으로 말을 하였음을 가리킨다. ○ 소疏에서 말한다. "'유사有司의 관원이 기물과 그릇(器皿)을 진설한다'는 것은 사자使者가 자신을 따라서 온 담당 관원에게 부인이 시집올 때 가져왔던 그릇과 기물을 진설하여 주국主國(부인의 나라)에 돌려주는 것을 말한다. '주인의 유사(일을 맡은 사람)도 역시 관원이 받는다'는 것은 주국에서도 담당하는 관원을 시켜 받게 하는 것이다. 양쪽 다 '관원'(官)이라고 한 것은 주고받는 것을 법대로 하였음을 밝히는 것이다." '出夫人', 有罪而出之, 還本國也. 在道·至·入, 猶以夫人禮者, 致命其國, 然後義絶也. 將命者謙言'寡君不敏, 不能從夫人以事宗廟社稷', 而不斥言夫人之罪. 答言'前辭不敎', 謂納采時, 固嘗以此爲辭矣. ○ 疏曰: "'有司官陳器皿'者, 使者使從已來有司之官, 陳夫人嫁時所齎器皿之屬, 以還主國也. '主人有司亦官受之'者, 主國亦使有司官領受之也. 並云'官'者, 明付受悉如法也."

【잡기하 91】

처를 내보내면, 남편은 사람을 시켜 전해서 말하기를 "아무개가 불민하여 부인이 아무개를 따라서 자성粢盛을 이바지 하지를 못하였습니다. 아무개가 감히 시자侍者에게 고하게 되었습니다"라고 한다. 주인은 "아무개의 여식이 불초하여 감히 벌을 피하지 못하였으니 공경히 기다리면서 명령을 따르지 않을 수 있겠습니까!"라고 대답한다. 사자가 물러나가면 주인이 배례하고 전송한다. 시아버지가 계시면 시아버지의 이름을 들어서 명령을 전달하고, 시아버지가 별세하였으면 형의 이름을 들어서 명령을 전달한다. 형이 없으면 남편의 이름을 들어서 명령을 전달한다. 주인의 대답에 "아무개의 여식이 불초하였다"고 하는 말은 고모와 누이 그리고 여동생의 경우에도 또한 모두 그렇게 말한다.

妻出, 夫使人致之, 曰: "某不敏, 不能從而共粢盛, 使某也敢告於侍者." 主人對曰: "某之子不肖, 不敢辟誅, 敢不敬須以俟命!" 使者退, 主人拜送之.① 如舅在則稱舅, 舅沒則稱兄. 無兄則稱夫.② 主人之辭曰: "某之子不肖", 如姑·姊妹, 亦皆稱之.③

鄭注 ① '초肖'는 닮는다는 뜻이다. 닮지 않았다는 것은 다른 사람만 못하다는 말이다. '주誅'는 벌罰과 같은 뜻이다. '肖', 似也. 不似言不如人. '誅'猶罰也.
② 처를 내보내는 것은 부형이 있으면 부형의 이름을 들어 한다. 명령은 높은 사람으로부터 나와야 하기 때문이다. 오직 국군國君인 경우 형兄의 이름을 들어 하지 않는다. 言棄妻者, 父兄在則稱之. 命當由尊者出也. 唯國君不稱兄.
③ 고모와 자매가 내쫓김을 당하면, 마찬가지로 "아무개의 고모, 아무개의

누이 또는 여동생이 불초하였다"고 말한다. 姑・姊妹見棄, 亦曰: "某之姑・某之姊若妹不肖."

集說 처를 내보낼 때 반드시 명령을 높은 사람으로부터 받아서 한다. 그러므로 시아버지・형 등의 이름을 들어서 한다. '형兄'은 남편의 형이다. 이 경문에서는 단지 남편이 전하는 말만 말하였다. 시아버지나 형이 전하는 말은 알지 못한다. 위 경문에서 주인이 대답하는 말이 있었고, 아래 경문에서 고모와 자매의 경우를 이어서 말하였다. 그러므로 대답하는 말을 '아무개의 고모가 불초하였습니다', '아무개의 누이가 불초하였습니다', 또는 '아무개의 여동생이 불초하였습니다' 등으로 중복하여 말하기 때문에 '또한 모두 그렇게 말한다'고 한 것이다. 遣妻, 必命由尊者. 故稱舅稱兄. '兄', 謂夫之兄也. 此但言夫致之之辭. 未聞舅與兄致之之辭也. 上文已有主人對辭, 下文因姑・姊妹. 故重言對言'某之姑不肖', 或'某之姊不肖', 或'某之妹不肖', 故云'亦皆稱之也'.

【잡기하 92】

공자께서 말하였다. "내가 소시씨少施氏에게서 식사 대접을 받았는데 배불리 먹었다. 소시씨는 나에게 식사 대접하기를 예禮로 하였다. 내가 고수레를 하자 소시씨가 일어나서 사례하면서 '거친 음식이라 고수레할 것이 못됩니다'라고 하였다. 내가 마실 것을 밥그릇에 부어 세 번 들자(飧[39]), 소시씨가 일어나서 사례하면서 '거친 음식이라 감히 선생님을 탈나게 하지 못하겠습니다'라고 하였다."

孔子曰: "吾食於少施氏而飽. 少施氏食我以禮.① 吾祭, 作而辭曰: '疏食不足祭也.' 吾飧, 作而辭曰: '疏食也, 不敢以傷吾子.'"

鄭注 ① 예禮로써 나를 예우해준 것을 소중히 여겨 그 때문에 배가 불렀음을 말하는 것이다. 당시 사람들이 거만하여서, 계씨季氏같은 이는 손님을 예로써 대접하지 않았다. '소시씨少施氏'는 노魯나라 혜공惠公의 자식인 시보施父의 후손이다. 言貴其以禮待己, 而爲之飽也. 時人倨慢, 若季氏則不以禮矣. '少施氏', 魯惠公子施父之後.

集說 '소시씨少施氏'는 노魯나라 혜공惠公의 자식인 시보施父의 후손이다. '작이사作而辭'는 일어나서 감사의 말을 한다는 뜻이다. '소사疏食'는 거친 음식이다. '손飧'은 마실 것(물)을 밥그릇에 부어 (세 번) 드는 것이다. 예에 의하면 식사를 마친 뒤 다시 세 번 손飧을 하여 배불리 먹는 것을 돕는다. '감히 선생님을 탈나게 하지 못하겠습니다'라는 것은 거친 음식이라 감히 드시기를 강권하여 배탈이 나게 할 수 없다는 말이다. '少施氏', 魯惠公子施父之後. '作而辭', 起而辭謝也. '疏食', 麤疏之食也. '飧', 以飮澆飯也. 禮, 食竟, 更作三飧, 以助飽實. '不敢以傷吾子'者, 言麤疏之飯, 不可强食以致傷害也.

【잡기하 93】

납징納徵에 보내는 폐백(納幣)은 1속束이다. 1속은 5량兩이고, 1량兩은 5심尋이다.

納幣一束. 束五兩, 兩五尋.

鄭注 '납폐納幣'는 혼례의 납징納徵을 가리킨다. 10묶음이 1속束으로, 수數를 완전하게 이루는 것을 귀중하게 여기는 것이다. 둘씩 짝을 이루는 형태로 그 두루마리를 합하니, 이것이 '오량五兩'이라고 하는 것이다. 8척尺이 1심尋이고, 5량은 5심씩이므로 매 두루마리 당 2장丈이 되고, 합하면 40척

이 된다. 오늘날 '필匹'이라고 부르는 것은 짝이라고 말하는 것과 같은 뜻일 것이다. '納幣', 謂昏禮納徵也. 十箇爲束, 貴成數. 兩兩者合其卷, 是謂'五兩'. 八尺曰尋, 五[40]兩五尋, 則每卷二丈也, 合之則四十尺. 今謂之'匹', 猶匹偶之云與.

集說 이 경문은 혼례婚禮의 절차 가운데 납징納徵을 가리킨다. '1속束'은 10권卷이다. 8척이 1심尋이므로 5심이 1필匹이 된다. 양쪽 끝에서 말아서 중앙에 이르면 5필은 두 개의 두루마리가 한 짝이 된 5개가 된다. 그러므로 '1속束은 5량兩이다'라고 말한 것이다. ○ 정씨鄭氏(정현鄭玄)는 "40척을 1필匹이라고 하는데 짝(匹偶)이라고 할 때의 '필匹'의 뜻과 같다"라고 하였는데, 옛 사람들이 매 필匹마다 두 개의 짝으로 된 두루마리를 만들었기 때문임을 말한다. 此謂昏禮納徵也. '一束', 十卷也. 八尺爲尋, 每五尋爲匹. 從兩端卷至中, 則五匹爲五箇兩卷矣. 故曰'束五兩'. ○ 鄭氏曰: "四十尺謂之匹, 猶匹偶之'匹'", 言古人每匹, 作兩箇卷子.

【잡기하 94】

며느리가 시부모에게 인사드릴 때 형제·고모·자매 등은 모두 당堂 아래에 서서 서쪽을 향하는데 북쪽이 윗자리가 된다. 이것으로 이미 인사드린 것이 된다. 백숙부伯叔父에게 인사드릴 때에는 각각 그 침소에 나아가 인사드린다.

婦見舅姑, 兄弟·姑·姊妹皆立于堂下, 西面, 北上. 是見已.① 見諸父, 各就其寢.②

鄭注 ① 며느리가 들어와서 공양을 함에 인사드리는 것은 높은 분을 위주로 한다. 형제 이하 자리에 있는 사람들은 이미 인사하였기 때문에 다시

단독으로 인사드리지 않는다. 婦來爲供養也, 其見主於尊者. 兄弟以下在位, 是爲已見, 不復特見.

② 방계의 높은 분인데, 또한 인사드릴 때 오지 않았기 때문이다. 旁尊也, 亦爲見時不來.

集說 '당堂 아래에 선다'고 하였으니 며느리가 들어올 때 이미 그 앞을 지나온 것이다. 이것이 곧 그들에게 인사한 것이 되어 다시 각각 단독으로 인사드리지 않는다. 백숙부는 방계의 높은 분이므로 다음날 각각 그 침소로 찾아가서 인사드린다. '立于堂下', 則婦之入也已過其前. 此卽是見之矣, 不復各特見之也. 諸父, 旁尊, 故明日各詣其寢而見之.

【잡기하 95】

여자가 비록 혼인을 약정하지 못하였더라도 나이가 20세가 되면 계례를 하여 성인례成人禮로 예우하는데, 부인이 그 예를 진행한다. (계례를 마치고) 집안에 한가히 있을 때에는 (어린 여자들이 하듯) 머리를 양 갈래로 땋아 늘어뜨린다.

女雖未許嫁, 年二十而笄, 禮之, 婦人執其禮.① 燕則鬈首.②

鄭注 ① 비록 혼인을 약정하지 않았더라도 20세가 되면 또한 성인成人이 된다. '예지禮之'는 예주醴酒를 따라주어서 성인례成人禮를 이루는 것이다. '부인이 그 예를 진행한다'(婦人執其禮)고 말한 것은 혼인을 약정하여 하는 계례笄禮가 아님을 밝힌 것이다. 雖未許嫁, 年二十, 亦爲成人矣. '禮之', 酌以成之. 言'婦人執其禮', 明非許嫁之笄.

② 계례를 마친 뒤에 비녀를 제거하고 오히려 어린 여자가 머리를 양쪽으

로 땋아 늘어뜨리는 것(髻紒)과 같이 한다. 旣笄之後去之, 猶若女有髻紒也.

集說 소疏에서 말한다. "15세가 되면 혼인을 약정하고 계례笄禮를 한다. 혼인을 약정하지 못하였으면, 20세가 되었을 때 계례를 하는데, 성인례成人禮를 함을 말하는 것이다. '부인이 그 예를 진행한다'는 것은, 15세에 혼인을 약정하여 계례를 하면 주부主婦와 여성의 빈賓이 계례를 진행하여, 주부는 비녀를 꽂아주고 빈賓은 예주醴酒(단술)를 따라주어 성인례成人禮로 예우한다. 그러나 혼인을 약정하지 못하고 계례를 하는 경우엔 부인婦人이 예주를 따라주어 성인례로 예우한다. 주부主婦와 여성의 빈賓이 없는 것은 의례 형식을 다 갖추지 않는 것이다. '집안에 한가히 있을 때에는 머리를 양 갈래로 땋아 늘어뜨린다'는 것은 계례를 마친 뒤 평소 집안에 한가히 있을 때는 그 비녀를 제거하고 머리를 양 갈래 나누어 땋아 늘어뜨린다.(髻紒) 이것은 아직 혼인을 약정하지 못하였기 때문에 비록 계례를 하였더라도 오히려 어린 여자로 처신하는 것이다. 疏曰: "十五許嫁而笄. 若未許嫁, 至二十而笄, 以成人禮言之. '婦人執其禮'者, 十五許嫁而笄, 則主婦及女賓爲笄禮, 主婦爲之著笄, 女賓以醴禮之. 未許嫁而笄者, 則婦人禮之. 無主婦・女賓, 不備儀也. '燕則鬈首'者, 謂旣笄之後, 尋常在家燕居, 則去其笄, 而分髮爲髻紒也. 此爲未許嫁, 故雖已笄, 猶爲少者處之."

【잡기하 96】

폐슬(韠)은 길이가 3척尺, 아래 폭이 2척, 위 폭이 1척이다. 회會(깃의 꿰맨 가선)는 위쪽과 5촌 떨어져 있다. 비紕는 검붉은 색의 가죽으로 하며 6촌寸이고, 아래쪽과 5촌 떨어져 있다. 준純은 생명주(素)로 하고, 순紃은 오색 끈으로 한다.

韠長三尺, 下廣二尺, 上廣一尺. 會去上五寸. 紕以爵韋六寸, 不至下五寸. 純以素, 紃以五采.

鄭注 '회會'는 깃의 위쪽에 꿰맨 선이다. 깃이 사용되는 것은 대개 비紕(가선)와 같다. 옆쪽에 있는 것을 '비紕'라고 하고 아래쪽에 있는 것을 '준純'이라고 한다. '소素'는 생명주이다. 비紕가 6촌寸인 것은 가운데를 잡았을 때 밖과 안쪽으로 각각 3촌이 됨을 말한다. 준純·비紕가 미치지 않는 곳이 5촌인 것은 회會가 위쪽과 떨어진 거리와 같다. '순紃'은 여러 꿰맨 가선 속에 넣는데, 오늘날 조條(오색 끈)와 같다. '會'謂領上縫也. 領之所用, 蓋與紕同. 在旁曰'紕', 在下曰'純'. '素', 生帛也. 紕六寸者, 中執之, 表裏各三寸也. 純·紕所不至者五寸, 與會去上同. '紃', 施諸縫中, 若今時條也.

集說 소疏에서 말한다. "'필韠'은 폐슬이다. '회會'는 깃의 위쪽에 꿰맨 선이다. 폐슬에서 옆쪽의 꿰맨 가선을 '비紕'라고 하고, 아래쪽의 꿰맨 가선을 '준純'이라고 한다. '순紃'은 끈이다. 오색으로 땋은 끈을 여러 꿰맨 가선 속에 넣는 것이다. 「옥조玉藻」에 자세히 나온다." 疏曰: "'韠', 韍也. '會', 領縫也. 韠, 旁緣謂之'紕', 下緣曰'純'. '紃', 條也. 謂以五采之條置於諸縫之中. 詳見「玉藻」."

역주

1) 아직 ~ 때문이다 : 여기서 祫祭는 親이 다한 高祖의 신주를 始祖의 사당으로 옮겨 이미 遷廟한 신주들과 함께 제사하는 것을 말한다. 즉 신주를 천묘하여 시조묘에서 협제를 지내기 이전에는 사당의 신위 가운데 한 분으로 간주하여 昭穆의 차례를 헤아릴 때 순서에 포함시켜야 한다는 의미다. 가령 조부가 사망하였을 경우 조부의 신주는 고조의 신위 자리로 들어가고 고조는 천묘하게 된다. 그런데 조부가 사망하여 아직 練祭나 大祥제사를 치르기 전이라면, 사당에 모셔진 고조의 신주는 아직 천묘를 해서 협제를 지내기 전이므로 여전히 사당에 모셔진 상태이다. 이때 또 손자가 사망하면 손자의 신주를 부제할 때 어디에 부제해야 하는가 하는 것이 문제된다. 이 경문에서는 아직 사당에 모셔지지 않았지만 조부의 신주에 부세하는 것이 옳다는 것을 말하고 있다.

2) 숙계 : 宿戒는 줄여서 宿이라고도 한다. 宿은 빈객으로 참여해줄 것을 두 번째 요청한다는 뜻이다. 戒는 첫 번째 요청한다는 뜻이다. 의례 행사는 일정 기간 전부터 미리 준비하게 되는데, 이 준비 과정은 보통 두 가지로 나뉜다. 祭禮의 경우 10일 전부터 7일 동안의 散齊와 3일 동안의 致齊를 행하는데 이때 제례에 참여할 대상자들에게 알려 준비케 한다. 즉 散齊 때 처음 알려 제례에 참여해줄 것을 요청하는 것을 戒라고 하고, 致齊에 들어가면서 또 재차 알리는 것을 宿, 또는 宿戒라고 한다. 宿戒, 즉 재차 알리는 것은 처음 알렸던 대상자들 모두에게 하는 것이 아니라 尸와 賓 등 제사에 꼭 참여해야 할 사람들을 중심으로 알린다. 冠禮 · 射禮 · 饋食禮 등에서는 빈객들에게 행사 3일 전에 1차 알리고, 행사 하루 전에 재차 알려 준비케 하는데 각각 戒와 宿戒가 된다. 이처럼 戒와 宿戒로 요청을 받으면 의례 행사 참여를 위해 재계를 한다. 『의례』「士冠禮」, "主人戒賓" 및 "主人宿賓"에 대한 정현 주; 『주례』「春官 · 世婦」, "世婦掌女宮之宿戒"에 대한 정현 주와 賈公彦 疏; 『의례』「公食大夫禮」, "記不宿戒"에 대한 정현 주 및 「雜記下」(7), "旣宿則與祭"에 대한 공영달의 소; 『三禮辭典』, 720쪽, '宿戒' 항목 등 참조.

3) 齋 : 『禮記集說大全』 원문과 『陳氏禮記集說』의 원문에 모두 '祭'로 되어 있지만, 이 구절은 원래 공영달의 소에 나온 것에 근거하였기 때문에, 공영달의 소의 원문에 따라 '齋'로 바로잡는다.

4) 式 : 수레에 탄 사람이 가름대(軾)를 잡고 몸을 약간 굽혀 경의를 표하는 인사방식이다. 가름대(軾)는 수레 앞쪽에 잡거나 의지할 수 있도록 만든 나무를 가리킨다. 대부는 수레 위에서 式을 하여 경의를 표하고 士는 수레에서 내려와 경의를 표한다. 「曲禮上」(180)에 관련 내용이 나온다. 『三禮辭典』, 354쪽, '式' 항목 참조.

5) 정제 : 제사의 한 부분이다. 제사는 尸를 사당으로 모시기 전의 절차, 尸를 사당으로 모신 뒤의 절차, 尸가 사당을 나간 뒤의 절차 등 세 부분으로 나누어 볼 수 있는데, 正祭는 尸가 사당으로 들어온 이후 행하는 제사의 중심 의례 부분을 가리킨다. 尸에게 음식을 대접하고, 尸에게 술을 따라 올리고, 尸가 다시 주인과 종부 등에게 술을 따라주

고 하는 절차들이 주요 내용을 이룬다.

6) 위의가 ~ 만하다 : 이 말은 『孝經』「聖治」에 나온다.

7) 상을 ~ 그친다 : 이 말은 『논어』「子張」에 나온다.

8) 선유는 ~ 하였다 : 先儒는 朱熹를 가리킨다. 『論語集註』「子張」의 해당 구절에 대한 주희의 주에 나온다.

9) 상을 ~ 비견된다 : 이 말은 「曲禮上」(165)에 나온다.

10) 『논어』에 보인다 : 『논어』「微子」에 나온다. "遺逸로 숨어 지낸 백성(逸民)에 伯夷 · 叔齊 · 虞仲 · 夷逸 · 朱張 · 柳下惠 · 少連 등이 있다. 공자께서 말씀하였다. '자신의 뜻을 굽히지 않고 자신의 몸을 욕되게 하지 않은 이는 伯夷와 叔齊이다. 柳下惠와 少連을 말하면, 뜻을 굽히고 몸을 욕되게 하였는데, 말하는 것이 인륜에 맞았고 행동이 思慮에 맞았던 것 그뿐이다. 虞仲과 夷逸을 말하면 숨어 살면서 구애받지 않고 말하였지만, 자신은 깨끗하게 처신하였고 자신을 폐한 것이 권도에 맞았다. 나는 이들과 다르다. 꼭 된다는 것도 꼭 안 된다는 것도 없다."(逸民, 伯夷 · 叔齊 · 虞仲 · 夷逸 · 朱張 · 柳下惠 · 少連. 子曰: '不降其志, 不辱其身, 伯夷 · 叔齊與. 謂柳下惠 · 少連, 降志辱身矣, 言中倫, 行中慮, 其斯而已矣. 謂虞仲 · 夷逸, 隱居放言, 身中淸, 廢中權. 我則異於是. 無可無不可.')

11) 의려 : 효자가 빈소를 차린 후 거처하는 곳이다. '倚'라고 한 것은 나무를 중문 밖의 동쪽 담장에 기대어 놓고 지은 여막이기 때문으로, 애통함이 너무 깊어서 차마 편안히 거처하지 못하는 뜻을 나타낸다. 『백호통』「상복」에는 『禮大傳』을 인용하여 "부모의 상을 당하면 倚廬에 거처하는데, 중문 밖 동쪽 담장 아래에 위치하며, 문은 북쪽으로 낸다"(父母之喪, 居倚廬, 於中門外東墻下, 戶北)고 하였다. 『의례』「旣夕禮 · 記」의 정현 주에도 "나무를 기대어 놓고 여막을 만드는데, 중문 밖의 동쪽에 있으며, 북쪽으로 문을 낸다"(倚木爲廬, 在中門外東方, 北戶)라고 하였다.

12) 악실 : 상주가 거처하는 자그마한 임시 여막으로 중문 밖에 설치하는데, 벽을 희게 만든다. 부모의 상을 당한 사람은 처음에는 倚廬에 거처하다가 練祭(小祥)를 지낸 후 악실에 거처한다. 『주례』「春官 · 守祧」 참조.

13) 중문 : 집의 안과 밖을 구분해주는 문을 가리킨다. 정현은 이 경문의 門을 寢門, 즉 처소의 문이라고 하였고, 陳澔는 중문이라고 하였다.

14) 대상제 ~ 복장 : 이 말은 「間傳」(11)에 나온다.

15) 육전 : 1042~1102. 山陰陸氏로 부린다. 자는 農師, 호는 陶山이다. 王安石에게 師事하였으나, 그의 新法에 반대하였다. 저서로 『埤雅』, 『春秋後傳』, 『禮象』이 있다

16) 위나라 ~ 경우이다 : 내용은 「檀弓上」(73)에 나온다.

17) 현자 : 魯나라 대부로 禮를 잘 아는 사람으로 통한다. 「檀弓上」(94)에 보인다.

18) 지나갈 때 ~ 지나간다 : 이 말은 『논어』「子罕」에 나온다.

19) 투구를 ~ 나아간다 : 이 말은 『춘추좌씨전』, 成公 16년 조에 나온다.

20) 문 : 冠을 대신하는 것으로 한 치 넓이의 베를 목 가운데서 앞으로 둘러 이마 위에서

교차시키고 다시 조금 물려 상투에 감는 것이다. 「단궁상」(1) 각주 참조.

21) 곡을 ~ 않는다 : 이 말은 『雜記下」(61)에 나온다.

22) 謂 : 段玉裁는 '爲'로 써야 옳다고 보았다. 번역은 단옥재의 설에 따라 하였다.

23) 부모를 ~ 않는다 : 이 말은 「曲禮上」(197)에 나온다.

24) 석최 : 錫衰는 7升半의 麻를 매끄럽게 가공하여 만든 옷으로 천자가 삼공과 육공에 대하여 조문할 때 입는 옷이다. 「단궁상」(29) 각주 참조.

25) 시최 : 왕이 제후를 위해 하는 조복이다.

26) 의최 : 왕이 대부와 사를 위해 하는 조복이다. 14승의 베로 만든다. '疑'는 擬(비견된다)의 뜻으로 길복에 비견된다는 것이다. 길복은 15승의 베로 만들고 의최는 이보다 1승이 적어 거의 길복에 가깝기 때문에 의최라고 이름한 것이다.

27) 명을 ~ 산나 : 관련 내용은 「內則」(14)에 보인다.

28) 대대 : 禮服에는 帶(허리띠)를 사용하는데 革帶와 大帶로 나뉜다. 혁대에는 佩玉과 蔽膝을 매달고 혁대 위에 大帶를 두른다. 「玉藻」(67)의 "대부의 대대는 너비가 4촌이다"(大夫大帶四寸)에 대한 정현 주에 "대부 이상은 흰색으로 하는데, 모두 너비가 4촌이다. 사는 누인 비단(練)으로 띠를 만드는데 너비가 2촌이고 두 번 두른다"(大夫以上以素, 皆廣四寸. 士以練, 廣二寸)이라고 하였다.

29) 도공이 ~ 도왔다 : 관련 내용은 「檀弓下」(14)에 보인다.

30) 변 : 고대에 견과류를 담는 대나무로 만든 그릇이다. 혼례에서 며느리가 시부모를 처음 뵐 때 사용할 대추·밤·생강이나 계피를 넣어 말린 고기(腶脩) 등을 담는 데에 사용하고, 상례에서는 의절의 시행에 필요한 수건·조개 등을 담는 데 사용한다.

31) 우보 :

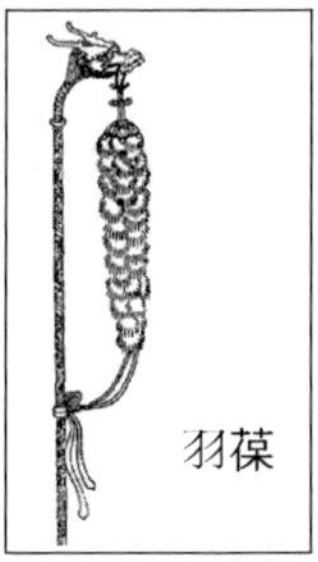

『欽定儀禮義疏』(淸)

32) 栱 : 『예기집설대전』에는 '拱'으로 되어 있으나 오기이므로 바로잡는다.

33) 좌 : 북상투를 하는 것, 곧 喪을 당해 부인이 머리를 모양을 내지 않고 틀어 올리는 것을 말한다. 「단궁상」(29) 각주 참조.

34) 마 : 초상 때 小斂 뒤에 착용하는 삼(麻)으로 만든 麻絰·麻帶를 착용하는 것을 말한다.

35) 「종백직」에 ~ 하였다 : 「宗伯職」은 『주례』 「大宗白」을 가리킨다.

36) 군자는 ~ 않는다 : 이 말은 『춘추공양전』, 莊公 27年 조의 기사에 나온다.

37) 祝 : 阮元의 교감기에 따르면 '祝'의 오자이다. 陳澔는 『禮記集說』에서 '祝'으로 읽었

으므로 여기서는 '祝'으로 적어두었다. 『禮記正義』(十三經注疏 整理本 14책), 1431쪽 주 2) 참조.

38) 기이 : 刉衈라고도 한다. 들짐승과 날짐승을 베어 그 피를 바르는 의식이다. 『주례』 「秋官 · 士師」에 "무릇 刉衈의 예를 행할 때는 개의 희생을 받든다"(凡刉衈, 則奉犬牲)라고 하였고, 정현은 주석에서 "피를 바르는 의례의 일에서는 희생을 사용한다. 들짐승을 '刉'라고 하고 날짐승을 '衈'라고 한다"(釁禮之事, 用牲. 毛者曰'刉', 羽者曰'衈')라고 하였다.

39) 손 : 식사를 마치고 음료수로 밥그릇에 부어 세 번 드는 행위를 말한다. 이 행위는 식사를 권하는 뜻으로 사용될 수도 있고 배부른 상태에서 또 드는 것을 보여 주인의 음식 대접에 대하여 감사하는 뜻으로 사용될 수도 있다.

40) 五 : 판본에 따라 '一'로 된 곳도 있다. 1兩의 길이가 5尋이다. 여기서는 '五兩이 각각 五尋이 된다'는 의미로 해석하였다. 『禮記正義』 1435쪽 주 3) 참조.

예기역주 권21

상대기 제22
喪大記

정현鄭玄의 『예기목록禮記目錄』에서 말한다. "「상대기喪大記」라고 제목을 붙인 것은 군주로부터 그 아래로 시사始死 · 소렴小斂 · 대렴大斂 · 빈殯 · 장례葬禮 등의 일을 기록하였기 때문이다. 이 편은 유향劉向의 『별록別祿』에서는 「상복喪服」에 속해 있다."

鄭『目錄』云: "名曰「喪大記」者, 以其記人君以下始死 · 小斂 · 大斂 · 殯 · 葬之事. 此於『別錄』屬「喪服」."

【상대기 1】

병이 깊어지면 처소의 안팎을 모두 청소한다. 군주君主와 대부大夫는 악현樂縣(악기를 걸어둔 틀)을 치우고 사士는 금琴과 슬瑟을 치운다. 침소에 환자를 북쪽 창 아래에 머리를 동쪽으로 가게 옮겨 놓는다. 침상을 치우고 입고 있던 옷을 벗기고 새 옷을 입히며 손과 발을 각각 한 사람씩 잡는다. 남자와 여자 모두 옷을 갈아입는다. 솜을 코 위에 대고 숨이 끊어졌는지를 살핀다. 남자는 부인의 손에서 숨을 거두지 않고, 부인은 남자의 손에서 숨을 거두지 않는다.

疾病, 外內皆埽.① 君·大夫徹縣, 士去琴·瑟.② 寢東首於北牖下.③ 廢牀, 徹褻衣, 加新衣, 體一人.④ 男女改服.⑤ 屬纊以俟絶氣.⑥ 男子不死於婦人之手, 婦人不死於男子之手.⑦

鄭注 ① 빈객이 찾아와서 문병을 할 것이기 때문이다. 질병이 깊어지는 것을 '병病'이라고 한다. 爲賓客將來問病也. 疾困曰'病'.

② 소리는 사람을 동요시키기 때문으로, 환자는 조용하기를 바란다. 무릇 악기는 천자의 경우 궁현宮縣을 행하고, 제후의 경우 헌현軒縣을 행하고, 대부의 경우 판현判縣을 행하고, 사의 경우 특현特縣을 행한다.[1] '금琴과 슬瑟을 치우는'(去琴·瑟) 자는 작명爵命을 받지 못한 사士이다. 聲音動人, 病者欲靜也. 凡樂器, 天子宮縣, 諸侯軒縣, 大夫判縣, 士特縣. '去琴·瑟'者, 不命之士.

③ 군주가 찾아와서 살펴볼 때를 가리킨다. 환자는 항상 창의 북쪽 아래에 있다. 어떤 본에는 (용북墉北이) '북용北墉'으로 되어 있다. 謂君來視之時也. 病者恒居牖北[2]下. 或爲'北墉'[3]下.

④ '폐廢'는 치운다(去)는 뜻이다. 사람은 처음 태어날 때 땅에 있다. 평상을 치운다는 것은 생기가 돌아오기를 바라는 것이다. 평상복(褻衣)을 치우면 몸을 덮는 것은 새 조복朝服이니, 상대적으로 말한 것이다. 조복으로 덮는 것은 올바른 위상(正)에서 사망함을 밝히는 것이다. '체體'는 손과 발을 가리킨다. 네 사람이 잡는 것은 환자가 스스로 굽히거나 펼 수 없기 때문이다. '廢', 去也. 人始生在地. 去牀, 庶其生氣反. 徹褻衣, 則所加者新朝服矣, 互言之也. 加朝服者, 明其終於正也. '體', 手足也. 四人持之, 爲其不能自屈伸也.

⑤ 빈객이 찾아와서 문병할 것이기 때문이니, 또한 조복朝服을 입는 것이다. 서인의 경우에는 심의深衣를 입는다. 爲賓客來問病, 亦朝服也. 庶人深衣.

⑥ '광纊'은 오늘날의 햇솜이다. 쉽게 흔들리기 때문에 입과 코 위에 올려놓고 그것으로 살피는 것이다. '纊', 今之新綿. 易動搖, 置口鼻之上以爲候.

⑦ 군자가 끝맺음을 중시함은 서로 외설되기 때문이다. 君子重終, 爲其相褻.

集說 '병病'은 질병이 깊어진다는 뜻이다. 빈객이 찾아와서 위문할 것이기 때문에 거처하는 곳의 안과 밖을 소제하여 깨끗이 하는 것이다. 군주와 대부가 위독한 경우에는 악현樂縣을 치우고, 사士의 경우에는 금琴과 슬瑟을 치운다. '북쪽 창 아래에서 머리를 동쪽으로 한다'는 것은 머리를 동쪽으로 하여 생기生氣로 향하게 하는 것이다. 살펴보건대, 『의례궁묘도儀禮宮廟圖』[4]에는 북쪽 창(北牖)이 없으며, 서북쪽 깊숙한 곳을 '옥루屋漏[5]'라고 하였는데, 햇빛이 스며들어서 그러한 이름을 얻게 되었다. 어쩌면 북쪽 창은 이곳을 가리키는 듯하다. 옛사람들은 병이 깊어 사망하려고 할 때 평상을 치우고 병자를 땅에 놓았다. 처음 태어날 때 땅에 있었으므로 생기가 되돌아와 살아날 수 있기를 바라는 것이다. 사망에 이르게 되면 다시 시신을 들어서 평상 위에 놓는다. 손과 발이 사지이므로 각각 한 사람씩 잡는다. 환자는 스스로 굽히고 펼 수 없기 때문이다. 남자와 여자 모두 옷을 갈아입는 것은 또한 빈객이 찾아올 것에 대비하는 것이다. 신분이 높은 자는 조복朝服을 입고 서인은 심의深衣를 입는다. '광纊'은 햇솜이다. 입과 코에 올려놓고서 그것이 움직이는가를 살펴 기운이 있는가를 증험한다. '남자는 부인의 손에서 숨을 거두지 않고 부인은 남자의 손에서 숨을 거두지 않는다'는 것은 그 외설됨을 싫어해서이다. '病', 疾之甚也. 以賓客將來候問, 故掃潔所居之內外. 若君與大夫之病, 則徹去樂縣, 士則去琴瑟. '東首於北牖下'者, 東首向生氣也. 按, 『儀禮宮廟圖』無北牖而西北隅謂之'屋漏', 以天光漏入而得名. 或者北牖指此乎. 古人病將死則廢牀, 而置病者於地. 以始生在地, 庶其生氣復反而得活. 及死則復擧尸而置之牀上. 手足爲四體, 各一人持之. 爲其不能自屈伸也. 男女皆改服, 亦擬賓客之來也.

貴者朝服, 庶人深衣. '纊', 新綿也. 屬之口鼻, 觀其動否, 以驗氣之有無也. '男子不死於婦人之手, 婦人不死於男子之手', 惡其褻也.

【상대기 2】

제후와 그의 부인은 노침路寢에서 사망한다. 대부와 그의 세부世婦는 적침適寢에서 사망한다. 경卿의 처로서 아직 군주에게 작명을 하사받지 않았다면 하실下室에서 사망하고, 시신을 침寢으로 옮긴다. 사士와 그의 처는 모두 침寢에서 사망한다.

君·夫人卒於路寢. 大夫·世婦卒於適寢. 內子未命, 則死於下室, 遷尸于寢. 士之妻,[6] 皆死于寢.

鄭注 사망하는 것은 반드시 바른 장소(正處)에서 해야 함을 말한 것이다. '침寢'과 '실室'은 통한다. 존귀한 자가 한가할 때 거처하지 않는 곳이다. 군주의 경우 그곳을 노침路寢이라 하고, 대부의 경우 그곳을 적침適寢이라 하고, 사士의 경우 더러 그곳을 적실適室이라고 한다. 이 경문에서 '명부命婦'를 바꾸어 '세부世婦'라고 한 것은 존비가 똑같음을 밝힌 것이다. 세부는 군주의 하침下寢보다 한 등급 위를 적침適寢으로 삼는다. '내자內子'는 경卿의 처이다. '하실下室'은 한가할 때 거처하는 곳이다. 言死者必皆於正處也. '寢'·'室'通耳. 其尊者所不燕焉. 君謂之路寢, 大夫謂之適寢, 士或謂之適室. 此變'命婦'言'世婦'者, 明尊卑同也. 世婦以君下寢之上爲適寢. '內子', 卿之妻也. '下室', 其燕處也.

集說 제후諸侯와 부인夫人에게는 모두 세 개의 침궁寢宮이 있다. 군주의 경우 정침正寢에 해당하는 것을 '노침路寢'이라고 하고, 나머지 둘은 '소침小寢'[7]이라고 한다. 부인의 경우 한 사람은 정침에 거처하고 두 사람은 소침에

거처하지만, 사망하는 것은 정침에서 해야 한다. 대부의 처는 '명부命婦'라고 하는데 '세부世婦'라고 한 것은 세부는 곧 국군의 둘째 부인으로 그 존비가 명부와 동등하기 때문에 겸하여서 말한 것이다. '내자內子'는 경卿의 처이다. '하실下室'은 한가할 때 거처하는 곳인데, '연침燕寢'도 하실이라고 한다. '사의 처는 모두 침寢에서 사망한다'는 것은 사와 그의 처를 가리킨다. 그러므로 '모두'(皆)라고 한 것이다. 『의례』 「사상례士喪禮」에서 "적실適室에서 사망한다"[8]고 하였고 이곳에서는 '침'이라고 하였다. '침寢'과 '실室'은 통용되는 명칭이다. 諸侯與夫人, 皆有三寢. 君, 正者曰'路寢', 餘二曰'小寢'. 夫人, 一正寢, 二小寢, 卒當於正處也. 大夫妻曰'命婦', 而云'世婦'者, 世婦乃國君之次婦, 其尊卑與命婦等, 故兼言之. '內子', 卿妻也. '下室', 燕處之所, 又'燕寢'亦曰下室也. '士之妻, 皆死于寢', 謂士與其妻. 故云'皆'也. 「士喪禮」云: "死于適室", 此云'寢'. '寢'·'室'通名也.

【상대기 3】

복復을 할 때, 사망한 이의 봉토 안에 산림이 있으면 우인虞人을 시켜서 사다리를 설치하게 하고, 산림이 없으면 적인狄人을 시켜서 사다리를 설치하게 한다.

復, 有林麓則虞人設階, 無林麓則狄人設階.

鄭注 '복復'은 혼魂을 불러 백魄으로 되돌아오게 하는 것이다. '계階'는 타고 지붕에 오르는 도구이다. '우인虞人'은 산림을 주관하는 관직이다. '적인狄人'은 음악을 관장하는 관리 가운데 천한 자이다. '계階'는 사다리로, 악기걸이(簨虡)와 같은 부류이다. '復', 招魂復魄也. '階', 所乘以升屋者. '虞人', 主林麓之官也. '狄人', 樂吏之賤者. '階', 梯也, 簨虡之類.

集說 '복復'은 막 사망하였을 때 지붕에 올라가 혼을 부르는 예이다. '우인虞人'은 산림을 관장하는 관직이다. '계階'는 사다리다. '적인狄人'은 음악을 관장하는 관리 가운데 천한 자이다. 죽은 이의 봉토 안에 산림이 있다면 우인虞人을 시켜서 사다리를 설치하게 하고 지붕에 올라간다. 그 관직이 낮아서 본래 산림이 있지 않은 경우에는 적인狄人을 시켜서 사다리를 설치하게 하는데, 적인은 악기걸이를 설치하는 일을 담당하여 혹 사다리를 설치하는 일에 유리하기 때문이다. '復', 始死升屋招魂也. '虞人', 掌林麓之官. '階', 梯也. '狄人', 樂吏之賤者. 死者封疆內, 若有林麓, 則使虞人設梯以升屋. 其官職卑下, 不合有林麓者, 則使狄人設之, 以其掌設簨簴, 或便於此.

【상대기 4】

군주의 측근 신하가 복復을 하는데, 복을 하는 이는 조복朝服을 입는다. 군주의 경우 복의로 곤면복袞冕服을 사용하면 부인夫人의 복의는 궐적屈狄[9]을 사용하고, 대부의 경우 복의로 현정玄赬을 사용하면 세부世婦(대부의 처)의 복의는 단의襢衣를 사용하고, 사士의 경우 복의로 작변복爵弁服을 사용하면 사의 처를 위해서는 단의稅衣[10]를 사용하는데, 모두 동쪽 처마(榮)로 올라가, 지붕 한 가운데의 높은 곳에서 북쪽을 바라보면서 세 번 부른다. (부르는 의식이 끝나면) 옷을 말아서 앞쪽으로 던져 내리며, 사복司服(옷을 관장하는 자)이 그것을 받고, 복을 마친 사람은 서북쪽 처마(榮)로 내려온다.

小臣復, 復者朝服. 君以卷, 夫人以屈狄, 大夫以玄赬, 世婦以襢衣, 士以爵弁, 士妻以稅衣, 皆升自東榮, 中屋履危, 北面三號. 捲衣投于前, 司服受之, 降自西北榮.

鄭注 '소신小臣'은 군주를 가까이에서 모시는 신하이다. 조복朝服을 입고 복復을 하는 것은 그것이 군주를 섬길 때 입는 옷이기 때문이다. 조복을 입고 복을 하는 것은 공경하는 것이다. 복復을 할 때 복의復衣로 사자의 제복祭服을 사용하는 것은 신에게 비는 것이기 때문이다. '군주의 경우 복의로 곤면복을 사용한다'(君以卷)는 것은 상공上公을 가리킨다. '부인의 복의로 궐적을 사용한다'(夫人以屈狄)는 것은 서로 관련지어 말한 것이다. 상공의 경우 복의復衣로 곤면복을 사용하면 그 부인의 복의는 위의褘衣를 사용하고, 후侯와 백伯의 경우 별면복鷩冕服을 사용하면 그 부인의 복의는 요적揄狄[11]을 사용하고, 자子와 남男의 경우 취면복毳冕服을 사용하면 그 부인의 복의는 궐적屈狄을 사용한다. '정赬'은 붉은색(赤)을 뜻한다. '검은 윗옷에 붉은 치마'(玄衣赤裳)는 이른바 '경·대부가 입는 현면복玄冕服 이하'의 복장이라는 뜻으로, 그들의 세부世婦(정처)는 또한 전의襢衣[12]를 입는다. '영榮'은 처마(屋翼)이다. '동쪽 처마로부터 올라간다'(升東榮)는 것은 경·대부·사 등의 경우를 두고 한 말이다. 천자와 제후의 경우에는 '동쪽 류霤(처마)'(東霤)라고 말한다. '위危'는 용마루 위(棟上)이다. '부른다'(號)는 것은 '아~ 아무개여 돌아오소서!'(皐某復)라고 말하는 것과 같다. 사복司服은 (복의를 받을) 광주리(篋)를 들고 당 앞에서 옷이 내려지기를 기다린다. '小臣', 君之近臣也. 朝服而復, 所以事君之衣也. 用朝服而復之者, 敬也. 復用死者之祭服, 以其求於神也. '君以卷', 謂上公也. '夫人以屈狄', 互言耳. 上公以袞, 則夫人用褘衣, 而侯伯以鷩, 其夫人用揄狄, 子男以毳, 其夫人乃用屈狄矣. '赬', 赤也. '玄衣赤裳', 所謂'卿大夫自玄冕而下'之服也, 其世婦亦以襢衣. '榮', 屋翼. '升東榮'者, 謂卿·大夫·士也. 天子·諸侯言'東霤'. '危',

棟上也. '號', 若云'皐禁[13]復!'也. 司服以篋待衣於堂前.

集說 '소신小臣'은 군주의 측근 신하이다. '군주의 경우 복의로 곤면복을 사용한다'는 것은 상공上公의 경우 곤면복을 사용하는 것을 뜻한다. 등급에 따라 복의를 사용하므로, 후侯와 백伯의 경우 복의로 별면복鷩冕服을 사용하고, 자子와 남男의 경우 복의로 취면복毳冕服을 사용하며, 상공上公의 부인을 위해서는 휘의褘衣를 사용하고, 후와 백의 부인을 위해서는 요적揄狄을 사용하고, 자와 남의 부인을 위해서는 궐적屈狄을 사용한다. 여기서 '군주의 경우 복의로 곤면복을 사용한다'라고 한 말은 위 등급의 경우를 들어서 아래 등급의 경우를 알게 한 것이요, '부인의 복의는 궐적을사용한다'라고 한 말은 아래 등급의 경우를 들어 위 등급의 경우를 알게 한 것이다. '정赬'은 붉은색이니, '현정玄赬'은 검은 웃옷에 붉은 치마를 입는 것이다. '세부世婦'[14]는 여기서 대부의 정처를 가리킨다. '세부'라고 말한 것은 대부의 처와 세부의 복의로 똑같이 단의襢衣를 사용하기 때문이다. 휘의 이하 여섯 가지의 복장은 앞 편에 설명이 보인다.[15] 작변爵弁은 작변복爵弁服을 가리켜 말한 것이지 복의에 변弁을 사용하는 것은 아니다. 여섯 가지 면복(六冕)[16]은 입는 옷으로 관冠의 명칭을 삼고, 네 가지 변복(四弁)은 쓰는 관으로 옷의 명칭을 삼는다. '영榮'은 처마(屋翼)이다. 천자와 제후의 지붕은 모두 네 변에 처마가 있어서 지붕 꼭대기의 물을 사면으로 흘러내리게 한다. 대부 이하는 단지 앞뒤로 처마가 있을 뿐이다. 처마(翼)는 지붕의 양 쪽에 있어 날개(翼)와 비슷하기 때문에 '옥익屋翼'이라고 칭한다. '중옥中屋'은 지붕의 가운데에 해당한다. '리위履危'는 높이 솟은 곳에 서는 것으로, 대체로 지붕의 등성마루이다. '세 번 부른다'(三號)는 것은 한 번은 위쪽으로 부르니 혼이 하늘에서 내려오기를 바라는 것이고, 한 번은 아래쪽으로 부르니 혼이 땅에서 오기를 바라는 것이고, 한 번은 가운데를 향하여 부르니 혼이 천지사

방 사이에서 오기를 바라는 것이다. 그 부르는 말은 '아~ 아무개여 다시 돌아오소서'(皐某復)이다. '고皐'는 길게 내는 소리다. 세 번 부르는 일이 끝나면 이들 옷을 말아서 거두고 앞쪽으로 던져 내린다. 옷을 담당하는 자는 광주리(篋)로 그것을 받는다. 복復을 마친 소신小臣은 서북쪽 처마(榮)으로 내려온다. '小臣', 君之近臣也. '君以衮', 謂上公用衮服也. 循其等而用之, 則侯·伯用鷩冕之服, 子男用毳冕之服, 上公之夫人用褘衣, 侯伯夫人用揄狄, 子男夫人用屈狄. 此言'君以衮', 擧上以見下也, '夫人以屈狄', 擧下以知上也. '赬', 赤色, '玄赬', 玄衣纁裳也. '世婦', 大夫妻. 言'世婦'者, 人夫妻與世婦同用襢衣也. 褘衣而下六服, 說見前篇. 爵弁, 指爵弁服而言, 非用弁也. 六冕則以衣名冠, 四弁則以冠名衣也. '榮', 屋翼也. 天子·諸侯屋皆四注. 大夫以下但前簷後簷而已. 翼在屋之兩頭, 似翼, 故名'屋翼'也. '中屋', 當屋之中也. '履危', 立于高峻之處, 蓋屋之脊也. '三號'者, 一號於上, 冀魂自天而來, 一號於下, 冀魂自地而來, 一號於中, 冀魂自天地四方之間而來. 其辭則'皐某復'也. '皐', 長聲也. 三號畢, 乃捲斂此衣, 自前投而下. 司服者以篋受之. 復之小臣, 卽自西北榮而下也.

【상대기 5】

외국에 사자로 가서 빈객이 되었을 경우, 공관公館에서 죽었다면 복을 하고, 사관私館에서 죽었다면 복을 하지 않는다. 사자使者로 가서 야외에서 죽었다면, 타던 수레의 왼쪽 바퀴 위에 올라가 복을 한다.

其爲賓, 則公館復, 私館不復. 其在野, 則升其乘車之左轂而復.

鄭注 '사관私館'은 경·대부의 집이다. 그곳에서 복復을 하지 않는 것은 주인이 싫어하기 때문이다. '私館', 卿·大夫之家也. 不於之復, 爲主人之惡.

集說 「증자문曾子問」(58)과 「잡기상雜記上」(61)에 설명이 보인다. 說見「曾子問」及「雜記」.

【상대기 6】

복의復衣(초혼 때 사용한 옷)는 습襲을 할 때 사용하지 않고 소렴小斂과 대렴大斂을 할 때 사용하지 않는다. 부인의 복의復衣에는 붉은 가선(袡)을 장식한 옷을 사용하지 않는다. 무릇 복復을 할 때, 남자에 대해서는 이름을 부르고, 부인에 대해서는 자字를 부른다. 곡哭만 복에 앞서 먼저하고, 복을 한 후에 사망한 뒤의 일(死事)을 진행한다.

復衣不以衣尸, 不以斂.① 婦人復, 不以袡.② 凡復, 男子稱名, 婦人稱字.③ 唯哭先復, 復而後行死事.④

鄭注 ① '불이의시不以衣尸'는 복의를 습의襲衣로 사용하지 않는다는 뜻이다. 복復을 하는 것은 그가 살아나기를 바라는 것이다. 만약 복의로 습렴襲斂을 하면 이는 살아 있는 것을 가지고 죽은 것에 시행하는 것이어서 의리에 상반된다. 『의례』「사상례士喪禮」에서는 "복의復衣로 시신에게 덮어주고, 몸을 씻기고서 제거한다"17)라고 하였다. '不以衣尸', 謂不以襲也. 復者, 庶其生也. 若以其衣襲斂, 是用生施死, 於義相反. 「士喪禮」云: "以衣衣尸, 浴而去之."

② '염袡'은 시집갈 때 입는 윗옷차림으로 귀신을 섬기는 옷은 아니다. '袡', 嫁時上服, 而非事鬼神之衣.

③ 부인婦人에 대해서는 이름(名)을 불러 복을 하지 않는다. 婦人不以名行.

④ 숨을 거두면 곡을 하고, 곡을 한 다음에 복復을 하며, 복을 했는데도 소생하지 않으면 사망한 뒤의 일을 진행할 수 있다. 氣絶則哭, 哭而復, 復而不

蘇, 可以爲死事.

集說 『의례』「사상례士喪禮」에 따르면 복의復衣는 처음에 시신을 덮는 데 사용하고 몸을 씻긴 다음에는 그것을 제거한다. 이 경문에서 '불이의시'(不以衣尸)라고 한 것은 습의襲衣로 사용하지 않는다는 뜻이다. 진홍빛으로 옷의 아래에 단을 대는 것을 '염袡'이라 한다. 대체로 시집갈 때의 성대한 복장으로, 귀신을 섬기는 옷이 아니다. 그러므로 복復을 하는 데에 사용하지는 않는다. 「士喪禮」, 復衣初用以覆尸, 浴則去之. 此言'不以衣尸', 謂不用以襲也. 以縴緣衣之下曰'袡'. 蓋嫁時盛服, 非事鬼神之衣. 故不用以復也.

【상대기 7】

처음 죽었을 때, 주인主人(상주)은 울부짖고(啼), 형제는 곡哭(소리 내어 욺)을 하고, 부인은 곡과 용踊을 한다.

始卒, 主人啼, 兄弟哭, 婦人哭踊.

鄭注 슬퍼하고 애통해함에 깊고 얕음이 있다. 어린 아이가 길에서 어머니를 잃은 것과 같으니 울부짖지 않을 수 있겠는가? 悲哀有深淺也. 若嬰兒中路失母, 能勿啼乎?

集說 '제啼'는 슬프고 고통스러움이 심한 것으로, 오열하고 목이 메어 곡을 할 수 없게 된 것이 갓난아이가 어머니를 잃은 듯한 것이다. 형제는 정이 조금 가볍기 때문에 곡에 소리가 있다. 부인의 용踊은 까치가 뛰는 것과 비슷하여 발이 지면에서 떨어지지 않는다. 「문상問喪」(3)에서 '작용爵踊'이라 한 것이 이것이다. '啼'者, 哀痛之甚, 嗚咽不能哭如嬰兒失母也. 兄弟情稍輕, 故哭有聲. 婦人之踊, 似雀之跳, 足不離地. 「問喪」篇云'爵踊', 是也.

【상대기 8】

시신을 들창문 아래로 옮겨 머리가 남쪽으로 가도록 놓은 후, 아들은 동쪽에 앉아서 곡을 하고, 경卿·대부大夫·제부諸父·형제兄弟·여러 자손子孫들은 동쪽에 서서 곡을 하고, 유사有司와 서사庶士는 당 아래에서 곡을 하면서 북향을 한다. 부인夫人은 서쪽에 앉아서 곡을 하고, 내명부內命婦, 고모(姑)와 자매姊妹, 손녀 등은 서쪽에 서서 곡을 하고, 외명부外命婦는 외종外宗을 이끌고 당 위에서 곡을 하는데 북쪽을 향해서 한다.

既正尸, 子坐于東方, 卿·大夫·父·兄·子姓立于東方, 有司·庶士哭于堂下, 北面. 夫人坐于西方, 內命婦·姑·姊妹·子姓立于西方, 外命婦率外宗哭于堂上, 北面.

鄭注 '시신을 올바로 한다'(正尸)는 것은 시신을 들창문 아래로 옮겨서 머리가 남쪽으로 향하게 놓는다는 뜻이다. '자성子姓'은 (적장자와 적장손을 제외한) 여러 자손들을 가리킨다. '성姓'은 낳는다는 뜻이다. 남자는 주인 뒤에 서고 여자는 부인夫人 뒤에 선다. 세부世婦가 내명부內命婦가 되고, 경과 대부의 처가 외명부外命婦이다. '외종外宗'은 고모와 자매의 딸을 가리킨다. '正尸'者, 謂遷尸牖下, 南首也. '子姓', 謂衆子孫也. '姓'之言生也. 其男子立於主人後, 女子立於夫人後. 世婦爲內命婦, 卿·大夫之妻爲外命婦. '外宗', 姑·姊妹之女.

集說 이 경문은 국군國君의 상喪에 대해 말한 것이다. '정시正尸'는 들창문 아래로 시신을 옮겨 머리가 남쪽으로 가도록 놓는 것이다. '성姓'은 낳는다(生)는 뜻과 같다. '자성子姓'은 아들이 낳은 바로서 (적장자와 적장손을 제외한) 여러 자손들을 의미한다. '내명부內命婦'는 자부子婦와 세부世婦 등을

가리킨다. '고姑와 자매姊妹'는 군주의 고모와 자매를 가리킨다. '자성子姓'은 군주의 손녀이다. '외명부外命婦'는 경과 대부의 처이다. '외종外宗'은 고모와 자매의 딸이다. 此言國君之喪. '正尸', 遷尸於牖下, 南首也. '姓', 猶生也. '子姓', 子所生, 謂衆子孫也. '內命婦', 子婦・世婦之屬. '姑・姊妹', 君之姑・姊妹也. '子姓', 君女孫也. '外命婦', 卿・大夫之妻也. '外宗', 謂姑・姊妹之女.

【상대기 9】

대부大夫의 상에 주인主人(상주)은 동쪽에 앉아서 곡을 하고 주부主婦[18]는 서쪽에 앉아서 곡을 하며, 명부命夫와 명부命婦는 있는 경우에는 앉아서 곡을 하고, 없는 경우에는 모두 서서 곡을 한다. 사士의 상에 주인主人, 제부諸父, 형제兄弟, 여러 자손들은 모두 동쪽에 앉아서 곡을 하고, 주부主婦, 고모姑母, 자매姊妹, 딸과 손녀들은 모두 서쪽에 앉아서 곡을 한다. 무릇 방에서 시신에 곡을 하는 경우, 주인은 두 손으로 이불(衾)을 받들면서 곡을 한다.

大夫之喪, 主人坐于東方, 主婦坐于西方, 其有命夫・命婦則坐, 無則皆立.① 士之喪, 主人・父・兄・子姓皆坐于東方, 主婦・姑・姊妹・子姓皆坐于西方.② 凡哭尸于室者, 主人二手承衾而哭.③

鄭注 ① 명부命夫와 명부命婦로 와서 곡을 하는 이는 동종同宗의 제부諸父・형제兄弟・여러 자손과 고모・자매・딸과 손녀들이다. 무릇 곡을 하는 이들 가운데 존귀한 자는 앉아서 하고, 비천한 자는 서서 한다. 命夫命婦來哭者, 同宗父・兄・子姓, 姑・姊妹, 子姓也. 凡此哭者, 尊者坐, 卑者立.

② 사士는 천하므로 (사士가 사망하였을 경우) 동종의 존속과 비속이 모두 앉아서 곡을 한다. 士賤, 同宗尊卑皆坐.

③ '이불[19]을 받들면서 곡을 한다'(承衾哭)는 것은 애통하고 사모함이 마치 부여잡고 잡아당기고자 하는 듯이 한다는 뜻이다. '承衾哭'者, 哀慕若欲攀援.

集說 '이불을 받들면서 곡을 한다'는 것은 친근히 하고 부축하려는 심정을 다하는 듯이 한다는 뜻으로, 처음 죽었을 때를 가리킨다. ○ 소疏에서 말한다. "군주와 대부는 지위가 존귀하다. 그러므로 앉아서 곡하는 것을 그 귀천에 따라 차별한다. 사는 지위가 낮다. 그러므로 앉아서 곡하는 것을 존비에 상관없이 같이 한다." '承衾而哭', 猶若致其親近扶持之情也, 謂初死時. ○ 疏曰: "君與大夫位尊. 故坐者殊其貴賤. 士位下. 故坐者等其尊卑."

【상대기 10】

제후諸侯의 상喪에 아직 소렴小斂을 하기 전에 기공寄公이나 국빈國賓이 조문하러 왔다면 나아가서 맞이한다. 대부大夫의 상에 아직 소렴을 하기 전에 제후의 사신이 조문하러 왔다면 나아가 맞이한다. 사士의 상에 대부가 조문하러 오면, 염斂을 해야 할 때가 아니면 나아가서 맞이한다.

君之喪未小斂, 爲寄公·國賓出. 大夫之喪未小斂, 爲君命出. 士之喪, 於大夫, 不當斂則出.

鄭注 부모가 처음 돌아가셨을 때에는 슬프고 애통하므로 존귀한 자가 찾아온 것이 아니면 나아가서 맞이하지 않는다. 나아가는 것은 경우에 따라 뜰에까지 또는 문에까지 나아간다. '국빈國賓'은 이웃나라에서 빙문하러 온

대부이다. '염을 해야 할 때가 아니다'(不當斂)라는 것은 (조문하러) 찾아온 때가 염을 할 때가 아니라는 뜻이다. 父母始死悲哀, 非所尊不出也. 出者, 或至庭, 或至門. '國賓', 聘大夫. '不當斂', 其來非斂時.

集說 '기공寄公'은 제후로서 나라를 잃고 이웃 나라에 의탁하고 있는 자이다. '국빈國賓'은 다른 나라에서 빙문하러 온 경과 대부이다. '출出'은 나아가서 맞이한다(出迎)는 뜻이다. '위군명출爲君命出'은 군주의 명으로 조문 왔을 경우 문에 이르면 나아가서 맞이한다는 뜻이다. 「단궁하檀弓下」(6)에서 "대부大夫가 사士를 조문하는데 상주가 일이 있을 때 도착하면 빈擯이 (조문객에게 상주가 일이 있음을) 알린다"(辭)고 하였다. '사辭'는 알린다(告)는 뜻이다. 그러므로 염을 할 때가 아니라면 또한 나아가서 맞이하는 것이다. 「잡기하雜記下」(25)에서 "대부가 조문하러 집에 도착하면, 상주는 비록 용踊을 하던 중이라도 용을 그만두고 문에 나아가 대부에게 배례한다"라고 한 것은 또한 염을 마친 후를 가리킨다. '寄公', 諸侯失國而寄託隣國者也. '國賓', 他國來聘之卿·大夫也. '出', 出迎也. '爲君命出', 謂君有命及門則出也. 「檀弓」云: "大夫弔, 當事而至, 則辭焉." '辭', 告也. 故不當斂時, 則亦出迎. 「雜記」云: "大夫至, 絶踊而拜之"者, 亦謂斂後也.

【상대기 11】

무릇 주인이 나아가 맞이할 때에는 맨발을 하고, 심의深衣의 앞 옷자락(衽)을 띠에 꽂고, 가슴을 치면서 서쪽 계단으로 내려간다. 제후諸侯는 기공寄公과 국빈國賓에게 각각 그들의 자리를 향해 배례拜禮한다. 대부大夫의 상에 제후의 사자가 조문하러 왔다면 침문寢門

밖으로 나아가 맞이한다. 사자가 당堂에 올라 제후의 명命(조문하는 말)을 고하면, 주인은 아래에서 배례한다. 사士의 상에 대부大夫가 직접 와서 조문할 경우에는 함께 곡을 하고, 문 밖에까지 나아가 맞이하지는 않는다.

凡主人之出也, 徒跣, 扱衽, 拊心, 降自西階. 君拜寄公·國賓于位. 大夫於君命, 迎于寢門外. 使者升堂致命, 主人拜于下. 士於大夫親弔, 則與之哭, 不逆於門外.

鄭注 '기공과 국빈에게 각각 그들의 자리를 향해 배례한다'(拜寄公·國賓於位)는 것은 뜰에서 그들의 자리를 향해 배례한다는 뜻이다. 이때 기공寄公의 자리는 문의 서쪽에 있고, 국빈國賓의 자리는 문의 동쪽에 있는데 모두 북쪽을 향해 있다. 소렴小斂 이후 기공은 동쪽을 향하고, 국빈은 문의 서쪽에서 북쪽을 향해 있는다. '사의 상에 대부가 직접 와서 조문할 경우'(士於大夫親弔)라는 것은 대부가 직접 와서 사士의 상에 조문하는 경우를 가리킨다. '함께 곡을 한다'(與之哭)는 것은 배례를 하고 나서 자리에 나아가 서쪽 계단(아래)에서 동쪽을 향해 곡을 한다는 뜻이다. 대부 혼자 왔을 경우에는 북쪽을 향한다. '拜寄公·國賓於位'者, 於庭鄉其位而拜之. 此時寄公位在門西, 國賓位在門東, 皆北面. 小斂之後, 寄公東面, 國賓門西, 北面. '士於大夫親弔', 謂大夫身來弔士也. '與之哭', 旣拜之, 卽位西階東面哭. 大夫特來則北面.

集說 '맨발을 한다'(徒跣)는 것은 아직 상구喪屨를 신지 못하였고 길구吉屨는 또 신을 수 없기 때문이다. '삽임扱衽(옷깃을 꽂는다)'는 것은 심의深衣의 앞 옷자락을 띠에 꽂는다는 뜻이다. '무심拊心(가슴을 두드린다)'는 것은 가슴을 친다는 뜻이다. 「곡례상曲禮上」(164)에서 "오르고 내려올 때는 동쪽 계단을 이용하지 않는다"고 하였다. '자리를 향해 기공寄公과 국빈國賓에 배례拜

禮한다'는 것은 기공은 문 서쪽에 자리하고 국빈은 문 동쪽에 자리하고 있으니, 주인은 뜰에서 각각 그 자리를 향해 배례한다는 뜻이다. 『의례』 「사상례士喪禮」에서 "빈 가운데 대부가 있으면 특별히 배례한다. 자리로 나아가 서쪽 계단 아래에서 동쪽을 향해 곡하면서 용踊은 하지 않는다"고 하였다. '徒跣'者, 未著喪屨, 吉屨又不可著也. '扱衽'者, 扱深衣前襟於帶也. '拊心', 擊心也. 「曲禮」云: "升降不由阼階." '拜寄公·國賓于位'者, 寄公位在門西, 國賓位在門東, 主人於庭各向其位而拜之也. 「士喪禮」云: "賓有大夫則特拜之. 卽位于西階下, 東面不踊."

【상대기 12】

(제후의 상에) 부인夫人은 기공寄公의 부인이 조문하러 오면 방에서 나와 당堂 위에서 맞이한다. (대부의 상에) 명부命婦는 제후의 부인이 보낸 사신이 조문하러 왔다면 방에서 나와 당 위에서 맞이한다. 사士의 상에 그 처는 염斂을 해야 할 때가 아니라면, 명부가 조문하러 오면 방에서 나와 당 위에서 맞이한다.

夫人爲寄公夫人出. 命婦爲夫人之命出. 士妻不當斂則爲命婦出.

鄭注 '나온다'(出)는 것은 당 위에서 (기공의 부인과 명부에게) 배례한다는 뜻이다. 이때 기공寄公의 부인夫人과 명부命婦의 자리는 당 위에 있으며 북쪽을 행해 있다. 소렴小斂을 마친 뒤라면 시신의 서쪽에서 동쪽을 향해 있다. '出', 拜之於堂上也. 此時寄公夫人·命婦位在堂上, 北面. 小斂之後, 尸西, 東面.

集說 부인婦人은 당 아래로 내려오지 않는다. 이 경문은 방에서 나와 당 위에서 배례하는 것을 말한다. 婦人不下堂. 此謂自房而出拜於堂上也.

【상대기 13】

소렴小斂을 할 때 주인은 방문 안에 위치하고, 주부는 동쪽을 향해 있고서, 염을 한다. 염을 마치면 주인은 시신에 기대어 용을 하고, 주부도 마찬가지로 한다. 주인은 육단肉袒을 하고 다팔머리장식(髦)을 풀고, 마麻로 머리를 묶는다. 부인婦人은 방 안에서 북상투를 틀고 요질腰絰을 두른다. 휘장을 거두고, (주인과 주부 이하) 남녀가 함께 시신을 받들어 당에 안치시키고, 주인이 내려와 조문객들에게 배례拜禮한다.

小斂, 主人卽位于戶內, 主婦東面, 乃斂. 卒斂, 主人馮之踊, 主婦亦如之. 主人袒, 說髦, 括髮以麻. 婦人髽, 帶麻于房中.① 徹帷, 男女奉尸夷于堂, 降拜.②

鄭注 ① 사士는 빈殯을 하고 나서 다팔머리 장식(髦)을 벗는다. 이 경문에서 '소렴小斂'이라고 한 것은 대개 제후의 예를 가리킨다. 사士가 빈殯을 한 때와 제후諸侯가 소렴小斂을 한 때는 죽은 이에게 있어서는 모두 3일째가 된다. '부인은 방 안에서 북상투를 틀고 요질을 두른다'(婦人之髽 · 帶麻於房中)는 것은 서쪽 방(西房)에서 한다. 천자와 제후는 당의 좌우로 방房이 있다. 士旣殯, 說髦. 此云'小斂', 蓋諸侯禮也. 士之旣殯, 諸侯之小斂, 於死者俱三日也. '婦人之髽 · 帶麻於房中', 則西房也. 天子 · 諸侯有左右房.

② '이夷'는 시신의 뜻이다. 시신을 옮길 때 주인과 주부 이하 모든 사람이 따라서 받드는데, 효도하고 공경하는 마음의 표시다. '내려와 배례한다'(降拜)는 것은 (주인이) 조문객들에게 배례한다는 뜻이다. '夷'之言尸也. 於遷尸, 主人 · 主婦以下從而奉之, 孝敬之心. '降拜', 拜賓也.

集說 「단궁상檀弓上」(68)에서 "방 안 문 쪽에서 소렴을 한다"고 하였다. '기대어 용踊을 한다'는 것은 시신에 기대어 용을 한다는 뜻이다. '다팔머리 장식'(髦)은 어린 시절에 머리털을 잘라 만드는데 나이가 비록 성인이 되어도 여전히 양쪽 가장자리로 늘어뜨린다. 아버지가 돌아가시면 왼쪽 다팔머리장식을 풀고, 어머니가 돌아가시면 오른쪽 머리장식을 풀며, '부모가 돌아가시면 다팔머리 장식을 하지 않는다'[20]는 것 등은 이를 두고 하는 말이다. '북상투[21]를 트는 것'(髽)은 또한 마麻를 사용하는데, 남자가 머리를 묶을 때 마를 사용하는 것과 같다. '대마帶麻'는 마로 만든 띠로서, 부인의 요질要絰을 가리킨다. 소렴이 끝나면 곧바로 먼저 설치했던 유당帷堂[22]의 휘장을 거둔다. 제후와 대부의 예에서 '빈객이 나가면 휘장을 거두는데',[23] 이 경문에서는 사士의 예를 말했다. '이夷'는 진설한다(陳)는 뜻이다. 소렴이 끝나면 거드는 사람(相者)이 시신을 들고 방문을 나가 당으로 가서 안치한다. 그러면 상주와 남녀의 친속이 함께 시신을 부축하여 받든다. '강배降拜'는 적자適子가 당으로 내려와서 조문객들에게 배례한다는 뜻이다. 「檀弓」云: "小斂于戶內." '馮之踊'者, 馮尸而踊也. '髦', 幼時翦髮爲之, 年雖成人, 猶垂于兩邊. 若父死脫左髦, 母死脫右髦, '親沒不髦', 謂此也. '髽', 亦用麻, 如男子括髮以麻也. '帶麻', 麻帶也, 謂婦人要絰. 小斂畢, 卽徹去先所設帷堂之帷. 諸侯·大夫之禮, '賓出, 乃徹帷', 此言士禮耳. '夷', 陳也. 小斂竟, 相者擧尸出戶, 往陳于堂. 而孝子男女親屬, 並扶捧之也. '降拜', 適子下堂而拜賓也.

【상대기 14】

군君(후계 군주)은 기공寄公·국빈國賓·대부大夫·사士에게 배례한다.

경卿과 대부에 대해서는 그들의 자리를 향하여 개별적으로 배례하고, 사士에 대해서는 그들과 나란한 방향에서 세 번 배례한다. (후계 군주의) 부인夫人도 당상에서 기공寄公의 부인夫人에게 배례하고, 대부의 내자內子(처)와 사士의 처에게 배례한다. 명부命婦에게는 한 사람 한 사람 배례하고(特拜), 중빈衆賓(사의 처)에게는 당상에서 한꺼번에 두루 배례한다.

君拜寄公·國賓·大夫·士. 拜卿·大夫於位, 於士旁三拜. 夫人24)亦拜寄公夫人於堂上, 大夫內子·士妻. 特拜命婦, 氾拜衆賓於堂上.

鄭注 '중빈衆賓'은 사의 처를 가리킨다. 존귀한 자에게는 모두 한 사람 한 사람 배례하고, 사와 그의 처에게 배례할 때에는 모두 한꺼번에 한다. '衆賓', 謂士妻也. 尊者皆特拜, 拜士與其妻皆旅之.

集說 '군君'은 상을 당한 후계 군주이다. 기공寄公과 국빈國賓이 들어와 조문하면 본래 배례한다. 대부大夫와 사士가 조문하는 경우, 경卿과 대부라면 각각의 자리에 나아가 배례하고, 사士에게는 한꺼번에 세 번 배례한다. '방旁'은 정면으로 향하지 않음을 가리킨다. 사士에는 상·중·하의 3등급이 있기 때문에 모두 세 번 하는 것이다. 대부와 사는 누구나 선군先君의 신하이므로 모두 참최복을 해야 한다. 이제 소렴이 끝나고 뜰에 나아가 자리에서 있기 때문에 후계 군주가 나아가서 배례하는 것이다. (후계 군주의) 부인도 기공의 부인夫人에게 당堂 위에서 배례하고, 경과 대부의 내자內子(처), 그리고 사士의 처에 대해서도 배례한다. 다만 내자와 명부命婦에 대해서는 사람마다 각각 배례한다. '중빈衆賓'은 사의 처이므로 두루 한꺼번에 배례할 뿐이니 또한 방배旁拜(옆으로 배례하는 것)에 비견된다. '君', 謂遭喪之嗣君也. 寄

公與國賓入弔, 固拜之矣. 其於大夫・士也, 卿大夫則拜之於位, 士則旁三拜而已. '旁', 謂不正向之也. 士有上中下三等, 故共三拜. 大夫・士皆先君之臣, 俱當服斬. 今以小斂畢而出庭列位, 故嗣君出拜之. 夫人亦拜寄公夫人於堂上矣, 其於卿大夫之內子・士之妻, 則亦拜之. 但內子與命婦則人人各拜之. '衆賓'則士妻也, 汜拜之而已, 亦旁拜之比也.

【상대기 15】

(빈객에게 배례하는 의절을 마치고) 주인은 조계 아래의 자리로 나아가 겉옷으로 안의 옷을 가리고(襲) 요질腰絰과 수질首絰을 두르고서 용踊을 한다. 어머니의 상喪일 경우에는 자리에 나아가 (머리를 묶었던 마麻를 풀고) 문免[25]을 한다. 그러고 나서 소렴小斂 뒤에 전奠을 올린다. (소렴을 마친 이때) 조문하러 온 자는 겉옷으로 석의裼衣를 가리고(襲裘), 무武를 하고 요질과 수질을 두르고서 주인과 번갈아가며 용을 한다.

主人卽位, 襲帶絰踊.① 母之喪, 卽位而免.② 乃奠.③ 弔者襲裘, 加武帶絰, 與主人拾踊.④

鄭注 ① '자리로 나아간다'(卽位)는 것은 조계阼階 아래의 자리를 가리킨다. (단袒을 하였던 상태로부터) 옷을 입고 요질腰絰과 수질首絰을 두른 뒤에 용踊을 하는 것은 신분이 서로 변하였기 때문이다.[26] '卽位', 阼階之下位也. 有襲絰乃踊, 尊卑相變也.

② 달리함을 기록한 것은 예禮에 참최복을 할 때는 괄발括髮(머리를 마麻로 묶음)을 하고 자최복을 할 때는 문免을 하고서 성복成服 때에 이르러 관冠을 쓰기 때문이다. 어머니를 위한 복도 무거우므로 처음에는 역시 괄발을 하

고 소렴이 끝난 후에 문을 한다. 記異者, 禮斬衰括髮, 齊衰免, 以至成服而冠. 爲母重, 初亦括髮, 旣小斂則免.

③ 소렴을 마치고 올리는 전이다. 小斂奠也.

④ 처음 죽었을 때 조문하는 자는 조복朝服 차림에 석의를 드러내어(裼裘)[27] 길한 때의 복장처럼 하고서 조문하고, 소렴을 마치면 고쳐서 겉옷으로 석의를 가리고(襲) 무武를 하고 요질과 수질을 두른다. 무武는 길관吉冠의 권卷(아랫부분을 말아 올린 것)이다. 무武를 하는 것은 관冠을 바꾸지 않고 문免도 하지 않음을 밝히는 것이다. 「단궁상檀弓上」(69)에서 "상주가 소렴을 마치자, 자유가 종종걸음으로 나가 습의로 석의裼衣를 감추고 수질首絰과 요대腰帶를 하고 들어갔다"고 하였다. 始死, 弔者朝服裼裘如吉時也, 小斂則改襲而加武與帶絰矣. 武, 吉冠之卷也. 加武者, 明不改冠, 亦不免也. 「檀弓」曰: "主人旣小斂, 子游趨而出, 襲裘帶絰而入."

集說 주인은 빈객에게 배례한 후 조계 아래의 자리로 나아간다. 빈객에게 배례하기 전에는 육단肉袒을 한다. 이제 배례하는 의절이 끝났으므로 겉옷으로 안의 옷을 가리고(襲), 요대腰帶(腰絰)와 수질首絰을 하고서 용踊을 한다. 『의례』「사상례士喪禮」에서는 먼저 용踊을 하고 수질을 두른다. 이 경문은 제후의 예를 말한 것이기 때문에 먼저 수질을 두르고 용을 하는 것이다. 어머니의 상은 아버지의 상보다 낮추므로 빈객에게 배례를 마치고 나서 자리로 돌아와 문免을 하는 것으로 마麻로 머리를 묶는 것을 대신하고, 문免을 한 다음 겉옷으로 안의 옷을 가리고(襲) 요질과 수질을 두른다. 대렴大斂에 이르러 용踊을 하는 것을 이룬다. '그러고 나서 전을 올린다'(乃奠)는 것은 소렴을 마치고 올리는 전奠을 가리킨다. 조문하는 자는 소렴을 마친 뒤에 와서 조문하면 겉옷으로 갖옷 위에 입은 석의裼衣를 가리고(襲裘), 길관吉冠의 무武에 소변素弁을 쓰고서 조문한다. '무武'는 길관吉冠의 권

卷(아랫부분을 말아 올린 것)이다. '대질帶絰'은 요대(腰絰)와 수질을 가리킨다. 붕우朋友로서의 은혜가 있으면 요대와 수질을 두르고, 붕우로서의 은혜가 없으면 요대는 하지 않고 수질만 두른다. '겁용拾踊'은 번갈아 용踊을 한다는 뜻이다. 主人拜賓後卽阼階下之位. 先拜賓時袒. 今拜畢, 乃掩襲其衣而加要帶首絰乃踊. 「士喪禮」先踊乃襲絰. 此諸侯禮, 故先襲絰乃踊也. 母喪降於父, 拜賓竟, 而卽位, 以免代括髮之麻, 免而襲絰. 至大斂乃成踊也. '乃奠'者, 謂小斂奠. 弔者, 小斂後來, 則掩襲裘上之裼衣, 加素弁於吉冠之武. '武', 冠下卷也. '帶絰'者, 要帶首絰. 有朋友之恩, 則加帶與絰, 無朋友之恩, 則無帶惟絰而已. '拾踊', 更踊也.

【상대기 16】

군주의 상喪에는 우인虞人이 땔감나무와 물을 뜨는 기구를 공급하고, 적인狄人이 물시계(壺)를 공급하고, 옹인雍人이 정鼎을 공급하고, 사마司馬는 물시계를 설치한다. 이에 관속官屬이 번갈아 곡哭을 대신 행한다. 대부의 상에는 관속이 번갈아 곡을 대신 행하고, 물시계는 설치하지 않는다. 사士의 상에는 (친족과 집안 사람들이) 번갈아 곡을 대신 행하고, 관속을 시키지 않는다.

君喪, 虞人出木·角, 狄人出壺, 雍人出鼎, 司馬縣之. 乃官代哭.① 大夫, 官代哭, 不縣壺.② 士, 代哭不以官.③

鄭注 ① '대代'는 번갈아 한다는 뜻이다. 빈殯을 하기 전에는 곡哭하는 소리가 끊이지 않으므로 피곤해지기 때문에 소렴을 마치면 누각漏刻(물시계)을 설치하여 시간대를 나누어 곡을 번갈아가면서 할 수 있다. '나무'(木)는 밥을 짓는 데에 공급되고, '뿔'(角)은 그것으로 물을 뜨는 기구를 만든다. '호

壺(단지)는 물시계이다. 겨울철 물시계(漏刻)는 솥에 불을 지펴 물을 끓인 이후에 호壺에 붇는다. 이 일은 설호씨挈壺氏가 관장하는데, 사마司馬에게 맡긴 것은 사마가 그 기구를 직접 설치하기 때문이다. '代', 更也. 未殯, 哭不絶聲, 爲其罷倦, 旣小斂可以爲漏刻, 分時而更哭也. '木', 給爨竈, '角', 以爲斛水斗. '壺', 漏水之器也. 冬漏以火爨鼎, 沸而後沃之. 此挈壺氏所掌也, 屬司馬, 司馬莅縣其器.

② 군주보다 낮추는 것이다. 下君也.

③ 스스로 혈연적으로 가깝고 먼 정도에 따라 곡을 하는 것이다. 自以親疏哭也.

集說 '우인虞人'은 산림과 천택을 주관하는 관직으로서, 나무를 내어서 땔감을 만들어 솥(鼎)의 물을 끓이는 데에 공급한다. 겨울철에 물시계(漏水)가 얼까 염려되기 때문이다. '각角'은 물을 뜨는 자루이다. '적인狄人'은 악기를 관장하는 관직으로서, 설호挈壺 등 물시계를 관장한다. 그러므로 호壺[28]를 공급하는 것이다. '옹인雍人'은 음식을 삶고 익히는 일을 주관한다. 그러므로 솥(鼎)을 공급하는 것이다. '사마司馬'는 하관夏官의 경卿이다. 그 속관에 설호씨挈壺氏가 있다. 사마는 이 물시계를 설치하는 것을 직접 와서 살핀다. '이에 관속官屬이 번갈아 곡哭을 대신 행한다'고 한 것은 빈殯을 행하기 전까지 곡하는 소리가 끊이지 않아 식사도 하지 못하기 때문에 피로해진다. 그러므로 물시계로 시간대를 나누어 관속으로 하여금 순서대로 시간대에 따라 서로 번갈아가며 곡의 소리가 끊이지 않게 하는 것이다. '사士의 상에는 번갈아 곡을 대신 행하는데, 관속官屬을 시키지 않는다'는 것은 친척과 집안사람들이 스스로 서로 번갈아가면서 곡을 한다는 것이다. '虞人', 主山澤之官, 出木爲薪, 以供爨鼎. 蓋冬月恐漏水冰凍也. '角', 斛水之斗. '狄人', 樂吏也, 主挈壺漏水之器. 故出壺. '雍人', 主烹飪. 故出鼎. '司馬', 夏官卿也. 其屬有挈壺氏. 司馬自臨視其縣此漏器. '乃官代哭'者, 未殯哭不絶聲, 爲其不食, 疲倦. 故以漏器分時刻, 使官屬以次依時相代, 而哭聲不絶也. '士代哭不以官'者, 親疎之屬與家人自相代也.

【상대기 17】

군주의 상喪에는 당堂 위에 두 개의 횃불을, 당 아래에 두 개의 횃불을 설치한다. 대부의 상에는 당 위에 한 개의 횃불을, 당 아래에 두 개의 횃불을 설치한다. 사士의 상에는 당 위에 한 개의 횃불을, 당 아래에 한 개의 횃불을 비춘다.

君堂上二燭, 下二燭. 大夫堂上一燭, 下二燭. 士堂上一燭, 下一燭.

鄭注 '횃불'(燭)은 음식을 비추기 위한 것이다. 화톳불(燎)을 끄고 횃불을 설치하는 것이다. '燭', 所以照饌也. 滅燎而設燭.

集說 소疏에서 말한다. "상喪을 당하면 뜰 가운데에 밤새도록 화톳불(燎)을 설치해 놓고, 새벽이 되면 화톳불을 끄는데, 해가 아직 밝지 않으므로 횃불(燭)로 제물祭物을 비추어야 한다." 옛날에는 납촉蠟燭(밀랍을 이용해 만든 횃불)이 없었기 때문에 횃불을 '촉燭'이라고 불렀다. 疏曰: "有喪則於中庭終夜設燎, 至曉滅燎, 而日光未明, 故須燭以照祭饌也." 古者未有蠟燭, 呼火炬爲'燭'也.

【상대기 18】

(소렴을 마치고 당에서 내려와 빈객에게 배례하고) 빈객이 나가면, 휘장을 거둔다.

賓出, 徹帷.

鄭注 군주가 대부와 함께하는 예이다. 사士는 소렴을 마치면 곧바로 휘장을 거둔다. '철徹'은 어떤 본에는 '폐廢'로 되어 있다. 君與大夫之禮也. 士卒

斂, 卽徹帷. '徹'或爲'廢'.

集說 소렴이 끝나면 곧바로 휘장을 거두는 것은 사士의 예이다. 이 경문은 군주와 대부의 예로, 소렴小斂이 끝나면 계단을 내려와 조문객에게 배례拜禮하고 조문객이 나가면, 비로소 휘장을 거둔다. 小斂畢, 卽徹帷, 士禮也. 此君與大夫之禮, 小斂畢, 下階拜賓, 賓出乃徹帷也.

【상대기 19】

당 위에서 시신에 곡을 할 때 주인은 시신의 동쪽에서 곡을 하고, 외부에서 분상奔喪하러 온 사람은 서쪽에서 곡을 하며, 주부主婦를 제외한 부인은 (서쪽에서 북쪽 가까이로 옮겨) 남쪽을 향하여 곡을 한다.

哭尸于堂上, 主人在東方, 由外來者在西方, 諸婦南鄕.

鄭注 '외부에서 온다'(由外來)는 것은 분상奔喪하는 이를 가리켜 말한 것이다. 분상하는 이가 없으면, 부인은 그대로 동쪽을 향해 있다. '由外來', 謂奔喪者也. 無奔喪者, 婦人猶東面.

集說 부인이 곡을 하는 자리는 본래 서쪽에 있으며 동쪽을 향한다. 이제 분상奔喪하는 이가 외부에서 오면 함께 시신의 서쪽에 거처하기 때문에 물러나 북쪽 가까이에서 남쪽을 향해 있는 것이다. 婦人哭位, 本在西而東面. 今以奔喪者由外而來, 合居尸之西, 故退而近北以鄕南也.

【상대기 20】

여자 주인은 조문객을 맞이하고 보낼 때 당堂 아래로 내려가지 않으며, 당 아래로 내려가는 경우에도 곡哭은 하지 않는다. 남자 주인은 침문 밖으로 나가서 사람을 만나 맞이할 경우 곡을 하지 않는다.

婦人迎客 · 送客不下堂, 下堂不哭. 男子出寢門外[29]見人, 不哭.

鄭注 부인이 담당하는 일은 당에서 방까지고, 남자가 담당하는 일은 당에서 문까지다. 일하는 곳이 아닌데도 곡을 하는 것은 들판에서 곡을 하는 것과 같다. '문 밖으로 나가서 사람을 만난다'(出門見人)는 것은 조문객을 맞이하는 것을 가리킨다. 婦人所有事, 自堂及房, 男子所有事, 自堂及門. 非其事處而哭, 猶野哭也. '出門見人', 謂迎賓也.

集說 당 안에서 방까지는 부인의 일이고 당 밖에서 문까지는 남자의 일이다. 제자리가 아닌데서 곡을 하는 것은 예禮가 아니다. 이 경문은 소렴 후 남자 주인과 여자 주인이 조문객을 맞이하고 보내는 예를 말한 것이다. 부인婦人은 신분이 대등한 자에 대해서는 본디 당 아래로 내려가지 않는다. 만약 제후의 부인夫人이 와서 조문하면 주부主婦는 당 아래로 내려가 뜰에 이르러 이마를 바닥에 대되 곡은 하지 않는다. 남자도 신분이 대등한 자의 조문에 대해서는 문으로 나아가지 않지만, 군주의 사신이 조문 와서 나가 맞이하는 경우에도 곡은 하지 않는다. 堂以內至房, 婦人之事, 堂以外至門, 男子之事. 非其所而哭, 非禮也. 此言小斂後, 男主女主迎送弔賓之禮. 婦人於敵者, 固不下堂. 若君夫人來弔, 則主婦下堂, 至庭稽顙而不哭也. 男子於敵者之弔, 亦不出門, 若有君命而出迎, 亦不哭也.

【상대기 21】

여자 주인이 없다면 남자 주인이 침문 안에서 여자 조문객들에게 배례하고, 남자 주인이 없다면 여자 주인이 조계阼階 아래에서 남자 조문객들에게 배례한다. (주인인) 아들이 어리다면 상복으로 그를 감싸 안고, 섭주攝主(상주의 역할을 대신해서 행하는 사람)가 대신해서 조문객에게 배례한다. 후계자가 외국에 머물고 있을 경우, 그 후계자가 작위를 갖고 있는 사람이라면 섭주를 통해서 감사의 말을 하고, 작위가 없는 사람이라면 섭주가 대신 조문객에게 배례한다. 후계자가 국경 안에 있다면 그가 돌아오기를 기다리고, 국경 밖에 있다면 섭주가 빈례殯禮와 장례葬禮를 주관하여 거행해도 괜찮다. 상례喪禮에서 후계자가 없을 수는 있지만, 주인(상주)이 없을 수는 없다.

其無女主, 則男主拜女賓于寢門內, 其無男主, 則女主拜男賓于阼階下. 子幼, 則以衰抱之, 人爲之拜. 爲後者不在, 則有爵者辭, 無爵者, 人爲之拜. 在竟內則俟之, 在竟外則殯·葬可也. 喪有無後, 無無主.

鄭注 '배례한다'(拜)는 것은 모두 자리에서 조문객에게 배례한다는 뜻이다. 후사 된 자가 작위가 있을 경우, 섭주攝主가 후사를 대신해 조문객에게 감사의 말만 하(고 배례를 하지 않)는 것은 감히 존자의 예를 감당하지 못하기 때문이다. '拜'者, 皆拜賓於位也. 爲後者有爵, 攝主爲之辭於賓耳, 不敢當尊者禮也.

集說 '후계자가 자리에 있지 않다'(爲後者不在)는 것은 일 때문에 외국에 머물러 있음을 가리킨다. 이때 상사喪事가 발생하여 조문객이 문에 이르면, 그 후계자가 작위를 갖고 있는 사람일 경우 섭주攝主(상주의 역할을 대신 행하

는 사람)를 통해서 감사의 말을 하는데, 섭주가 작위가 없다면 감히 빈객에게 배례하지 못한다. 만약 이 후계자가 작위가 없을 경우엔 섭주가 그를 대신해서 빈객에게 배례해도 괜찮다. (후계자가) 나가서 국경 안에 있다면 그가 돌아오기를 기다렸다가 빈례殯禮와 장례葬禮를 거행한다. 국경 밖에 있다면 빈례를 할 때가 되면 빈례를 행하고, 빈례를 행한 뒤에도 또 돌아오지 못하여 장례를 거행할 때가 되었다면 장례를 거행해도 괜찮다. 후계자가 없는 것은 자신이 스스로 후사를 끊은 것에 불과할 뿐이지만, 상주가 없다면 손님을 응접하는 예(賓禮)에 결함이 생기는 것이다. 그러므로 후계자가 없을 수는 있지만, 상주喪主가 없어서는 안 된다. '爲後者不在', 謂以事故在外也. 此時若有喪事而弔賓及門, 其爲後者, 是有爵之人, 則辭以攝主, 無爵不敢拜賓. 若此爲後者是無爵之人, 則攝主代之拜賓可也. 出而在國境之內, 則俟其還, 乃殯葬. 若在境外, 則當殯卽殯, 殯後又不得歸而及葬期, 則葬之可也. 無後不過已自絶嗣而已, 無主則闕於賓禮. 故可无後, 不可無主也.

【상대기 22】

국군國君의 상喪에서 죽은 지 3일째부터 아들과 부인은 지팡이를 짚는다. 5일째에 빈殯을 하고 나서 아들은 대부에게, 부인은 세부에게 지팡이를 준다. 아들과 대부는 침문 밖에서 지팡이를 짚지만, 침문 안에서는 지팡이를 지면에 닿지 않게 잡는다. 부인과 세부는 방 안의 상차喪次에 있을 때 지팡이를 짚는다. 당堂 위 자리에 나아갈 때는 사람을 시켜서 잡게 한다. 아들은 천자의 명이 있으면 지팡이를 치우고, 이웃나라 제후의 명이 있으면 지팡이를 들어 지면에 닿지 않게 한다. 장례 날짜를 점치거나 우제虞祭·졸곡제卒哭祭 및 부제祔祭 등의 상제喪祭가 있어 시尸를 모셔야 할 때에는 지팡이를 치운다. 대부는 군주가 있는 곳에서는 지팡이를 들어 지면에 닿지 않게 하고, 대부가 있는 곳에서는 지팡이를 짚는다.

君之喪三日, 子·夫人杖. 五日旣殯, 授大夫·世婦杖. 子·大夫寢門之外杖, 寢門之內輯之. 夫人·世婦在其次則杖. 卽位則使人執之. 子有王命則去杖, 國君之命則輯杖. 聽卜·有事於尸則去杖. 大夫於君所則輯杖, 於大夫所則杖.

鄭注 '3일'(三日)이라는 것은 죽은 지 3일째 되는 날이라는 뜻이다. 군주를 위해 지팡이를 하는 데에 날을 달리하는 이유는 군주의 경우 예가 중대하여 그것으로 혈연적 관계를 보일 수 있기 때문이다. '집輯'은 거두어들인다는 뜻이다. 거두어들인다(斂)는 것은 그것을 들어서 지면에 닿지 않게 한다는 뜻이다. 부인夫人과 세부世婦는 방에 머물렀다가 당 위 자리로 나아간다. 당 위는 시신을 모신 빈궁殯宮에 가깝기 때문에 사람을 시켜서 지팡이를 짚게 하고 감히 스스로 짚지 않는다. 아들은 국군의 명에 따라 지팡이를 든다. 이미 군주가 된 이보다 아래이므로 감히 필적하지 못하는 것이다. '점친다'(卜)는 것은 장례葬禮를 점친다는 뜻으로, 장례의 날짜를 택하는 것을 가리킨다. 무릇 상제喪祭는 우제虞祭를 지낼 때부터 시尸를 둔다. '대부는 군주[30]가 있는 곳에서는 지팡이를 들어 지면에 닿지 않게 한다'(大夫於君所輯杖)는 것은 그 군주와 더불어 침문寢門(빈궁殯宮의 문) 밖의 자리에 나아가는 것을 가리킨다. 혼자 있을 경우에는 지팡이를 짚는다. '군君'은 아들을 가리킨다. '대부가 있는 곳에서는 지팡이를 짚는다'(於大夫所杖)는 것은 모두 군주를 위하여 지팡이를 짚는 것이므로 서로 낮추지 않는다는 뜻이다. '三日'者,

死之後三日也. 爲君杖不同日, 人君禮大, 可以見親疏也. '輯', 斂也. 斂者, 謂擧之不以柱地也. 夫人·世婦次於房中, 卽位堂上. 堂上近尸殯, 使人執杖, 不敢自持也. 子於國君之命輯杖. 下成君, 不敢敵之也. '卜', 卜葬, 卜日也. 凡喪祭, 虞而有尸. '大夫於君所輯杖', 謂與之俱卽寢門外位也. 獨焉則杖. '君', 謂子也. '於大夫所杖', 俱爲君杖, 不相下也.

集說 '아들'(子)은 적자와 서자 및 세자世子를 함께 포함하여 말한 것이다. '침문寢門'은 빈궁殯宮의 문이다. '집輯'은 거둔다(斂)는 뜻으로, 들어서 지면에 닿지 않게 한다는 의미다. 아들과 대부의 상차喪次는 침문 밖에 있으니, 지팡이를 짚으면서 침문에 이를 수 있다. 아들을 대부와 함께 언급한 것은 예禮에 의하면 대부는 세자를 따라서 침문으로 들어가는데, 아들이 지팡이를 짚으면 대부는 지팡이를 들어서 지면에 닿지 않게 하고, 아들이 지팡이를 들어서 지면에 닿지 않게 하면 대부는 지팡이를 없애기 때문이다. 그러므로 다음 경문에서 '대부는 군주가 있는 곳에서 지팡이를 들어 지면에 닿지 않게 한다'고 한 것이다. 이 경문은 대부가 혼자 와서 (상주인) 아들과 더불어 따르지 않은 경우를 말한다. 그러므로 '문밖에서 지팡이를 짚고, 문 안에서는 지팡이를 지면에 닿지 않게 잡는다'고 한 것이다. 만약 서자가 지팡이를 짚는 경우는 지팡이를 가지고 침문에 들어갈 수 없다. 부인과 세부의 상차喪次는 방 안에 있다. 왕명王命이 이를 경우 세자世子가 지팡이를 치우는 것은 왕명을 존중하기 때문이다. 이웃나라 군주로부터 (조문하는) 명이 이를 경우 지팡이를 들어서 지면에 닿지 않게 하는 것은 이미 군주가 된 이에 대하여 낮추는 것이다. '청복聽卜'은 장례를 점치는 것으로 장례 날짜를 점친다는 뜻이다. '유사어시有事於尸'는 우제虞祭·졸곡제卒哭祭 및 부제祔祭 등의 상제喪祭를 지낼 때를 가리킨다. '대부가 있는 곳에서는 지팡이를 짚는다'(於大夫所則杖)는 것은 여러 대부가 함께 침문 밖의 상차喪次에서 똑같이 군주를 위해 거상하는 경우이다. 그러므로 함께 지팡이를 짚으면서

갈 수 있다. '子', 兼適庶及世子也. '寢門', 殯宮門也. '輯', 斂也, 謂擧之不以拄地也. 子·大夫廬在寢門外, 得拄杖而行至寢門. 子與大夫幷言者, 據禮大夫隨世子以入, 子杖則大夫輯, 子輯則大夫去杖. 故下文云'大夫於君所則輯杖'也. 此言大夫特來, 不與子相隨. 故云'門外杖, 門內輯'. 若庶子之杖, 則不得持入寢門也. 夫人·世婦居次, 在房內. 有王命至則世子去杖, 以尊王命也. 有隣國君之命則輯杖者, 下成君也. '聽卜', 卜葬, 卜日也. '有事於尸', 虞與卒哭及祔之祭也. '於大夫所則杖'者, 諸大夫同在門外之位, 同是爲君. 故並得以杖拄地而行也.

【상대기 23】

대부大夫의 상喪에서 죽은 지 3일째 날 아침에 빈殯을 마치면, 주인·주부·실로室老[31]는 모두 지팡이를 짚는다. 대부는 군주의 명이 있으면 지팡이를 치우고, 대부의 명이 있으면 지팡이를 지면에 닿지 않게 한다. 내자內子(대부의 처)는 부인夫人(제후의 처)의 명이 있으면 지팡이를 치우고, 세부世婦의 명이 있으면 다른 사람을 시켜 지팡이를 잡게 한다.

大夫之喪, 三日之朝旣殯, 主人·主婦·室老皆杖. 大夫有君命則去杖, 大夫之命則輯杖. 內子爲夫人之命去杖, 爲世婦之命授人杖.

鄭注 '대부는 군주의 명이 있으면 지팡이를 치운다'(大夫有君命去杖)고 하였는데, 이것은 대부의 아들이 상주인 경우를 가리킨다. 그런데도 '대부'라고 한 것은 실제 대부에게 부모의 상이 있는 경우와 통하기 때문이다. '수인장授人杖'은 것은 '다른 사람을 시켜 지팡이를 잡게 한다'[32]는 뜻과 같다. '大

夫有君命去杖', 此指大夫之子也. 而云'大夫'者, 通實大夫有父母之喪也. '授人杖', 與'使人執之'同也.

集說 '대부大夫는 군주의 명命이 있으면'이라고 하였는데, 이 대부는 후계자인 아들을 가리켜 말한 것이다. '세부世婦'는 군주의 세부이다. '大夫有君命', 此大夫, 指爲後子而言. '世婦', 君之世婦也.

【상대기 24】

사士의 상喪에서는 죽은 지 이틀 만에 빈殯을 한다. 3일째 날 아침부터 주인은 지팡이를 짚고, 부인婦人들도 모두 지팡이를 짚는다. 군주의 명과 부인夫人의 명命에 대해서는 대부의 경우처럼 한다. 대부와 세부世婦의 명에 대해서도 대부의 경우처럼 한다.

士之喪, 二日而殯. 三日之朝, 主人杖, 婦人皆杖. 於君命·夫人之命, 如大夫. 於大夫·世婦之命, 如大夫.

鄭注 사士의 경우 죽은 지 이틀 만에 빈을 하는 것은 대부의 상보다 낮추는 것이다. 사의 예에서 "죽은 사람의 일에 대해서는 사망한 날부터 수를 세고 살아 있는 사람의 일에 대해서는 사망한 다음날부터 수를 세므로"[33], 이 경문에서의 '이틀'(二日)이란 죽은 이의 입장에서는 3일째가 되는 것이다. '부인들도 모두 지팡이를 짚는다'(婦人皆杖)는 것은 주부를 가리킨다. 첩이 군주를 위해 거상居喪하는 경우와 시집가지 않은 딸의 경우도 마찬가지다. 士二日而殯者, 下大夫也. 士之禮, "死與往日, 生與來日", 此'二日'於死者亦得三日也. '婦人皆杖', 謂主婦, 容妾爲君·女子子在室者.

集說 '대부의 경우처럼 한다'는 것은 '지팡이를 치우는 것'(去杖), '지팡이를 들어서 지면에 닿지 않게 하는 것'(輯杖), '다른 사람을 시켜 지팡이를 잡게 하는 것'(授人杖) 등 세 가지 무겁고 가벼운 정도를 표현하는 절도를 말한다.[34] '如大夫', 謂'去杖''輯杖''授人杖'三者輕重之節也.

【상대기 25】

아들은 모두 지팡이를 짚지만, 지팡이를 짚고 자리에 나아가지는 못한다. 대부와 사士는 빈殯에 곡을 할 때는 지팡이를 짚고, 널(柩)에 곡을 할 때는 지팡이를 들어서 지면에 닿지 않게 한다. 지팡이를 버릴 때에는 부러뜨려서 은밀한 곳에다가 버린다.

子皆杖, 不以卽位.① 大夫・士哭殯則杖, 哭柩則輯杖.② 棄杖者, 斷而棄之於隱者.③

鄭注 ① '아들'은 모든 서자庶子를 가리킨다. '지팡이를 짚고 자리에 나아가지 못한다'는 것은 지팡이를 치우는 것과 같다. '子', 謂凡庶子也. '不以卽位', 與去杖同.

② '빈에 곡을 한다'(哭殯)는 것은 이미 도塗[35]를 하였음을 가리킨다. '널에 곡을 한다'(哭柩)는 것은 (장례를 거행하기 위해) 빈殯을 연 이후의 일이다. 대부大夫와 사士의 아들은 아버지와의 관계에서 아버지의 존귀함이 작기 때문에 빈殯에 곡을 할 때 지팡이를 짚을 수 있다. 천자와 제후의 아들은 아버지와의 관계에서 아버지가 군주이며 그 존귀함이 크기 때문에 지팡이를 짚고 (빈殯이 있는) 묘廟의 문에 들어가지 못한다. '哭殯', 謂旣塗也. '哭柩', 謂啓後也. 大夫・士之子於父, 父也, 尊近, 哭殯可以杖. 天子・諸侯之子於父, 父也, 君

也, 尊遠, 杖不入廟門.

③ 그 지팡이로 지극히 존귀한 분에 대하여 거상居喪하였는데, 다른 사람이 그 지팡이를 가지고 활용함으로써 더럽힐 수 있기 때문이다. 以喪至尊, 爲人得而褻之也.

集說 '아들'(子)은 모든 서자庶子를 가리키며 단지 대부大夫와 사士의 서자만 말하는 것이 아니다. '지팡이를 짚고 자리에 나아가지는 못한다'는 것은 적자適子를 피하는 것이다. '빈殯[36]에 곡을 할 때는 지팡이를 짚는다'는 것은 슬픔이 공경스러움보다 더하기 때문이다. '널(柩)에 곡을 한다'는 것은 빈궁殯宮을 연 이후의 일이다. '지팡이를 들어서 지면에 닿지 않게 한다'(輯杖)는 것은 공경스러움이 슬픔보다 더하기 때문이다. 단지 대부大夫와 사士[37]라고 말한 것은 천자와 제후는 존귀해서 아들이 감히 지팡이를 짚고 빈궁殯宮의 문에 들어가지 못하기 때문이다. 그러므로 빈殯에 곡을 하고 널에 곡을 할 때 모두 지팡이를 치운다. 지팡이는 상복에서 무거운 상복에 하는 것으로, 대상제大祥祭를 지내고 버리는데, 반드시 자르고 부러뜨려서 다른 용도로 사용할 수 없게 하고, 은밀한 곳에 버려서 다른 사람들이 더럽히고 천시하지 못하게 한다. '子', 凡庶子, 不獨言大夫・士之庶子也. '不以杖卽位', 避適子也. '哭殯則杖', 哀勝敬也. '哭柩', 啓後也. '輯杖', 敬勝哀也. 獨言大夫・士者, 天子・諸侯尊, 子不敢以杖入殯宮門. 故哭殯哭柩, 皆去杖也. 杖於喪服爲重, 大祥棄之, 必斷截, 使不堪他用, 而棄於幽隱之處, 不使人褻賤之也.

【상대기 26】

막 사망하였을 때, 시신을 침상으로 옮기고, 염금斂衾으로 덮으며,

사망 시 갈아입혔던 옷을 치운다. 소신小臣은 뿔로 만든 숟가락(柶)을 사용하여 이빨을 떠받치고, 연궤燕几를 사용하여 (발이 구부러지지 않도록) 묶는다. 군주·대부·사의 상喪 모두 마찬가지다.
始死, 遷尸于牀, 幠用斂衾, 去死衣. 小臣楔齒用角柶, 綴足用燕几. 君·大夫·士一也.

鄭注 '상牀'은 들창을 마주하게 진설한 침상(牀)과 대자리(第)를 가리킨다. 『의례』「사상례士喪禮」에 "사士는 정침(適室)에서 사망하며, 염금斂衾으로 덮는다"라고 하였다. '사망 시 갈아입혔던 옷을 치운다'(去死衣)는 것은 병들었을 때 입힌 새 옷과 복復을 할 때 사용한 옷인데, 그것을 치우고 목욕을 기다리는 것이다. '牀', 謂所設牀第當牖者也. 「士喪禮」曰: "士死於適室, 幠用斂衾." '去死衣', 病時所加新衣及復衣也, 去之以俟沐浴.

集說 병이 위독하여 숨을 거두려고 할 때 시신을 땅으로 옮겨 다시 살아나기를 바라고, 사망에 이르면 시신을 들어서 침상 위에 올려놓는다. '호幠'는 덮는다(覆)는 뜻이다. '염금斂衾'은 대렴大斂 때 시신을 감쌀 이불을 생각하여 쓰는 것이다. 이보다 이전에 입고 있던 옷을 치우고 새 옷으로 갈아입혀 사망하게 하는데, 이제 이불로 덮으면서 사망 시 입고 있던 새 옷을 거두는 것이다. '설楔'은 떠받친다(拄)는 뜻이다. 뿔로 사柶[38]를 만드는데 길이가 6치며, 양쪽 머리는 구부러져 있다. 함숨을 하려고 할 때 입이 닫혀 있을까 염려되기 때문에 숟가락(柶)으로 이빨을 떠받쳐 입이 열려져 있게 하여 함숨을 받을 수 있게 하는 것이다. 시신에게 신발을 신겨야 할 때, 발이 치우치고 어긋나 있을까 염려되므로 연궤燕几[39]로 고정시켜 묶어서 곧게 펴 있게 한다. 病困時, 遷尸于地, 冀其復生, 死則舉而置之牀上也. '幠', 覆也.

'斂衾', 擬爲大斂之衾也. 先時徹褻衣而加新衣以死, 今覆以衾, 而去此死時之新衣也. '楔', 拄也. 以角爲柶, 長六寸, 兩頭屈曲. 爲將含, 恐口閉, 故以柶拄齒, 令開而受含也. 尸應著屨, 恐足辟戾, 故以燕几拘綴之, 令直也.

【상대기 27】

관인管人이 물을 길을 때, 두레박의 줄을 놓지 않고 손에 감아쥐고 가져가 서쪽 계단으로 물을 올리는데 계단을 다 올라가서 당에 오르지 않고 어자御者에게 건네준다. 어자가 들어가 목욕을 시킨다. 소신小臣 4인이 이불을 들어서 시신을 가리고, 어자 2인이 목욕을 시킨다. 목욕시키는 물은 동이에 담아놓고, 시신에 물을 부을 때는 국자를 사용한다. 목욕시킬 때에는 고운 갈포로 만든 수건을 사용하고, 욕의浴衣를 사용하여 닦는데, 모두 살아 있을 때와 같이 한다. 소신小臣이 시신의 발톱을 자르고, 목욕하고 남은 물은 구덩이(坎)에 버린다. 그 어머니의 상에는 내어자內御者(부인)들이 이불을 들어서 시신을 가리고 목욕을 시킨다.

管人汲, 不說繘, 屈之, 盡階, 不升堂, 授御者. 御者入浴. 小臣四人抗衾, 御者二人浴. 浴水用盆, 沃水用枓. 浴用絺巾, 挋用浴衣, 如他日. 小臣爪足, 浴餘水棄于坎. 其母之喪, 則內御者抗衾而浴.

鄭注 '이불을 든다'(抗衾)는 것은 위를 가리는 것으로 형체를 중시하는 것이다. '진挋'은 닦는다(拭)는 뜻이다. '조족爪足'은 발톱을 자른다는 뜻이다.

'抗衾'者, 蔽上, 重形也. '挋', 拭也. '瓜足', 斷足瓜也.

集說 '관인管人'은 관사館舍를 주관하는 자이다. '급汲'은 물을 길어서 시신을 목욕시키는 일에 공급하는 것이다. '율繘'은 물을 긷는 두레박 위의 줄이다. 급히 서두르느라 이 줄을 벗길 겨를이 없기 때문에 다만 둘둘 말아서 손으로 잡는 것이다. 물을 서쪽 계단으로 올리는데, 계단을 다 올라가지만 당에는 올라가지 않고 어자御者[40]에게 건네준다. '항금抗衾'은 이불을 들어서 시신을 가린다는 뜻이다. 이 목욕물은 동이에 담고 이어서 국자를 사용하여 동이 속의 물을 떠서 시신에게 부어 씻긴다. 고운 갈포로 수건을 만들고 물에 적셔 시신의 때를 씻어낸다. '진挋'은 닦는다는 뜻이다. '욕의浴衣'는 생존 시에 그것을 사용하여 목욕하던 것이다. 이를 사용하여 시신을 닦아서 몸을 말린다. '다른 날과 같이 한다'(如他日)는 것은 생존 시와 같이 한다는 뜻이다. '조족爪足'은 목욕이 끝나고 시신의 발톱을 깎는다는 뜻이다. 목욕하고 남은 물은 구덩이(坎) 안에 버린다. 이 구덩이는 전인甸人[41]이 흙을 취하여 아궁이를 만들 때 팠던 구덩이다. '내어자內御者'는 부인婦人이다.
'管'人, 主館舍者. '汲', 汲水以供浴事也. '繘', 汲水缾上索也. 急遽不暇解脫此索, 但縈屈而執於手. 水從西階升, 盡等而不上堂, 授與御者. '抗衾', 擧衾以蔽尸也. 此浴水用盆盛之, 乃用枓酌盆水以沃尸. 以絺爲巾, 蘸水以去尸之垢. '挋', 拭也. '浴衣', 生時所用以浴者. 用之以拭尸, 令乾也. '如他日'者, 如生時也. '爪足', 浴竟而翦尸足之爪甲也. 浴之餘水棄之坎中. 此坎是甸人取土爲竈所掘之坎. '內御者', 婦人也.

【상대기 28】

관인管人이 물을 길어서 어자御者에게 건넨다. 어자는 당 위에서 곡물을 일어 뜨물을 취해 머리를 감긴다. 군주는 수수의 뜨물로 머리를 감기고, 대부는 기장의 뜨물로 머리를 감기고, 사는 수수의 뜨물로 머리를 감긴다. 전인甸人은 서쪽 담장 아래의 흙을 파서 아궁이를 만들고, 도인陶人은 중력重鬲(중에 매달 솥)[42]을 내온다. 관인은 목욕물을 받으면 그것을 데운다. 전인은 복復하던 사람이 치웠던 묘廟의 서북쪽 모퉁이의 땔감나무를 가져다가 불을 지핀다. 관인이 데운 목욕물을 어자에게 건네면, 어자는 그 물로 죽은 이의 머리를 감긴다. 목욕할 때에 와반瓦盤(질그릇 대야)을 사용하고, 닦을 때에 수건을 사용하기를 살아 있을 때와 같이 한다. 소신小臣은 죽은 이의 손톱을 자르고 수염을 깎는다. 씻긴 물은 구덩이에 버린다.[43]

管人汲, 授御者. 御者差沐于堂上. 君沐粱, 大夫沐稷, 士沐粱. 甸人爲垼于西牆下, 陶人出重鬲. 管人受沐, 乃煮之. 甸人取所徹廟之西北厞薪, 用爨之. 管人授御者沐, 乃沐. 沐用瓦盤, 挋用巾, 如他日. 小臣爪手翦須. 濡濯棄于坎.

鄭注 '차差'는 인다(淅)는 뜻으로, 쌀을 일어 그 뜨물을 취해서 머리를 감는 데에 사용한다. '몸을 씻길 때는 국자를 사용한다'는 것과 '머리를 감길 때 는 대야에서 한다'는 것은 문장이 서로 변한 것이다.[44] 『의례』「사상례士喪禮」에는 "벼의 뜨물로 머리를 감긴다"고 하였는데, 이 경문에서 '사는 수수의 뜨물로 머리를 감긴다'라고 한 것은 대체로 천자의 사士인 경우를 가리킨다. 차이나는 비율로 계산해 올라가면 천자는 기장의 뜨물로 머리를 감을 것이다. '差', 淅也, 淅飯米, 取其潘以爲沐也. '浴沃用枓', '沐於盤中', 文相變也. 「士喪禮」"沐稻", 此云'士沐粱', 蓋天子之士也. 以差率而上之, 天子沐黍與!

集說 이 경문은 시신의 머리를 감기는 것에 대해 말했다. '차差'는 비빈다(摩)[45]는 뜻과 같다. 수수나 기장을 일어서 낸 뜨물을 가지고 머리를 감긴다는 뜻이다. 군주와 사가 똑같이 수수를 사용하는 것은 사가 신분이 낮아서 윗사람을 참람하게 침해한다는 혐의가 없기 때문이다. '역坄'은 흙으로 쌓은 아궁이(塊竈)이다. 머리를 감기려고 할 때, 전인甸人이 서쪽 담장 아래의 흙을 가져와 아궁이를 만든다. '도인陶人'은 질그릇을 만드는 관직이다. '중력重鬲'은 중重[46]에 매단 단지(罌)로 질그릇 단지(瓦缾)이며, 세 되를 담을 수 있다. 관인管人은 당상의 어자御者에게서 목욕에 쓸 뜨물을 받아서 내려와, 서쪽 담장으로 가서 아궁이 솥 안에 그 뜨물을 데워서 따뜻하게 한다. 전인甸人은 아궁이를 만드는 일을 끝마치면 곧바로 가서 복復을 한 자가 치워둔 정침正寢의 서북쪽 모퉁이의 땔감을 가져와서 아궁이에 불을 지펴 목욕에 쓰일 뜨물을 데운다. 정침을 묘廟라고 하는 것은 신성하게 여기는 것이다. 구설舊說에 "'비厞'는 지붕의 처마이다"라고 하였는데, 지붕 서북쪽의 처마에서 뽑아온다는 뜻이다. 일설[47]에는 서북쪽 모퉁이 안 보이는 곳에 둔 땔감이라고 한다. 질그릇 대야(瓦盤)에 이 뜨물을 담는다. '닦을 때 수건을 사용한다'는 것은 수건으로 머리와 얼굴을 씻는다는 것이다. '조수爪手'는 손톱을 자르는 것이다. '난濡'은 머리카락을 씻는다는 뜻이다. '도濯'은 깨끗하지 않은 뜨물이다. 此言尸之沐. '差', 猶摩也. 謂淅粱或稷之潘汁以沐髮也. 君與士同用粱者, 士卑不嫌於僭上也. '坄', 塊竈也. 將沐時, 甸人之官取西牆下之土爲塊竈. '陶人', 作瓦器之官也. '重鬲', 縣重之罌, 瓦缾也, 受三升. 管人受沐汁於堂上之御者, 而下往西牆, 於坄竈鬲中煮之令溫. 甸人爲竈畢, 卽往取復者所徹正寢西北厞, 以爨竈煮沐汁. 謂正寢爲廟, 神之也. 舊說, "'厞'是屋簷", 謂抽取屋西北之簷. 一說, 西北隅厞隱處之薪也. 用瓦盤, 以貯此汁也. '挋用巾', 以巾拭髮及面也. '爪手', 翦手之爪甲也. '濡', 煩撋其髮也. '濯', 不淨之汁也.

【상대기 29】

군주의 상喪에는 대반大盤을 설치하고 그 안에 얼음을 넣는다. 대부의 상에는 이반夷盤을 설치하고 그 안에 얼음을 넣는다. 사士의 상에는 와반瓦盤을 나란히 설치하되 얼음은 없다. 평상을 설치할 때는 평상의 살을 드러나게 한다. 베개가 있으며, 반함飯含을 할 때 하나의 평상이 있고, 습襲을 할 때 하나의 평상이 있고, 시신을 당으로 옮길 때 또 하나의 평상이 있으며, 이들 모두 베개와 자리가 있다. 군주와 대부와 사 모두 제도가 같다.

君設大盤, 造冰焉. 大夫設夷盤, 造冰焉. 士倂瓦盤, 無冰. 設牀, 襢第. 有枕, 含一牀, 襲一牀, 遷尸于堂又一牀, 皆有枕・席. 君・大夫・士一也.[48]

鄭注 이 일은 모두 목욕시킨 후에 하는 것이므로, 마땅히 '유탁기어감濡濯棄於坎'의 아래에 이어져야 하는데 간찰簡札이 이탈되어 이곳에 있는 것이다. '조造'는 넣는다(內)는 뜻과 같다. '단제襢第'는 평상의 살을 드러낸다는 뜻으로, 자리를 깔지 않고 목욕할 때의 평상처럼 하는 것을 말한다. 예에 있어서 중춘 이후 시신에 습襲을 하고 소렴小斂을 마치면 먼저 얼음을 대야 안에 넣고 비로소 그 위에 평상을 설치하는데 자리는 깔지 않고 그곳으로 시신을 옮긴다. 가을에는 서늘하므로 하지 않는다. 사士는 얼음을 사용하지 않고 질그릇으로 쟁반을 만들고 나란히 하여 얼음을 넣을 뿐이다. 한대漢代의 예에서 대반大盤은 넓이가 8척, 길이가 1장 2척, 깊이가 3척이었으며 가운데를 붉게 하였다. 이반夷盤[49]은 이보다 적다. 『주례』에서 "천자는 이반을 사용한다"[50]라고 하였고, 『의례』「사상례士喪禮」에서는 "군주가 얼

음을 하사했을 경우에도 이반을 사용한다"라고 하였다. 그렇다면 그 제도는 마땅히 똑같이 해야 할 것이다. 此事皆沐浴之後, 宜承'濡濯棄於坎'下, 札爛脫在此耳. '造', 猶內也. '禫第', 袒簀也, 謂無席, 如浴時牀也. 禮, 自仲春之後, 尸旣襲, 旣小斂, 先內冰盤中, 乃設牀於其上, 不施席而遷尸焉. 秋涼而止. 士不用冰, 以瓦爲盤, 倂以盛冰耳. 漢禮, 大盤廣八尺, 長丈二, 深三尺, 赤中. 夷盤小焉. 『周禮』"天子夷盤", 「士喪禮」"君賜冰亦用夷盤." 然則其制宜同之.

集說 '대반조빙大盤造冰'은 얼음을 대반大盤 안에 넣는다는 뜻이다. '이반夷盤'은 대반보다 작은 것이다. '이夷'는 시尸의 뜻과 같다. '병倂'은 나란하다(並)는 뜻이다. 와반瓦盤은 작다. 그러므로 나란히 설치하는 것이다. '(와반에는) 얼음은 없다'는 것은 물을 담는 것이다. 얼음을 아래에 두고, 위에 침상을 설치한다. '전禫'은 홑(單)의 뜻으로 자리를 치우고 평상의 살을 드러내며, 그 위에 시신을 올려놓아 차가운 기운이 통해서 부패하지 않게 한다. 함含[51] · 습襲[52] · 천시遷尸의 세 절차에는 각 절차마다 따로 침상이 있다. 이는 목욕시킨 이후 습襲과 소렴小斂 이전에 행하는 일을 말한 것이다. '大盤造冰', 納冰於大盤中也. '夷盤', 小於大盤. '夷', 猶尸也. '倂', 並也. 瓦盤小. 故倂設之. '無冰', 盛水也. 冰在下, 設牀於上. '禫', 單也, 去席而袒露第簀, 尸在其上, 使寒氣得通, 免腐壞也. 含 · 襲 · 遷尸三節, 各自有牀. 此謂沐浴以後襲斂以前之事.

【상대기 30】

군주의 상에 아들 · 대부大夫 · 공자公子 · 중사衆士는 모두 3일 동안 먹지 않는다. (3일이 지나면) 아들 · 대부 · 공자 · 중사는 죽을 먹는다. (유사가) 쌀을 공급하는데, 아침과 저녁으로 1일溢의 쌀을 공급한다. 그것을 먹는 데에 정해진 횟수가 없다. 사士는 거친 밥을 먹고 물을 마시는데, 먹는 데에 정해진 횟수가 없다. 부인夫人 · 세부世婦 · 여러 처妻들은 모두 거친 밥을 먹고 물을 마시는데, 먹는 데에 정해진 횟수가 없다.

君之喪, 子 · 大夫 · 公子 · 衆士皆三日不食. 子 · 大夫 · 公子 · 衆士食粥. 納財, 朝一溢米, 莫一溢米. 食之無算. 士疏食水飮, 食之無算. 夫人 · 世婦 · 諸妻皆疏食水飮, 食之無算.

鄭注 '납재納財'(받아쓰는 곡식)는 먹는 곡식을 가리킨다. 20냥을 '1일溢'이라 한다. 속미粟米의 법도에 1일溢은 쌀 1과 1/24 승이다. '제처諸妻'는 어첩御妾이다. 똑같이 '정해진 횟수가 없다'(無筭)고 하였으므로 이는 모두 1일溢이다. '미米'는 어떤 본에는 '죽粥'으로 되어 있고, 어떤 본에는 '반飯'으로 되어 있다. '納財', 謂食穀也. 二十兩曰'溢'. 於粟米之法, 一溢爲米一升二十四分升之一. '諸妻', 御妾也. 同言'無筭', 則是皆一溢. '米', 或'粥'或'飯'.

集說 '납재納財'(받아쓰는 곡식)는 유사가 이 쌀을 제공함을 말한다. 정현의 주에 '재財는 곡물(穀)이다'라고 하였는데, 쌀은 곡물에서 나오기 때문에 재財라고 했다는 뜻이다. '1일溢'은 1과 1/24승升이다. '그것을 먹는 데에 정해진 횟수가 없다'는 것은 상중에는 끼니때 맞추어 밥을 먹을 수 없으므로 생각에 따라 먹고 싶어지면 먹는다는 뜻이다. 다만 아침과 저녁을 합해서 이 2일溢의 쌀을 초과하여 먹을 수 없다. '소사疏食'는 거친 밥(粗飯)을 가리킨다. '納財', 謂有司供納此米也. 鄭註, '財, 穀也', 謂米由穀出故言財. '一溢', 二十四分升之一也. '食之無算'者, 謂居喪不能頓食, 隨意欲食則食. 但朝暮不過此二溢之米也. '疏食', 粗飯也.

【상대기 31】

대부大夫의 상에 주인과 가신의 우두머리(室老)와 손자는 모두 죽을 먹고, 중사衆士는 거친 밥에 물을 마시고, 처와 첩은 거친 밥에 물을 마신다. 사士의 상喪에서도 역시 그와 같이 한다.

大夫之喪, 主人·室老·子姓皆食粥, 衆士疏食水飮, 妻妾疏食水飮.① 士亦如之.②

鄭注 ① '실로室老'는 대부의 귀신貴臣이다. '중사衆士'는 이른바 중신衆臣이다.[53] '室老', 其貴臣也. '衆士', 所謂衆臣.

② 만일 대부의 아들이 죽을 먹는다면, 사망한 이의 처와 첩은 거친 밥에 물을 마신다. 如其子食粥, 妻妾疏食水飮.

集說 '실로室老'는 가신의 우두머리다. '자성子姓'은 손자이다. '중사衆士'는 실로의 아래이다. '사士의 상에서도 역시 그와 같이 한다'(士亦如之)는 것은 사士의 상喪에도 아들은 죽을 먹고 사망한 이의 처와 첩은 거친 밥에 물을 마신다는 뜻이다. '室老', 家臣之長. '子姓', 孫也. '衆士', 室老之下也. '士亦如之', 謂士之喪, 亦子食粥, 妻妾疏食水飮也.

【상대기 32】

장례葬禮를 마친 후에 주인은 거친 밥에 물을 마시지만, 채소와 과일은 먹지 않는다. 부인도 그와 같이 한다. 이는 군주, 대부大夫, 사士가 동일하다. 연제練祭를 지내고 야채와 과일을 먹으며, 상제祥祭를 지내고 고기를 먹는다. 성盛에 담긴 죽을 먹을 때에는 손을 씻지 않고, 산簒에 담긴 밥을 먹을 때에는 손을 씻는다. 야채를 먹을 때에는 식초와 젓갈을 곁들인다. 처음 고기를 먹을 때에는 먼저 마른 고기부터 먹는다. 처음 술을 마실 때에는 먼저 단술부터 마신다.

既葬, 主人疏食水飮, 不食菜果. 婦人亦如之. 君·大夫·士一也. 練而食菜果, 祥而食肉.① 食粥於盛, 不盥, 食於簒者盥. 食菜以醯·醬. 始食肉者, 先食乾肉. 始飮酒者, 先飮醴酒.②

鄭注 ① '과일'(果)이란 오이나 복숭아 등을 가리킨다. '果', 瓜桃之屬.

② '성盛'은 오늘날의 배우杯杅이다. '산簒'은 대나무로 만든 광주리(竹筥)이다. 마시는 경우에는 손을 씻지 않고, 손을 사용하여 밥을 먹는 경우에는 손을 씻는다. '산簒'은 어떤 본에는 '순簨'으로 되어 있다. '盛', 謂今時杯杅也. '簒', 竹筥也. 歠者不盥, 手飯者盥. '簒', 或作'簨'.

集說 '성盛'은 배우杯圩[54] 종류의 그릇이다. '산簒'은 대나무로 만든 광주리(竹筥)다. 배우에 죽을 담는데, 입으로 그것을 마신다. 그러므로 손을 씻을 필요가 없다. 밥은 대나무 광주리에 담겨 있는데, 손으로 취해서 먹어야 한다. 그러므로 손을 씻어야 한다. '盛', 杯圩之器也. '簒', 竹筥也. 杯圩盛粥, 歠之以口. 故不用盥手. 飯在簒, 須手取而食之. 故當盥手也.

【상대기 33】

(방친에 대한) 기년복의 상에는 (상을 당한 첫날) 세 끼를 먹지 않

는다. (이틀째부터는) 거친 밥을 먹고 물을 마시는데, 야채와 과일은 먹지 않는다. 3달 만에 장례葬禮를 마친 후 고기를 먹고 술을 마신다. (정복의) 기년상에는 상을 끝마칠 때까지 고기를 먹지 않고 술을 먹지 않는다. 아버지가 살아 계실 때 어머니를 위해서, 또는 처를 위해서 상복을 하는 경우이다. 9월 대공大功의 상에는 먹고 마시는 것을 기년상의 경우와 마찬가지로 한다. 고기를 먹고 술을 마시지만, 남들과 더불어 즐기지는 않는다.

期之喪, 三不食. 食疏食水飮, 不食菜果. 三月旣葬, 食肉飮酒. 期, 終喪不食肉, 不飮酒. 父在, 爲母爲妻. 九月之喪, 食飮猶期之喪也. 食肉飮酒, 不與人樂之.

鄭注 '고기를 먹고 술을 마신다'(食肉飮酒)는 것 역시 장례葬禮가 끝난 뒤를 의미한다. '食肉飮酒', 亦謂旣葬.

集說 '남들과 더불어 즐기지는 않는다'(不與人樂之)는 것은 술과 고기를 다른 사람과 함께 먹는 것으로 즐거움을 삼지 않는다는 뜻이다. '여與'는 구설에는 음이 '예預'라고 하였는데,[55] 잘못이다. ○ 소疏에서 말한다. "'기년상에는 세 끼를 먹지 않는다'는 것은 대부大夫·사士가 방계친족을 위해 입는 기년상의 경우를 말한 것이다. 정복正服[56]이라면 이틀 동안 먹지 않는다. 이에 대해서는 「간전間傳」에 보인다."[57] '不與人樂之', 言不以酒肉與人共食爲歡樂也. '與', 舊音'預', 非. ○ 疏曰: "'期喪三不食', 謂大夫士旁期之喪. 正服則二日不食. 見「間傳」."

【상대기 34】

5월 소공小功의 상에는 두 끼를 먹지 않고, 3월 시마緦麻의 상에는 한 끼를 먹지 않는 것으로 가능하다. 장례葬禮를 거행할 때에 이르러서는 고기를 먹고 술을 마시지만, 남들과 더불어 즐기지는 않는다. 숙모叔母·세모世母(백모)·옛 군주(故主)·종자宗子 등의 상인 경우에는 고기를 먹고 술을 마신다.

五月·三月之喪, 壹不食, 再不食, 可也. 比葬, 食肉飮酒, 不與人樂之. 叔母·世母·故主·宗子, 食肉飮酒.

鄭注 의복義服은 은혜가 가볍다. '옛 주인'(故主)은 옛날에 모시던 군주(舊君)를 가리킨다. '옛 주인'이라고 한 것은 대부 및 군주와 관계되기 때문이다. 義服恩輕也. '故主', 謂舊君也. 言'故主'者, 關大夫及君也.

集說 '한 끼를 먹지 않는다'(一不食)는 것은 3월의 상이다. '두 끼를 먹지 않는다'(再不食)는 것은 5월의 상이다. '고주故主'는 옛 군주(舊君)이다. 대부는 본래 '주主'로 칭한다. '一不食', 三月之喪也. '再不食', 五月之喪也. '故主', 舊君也. 大夫本稱'主'.

【상대기 35】

죽을 먹을 수 없는 사람은 야채를 넣어서 끓인 국을 먹어도 된다. 병을 앓고 있는 사람은 고기를 먹고 술을 마셔도 된다. 나이 50이 된 사람은 상복喪服의 예절을 다 갖추어 마치지 않고, 나이 70이 된 사람은 몸에 단지 최복衰服을 입기만 한다.

不能食粥, 羹之以菜可也.① 有疾, 食肉飮酒可也.② 五十不成喪,③ 七十唯衰麻在身.④

鄭注 ① 건강 상태가 죽을 먹을 수 없는 자는 야채를 끓인 국을 먹어도 괜찮다는 뜻이다. 謂性不能者, 可食飯菜羹.

② 그 기력이 약하기 때문이다. 爲其氣微.

③ '성成'은 갖춘다는 뜻과 같다. 갖추어 거상할 수 없는 것이란 몸을 수척하게 하기를 극진히 하지 않고(不致毁[58]), 요질의 마를 흩뜨려 드리우지 않고 장례를 행하는 것(不散送[59])과 같은 따위를 가리킨다. '成'猶備也. 所不能備, 謂不致毁不散送之屬也.

④ 그 밖의 거처나 음식은 길할 때와 같이 한다는 뜻이다. 言其餘居處飮食與吉時同也.

集說 '상복의 예절을 다 갖추어 마치지 않는다'(不成喪)는 것은 거상의 예절을 다 갖추지 않는다는 뜻이다. '不成喪', 謂不備居喪之禮節也.

【상대기 36】

장례를 마친 뒤, 군주가 음식을 하사하면 먹고, 대부와 부친의 친구가 음식을 하사하면 먹는다. 기장밥과 고기도 피하지 않는다. 만약 술과 단술이 있다면 그것은 사양한다.

旣葬, 若君食之則食之, 大夫·父之友食之則食之矣. 不辟粱肉. 若有酒醴則辭.

鄭注 존귀한 분의 앞에서는 좋은 음식을 먹을 수 있다. 그러나 안색에 변화가 생기는 음식은 또한 먹어서는 안 된다. 尊者之前, 可以食美也. 變於顔色, 亦不可.

集說 '군주가 음식을 하사한다'(君食之)는 것은 신하에게 음식을 하사한다는 뜻이다. '대부가 음식을 하사한다'(大夫食之)는 것은 사士에게 음식을 하사한다는 뜻이다. '부친의 친구'(父友)는 아버지와 뜻을 같이하는 사람이다. 이는 모두 신분이 높은 이가 신분이 낮은 이에게 먹게 하는 것이다. 그러므로 비록 기장밥과 고기라고 해도 피하지 않는다. 술과 단술은 안색에 나타나므로 사양해야 한다. '君食之', 食臣也. '大夫食之', 食士也. '父友', 父同志者. 此並是尊者食卑者. 故雖粱肉不避. 酒醴見顔色, 故當辭.

【상대기 37】

소렴小斂은 방안에서 행하고, 대렴大斂은 조계阼階에서 행한다. (소렴과 대렴에) 군주에게는 대자리를 사용하고, 대부大夫에게는 부들자리를 사용하고, 사士에게는 갈대자리를 사용한다.

小斂於戶內, 大斂於阼. 君以簟席, 大夫以蒲席, 士以葦席.

鄭注 '점簟'은 가는 갈대로 엮은 자리다. 세 가지 경우 자리 아래에는 모두 왕골이 있다. '簟', 細葦席也. 三者下皆有莞.

集說 '점석簟席'은 대나무로 만든 자리다. '簟席', 竹席也.

【상대기 38】

소렴小斂에 베로 만든 효포(布絞)를 사용하는데 세로로 된 것이 한 폭이고, 가로로 된 것이 세 폭이다. 군주의 경우는 비단이불(錦衾), 대부의 경우는 흰 비단 이불(縞衾), 사士의 경우는 검은 명주 이불(緇衾)을 쓰는데, 모두 한 장씩이다. 옷은 19벌(稱)이다. 군주의 경우는 당堂의 서序(당의 동서쪽 벽) 동쪽에 옷을 진설하고, 대부와 사의 경우는 방 안에 옷을 진설하는데, 모두 옷깃을 서쪽으로 향하게 하고 위를 북쪽으로 한다. 효포(絞)와 홑이불(紟)은 19벌 안에 포함되지 않는다.[60]

小斂, 布絞, 縮者一, 橫者三. 君錦衾, 大夫縞衾, 士緇衾, 皆一. 衣[61]十有九稱. 君陳衣于序東, 大夫・士陳衣于房中, 皆西領, 北上. 絞・紟不在列.

鄭注 '효포'(絞)는 염을 하고 나서 시신을 묶어 견고하게 하는 것이다. '축縮'은 세로(從)라는 뜻이다. '옷은 19벌이다'(衣十有九稱)는 것은 하늘과 땅의 끝나는 수를 본뜬 것이다. 『의례』「사상례士喪禮」에서 "소렴에는 옷을 방 안에 진설하는데, 옷깃을 남쪽으로 향하게 하고 위를 서쪽으로 한다"라고 하여, 대부의 경우와 다르다. 이제 경문에서 (사士의 소렴에 옷의 진설이 대부의 경우와) 같은 것은 또한 아마도 천자의 사士이기 때문일 것이다. 효포와 홑이불(紟)이 19벌 안에 포함되지 않는 것은 벌을 이루지 못하여서 연계하여 헤아리지 않기 때문이다. 소렴에는 홑이불이 없다. 효포가 19벌을 진설하는 데에 포함되지 않다는 것을 말하면서 드러낸 것이다. 어떤 본에는 "세로로 된 것이 두 폭이다"라고 되어 있다. '絞', 旣斂所用束堅之者. '縮', 從也. '衣十有九稱', 法天地之終數也. 「士喪禮」"小斂陳衣於房中, 南領, 西上", 與大夫異. 今此同, 亦蓋天子之士也. 絞・紟不在列, 以其不成稱, 不連數也. 小斂無紟. 因絞不

在列見之也. 或曰: "縮者二."

集說 이 경문은 소렴 때에 사용하는 옷과 이불에 대해 설명한 것이다. '효포'(絞)[62]는 소렴을 마치고 난 후 이것을 사용하여 시신을 묶어서 견실하게 하는 것이다. 세로로 된 것이 가로로 된 것의 위에 있다. 세로로 된 것은 한 폭이고, 가로로 된 것은 세 폭이다. 폭의 끝마다 갈라서 세 가닥으로 만들어 묶기에 편리하도록 한다. '모두 한 장씩이다'(皆一)라는 것은 군주·대부·사士에게 모두 이불 한 장을 사용한다는 뜻이다. 이불은 효포 위에 있다. 하늘의 수(天數)는 9에서 끝나고, 땅의 수(地數)는 10에서 끝난다. 그러므로 19벌(稱)이다. 속옷(袍)은 겹옷(夾衣)이고, 의상衣裳은 홑옷(單衣)이다. 그러므로 주에서 "홑옷과 겹옷이 갖추어진 것을 벌(稱)이라고 한다"[63]고 한 것이다. '금紟'[64]은 홑이불이다. '진설되는 데에 있지 않다'(不在列)는 것은 19벌의 수에 포함되지 않는다는 뜻이다. 此明小斂之衣衾. '絞', 旣斂所用以束尸, 使堅實者. 從者在橫者之上. 從者一幅, 橫者三幅. 每幅之末, 析爲三片, 以便結束. '皆一'者, 君·大夫·士皆一衾. 衾在絞之上. 天數終於九, 地數終於十. 故十有九稱也. 袍夾衣, 衣裳單衣. 故註云: "單複具曰稱." '紟', 單被也. '不在列', 不在十九稱之數也.

【상대기 39】

대렴大斂에 베로 만든 효포(布絞)를 사용하는데 세로로 된 것이 세 폭이고, 가로로 된 것이 다섯 폭이다. 베로 만든 홑이불(布紟)과 두 장의 이불(二衾)을 사용한다. 군주君主·대부大夫·사士 모두 똑같다. 군주의 경우 옷을 뜰(庭)에 진설하는데, 100벌이다. 옷깃을 북쪽으로 향하게 하고 위를 서쪽으로 하여 진설한다. 대부의 경우 옷을 당의 서序 동쪽에 진설하는데, 50벌이다. 옷깃을 서쪽으로 향하게 하고 위를 남쪽으로 하여 진설한다. 사의 경우 옷을 당의 서序 동쪽에 진설하는데, 30벌이다. 옷깃을 서쪽으로 향하게 하고 남쪽을 위로 하여 진설한다. 효포(絞)와 홑이불(紟)은 조복朝服과 마찬가지로 15승의 베를 쓴다. 효포 한 폭을 세 가닥으로 나누는데, 그 끝은 찢지 않는다. 홑이불(紟)은 다섯 폭인데, 표식을 붙이지 않는다.

大斂, 布絞, 縮者三, 橫者五. 布紟, 二衾. 君·大夫·士一也. 君陳衣于庭, 百稱. 北領, 西上. 大夫陳衣于序東, 五十稱. 西領, 南上. 士陳衣于序東, 三十稱. 西領, 南上. 絞·紟如朝服. 絞一幅爲三, 不辟. 紟五幅, 無紞.

鄭注 '두 장의 이불을 사용한다'(二衾)는 것은 혹 덮기도 하고 혹 깔기도 하기 때문이다. '조복과 마찬가지로 한다'(如朝服)는 것은 베의 정밀하고 거친 정도를 말하는 것으로, 조복은 15승의 베를 사용한다. 소렴에 사용하는 효포(絞)는 너비가 한 폭인데, 그 끝을 찢어놓아 묶은 것이 강할 정도가 되게 한다. 대렴에 사용하는 효포는 한 폭을 세 가닥으로 찢어 사용함으로써 묶은 것이 단단하게 되도록 한다. '담紞'은 비단 끈 종류로 만드는데 옷깃(領)의 가에 붙이는 것으로 오늘날의 피식被識[65]과 같은 것이다. 살아 있을 때에는 홑이불(禪被)에 표식을 해 두었다가 사망하면 그것을 제거하는데, 살아 있을 때와 달리하는 것이다. 『의례』「사상례」에 "대렴에도 방 안에 옷을 진설하는데, 옷깃을 남쪽으로 향하게 하고 위를 서쪽으로 한다"라고 하였으니, 대부의 경우와 달리하는 것이다. 이제 이 경문에서는 또한 똑같이 하는 것으로 되어 있으니 아마도 천자의 사士일 것이다. '담紞'은 어떤 본에는 '점點'으로 되어 있다. '二衾'者, 或覆之, 或薦之. '如朝服'者, 謂布精麤, 朝服

十五升. 小斂之絞也, 廣終幅, 析其末, 以爲堅之强也. 大斂之絞, 一幅三析用之, 以爲堅之急也. '紞', 以組類爲之, 綴之領側, 若今被識矣. 生時禪被有識, 死者去之, 異於生也. 「士喪禮」"大斂, 亦陳衣於房中, 南領, 西上", 與大夫異. 今此又同, 亦蓋天子之士. '紞'或爲'點'.

集說 이는 대렴大斂의 일을 설명한 것이다. '세로로 된 것이 세 폭'(縮者三)이란 한 폭을 수직 방향으로 사용하고 그 양 끝부분을 찢어서 세 가닥으로 만든다는 뜻이다. '가로로 된 것 다섯 폭'(橫者五)이란 베 두 폭을 나누어 찢어서 6조각으로 만들되 5조각을 사용하고, 수직 방향의 효포(絞) 아래에 가로로 놓는다는 뜻이다. '홑이불'(紟)은 일설에는 효포(絞) 아래에 두어 그것으로 시신을 든다고 하였고, 일설에는 효포의 위에 둔다고 하였는데, 어떤 것이 옳은지 모르겠다. '이불 두 장'(二衾)이란 소렴 때의 이불 한 장에 대렴 때에 다시 이불 한 장을 더하는 것이다. '조복과 같이 한다'(如朝服)는 것은 그 베를 조복처럼 15승의 베를 쓴다는 뜻이다. '효포 한 폭을 세 가닥으로 나누는데, 그 끝은 찢지 않는다'(絞一幅爲三, 不辟)는 것은 한 폭의 양 끝만 찢어서 세 가닥으로 만들고, 중간 부분은 찢지 않는다는 뜻이다. '홑이불 다섯 폭'은 시신을 드는 데에 사용한다. '표식을 붙이지 않는다'(無紞)는 것은 이불 머리에 끈 등의 장식을 사용하여 표식으로 삼지 않는다는 뜻이다. 또 살펴보건대, 사士가 수수의 뜨물로 머리를 감고 옷을 진설하는 것은 『의례』「사상례士喪禮」의 규정과 다르다. 구설에서 이것은 천자의 사士일 경우라고 하였다.[66] 此明大斂之事. '縮者三', 謂一幅直用, 裂其兩頭爲三片也. '橫者五', 謂以布二幅分裂作六片而用五片, 橫於直者之下也. '紟', 一說在絞下用以擧尸, 一說在絞上, 未知孰是. '二衾'者, 小斂一衾, 大斂又加一衾也. '如朝服', 其布如朝服十五升也. '絞一幅爲三, 不辟'者, 一幅兩頭分爲三段而中不擘裂也. '紟五幅', 用以擧尸者. '無紞', 謂被頭不用組紐之類爲識別也. 又按士沐粱及陳衣與「士喪禮」不同. 舊說此爲天子之士.

【상대기 40】

소렴에 사용하는 수의에서 제복祭服은 반드시 방향이 어긋나지 않게 진설한다. 군주의 경우 다른 사람이 보내준 수의(襚)는 진설하지 않는다. 대부와 사의 경우 주인主人의 제복을 모두 진설하고, 친척에게 받은 수의는 받아놓고 곧바로 진설하지는 않는다. 소렴에서 군주와 대부와 사는 모두 솜을 넣은 옷(複衣)과 솜을 넣은 이불(複衾)을 쓴다. 대렴에서 군주와 대부와 사는 제복祭服의 수에 제한을 두지 않는다. 군주는 겹옷(褶衣)과 겹이불(褶衾)을 사용한다. 대부와 사는 소렴에서와 마찬가지로 솜을 넣은 옷(複衣)과 솜을 넣은 이불(複衾)을 사용한다.③

小斂之衣, 祭服不倒.① 君無襚. 大夫·士畢主人之祭服, 親戚之衣, 受之, 不以卽陳.② 小斂, 君·大夫·士皆用複衣·複衾. 大斂, 君·大夫·士祭服無算. 君褶衣褶衾. 大夫·士猶小斂也.③

鄭注 ① 제복을 높이는 것이다. 염을 할 때는 방정하게 해야 하기 때문에, 산의散衣67)는 거꾸로 놓이는 경우도 생긴다. 尊祭服也. 斂者要方, 散衣有倒.

② '무수無襚'는 진설하지 않으며 염斂에 사용하지 않는 것이다. '無襚'者, 不陳, 不以斂.

③ '첩褶'은 겹옷(袷)의 뜻이다. 군주의 옷은 많은 것을 숭상하므로 그 부착된 것을 제거한다. '褶', 袷也. 君衣尙多, 去其著也.

集說 소렴의 19벌을 모두 몸에 입히지는 않고 방정하게만 한다. 그러므로 옷깃이 아래쪽에 놓인 경우가 있다. 다만 제복祭服은 존귀하기 때문에 반드시 옷깃이 위쪽에 있게 한다. '군무수君無襚'는 모두 자기의 옷을 사용

하고 타인이 보내준 수의는 사용하지 않음을 뜻한다. 대부와 사의 경우는 자신의 옷을 전부 사용한 다음에 수襚[68]를 사용한다. '제복祭服'이라고 말한 것은 존귀하고 아름다운 것을 들어 말한 것이다. 친척이 보내준 수의는 비록 받기는 하지만 그것을 진설하지는 않는다. '복의複衣와 복금複衾'은 솜이 들어간 옷과 이불이다. '제복의 수에 제한을 두지 않는다'(祭服無算)는 것은 있는 대로 모두 사용하여 수의 제한을 두지 않는다는 뜻이다. '첩의褶衣와 첩금褶衾'은 겹으로 된 옷과 이불이다. 군주의 수의에서는 많음을 숭상한다. 그러므로 대렴에 겹으로 된 옷과 이불을 사용한다. 대부와 사는 그대로 소렴 때 쓰는 복의複衣와 복금複衾를 사용한다. 小斂十九稱, 不悉著於身, 但取其方. 故有領在下者. 惟祭服尊, 故必領在上也. '君無襚', 謂悉用已衣, 不用他人襚送者. 大夫・士盡用已衣, 然後用襚. 言'祭服', 擧尊美者言之也. 親戚所襚之衣, 雖受之而不以陳列. '複衣・複衾', 衣衾之有綿纊者. '祭服無算', 隨所有皆用, 無限數也. '褶衣褶衾', 衣衾之袷者. 君衣尙多. 故大斂用袷衣衾. 大夫・士猶用小斂之複衣複衾也.

【상대기 41】

포袍(속옷)는 반드시 그 위에 겉옷을 입고 (단독의) 홑옷으로 입지 않으며, 상의에는 반드시 치마가 있다. 이를 한 벌(一稱)이라고 한다.

袍必有表, 不襌, 衣必有裳. 謂之一稱.

鄭注 '포袍'는 안에 입는 속옷이므로 반드시 그것을 드러내는 것이 있어야 한 벌을 이루게 된다. 「잡기상雜記上」(60)에 "자고子羔의 상에 襲을 할

때 사용한 옷은 핫옷(繭衣裳)과 치마의 끝동(衻)을 붉은 비단으로 두른 단의稅衣가 한 벌을 이루었다"라고 한 것이 이것이다. 『논어』에 "더울 때에는 가는 갈포와 굵은 갈포로 만든 속옷을 입었는데 반드시 겉옷을 위에 걸치고 있었다"69)라고 한 것 또한 안에 입은 옷이 밖으로 보이는 것을 대비해서이다. '袍', 褻衣, 必有以表之乃成稱也. 「雜記」曰: "子羔之襲, 繭衣裳與稅衣纁衻爲一", 是也. 『論語』曰: "當暑袗絺綌, 必表而出之", 亦爲其褻也.

集說 '포袍'는 옷 가운데 몸에 입는 것으로서 곧 속옷(褻衣)이다. 반드시 예복을 갖추어서 그 밖을 표현하고, 홑옷으로 입어서 밖으로 드러내서는 안 된다. 웃옷과 치마 역시 한쪽만 있어서는 안 된다. 이와 같이 해야 한 벌(稱)을 이룬다. '袍', 衣之有著者, 乃褻衣也. 必須有禮服以表其外, 不可襌露. 衣與裳, 亦不可偏有. 如此乃成稱也.

【상대기 42】

무릇 옷을 진설할 때에는 상자 속에서 꺼내어 진설하고, 옷을 건네받을 때에도 상자를 이용한다. 옷을 들고 오르고 내릴 때에도 서쪽 계단을 통해서 오르고 내린다. 무릇 옷을 진설할 때에는 말지 않고 펴놓으며, 정색正色이 아닌 옷은 진설하는 데 포함시키지 않는다. 치絺·격綌·저紵는 진설하는 데 포함시키지 않는다.

凡陳衣者實之篋, 取衣者亦以篋. 升降者自西階.① 凡陳衣不詘, 非列采不入. 絺·綌·紵不入.②

鄭注 ① '취取'는 받는다(受)는 뜻이다. '取', 猶受也.

② '불굴不屈'은 펴놓고 말지 않는다는 뜻이다. '열채列采'는 정복正服의 색을

가리킨다. '치絺 · 격綌 · 저紵'는 더울 때 입는 속옷이다. 시신에 습襲을 할 때 형체를 중시하여 겨울이든 여름이든 포袍를 사용하고, 염을 할 때에 이르러 정복正服을 사용한다. '不屈', 謂舒而不卷也. '列采', 謂正服之色也. 絺 · 綌 · 紵者當暑之褻衣也. 襲尸重形, 冬夏用袍, 及斂則用正服.

集說 '진의자실지협陳衣者實之篋'은 상자 속에서 꺼내어 진설한다는 뜻이다. '취의取衣'는 수의襚衣를 담당하는 자가 건네는 옷을 받아 취한다는 뜻이다. '불굴不詘'은 펴놓고 말지 않는다는 뜻이다. '정색(列采[70])이 아닌 옷'(非列采)은 간색間色이나 잡색雜色이 된다. 시신을 염할 때 더운 여름이라도 속옷(袍)을 사용한다. 그러므로 치絺 · 격綌과 저포紵布는 모두 진설하는데 포함시키지 않는다.[71] '陳衣者實之篋', 自篋中取而陳之也. '取衣', 收取襚者所委之衣也. '不詘', 舒而不卷也. '非列采', 爲間色雜色也. 斂尸者, 當暑亦用袍. 故絺 · 綌與紵布, 皆不入也.

【상대기 43】

무릇 염을 집행하는 사람은 단袒을 하고, 시신을 옮기는 사람은 습襲을 한다.

凡斂者袒, 遷尸者襲.

鄭注 단袒(왼쪽 어깨를 드러냄)을 하는 것은 일에 편리하도록 하기 위한 것이다. 袒者, 於事便也.

集說 소렴과 대렴의 일을 집행하는 사람은 그 일이 번잡하기 때문에 반드시 단袒(왼쪽 어깨를 드러냄[72])을 하여 편리함을 취하고, 시신을 옮겨 관에 넣을 때는 그 일이 쉽기 때문에 왼쪽 어깨를 드러내지 않는다. 執小斂 · 大

斂之事者, 其事煩, 故必袒以取便, 遷尸入柩則其事易矣, 故不袒.

【상대기 44】

군주의 상에는 태축(大胥 大祝)이 염斂을 집행하고, 중축(衆胥 商祝)이 돕는다. 대부의 상에는 태축이 임하고, 중축이 염을 집행한다. 사의 상에는 축(胥 商祝)이 임하고, 사가 염을 집행한다.

君之喪, 大胥是斂, 衆胥佐之. 大夫之喪, 大胥侍之, 衆胥是斂. 士之喪, 胥爲侍, 士是斂.

鄭注 '서胥'는 음악을 주관하는 관직으로서 상사喪事를 관장하지는 않는다. '서胥'는 '축祝' 자의 잘못이다. '시侍'는 임한다(臨)는 뜻과 같다. 태축大祝의 관직은 대상大喪에서 염하는 일을 돕고, 상축喪祝은 경・대부의 상에서 염의 일을 관장한다. 『의례』「사상례士喪禮」에 "상축商祝은 염을 주관한다"라고 하였다. '胥', 樂官也, 不掌喪事. '胥'當爲'祝'字之誤也. '侍', 猶臨也. 大祝之職, 大喪贊斂, 喪祝, 卿大夫之喪掌斂. 「士喪禮」"商祝主斂."

集說 '서胥'를 '축祝'으로 읽어야 하는 것은 '서胥'는 악관樂官으로서 상사喪事를 관장하지 않기 때문이다. 『주례』에 따르면, 태축大祝의 직무가 대상大喪에 염하는 일을 돕고,73) 상축喪祝은 경과 대부의 상에 염하는 일을 관장한다.74) 『의례』「사상례士喪禮」에 "상축商祝은 염하는 일을 주관한다"라고 하였다. 그러므로 '축祝'이 되어야 함을 알 수 있다. '시侍'는 임한다는 뜻과 같다. '胥', 讀爲'祝'者, 以'胥'是樂官, 不掌喪事也. 『周禮』, 大祝之職, 大喪贊斂, 喪祝, 卿大夫之喪掌斂. 「士喪禮」"商祝主斂." 故知當爲'祝'. '侍', 猶臨也.

【상대기 45】

소렴과 대렴에 제복祭服은 방향이 어긋나지 않게 않고, 모두 옷깃을 왼쪽으로 여미며, 옷을 묶는 데 효포(絞)를 사용하고 고(紐)를 만들지 않는다.

小斂大斂, 祭服不倒, 皆左衽, 結絞不紐.

鄭注 '좌임左衽'은 옷깃이 왼쪽으로 향하게 하는 것으로, 살아 있을 때와 반대로 하는 것이다. '左衽', 衽鄕左, 反生時也.

集說 소疏에서 말한다. "'임衽'은 옷깃이다. 살아 있을 때는 옷깃을 오른쪽으로 향하게 하는데, 왼손으로 띠를 풀어서 빼기에 편리하도록 하기 위한 것이다. 죽으면 옷깃을 왼쪽으로 향하게 하는 것은 다시는 풀지 않음을 보여주는 것이다. '효포를 사용하여 묶고 고를 만들지 않는다'(結絞不紐)는 것은 살아 있을 때에는 띠에 모두 굴뉴屈紐(고)를 만들어 당겨 풀기 쉽도록 하지만, 죽을 때에는 다시는 푸는 의리가 없기 때문에 효포(絞)로 완전히 묶고 고(紐)를 만들지 않는 것이다." 疏曰: "'衽', 衣襟也. 生向右, 左手解抽帶便也. 死則襟向左, 示不復解也. '結絞不紐'者, 生時帶並爲屈紐, 使易抽解, 死時無復解義, 故絞束畢結之, 不爲紐也."

【상대기 46】

염을 하는 자가 염을 마치면 반드시 곡을 한다. 사士는 살아 있을 때 죽은 이와 함께 일을 한 사람이라면 염을 하게 한다. 염을 하면,

사망한 이를 위해서 한 끼의 식사를 거른다. 무릇 염을 행하는 사람은 6인이다.

斂者旣斂, 必哭. 士與其執事則斂. 斂焉則爲之壹不食. 凡斂者六人.

鄭注 염을 하는 자가 반드시 일을 집행하는 데에 참여한 사람에게 시키는 것은 함부로 사람들이 시신을 더럽히지 않게 하려는 것이다. '집執'은 어떤 본에는 '집槸'으로 되어 있다. 斂者必使所與執事者, 不欲妄人褻之. '執'或爲'槸'.

集說 '죽은 이와 함께 일을 한다'(與其執事)는 것은 모든 일을 서로 돕는다는 뜻이다. 구설舊說[75]에는 이 죽은 이와 살아 있을 때 함께 일을 하였으니 죽은 이를 설만하게 여기거나 싫어하지 않을 사람이기 때문에 그에게 염을 시킨다고 하였는데, 옳은지는 모르겠다. '與其執事', 謂相助凡役也. 舊說謂與此死者平生共執事, 則不至褻惡死者, 故以之斂, 未知是否.

【상대기 47】

군주의 상喪에 비단의 모冒(시신을 감싸는 주머니)에 도끼 문양을 그려 넣은 쇄殺(모의 아랫부분)를 사용하며, 철방綴旁은 7개이다. 대부의 상에 현색玄色의 모에 도끼 문양을 그려 넣은 쇄殺를 사용하며, 철방은 5개이다. 사의 상에 검은 비단의 모에 붉은색의 쇄를 쓰며, 철방은 3개이다. 무릇 모는 질質(모의 윗부분)의 길이는 손과 나란하며 쇄의 길이는 3척이다. 소렴 이후에는 이금夷衾을 사용하는데, 이금의 질과 쇄에 대한 제도는 모의 경우와 같다.

君錦冒黼殺, 綴旁七. 大夫玄冒黼殺, 綴旁五. 士緇冒赬殺, 綴旁三. 凡冒, 質長與手齊, 殺三尺. 自小斂以往用夷衾, 夷衾質殺之裁猶冒也.

鄭注 '모冒'는 습을 하고 나서 시신을 씌우는 것으로 형체를 중시하는 것이다. '쇄殺'는 모의 아래치마로 아랫부분을 씌워 감싸면서 위로 올라가는 것이다. 소렴을 하고 또 이금으로 덮는다. '재裁'는 제도의 뜻과 같은데 어떤 본에는 '재材'로 되어 있다. '冒'者, 旣襲所以韜尸, 重形也. '殺', 冒之下帬, 韜足上行者也. 小斂又覆以夷衾. '裁'猶制也, 字或爲'材'.

集說 '모冒'는 시신을 씌우는 두 주머니로, 위쪽을 '질質'이라 하고 아래쪽을 '쇄殺'라고 한다. 먼저 쇄로 다리를 씌워 감싸면서 위로 올라가고, 뒤에 질로 머리를 씌워 감싸면서 아래로 내려간다. 군주의 경우 질은 비단을 사용하고, 쇄에는 보黼(도끼 문양)의 무늬를 그려 넣는다. 그러므로 '금모보쇄錦冒黼殺'(비단의 모에 보 문양의 쇄)라고 한 것이다. 그 제도는 한 쪽 머리를 꿰매어 봉합하고, 또 한 변을 꿰매어 연결시키며, 나머지 한 변은 꿰매지 않는다. 두 주머니가 모두 그렇다. '철방칠綴旁七'은 꿰매지 않는 변의 위아래에 7개의 띠를 부착하여 이어서 묶는다는 뜻이다. 위쪽의 질은 머리로부터 내려오니, 그 길이는 손과 나란하다. 쇄는 아래로부터 위로 올라가니, 그 길이는 3척이다. 소렴에는 이 모冒가 있다. 그러므로 금衾(이불)을 사용하지 않는다. 소렴 이후에는 이금夷衾을 사용하여 덮는다. '이夷'는 시신(尸)이라는 뜻이다. '재裁'는 제도(製)라는 뜻과 같다. 이금夷衾과 질쇄質殺의 제도는 모두 시신의 형체를 덮고 감싸기 위해서 만들어진 것이다. 구설에 이금 역시 위는 손과 나란하고 아래는 3척이니, 비단의 색과 길이에 대한 제

도는 모冒의 질쇄에 대한 규정과 같다고 하였다.[76] '冒'者, 韜尸之二囊, 上曰'質', 下曰'殺'. 先以殺韜足而上, 後以質韜首而下. 君質用錦, 殺畫黼文. 故云'錦冒黼殺'也. 其制縫合一頭, 又縫連一邊, 餘一邊不縫. 兩囊皆然. '綴旁七'者, 不縫之邊上下, 安七帶, 綴以結之也. 上之質從頭而下, 其長與手齊. 殺則自下而上, 其長三尺也. 小斂有此冒. 故不用衾. 小斂以後, 則用夷衾覆之. '夷', 尸也. '裁', 猶製也. 夷衾與質殺之制, 皆爲覆冒尸形而作也. 舊說, 夷衾亦上齊手, 下三尺, 繒色及長短制度, 如冒之質殺.

【상대기 48】

군주의 상에서 대렴을 하려고 할 때, 아들은 소변素弁에 환질環絰[77]을 두르고 동서東序(당의 동쪽 벽) 끝의 자리로 나아간다. 경과 대부는 당의 모서리 영楹(기둥) 서쪽의 자리로 나아가서 북쪽을 향하는데, 동쪽을 윗자리로 하여 나란히 선다. 제부諸父와 제형諸兄은 당 아래에서 북쪽을 향하고, 부인夫人과 명부命婦는 시신의 서쪽에서 동쪽을 향하고, 외종外宗의 여자들은 방 안에서 남쪽을 향해 서 있는다. 소신小臣은 대렴大斂을 할 돗자리(席)를 깔아놓는다. 상축商祝이 효포(絞)·홑이불(紟)·이불(衾) 등을 깔아놓고, 사士는 세숫대야(盤)의 북쪽에서 손을 씻은 다음 시신을 염할 곳으로 옮긴다. 대렴을 마치면, 태재太宰가 상주喪主에게 염이 끝났음을 아뢴다. 아들 상주는 시신에 기대어 곡哭을 하고 용踊을 한다. 부인夫人은 (시신의 서쪽에서) 동쪽을 향해 앉아서 시신에 기대어 곡哭을 하고 일어나 용踊을 한다.

君將大斂, 子弁絰, 卽位于序端. 卿·大夫卽位于堂廉楹西, 北面, 東上. 父·兄堂下, 北面, 夫人·命婦尸西, 東面, 外宗房中南面. 小臣鋪席. 商祝鋪絞·紟·衾·衣, 士盥于盤上, 士擧遷尸于斂上. 卒斂, 宰告. 子馮之踊. 夫人東面亦如之.

鄭注 '아들은 소변에 환질을 두른다'(子弁絰)는 것은 아직 성복成服을 하기 전이기 때문으로, 변은 작변爵弁과 같지만 흰색(素 누이지 않은 색)이다. 대부의 상에 아들은 역시 변에 질을 두른다. '子弁絰'者, 未成服, 弁如爵弁而素. 大夫之喪, 子亦弁絰.

集說 '변질弁絰'은 소변素弁 위에 환질環絰을 두른 것으로 아직 성복成服하기 이전이기 때문이다. '서序'는 당의 동쪽 서序를 가리키고, '단端'은 서序의 남쪽 끝이다. '당렴堂廉'은 당의 기基 남쪽 경계 모서리의 위다. '영楹'은 남쪽으로 당의 모서리에 가까운 기둥이다. '제부諸父와 제형諸兄은 당 아래에서 북쪽을 향한다'는 것은 제부와 제형 가운데 벼슬을 하지 못한 자는 신분이 비천하기 때문에 당 아래에 있음을 말한다. '외종外宗'은 설명이 「잡기하雜記下」(80)에 보인다. '소신小臣은 대렴大斂할 돗자리를 깔아놓는다'는 것은 효포(絞)·홑이불(紟)·이불(衾)을 자리 위에 깐다는 뜻이다. '사士'는 상축商祝 등을 말한다. '염상斂上'은 곧 염하는 곳이다. '염을 마치면 재가 고한다'(卒斂, 宰告)는 것은 태재太宰가 상주에게 염의 의절이 끝났음을 고한다는 뜻이다. '그것을 껴안고서 용을 한다'(馮之踊)는 것은 시신에 기대어 곡을 하다가 일어나 용을 한다는 뜻이다. '弁絰', 素弁上加環絰, 未成服故也. '序', 謂東序, '端', 序之南頭也. '堂廉', 堂基南畔廉棱之上也. '楹', 南近堂廉者. '父·兄堂下北面', 謂諸父諸兄之不仕者, 以賤故在堂下. '外宗', 見「雜記下」. '小臣鋪席', 絞·紟·衾鋪于席上. '士', 商祝之屬也. '斂上', 卽斂處也. '卒斂, 宰告', 太宰告孝子以斂畢也. '馮之踊'者, 馮尸而起踊也.

【상대기 49】

대부의 상에서 대렴을 행하고자 효포(絞)·홑이불(紟)·이불(衾)·수의(衣)를 펴 놓았는데 군주가 조문하러 이르면, 주인은 군주를 맞이하는데 군주보다 먼저 문 오른쪽으로 들어오고, (군주를 수행한) 무巫는 문 밖에서 멈춘다. 군주는 석채釋菜의 예를 행하고, 축祝은 군주보다 먼저 문으로 들어가 당에 오른다. 군주는 동서東序 끝의 자리로 나아간다. 경과 대부는 당의 모서리 영楹(기둥) 서쪽의 자리로 나아가서 북쪽을 향하는데, 동쪽을 윗자리로 하여 나란히 선다. 주인은 방 밖에서 남쪽을 향해 선다. 주부主婦는 시신의 서쪽에서 동쪽을 향해 선다. 시신을 옮긴다. 염이 끝나면 재宰는 염이 끝났음을 상주에게 고한다. 주인은 서쪽 계단에서 내려와 당 아래에서 북쪽을 향해 선다. 군주가 시신을 어루만진다. 주인은 배례拜禮하면서 이마를 지면에 댄다. 군주는 당에서 내려와 주인에게 당 위에 올라가 시신에 기대어 곡용哭踊하게 하고, 주부主婦에게 명하여 시신에 기대어 곡용하게 한다.

大夫之喪, 將大斂, 旣鋪絞·紟·衾·衣, 君至, 主人迎, 先入門右, 巫止于門外. 君釋菜, 祝先入, 升堂. 君卽位于序端. 卿·大夫卽位于堂廉楹西, 北面, 東上. 主人房外南面. 主婦尸西, 東面. 遷尸. 卒斂, 宰告. 主人降, 北面于堂下. 君撫之. 主人拜稽顙. 君降, 升主人馮之, 命主婦馮之.

鄭注 '먼저 오른쪽으로 들어온다'(先入右)는 것은 문에 들어가서 오른쪽에 선다는 뜻이다. '무는 멈춘다'(巫止)는 것은 군주가 출행할 때에는 반드시 무

巫와 함께하는데, 무는 흉하고 사악한 것을 제거하는 일을 주관한다. '석채釋菜'는 문門의 신에게 예를 갖추는 것이다. 반드시 문의 신에게 예를 갖추는 것은 예에 있어서 군주는 질병에 걸린 자를 위문하거나 상을 당한 자를 조문하는 경우가 아니라면 신하의 집에 들어가지 않기 때문이다. '주인은 방 밖에서 남쪽을 향해 선다'(主人房外南面)는 것은 대부의 아들은 존귀하므로 올라가서 염하는 것을 살필 수 있기 때문이다. '先入右'者, 入門而右也. '巫止'者, 君行必與巫, 巫主辟凶邪也. '釋菜', 禮門神也. 必禮門神者, 禮, 君非問疾・弔喪不入諸臣之家也. '主人房外南面', 大夫之子尊, 得升視斂也.

集說 '군주는 석채釋菜의 예를 행한다'는 것은 문의 신에게 예의를 갖추는 것이다. '재가 고한다'(宰告)는 것은 또한 상주에게 염이 끝났음을 고하는 것이다. '군주가 어루만진다'(君撫之)는 것은 시신을 어루만진다는 뜻이다. '주인이 배례拜禮하면서 이마를 지면에 댄다'는 것은 군주의 은혜에 감사하는 예이다. '주인에게 당 위에 올라가 시신에 기대어 곡용哭踊하게 한다'는 것은 군주가 주인에게 당堂에 올라가서 시신에 기대어 곡용哭踊을 하게 한다는 뜻이다. '명命'은 또한 군주가 명령을 하는 것이다. '君釋菜', 禮門神也. '宰告', 亦告主人以斂畢也. '君撫之', 撫尸也. '主人拜稽顙', 謝君之恩禮也. '升主人馮之', 君使主人升堂馮尸也. '命', 亦君命之.

【상대기 50】

사士의 상에서 대렴을 하고자 할 때, 군주는 참가하지 않으며, 그 나머지 의절은 대부의 상과 마찬가지다.

士之喪, 將大斂, 君不在, 其餘禮猶大夫也.

鄭注 '그 나머지 의절'(其餘)은 경·대부 및 주부의 위치를 말한다. '其餘', 謂卿大夫及主婦之位.

集說 '그 나머지 의절'(其餘禮)은 옷을 깔고 자리에 나아가는 등의 일을 말한다. '其餘禮', 如鋪衣列位等事.

【상대기 51】

효포(絞)와 홑이불(紟)을 깔 때에 용踊을 하고, 이불(衾)을 깔 때에 용을 하고, 수의(衣)를 깔 때에 용을 한다. 시신을 옮길 때 용을 하고, 수의로 염할 때 용을 하고, 이불로 염할 용을 하고, 효포와 홑이불로 염할 때 용을 한다.

鋪絞·紟踊, 鋪衾踊, 鋪衣踊. 遷尸踊, 斂衣踊, 斂衾踊, 斂絞·紟踊.

鄭注 상주가 용을 하는 의절을 가리켜 밝힌 것이다. 目孝子踊節.

集說 이 경문은 용踊의 의절이다. 시신을 움직이고 관을 들 때에는 곡과 용을 함에 횟수의 제한이 없으므로, 이 절목에 들어가지 않은 것이다. 此踊之節也. 動尸擧柩, 哭踊無數, 不在此節.

【상대기 52】

(소렴이 끝나면) 군주는 대부의 시신을 손으로 어루만지고, 내명부

의 시신은 손으로 어루만진다. 대부는 실로室老의 시신을 손으로 어루만지고, 질姪과 제娣의 시신을 손으로 어루만진다.

君撫大夫, 撫內命婦. 大夫撫室老, 撫姪·娣.

鄭注 '무撫'는 손으로 어루만진다는 뜻이다. '내명부內命婦'는 군주의 세부世婦이다. '撫', 以手按之也. '內命婦', 君之世婦.

集說 '무撫'는 손으로 어루만진다는 뜻이다. '내명부內命婦'는 군주의 세부世婦이다. 대부大夫와 내명부는 모두 신분이 귀하다. 그러므로 군주가 직접 손으로 어루만지는 것이다. 그 이하는 손으로 어루만지지 않는다. '실로室老'는 존귀한 신하이고, '질제姪娣'는 존귀한 첩이다. 그러므로 대부가 손으로 어루만진다. 옛날에 제후는 한 번에 9명의 여자를 아내로 맞이하는데, 두 나라에서 각각 여인을 잉첩媵妾으로 보내서 제질娣姪로 삼아 따르게 하였다. 대부의 내자內子 또한 질제를 두었다. '질姪'은 형兄의 딸이고, '제娣'는 여동생이다. 신분에서 제娣는 높고, 질姪은 낮다. 『의례』「사혼례士昏禮」에 비록 '여동생을 잉첩으로 보낸다'(娣媵)는 말은 없지만, 먼저 '질姪'을 말하였으니 만약 여동생(娣)이 없을 때에는 오히려 먼저 잉첩으로 보내는 것이다. 사士에게 여동생을 잉첩으로 보내는 일이 있다면, 대부의 경우에도 있음을 알 수 있다. '撫', 以手按之也. '內命婦', 君之世婦也. 大夫·內命婦皆貴. 故君自撫之. 以下則不撫也. '室老', 貴臣, '姪娣', 貴妾. 故大夫撫之也. 古者諸侯一娶九女, 二國各以女媵之, 爲娣姪以從. 大夫內子亦有姪娣. '姪'者兄之子, '娣'女弟也. 娣尊姪卑. 「士昏禮」雖無'娣媵', 先言'姪', 若無娣, 猶先媵. 士有娣媵則大夫有, 可知矣.

【상대기 53】

군주와 대부는 부·모·처·장자長子의 상에서 시신에 기대어 곡용을 하고, 서자庶子의 상에는 시신에 기대어 하지 않는다. 사는 부·모·처·장자·서자의 상에서 시신에 기대어 곡용을 한다. 서자에게 아들이 있다면 부모는 그의 시신에 기대어 곡용하지 않는다. 무릇 시신에 기대어 곡용하는 것(馮尸)[78]은 부모를 먼저 하고 처자를 나중에 한다.

君·大夫馮父·母·妻·長子, 不馮庶子. 士馮父·母·妻·長子·庶子. 庶子有子, 則父母不馮其尸. 凡馮尸者, 父·母先, 妻·子後.

鄭注 자기 부모가 의지하던 바에 눈길을 주는 것이다. '빙馮'은 붙들고 가슴에 안는 것을 말한다. 目於其親所馮也. '馮', 謂扶持服膺.

集說 '부모를 먼저 하고 처자를 나중에 한다'는 것은 부모처자의 시신을 두고 하는 말이다. 신분이 높은 자에 대하여 먼저 시신에 기대어 곡용하고, 신분이 낮은 자에 대하여 나중에 하는 것이다. ○ 소疏에서 말한다. "군주와 대부의 서자는 비록 서자에게 아들이 없더라도 모두 시신에 기대어 곡용할 수 없다." '父母先妻子後', 謂尸之父母妻子也. 尊者先馮, 卑者後馮. ○ 疏曰: "君·大夫之庶子, 雖無子, 並不得馮."

【상대기 54】

군주는 신하의 상에 시신을 어루만진다. 부모는 자식의 상에 시신의 옷을 붙잡는다. 자식은 부모의 상에서 시신에 몸을 구부려 기댄다. 며느리는 시부모의 상에 시신의 옷을 받들어 잡는다. 시부모는 며느리의 상에 시신을 어루만진다. 아내는 지아비의 상에 시신의 옷을 가만히 끌어당긴다. 지아비는 아내와 형제의 상에 시신의 옷을 붙잡는다. 시신을 어루만질 때에는 군주가 만졌던 곳은 피한다. 무릇 시신을 어루만지면 일어나면서 반드시 용踊을 한다.

君於臣撫之. 父母於子執之. 子於父母馮之. 婦於舅姑奉之. 舅姑於婦撫之. 妻於夫拘之. 夫於妻·於昆弟執之.① 馮尸不當君所.② 凡馮尸, 興必踊.③

鄭注 ① 이는 은혜의 깊고 얕고 높고 낮음에 따른 의절이다. 기대어 곡용하는 종류의 의절은 반드시 심장 부근에 한다. 此恩之深淺尊卑之儀也. 馮之類, 必當心.

② 감히 존귀한 자가 어루만지는 곳과 같은 곳에 하지 못하는 것이다. 不敢與尊者所馮同處.

③ 슬프고 애달픔이 지극하여 시신에 기대어 곡용할 때에는 반드시 앉아서 한다. 悲哀之至, 馮尸必坐.

集說 '무지撫之'는 시신의 심장과 가슴에 해당하는 곳을 어루만진다는 뜻이다. '집지執之'는 그 옷을 잡는다는 뜻이다. '빙지馮之'는 몸을 구부려 기댄다는 뜻이다. '봉지奉之'는 그 옷을 받들어 잡는다는 뜻이다. '구지拘之'는 그 옷을 가만히 끌어당긴다는 뜻이다. 모두 심장과 가슴에 해당하는 곳에 한다. '군주가 만졌던 곳을 피한다'는 것은 가령 군주가 이미 가슴을 어루만졌다면 나머지 사람이 어루만질 때에는 반드시 그곳을 조금 피하여 군주가 어루만졌던 곳에 감히 하지 않는다는 뜻이다. 시신에 기댈 때 슬퍼하는 마

음이 매우 간절하고 지극하기 때문에 일어날 때에 반드시 용을 하여 슬픔을 발산하는 것이다. '撫之'者, 當尸之心胸處, 撫按之也. '執之'者, 執持其衣. '馮之'者, 身俯而馮之. '奉之'者, 捧持其衣. '拘之'者, 微牽引其衣. 皆於心胸之處. '不當君所'者, 假令君已撫心, 則餘人馮者, 必少避之, 不敢當君所撫之處也. 馮尸之際, 哀情切極, 故起必爲踊以泄哀也.

【상대기 55】

부모의 상에 의려倚廬에 거처하는데 흙으로 담장을 하지 않는다. 거적에서 잠을 자고 흙덩이를 베개로 삼으며, 상사喪事에 관한 것이 아니면 말을 하지 않는다. 군주는 의려를 설치하고 집을 담장으로 둘러막듯이 의려 밖을 휘장으로 둘러막는다. 대부와 사는 의려를 노출시키고 휘장으로 둘러막지 않는다.

父母之喪, 居倚廬, 不塗. 寢苫枕凷, 非喪事不言. 君爲廬, 宮之. 大夫·士襢之.

鄭注 '궁宮'은 에워싸서 막는다는 뜻이다. '전襢'은 웃통을 벗는다(袒)는 뜻으로 둘러막지 않는다는 말이다. '宮', 謂圍障之也. '襢', 袒也, 謂不障.

集說 소疏에서 말한다. "'의려倚廬'는 중문 밖 동쪽 담장 아래에서 나무에 의지하여 의려를 만드는 것이다. '부도不塗'는 단지 풀로 둘러막기만 하고 흙으로 발라 문식하지 않는다는 뜻이다. '침점寢苫'은 거적에 눕는다는 뜻이다. '침괴枕凷'는 흙덩이를 베개로 삼는다는 뜻이다. '의려를 설치하고 집을 담장으로 둘러막듯이 의려 밖을 휘장으로 둘러막는다'는 것은 의려 밖을 휘장으로 둘러막기를 집의 담장과 같이 하는 것이다. '전襢'은 웃통을

벗는다(袒)는 뜻으로, 그 의려를 노출시키고 휘장으로 둘러막지 않는다는 뜻이다." 疏曰: "'倚廬'者, 於中門外東牆下, 倚木爲廬也. '不塗'者, 但以草夾障, 不以泥塗飾之也. '寢苫', 臥於苫也. '枕凷', 枕土塊也. '爲廬, 宮之'者, 廬外以帷障之, 如宮牆也. '襢', 袒也, 其廬袒露, 不以帷幛之也."

【상대기 56】

장례葬禮를 거행한 후에 처마에 나무를 받치고, 의려倚廬에 흙을 발라 막는데, 의려 바깥 드러나는 곳에는 흙을 발라 막지 않는다. 군주와 대부와 사 모두 의려 바깥에 (집의 담장처럼) 휘장을 둘러막는다.
既葬, 柱楣, 塗廬, 不於顯者. 君·大夫·士皆宮之.

鄭注 '드러나는 곳에는 하지 않는다'(不於顯)는 것은 드러난 면에 흙을 발라 막지 않는다는 뜻이다. '不於顯'者, 不塗見面.

集說 '주미柱楣'는 이전에 나무를 담장에 기대어 의려를 삼았는데, 장례葬禮를 거행한 후에는 슬픔이 조금 줄어들었으므로 그 나무를 일으켜 세워 처마에 그것을 받쳐서 햇빛이 들게 하고 다소 넓게 하는 것이다. 또 안에 진흙으로 발라 막아서 바람과 한기로부터 면하게 한다. '불어현不於顯'은 의려 바깥 드러나는 곳에는 흙을 발라 막지 않는다는 뜻이다. '개궁지皆宮之'는 (휘장으로 둘러막아서) 노출시키지 않는다는 뜻이다. '柱楣'者, 先時倚木於牆以爲廬, 葬後哀殺稍, 舉起其木, 拄之於楣, 以納日光, 略寬容也. 又於內用泥以塗之而免風寒. '不於顯'者, 不塗廬外顯處也. '皆宮之', 不襢也.

【상대기 57】

무릇 적자適子가 아니면서 거상居喪하는 자는 장례葬禮를 거행하기 이전부터 동남쪽 모퉁이 햇빛이 비추지 않는 곳에 의려를 설치한다.

凡非適子者, 自未葬, 以於隱者爲廬.

鄭注 남의 눈에 띄기를 바라지 않기 때문에 동남쪽 모퉁이에 의려를 짓는 것이다. 장례葬禮를 마치고 나서도 계속 그렇게 한다. 不欲人屬目, 故廬於東南角. 旣葬猶然.

集說 소疏에서 말한다. "상주가 아니기 때문에 동남쪽 모퉁이 햇빛을 가리는 곳에 의려를 설치한다. 경문에는 비록 '아직 장례葬禮를 거행하기 이전'(未葬)이라고 하였지만, 사실은 장례葬禮를 마친 이후에도 그렇게 한다." 疏曰: "旣非喪主, 故於東南角隱映處爲廬. 經雖云'未葬', 其實葬竟亦然也."

【상대기 58】

장례葬禮를 마친 후 다른 사람과 나란히 섰을 때 제후(君)는 천자의 일(王事)에 대해 말할 수는 있지만 자기 나라의 일(國事)에 대해서는 말하지 않는다. 대부와 사는 제후의 일(公事)에 대해 말할 수는 있지만 자신의 집안 일(家事)에 대해서는 말하지 않는다. 제후가 장례를 마친 후에는 천자의 정령(王政)이 하달되고, 졸곡卒哭을 마친 후에는 천자의 일에 복무한다. 대부와 사는 장례를 마친 후엔 제후의 정령(公政)이 집안에 하달되고, 졸곡을 마친 후엔 소변素弁에 환질環絰을 두르고 요대要帶를 차고서 전쟁에 나가는 일도 마다하지 않는다.

既葬, 與人立, 君言王事, 不言國事. 大夫・士言公事, 不言家事.① 君既葬, 王政入於國, 既卒哭而服王事. 大夫・士既葬, 公政入於家, 既卒哭, 弁経帶, 金革之事無辟也.②

鄭注 ① 이는 일반적인 예 규정이다. 此常禮也.

② 이는 특별한 상황에서의 예 규정이다. '소변에 환질을 두르고 요대를 찬다'(弁絰帶)는 것은 상복을 바꾸어 조문의 복장을 하는 것으로, 의리가 가볍기 때문에 일에 나아갈 수 있다. 此權禮也. '弁絰帶'者, 變喪服而弔服, 輕, 可以即事也.

集說 '자기 나라의 일과 자신의 집안일에 대해서는 말하지 않는다'(不言國事・家事)는 것은 예의 경經이고, '장례를 마친 후에 정령이 하달된다'(既葬政入)는 것 이하는 예의 권權이다. '변질대弁絰帶'는 소변素弁에 환질環絰을 두르고 요대要帶를 찬다는 뜻으로, 여전히 요질要絰을 하고 있는 것이다. 대부와 사가 소변에 환질을 두르고 있다면 제후 역시 소변에 환질을 두르고 있는 것이다. 제후가 '천자의 일에 복무한다'(服王事)고 말하였으니, 이는 또한 제후의 일(國事)에도 복무하는 것이다. '不言國事・家事', 禮之經也, '既葬政入'以下, 禮之權也. '弁絰帶', 謂素弁加環絰而帶, 則仍是要絰也. 大夫・士弁絰, 則國君亦弁絰也. 君言'服王事', 則此亦服國事也.

【상대기 59】

연제練祭(소상제)를 마친 후에 악실堊室에 거처하면서 다른 사람과 함께 지내지 않는다. 군주는 국정國政을 도모하고, 대부와 사는 가사家事를 도모한다. 상제祥祭(대상제)를 마친 후 악실의 땅을 검게 다지고, 악실의 벽을 희게 칠하여 문식한다. 대상제를 마친 후에는 중문中門 밖에서 곡을 하지 않는다. 담제禫祭를 마친 후에는 중문 안에서도 곡을 하지 않는다. 악樂이 행해지기 때문이다.

既練, 居堊室, 不與人居. 君謀國政, 大夫·士謀家事. 既祥, 黝堊. 祥而外無哭者. 禫而內無哭者. 樂作矣故也.

鄭注 '유악黝堊'은 악실의 장식이다. 지면에 하는 것이 유黝이고 담장에 하는 것이 악堊이다. '밖에서 곡을 하지 않는다'(外無哭者)는 것은 중문中門 밖에서 곡을 하지 않는다는 뜻이다. '안에서도 곡을 하지 않는다'(內無哭者)는 것은 중문에 들어와서도 곡을 하지 않는다는 뜻이다. 담제를 지내고 달을 넘긴 후에 악樂을 행할 수 있는데, 악樂을 행할 때에는 곡을 하는 것이 없다. '유악黝堊'은 어떤 본에는 '요기要期'로 되어 있다. '담禫'은 어떤 본에는 모두 '도道'로 되어 있다. '黝堊', 堊室之飾也. 地謂之黝, 牆謂之堊. '外無哭者', 於門外不哭也. '內無哭者', 入門不哭也. 禫踰月而可作樂, 樂作無哭者. '黝堊'或爲'要期'. '禫', 或皆作'道'.

集說 '악실堊室'[79]은 중문 밖에 있다. 연제練祭를 마친 후에 상복이 점차 가벼워지므로 국정國政을 도모하고 가사家事를 도모할 수 있다. '상祥'은 대상大祥을 가리킨다. '유黝'는 악실의 지면을 고르게 다져서 검게 하는 것이고, '악堊'은 악실의 벽을 발라서 희게 하는 것이다. 모두 조금씩 그 문식을 행하는 것이다. 대상제大祥祭를 마친 후에는 중문中門 밖에서 곡을 하지 않는다. 그러므로 '대상제를 마친 후에는 중문 밖에서 곡을 하지 않는다'(祥而外無哭者)고 한 것이다. 담제禫祭를 지내고 나면 중문 안에서도 더 이상 곡을

하지 않는다. 그러므로 '담제를 마친 후에는 중문 안에서도 곡을 하지 않는다'(禫而內無哭者)고 한 것이다. 그렇게 하는 것은 악樂이 행해지기 때문이다. 堊室, 在中門外. 練後服漸輕, 可以謀國政謀家事也. '祥', 大祥也. '黝', 治堊室之地令黑, '堊', 塗堊室之壁令白. 皆稍致其飾也. 祥後中門外不哭. 故曰'祥而外無哭者'. 禫則門內亦不復哭. 故曰'禫而內無哭者'. 所以然者, 以樂作故也.

【상대기 60】

담제禫祭를 마친 후에 정치에 종사하여 직무를 수행한다. 길제吉祭를 지낸 뒤에 침궁寢宮으로 돌아간다.

禫而從御. 吉祭而復寢.

鄭注 '종어從御'는 부인을 접한다는 뜻이다. '침궁으로 돌아간다'(復寢)는 것은 더 이상 빈궁에 머물지 않는다는 뜻이다. '從御', 御婦人也. '復寢', 不復宿殯宮也.

集說 '종어從御'에 대해서 정현은 '부인을 접하는 것'(御婦人)이라고 하였고, 두예杜預는 '정치에 종사하여 직무를 수행하는 것'(從政而御職事)이라고 하였다. 두예의 설이 옳음에 가깝다. '침궁寢宮으로 돌아간다'는 것은 평상시 부인이 관장하는 침궁으로 돌아간다는 뜻이다. '길제吉祭'는 네 계절에 정기적으로 지내는 시제時祭이다. 담제禫祭 이후 같은 달에 길제를 지내야 한다면 길제를 마친 후에 침궁으로 돌아간다. 만약 담제가 길제를 지내는 달에 있지 않다면, 담제를 지내고 달을 넘긴 뒤에 길제를 지내고 침궁으로 돌아간다. 공영달은 아래 문장 '불어어내不御於內'를 증거로 삼았기 때문에 정현의 설에 따랐다. 또 살펴보건대, 「간전間傳」(7)에 '대상제를 지내면 평소의

침실에 거처한다'(旣祥復寢)고 한 것은 대상제 이후에 빈궁殯宮의 숙소(寢)로 돌아간다는 뜻으로 이 경문의 '침궁으로 돌아간다'는 것과는 뜻이 다르다. '從御', 鄭氏謂'御婦人', 杜預謂'從政而御職事'. 杜說近是. 蓋'復寢', 乃復其平時婦人當御之寢耳. '吉祭', 四時之常祭也. 禫祭後値吉祭同月, 則吉祭畢而復寢. 若禫祭不値當吉祭之月, 則踰月而吉祭, 乃復寢也. 孔氏以下文'不御於內'爲證, 故從鄭說. 又按「間傳」言'旣祥復寢'者, 謂大祥後復殯宮之寢, 與此'復寢'異.

【상대기 61】

기년期年의 상에서 의려倚廬에 거처하고 상이 끝날 때까지 (부인이) 안에서 모시지 않는 경우는 '아버지가 살아 계실 때 어머니를 위해서'·'처를 위해서' 자최 기년의 복을 하는 경우이다. 대공大功 포최布衰 9월복의 경우는 모두 3개월 동안 (부인이) 안에서 모시지 않는다. 부인은 의려에 거처하지 않으며, 거적에서 잠을 자지 않는다. (부인이 친정) 부모의 상을 당했을 경우 연제를 마친 뒤에 (남편의 집으로) 돌아온다. 기년복과 9월복의 경우에는 장례葬禮를 마친 후에 곧바로 돌아온다.

期, 居廬, 終喪不御於內者, '父在爲母'·'爲妻'齊衰期者. 大功布衰九月者, 皆三月不御於內. 婦人不居廬, 不寢苫. 喪父母, 旣練而歸. 期·九月者, 旣葬而歸.

鄭注 '돌아온다'(歸)는 것은 남편의 집으로 돌아온다는 뜻이다. '歸', 謂歸夫家也.

集說 '부모의 상을 당한다'(喪父母)는 것은 부인이 친부모의 상을 당한 것을 말한다. '연제를 마친 뒤에 돌아온다'(旣練而歸)는 것은 연제를 마친 후 남편의 집으로 돌아온다는 뜻이다. 여자가 출가하면 조부모 및 아버지의 후사가 된 형제들을 위해서 모두 기년의 상복을 한다. '9월복의 경우'(九月者)란 본래 기년의 상복을 해야 하는데 낮추어서 대공복大功服을 하는 자를 가리킨다. 이들은 모두 슬픔이 강쇄되는 경우이기 때문에, 장례葬禮를 마친 후에 곧바로 남편의 집으로 돌아온다. '喪父母', 謂婦人有父母之喪也. '旣練而歸', 練後乃歸夫家也. 女子出嫁, 爲祖父母及爲父後之兄弟, 皆期服. '九月者', 謂本是期服而降在大功者. 此皆哀殺, 故葬後卽歸也.

【상대기 62】

공公의 상에서 대부는 연제練祭가 끝나기를 기다렸다가 자신의 치소治所로 돌아오고, 사는 졸곡卒哭이 끝나기를 기다렸다가 자신의 치소로 돌아온다.
公之喪, 大夫俟練, 士卒哭而歸.

鄭注 이 경문에서의 '공公'은 국군國君의 사士 또는 대부大夫로 전지를 소유하고 있는 이를 가리킨다. 대부와 사로 치소治所로 돌아가는 이는 평소 군주가 식읍으로 관할하는 도읍에 있는 신하를 가리킨다. 此'公', 公士·大夫有地者也. 其大夫·士歸者, 謂素在君所食都邑之臣.

集說 「잡기상雜記上」(9)에서 "대부大夫는 공관公館에서 거상하고 그곳에서 상을 마친다. 사士는 소상제小祥祭를 마치고 귀가한다"고 하였는데, 이는 대부와 사가 국군國君을 위해 거상하는 예를 말한 것이다. 이 경문에서 '공公'

이라고 한 것은 가신家臣이 전지田地를 소유하고 있는 대부를 가리켜 공이라고 한 것이다. 전지를 소유하고 있는 대부의 상에 그의 채지를 다스리는 대부와 사는 모두 와서 분상奔喪을 한다. 대부는 소상小祥이 끝나기를 기다렸다가 자신의 치소治所로 돌아오고, 사는 졸곡이 끝나기를 기다렸다가 자신의 치소로 돌아온다. 「雜記」曰: "大夫次於公館, 以終喪. 士練而歸", 言大夫・士爲國君喪之禮也. 此言'公'者, 家臣稱有地之大夫爲公也. 有地大夫之喪, 其大夫與士治其采地者, 皆來奔喪. 大夫則俟小祥而反其所治, 士則待卒哭而反其所治也.

【상대기 63】

(서자인) 대부와 사가 부모의 상을 당하면 연제練祭가 끝난 후 자신의 집으로 돌아간다. 매월 초하루와 기일忌日에 종가宗家의 빈궁殯宮으로 가 곡哭을 한다. 제부諸父와 형제의 상에는 졸곡卒哭을 마치고 자신의 집으로 돌아간다.

大夫・士父母之喪, 旣練而歸. 朔日・忌日則歸哭于宗室. 諸父・兄弟之喪, 旣卒哭而歸.

鄭注 '돌아간다'(歸)는 것은 자신의 집으로 돌아간다는 뜻이다. '기일忌日'은 죽은 날을 가리킨다. '종실宗室'은 종자宗子의 집으로서 빈궁殯宮을 가리킨다. 「내칙內則」(14)에 "명사命士(작명을 받은 사士) 이상의 신분은 부자가 모두 처소를 달리한다"라고 하였다. '歸', 謂歸其宮也. '忌日', 死日也. '宗室', 宗子之家, 謂殯宮也. 『禮』"命士以上, 父子異宮."

集說 "명사命士 이상은 부자가 모두 집을 달리한다."[80] 서자로서 대부 또는 사가 되어서 부모의 상을 당했다면 빈궁殯宮은 적자의 집에 있으므로,

연제練祭를 마친 뒤에 자신의 집으로 돌아간다. 매월 초하루와 기일忌日에 종가의 집으로 가서 곡을 하는데, 빈궁殯宮을 가리킨다. 제부諸父와 형제에 대해서는 기년복을 하여 상복이 가벼우므로 졸곡卒哭이 끝나면 곧 자신의 집으로 돌아간다. "命士以上, 父子皆異宮." 庶子爲大夫・士而遭父母之喪, 殯宮在適子家, 旣練各歸其宮. 至月朔與死之日, 則往哭于宗子之家, 謂殯宮也. 諸父・兄弟, 期服輕, 故卒哭卽歸也.

【상대기 64】

아버지는 아들의 상에 빈궁殯宮에 거처하지 않고, 형은 동생의 상에 빈궁에 거처하지 않는다.

父不次於子, 兄不次於弟.

鄭注 빈궁에 나아가 자리를 마련하고 거처하지 않는다는 뜻이다. 謂不就其殯宮爲次而居.

集說 소疏에서 말한다. "상이 비천하기 때문에 존귀한 자는 그 빈궁殯宮의 위차位次에 거처하지 않는다." 疏曰: "喪卑故尊者不居其殯宮之次也."

【상대기 65】

군주는 대부와 세부世婦의 상에 대하여 대렴大斂에 참석하여 살펴본다. 만약 특별한 은혜를 내렸다면 소렴小斂에도 참석하여 살펴본다. 외명부外命婦의 상에는 입관하여 관의 덮개를 덮은 뒤에 군주가 이른다. 사의 상에는 빈殯이 끝난 뒤에 조문하러 간다. 특별한 은혜를 내렸다면 대렴大斂에 참석하여 살펴본다.

君於大夫・世婦, 大斂焉. 爲之賜, 則小斂焉.① 於外命婦, 旣加蓋而君至.② 於士, 旣殯而往. 爲之賜, 大斂焉.③

鄭注 ① '위지사爲之賜'는 은혜가 있었음을 뜻한다. '爲之賜', 謂有恩惠也. ② 신하의 처에 대해서는 소략하게 하는 것이다. 於臣之妻略也.

集說 군주가 대부와 내명부의 상에 대하여 그 대렴에 참석하여 살펴보는 것은 상례이다. 만약 그에게 특별한 은혜를 하사하였다면 그 소렴에도 참석하여 살펴본다. 외명부는 곧 신하의 처이므로 그 은혜가 가볍다. 그러므로 군주는 대렴을 한 뒤 입관하여 관의 덮개를 닫는 의식이 끝나기를 기다렸다가 이른다. 사는 비록 비천하지만 또한 틀림없이 은혜를 내려준 것이 있기 때문에 또한 대렴의 의식에 참석하여 살펴보는 것이다. 君於大夫及內命婦之喪而視其大斂, 常禮也. 若爲之加恩賜, 則視其小斂也. 外命婦, 乃臣之妻, 其恩輕. 故君待其大斂入棺加蓋之後, 而後至也. 士雖卑, 亦宜有恩賜, 故亦視其大斂.

【상대기 66】

부인夫人은 세부世婦의 상에 대하여 대렴大斂에 참석하여 살펴본다. 특별한 은혜를 내렸다면 소렴에도 참석하여 살펴본다. 제처諸妻(여러 처)의 상에 대해서는 특별한 은혜를 내렸다면 대렴에 참석하여 살펴본다. 대부와 외명부外命婦의 상에 대해서는 빈殯이 끝난 뒤에 조문하러 간다.

夫人於世婦, 大斂焉. 爲之賜, 小斂焉. 於諸妻, 爲之賜, 大斂焉. 於大夫·外命婦, 旣殯而往.

集說 소疏에서 말한다. "'제처諸妻'(여러 처)는 질제姪娣 및 동성의 여자를 말한다. 사士의 예와 똑같이 하기 때문에 특별히 은혜를 내렸다면 대렴大斂에 참석하는 것이다. 만약 부인夫人의 질제가 존귀함이 세부世婦와 같다면 마땅히 내림에 참석하여 살펴보고, 특별한 은혜를 내렸다면 소렴에도 참석하여 살펴본다." 이상은 군주와 부인이 참석하여 살펴보는 것에는 모두 상례常禮가 있고, 특별히 은혜를 하사하였을 경우에 가례加禮함을 말한 것이다. 疏曰: "'諸妻', 姪娣及同姓女也, 同士禮, 故賜[81]大斂. 若夫人姪娣尊同世婦, 當賜小斂.[82]" 已上言君·夫人視之, 皆有常禮, 而爲之賜, 則加禮也.

【상대기 67】

대부와 사의 상에 빈殯이 끝난 뒤 군주가 조문하러 갈 때, 미리 사람을 시켜서 주인에게 통지한다. 주인은 큰 전奠의 예를 갖추어 놓고 문 밖에서 기다리고 있다가 수레의 말머리를 보고는 먼저 문의 동쪽으로 들어간다. (군주를 수행하는) 무巫는 문 밖에서 멈추고, 축祝이 그를 대신하여 군주보다 먼저 들어가서 인도한다. 군주는 문 안에서 석채釋菜의 예를 올린다. 축이 먼저 조계阼階로 올라가서 벽을 등지고 남쪽을 향한다. 이에 군주가 조계阼階 위의 자리로 나아가는데, 소신小臣 2인이 창을 잡고 앞에 서면 2인이 뒤에 선다. 빈자擯者가 앞으로 나아가면, 주인이 배례拜禮하면서 이마를 지면에 댄다. 군주가 위로하는 말(弔辭)을 하고, 축祝을 보면서 용踊을 한다. 군주의 용이 끝나면 이어서 주인이 용을 한다.

大夫·士旣殯而君往焉, 使人戒之. 主人具殷奠之禮, 俟于門外, 見馬首, 先入門右. 巫止于門外, 祝代之先. 君釋菜于門內. 祝先升自阼階, 負墉南面. 君卽位于阼, 小臣二人執戈立于前, 二人立于後.① 擯者進,② 主人拜稽顙. 君稱言, 視祝而踊. 主人踊.③

鄭注 ① '은殷'은 성대하다(大)는 뜻과 같다. 아침과 저녁으로 작은 전奠을 올리고, 매달 초하루가 되면 큰 전을 올린다. 군주가 조문하러 올 때, 주인이 큰 전奠의 예를 갖추어 놓고 기다리는 것은 군주가 찾아오는 것을 영예로 여기는 것이다. '축이 벽을 등지고 남쪽을 향한다'(祝負墉南面)는 것은 군주의 북쪽에서 방 출입문의 동쪽에 서는 것이다. 소신小臣이 창을 들고 군주의 앞과 뒤로 서면, 군주는 당에 올라가 계단을 끼고서 선다. 대부는 빈殯을 마치고 곧바로 성복成服을 한다. 성복을 하면 군주 역시 성복을 하고, 상복을 하사하고 가서 조문한다. '殷', 猶大也. 朝夕小奠, 至月朔則大奠. 君將來, 則具大奠之禮以待之, 榮君之來也. '祝負墉南面', 直君北, 房戶東也. 小臣執戈先後君, 君升而夾階立. 大夫殯卽成服. 成服則君亦成服, 錫衰而往弔之.

② 주인을 도와야 하기 때문이다. 처음 문에 설 때에는 동북쪽을 향한다. 當贊主人也. 始立門, 東北面.

③ '말을 칭한다'(稱言)는 것은 오게 된 이유의 말을 하는 것이다. '축을 보면서 용을 한다'(視祝而踊)는 것은 축이 군주를 돕는 예에 절도에 맞게 유도하는 것이 있기 때문이다.[83] '稱言', 擧所以來之辭也. '視祝而踊', 祝相君之禮, 當節之也.

集說 대부와 사의 상에 군주가 다른 일로 염할 때 참석하지 못했을 경우 빈殯이 끝난 뒤에 가서 조문하는데, 먼저 사람을 보내 주인에게 통지하여 알게 한다. 주인은 큰 전奠을 갖추어 놓고 몸소 문 밖에 나아가 기다리다가 군주 수레 앞의 말머리를 보고 문 동쪽으로 들어가 서서 북쪽을 향한다. 무巫는 본래 군주의 앞에 있지만, 이제 무는 멈추어서 문에 들어가지 않고, 축祝이 무를 대신하여 군주보다 먼저 들어가 인도한다. 군주가 석채釋菜를 하여 문門의 신에게 예를 갖출 때에 '축祝은 먼저 동쪽 계단으로부터 올라가서 벽을 등지고 남쪽을 향한다'는 것은 방의 출입문 동쪽에서 벽을 등지고 남쪽을 향해 있는 것이다. '주인이 배례拜禮하면서 이마를 지면에 댄다'는 것은 군주가 상에 직접 와주었기 때문에 뜰 가운데에서 북쪽을 향해 배례하면서 이마를 지면에 대는 것이다. '군주는 말을 칭한다'(君稱言)는 것은 군주가 오게 된 까닭을 말하는 것으로, 위로하는 말(弔辭)을 가리킨다. 축祝이 군주를 돕는 예에, 군주의 위로하는 말이 끝나면 축이 용踊을 하는 것이므로 군주는 축을 보면서 용을 한다. 군주의 용이 끝나면 주인이 이어 용을 한다. 大夫·士之喪, 君或以他故不及斂者, 則殯後亦往, 先使告戒主人, 使知之. 主人具盛饌之奠, 身自出候於門外, 見君車前之馬首, 入立于門東北面. 巫本在君之前, 今巫止不入, 祝乃代巫, 先君而入. 君釋菜以禮門神之時, '祝先由東階, 以升負墉南面'者, 在房戶之東背壁而向南也. '主人拜稽顙'者, 以君之臨喪, 故於庭中北面拜而稽顙也. '君稱言'者, 君擧其所來之言, 謂弔辭也. 祝相君之禮, 稱言畢而祝踊, 故君視祝而踊. 君踊畢, 主人乃踊也.

【상대기 68】

대부의 상에 (군주가 참석하였을 때) 주인이 전奠을 올려도 된다.

사의 상에는 주인이 문 밖에 나아가 기다리고, 돌아가 전을 올리라고 군주가 명하면 이에 돌아와 전을 올린다. 전을 올리는 예를 마치면, 주인은 군주보다 먼저 문 밖에 나와 기다린다. 군주가 물러가면 주인은 문 밖에서 전송하는데 배례拜禮하면서 이마를 지면에 댄다. 大夫則奠可也. 士則出俟于門外, 命之反奠, 乃反奠. 卒奠, 主人先俟于門外. 君退, 主人送于門外, 拜稽顙.

鄭注 맞이할 때 배례拜禮를 하지 않고, 전송할 때 배례를 하는 것은 맞이할 때 배례를 하면 군주가 자기에게 답배答拜를 해야 하기 때문이다. 迎不拜, 拜送者, 拜迎則爲君之答己.

集說 군주가 참석한 것이 대부의 상이라면 주인은 용踊이 끝나고 빈궁殯宮에서 이 큰 전奠을 올려도 된다. 만약 군주가 참여한 것이 사의 상이라면 주인은 비천하여 감히 군주를 머물게 하면서 전奠을 올리기를 기다리게 해서는 안 된다. 그러므로 '주인은 군주보다 먼저 문 밖에 나와 기다린다'는 것은 군주가 떠나려고 할 때를 가리키는 것이다. 군주가 사람을 시켜서 돌아가 전을 올리도록 명령을 하면 비로소 돌아와 전을 올린다. 전을 올리는 일이 끝나면 군주는 또 먼저 문 밖에서 기다리다 군주가 떠나면 배례拜禮하면서 전송한다. 전을 올리는 일이 끝난 뒤 주인이 문밖에 나가서 기다리는 것은 대부와 사가 모두 마찬가지다. 若君所臨, 是大夫喪, 則踊畢卽釋此殷奠于[84]殯可也. 若是士喪, 則主人卑不敢留君待奠. 故'先出俟于門', 謂君將去也. 君使人命其反而奠, 乃反奠. 奠畢, 主人又先俟于門外, 君去, 卽拜以送也. 奠畢出俟, 大夫與士皆然.

【상대기 69】

군주는 대부가 위중할 때 세 번 문병을 하고, 빈궁殯宮에 있을 때 세 번 조문을 간다. 사가 위중할 때 한 번 문병을 하고, 빈궁에 있을 때 한 번 조문을 간다. 군주가 조문하러 오면, 주인은 다시 빈殯을 행할 때의 복장으로 돌아간다.

君於大夫疾, 三問之, 在殯, 三往焉. 士疾, 壹問之, 在殯, 壹往焉.① 君弔, 則復殯服.②

鄭注 ① 정성을 다하는 것이다. 所以致殷勤也.

② '복復'은 돌아간다(反)는 뜻으로, 빈殯을 하기 이전이나 성복成服을 하기 이전의 복장으로 되돌아가, 군주가 조문하는 일을 새로 행하는 것이다. 이는 신하의 상에 빈殯이 끝난 뒤에 군주가 비로소 와서 조문함을 가리킨다. '복復'은 어떤 본에는 '복服'으로 되어 있다. '復', 反也, 反其未殯·未成服之服, 新君事也. 謂臣喪旣殯後, 君乃始來弔也. '復'或爲'服'.

集說 빈殯을 마친 뒤에 주인은 이미 성복成服을 하였지만, 군주가 처음으로 와서 조문을 하기 때문에 주인은 다시 빈殯을 행할 때 성복하기 이전의 복장을 한다. 저질苴絰과 베로 만든 문免을 착용하고 심의深衣를 입는데, 다만 요대要帶를 늘어뜨리지는 않는다. 그러므로 「상복소기」(89)에서 "군주가 조문을 오면 비록 문免을 착용하고 있을 때가 아니라도 주인은 반드시 문免을 착용하며, 마대麻帶의 늘어뜨린 부분을 흩트리지 않는다"라고 한 것이다. 이는 한편으로는 감히 군주의 조문이 때에 늦었다고 여기지 않고, 또 군주가 조문하러 왔으므로 그 예를 새롭게 하는 것이다. 殯後主人已成服, 而君始來弔, 主人則還著殯時未成服之服. 蓋苴絰·免布·深衣也,

不散帶. 故「小記」云: "君弔, 雖不當免時也, 主人必免不散麻." 一則不敢謂君之弔後時, 又且以君來, 故新其禮也.

【상대기 70】

부인夫人이 대부와 사의 상에 조문을 가면, 주인은 문 밖에 나와서 맞이한다. 수레의 말머리를 보면 먼저 문의 동쪽으로 들어간다. 부인은 문에 들어와 당 위에 올라 자리로 나아간다. 주부主婦는 서쪽 계단으로부터 당 아래로 내려와 배례拜禮하면서 이마를 지면에 댄다. 부인은 세자世子를 보면서 용踊을 하고, 전奠을 올리기를 군주가 조문하러 왔을 때의 예와 같이 한다. 부인이 물러가면 주부는 문 안에서 전송하는데, 배례를 하면서 이마를 지면에 댄다. 주인은 대문 밖에서 전송하는데, 배례하지 않는다.

夫人弔於大夫·士, 主人出迎于門外. 見馬首, 先入門右. 夫人入, 升堂卽位. 主婦降自西階, 拜稽顙于下. 夫人視世子而踊, 奠如君至之禮. 夫人退, 主婦送于門內, 拜稽顙. 主人送于大門之外, 不拜.

鄭注 '세자를 보면서 용을 한다'(視世子而踊)는 것은 조문에 세자가 부인夫人을 따라오므로 부인은 세자가 용을 하는 것을 절도로 삼는다. 세자가 부인을 따라올 때 머무는 위치는 축祝이 군주의 조문에 따라올 때 머무는 위치와 똑같이 한다. '視世子而踊', 世子從夫人, 夫人以爲節也. 世子之從夫人, 位如祝從君也.

集說 부인夫人이 조문을 하면 주부主婦가 상주가 된다. 그러므로 주부가 부인을 대하기를 주인이 군주를 대하는 것과 같이 한다. '세자世子'는 부인의 세자이다. 부인이 와서 조문하면 세자가 앞에서 인도하는데, 그 예가 축이 군주를 인도하는 것과 같다. 그러므로 부인은 세자를 보면서 용踊을 한다. 주인이 부인을 전송하면서 배례拜禮하지 않는 것은 상에서는 두 상주가 있을 수 없어, 주부가 이미 배례하였으므로 주인은 배례해서는 안 되기 때문이다. 夫人弔則主婦爲喪主. 故主婦之待夫人猶主人之待君也. '世子', 夫人之世子也. 夫人來弔, 則世子在前道引, 其禮如祝之道君. 故夫人視世子而踊也. 主人送而不拜者, 喪無二主, 主婦已拜, 主人不當拜也.

【상대기 71】

대부군大夫君[85]이 조문하러 왔을 때 (그의 가신家臣인) 주인은 문 밖에서 맞이하지 않는다. (대부군은) 문에 들어가 당 아래에서 자리로 나아간다. 이때 주인은 북쪽을 향해 서고, 중주인衆主人(주인의 형제들)은 남쪽을 향해 서며, 부인婦人은 방안의 자리로 나아간다. 만약 제후의 명을 받들고 온 사자가 있거나, 천자의 대부(命夫)나 그 부인(命婦)의 명을 받들고 온 사자가 있거나, 또는 사방 이웃나라의 경卿과 대부大夫가 보내와 조문하는 사자가 있으면, 대부군은 주인을 뒤에 배행陪行하게 하고 이들에게 배례拜禮한다.

大夫君, 不迎于門外. 入卽位于堂下. 主人北面, 衆主人南面, 婦人卽位于房中. 若有君命·命夫命婦之命·四隣賓客, 其君後主人而拜.

鄭注 '들어가 당 아래에서 자리로 나아간다'(入卽位于下)는 것은 당에 오르지 않고 조계阼階의 아래에 서서 서쪽을 향하는 것으로 군주에 대하여 낮추는 것이다. '중주인은 들어가 그 북쪽에서 남쪽을 향해 서며, 부인은 방안의 자리로 나아간다'(衆主人南面於其北, 婦人卽位於房中)는 것은 대부군大夫君이 비록 당에 오르지 않았더라도 오히려 그를 피하는 것이다. '대부군이 주인을 뒤에 두고 배례한다'(後主人而拜)는 것은 빈賓에게 배례를 하려고 할 때 주인이 뒤에서 배행하여 배례하고 대부군이 앞에서 배례하게 하는 것이다. 함께 배례를 하지 않는 것은 주인은 두 명이 있을 수 없기 때문이다. '入卽位于下', 不升堂而立阼階之下, 西面, 下正君也. '衆主人南面於其北, 婦人卽位於房中', 君雖不升堂, 猶辟之也. '後主人而拜'者, 將拜賓, 使主人陪其後, 而君前拜. 不倶拜者, 主人無二也.

集說 대부의 신하는 또한 대부를 군주(君)로 삼는다. 그러므로 '대부군大夫君'이라 한 것이다. 경문은 이 대부군이 자기 신하의 상에 조문을 갔을 때 주인은 문 밖에서 맞이하지 않고, 이 대부군이 들어와 당 아래의 자리로 나아가 조계阼階 아래에 서서 서쪽을 향하고 있을 때 주인이 자신이 있는 자리의 남쪽에서 북쪽을 향한다는 뜻이다. 이 대부군이 와서 조문을 할 때, 만약 본국 군주의 명을 받들고 온 사자가 있거나, 혹은 도성 안의 대부 및 명부命婦의 명을 받들고 온 사자가 있거나, 혹은 이웃 나라 경卿과 대부大夫가 사자를 보내 조문하러 왔을 경우, 이 대부군은 반드시 주인을 대신하여 명령에 배례拜禮하고 빈객에게 배례한다. 상례에서는 존귀한 자가 그 예를 주관하는 법도를 사용하기 때문이다. 그러나 이 대부군은 끝내 감히 국군國君처럼 전적으로 대신하여 주인이 되지 못하고 반드시 주인을 자신의 뒤에 있게 하여, 이 대부군이 배례하는 예가 끝나기를 기다렸다가 주인이 다시 배례하게 한다. ○ 석량왕씨石梁王氏는 말한다. "주인을 뒤에 있게 하는

것은 자기가 앞에서 배례하고 주인에게 뒤에서 배행陪行하여 배례하게 하는 것이다." 大夫之臣, 亦以大夫爲君. 故曰'大夫君'也. 言此大夫君之弔其臣喪也, 主人不迎于門外, 此君入而卽堂下之位, 位在阼階下西向, 主人在其位之南而北面也. 此大夫君來弔之時, 若有本國之君命, 或有國中大夫及命婦之命, 或隣國卿·大夫遣使來弔者, 此大夫君必代主人拜命及拜賓. 以喪用尊者主其禮故也. 然此君終不敢如國君專代爲主, 必以主人在己後, 待此君拜竟, 主人復拜也. ○ 石梁王氏曰: "後主人者, 己在前拜, 使主人陪後."

【상대기 72】

군주가 조문을 할 때 시신을 안치한 관(尸柩)을 본 후에 용踊을 한다.

君弔, 見尸柩而后踊.

鄭注 빈궁殯宮을 흙으로 막은 이후에는 군주가 조문을 가더라도 용踊을 하지 않는다. '용踊'은 어떤 본에는 '곡哭'으로 되어 있고, 어떤 본에는 '욕浴'으로 되어 있다. 塗之後, 雖往, 不踊也. '踊'或爲'哭'或爲'浴'.

集說 앞 장(67)에서 "빈殯을 마친 후 군주가 조문하러 간다"(旣殯而君往)고 한 것은 시신을 안치한 관을 보지 못한 것으로서 축祝을 보면서 용을 하는 것이다. 이 경문에서는 '시신을 안치한 관을 본 후에 용을 한다'(見尸柩而后踊)고 하였으므로 앞 경문의 상황과 다른 듯하다. 구설舊說에 '빈을 마치고 아직 빈궁을 흙으로 막기 이전이라면 용踊을 하고, 흙으로 막은 이후라면 용을 하지 않는다'[86]고 하였는데 옳은지는 모르겠다. 前章"旣殯而君往", 是不見尸柩也, 乃視祝而踊. 此言'見尸柩而后踊', 似與前文異. 舊說'殯而未塗則踊, 塗後乃不踊', 未知是否.

【상대기 73】

대부와 사의 상에 만약 군주가 미리 통지하지 않고 조문을 오면 큰 전奠을 갖추지 않는다. 군주가 물러간 후에 반드시 전을 올린다.

大夫·士, 若君不戒而往, 不具殷奠. 君退, 必奠.

鄭注 군주가 찾아온 것을 영예로 여기는 것이다. 榮君之來.

集說 군주가 조문 왔음을 죽은 이에게 고하고, 또한 영예로 여기는 것이다. 以君之來告於死者, 且以爲榮也.

【상대기 74】

국군國君의 대관大棺 두께는 8촌寸, 촉관屬官 두께는 6촌, 벽관椑棺 두께는 4촌이다. 상대부上大夫의 대관 두께는 9촌, 촉관 두께는 6촌이다. 하대부下大夫의 대관 두께는 6촌, 촉관 두께는 4촌이다. 사士의 관은 두께가 6촌이다.

君大棺八寸, 屬六寸, 椑四寸. 上大夫大棺八寸, 屬六寸. 下大夫大棺六寸, 屬四寸. 士棺六寸.

鄭注 대관大棺은 관에서 가장 겉쪽에 있는 것이다. 「단궁상檀弓上」(137)에 "천자의 관은 네 겹이다. 물소와 외뿔소 가죽으로 만든 관으로 싸는데 두께가 3촌이다. 피나무로 만든 이관杝棺이 한 겹이고, 가래나무로 만든 재관梓棺[87]이 두 겹이다. 네 가지 모두 위아래 사방을 두른다"라고 하였는데, 이것은 안쪽의 관으로부터 설명하여 나타낸 것이다. 따라서 대관大官 및

촉관屬官에는 가래나무를 사용하고, 벽椑에는 피나무(杝)를 사용한다. 이것으로 차이를 두는데 상공은 가죽관(革官)에 외피를 두르지 않아 3겹으로 하고, 제후는 가죽관(革官)이 없어 2겹으로 하고, 대부에게는 벽관椑棺이 없어 1겹으로 한다. 사에게는 촉관屬官이 없어 겹으로 하지 않는다. 서인의 관은 4치다. '상대부上大夫'는 제후국의 경卿을 가리킨다. 조간자趙簡子가 (자신에게 죄가 있다면 죽어서) "촉관屬官과 벽관椑棺를 갖추지 않겠다"[88]고 하였으니, 당시 신분에 어긋나게 행해지고 있었다. 大棺, 棺之在表者也. 「檀弓」曰: "天子之棺四重. 水・兕革棺被之, 其厚三寸. 杝棺一, 梓棺二. 四者皆周", 此以內說而出也. 然則大棺及屬用梓, 椑用杝. 以是差之, 上公革棺不被, 三重也, 諸侯無革棺, 再重也, 大夫無椑, 一重也. 士無屬, 不重也. 庶人之棺四寸. '上大夫', 謂列國之卿也. 趙簡子云: "不設屬・椑", 時僭也.

集說 '군君'은 국군國君(제후)을 가리킨다. 대관大棺이 가장 밖에 있고, 촉관屬官이 대관의 안에 있고, 벽관椑棺이 촉관 안쪽에 있다. 이는 국군의 관이 세 겹으로 되어 있다는 뜻이다. 촌寸의 수는 두께를 가지고 말한 것이다. '君', 國君也. 大棺最在外, 屬在大棺之內, 椑又在屬之內. 是國君之棺三重也. 寸數, 以厚薄而言.

【상대기 75】

군주는 관 속에 비단을 붙이는 장식(裏棺)에서 붉은 비단과 녹색 비단(綠)을 사용하는데, 금못(金鐕)을 섞어서 사용한다.[89] 대부는 관 속에 검은 비단과 녹색 비단을 붙이는데, 소뼈로 만든 못을 사용한다. 사는 녹색 비단을 사용하지 않는다.

君裏棺用朱綠, 用雜金鐕. 大夫裏棺用玄綠, 用牛骨鐕. 士不綠.

鄭注 '잠鐕'은 속에 박아 넣는 못이다. '鐕', 所以琢著裏.

集說 소疏에서 말한다. "이관裏棺은 비단(繒)을 관의 속에 붙이는 것을 말한다. 붉은 비단(朱繒)을 사방에 붙이고, 녹색 비단(綠繒)을 네 모퉁이에 붙인다. '잠鐕'은 못(釘)의 뜻이다. 금못(金釘)을 사용하여 붉은 비단과 녹색 비단[90]을 박아 관에 붙인다. 대부의 관은 사면이 검은색이고 사각이 녹색이다. '사는 녹색을 사용하지 않는다'(士不綠)는 것은 모두 검은색을 쓴다는 뜻이다. 또한 (사는) 대부와 마찬가지로 소뼈못(牛骨鐕)을 사용한다." ○ 석량왕씨石梁王氏는 말한다. "소뼈로 못을 만든다는 설은 따를 수 없다." 疏曰: "裏棺, 謂以繒貼棺裏也. 朱繒貼四方, 綠繒貼四角. '鐕', 釘也. 用金釘, 以琢朱綠著棺也. 大夫, 四面玄四角綠. '士不綠'者, 悉用玄也. 亦用大夫牛骨鐕." ○ 石梁王氏曰: "用牛骨爲釘, 不可從."

【상대기 76】

군주는 관의 덮개 판에 옻칠을 하는데, 3개의 임衽과 3개의 속束을 사용한다. 대부는 관의 덮개 판에 옻칠을 하는데, 2개의 임과 2개의 속을 사용한다. 사는 관의 덮개 판에 옻칠을 하지 않고, 2개의 임과 2개의 속을 사용한다.

君蓋用漆, 三衽三束. 大夫蓋用漆, 二衽二束. 士蓋不用漆, 二衽二束.

鄭注 '옻칠을 한다'(用漆)는 것은 요凹와 철凸의 형태로 맞춘 가운데를 칠하여 봉합한다는 뜻이다. '임衽'은 소요小要이다. '用漆'者, 塗合牝牡之中也. '衽', 小要也.

集說 '개蓋'는 관의 덮개 판이다. '옻칠을 한다'는 것은 옻으로 임衽[91])을 이용하여 봉합한 곳에 칠을 한다는 뜻이다. '임衽'과 '속束'[92])은 모두 설명이 「단궁상檀弓上」(138)에 보인다. '蓋', 棺之蓋板也. '用漆', 謂以漆塗其合縫用衽處也. '衽'·'束', 並說見「檀弓」.

【상대기 77】

군주와 대부는 흐트러진 머리카락과 손톱·발톱을 관의 네 구석에 넣는다. 사士는 땅에 묻는다.

君·大夫鬊爪實于綠中. 士埋之.

鄭注 '록綠'은 '각角'이 되어야 한다. 발음으로 인한 잘못이다. '각중角中'은 관 속의 네 모퉁이다. '순鬊'은 흐트러진 머리카락이다. 관 속에 발톱과 머리카락을 넣을 때는 반드시 작은 주머니를 만들어 담는다. 이 경문의 '록綠'은 어떤 본에는 '롱簍'으로 되어 있다. '綠'當爲'角'. 聲之誤也. '角中', 謂棺內四隅也. '鬊', 亂髮也. 將實爪·髮棺中, 必爲小囊盛之. 此'綠'或爲'簍'.

集說 '순鬊'은 흐트러진 머리카락이다. '조爪'는 손톱과 발톱이다. 살아 있을 때 쌓아 두고 버리지 않는데, 이제 죽자 조그만 주머니를 만들어서 담고 그것을 관 안의 네 모퉁이에 넣는 것이다. 그러므로 '록綠'은 '각角'의 뜻으로 읽어야 하니, 네 구석(四角)의 자리라는 뜻이다. 사士는 적당한 물건에

담아서 땅 속에 묻는다. '鬈', 亂髮也. '爪', 手足之爪甲也. 生時積而不棄, 今死爲小囊盛之, 而實于棺内之四隅. 故讀'綠'爲'角', 四角之處也. 士則以物盛而埋之耳.

【상대기 78】

국군國君의 빈례殯禮에서는 춘輴(상여)을 사용하고, 나무를 모아 쌓아 올려서 관의 위에까지 이르게 하고 모두 진흙을 발라서 지붕처럼 만든다. 대부의 빈례에서는 덮개(幬)를 사용하고, 나무를 모아서 서서西序에까지 이르게 하는데 진흙을 바르는 것이 관에까지 닿지는 않는다. 사士의 빈례에서는 임衽(사개)을 보이게 하고, (임 이상 윗부분은) 나무로 덮어 진흙을 바르고 휘장을 둘러친다.

君殯用輴, 欑至于上, 畢塗屋. 大夫殯以幬, 欑至于西序, 塗不暨于棺. 士殯見衽, 塗上, 帷之.

鄭注 '찬欑'은 모은다(菆)는 뜻과 같다. '옥屋'은 빈궁 위의 덮개가 지붕과 같은 것이다. '도幬'는 덮는다(覆)는 뜻이다. '기暨'는 미친다(及)는 뜻이다. 이 경문의 기록은 일정하지 않다. 「단궁상檀弓上」(143)의 설명을 참고하면, 천자의 빈례殯禮는 관을 용의 문양을 그려 넣은 춘거輴車에 싣고, 나무를 쌓아서 나무 끝이 안쪽으로 모이게 하여 곽槨을 형상한다. 위쪽은 네 변으로 물이 흘러내릴 수 있는 모양을 지붕과 같이 만들어 덮고 모두 진흙으로 바른다. 제후의 빈례에서는 춘거에 용을 그려 넣지 않고, 나무를 쌓아 올리더라도 나무 끝을 안쪽으로 모이게 하여 곽槨을 형상하는 것은 하지 않는다. 그 외의 것은 또한 천자의 빈례와 같게 한다. 대부의 빈례는 춘거를 없애고 관을 서쪽 담장 아래에 두며, 담장에 나아가 그 삼면에 나무를 쌓아

올리고 흙을 바른다. '관에까지 닿지는 않는다'(不及棺)는 것은 나무를 모아서 쌓아올린 빈궁 안의 공간이 협소하여 겨우 관을 넣을 수 있을 정도만 취한다는 뜻이다. 따라서 천자와 제후의 빈궁은 다소 넓고 큰 것이다. 사士는 나무를 모아 쌓지 않고 땅을 파서 하관하는데 소요小要(사개)[93]가 보이게 한다. '휘장을 둘러친다'(帷之)는 것은 귀신은 그윽하고 어두운 것을 숭상하기 때문으로 사에서 천자에 이르기까지 모두 그렇게 한다. '도幬'는 어떤 본에는 '순錞'으로 되어 있고, 어떤 본에는 '순焞'으로 되어 있다. '欑', 猶菆也. '屋', 殯上覆如屋者也. '幬', 覆也. '暨', 及也. 此記參差. 以「檀弓」參之, 天子之殯, 居棺以龍輴, 欑木題湊象椁. 上四注如屋以覆之, 盡塗之. 諸侯輴不畫龍, 欑不題湊象椁. 其他亦如之. 大夫之殯, 廢輴, 置棺西牆下, 就牆欑其三面塗之. '不及棺'者, 言欑中狹小, 裁取容棺. 然則天子・諸侯差寬大矣. 士不欑, 掘地下棺, 見小要耳. '帷之', 鬼神尙幽闇也, 士達於天子皆然. '幬', 或作'錞', 或作'焞'.

集說 '군君'은 제후이다. '춘輴'(상여)[94]은 관(柩)을 싣는 수레(輴車)이다. 빈殯을 행할 때 관을 춘거輴車에 올려놓는다. '찬欑'은 모은다(叢)는 뜻과 같다. 춘거의 사면에 나무를 모아 쌓아 올려서 관 위까지 모두 덮게 되면 진흙으로 완전히 바른다. 나무를 모아서 쌓아 올린 것(欑木)이 지붕의 형상과 비슷하다. 그러므로 '모두 진흙을 발라서 지붕처럼 만든다'라고 한 것이다. 대부의 빈례에서는 춘거를 사용하지 않는다. 그 관의 한 면을 서서西序의 벽에 붙이고 그 나머지 세 면에 나무를 모아서 쌓는데, 위쪽은 지붕의 형상을 이루지 않고 그저 관 덮개(棺衣)로 덮는다. '도幬'는 덮는다(覆)는 뜻이다. 그러므로 '대부의 빈례에서는 덮개(幬)를 사용하고, 나무를 모아서 서서西序에까지 이르게 한다'고 한 것이다. '진흙을 바르는 것이 관에까지 닿지는 않는다'(塗不暨于棺)는 것은 천자와 제후의 빈례에서 나무를 모아 쌓은 것은 공간이 넓어 관과의 거리가 멀지만, 대부의 빈례에서 나무를 모아 쌓은 것은

공간이 좁아서 관과의 거리가 가깝고 진흙을 바른 것이 간신히 관에까지 닿지 않을 정도라는 뜻이다. 사士의 빈례殯禮에서는 구덩이를 파서 관을 넣는다. '사肂'는 구덩이(坎)의 뜻이다. 관을 구덩이 안에 놓는데 그 관의 덮개까지 완전히 가리지는 않는다. 덮개에 임衽(사개)을 사용하여 봉합한 부분은 여전히 구덩이 바깥쪽에 있어 볼 수 있다. 임衽 이상 윗부분은 또한 나무를 사용하여 덮고 흙으로 바른다. '유帷'는 휘장(幃)의 뜻이다. 귀한 사람이나 천한 사람이나 모두 휘장을 둔다. 그러므로 아침과 저녁으로 곡을 할 때 그 휘장을 들어 올린다. 휘장을 사용하는 것은 귀신은 어두움을 숭상하기 때문이다. 이 장은 「단궁상檀弓上」(143)의 설명과 비교해볼 때 제도가 같지 않다. '君', 諸侯也. '輴', 盛柩之車也. 殯時以柩置輴上. '欑', 猶叢也. 叢木于輴之四面, 至于棺上畢盡也, 以泥盡塗之. 此欑木似屋形. 故曰'畢塗屋'也. 大夫之殯不用輴. 其棺一面貼西序之壁, 而欑其三面, 上不爲屋形, 但以棺衣覆之. '幬', 覆也. 故言'大夫殯以幬, 欑至于西序也'. '塗不暨于棺'者, 天子・諸侯之欑木廣而去棺遠, 大夫欑狹而去棺近, 所塗者僅僅不及于棺而已. 士殯掘肂以容棺. '肂', 卽坎也. 棺在肂中, 不沒其蓋. 縫用衽處猶在外而可見. 其衽以上, 亦用木覆而塗之. '帷', 幃也. 貴賤皆有帷. 故惟朝夕之哭, 乃褰擧其帷耳. 所以帷者, 鬼神尙幽闇故也. 此章以「檀弓」參之, 制度不同.

【상대기 79】

볶은 곡식(熬)의 수는 군주의 경우 네 종류로 (각각 두 광주리씩) 여덟 광주리를 사용한다. 대부의 경우는 세 종류로 (각각 두 광주리씩) 여섯 광주리를 사용한다. 사의 경우는 두 종류로 (각각 두 광주리씩) 네 광주리를 사용한다. 어육과 말린 포를 더한다.

熬, 君四種八筐. 大夫三種六筐. 士二種四筐. 加魚·腊焉.

鄭注 '오熬'는 볶은 곡물로서, 흙을 칠하려고 할 때 관 옆에 두는데 개미와 하루살이에게 자극을 주어 관에 이르지 못하도록 하기 위한 것이다. 『의례』「사상례士喪禮」에 "오熬는 서黍와 직稷 각각 두 광주리이다"라고 하였고, 또 "오를 진설하는데 관 옆에 각각 한 광주리씩이다"라고 하였다. 대부는 3종류의 오熬를 쓰는데 (서와 직에) 량粱을 추가한다. 군주는 4종류인데 (서와 직과 량에) 도稻를 추가한다. 네 광주리라면 손과 발 부근에 모두 하나씩 두고 그 나머지는 좌우에 둔다. '熬'者, 煎穀也, 將塗, 設於棺旁, 所以惑蚍蜉, 使不至棺也. 「士喪禮」曰: "熬, 黍·稷各二筐", 又曰: "設熬, 旁各一筐." 大夫三種, 加以粱. 君四種, 加以稻. 四筐, 則手足皆一, 其餘設於左右.

集說 '오熬'는 불로 곡식을 볶아서 익히는 것이다. 익으면 향기가 난다. 그것을 관의 곁에 놓고서 개미와 하루살이가 향기를 맡고 와서 먹게 하여 시신을 침범하는 일이 없게 하는 것이다. '네 종류'(四種)는 서黍·직稷·도稻·량粱이다. 종류마다 두 광주리씩 사용한다. '세 종류'(三種)는 서黍·직稷·량粱이고, '두 종류'(二種)는 서黍와 직稷이다. 어육(魚)과 말린 포(腊)를 더하는 것에서 몇 광주리(筐)로 차이를 두는지는 알려져 있지 않다. ○ 석량왕씨石梁王氏는 말한다. "관 곁에 볶은 곡식을 사용하고 어육과 말린 포를 더하는 제도는 좇아 행해서는 안 된다." '熬', 以火熠穀令熟也. 熟則香. 置之棺旁, 使蚍蜉聞香而來食, 免侵尸也. '四種', 黍·稷·稻·粱也. 每種二筐. '三種', 黍稷粱, '二種', 黍稷也. 加魚與腊, 筐同異未聞. ○ 石粱王氏曰: "棺旁用熬穀加魚腊, 不可從."

【상대기 80】

관을 장식하는 것(飾棺)에서, 제후는 유帷(널의 옆을 씌우는 휘장)에 용을 그려 넣고, 세 개의 지池를 매단다.[95]

飾棺, 君龍帷 · 三池.

集說 소疏에서 말한다. "'군君'은 제후이다. '유帷'는 유거柳車(상여)의 가장자리에 매단 휘장으로서 흰 베로 만든다. 천자와 제후는 모두 용을 그려 넣는다. 그러므로 '제후는 유帷에 용을 그려 넣는다'라고 한 것이다. '지池'[96]는 대나무를 엮어서 대바구니를 만들고 푸른 베를 입혀서 유거의 위를 덮는 황荒의 끄트머리에 매다는 것으로서, 궁실에 승류承霤(처마의 낙숫물받이 홈통)가 있는 것을 형상한다. 천자의 궁실은 지붕을 네 변으로 물이 흘러내리게 하고, 승류를 네 면에 설치하기 때문에, 유거에도 사면에 지池를 매단다. 제후 궁실의 지붕도 네 변으로 물이 흘러내리게 하는데 유거에서는 한 개의 지를 낮추어 뒷부분의 지 한 개를 뺀다. 그러므로 세 개의 지를 매다는 것이다." 疏曰: "'君', 諸侯也. '帷', 柳車邊障也, 以白布爲之. 王侯皆畫爲龍. 故云'君龍帷'也. '池'者, 織竹爲籠, 衣以靑布, 挂於柳上荒邊爪端, 象宮室承霤. 天子四注屋, 四面承霤, 柳亦四池. 諸侯屋亦四注, 而柳降一池闕後. 故三池也.[97]"

【상대기 81】

(지池 아래에) 진용振容(펄럭이는 장식)을 매단다.

振容.

集說 '진용振容'은 펄럭이는 장식을 뜻한다. 길이 1장丈 남짓 되는 청색과 황색의 비단으로 깃발(幡)처럼 만들어, 꿩을 그려 넣고 지池 아래에 매달아서 장식으로 삼는 것이다. 상여가 출발하면 깃발처럼 나부끼면서 펄럭이므로 '진용振容'(펄럭이는 장식)이라고 말한 것이다. '振容'者, 振動容飾也. 以靑黃之繒長丈餘如幡, 畫爲雉, 懸於池下爲容飾. 車行則幡動, 故曰'振容'也.

【상대기 82】

(휘장[帷]의 위쪽에는) 흑백의 도끼 문양(黼)을 그려 넣은 황荒이 있다. 그 중앙에는 불 모양의 문양(火) 3줄과 두 '기己'가 서로 등진 모양의 문양(黻) 3줄을 그려 넣는다.

黼荒. 火三列, 黻三列.

集說 '황荒'은 덮는다(蒙)는 뜻이다. 유거柳車(상여) 위의 덮개로서, 관의 뚜껑(鼈甲)을 가리킨다. 황荒의 가장자리를 따라 흑백의 도끼 문양(黼)을 그려 넣기 때문에 '보황黼荒'이라고 한 것이다. '황荒'의 중앙에 또 불 모양의 문양 3줄을 그려 넣기 때문에 '불 모양의 문양 3줄'(火三列)이라고 한 것이다. 또 두 개의 '기己' 자가 서로 등지는 형상을 3줄 그려 넣었기 때문에 '불黻 문양 3줄'(黻三列)이라고 한 것이다. '荒', 蒙也. 柳車上覆, 謂鼈甲也. 緣荒邊爲白黑斧文, 故云'黼荒'. '荒'之中央, 又畫爲火三行, 故云'火三列'. 又畫兩'己'相背爲三行, 故云'黻三列'.

【상대기 83】

(관의 덮개에는) 누이지 않은 흰 비단으로 저褚를 설치하고, 그 위에 유帷와 황荒을 얹는다.

素錦褚, 加僞荒.

集說 '소면素錦'은 누이지 않은 흰 비단이다. '저褚'98)는 관의 지붕(屋)이다. '황荒' 아래에 흰 비단을 사용하여 관의 지붕 모양을 만드는데, 궁실宮室을 형상한 것이다. '유와 황을 얹는다'(加帷荒)는 것은 '유帷'는 옆의 덮개(邊牆)이고 '황荒'은 위의 덮개(上蓋)인데, 저褚로 덮는 일이 끝나고 저褚 밖에 유와 황을 얹는 것이다. '素錦', 白錦也. '褚', 屋也. 荒下用白錦爲屋, 象宮室也. '加帷荒'者, '帷'是邊牆, '荒'是上蓋, 褚覆竟而加帷荒於褚外也.

【상대기 84】

(위의 덮개 황荒과 옆의 덮개[牆]를 연결하는) 분홍색 고(紐)가 6개 있다.

纁紐六.

集說 위 덮개와 가장자리 덮개가 서로 떨어져 있기 때문에 또 분홍색 비단으로 고(紐)를 만들어서 양 곁의 각각 셋을 연결하니, 모두 여섯 개가 된다. 上蓋與邊牆相離, 故又以纁帛爲紐, 連之兩旁各三, 凡六也.

【상대기 85】

(황荒의 꼭대기에 있는) 제齊(원형의 덮개)는 (다섯 색깔의) 채색 비단을 제齊에 입혀 줄이 서로 이어지게 하고, 조개를 연결하여 5줄을 만들어서 제齊 위에 그물 모양으로 교차시켜 맨다.

齊五采, 五貝.

集說 '제齊'는 배꼽(臍)의 뜻으로, 가운데에 해당함을 가지고 말한 것이다. 관의 뚜껑(鼈甲)이 위로 중앙에 있으며, 상여의 덮개처럼 형태가 원형이고, 높이가 3척 직경이 2척 남짓으로서, 다섯 색깔의 채색 비단으로 옷을 입히는데 줄이 서로 이어지게 한다. '오패五貝'는 또 조개를 이어서 5줄을 만들어 제齊 위에 그물 모양으로 교차시켜 맨다. '齊'者, 臍之義, 以當中而言. 謂鼈甲上當中, 形圓如車之蓋, 高三尺徑二尺餘, 以五采繒衣之, 列行相次. '五貝'者, 又連貝爲五行, 交絡齊上也.

【상대기 86】

도끼 문양을 그려 넣은 운삽(黼翣)이 둘이고, '기己' 자가 서로 등지고 있는 문양을 그려 넣은 운삽(黻翣)이 둘이고, 구름을 그려 넣은 운삽(畫翣)이 둘인데, 모두 홀 모양의 옥(圭)을 떠받들고 있다.[99]

黼翣二, 黻翣二, 畫翣二, 皆戴圭.

集說 '삽翣'은 모양이 부채와 비슷한데, 나무로 만든다. (장례의 의절에서 수레가 발인하여 장지로 가는) 도중에는 수레를 가리고, 관을 널(椁)에 넣

었을 때에는 널을 가린다. 두 개는 흑백의 도끼 문양을 그려 넣고, 두 개는 '기己' 자가 등지고 있는 문양을 그려 넣고, 두 개는 구름의 기운을 그려 넣는다. 6개의 삽翣 양쪽 모서리에는 모두 규옥圭玉(홀 모양의 옥)을 떠받들고 있다. '翣', 形似扇, 木爲之. 在路則障車, 入椁則障柩. 二畫黼, 二畫黻, 二畫雲氣. 六翣之兩角, 皆戴圭玉也.

【상대기 87】

(구리로 만든 물고기를 지池의 아래에 매달아 상여가 출발하면 구리로 만든) 물고기가 뛰어올라 지池에 거슬러 팔랑대도록 한다.

魚躍拂池.

集說 구리로 만든 물고기(銅魚)를 지池의 아래에 매달아 둔다. 상여가 출발하면 물고기가 뛰어올라 위로 지池에 거슬러 팔랑대는데, 물고기는 진용振容 사이에 있다. 以銅魚懸於池之下. 車行則魚跳躍上拂於池, 魚在振容間也.

【상대기 88】

군주는 분홍색 비단의 대戴가 여섯 개이다.

君纁戴六.

集說 '대戴'100)는 만난다(値)는 뜻과 같다. 분홍색 비단으로 관에 매고 고(紐)를 만들어 유柳의 몸체에 붙인다. 관棺의 가로 속束이 셋이 있는데, 한 속의 양 변에 각각 가죽을 구부려 고(紐)를 만드니, 세 개의 속束이므로 6개의

고가 된다. 이제 분홍색 비단을 고(紐)에 관통시켜서 유의 몸체에 묶는다. 그러므로 6개의 대戴가 있는 것이다. '戴', 猶値也. 用纁帛繫棺, 紐著柳骨. 棺之橫束有三, 每一束兩邊各屈皮爲紐, 三束則六紐. 今穿纁戴於紐, 以繫柳骨. 故有六戴也.

【상대기 89】

붉은색 끈(披)이 여섯 개이다.

纁披六.

集說 또한 붉은색 비단(絳帛)으로 만들어서 한 끝으로 연결되어 있는 유柳의 분홍색 대戴 가운데에 매고, 다른 한 끝을 유帷 밖으로 내어서 사람이 그것을 잡고 끈다. 대戴마다 매어 묶기 때문에 또한 여섯 개가 있다. '끈'(披)이라고 한 것은 만약 상여를 끌고 높은 곳에 오르면 앞을 끌어당겨서 상여가 고꾸라지는 것을 방비하고, 낮은 곳으로 내려갈 때는 뒤를 끌어당겨서 상여가 뒤집히는 것을 방비하며, 왼쪽으로 기울면 오른쪽을 끌어당기고, 오른쪽으로 기울면 왼쪽을 끌어당겨서 전복되지 않게 하기 때문이다. 이상은 모두 공영달孔穎達의 설이다. 亦用絳帛爲之, 以一頭繫所連柳纁戴之中, 而出一頭於帷外, 人牽之. 每戴繫之. 故亦有六也. 謂之'披'者, 若牽車登高, 則引前以防軒車, 適下則引後以防飜車, 欹左則引右, 欹右則引左, 使不傾覆也. 已上並孔說.

【상대기 90】

대부는 유帷에 구름의 기운을 그려 넣고, 두 개의 지池를 매달며,

진용振容은 매달지 않는다. (유의 위쪽에 있는) 황荒에는 구름의 기운을 그려 넣고, 그 중앙에 불 모양의 문양 3줄과 '기己' 자가 서로 등지고 있는 문양(黻) 3줄을 그려 넣는다. (관의 덮개에는) 흰 비단(素錦)으로 저褚를 만든다. (유와 황을 연결하는) 분홍색 고(纁紐) 2개와 검은색 고(玄紐) 2개가 있다. (황의 꼭대기에 있는) 제齊에 붉은색·황색·흑색 세 가지 채색 비단을 입히고 조개를 연결하여 만든 3줄을 교차시켜 맨다. 흑백의 도끼 문양을 넣은 운삽(黻翣)이 둘이고, 구름의 기운을 그려 넣은 운삽(畫翣)이 둘인데, 모두 술장식(綏)을 받들고 있다. 구리로 만든 물고기가 뛰어올라 지池를 거슬러 팔랑대도록 매단다. 대부의 대戴는 앞쪽은 분홍색이고 뒤쪽은 검은색이다. 끈(披) 또한 그와 같이 한다.

大夫畫帷, 二池, 不振容. 畫荒, 火三列, 黻三列. 素錦褚. 纁紐二, 玄紐二. 齊三采, 三貝. 黻翣二, 畫翣二, 皆戴綏. 魚躍拂池. 大夫戴前纁後玄. 披亦如之.

集說 '유帷(휘장)에 그림을 그려 넣는다'(畫帷)는 것은 구름의 기운을 그려 넣는 것이다. '두 개의 지를 매단다'(二池)는 것에 대해 어떤 사람은 '양 변에 각각 하나씩 있다'라고 하고, 어떤 사람은 '앞과 뒤로 각각 하나씩 있다'라고 한다. '황荒에 그림을 그려 넣는다'(畫荒)는 것 역시 황에 구름의 기운을 그려 넣는 것이다. '제齊에 세 가지 채색 비단을 입는다'(齊三采)는 것은 붉은색(絳)·황색·흑색의 세 가지다. '모두 술장식을 받들고 있다'(皆戴綏)는 것은 다섯 가지 채색의 깃털로 술장식(蕤)을 만들어 삽翣의 양 모서리에 꿰매어 장식한다. '끈(披) 또한 그와 같이 한다'(披亦如之)는 것은 색과 수를 모두

大戴와 똑같이 한다는 뜻이다. '畫帷', 畫爲雲氣也. '二池', 一云'兩邊各一', 一云'前後各一'. '畫荒', 亦畫爲雲氣也. '齊三采', 絳·黃·黑也. '皆戴綏'者, 用五采羽作蕤, 綴翣之兩角也. '披亦如之', 謂色及數悉與戴同也.

【상대기 91】

사는 흰 베로 유帷를 만들고, 흰 베로 황荒을 만들며, 지池 1개를 매단다. 청황색의 비단에 꿩을 그려 넣어 지에 매달아 늘어뜨린다. 분홍색의 고(紐)가 2개, 검은색 고(紐)가 2개이다. (황荒의 꼭대기에 있는) 제齊는 세 가지 색깔의 비단을 꿰매어서 만들고, 조개를 연결시킨 1줄을 맨다. 구름의 기운을 그려 넣은 운삽(畫翣)이 둘인데, 모두 술장식(綏)을 떠받들고 있다. 사士의 상에서 대戴는 앞부분은 분홍색으로 하고 뒷부분은 검은색으로 한다. 끈(披) 2개는 분홍색으로 한다.
士布帷, 布荒, 一池. 揄絞. 纁紐二, 緇紐二. 齊三采, 一貝. 畫翣二, 皆戴綏. 士戴前纁後緇. 二披用纁.

鄭注 '관을 장식하는 것'(飾棺)은 장지로 가는 도중에 그리고 광壙에 있을 때 여러 사람들이 그 부모를 꺼리고 싫어하는 것을 바라지 않기 때문이다. '황荒'은 덮는다(蒙)는 뜻으로, 옆에 있는 것이 '유帷'이고 위에 있는 것이 '황荒'으로 모두 유거柳車에 옷을 입히는 것이다. '사士는 유帷를 베로 만들고 황荒을 베로 만든다'(士布帷, 布荒)는 것은 백색의 베로 만드는 것이다. 군주와 대부의 경우는 흰 베를 사용하여 만들면서 거기에 문양을 더 그려 넣는다. '보황黼荒'은 (황의) 가장자리에 흑백의 도끼 문양을 그려 넣은 것이고, '화황畫荒'은 (황의) 가장자리에 구름의 기운을 그려 넣은 것이다. '불 모양

의 문양'(火)과 '기己 자가 서로 등지고 있는 문양'(黻)은 중간에 열을 이루고 있다. '위僞'는 '유帷' 자가 되어야 한다. 어떤 본에는 '우于'로 되어 있기도 한데, 발음으로 인해 잘못된 것이다. 대부 이상의 상에서는 저褚가 있어 그것으로 관을 덮고, 다시 그 위에 유帷(옆쪽의 덮개)와 황荒(위쪽의 덮개)을 얹는다. '고'(緇)는 유와 황을 연결시켜 묶는 끈이다. '지池'는 대나무로 만드는데 작은 수레의 령笭101)과 같고 푸른 베를 입힌다. 유柳는 궁실을 상징한다. 유의 위를 덮는 황荒의 끄트머리에 지池를 매달아서 궁실에 승류承霤(처마의 낙숫물받이 홈통)가 있는 것을 형상한다. 군주와 대부는 구리로 물고기를 만들어 지池의 아래에 매달아 둔다. '요揄'는 요적揺翟(움직이는 꿩을 그린 장식)으로 푸른색 바탕에 다섯 가지 색깔인데, 청황색의 비단(絞繒)에 요적을 그려 넣어 그것을 늘어뜨려 진용振容을 삼고, 수초水草가 요동하는 것을 형상한다. 상여가 출발하면 또 구리로 만들어 매단 물고기가 지池에서 위로 거슬러 팔랑댄다. 「잡기상雜記上」(21)에 "대부는 상여 장식에서 교絞에 꿩을 그려 넣어 지池에 매다는 것을 하지 않는다"고 하였는데, 이는 진용을 매달지 않는다는 뜻이다. 사士의 경우는 물고기를 없앤다. '제齊'(황荒의 꼭대기에 있는 원형의 수레덮개)는 수레덮개의 술장식(蓋蕤)을 형상한 것으로 여러 색채를 봉합하여 만드는데, 형상은 오이가 갈라져 있는 것과 같다. 조개를 엮어서 그 위 및 옆을 그물 모양으로 교차시켜 맨다. '대戴'는 만난다(値)는 뜻이다. 관속棺束과 유柳의 몸체를 연결시켜 묶어서 서로 만나게 하고, 이어 앞과 뒤의 끈(披)을 묶어 매는 것이다. 한漢 시대의 예에서, 삽翣은 나무로 광주리 형태를 만든 것인데, 너비가 3척이고 높이는 2척 4촌이며, 네모진데 양쪽 모서리가 높고, 흰 베로 옷을 입힌다. 화삽畫翣의 '화畫'는 구름의 기운을 그려 넣는다는 뜻이며, 그 나머지는 각각 그 형상과 같이 한다. 자루의 길이는 5척이다. 상여가 출행할 때 사람들에게 그것을 잡고 따르게 한다. 하관하고 나서는 무덤 속에 세워놓는다. 「단궁상檀弓上」(16)에 "주나라 사람들은 유의柳衣(윗덮개 틀에 씌우는 덮개)로 덮고 삽翣(관을 가리는 부채 모양의 장식)을 설치하였다"고 한 것이 이것이다. '유緌'는 '유緌' 자가 되어야 하는데, 관유冠蕤라고 할 때의 '유蕤'(술장식)의 뜻으로 다섯 가지 색깔의 깃털로 삽翣의 양 모서리에 매단다. '飾棺'者, 以華道路及壙中, 不欲衆惡其親也. '荒', 蒙也, 在旁曰'帷', 在上曰'荒', 皆所以衣柳也. '士布帷, 布荒'者, 白布也. 君・大夫加文章焉. '黼荒', 緣邊爲黼文, '畫荒', 緣邊爲雲氣. '火'・'黻'爲列於其中耳. '僞'當爲'帷'. 或作'于', 聲之誤也. 大夫以上, 有褚以襯覆棺, 乃加帷荒於其上. '紐', 所以結連帷荒者也. '池', 以竹爲之, 如小車笭102), 衣以青布. 柳象宮室. 縣池於荒之爪端, 若承霤然云. 君・大夫以銅爲魚, 縣於池下. '揄', 揄翟也, 青質五色, 畫之於絞繒而垂之, 以爲振容, 象水草之動搖. 行則又魚上拂池. 「雜記」曰: "大夫不揄絞繒於池下", 是不振容也. 士則去魚. '齊', 象車蓋蕤, 縫合雜采爲之, 形如瓜分然. 綴貝落其上及旁. '戴'之言值也, 所以連繫棺束與柳材, 使相值, 因而結前後披也. 漢禮, 翣以木爲筐, 廣三尺, 高二尺四寸, 方, 兩角高, 衣以白布. '畫'者, 畫雲氣, 其餘各如其象. 柄長五尺. 車行使人持之而從. 既窆, 樹於壙中. 「檀弓」曰: "周人牆置翣", 是也. '緌'當爲'緌', 讀如冠蕤之'蕤', 蓋五采羽, 注於翣首也.

集說 '포유布帷'와 '포황布荒'은 모두 흰 베로 만들고 그림을 그려 넣지 않는다는 것이다. '지를 1개를 매단다'(一池)는 것은 수레 앞쪽에 매다는 것이다. '요揄'는 요적揄翟(움직이는 꿩 그림 장식)으로, 꿩의 종류를 그려 넣는데, 푸른색 바탕에 다섯 가지 색으로 한다. '효絞'는 청황색의 비단이다. 청황색의 비단에 꿩을 그려 넣는데, 지池에 매달아 늘어뜨린다. '대戴'는 관속棺束의 위치에 있는데 속束마다 각각 양 쪽에 있다. 앞머리 쪽의 두 대戴는 분홍색으로 하고, 뒤쪽의 두 대는 검은색으로 한다. '끈 2개는 분홍색으로 한다'(二披用纁)는 것은 한 변의 앞과 뒤로 각각 한 개 끈을 쓰는 것에 따른 것이다. 그러므로 '끈 2개'라고 한 것이다. 만약 양쪽 변을 통해서 말한다면 또

한 4개의 끈이다. '布'帷·'布'荒, 皆白布不畫也. '一池', 在前. '揄', 揺翟也, 雉類, 靑質五色. '絞', 靑黃之繒也. 畫翟於絞繒, 在池上. '戴'當棺束, 每束各在兩邊. 前頭二戴用纁, 後二用緇. '二披用纁'者, 據一邊前後各一披. 故云'二披'. 若通兩邊言之, 亦四披也.

【상대기 92】

군주는 장례葬禮에 춘거(輴)를 사용하고, 네 개의 상여줄(綍)과 두 개의 비碑를 사용하며, 관을 선도하는 이는 우보羽葆를 사용한다. 대부의 상에 장례는 선거(輴)를 사용하고, 두 가닥의 상여줄과 두 개의 비를 사용하며, 관을 선도하는 이는 기(茅)[103]를 사용한다. 사士는 장례에 선거(國車)를 사용하며, 두 가닥의 상여줄은 있지만 비碑는 사용하지 않는다. 빈궁을 나설 때에 이르러서는 관을 선도하는 이는 대공大功의 포布를 사용한다.

君葬用輴, 四綍二碑, 御棺用羽葆. 大夫葬用輴, 二綍二碑, 御棺用茅. 士葬用國車, 二綍無碑. 比出宮, 御棺用功布.

鄭注 대부는 춘거(輴)를 사용하지 않는다. 이 경문에서 '춘輴'이라고 한 것은 잘못이다. '춘輴'은 모두 '재이전거載以輇車(전거로 시신을 싣다)[104]'라고 할 때의 '전輇'이 되어야 한다. 발음으로 인해 잘못된 것이다. '전輇'은 글자가 어떤 본에는 '단團'으로 되어 있다. 이 때문에 문장이 잘못되어 '국國'이 된 것이다. '전거輇車'는 널을 싣는 상여로 신분의 존비에 따라 차이를 두는 것이다. 상여줄을 관에 있을 때에는 '발綍'이라고 하고, 길을 떠날 때에는 '인引'이라고 하며, 무덤에 이르러 하관할 때에는 또 '발綍'이라고 하고 비碑를 설치한다. 이 때문에 연이어서 말한 것이다. '비碑'는 환영桓楹[105]이다. 관

을 움직일 때에는 앞에 있는 사람이 절도를 주어 선도한다. 사의 경우 '빈궁을 나설 때에 이르러서는 대공의 포를 사용한다'고 하였으므로 궁을 나서면 그치며, 무덤에 이르러서는 하지 않는 것이다. '발綍'은 어떤 본에는 '솔率'로 되어 있다. 大夫廢輴. 此言輴, 非也. '輴', 皆當爲'載以輇車'之'輇'. 聲之誤也. '輇', 字或作'團'. 是以文誤爲'國'. '輇車', 柩車也, 尊卑之差也. 在棺曰'綍', 行道曰'引', 至壙將窆又曰'綍', 而設碑. 是以連言之. '碑', 桓楹也. '御棺', 居前爲節度也. 士言'比出宮, 用功布', 則出宮而止, 至壙無矣. '綍'或爲'率'.

集說 이 장에서 두 번 나오는 '輴' 자와 한 번 나오는 '國' 자에 대해서 주에서는 모두 '전輇'과 '선船'의 음으로 읽어야 한다고 하였다.106) 그러나 「단궁하檀弓下」(96)에서 "제후는 춘거(輴)를 사용하고 수레덮개를 설치한다"고 한 것을 가지고 말한다면, 제후는 빈례殯禮에서도 춘거를 사용할 수 있는데 어떻게 장례를 행할 때 춘거를 사용할 수 없겠는가? 이제 '대부장용순大夫葬用輴'의 '輴'과 '國' 자는 모두 '선船'의 음으로 읽고, "군장용순君葬用輴'의 '輴' 자는 '춘春'으로 읽는다. ○ 천자의 상에서 하관할 때 큰 나무로 비碑107)를 만드는데 이를 '풍비豐碑'라고 하고, 제후의 경우에는 '환영桓楹'이라고 한다. '비碑'와 '발綍'에 대해서는 「단궁」에 상세한 설명이 보인다.108) 어관御棺과 우보羽葆는 모두 「잡기하雜記下」(68)에 설명이 보인다. '공포功布'는 대공大功의 포布를 말한다. '전거輇車'의 '輇'은 「잡기상雜記上」(4)에 '輲'으로 되어 있다. 此章二'輴'字一'國'字, 註皆讀爲'輇'·'船'音. 然以「檀弓」'諸侯輴而設幬'言之, 則諸侯殯得用輴, 豈葬不得用輴乎? 今讀'大夫葬用輴'與'國'字並作'船'音, '君葬用輴'音'春'. ○ 天子之窆, 用大木爲碑, 謂之'豐碑', 諸侯謂之'桓楹'. '碑'·'綍', 詳見「檀弓」. 御棺·羽葆, 並見「雜記」. '功布', 大功之布也. '輇車', 「雜記」作'輲'字.

【상대기 93】

무릇 하관할 때에는 상여줄(綍)을 사용하여, 비碑에서 떨어져 상여줄을 등에 지고서 하관한다. 군주의 경우 가로막대를 사용하여 하관하고, 대부와 사의 경우에는 줄을 이용한다. 군주의 경우에는 시끄럽게 떠들지 못하도록 명령을 내리고, 북을 쳐서 (북소리를 절도로 삼아) 하관하게 한다. 대부의 경우에는 곡을 하지 말도록 명령을 하고, 사士의 경우에는 곡을 하는 사람들이 스스로 알아서 서로 곡을 중지한다.

凡封, 用綍去碑負引. 君封以衡, 大夫·士以咸. 君, 命毋譁, 以鼓封. 大夫命毋哭, 士哭者相止也.

鄭注 '봉封'은 『주례』에는 '폄窆'으로 되어 있다. '폄'은 하관한다는 뜻이다. 이 경문의 '봉封'은 어떤 본에는 '염斂'으로 되어 있다. 「단궁하檀弓下」(84)에 "공수약公輸若은 아직 어렸다. 염斂을 하는데, 공수반公輸般이 기계로 하관할 것을 청하였다"라고 하였는데 이 '염'을 가리킨다. 그렇다면 관이 무덤에 들어가는 것이 시신을 염하는 것과 서로 비슷하다. 기록할 때 이 두 가지를 똑같이 여겼던 것이다. '함咸'은 함緘(끈)으로 읽는다. 무릇 상여가 무덤에 이르면 싣고 있는 것을 내려놓고 장식을 제거하며, 널의 줄에 인끈을 연결시키고 또 무덤의 앞뒤로 비碑를 세우고 끈으로 두 비 사이의 녹로鹿盧에 둘러서 관을 당겨 내려놓는다. 이때 관을 내려 하관하는데 관을 끄는 사람들에게 모두 끈을 묶어 허리에 두르고 등에 지면서 천천히 내려놓게 하여 놓치는 것에 대비한다. '상여줄을 사용하여, 비에서 떨어진다'(用紼去碑)는 것은 관을 내려놓을 때를 가리킨다. '형衡'은 평평하다(平)는 뜻이다.

군주의 상에는 또한 나무를 사용하여 옆으로 상여줄을 관통시켜 옆에서 잡고서 평평하게 유지하고, 또 북을 치면서 풀어놓는 절도로 삼는다. 대부와 사는 옆에서 상여줄을 당길 뿐이다. 서인은 현폄縣窆(끈에 매달아 직접 하관함)을 하고 (비碑에 매어) 상여줄을 당겨 하관하지 않는다. 예에서 천자의 장례에만 수도隧道가 있다. 오늘날 제齊지역 사람들은 관속棺束을 함승緘繩이라고 한다. '함咸'은 어떤 본에는 함椷으로 되어 있다. '封', 『周禮』作'窆'. 窆, 下棺也. 此'封', 或皆作'斂'. 「檀弓」曰: "公輸若方小. 斂, 般請以機封", 謂此'斂'也. 然則棺之入坎爲斂, 與斂尸相似. 記時同之耳. '咸', 讀爲緘. 凡柩車及壙, 說載除飾, 而屬紼於柩之緘, 又樹碑於壙之前後, 以紼繞碑間之鹿盧, 輓棺而下之. 此時棺下窆, 使輓者皆繫紼而繞要負引, 舒縱之, 備失脫也. '用紼去碑'者, 謂縱下之時也. '衡', 平也. 人君之喪, 又以木横貫緘耳, 居旁持而平之, 又擊鼓爲縱舍之節. 大夫·士旁牽緘而已. 庶人縣窆, 不引紼也. 禮, 唯天子葬有隧. 今齊人謂棺束爲緘繩. '咸'或爲椷.

集說 세 '봉封' 자는 모두 '폄窆'으로 읽어야 하니 하관下棺한다는 뜻이다. ○ 소疏에서 말한다. "하관할 때에 줄의 한 끝으로 관의 밧줄에 연결하고, 다른 한 끝으로 두 비碑 사이의 녹로鹿盧에 감는다. 관을 끄는 사람은 비 밖에서 비를 등에 지고 선다. 상여줄을 등에 지고 있던 사람들은 점차 북소리에 따라서 관을 내린다. 그러므로 '상여줄을 사용하여, 비에서 떨어져 상여줄을 등에 진다'고 한 것이다. '가로막대를 사용한다'(以衡)는 것은 하관할 때 별도로 큰 나무를 가로막대로 삼아 관속棺束의 줄에 관통시켜 평평하게 유지하면서 관을 내려놓아 기울어지는 것에 대비하는 것이다. '줄을 이용한다'(以緘)는 것은 상여줄로 곧바로 관속棺束에 묶어서 하관하는 것이다. '시끄럽게 떠들지 못하도록 명령을 내린다'(命毋譁)는 것은 시끄럽게 떠드는 것을 미리 경계하여 금지시키는 것이다. '북을 쳐서 하관하게 한다'(以鼓封)는 것은 북을 쳐서 상여줄을 등에 지고 있는 사람들이 줄을 놓는 절도로

삼게 하는 것이다. '곡을 하지 말도록 명령을 한다'(命毋哭)는 것은 미리 경계하여 곡의 소리를 멈추게 하는 것이다. 사의 경우는 곡을 하는 여러 사람들이 스스로 알아서 서로 중지한다. 三'封'字, 皆讀爲'窆', 謂下棺也. ○ 疏曰: "下棺時, 將綍一頭繫棺緘, 又將一頭繞碑間鹿盧. 所引之人在碑外, 背碑而立. 負引者, 漸漸應鼓聲而下. 故云'用綍去碑負引'也." '以衡', 謂下棺時, 別以大木爲衡, 貫穿棺束之緘, 平持而下, 備傾頓也. '以緘'者, 以綍直繫棺束之緘而下也. '命毋譁', 戒止其諠譁也. '以鼓封', 擊鼓爲負引者縱捨之節也. '命毋哭', 戒止哭聲也. 士則衆哭者, 自相止而已.

【상대기 94】

제후는 소나무로 만든 덧널(松椁)을 사용하고, 대부는 측백나무로 만든 덧널(柏椁)을 사용하고, 사는 잡목으로 만든 덧널을 사용한다.

君松椁, 大夫栢椁, 士雜木椁.

鄭注 '덧널'(椁)은 관棺을 두르는 것을 가리킨다. 천자는 측백나무로 만든 덧널을 사용하는데 나무토막으로 만들며 길이는 6척尺으로 한다. 공자가 중도中都의 재宰로 계실 때 관곽에 대한 규정을 만들었는데, 서인의 덧널은 5촌寸인 나무토막으로 만들게 하였다.[109] 5촌은 나무토막의 가로세로 너비를 가리킨다. 이는 존귀한 자는 큰 재목을 사용하고, 신분이 낮은 자는 작은 재목을 사용함을 말한다. 천자·제후·경·대부·사·서인의 6등급은 그 덧널의 길이가 6척 이하이고, 그 너비는 5촌 이상인데, 그 차등이 규정된 방식은 모르겠다. 항목抗木의 두께는 대체로 덧널과 나란하다. 천자는 다섯 겹이고, 상공은 네 겹이며, 제후는 세 겹이고, 대부는 두 겹이고, 사는 한 겹이다. '椁', 謂周棺者也. 天子柏椁以端, 長六尺. 夫子制於中都, 使庶人之

椁五寸. 五寸謂端方也. 此謂尊者用大材, 卑者用小材耳. 自天子・諸侯・卿・大夫・士・庶人六等, 其椁長自六尺而下, 其方自五寸而上, 未聞其差所定也. 抗木之厚, 蓋與椁方齊. 天子五重, 上公四重, 諸侯三重, 大夫再重, 士一重.

集說 천자는 측백나무로 만든 덧널(栢椁)을 사용하기 때문에 제후는 소나무로 만든 덧널을 사용한다. 대부가 천자와 똑같이 하는 것은 신분의 차이가 현격하여 참람하게 행한다는 혐의를 받지 않기 때문이다. 天子栢椁, 故諸侯以松. 大夫同於天子者, 卑遠不嫌僭也.

【상대기 95】

관棺(속관)과 덧널(椁) 사이 틈이, 군주의 경우 축柷이 들어갈 정도가 되고, 대부의 경우 호壺가 들어갈 정도이고, 사의 경우는 무甒가 들어갈 정도가 된다.

棺椁之間, 君容柷, 大夫容壺, 士容甒

鄭注 사이에 물건을 저장할 수 있기 때문에, 그 정도로 기준을 삼는다. 間可以藏物, 因以爲節.

集說 '축柷'은 악기로서 형상이 통桶과 비슷하다. '호壺'는 물을 떨어뜨리는 그릇이다. 일설에는 호壺와 무甒가 모두 술을 담는 그릇이라고 한다. 이 경문에서는 넓이의 정도를 말한 것이다. 관棺의 밖과 덧널의 안쪽에 모두 넣어두는 명기冥器가 있다. '柷', 樂器形如桶. '壺', 漏水之器. 一說, 壺・甒皆盛酒之器. 此言闊狹之度. 古者棺外椁內, 皆有藏器也.

【상대기 96】

군주는 덧널(椁)을 싸고 우광虞筐을 한다. 대부는 덧널을 싸지 않는다. 사는 우광을 하지 않는다.

君裏椁·虞筐. 大夫不裏椁. 士不虞筐.

鄭注 덧널을 싸는 물건과 우광의 제도는 알지 못하겠다. 裏椁之物, 虞筐之文, 未聞也.

集說 소疏에서 말한다. "노씨盧氏(노식盧植)가 비록 (우광虞筐[110])에 대해) 해석을 하였지만, 정현은 듣지 못하였다고 하였다. 이제 기록하지 않는다."

疏曰: "盧氏雖有解釋, 鄭云未聞. 今不錄."

역주

1) 천자의 경우 ~ 행한다 : '縣'은 '懸'과 통용한다. 樂縣(또는 樂懸), 곧 악기걸이와 악기걸이에 걸어놓은 악기를 말한다. 宮縣은 사면에 모두 악기를 걸어 두는 것, 軒縣은 세 면에 악기를 걸어 두는 것, 判縣은 두 면에 악기를 걸어 두는 것, 特縣은 한 면에 악기를 걸어 두는 것을 말한다. 『주례』「春官·小胥」에 "樂縣의 위치를 바로잡는데, 王은 宮縣을, 제후는 軒縣을, 대부는 判縣을, 士는 特縣을 사용한다"(正樂縣之位, 王宮縣, 諸侯軒縣, 卿大夫判縣, 士特縣)라고 하였는데, 정현 주에 인용된 鄭司農의 말에 "宮縣은 사면에 악기를 걸고, 軒縣은 한 면을 치우고, 判縣은 다시 한 면을 치우고, 特縣은 다시 한 면을 치운다"(宮縣, 四面縣, 軒縣, 去其一面, 判縣, 又去其一面, 特縣, 又去其一面)라고 하였다. 「郊特牲」(14)에도 樂縣과 관련된 내용이 보인다.

2) 牖北 : 『禮記訓纂』에는 '北墉'으로 되어 있는데, 이학근은 '墉北'으로 교감하였다. 『예기정의』, 2438쪽.

3) 北墉 : '北墉'은 閩本·監本·毛本·岳本·嘉靖本에는 모두 '北墉'으로 되어 있다. 惠棟校本에는 본래 '北' 자가 없으며, 衛湜의 『禮記集說』과 朱彬의 『禮記訓纂』에도 마찬가지다. 완원의 교감기에는 "『經典釋文』에 '爲墉'으로 되어 있으니, 또한 '北' 자가 없다"고 하였다.

4) 『의례궁묘도』 : 楊復의 『儀禮圖』「儀禮旁通圖·宮廟門」을 가리킨다.

5) 옥루 : 고대 중국에서는 실내의 서북쪽 깊숙한 곳에 작은 휘장을 설치하고 신주를 안장하였다. 그곳이 사람들 눈에 띄지 않기 때문에 '옥루'라고 하였다고 한다. 『詩』「大雅·抑」에 "네가 거실에 있는 것을 보건대, 거의 옥루에 부끄럽지 않게 할지니라"(相在爾室, 尙不愧于屋漏)라고 하였는데, 毛亨의 傳에는 "서북쪽 깊숙한 곳을 '옥루'라고 한다"(西北隅謂之屋漏)고 하였고, 鄭玄의 箋에는 "'옥'은 작은 휘장이고, '루'는 가린다는 뜻이다"('屋', 小帳也, '漏', 隱也)라고 하였다. 후에 '옥루'는 집의 깊고 어두운 곳을 가리키는 말로 사용되었다.

6) 士之妻 : 李學勤은 阮元과 段玉裁 등의 校本 등에 의거하여 '士·士之妻'로 교감하였다. 『禮記正義』, 1440쪽 참조.

7) 소침 : 소침은 천자와 제후의 침궁을 가리킨다. 『左傳』, 僖公 33년 조에 "희공이 제나라로 갔다.…… 돌아와서, 소침에서 홍거하였다"(公如齊 ……反, 薨於小寢)고 한 것에 대해 楊伯峻의 注에는 "소침은 제후의 연침이다"(小寢, 爲諸侯之燕寢)라고 하였다. 「玉藻」(7)에 "대부가 물러난 후에 소침에 가서 朝服(피변복)을 벗는다"(大夫退, 然後適小寢, 釋服)고 하였는데, 정현 주에는 "'소침'은 연침의 뜻이다"(小寢, 燕寢也)라고 하였다.

8) 적실에서 사망한다 : 『의례』「士喪禮」에서 "士의 喪禮. 士는 適室에서 사망한다. 大斂에 사용하는 被衾으로 시신을 덮는다"(士喪禮, 死于適室. 幠用斂衾)고 하였다. 정현 주에는 "適室은 正寢의 室이다"(適室, 正寢之室也)라고 하였고, 賈公彦의 疏에서는 "천자·제후의 정침을 노침이라 하는 데에 대응해서 경·대부·사의 정침은 적실이라고

하며 또한 적침이라고도 한다. 그러므로 아래 記에 '사는 적침에 거처한다'고 한 것이다. 총괄해서 말하면 모두 '정침'이라고 한다"(若對天子諸侯謂之路寢, 卿大夫士謂之適室, 亦謂之適寢. 故下記云'士處適寢.' 總而言之, 皆謂之'正寢')고 하였다.

9) 궐적 : '屈'은 '闕'과 통하며, 闕狄이라고도 한다. 고대 왕후 및 封號를 가진 귀족의 부인이 입는 命服으로 시대마다 차이가 있다. 「玉藻」(72)의 "君命屈狄"에 대한 정현 주와 공영달의 소 참조.

10) 단의 : 가선을 붉은색 명주(纁)로 장식한 검은색의 의복이다. 「雜記上」(19) 참조.

11) 유적 : 꿩의 문양을 그려 넣어서 장식한 옷으로, 고대 왕후가 왕을 따라 先公을 제사할 때 입는 복장이다. 『주례』「天官·內司服」의 "揄狄"에 대하여 정현은 주에서 "'狄'은 '翟'자가 되어야 한다. '翟'은 꿩의 이름이다.…… 王后의 복장에 비단(繒)을 조각하여 형태를 만들고 채색을 그려 넣어 상의에 꿰매서 문장으로 삼는다.…… 揄翟은 움직이는 꿩을 그려 넣은 것이다.…… 왕을 따라 先公에게 제사드릴 때 揄翟을 입는다"('狄'當爲'翟'. 翟, 雉名.……王后之服, 刻繒爲之形, 而采畫之, 綴於衣以爲文章.……揄翟畫搖者.……祭先公則服揄翟)라고 하였다. 또한 고대 3夫人 및 上公의 妻가 입는 命服을 뜻한다. 「玉藻」(72)에 "왕의 후는 褘衣를 입고, 夫人은 揄狄을 입는다"(王后褘衣, 夫人揄狄)라고 하였는데, 정현은 주에서 "'夫人'은 천자의 三夫人으로, 또한 侯와 伯의 부인이다"(夫人, 三夫人, 亦侯伯之夫人也)라고 하였다.

12) 전의 : 王后의 六服 중 하나로 백색이다. 子와 男의 大夫는 1命의 작위를 받는데, 그 처가 입는 복장이다. 「雜記上」(20)에 "(復을 할 때,) 하대부의 처(下大夫)인 경우 襢衣를 사용한다"(下大夫以襢衣)라고 하였다.

13) 禁 : 朱彬의 『禮記訓纂』에는 '某'로 되어 있다. 『예기정의』, 1442쪽 참조.

14) 세부 : 천자의 왕후는 6명의 宮, 3명의 夫人, 9명의 嬪, 27명의 世婦, 81명의 御妻를 둔다. 세부는 女官을 거느리고 王后를 도와 祭祀, 賓客, 喪紀 등의 禮를 담당한다. 이 世婦의 지위는 대부의 正妻가 차지하는 품계와 등급이 같다. 따라서 世婦로 대부의 정처를 표현하기도 하는데, 이 경문의 표현이 그러한 경우이다. 『三禮辭典』 '世婦' 항목 참조.

15) 휘의 ~ 보인다 : 「雜記上」(18~19) 참조.

16) 여섯 가지 면복 : 冕服은 면류관을 쓸 때 착용하는 복식 일습을 말하고, 시대에 따라 조금씩 차이는 있지만 면류관 · 상의(玄衣) · 하상(裳) · 중단 · 바지 · 버선 · 신 · 大帶 · 혁대 · 폐슬 · 綬 · 패옥 · 劍 · 圭로 구성된다. 면복의 종류는 등급의 순서대로 大裘冕 · 衮冕 · 鷩冕 · 毳冕 · 希冕(絺冕) · 玄冕의 6가지가 있다. 이를 여섯 가지의 면복이라고 한다. 大裘冕이 가장 높은 등급이고, 玄冕의 등급이 가장 낮다. 大裘冕은 昊天 · 上帝 · 五帝에 제사할 때 입고, 衮冕은 先王에게 제사지낼 때와 왕이 종묘에서 제후의 朝覲을 받을 때 입으며, 鷩冕은 先公에게 제사할 때와 종묘에서 大射禮를 행할 때 입는다. 毳冕은 四望과 山川에 제사할 때 입고, 絺冕은 사직과 五祀에 제사지낼 때 입는다. 이들 면복은 면류관의 旒의 수와 상의와 하상에 표현된 무늬로 구별한다. 그런데 이 6가지

冕服을 모두 입을 수 있는 신분은 천자뿐이고, 諸侯·孤·卿·大夫는 衮冕服 이하 玄冕服까지를 각 신분과 의례 상황에 따라 차별적으로 입는다. 단 이들 신하가 衮冕服부터 絺冕服까지를 입을 수 있는 것은 천자가 주관하는 제사에 참여하여 제사를 도울 때뿐이고, 각자 자신이 주관하는 제사에서는 6면복 가운데 가장 낮은 등급인 현면복만 입을 수 있다. 『三禮辭典』, 191쪽, '六冕服'; 687쪽, '袞冕' 항목 참조.

17) 복의로 ~ 제거한다 : 『의례』「士喪禮」에 동일한 인용문은 보이지 않는다. 다만 "광주리를 이용해 復衣를 받아 阼階로 올라가서 시신을 덮어준다"(受用篋, 升自阼階, 以衣尸)라는 구절이 보인다. 이 구절에 대한 정현 주에 "시신에 덮어준다는 것은 덮어주어서 혼을 찾아 되돌아가게 하는 것처럼 하는 것이다"(衣尸者, 覆之若得魂反之)라고 하였다.

18) 주부 : 여주인을 뜻한다. 보통 喪主의 妻가 된다.

19) 이불 : 여기서는 소렴과 대렴에 사용하는 이불을 가리킨다. 솜을 넣은 겹이불과 속이 없는 홑이불이 있는데, 후자를 裯라고 부른다. 『三禮辭典』, 690쪽, '衾' 항목 참조.

20) 부모가 ~ 않는다 : 이 말은 「玉藻」(37)에 나온다.

21) 북상투 : 喪禮에서 여자가 비녀(笄)와 머리싸개(纚)를 벗고 베로 머리를 묶어 상투를 튼 것을 가리킨다. 음은 '좌'이다. 『三禮辭典』 '髽' 항목 참조.

22) 유당 : 소렴 전에 당상에 휘장을 설치하는 것이다. 「檀弓上」(101)에 "曾子가 말하였다. '시신을 아직 꾸미지 않았으므로 당에 휘장을 치고 소렴을 마치면 휘장을 거둔다.' 仲梁子가 말하였다. '부부가 한창 어지러운 상황이므로 당에 휘장을 치고 소렴을 마치면 휘장을 거둔다'"(曾子曰: '尸未設飾, 故帷堂, 小斂而徹帷.' 仲梁子曰: '夫婦方亂, 故帷堂, 小斂而徹帷')라고 하였다.

23) 제후와 ~ 거두는데 : 관련 내용은 「喪大記」(18)에 나온다.

24) 夫人 : 『禮記集說大全』·『禮記訓纂』에는 모두 '夫人'으로 되어 있는데, 李學勤은 '大夫'의 잘못이라고 한다. 『예기정의』, 1450쪽 참조.

25) 문 : 상례에서 冠을 바꾸어 머리에 착용하는 두건을 말한다. 베로 목의 중앙부터 머리를 싸매 올려 이마에서 교차시키고 뒤로 둘러서 상투에 묶는 방식이라고 한다. 免은 麻를 사용하여 머리를 묶는 括髮보다 가벼운 예이다. '糸+免'으로 쓰기도 한다. 『의례』「士喪禮」에 "주인은 括髮을 하고 袒을 하며, 衆主人은 방에서 免을 한다.(主人括髮袒, 衆主人免于房)"라고 하였다. 이 구절에 대한 정현의 주에 "'衆主人은 免을 한다'는 것은 齊衰服을 하는 이가 袒을 하고자 할 때 免을 하는 것으로 冠을 대체하는 것이다. 관은 복장에서 존귀한 차림이므로 관을 쓰고서는 袒을 하지 않는다. 免의 제도에 대해서는 아직 듣지 못하였다. 구설에서 관의 형상과 비슷하고 넓이가 1촌이라고 하였다. 「喪服小記」(1)에 '참최의 喪에는 麻로 머리를 묶는다(括髮). 어머니의 상에서도 麻로 머리를 묶지만, (소렴 뒤에) 免을 착용하는데 (麻를 대신하여) 布로 한다'고 하였다. 이는 麻와 베를 사용하여 만드는 것인데 그 모양이 오늘날 幓頭(머리를 묶는 두건)를 착용하는

것과 같다. 목의 중앙으로부터 앞쪽으로 감아올려 이마에서 교차시킨 다음 뒤로 상투에 감는다"('衆主人免'者, 齊衰將袒, 以免代冠. 冠, 服之尤尊, 不以袒也. 免之制未聞. 舊說以爲如冠狀, 廣一寸. 「喪服小記」曰: '斬衰括髮以麻. 免而以布.' 此用麻布爲之, 狀如今之著幓頭矣. 自項中而前, 交於額上, 卻繞紒也) 『三禮辭典』, '免'항목 참조.

26) 신분이 ~ 때문이다 : 제후의 喪에는 먼저 踊을 하고 나서 옷을 입고 수질과 요질을 두른다. 士의 상에는 옷을 입고 수질과 요질을 두른 다음에 踊을 하는데, 신분이 낮기 때문이다. 공영달의 소 참조.

27) 석의를 드러내어 : 겨울철에는 속옷 위에 갖옷(裘 : 모피옷)을 입고, 갖옷 위에 裼衣(中衣라고도 함)를 입고, 裼衣 위에 또 皮弁服 등 겉옷(上衣)을 입는데, 禮를 행할 때에는 겉옷의 왼쪽 소매를 걷어 올려서 그 裼衣를 드러나게 한다. 이렇게 하는 것을 '裼'이라고 한다. 「玉藻」(50)에 "군주는 여우의 흰 모피로 지은 갖옷(狐白裘)을 입고, 그 위에 비단으로 지은 옷(錦衣)을 석의裼衣로 덧입는다"(君衣狐白裘, 錦衣以裼之)고 한 것에 대해 정현은 "군주가 여우의 흰 모피로 갖옷을 입는 경우에는 흰 비단으로 옷을 만들어 갖옷을 덮어 裼이 될 수 있게 한다. 袒(왼쪽 소매를 걷어 올리는 것)을 하여 옷이 드러나는 것을 '裼' · '裼裘'라고 한다. 반드시 갖옷을 덮는 것은 갖옷이 속옷이기 때문이다. 『詩』에 '비단으로 웃옷을 만들어 絅衣(홑 비단 웃옷)를 삼고, 비단으로 치마를 만들어 絅裳(홑 비단 치마)으로 삼네'라고 하였다. 그렇다면 비단옷에 다시 겉옷이 있음이 분명하다. 천자는 여우 흰털의 겉옷에 피변복을 하는 듯하다. 무릇 裼衣는 갖옷의 색과 같게 한다"(君衣狐白毛之裘, 則以素錦爲衣覆之, 使可裼也. 袒而有衣曰'裼'. 必覆之者, 裘褻也. 『詩』云'衣錦絅衣, 裳錦絅裳.' 然則錦衣復有上衣, 明矣. 天子狐白之上衣, 皮弁服與. 凡裼衣象裘色也)라고 하였다. 또 같은 「玉藻」(55)에 "갖옷에 裼衣를 입는 것은 아름다움을 드러내기 위한 것이다. 조문을 할 때에 裼衣 위에 갖옷을 습의로 껴입음은 문식을 다하지 않는 것이다. 군주가 있는 곳이라면 석의를 덧입어 문식을 다한다"(裘之裼也, 見美也. 弔則襲, 不盡飾也. 君在則裼, 盡飾也)고 한 것에 대해 정현은 "군자가 일을 할 때, 아름다움을 드러내는 것으로 공경함을 나타낸다. 喪事는 아름다움을 드러내는 일이 아니다"(君子於事以見美爲敬. 喪非所以見美)고 하였다. '襲'은 곧 袒을 하지 않아 裼衣를 드러내지 않는 것을 말하는데, 문식으로 공경을 표현하기 부족한 아주 성대한 예를 행할 때는 문식을 위주로 하지 않기 때문에 襲을 하는 것으로 공경을 삼는다. 「玉藻」(56)에 "의복에서 석의 위에 습의를 입는 것은 (석의의) 아름다움을 가리기 위한 것이다. 이 때문에 尸는 석의 위에 襲衣를 입고, 옥과 거북을 잡을 때 습의를 겹쳐 입는다. 신하가 일이 없을 때에도 (군주의 처소에서) 석의를 입는 것은 감히 (석의의 아름다움을) 가리지 않는 것이다"(服之襲也, 充美也. 是故尸襲, 執玉龜襲. 無事則裼, 弗敢充也)고 하였다.

28) 호 : '壺'는 '挈壺' · '漏壺'라고도 하며, 떨어지는 물의 다과로 시간을 계산하는 儀器다. '漏刻'이라고도 한다. 漏壺 안에 표시하는 곧은 대나무를 꽂는데, 이를 '箭'이라고 한다. 물이 누호 속으로 흘러나가거나 흘러들어올 때 전 아래가 가라앉거나 상승한다. 이를

빌어서 시각을 지시한다. 전자를 '沉箭漏'라고 하고, 후자를 '浮箭漏'라고 한다. 총칭해서 箭漏라고 한다.

29) 門外 : 惠棟의 校本 · 石經 · 宋監本 · 岳本 · 嘉靖本 · 衛湜의 『禮記集說』 등에는 '門'으로 되어 있으며, 閩本 · 監本 · 毛本 · 『禮記集說』에는 '門外'로 되어 있다. 『石經考文提要』에는 "宋大字本 · 宋本九經 · 南宋巾箱本 · 余仁仲本 · 劉叔剛本에는 모두 '外' 자가 없다"고 하였다. 『예기정의』, 1455쪽 참조.

30) 군주 : 여기서 군주는 군주의 상을 당한 상주, 곧 世子로 별세한 군주의 뒤를 계승하여 새로운 군주가 될 嗣君을 가리킨다. 공영달의 소 참조.

31) 실로 : 집안의 우두머리 집사이다. 「檀弓下」(31) 참조.

32) 다른 ~ 한다 : 이 말은 「喪大記」(23)의 경문에 나온다.

33) 죽은 ~ 세므로 : 이 말은 「曲禮上」(167)에 나온다.

34) 대부의 ~ 말한다 : 대부가 사망하여 그 아들이 상주로서 거상하는 중에 군주, 군주의 부인과 세부의 조문하는 命이 이를 때 하는 것처럼 한다는 뜻이다. 곧 위 「喪大記」(23)의 경문 내용대로 한다는 의미다.

35) 도 : 殯禮에서 널 위를 나무 판으로 덮고 아울러 흙으로 바르는 것을 말한다. 『三禮辭典』, '塗' 항목 참조.

36) 빈 : 경문의 '殯'은 시신을 널(柩)에 안치하는 大斂을 행한 뒤, 서쪽 계단 위에 구덩이 파서 임시로 널을 안치하여 흙으로 덮은 것을 뜻한다. 「檀弓上」(68) 참조.

37) 대부와 사 : 부친이 大夫 또는 士로서 사망하여 그 뒤를 이은 대부와 사의 아들을 가리킨다. 공영달의 소 참조.

38) 사 : 숟가락이다. 단술이나 국을 뜰 때 숟가락을 사용하는데, 뿔이나 나무로 만든다. 『의례』 「士冠禮」에 "큰 국자(勺) · 觶 · 뿔로 만든 숟가락(角柶)이 있는데 모두 광주리 안에 넣어둔다"라고 하였다. 정현의 주에는 "柶는 형상이 '숟가락'(匕)과 같다. 뿔로 만드는 것은 매끄럽게 하려는 것이다"라고 하였다. 『三禮辭典』, '柶' 항목 참조.

39) 연궤 : 기대어 휴식하는 조그만 几案이다.

40) 어자 : 본래 수레를 모는 마부를 뜻하지만, 여기서는 일을 보좌하는 시종을 뜻한다. 『의례』 「旣夕禮」에 "(새 옷으로 갈아입힐 때) 御者 4인이 모두 앉아서 사망을 맞는 이의 몸을 부지한다"(御者四人, 皆坐持體)에 대하여 정현은 주에서 "'御者'는 오늘날 侍從에 해당한다"('御者', 今時侍從之人)라고 하였다. 賈公彦의 疏에 "士에게 臣은 없지만, 곁에서 모시고 수발하는 사람은 또한 있어, 그들의 손에 사망을 맞는다"(士雖無臣, 亦有侍褻仆從之人, 終於其手也)라고 하였다.

41) 전인 : 田野의 일 및 公族의 死刑을 관장하는 관리다. 『의례』 「燕禮」에 "전인은 뜰에서 큰 화톳불을 잡는다"(甸人執大燭於庭)고 하였다. 정현 주에는 "전인은 땔감나무 공급하는 일을 관장하는 자이다"(甸人, 掌共薪蒸者)라고 하였다. 「文王世子」(36)에 "군주의 친족이 사형에 해당하는 범죄를 범하면 甸人에게 보내 교수형에 처하게 한다. 형벌에

처할 범죄일 경우 찌르거나 절단하는데, 그 경우에도 甸人에게 죄상을 적은 문서를 다 읽어준 다음 집행하도록 시킨다"(公族, 其有死罪, 則磬于甸人. 其刑罪, 則纖剸, 亦告于甸人)라고 하였다. 이에 대한 정현의 주에 "甸人은 郊野를 관장하는 관리다"(甸人, 掌郊野之官)라고 하였다. 도성에서 100리 이내의 지역을 郊라고 하고, 郊로부터 100리 이내의 지역을 郊外 또는 甸이라고 부른다. 여기서 甸人은 이 甸을 담당하는 관리로 추정된다. 『주례』「天官·太宰」 참조.

42) 중력 : 여섯 말을 담을 수 있는 솥인데, 重이라는 나무막대에 매달기 때문에 重鬲이라고 부른다.

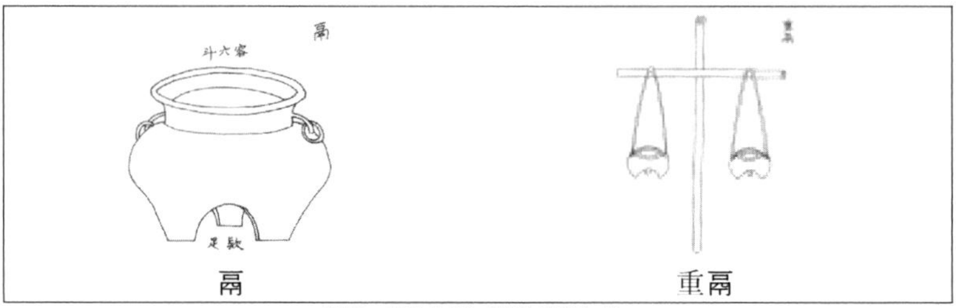

(淸) 黃以周『禮書通考』

43) 중력 :

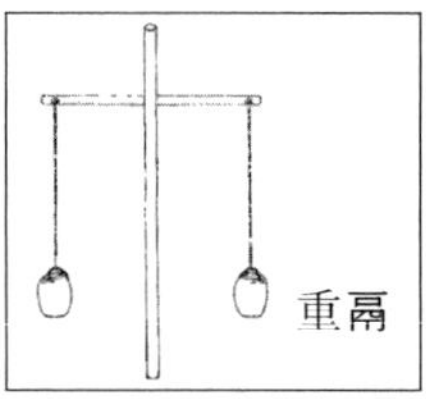

『欽定禮記義疏』(淸)

44) '몸을 ~ 것이다 : 몸을 씻길 때와 머리를 감길 때 모두 대야와 국자를 사용한다. 그런데 몸을 씻길 때에는 국자를 사용한다고 하였고, 머리를 감길 때에는 대야를 사용한다고 하였다. 이것은 앞뒤 두 문장을 합쳐서 이해해야 함을 말한다. 그러므로 정현은 문장이 서로 연계되어 다르게 표현되었다고 말한 것이다. 공영달의 소 참조.

45) 비빈다 : '摩'는 '差摩'와 같은 뜻으로 쌀 등을 비벼서 이는 것이다. 공영달의 소 참조.

46) 중 : 重은 물건을 매달기 위해 설치한 나무막대로, 길이는 3尺이다. 모양은 나무를 깎아 윗부분에 구멍을 뚫어 놓은 형태로 구멍에 軨 또는 簪, 즉 대나무로 된 막대기를 꽂아 물건을 매단다. 사망한 초기에는 重을 神主의 대신으로 사용하다가 虞祭를 지낸 뒤에 중을 묻고 그 뒤에 신주를 만든다. 죽을 담은 솥을 중에 걸어두는데 이를 重鬲이라 한다. 銘旌도 중에 걸어둔다. 『三禮辭典』, 600~601쪽.

47) 일설 : 熊氏의 설이다. 『禮記正義』, 1464쪽 참조.

48) 君設大盤-君·大夫·士一也 : 『예기정의』 1460쪽에는 이 경문이 「喪大記」(25) '子皆杖……斷而棄之於隱者' 다음에 배치되어 있다. 陳澔는 정현의 설에 따라 여기에 배치하였다.

49) 대반과 이반 : 유해의 부패를 방지하기 위해 얼음을 넣어 시신의 평상 아래에 두는 쟁반모양의 기물이다. '夷'는 시신을 의미하며, 이반은 대반보다 조금 작다.

50) 천자는 이반을 사용한다 : 이 말은 『주례』 「天官·凌人」에 나온다.

51) 함 : 飯含을 말한다. 상례에서 죽은 이의 입 안에 米·貝·珠玉 등을 넣는 儀節을 뜻한다. 「잡기상」(68) 각주 참고.

52) 습 : 죽은 이에게 옷을 입히는 의절이다. 상례에서 처음 죽은 날에 시신을 목욕시키고 반함을 한 후에, 시신에 幎目·屨·穿衣·加冒 등을 입힌다. 이를 통틀어서 襲事라고 한다. 「잡기상」(60) 각주 참고.

53) 귀신과 중신 : 『의례』 「喪服」 傳에 "公·卿·大夫 등의 室老와 士는 貴臣이요, 그 외의 가신은 모두 衆臣이다"(公·卿·大夫室老·士, 貴臣, 其餘皆衆臣也)라고 하였고, 정현 주에 "室老는 家相이요, 士는 邑宰이다"(室老, 家相也, 士, 邑宰也)라고 하였다.

54) 배우 : 대접이나 잔 등 물건을 담는 용도로 일상생활에서 사용하는 나무그릇이다. 여기서는 湯이나 漿 등 물이 있는 음식을 담는 그릇을 뜻한다. 『의례』 「旣夕禮」의 '兩杅'에 대하여 정현은 주에서 "杅는 湯이나 漿을 담는다"(杅盛湯漿)라고 하였다.

55) 여는 ~ 하였는데 : 陸德明의 설이다. 李學勤 主編, 『禮記正義』, 1468쪽 참조.

56) 정복 : 순수하게 혈연관계에 따라 상복을 하는 것을 正服, 혈연관계는 없지만 사회·정치적 등 인위적 관계에 따라 상복을 하는 것을 義服이라 한다.

57) 기년상에는 ~ 보인다 : 이는 생략된 문장이다. 이학근 주편, 『예기정의』, 1468쪽에는 다음과 같이 되어 있다. "'기년상에는 세 끼를 먹지 않는다'는 것은 대부·사가 방계친족을 위해 입는 기년 상의 경우를 말하는 것이다. '세 끼를 먹지 않는다'는 것은 義服을 말하는 것이다. 正服이라면 이틀 동안 먹지 않는다. 그러므로 「間傳」(4)에 '자최의 상에는 이틀 동안 먹지 않는다'고 하였다."('期之喪, 三不食'者, 謂大夫·士旁期之喪. '三不食'者, 謂義服也. 其正服則二日不食也. 故「間傳」云'齊衰二日不食')

58) 몸을 ~ 않고 : 관련 내용은 「曲禮上」(166)에 나온다.

59) 요질의 ~ 행하는 것 : 관련 내용은 「玉藻」(37)에 나온다.

60) 소렴효·대렴효·금衾·금紟 :

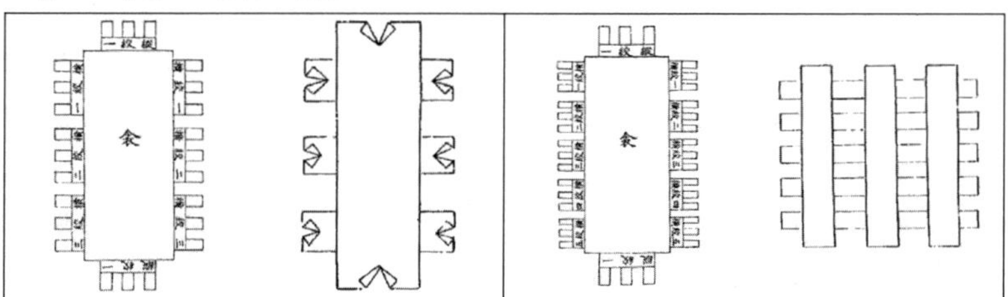

小斂絞　　大斂絞

『欽定禮記義疏』(淸)　『欽定儀禮義疏』(淸)　『欽定禮記義疏』(淸)　『欽定儀禮義疏』(淸)

衾

『欽定禮記義疏』(淸)

61) 衣 : 『예기집설대전』에는 '衾'으로 되어 있다. 이학근 주편, 『예기정의』에는 『천견록』과 마찬가지로 '衣'로 되어 있다.

62) 효포 : '絞'는 소렴과 대렴 때에 시신에 입혀진 옷을 묶는 띠인데, 베로 만들기 때문에 '布絞'라고 한다. 『三禮辭典』, 856쪽 참조.

63) 홑옷과 ~ 한다 : 이 말은 『춘추좌씨전』, 閔公 2년 조 傳의 杜預 주에 나온다.

64) 금 : 紟은 혼례와 大斂 등에 사용하는 홑이불을 뜻한다. 「喪大記」(39)의 정현 주에 "'紞'은 비단 끈 종류로 만드는데 옷깃(領)의 가에 붙이는 것으로 오늘날의 被識과 같은 것이다. 살아 있을 때에는 홑이불(襌被)에 표식을 해 두었다가 사망하면 그것을 제거하는데, 살아 있을 때와 달리하는 것이다"('紞', 以組類爲之, 綴之領側, 若今被識矣. 生時襌被有識, 死者去之, 異於生也)라고 하였다.

65) 피식 : 이불의 위와 옆쪽 가선 부분에 꿰매어 붙인 비단 끈 종류로, 이불의 위아래를 구분하는 표식으로 삼는 것이다. 정현은 領과 側에 꿰매어 붙인다고 하였는데, 공영달은 "領은 이불의 위쪽이고, 側은 이불의 옆쪽을 가리킨다. 識은 표식이다. 이 비단 끈 종류를 위쪽과 옆쪽에 꿰매어 붙이는 것으로 오늘날 이불의 표식과 같다"(領爲被頭, 側謂被旁. 識謂記識. 言綴此組類於領及側, 如今被之記識)라고 하였다.

66) 구설에서 ~ 하였다 : 이 설은 정현 주에 나온다.

67) 산의 : 제복과 달리 평상시 입는 옷을 가리킨다. 『의례』「士喪禮」에 "산의가 또 그 다음에 놓인다"(散衣次)고 하였는데, 정현은 주에서 "褖衣 이하 袍繭(솜옷) 따위를 가리킨다"(褖衣以下, 袍繭之屬)라고 하였고, 그 疏에는 "袍와 繭은 입힘에 명칭을 달리함이 있지만 똑같이 散衣의 종류에 포함된다"(袍繭有著之異名, 同入散衣之屬也)라고 하였다. 또 같은 「사상례」에 "군주는 襚·祭服·散衣·庶襚 등 모두 30벌을 사용한다"(君襚·祭服·散衣·庶襚, 凡三十稱)에 대하여 疏에서 "散衣는 祭服이나 朝服의 등급이 아닌 옷이다"(散衣, 非祭服·朝服之等)라고 하였다.

68) 수 : 죽은 이에게 주는 옷과 이불이다. 『의례』「士喪禮」에 "군주는 사람을 시켜서 襚衣를 보낸다"(君使人襚)라고 하였는데, 정현은 주에서 "'襚'는 보낸다는 뜻이다. 옷과 이불을 '수'라고 한다"('襚'之言遺也. 衣被曰'襚')라고 하였다.

69) 더욱 ~ 있었다 : 이 말은 『논어』「鄕黨」에 나온다.

70) 列采 : 朝服 등 正服을 가리킨다. 「玉藻」(44)에 "정복의 옷이 아니면 公門에 들어가지

못한다"(非列采, 不入公門)라고 하였는데, 정현은 주에서 "列采는 정복이다"(列采, 正服)라고 하였다.

71) 치·격과 ~ 않는다 : 絺는 고운 갈포(細葛), 綌은 거친 갈포(麤葛), 紵는 紵布로서 모두 속옷(褻衣)이다. 그러므로 진설하는 데 포함시키지 않는 것이다.

72) 단 : 어떤 일을 행할 때 웃옷의 모양을 일의 성격에 맞추어 나타내는데, 袒·裼·肉袒·襲 네 가지 방식이 있다. 상의의 왼쪽 소매만 걷고 안에 저고리(襦)와 中衣를 그대로 두는 것을 '袒'이라고 한다. 季冬에는 갖옷(裘)을 입는데, 갖옷 밖에 裼衣가 있고, 裼衣 밖에 상의가 있는데, 상의의 왼쪽 소매를 걷어 석의를 노출시키는 것을 '裼'이라고 한다. 왼쪽 소매의 안과 밖을 모두 걷어, 어깨를 노출시키는 것을 '肉袒'이라고 한다. 袒도 하지 않고, 裼도 하지 않을 것을 '襲'이라고 한다. 『三禮辭典』, '袒' 항목 참조.

73) 태축의 ~ 돕고 : 『주례』「春官·大祝」에 "대상이 있으면 그 죽은 날 직후에 울창으로 시신을 씻는다. 반함을 돕고, 염하는 일을 돕고, 전을 치운다"(大喪始崩, 以肆鬯渳尸. 相飯贊斂徹奠)라고 하였다.

74) 상축은 ~ 관장한다 : 『주례』「春官·喪祝」에 "경·대부의 상에 일을 관장하여 염을 하고 관을 장식한다"(凡卿·大夫之喪, 掌事而斂飾棺焉)라고 하였다.

75) 구설 : 공영달의 소에 다음과 같이 말하였다. "'더불어 일을 집행하였다'는 것은 살아 있을 때 일찍이 죽은 이와 함께 일을 집행하였다는 뜻이다. 이제 상례를 거행하는 곳에 참여하였으니 염을 돕는 것이다. 살아 있을 때 함께 일을 집행한 적이 있어야 죽었을 때 그를 위해 염을 하는 것이다. 만약 함께 일을 집행한 적이 없다면 시신을 설만하게 여기고 싫어한다. 그러므로 염을 하게 하지 않는다."('與執事', 謂平生曾與亡者共執事. 今與喪所則助斂也, 所以須生經共執事, 死乃爲斂也. 若不經共執事, 則褻惡之. 故不使斂也)

76) 구설에 ~ 하였다 : 관련 내용은 공영달의 소에 나온다.

77) 환질 : 마의 줄을 둥글게 만들어서 머리에 얹는데, 소공 이하의 상복에 사용한다.

78) 시신에 ~ 것 : 상례에서 소렴·대렴 때에 馮尸·撫尸·拘尸·執尸 등의 의식이 있는데, 이들을 통칭해서 '馮尸'라고 한다. '馮尸'는 살아 있는 이가 시신의 심장에 해당하는 곳을 껴안은 것이다. 시신을 껴안은 뒤에 踊을 하면서 애도를 표한다. 『三禮辭典』, 899쪽, '馮尸' 항목 참조.

79) 악실 : 복상자가 거상하는 자그마한 임시 거처로, 중문 밖에 설치한다. 부모의 상을 당한 자는 처음 倚廬에 거처하다가 13개월째에 練祭(小祥)를 지낸 후 악실에 거처한다.

80) 명사 ~ 달리한다 : 이 말은 「內則」(14)에 나온다. 爵命을 받은 士를 '命士'라고 한다. 爵命은 1命에서 9命까지 있다. 제후의 上士와 천자의 中士가 1命의 士에 해당한다. 이 1命 이상의 士를 모두 '命士'라고 칭한다. 『三禮辭典』, '命士' 항목 참조.

81) 賜 : 『禮記正義』에는 '賜' 앞에 '爲之' 두 글자가 더 있다. 이에 따라 번역한다.

82) 當賜小斂 : 『禮記正義』에는 '當大斂焉, 爲之賜, 小斂焉'으로 되어 있다. 이에 따라 번역한다.

83) 축이 ~ 때문이다 : 공영달의 소에 "祝이 (踊을 하는 것으로) 君主를 도와, 축이 먼저 踊을 하면 군주가 축을 보고 용을 한다"(祝以相君, 祝先踊, 君乃視祝而踊)라고 하였다.

84) 于 : 『예기집설대전』에는 '子'로 되어 있으나 오기이므로 바로잡는다.

85) 대부군 : 대부의 家臣은 대부를 君으로 섬기는데, 대부가 군주로 섬기는 國君과 구별하여 '大夫君', 곧 '대부인 군'이라고 부른 것이다. 이 경문은 대부가 자신의 家臣이 사망하였을 때 조문하는 의절에 대하여, 국군이 대부의 상에 조문하는 경우와 구별하여 설명한 것이다.

86) 빈을 ~ 않는다 : 이 說은 공영달의 소에 皇氏의 설로 인용되어 있다.

87) 재관 : 『經典釋文』에는 '梓'의 음이 '子'로 되어 있으나, 우리나라에서 통상 굳어진 음인 '재'로 사용한다. 『禮記正義』 「檀弓上」(123)의 '梓棺二' 부분 참조.

88) 촉관과 ~ 않겠다 : 이 말은 춘추시대 晉나라 대부였던 趙鞅(?~BC 475)이 鄭나라 군사와 전쟁을 벌이면서 스스로 맹세한 말로, 『춘추좌씨전』, 哀公 2年 조 傳에 나온다.

89) 금못을 ~ 사용한다 : 원문은 '用雜金鐕'인데, '鐕'은 못(釘)을 뜻한다. '雜'에 대하여 금못과 상아못을 섞어서 사용한다는 의미로 해석하는 설과 황색 · 청색 · 백색의 구리못을 섞어서 사용한다는 의미로 해석하는 설 등이 있다. 楊天宇 譯注, 『禮記譯注』(下), 780쪽 참조.

90) 녹색 비단 : 공영달의 소에 "定本 經에 '綠' 자가 모두 '琢' 자로 되어 있다. '琢'은 못이다. 붉은 비단을 관에 박아 붙이는 것이다"(定本經中, '綠'字皆作'琢'. '琢'爲鐕. 琢朱繒貼著於棺也)라고 하였다. 이 설에 따르면 붉은색과 녹색 두 비단을 사용하는 것이 아니라 붉은색 비단을 관 속에 박아 넣는 것이 된다.

91) 임 : 관의 뚜껑 모퉁이를 끼워 맞추기 위하여 서로 맞물리는 끝을 凹凸 모양으로 들쭉날쭉하게 파낸 부분, 또는 그런 짜임새 방식을 가리킨다. 못 대신 사용하는 것으로 그 형상이 양 머리는 넓고 가운데는 좁아, 漢代에는 '小要'라고 불렀으며, 뒤에 '則子'라고도 하였다. 우리말로는 '사개'라고 한다. 深衣의 衽(옷깃)과 비슷하기 때문에 '衽'이라고 한다. 『三禮辭典』, '衽' 항목; 「檀弓上」(138) 참조.

92) 속 : 관 뚜껑을 衽으로 봉합한 뒤에 위에 가죽 끈을 이용하여 棺을 묶어서 단단하게 하는데, 이 묶는 것 또는 묶는 끈을 '棺束' 또는 '束'이라고 한다. 「檀弓上」(138) '棺束'에 대한 공영달의 소에 "고대에는 棺의 나무에 못을 사용하지 않았다. 그러므로 가죽끈을 사용하여 봉합하였다"(無釘, 故用皮束合之)라고 하였다.

93) 소요 : 앞의 경문(76) 衽에 대한 주석을 참조.

94) 춘 : 朝廟(죽은 이가 사당에 모신 선조들의 신령을 알현하는 의식)를 하기 위해 관을 옮길 때 사용하는 수레로, 천자와 제후는 이를 殯宮으로도 사용한다. 천자는 輴車에 용의 무늬를 그려 넣고, 나무를 쌓아서 덧널(椁)처럼 만들고 그 위에 수레덮개를 두른다. 제후는 춘거를 사용하고 수레덮개를 설치하며, 楡沈(수레를 끌 때 빽빽하게 하지 않도록 물과 느릅나무 껍질에서 나오는 즙을 섞어 땅에 뿌리는 일) 한 것이 흩어지지 않도록 攢을 설치한다. 「檀弓下」(96) 참조.

95) 관식 :

『欽定禮記義疏』(淸)

96) 지 : 관의 장식은 상하 두 부분으로 나뉘는데, 윗부분을 '柳'(상여덮개)라 하고 아랫부분을 '牆'(관의 옆에 있는 덮개)이라고 한다. '柳'는 관의 위를 덮는, 나무로 된 덮개(木框)로서 그 형상이 자라의 등껍데기와 같다. '柳'에 베를 입힌 것을 '荒'이라고 하고, '荒'에 도끼(黼), 黻(두 개의 '弓' 또는 '己' 자를 서로 등대어 놓은 모양의 수), 불(火) 등의 문양을 그려 넣는다. 柳의 꼭대기를 '齊'라고 하는데 다섯 채색 비단(五采)과 다섯 개의 조개(五貝)로 장식한다. '柳'의 아랫부분은 앞쪽·좌측·우측 등 3면에 '池'가 있다. 池는 대나무로 만드는데, 처마의 물받이(霤)와 같은 것이다. '池'의 아래로 관의 앞쪽 및 양옆에 있는 것을 '牆'이라고 하는데, 牆은 베로 감싸서 휘장(帷)으로 삼는다. 뒷부분에는 '振容'이 있는데, 비단으로 만들며, 깃발(幡) 모양이다. '柳'는 '簍'로 쓰는 경우도 있다. '柳'는 또한 관 장식을 총칭하는 말로도 사용된다. 『三禮辭典』, '棺飾' 항목 참조.

97) 柳降一池闕後. 故三池也 : 『예기정의』, 1497쪽, 공영달의 소에는 '柳降一池, 闕於後一, 故三池也'로 되어 있다.

98) 저 : 柩衣라고도 한다. 대부 이상이 사용하는 관의 장식으로 누이지 않은 흰 비단을 지붕 모양으로 만들어 관을 덮는다. 정현은 "大夫 이상의 喪에서 褚로 棺身을 덮고 그 위에 帷와 荒을 설치한다"(大夫以上有褚以襯覆棺, 乃加帷荒於其上)라고 한다. 공영달은 소에서 "素錦은 흰 비단이다. 褚는 지붕(屋)이다. 荒 아래에 흰 비단을 사용하여 지붕을 만든다. 葬禮에서 장지로 가는 도중에 宮室을 형상한 것이다. 그러므로 「雜記上」(2)에 '(누이지 않은) 흰 비단으로 지붕을 만들어 놓은 뒤에 출발한다'고 하였는데 곧 褚가 그것이다"(素錦, 白錦也. 褚, 屋也. 於荒下又用白錦以爲屋也. 葬在路象宮室也. 故「雜記」云'素錦以爲屋而行', 卽褚是也)라고 하였다.

99) 보삽·불삽·운삽 :

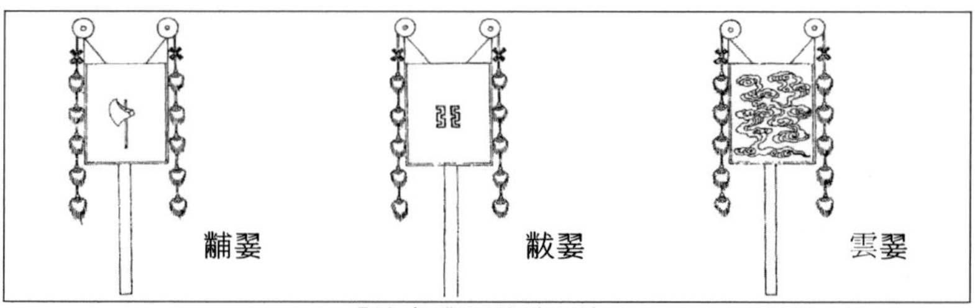

『欽定禮記義疏』(淸)

100) 대 : 관의 束과 柳의 몸체를 연결하여 묶는 끈을 말한다.

101) 령 : 笭은 '軨' 자와 의미가 통하며, 『說文解字』에 "笭은 車笭이다"라고 하였다. 수레의 앞턱 가로댄 나무(軾) 아래에 격자 모양으로 대나무를 교직해서 엮어놓은 대발로 먼지를 막는 데 사용한다. 『爾雅』「釋名 · 釋車」에 "笭은 수레 앞쪽에 가로로 놓여 있고, 대나무를 교직하여 만드는데, 구멍이 총총하게 나 있다"(笭, 横在車前, 織竹作之, 孔笭笭也)라고 하였다. 笭에는 수레와 관련하여 상여 등에서 사방에 대나무를 격자형으로 교차시켜 만든 난간(車闌 · 車欄 · 車蘭), 물건을 담아두는 대바구니(篚) 등의 뜻이 있다.

102) 笭 : 苓으로 된 판본도 있는데 假借字이다. 『禮記正義』 1496쪽 주 2) 교감기 참조.

103) 기 : 백색의 띠풀로 엮은 기를 의미한다. 이 기를 이용하여 상여행렬에 절도를 주어 선도한다. 「雜記下」(68)에 "상여(柩車)를 인도하는 사람은 기(茅)를 가지고 한다"(御柩以茅)라고 하였다.

104) 재이전거 : 이 말은 「雜記上」(4)에 "載以輲車"로 나온다. '輲' 또는 '輇'은 바큇살이 없는 바퀴를 가리킨다. '輇車'는 대부의 상에 널(柩)을 싣는 喪輿이다.

105) 환영 : 고대에 천자 · 제후의 장례에서 하관할 때 세우는 큰 기둥이다. 기둥 위쪽에 구멍이 있으며, 새끼줄에 구멍을 뚫어 관에 매달아 무덤에 하관한다. 「檀弓下」(85)에 "公室은 풍비에 준해서 하고, 三家는 환영에 준해서 한다"(公室視豐碑, 三家視桓楹)고 하였다.

106) 이 장에서 ~ 하였다 : 이 설명은 정현 주와 공영달의 소에 나온다.

107) 비 : 나무로 만들어서 묘혈 모퉁이에 세워 그것을 상여줄에 묶어 관을 끌어 올려 무덤에 내려놓는 것이다. 豐碑라고도 한다.

108) '비'와 ~ 보인다 : 碑에 대해서는 「檀弓下」(85)에, 綍에 대해서는 「雜記下」(68), 「緇衣」(7) 등에 설명이 보인다.

109) 공자가 ~ 하였다 : 관련 내용은 「檀弓上」(93)에 나온다.

110) 우광 : 盧植의 해석도 찾을 수 없다. 다만 『讀禮通考』에 인용된 徐師曾의 기록에 따르면 "혹자는 말한다. '우'는 안정시키다의 뜻이다. 우광은 바로 苞와 筲이다. 그것으로 체백을 안정시킨다. 그러므로 虞筐이라고 한다. '사는 우광을 하지 않는다.'는 것은 널의 곁에 부장한다는 말이다"(或曰: 虞, 安也. 虞筐卽苞筲也. 以安體魄. 故謂虞筐. '士不虞筐', 謂藏於旁也)라고 하였다.

예기역주 권22

제법 제23
祭法

정현鄭玄의 『예기목록禮記目錄』에서 말한다. "「제법祭法」이라고 제목을 붙인 것은 유우씨有虞氏에서 주周나라 천자 이후에 이르기까지 제정한 바 여러 신들을 제사하는 수數에 대하여 기록하였기 때문이다. 이 편은 유향劉向의 『별록別祿』에서는 「제사祭祀」에 속해 있다."

鄭『目錄』云: "名曰「祭法」者, 以其記有虞氏至周天子以下所制祀群神之數. 此於『別錄』屬「祭祀」."

【제법 1】

제법祭法(제사지내는 법도)에 의하면, 유우씨有虞氏는 체제禘祭에 황제黃帝를 배향하고 교제郊祭에 제곡帝嚳을 배향하였으며, 전욱顓頊을 조祖로 삼고 요堯를 종宗으로 삼았다. 하후씨夏后氏도 체제에 황제를 배향하고 교제에 곤鯀을 배향하였으며, 전욱을 조로 삼고, 우禹를 종으로 삼았다. 은殷나라 사람들은 체제에 제곡을 배향하고 교제에 명冥을 배향하였으며, 설契을 조로 삼고 탕湯을 종으로 삼았다. 주周나라 사람들은 체제에 제곡을 배향하고 교제에 후직后稷을 배향하였으며, 문왕文王을 조로 삼고 무왕武王을 종으로 삼았다.

祭法, 有虞氏禘黃帝而郊嚳, 祖顓頊而宗堯. 夏后氏亦禘黃帝而郊鯀, 祖顓頊而宗禹. 殷人禘嚳而郊冥, 祖契而宗湯. 周人禘嚳而郊稷, 祖文王而宗武王.

鄭注 '체禘'·'교郊'·'조祖'·'종宗'은 제사를 올려 배향하는 것을 말한다. 이 경문의 '체禘'는 원구圜丘에서 호천昊天에게 제사하는 것을 말한다. 남교南郊에서 상제上帝에게 제사하는 것을 '교郊'라고 한다. 명당明堂에서 오제五帝와 오신五神에게 제사하는 것을 '조祖' 또는 '종宗'이라고 한다. 조와 종은 통용해서 말한 것이다. 하대에 내려와서는 체禘·교郊·조종祖宗이 있다. 『효경孝經』에 "명당明堂에서 문왕文王을 종宗으로 추존하여 제사하고 상제에게 배향한다"[1]고 하였다. 『명당월령明堂月令』에 "봄에는 그 제帝를 태호太昊, 그 신神을 구망句芒이라 한다. 여름에는 그 제를 염제炎帝, 그 신을 축융祝融이라 한다. 중앙中央에는 그 제를 황제黃帝, 그 신을 후토后土라 한다. 가을에는 그 제를 소호少昊, 그 신을 욕수蓐收라 한다. 겨울에는 그 제를 전욱顓頊, 그 신을 현명玄冥이라 한다"고 하였다. 유우씨有虞氏 이전에는 덕德을 숭상하였으므로, 체禘·교郊·조종祖宗의 제사에 덕이 있는 이를 배향하였다. 하대夏代 이후로 점점 자기의 성씨(姓)로 대체하였다. 선후의 차례로 보면, 유우씨와 하후씨는 교제郊祭에서 전욱顓頊을 배향하는 것이 옳고, 은殷나라 사람이 교제에서 설契을 배향하는 것이 옳다.[2] 교郊에서는 하나의 제帝에게 제사하고, 명당에서는 다섯 제(五帝)에게 제사하는데, 작은 덕에는 적게 배향하고 큰 덕에는 많이 배향하는 것으로 또한 예禮에서 등급에 따라 줄이는 것이다. '禘'·'郊'·'祖'·'宗', 謂祭祀以配食也. 此'禘', 謂祭昊天

於圜丘也. 祭上帝於南郊曰'郊'. 祭五帝・五神於明堂曰'祖'・'宗'. 祖・宗通言爾. 下有禘・郊・祖宗. 『孝經』曰: "宗祀文王於明堂, 以配上帝." 『明堂月令』"春曰其帝太昊, 其神句芒. 夏曰其帝炎帝, 其神祝融. 中央曰其帝黃帝, 其神后土. 秋曰其帝少昊, 其神蓐收. 冬曰其帝顓頊, 其神玄冥." 有虞氏以上尙德, 禘・郊・祖・宗, 配用有德者而已. 自夏已下, 稍用其姓代之. 先後之次, 有虞氏・夏后氏宜郊顓頊, 殷人宜郊契. 郊祭一帝, 而明堂祭五帝, 小德配寡, 大德配衆, 亦禮之殺也.

集說 『국어國語』에서 말한다. "유우씨有虞氏는 체제禘祭에 황제를 배향하고 조제祖祭에서 전욱을 배향하고 교제郊祭에서 요堯를 배향하고 종제宗祭에서 순舜을 배향하였다. 하후씨夏后氏는 체제禘祭에서 황제를 배향하고 조제祖祭에서 전욱을 배향하고, 교제郊祭에서 곤鯀을 배향配享하고 종제宗祭에서 우禹를 배향하였다. 상商나라 사람들은 체제禘祭에서 곡嚳을 배향하고 조제祖祭에서 설契을 배향하고 교제郊祭에서 명冥을 배향하고 종제宗祭에서 탕湯을 배향하였다. 주周나라 사람들은 체제禘祭에 곡嚳을 배향하고 교제郊祭에 직稷을 배향하고 조제祖祭에서 문왕文王을 배향하고 종제宗祭에서 무왕을 배향하였다."[3] ○ 석량왕씨石梁王氏는 말한다. "이 4대代에 걸친 체禘・교郊・조祖・종宗 등의 제사에 대해서 어느 경전에도 설명된 것이 없어 의심스런 점이 많고, 위서緯書의 내용을 뒤섞어 놓아 더욱 어지럽고 복잡하다." ○ 유씨劉氏는 말한다. "우虞・하夏・은殷・주周가 모두 황제에게서 나왔다. 황제의 증손을 제곡帝嚳이라고 하니, 요는 제곡의 아들이다. 황제에서 순舜까지는 9세이고 우禹까지는 5세이니, 세대의 차례로 말하자면 요와 우는 형제이다. 살펴보건대, 『모시毛詩』「전傳」에 따르면 강원姜嫄이 기棄를 낳았는데 그가 후직后稷이 되었고, 간적簡狄이 설契을 낳았는데 그가 사도司徒가 되었다고 하였으니[4] 직稷과 설契은 다 요의 아우이다. 설에서 명冥까지는 6세이고, 탕湯까지는 14세이다. 후직에서 공유公劉까지는 4세이고

태왕大王까지는 13세이다. 4대의 교郊·체禘·조祖·종宗의 설에 대해서 정현은 경문 사이에 서로 차이가 있다고 한다. 이제 성주成周의 예禮로써 사례를 들어 추론해보면, 천하를 소유하게 된 자가 시조始祖의 묘廟를 세우고 영구히 조천祧遷하지 않는다. 또 시조가 유래하여 나오게 된 제帝를 소급하여 시조의 묘廟에서 제사하고 시조를 배향한다. 따라서 우虞와 하夏는 모두 전욱을 시조로 삼아 전욱의 묘廟에서 황제에게 체제禘祭를 드려야 하고, 교에서 하늘에게 제사할 때에는 두 나라 모두 전욱을 배향해야 한다. 은殷은 설契을 시조로 삼아 설의 묘廟에서 제곡에게 체제禘祭를 드려야 하고, 교제郊祭에서는 설을 배향해야 한다. 공功이 있는 이를 조祖로 삼고 덕德이 있는 이를 종宗으로 삼는 것[5]에서 보면, 순의 증조인 구망句芒은 일찍이 공이 있어서 조祖가 될 만하지만 이제 조로 삼지 않았다. 고수瞽叟는 완악하고 덕이 없어서 종宗이 될 수 없기 때문에, 제곡을 조로 삼고 요堯를 종으로 삼아야 한다. 순舜은 요로부터 천하를 이어받았고 요는 제곡으로부터 천하를 이어받았다. 그러므로 요가 순에게 전해줄 때 순이 문조文祖에서 제위를 이어받은 것에 대하여, 소씨蘇氏는 문조가 제곡의 묘廟라고 여겼다.[6] 순이 우에게 전해줄 때, 우가 신종神宗에서 제위를 이어받았는데, 신종은 곧 요堯의 묘廟이다.[7] 이로써 우虞씨가 구망句芒을 조祖로 삼지 않고 제곡을 조로 삼았으며, 고수瞽瞍를 종宗으로 삼지 않고 요를 종으로 삼았음을 분명히 알 수 있다. 선유先儒는 하늘에는 반드시 시조始祖를 배향하고 제帝에는 반드시 부父를 배향하기 때문에 이 종宗이라는 글자는 곧 '명당明堂에서 종사宗祀한다'고 할 때의 '종宗'이 된다고 여겼다. 그래서 순은 고수를 종으로 삼아야 하고 요를 종으로 삼아서는 안 된다고 의심하였다. 내가 생각건대, 오제五帝는 천하를 공공의 것(官)으로 여겨서 우禹로부터 그 이전에는 공功이 있는 이를 조祖로 삼았고 덕德이 있는 이를 종宗으로 삼기를 응당 정현의 주에서 덕을 숭상한다는 설과 같이 하였다. 삼왕三王은 천하를 집안(家)

으로 여겼으니 친속 가운데에서 조祖와 종宗을 삼는 것을 스스로 당연하게 여겼다. 그러나 곤鯀은 일찍이 치수 사업을 하다가 유폐되어 죽었기 때문에, 죽음에 이르기까지 자신의 직무에 근면한 공이 있었으니, 고수는 거기에 비할 바가 아니다. 그러므로 조祖가 되는 것은 마땅하지만 교제郊祭에 배향하기에는 마땅하지 않다. 명冥도 또한 그렇다. 이로써 보면, 경문은 당연히, '유우씨有虞氏는 황제에게 체제禘祭를 지내고 교제郊祭에 전욱을 배향하며 제곡을 조祖로 삼고 요堯를 종宗으로 삼았다. 하후씨夏后氏는 황제에게 체제를 지내고 교제에 전욱을 배향하며 곤鯀을 조祖로 삼고 우禹를 종宗으로 삼았다. 은殷나라 사람들은 제곡에게 체제를 지내고 교제에 설契을 배향하며 명冥을 조祖로 삼고 탕湯을 종으로 삼았다. 주周나라 사람들은 제곡에게 체제를 지내고 교제에 후직을 배향하며 문왕을 조祖로 삼고 무왕을 종으로 삼았다'라고 말해야 한다. 이와 같이 하면 거의 의심이 없을 것이다. '공功이 있는 이를 조祖로 삼고 덕德이 있는 이를 종宗으로 삼는다'고 할 때의 '종宗'과 '명당明堂에서 종사宗祀한다'고 할 때의 '종宗'은 같지 않다. 공功이 있는 이를 조祖로 삼고 덕德이 있는 이를 종으로 하는 것은 영구히 조천하지 않는 묘廟를 가리킨다. 아버지를 명당에서 높여서 제사(宗祀)하면서 상제上帝에게 배향하는 것은 한 세대가 지나면 한 번 바뀌는 것으로서 그 공덕이 있고 없음을 따지지 않는다. 유우씨有虞氏의 종사宗祀 예禮에 대해서는 듣지 못했으나, 그런 예禮가 있었다고 한다면, 고수瞽瞍를 명당에서 종사宗祀하고 제帝에 배향하는 것은 요堯의 묘廟를 종宗으로 삼는 것과 서로 방해되지 않을 것이다. 다만 우는 자식에게 전하지 않았으므로, 또한 영구히 조천하지 않는 의리가 없다." ○ 이제 살펴보건대, 이 장章의 '종宗'을, 덕이 있는 이를 종으로 삼는다고 하는 것으로 여기는 것은 그 자체로 의심할 것이 없다. 다만 은대殷代에 세 명의 종宗이 있어[8], 탕湯을 종으로 삼는다고 말할 뿐만이 아닌 것에 대해서는 아직 그 설을 규명할 수가 없다. 『國語』曰: “有虞氏禘黃帝而祖顓頊, 郊堯而宗舜. 夏后氏禘黃帝而祖顓頊, 郊鯀而宗禹. 商人禘嚳而祖契, 郊冥而宗湯. 周人禘嚳而郊稷, 祖文王而宗武王.” ○ 石梁王氏曰: “此四代禘·郊·祖·宗, 諸經無所見, 多有可疑, 雜以緯書, 愈紛錯矣.” ○ 劉氏曰: “虞·夏·殷·周, 皆出黃帝. 黃帝之曾孫曰帝嚳, 堯則帝嚳之子也. 黃帝至舜九世, 至禹五世, 以世次言, 堯·禹兄弟也. 按『詩傳』姜嫄生棄爲后稷, 簡狄生契爲司徒, 稷契皆堯之弟. 契至冥六世, 至湯十四世. 后稷至公劉四世, 至大王十三世. 四代禘·郊·祖·宗之說, 鄭氏謂經文差互. 今以成周之禮例而推之, 有天下者, 立始祖之廟, 百世不遷. 又推始祖所自出之帝, 祭於始祖之廟, 而以始祖配之. 則虞·夏皆當以顓頊爲始祖, 而禘黃帝於顓頊之廟, 祭天於郊, 則皆當以顓頊配也. 殷當以契爲始祖, 而禘帝嚳於契廟, 郊則當以契配也. 至於祖有功而宗有德, 則舜之曾祖句芒, 嘗有功可以爲祖, 今旣不祖之矣. 瞽瞍頑而無德, 非所得而宗者, 故當祖嚳而宗堯也. 蓋舜受天下於堯, 堯受之於嚳. 故堯授舜而舜受終于文祖, 蘇氏謂卽嚳廟也. 舜授禹, 禹受命于神宗, 卽堯廟也. 卽是可以知虞不祖句芒而祖嚳, 不宗瞽瞍而宗堯也明矣. 先儒謂配天必以始祖, 配帝必以父, 以此‘宗’字卽爲‘宗祀明堂’之‘宗’. 故疑舜當宗瞽瞍, 不當宗堯. 竊意五帝官天下, 自虞以上, 祖功宗德, 當如鄭註尙德之說. 三王家天下, 則自當祖宗所親. 然鯀嘗治水而殛死, 有以死勤事之功, 非瞽瞍比也. 故當爲祖, 但亦不當郊耳. 冥亦然. 由是論之, 則經文當云‘有虞氏禘黃帝而郊頊, 祖嚳而宗堯. 夏后氏亦禘黃帝而郊頊, 祖鯀而宗禹. 殷人禘嚳而郊契, 祖冥而宗湯. 周人禘嚳而郊稷, 祖文王而宗武王’. 如此則庶乎其無疑矣. 大抵‘祖功宗德’之‘宗’, 與‘宗祀明堂’之‘宗’不同. 祖其有功者, 宗其有德者, 百世不遷之廟也. 宗祀父於明堂以配上帝者, 一世而一易, 不計其功德之有無也. 有虞氏宗祀之禮未聞, 借使有之, 則宗祀瞽瞍以配帝, 自與宗堯之廟不相妨. 但虞不傳子, 亦無百世不遷之義耳.” ○ 今按, 以此章之‘宗’, 爲宗其有德者, 自無可疑. 但殷有三宗, 不惟言宗湯, 則未能究其說也.

【제법 2】

태단泰壇에서 땔나무를 쌓아 (옥과 희생을 올려놓고) 불태우는 것은 하늘에 제사하는 것이고, 태절泰折에서 (비단과 희생을) 땅에 묻는 것은 땅에 제사지내는 것으로, 함께 붉은 털빛의 송아지를 희생으로 쓴다.

燔柴於泰壇, 祭天也, 瘞埋於泰折, 祭地也, 用騂犢.

鄭注 '단壇'과 '절折'은 흙을 쌓아서 제사를 지낼 곳을 만든 것이다. '단壇'은 탄坦의 뜻이다. 탄坦은 밝은 모양이다. '절折'은 밝고 환한 모양이다. 반드시 밝고 환한 이름을 사용하는 것은 신을 높이는 것이다. 땅(地)에게 올리는 제사는 음陰의 제사에 속하므로 검푸른 빛의 희생을 쓰는데, 하늘(天)에 올리는 제사와 더불어 모두 (붉은 털빛의) 송아지를 쓰는 것은 연이어서 말하였기 때문이다. '壇', '折', 封土爲祭處也. '壇'之言坦也. 坦, 明貌也. '折', 炤晢也. 必爲炤明之名, 尊神也. 地, 陰祀, 用黝牲, 與天俱用犢, 連言爾.

集說 '번燔'은 태워 올리는 불(燎)이다. 단 위에 땔나무를 쌓아놓고 땔나무 위에 희생과 옥을 올려놓은 뒤에 그것을 태워서 기가 하늘에 도달하게 하는 것으로, 이것은 하늘에 제사하는 예이다. '태단泰壇'은 곧 환구圜丘이다. '태泰'는 높여서 부르는 말이다. 희생과 폐백을 묻는 것은 땅에 제사하는 예이다. '태절泰折'은 곧 방구方丘이다. '절折'은 경쇠가 꺾인 것과 같이 각을 지어 둘렀다는 뜻으로 네모진 것을 비유한 것이다. 『주례』「지관·목인牧人」에 "양陽의 제사[9]에 붉은 털빛의 희생을 쓰고 음陰의 제사[10]에 검푸른 빛의 희생을 쓴다"고 하였는데, 여기서 붉은 털빛의 송아지를 (양과 음의 제사에) 함께 말한 것은 주대周代 사람들이 붉은색을 숭상하였기 때문이니,

(주례에서) 음의 제사라고 한 것은 혹 다른 제사일 것이다.[11] '燔', 燎也. 積柴於壇上, 加牲玉於柴上, 乃燎之, 使氣達於天, 此祭天之禮也. '泰壇', 卽圜丘. '泰'者, 尊之之辭. 瘞埋牲幣, 祭地之禮也. '泰折', 卽方丘. '折', 如磬折折旋之義, 喩方也. 『周禮』"陽祀用騂牲, 陰祀用黝牲", 此幷言騂犢者, 以周人尙赤, 而所謂陰祀者, 或是他祀歟.

【제법 3】

태소泰昭에서 소뢰少牢를 묻는 것은 사계절의 신에게 제사지내는 것이다. 감坎과 단壇에서 물리치거나 구하는 것은 추위와 더위에 대하여 제사지내는 것이다. 왕궁王宮에서는 해에게 제사지낸다. 야명夜明에서는 달에게 제사지낸다. 유종幽宗에서는 별에게 제사지낸다. 우종雩宗에서는 홍수와 가뭄에 대하여 제사지낸다. 사방의 감坎과 단壇에서는 모든 사물의 신에게 제사지낸다. 산림山林이나 하천과 계곡(川谷), 구릉丘陵들이 구름을 내어 비바람을 일으켜서 괴이한 현상을 보일 수 있는 것을 모두 신神이라고 부른다. 천하를 소유한 천자는 모든 신에게 제사지낸다. 한다. 제후는 자기의 영토 안에 있으면 제사를 지내고, 그 지역을 삭탈당한 경우엔 제사지내지 않는다. 埋少牢於泰昭, 祭時也. 相近於坎壇, 祭寒暑也. 王宮, 祭日也. 夜明, 祭月也. 幽宗, 祭星也. 雩宗, 祭水旱也. 四坎壇, 祭四方也. 山林·川谷·丘陵能出雲, 爲風雨, 見怪物, 皆曰神. 有天下者祭百神. 諸侯在其地則祭之, 亡其地則不祭.

鄭注 '소昭'는 밝다는 뜻으로 또한 단壇을 가리킨다. '시時'는 사계절의 뜻으로 또한 음양의 신을 가리킨다. 땅에 묻는 것은 음양이 땅 속으로 들어

가고 나오기 때문이다. 이 이하로는 모두 제사에서 소뢰少牢의 규모로 지낸다. '상근相近'은 '양기禳祈'로 되어야 옳다. 발음이 비슷해서 잘못된 것이다. '양禳'은 물리친다는 뜻과 같다. '기祈'는 구한다는 뜻이다. 추위와 더위가 계절에 맞지 않으면 제사를 올려 물리치기도 하고 구하기도 한다. 추위에 대해서는 감坎에서 제사를 올리고 더위는 단壇에서 제사를 올린다. '왕궁王宮'은 해에게 제사하는 단(日壇)이다. 왕은 군주이니 해(日)는 군주를 칭한다. '궁宮'은 단壇으로 제사지내는 장소이다. '야명夜明'은 또한 달에게 제사를 올리는 단(月旦)을 말한다. 경문의 '종宗'이란 글자는 모두 '영禜'으로 되어야 한다. 글자가 비슷해서 잘못된 것이다. '유영幽禜'은 또한 별에 제사를 올리는 단(星壇)인데, 별이 저녁에 처음 나타나며, '영禜'은 거행한다는 뜻이다. '우영雩禜'은 또한 수재와 한재에 대하여 제사를 올리는 단(水旱壇)을 말한다. '우雩'는 탄식하는 소리다. 『춘추좌씨전』에 "해와 달 그리고 별의 신은 눈과 서리와 풍우를 계절에 맞지 않게 내리는데, 이때 제사를 올린다. 산천의 신은 홍수와 가뭄 그리고 역병을 계절에 맞지 않게 내리는데, 이때 제사를 올린다"12)라고 하였다. '사방四方'은 산림·하천계곡·구릉의 신을 말한다. 산림과 구릉은 단壇에서 제사를 지내고, 하천계곡은 감坎에서 제사를 지내는데 방위마다 각각 감을 만들고 단을 만든다. '괴상한 일'(怪物)이란 구름의 기운이 평상시와 다르게 나타나는 것이다. '천하를 소유한 자'(有天下)란 천자를 말한다. '백百'은 성수成數를 빌어서 말한 것이다. '昭', 明也, 亦謂壇也. '時', 四時也, 亦謂陰陽之神也. 埋之者, 陰陽出入於地中也. 凡此以下, 皆祭用少牢. '相近'當爲'禳祈'. 聲之誤也. '禳', 猶卻也. '祈', 求也. 寒暑不時, 則或禳之, 或祈之. 寒於坎, 暑於壇. '王宮', 日壇. 王, 君也, 日稱君. '宮', 壇, 營域也. '夜明', 亦謂月壇也. '宗'皆當爲'禜'. 字之誤也. '幽禜', 亦謂星壇也, 星以昏始見, '禜'之言營也. '雩禜', 亦謂水旱壇也. '雩'之言吁嗟也. 『春秋傳』曰: "日月星辰之神, 則雪霜風雨之不時, 於是乎禜之. 山川之神, 則水旱癘疫之不時, 於是乎禜之." '四方', 卽謂山林·川谷·丘陵之神

也. 祭山林・丘陵於壇, 川谷於坎, 每方各爲坎爲壇. '怪物', 雲氣非常見者也. '有天下', 謂天子也. '百'者, 假成數也.

集說 '태소泰昭'는 단의 이름이다. '시時에게 제사지낸다'(祭時)는 것은 사계절의 신에게 제사지내는 것이다. '상근相近'은 당연히 '조영祖迎'으로 되어야 한다. 글자가 비슷해서 잘못된 것이다. 추위와 더위는 한 번 가고 한 번 오는 것이니 가는 것은 전송하고 오는 것은 맞이한다. 『주례』에 "중춘의 낮에 더위를 맞이하고, 중추의 밤에 추위를 맞이한다"13)라고 하였으니, 더위와 추위를 전송할 때에도 반드시 그 예가 있다. 감坎에서 추위에 대하여 제사지내고 단壇에서 더위에 대하여 제사지낸다. '그 지역이 없다'(亡其地)는 것은 삭탈당한 것이다. ○ 방씨方氏(방각方慤)는 말한다. "하늘에는 두 해가 없고 땅에는 두 왕이 없으니 왕王에게는 해의 상象이 있고 궁宮은 곧 그 거처이다. 그러므로 해를 제사지내는 단을 '왕궁王宮'이라고 한다. 해는 낮에 나오고 달은 밤에 나오니, 밤(夜)은 달의 시간이고 밝음(明)은 그 작용이다. 그러므로 달에게 제사지내는 단을 '야명夜明'이라고 한다. '유幽'는 드러나지 않아서 작음을 말한다. 양웅楊雄은 '해와 달을 보고 뭇 별들이 작은 것을 안다'14)고 하였다. 그러므로 별을 제사지내는 곳을 '유종幽宗'이라고 한다. 탄식하는 소리를 내면서 비가 오기를 구하는 것을 '우雩'라고 하니, 가뭄에 대하여 제사지내는 것을 위주로 말한 것이다. 홍수에 대하여 제사지내는 것을 겸하여 말한 것은 비가 시기에 맞추어 내리면 홍수의 근심도 없기 때문이다. '유幽'・'우雩'를 다 '종宗'이라고 한 것은 '종'이 존중함을 뜻하기 때문이다. 『서書』 「순전舜典」에 '여섯 종宗에 제사지낸다'고 하였고, 『시詩』 「대아・운한雲漢」에 '신을 높이지(宗) 않음이 없다'고 하였으니, 그 존중함을 사용하지 않음이 없음을 말한다. '태단泰壇'・'태절泰折'을 '종'이라고 하지 않은 것은 천지의 위대함에 대해서는 존중하지 않는다는 혐의가 없기

때문이다. '사방四方'은 모든 사물의 신이다. 방方에는 네 가지가 있지만 위位에는 여덟 가지가 있으니, 건위乾位는 서북西北, 간위艮位는 동북東北, 감위坎位는 정북正北, 진위震位는 정동正東으로 다 양陽이고, 곤坤은 서남西南, 손巽은 동남東南, 리離는 정남正南, 태兌는 정서正西로 다 음陰이다. 그러므로 감이 있고 단이 있는데 각각 네 곳이다." '泰昭', 壇名也. '祭時', 祭四時也. '相近'當爲'祖迎'. 字之誤也. 寒暑一往一來, 往者祖送之, 來者迎這之. 『周禮』'仲春晝迎暑, 仲秋夜迎寒', 則送之亦必有其禮也. 坎以祭寒, 壇以祭暑. '亡其地', 謂見削奪也. ○ 方氏曰: "天無二日, 土無二王, 則王有日之象, 而宮乃其居也. 故祭日之壇曰'王宮'. 日出於晝, 月出於夜, 則夜爲月之時, 而明乃其用也. 故祭月之坎曰'夜明'. '幽'以言其隱而小也. 楊子曰, '視日月而知衆星之蔑.' 故祭星之所則謂之'幽宗'焉. 吁而求雨之謂'雩', 主祭旱言之耳. 兼祭水者, 雨以時至, 則亦無水患也. '幽'·'雩'皆謂之'宗'者, '宗'之爲言尊也. 『書』曰, '禋于六宗', 『詩』曰, '靡神不宗', 無所不用其尊之謂也. '泰壇'·'泰折'不謂之'宗'者, 天地之大, 不嫌於不尊也. '四方', 百物之神也. 方有四而位則八, 若乾位西北, 艮位東北, 坎位正北, 震位正東, 皆陽也, 坤西南, 巽東南, 離正南, 兌正西, 皆陰也. 故有坎有壇, 而各以四焉."

【제법 4】

대체로 하늘과 땅 사이에서 태어난 것을 모두 '명命(명수)'이라 하고, 그 만물이 죽으면 모두 '절折(훼멸함)'이라고 하고, 사람이 죽으면 모두 '귀鬼(돌아감)'라고 한다. 이것은 오대五代를 통해 변함이 없는 것이다. 칠대七代를 통해 바꾸어가며 세운 것은 체禘·교郊·조祖·종宗의 대상으로, 그 나머지는 변함이 없다.

大凡生於天地之間者皆曰'命', 其萬物死皆曰'折', 人死曰'鬼'. 此五代之所不變也.① 七代之所更立者, 禘·郊·祖·宗, 其餘不變也.②

鄭注 ① 살아 있을 때에는 형체가 다르므로 이름이 같아도 된다. 죽으면 썩어서 산야의 흙이 되는데 각기 이름을 다르게 하는 것은 같다고 혐의하기 때문이다. '절折'은 버려지고 무너지는 것을 뜻한다. '귀鬼'는 돌아감을 뜻한다. '오대五代'는 황제黃帝·요堯·순舜·우禹·탕湯을 말하니, 주나라의 예악이 보존하고 법으로 삼는 대상이다. 生時形體異, 可同名. 至死, 腐爲野土, 異其名, 嫌同也. '折', 棄敗之言也. '鬼'之言歸也. '五代', 謂黃帝·堯·舜·禹·湯, 周之禮樂所存法也.

② '칠대七代'는 전욱顓頊과 제곡帝嚳까지 통틀어 헤아린 것이다. '변함이 없다'(不變)는 것은 그 법으로 삼은 대상까지만 헤아린 것이다. 변하는 것은 법으로 삼지 않은 대상까지 통틀어 헤아린 것으로서 기록한 자의 숨은 뜻이다. 소호少昊씨는 황제의 법을 익혔으나, 후왕들은 소호씨의 법을 취한 것이 없다. '七代', 通數顓頊及嚳也. 所'不變'者, 則數其所法而已. 變之則通數所不法, 爲記者之微意也. 少昊氏修黃帝之法, 後王無所取焉.

集說 '오대五代'는 당唐·우虞와 삼대三代이다. 오대에 전욱顓頊과 제곡帝嚳을 더하여 칠대七代가 된다. 구설舊說[15]에 의하면, 오대는 황제黃帝에서 시작한다. 그러나 황제의 체禘, 교郊, 조祖, 종宗의 제도를 들어보지 못했으니 아마도 아닐 것이다. ○ 방씨方氏(방각方慤)는 말한다. "사람과 만물의 생명은 명수命數에 길고 짧음의 차이가 있고 분수分數에 작고 큰 차이가 있어서 천지의 제한을 받지 않는 것이 없다. 그러므로 무릇 생명이 있는 것을 '명命'이라고 하는 것이다. 그 죽음에 이르면, 만물은 '절折'이라고 말하니, 그 훼멸되는 것이 있음을 말한다. 사람의 경우 (죽으면) '귀鬼'라고 하니 그 돌

아가는 바가 있음을 말한다. '변함이 없다'는 것이란 명命으로 받은 이름을 바꾸지 않는 것이다. '바꾸어가며 세운다'는 것이란 제사지내는 대상이 되는 이를 바꾸어가며 세우는 것이다. 이름이 실질에 합당하기 때문에 바꿀 일이 없고, 사람이 세대에 따라 달라지므로 반드시 바꾸어서 세우는 것이다. 이름이 변하지 않는 것을 요堯 이하로 한정하는 것은 법이 요에서 이루어졌기 때문이다. 요 이전에는 법이 아직 이루어지지 않아서 그 이름이 혹시 바뀜이 있을 수 있다. 바꾸어가며 세우는 것을 황제黃帝에게까지 거슬러 올라가지 않는 것은 칠대七代가 다 황제에게서 나와서 황제는 위로 통섭되는 곳이 없고, 칠대가 아래에서 바뀌어가면서 세워졌기 때문이다. '그 나머지는 변함이 없다'는 것은 체禘·교郊·조祖·종宗 외에는 변함이 없는 것이다. 하늘과 땅, 해와 달 같은 것이 어찌 바뀔 수 있겠는가? '五代', 唐虞三代也. 加顓頊帝嚳爲七代. 舊說, 五代始黃帝. 然未聞黃帝禘·郊·祖·宗之制, 恐未然. ○ 方氏曰: "人物之生, 數有長短, 分有小大, 莫不受制於天地. 故大凡生者曰'命'. 及其死也, 物謂之'折', 言其有所毁也. 人謂之'鬼', 言其有所歸也. '不變'者, 不改所命之名也. '更立'者, 更立所祭之人也. 名旣當於實, 故無事乎變, 人旣異於世, 故必更而立焉. 名之不變, 止自堯而下者, 蓋法成於堯而已. 由堯以前, 其法未成, 其名容有變更也. 更立不及於黃帝者, 七代同出於黃帝而已, 黃帝無統於上, 七代更立於下故也. '其餘不變'者, 謂禘·郊·祖·宗之外不變也. 若天地日月之類, 其庸可變乎?

【제법 5】

천하에 왕이 나오게 되면, 땅을 나누어 나라를 세우고, 도都를 설치하고 읍邑을 세우며, 묘廟와 조祧, 단壇과 선墠을 설치하고 제사를 지내는데, 이때 가깝고 먼 정도와 많고 적은 정도를 나타내는 예禮의 수數를 제정하여 행한다.

天下有王, 分地建國, 置都立邑, 設廟祧壇墠而祭之, 乃爲親疏多少之數.

集說 방씨方氏(방각方慤)는 말한다. "'땅을 나누어 나라를 세우며, 수도를 두고 읍邑을 세운다'는 것은 현능한 사람을 존중하기 위한 것이다. '묘廟와 조祧, 단壇과 선墠을 설치하고 제사를 지낸다'는 것은 친속을 친애하기 위해서이다. 친속을 친애하는 것에는 차등을 두어 줄이는 것이 없을 수 없기 때문에 가깝고 먼 정도를 나타내는 수數를 정한다. 현능한 사람을 존중하는 것에는 차등이 없을 수 없기 때문에 많고 적은 정도를 나타내는 수數를 정한다. 소昭가 있고 목穆이 있으며, 조祖가 있고 고考가 있는 것은 가깝고 먼 정도를 나타내는 수이다. 일곱으로 하고 다섯으로 하며, 셋으로 하고 둘로 하는 것은 많고 적음을 나타내는 수이다." 方氏曰: "'分地建國, 置都立邑', 所以尊賢也. '設廟·祧·壇·墠而祭之', 所以親親也. 親親不可以無殺, 故爲親疏之數焉. 尊賢不可以無等, 故爲多少之數焉. 有昭有穆, 有祖有考, 親疎之數也. 以七以五, 以三以二, 多少之數也."

【제법 6】

그러므로 왕은 7묘廟와 1단壇, 1선墠을 세운다. 고묘考廟·왕고묘王考廟·황고묘皇考廟·현고묘顯考廟·조고묘祖考廟 등 묘廟에 대해서는 모두 달마다 제사를 지낸다. 친親이 멀어진 묘廟는 조천祧遷하여 제사지내는데, 두 개의 조묘祧廟를 두고 계절마다 제사지내는 것(享嘗)으로 그친다. 조묘祧廟에서 떠나면 단壇을 설치하여 제사지내고, 단壇에서 떠나면 선墠을 설치하여 제사지낸다. 단과 선에서 제사지내는 대상은 기도할 일이 있을 때만 제사지내고 기도할 일이 없으면 지내지 않는다. 선墠에서 떠나면 '귀鬼'라고 한다.

是故王立七廟, 一壇一墠. 曰考廟, 曰王考廟, 曰皇考廟, 曰顯考廟, 曰祖考廟, 皆月祭之. 遠廟爲祧, 有二祧, 享嘗乃止. 去祧爲壇, 去壇爲墠. 壇·墠, 有禱焉祭之, 無禱乃止. 去墠曰'鬼'.

集說 '7묘廟'는 3소昭와 3목穆에 태조太祖를 더하여 일곱이 된다. '1단壇, 1선墠을 세운다'는 것은 7묘 이외에 또 단과 선을 하나씩 세우는 것인데, 흙을 돋우어 놓은 것이 단이 되고, 땅을 쓸어낸 것이 선이 된다. '고묘考廟'는 선친의 묘廟이다. '왕고王考'는 조부이다. '황고皇考'는 증조부이다. '현고顯考'는 고조부이다. '조고祖考'는 시조始祖이다. 시조는 영구히 조천祧遷하지 않고, 고조부·증조부·조부·부친은 친속이기 때문에, 이 5묘에게 모두 달마다 한 번 제사를 지낸다. '친親이 멀어진 묘廟는 조천祧遷하여 제사지낸다'는 것은 3소와 3목 가운데 (친親이 다하여) 조천해야 할 선조는 그 신주를 두 개의 조묘祧廟로 옮겨 보관하는 것을 말한다. 옛날에는 조천한 신주를 태조묘太祖廟의 동쪽과 서쪽 협실夾室에 보관하였다. 주周대에 와서는 소昭의 천주는 다 문왕의 묘에 보관하고, 목穆의 천주는 다 무왕의 묘에 보관하였다. 이들은 달마다 지내는 제사(月祭)의 대상에 해당되지 않고, 단지 계절마다 제사지낼 수 있을 뿐이다. 그러므로 '계절마다 제사지내는 것(享嘗)에 그친다'라고 한 것이다. '조묘에서 떠나면 단壇을 설치하여 제사지낸다'는 것은 친親이 멀어져 조천한 곳에서 제사를 받을 수 없다는 것을

말한다. 그러므로 '조祧에서 떠나고, 제사를 지낼 때는 단을 설치하여 제사한다'라고 한 것이다. 친親이 더욱 멀어진 선조는 단壇에서도 제사를 받을 수 없다. 그러므로 '단壇에서 떠나고, 제사를 지낼 때에는 선墠을 설치하여 제사한다'라고 한 것이다. 그러나 이 '단壇'과 '선墠'이라는 것은 반드시 기도할 일이 있어야 이와 같은 제사를 거행하는 것이고, 기도할 일이 없으면 그만두며, 영영 제사지내지 않는다. 선墠에서 떠나면 더욱 멀어져서, 비록 기도할 일이 있어도 또한 거기에까지 미치지 않는다. 그러므로 넓게 이름붙여 '귀鬼'라고 말한다. ○ 이제 살펴보건대, 이 장에서 '왕은 7묘를 세운다'고 하였지만, 문왕과 무왕의 조천하지 않는 묘廟로 두 조묘祧廟로 삼아 일곱이라는 수를 채우는 것이므로, 실제로는 5묘일 뿐이다. 만약 상商나라에 세 종宗이 있다면, 네 묘廟가 되는 것인가? 단壇과 선墠에서 제사하는 신주는 조祧에 보관해두었다가, 단과 선에서 제사를 지낸다는 것은 그래도 가능한데, 곧바로 '기도할 일이 있을 때면 제사지내고 기도할 일이 없으면 지내지 않는다'고 하니 '대협大祫의 제사에서는 조천한 묘의 신주도 함께 올려서 제사 드린다'[16]고 하는 문장은 어디에 쓸 것인가? 또한 종묘의 제도에 대해서는 선유先儒가 설명한 것이 매우 자세하지만, 단壇과 선墠을 들어서 말한 경우는 없었다. 주공周公이 '세 단壇을 설치하고 선墠을 같이하였다'[17]는 것은 이 뜻이 아니다. 또 여러 유자儒者들이 주周나라의 7묘廟 제도가 공왕共王의 시기에 시작되었다고 여기지만, 주공의 예와 악을 제정한 것이 이처럼 성대한대도, 종묘의 제도는 도리어 아래로 열국列國들과 같게 하니 나는 반드시 그렇지 않으리라고 생각한다. 따라서 주자가 유흠劉歆의 설을 옳다고 여긴 것이 어찌 본 바가 없어서이겠는가? 정현이 이 장에 대한 주에서 '협제祫祭 때에 비로소 (조천한 신주에게) 제사를 지낸다'라고 한 말은 아마도 또한 기록한 자가 잘못 기록한 것임을 깨달았기 때문일 것이다. '七廟', 三昭三穆與太祖爲七也. '一壇一墠'者, 七廟之外, 又立壇·墠各一, 起土爲

壇, 除地曰墠也. '考廟', 父廟也. '王考', 祖也. '皇考', 曾祖也. '顯考', 高祖也. '祖考', 始祖也. 始祖百世不遷, 而高曾祖禰以親, 故此五廟, 皆每月一祭也. '遠廟爲祧', 言三昭三穆之當遞遷者, 其主藏於二祧也. 古者祧主藏於太祖廟之東西夾室. 至周則昭之遷主皆藏文王之廟, 穆之遷主皆藏武王之廟也. 此不在月祭之例, 但得四時祭之耳. 故云'享嘗乃止'. '去祧爲壇'者, 言世數遠, 不得於祧處受祭. 故云'去祧也, 祭之則爲壇'. 其又遠者, 亦不得於壇受祭. 故云'去壇也, 祭之則爲墠'. 然此'壇'·'墠'者, 必須有祈禱之事則行此祭, 無祈禱則止, 終不祭之也. 去墠則又遠矣, 雖有祈禱, 亦不及之. 故泛然名之曰'鬼'而已. ○ 今按, 此章曰'王立七廟', 而以文武不遷之廟, 爲二祧以足其數, 則其實五廟而已. 若商有三宗, 則爲四廟乎? 壇墠之主, 藏於祧而祭於壇墠, 猶之可也, 直謂'有禱則祭, 無禱則止', 則'大祫升毁廟'之文何用乎? 又宗廟之制, 先儒講之甚詳, 未有擧壇墠爲言者. 周公'三壇同墠', 非此義也. 又諸儒以周之七廟, 始於共王之時, 夫以周公制作如此其盛, 而宗廟之制, 顧乃下同列國, 吾知其必不然矣. 然則朱子然劉歆之說, 豈無見乎? 鄭註此章, 謂'祫乃祭之', 蓋亦覺記者之失矣.

【제법 7】

제후는 5묘廟와 1단壇, 1선墠을 세운다. 고묘考廟(선친의 묘)·왕고묘王考廟(조부의 묘)·황고묘皇考廟(증조부의 묘) 등에는 모두 달마다 제사를 지낸다. 현고묘顯考廟(4세조의 묘)와 조고묘祖考廟(5세조의 묘)에게는 계절마다 제사지내는 것(享嘗)으로 그친다. 조고묘에서 떠나면 단壇을 설치하여 제사지내고, 단에서 떠나면 선墠을 설치하여 제사지낸다. 단과 선에서 제사지내는 대상은 기도할 일이 있을 때만 제사지내고 기도할 일이 없으면 지내지 않는다. 선墠에서 떠나면 귀鬼가 된다.

諸侯立五廟, 一壇一墠. 曰考廟, 曰王考廟, 曰皇考廟, 皆月祭之. 顯考廟, 祖考廟, 享嘗乃止. 去祖爲壇, 去壇爲墠. 壇·墠, 有禱焉祭之, 無禱乃止. 去墠爲鬼.

集說 제후의 태조묘太祖廟는 처음 분봉을 받은 군주이다. 3묘廟에 달마다 제사를 지내는 것은 천자보다 낮추는 것이다. 현고顯考(4세조)·조고祖考(5세조)에게는 사계절의 제사를 지낼 뿐이다. '조고묘에서 떠나면 단壇을 설치하여 제사지낸다'는 것은 고조의 아버지는 신주를 조천하여 태조묘에 의탁하게 하지만 여기(태조묘)에서 제사를 받을 수는 없으며, 기도할 일이 생겼을 경우 태조묘를 떠나 단壇에서 제사를 받는 것이다. 단에서 떠나서 선에서 제사를 받는 대상은 고조의 조부祖父이다. 諸侯太祖之廟, 始封之君也. 月祭三廟, 下於天子也. 顯考·祖考, 四時之祭而已. '去祖爲壇'者, 高祖之父, 雖遷主寄太祖之廟, 而不得於此受祭, 若有祈禱, 則去太祖之廟而受祭於壇也. 去壇而受祭於墠, 則高祖之祖也.

【제법 8】

대부는 3묘廟와 2단壇을 세운다. 고묘考廟와 왕고묘王考廟와 황고묘皇考廟 등에 대해서는 사계절의 제사만 지내는 것으로 그친다. 현고顯考와 조고祖考는 묘廟가 없고, 기도할 일이 있을 때만 단壇을 설치하여 제사지낸다. 단壇에서 떠나면 귀鬼가 된다.

大夫立三廟二壇. 曰考廟, 曰王考廟, 曰皇考廟, 享嘗乃止. 顯考祖考無廟, 有禱焉, 爲壇祭之. 去壇爲鬼.

集說 대부는 3묘廟를 세우는데 묘廟가 있어도 신주가 없다. 조천되어야 하는 대상들 또한 조천할 만한 묘廟가 없기 때문에 기도할 일이 있으면 단壇에서 제사할 뿐이다. 그러나 선墠은 단壇보다 (친애하고 높이는 정도가) 더 가볍다. 이제 단壇만 둘 설치하고 선墠을 설치하지 않는 것은 비록 태조는 묘가 없어도 그(태조)를 존중하기 때문이다. '단壇에서 떠나면 귀鬼가 된다'는 것은 고조高祖가 조천하는 수數에 있을 경우 역시 단壇에서 제사를 받을 수 없고, 기도할 일이 있어도 고조에게까지 제사지낼 수 없음을 말한다. 大夫三廟, 有廟而無主. 其當遷者, 亦無可遷之廟, 故有禱則祭於壇而已. 然墠輕於壇. 今二壇而無墠者, 以太祖雖無廟, 猶重之也. '去壇爲鬼', 謂高祖若在遷去之數, 則亦不得受祭於壇, 祈禱亦不得及也.

【제법 9】

적사는 2묘廟와 1단壇을 세우는데, 고묘考廟와 왕고묘王考廟라고 하며, 계절마다 제사지내는 것으로 그친다. 현고顯考[18]는 묘가 없으며, 기도할 일이 있으면 단壇을 설치하여 제사지낸다. 단壇을 떠나면 귀鬼가 된다.

適士二廟一壇, 曰考廟, 曰王考廟, 享嘗乃止. 顯考無廟, 有禱焉, 爲壇祭之. 去壇爲鬼.

集說 '적사適士'는 상사上士이다. 천자의 상사·중사·하사 및 제후의 상사는 모두 2묘廟를 세울 수 있다. '適士', 上士也. 天子上·中·下之士及諸侯之上士, 皆得立二廟.

【제법 10】

관사는 1묘廟를 세운다. 고묘考廟라 한다. 왕고王考는 묘가 없이 고묘에서 제사지낸다. 왕고에서 떠나면 귀鬼가 된다.

官師一廟. 曰考廟. 王考無廟而祭之. 去王考爲鬼.

集說 '관사官師'란 제후의 중사中士와 하사下士로서 한 관서의 우두머리가 된 자이다. 1묘廟를 세워 조부와 부친의 신주를 함께 모실 수 있다. 증조 이상은 만약 기도할 일이 있으면 묘廟에 나아가서 제물을 올릴 뿐이니, 단이 없기 때문이다. '官師'者, 諸侯之中士·下士爲一官之長者. 得立一廟, 祖·禰共之. 曾祖以上, 若有所禱, 則就廟薦之而已, 以其無壇也.

【제법 11】

서사庶士와 서인庶人은 묘가 없다. 죽으면 귀鬼라고 한다.

庶士·庶人無廟. 死曰鬼.

鄭注 '나라를 세운다'(建國)는 것은 제후로 봉하는 것이다. '도都를 설치하고 읍邑을 세운다'(置都立邑)는 것은 경대부의 채지采地 및 공이 있는 사士에게 사여하는 땅을 위해서이다. '묘廟'라는 말은 모습을 말하는 것으로서, 종묘宗廟는 곧 선조의 존엄한 모습이다. '조祧'라는 말은 넘는다(超)는 뜻으로, 넘어 위로 떠나간다는 의미다. 땅을 돋우는 것을 '단壇'이라고 하고 땅을 쓸어낸 것을 '선墠'이라고 한다. 『서書』에서 "3단壇을 설치하고 선墠을 같이 하였다"[19]고 한다. '왕王'과 '황皇'은 모두 군주(君)를 뜻한다. '현顯'은 밝다는 뜻이다. '조祖'는 시작의 뜻이다. 조상을 '군주'·'밝음'·'시작'이라는 것으로

명명하는 것은 근본을 존중하기 위한 의미다. 천자의 경우, 조천해야 하는 묘廟의 신주는 소昭와 목穆으로 구분하여 두 조묘祧廟(조천한 신주를 보관하는 묘)에 함께 보관한다. 제후는 조묘祧廟가 없으므로 조고祖考(시조)의 묘廟에 보관한다. 『의례』「빙례聘禮」(8)에서 "(빈객을 맞이할 때) 훌륭하지 못합니다만, 선군의 조묘祧廟입니다"라고 하였는데 이것은 시조始祖의 묘廟를 말하는 것이다. '계절마다 제사지낸다'(享嘗)는 것은 사시제四時祭를 말한다. 천자와 제후는 단壇과 선墠을 설치하는데, 기도하는 바가 되는 것은 뒤에 조천하여 조묘에 있음을 가리킨다. 제사를 마치면 그 신주를 조묘祧廟에 되돌려놓는다. 귀鬼 또한 조묘에 보관해두는데, 다만 제사드리는 일이 없는 대상으로 멀리 하고, 협제祫祭 때에만 제사 드린다. 『춘추』, 문공 2년조 가을에 "태묘에서 대사가 있었다"고 하였는데, 전傳에서 "조천한 묘의 신주는 태조의 묘에 진설하고 아직 조천하지 않은 묘의 신주는 다 태조의 묘에 올려서 합사合食하게 하였다"라고 한 것이 그것이다. 노나라 양공煬公은 백금의 아들이다. 소공昭公, 정공定公에 이르면 이미 귀鬼가 된 지 오래인데도 계씨季氏가 그에게 기도하면서 그 궁宮을 세웠으니, 귀鬼의 신주가 조묘祧廟에 있었던 것이 분명하다. 천자와 제후만이 신주가 있어서 체제禘祭와 협제祫祭를 지낸다. 대부로 조고祖考(태조)의 묘廟가 있는 이는 영구히 귀鬼로 모시지만, 체제와 협제는 지내지 않으니 신주가 없기 때문이다. 조고祖考의 묘가 없는 자로 서사庶士 이하는 고考와 왕고王考를 귀鬼로 모시고, 관사官師는 황고皇考(증조)를 귀鬼로 모시며, (별자別子가 아닌) 대부와 적사適士는 현고顯考를 귀鬼로 모신다. 대부의 '조고'는 별자別子[20]를 말한다. 대체로 귀鬼에게는 천신薦新(계절마다 새로운 음식이 나오면 조상에게 올리는 것)의 예는 행하지만 제사를 지내지는 않는다. 「왕제」(61)에서는 "대부와 사는 규전圭田이 있으면 제사를 지내고 없으면 천신薦新의 예를 행한다"고 하였다. '적사適士'는 상사上士이다. '관사官師'는 중사中士와 하사下士이다. '서사庶士'

는 부사府史 등의 무리다. 이 경문에서 적사適士에 대하여 '현고顯考는 묘廟가 없다'고 한 '현고顯考'는 잘못으로 '황고皇考'로 되어야 옳다. 글자로 인한 잘못이다. '建國', 封諸侯也. '置都立邑', 爲卿大夫之采地及賜士有功者之地. '廟'之言貌也, 宗廟者, 先祖之尊貌也. '祧'之言超也, 超上去意也. 封土曰'壇', 除地曰'墠'. 『書』曰: "三壇同墠." '王'·'皇', 皆君也. '顯', 明也. '祖', 始也. 名先人以'君'·'明'·'始'者, 所以尊本之意也. 天子遷廟之主, 以昭穆合藏於二祧之中. 諸侯無祧, 藏於祖考之廟中. 「聘禮」曰: "不腆先君之祧", 是謂始祖廟也. '享嘗', 謂四時之祭. 天子諸侯爲壇·墠, 所禱謂後遷在祧者也. 旣事則反其主於祧. 鬼亦在祧, 顧遠之於無事, 祫乃祭之爾. 『春秋』文二年秋"大事於大廟", 傳曰: "毁廟之主, 陳于大祖, 未毁廟之主, 皆升合食於大祖", 是也. 魯煬公者, 伯禽之子也. 至昭公·定公, 久已爲鬼, 而季氏禱之, 而立其宮, 則鬼之主在祧明矣. 唯天子·諸侯有主禘·祫. 大夫有祖考者, 亦鬼其百世, 不禘·祫無主爾. 其無祖考者, 庶士以下鬼其考·王考, 官師鬼其皇考, 大夫適士鬼其顯考而已. 大夫'祖考', 謂別子也. 凡鬼者, 薦而不祭. 「王制」曰: "大夫·士有田則祭, 無田則薦." '適士', 上士也. '官師', 中士·下士. '庶士', 府史之屬. 此適士云'顯考無廟', 非也, 當爲'皇考'. 字之誤.

集說 '서사庶士'는 부사府史[21] 등의 무리다. '죽으면 귀鬼라고 한다'는 것은 비록 묘廟가 없어도 침寢(거처하는 집)에서 천신薦新의 예를 행할 수 있음을 말한다. 「왕제王制」(55)에서는 "서인은 침寢에서 제사지낸다"라고 하였다. '庶士', 府史之屬. '死曰鬼'者, 謂雖無廟, 亦得薦之於寢也. 「王制」云: "庶人祭於寢."

【제법 12】

왕이 군성群姓을 위하여 사社를 세우는데 대사大社라고 부른다. 왕이 자신을 위해 사社를 세우는데 왕사王社라고 부른다. 제후가 백성을 위하여 사社를 세우는데 국사國社라고 부른다. 제후가 자신을 위해 사社를 세우는데 후사侯社라고 부른다. 대부 이하의 사람들은 무리를 이루어 사社를 세우는데 치사置社라고 부른다.

王爲群姓立社, 曰大社. 王自爲立社, 曰王社. 諸侯爲百姓立社, 曰國社. 諸侯自爲立社, 曰侯社. 大夫以下, 成群立社, 曰置社.

鄭注 '군群'은 무리를 말한다. '대부大夫 이하'는 아래로 서인들까지를 말한다. 대부는 단독으로 사社를 세울 수 없고 민民들과 족속을 이루어 함께 거주하여, 100가家 이상이 되면 공동으로 하나의 사社를 세운다. 지금의 이사里社가 이것이다. 「교특생郊特牲」(30)에서는 "오직 사社에 제사하는 일을 위해서는 1리里의 사람들이 모두 나온다"고 하였다. '群', 衆也. '大夫以下', 謂下至庶人也. 大夫不得特立社, 與民族居, 百家以上則共立一社. 今時里社, 是也. 「郊特牲」曰: "唯爲社事單出里."

集說 소疏에서는 말한다. "대사大社는 고문庫門 안의 오른쪽에 있다. 왕사王社가 있는 곳에 관해 서책과 전傳 어디에도 관련된 글이 없다. 최씨崔氏는 '왕사는 적전籍田에 있는데 왕이 스스로 제사를 올려 자성粢盛(제사용 곡물)을 이바지하는 곳'이라고 한다. 국사國社도 공궁公宮의 오른쪽에 있다. 후사侯社는 적전에 있다. '치사置社'라는 것은 대부 이하 사士와 서인庶人을 포함하는 것으로 무리를 이루어 거처하며, 백가百家 이상이 되면 사社를 세울 수 있는데, 대중을 위하여 특별히 설치하였기 때문에 치사置社라고 한다." ○ 방씨方氏는 말한다. "왕은 천하를 소유하기 때문에 '군성群姓'(모든 성씨)이라고 한다. 제후는 한 나라를 소유하기 때문에 '백성百姓'(온갖 성)이라고 한다. 천자에 대해서는 '조민兆民'이라고 하고 제후에 대해서는 '만민萬民'이라고 하는 것 역시 이러한 의미다." 疏曰: "大社在庫門之內右. 王社所在, 書傳無文. 崔氏

云: '王社在藉田, 王所自祭以供粢盛.' 國社亦在公宮之右. 侯社在藉田. '置社'者, 大夫以下包士·庶, 成群聚而居, 滿百家以上得立社, 爲衆特置, 故曰置社." ○ 方氏曰: "王有天下, 故曰'群姓'. 諸侯有一國, 故曰'百姓'而已. 天子曰'兆民', 諸侯曰'萬民', 亦此之意."

【제법 13】

왕은 군성群姓을 위하여 일곱 사祀[22]를 세우는데, 사명司命·중류中霤·국문國門·국항國行·태려泰厲·호戶·조竈 등이다. 왕은 자신을 위하여 일곱 사祀를 세운다. 제후는 나라를 위하여 다섯 사祀를 세우는데, 사명司命·중류中霤·국문國門·국항國行·공려公厲 등이다. 제후는 자신을 위하여 다섯 사祀를 세운다. 대부는 세 사祀를 세우는데, 족려族厲·문門·항行 등이다. 적사는 두 사祀를 세우는데, 문門·항行 등이다. 서사庶士와 서인庶人은 하나의 사祀를 세우는데, 호戶를 세우기도 하고 조竈를 세우기도 한다.

王爲群姓立七祀, 曰司命, 曰中霤, 曰國門, 曰國行, 曰泰厲, 曰戶, 曰竈. 王自爲立七祀. 諸侯爲國立五祀, 曰司命, 曰中霤, 曰國門, 曰國行, 曰公厲. 諸侯自爲立五祀. 大夫立三祀, 曰族厲, 曰門, 曰行. 適士立二祀, 曰門, 曰行. 庶士庶人立一祀, 或立戶, 或立竈.

鄭注 이것은 대신大神에게 기도하고 대신이 보답하는 큰 제사가 아니다. 소신小神으로서 사람들 사이에 머물며 작은 허물들을 살펴서 견책하여 알리는 것이다. 「악기樂記」(15)에서 "밝은 곳에는 예악禮樂이 있고 어두운 곳에는 귀신鬼神이 있다"고 할 때의 귀신이 이것을 말한 것인가? '사명司命'은 삼명三命[23]을 감찰하는 것을 주관한다. '중류中霤'는 당堂과 실室에서 거처

하는 것을 주관한다. '문門'·'호戶'는 드나드는 것을 주관한다. '항行'은 도로에서 다니는 것을 주관한다. '여厲'는 주살하고 벌주는 것을 주관한다. '조竈'는 먹고 마시는 일을 주관한다. 「명당월령明堂月令」에서 말한다. "봄에는 그 제사를 문(戶)의 신에게 지내는데, 제물을 올릴 때 희생의 비장을 먼저 올린다." 여름에는 그 제사를 조竈의 신에게 지내는데 제물을 올릴 때 폐를 먼저 올린다고 한다. 중앙에서는 그 제사를 중류中霤의 신에게 지내는데 제물을 올릴 때 심장을 먼저 올린다고 한다. 가을에는 그 제사를 문門의 신에게 지내는데 제물을 올릴 때 간을 먼저 올린다고 한다. 겨울에는 그 제사를 항行의 신에게 지내는데, 신장을 먼저 올린다고 한다." 『의례』「빙례聘禮」에서 사자使者가 출행을 나갈 때 "폐백을 항行에 놓는다"고 하였고 사자가 귀국할 때 "폐백을 문門에 놓는다"고 하였다. 『의례』「사상례士喪禮」에서 "질병이 있으면", "오사五祀에 기도한다"고 하였다. '사명司命'과 '여厲'는 제사지내는 시기가 분명하지 않다. 지금 민가에서 봄가을로 사명司命·항신行神·산신山神에게 제사를 지내고, 문門·호戶·조竈의 신을 그 옆에 두고서 제사지내는데, 이것으로 보면 반드시 봄에는 사명司命에 제사지내고 가을에는 여厲에 제사지내는 것이다. 어떤 사람은 사명과 여를 함께 제사지낸다고도 말한다. 산신山神이 곧 여기 경문의 여厲이다. 백성들이 여厲라고 말하기 싫어(하기 때문에 산이라고) 하였는데, 무축巫祝들은 여산厲山씨의 귀신이 여厲가 되었다고 여겼으니 잘못일 것이다. 『춘추좌씨전』에서 "귀鬼는 돌아갈 곳이 있으면 여厲가 되지 않는다"라고 하였다. 此非大神所祈報大事者也. 小神居人之間, 司察小過, 作譴告者爾. 「樂記」曰: "明則有禮樂, 幽則有鬼神", 鬼神謂此與? '司命'主督察三命. '中霤', 主堂室居處. '門'·'戶'主出入. '行', 主道路行作. '厲', 主殺罰. '竈', 主飮食之事. 「明堂月令」"春曰其祀戶, 祭先脾. 夏曰其祀竈, 祭先肺. 中央曰其祀中霤, 祭先心. 秋曰其祀門, 祭先肝. 冬曰其祀行, 祭先腎." 「聘禮」曰: 使者出, "釋幣於行", 歸, "釋幣於門." 「士喪禮」曰: "疾病", "禱於五祀". '司命'與'厲',

其時不著. 今時民家, 或春秋祠司命·行神·山神, 門·戶·竈在旁, 是必春祠司命, 秋祠厲也. 或者合而祠之. 山卽厲也. 民惡言厲, 巫祝以厲山爲之, 謬乎. 『春秋傳』曰: "鬼有所歸, 乃不爲厲."

集說 '사명司命'은 『주례』에 보인다. '중류中霤'·'문門'·'항行'·'호戶'·'조竈' 등은 「월령月令」에 보인다. '태려泰厲'는 고대의 제왕 가운데 후사가 없는 자이다. '공려公厲'는 고대의 제후 가운데 후사가 없는 자이다. '족려族厲'는 고대의 대부 가운데 후사가 없는 자이다. 『춘추좌씨전』에서 "귀鬼는 돌아갈 곳이 있으면 여厲가 되지 않는다"24)고 하였는데, 그 돌아갈 곳이 없어서 혹시 사람을 해치게 될까봐 제사를 지내는 것이다. 또 살펴보건대, 오사五祀에 관한 글은 경經과 전傳에 산재해서 볼 수 있는 것들이 하나가 아니다. 이 경문에서 말하는 칠사七祀·삼사三祀·이사二祀·일사一祀의 설은 매우 의심스럽다. 「곡례하曲禮下」(82) "대부는 오사五祀에게 제사지낸다"의 주註에서 은나라의 예라고 하였고, 「왕제」(57) "대부는 오사五祀에게 제사지낸다"의 주에서 채지采地를 소유한 대부를 가리킨다고 하였는데 모두 잘 알 수가 없다. '司命'見『周禮』. '中霤'·'門'·'行'·'戶'·'竈'見「月令」. '泰厲', 古帝王之無後者. '公厲', 古諸侯之無後者. '族厲', 古大夫之無後者. 『左傳』云: "鬼有所歸, 乃不爲厲", 以其無所歸, 或爲人害, 故祀之. 又按五祀之文, 散見經傳者非一. 此言七祀·三祀·二祀·一祀之說, 殊爲可疑. 「曲禮」"大夫祭五祀", 註言殷禮, 「王制」"大夫祭五祀", 註謂有地之大夫, 皆未可詳.

【제법 14】

왕은 성년이 되기 전에 죽은 자(殤)에게 아래로 제사를 지내는(下祭)

대상이 다섯으로, 적자適子·적손適孫·적증손適曾孫·적현손適玄孫·적래손適來孫 등이다. 제후는 아래로 제사를 지내는 대상이 셋이다. 대부는 둘에게 아래로 제사를 지낸다. 적사適士와 서인庶人은 아들에게 제사지내는 것으로 그친다.

王下祭殤五, 適子, 適孫, 適曾孫, 適玄孫, 適來孫. 諸侯下祭三. 大夫下祭二. 適士及庶人, 祭子而止.

鄭注 적자로서 성년이 되기 전에 죽은 자에게 제사를 지내는 것은 적자를 존중하는 것이다. 적자로서 성년이 되기 전에 죽은 자[25]에 대하여 묘廟 안의 서남쪽 아랫목(奧)에서 제사지내는데 음염陰厭[26]이라고 한다. 천자의 서자(王子)와 제후의 서자(公子)는 적자로서 성년이 되기 전에 죽은 자를 자기 당黨의 묘廟에서 제사지낸다. 대부 이하의 서자庶子는 적자로서 성년이 되기 전에 죽은 자를 종자宗子의 집에서 제사지낸다. 모두 방안(室)의 동쪽 환한 곳에서 지내는데 양염陽厭[27]이라고 한다. 무릇 서자의 신분으로 성년이 되기 전에 죽으면 제사지내지 않는다. 祭適殤者, 重適也. 祭適殤於廟之奧, 謂之陰厭. 王子·公子祭其適殤於其黨之廟. 大夫以下庶子祭其適殤於宗子之家. 皆當室之白, 謂之陽厭. 凡庶殤不祭.

集說 방씨方氏는 말한다. "현손玄孫의 아들을 '래來'(미래의)라고 한 것은 그 세대의 수가 비록 멀지만 막 와서 아직 끝나지 않았기 때문이다. 높은 자가 낮은 자에게 제사를 지내므로 '아래로 제사지낸다'(下祭)고 한다." ○ 석량왕씨石梁王氏는 말한다. "서자의 경우 미성년으로 죽으면 전부 제사지내지 않는 것은 아닐 것이다." 方氏曰: "玄孫之子爲'來'者, 以其世數雖遠, 方來而未已也. 以尊祭卑, 故曰'下祭'." ○ 石梁王氏曰: "庶殤全不祭, 恐非."

【제법 15】

대저 성왕이 제사를 제정하는 원칙은, 백성에게 법도(法)를 널리 베풀어 행하였으면 제사지내고, 죽음을 무릅쓰고 일에 부지런히 힘썼으면 제사지내고, 수고로움을 다해 나라를 안정시켰으면 제사지내고, 큰 재해를 막아냈으면 제사지내고, 큰 환란을 물리쳤으면 제사지낸다.

夫聖王之制祭祀也, 法施於民則祀之, 以死勤事則祀之, 以勞定國則祀之, 能禦大菑則祀之, 能捍大患則祀之.

集說 이 다섯 가지 경우는 마땅히 제사지내야 할 바이다. 아래 경문에서 볼 수 있다. 此五者, 所當祭祀也. 下文可見.

【제법 16】

그런 까닭에 여산씨厲山氏가 천하를 차지하였을 때, 그 자손 중에 농農이라는 이가 온갖 곡식을 잘 번성하게 하였다. 하夏나라가 쇠퇴해지자, 주나라의 기棄가 계승하였다. 그러므로 제사를 지내어 직稷(곡물의 신)으로 삼았다.

是故厲山氏之有天下也, 其子曰農, 能殖百穀. 夏之衰也, 周棄繼之. 故祀以爲稷.

集說 '여산씨厲山氏'는 일설에는 '열산씨烈山氏'라고 하는데 염제炎帝 신농神農이다. 그 후세 자손 가운데 '주柱'라는 이름을 가진 자가 온갖 곡식을

잘 번성하게 하여 농사를 담당하는 관리가 되었기 때문에 그로 인하여 '농農'이라는 이름을 가지게 된 것으로, 관련 사실이 『국어國語』에 보인다.[28] '기棄'는 『서書』 「순전舜典」에 보인다. '직稷'은 곡식의 신이다. '厲山氏', 一云 '烈山氏', 炎帝神農也. 其後世子孫有名'柱'者, 能殖百穀, 作農官, 因名'農', 見『國語』. '棄'見「舜典」. '稷', 穀神也.

【제법 17】

공공씨共工氏가 구주九州에 대해 패자覇者 노릇을 할 때, 그 자손 중에 후토后土라고 하는 이가 구주를 잘 평정하였다. 그러므로 제사를 지내 사社로 삼았다.

共工氏之霸九州也, 其子曰后土, 能平九州. 故祀以爲社.

集說 『춘추좌씨전』에서는 공공씨가 수水로써 관官의 기강을 세웠으며, 염제炎帝보다 앞이고 태호太昊[29]보다 뒤라고 하였다.[30] '사社'는 토지의 신이다. 『左傳』言共工氏以水紀官, 在炎帝之前, 太昊之後. '社', 土神也.

【제법 18】

제곡帝嚳은 별(星辰)의 운행으로부터 질서를 파악하여, 대중들이 (일하고 쉬는 절후를) 분명히 알게 하였다.

帝嚳能序星辰以著衆.

集說 '별(星辰)의 운행으로부터 질서를 파악하였다'는 것은 별의 운행을 관측하여 계산하는 법을 알았다는 것이다. '대중들이 분명히 알게 하였다'는 것은 백성들이 별의 상象을 살펴서 일하고 쉬는 절후를 알게 한 것이다.
'序星辰', 知推步之法也. '著衆', 謂使民占星象而知休作之侯也.

【제법 19】

요堯는 상賞을 잘 시행하였고, 형刑과 법法을 공평하게 시행하였으며, 선양禪讓의 의義로써 지위를 잘 마쳤다.
堯能賞, 均刑法, 以義終.

集說 '상賞을 잘 시행하였다'는 것은 그 공로에 맞게 시행한 것이다. '형刑과 법法을 공평하게 시행하였다'는 것은 그 죄에 맞게 시행한 것이다. '의義로써 지위를 잘 마쳤다'는 것은 지위를 선양하는데 적임자를 얻은 것이다.
'能賞', 當其功也. '均刑法', 當其罪也. '以義終', 禪位得人也.

【제법 20】

순舜은 대중의 일에 부지런히 힘썼고, 순행하던 중 창오蒼梧의 들에서 죽었다.
舜勤衆事而野死.

集說 순수巡狩를 행하다가 죽은 것이다. ○ 석량왕씨石梁王氏는 말한다.

"순舜이 창오蒼梧에서 사망하였다는 설은 믿을 수 없다. 정현鄭玄은 유묘有苗[31]를 정벌한 것으로 인해 사망하였다고 말하는데,[32] 더욱 믿을 수 없다." 巡守而崩也. ○ 石梁王氏曰: "舜死蒼梧之說不可信. 鄭氏謂因征有苗, 尤不可信."

【제법 21】

곤鯀은 홍수를 막다가 형벌을 받아 죽었다. 우禹는 곤의 공업을 잘 이어서 이루었다.

鯀鄣鴻水而殛死. 禹能脩鯀之功.

集說 '막는다'(鄣)는 것은 (넘치고 터지지 않게) 막았다는 것이다. '이루었다'(脩)는 것은 그 일을 계승하여 고쳐서 바로잡은 것이다. ○ 석량왕씨石梁王氏는 말한다. "우禹에게 제사지낸 것이요, 곤鯀에게 제사지낸 것이 아니다." '鄣', 壅塞之也. '脩'者, 繼其事而改正之. ○ 石梁王氏曰: "祀禹, 非祀鯀也."

【제법 22】

황제黃帝는 온갖 사물에 대하여 이름을 바르게 정립하여 백성들이 분명히 알게 하였고 국가의 부렴賦斂에 잘 공급하였다. 전욱顓頊은 황제의 공업을 잘 이어서 이루었다.

黃帝正名百物以明民共財. 顓頊能脩之.

集說 '온갖 사물에 대하여 바르게 이름을 부여하였다'는 것은 온갖 사물

의 이름을 정립한 것이다. '백성들이 분명히 알게 하였다'는 것은 백성들이 의혹을 가지지 않게 한 것이다. '재물을 공급하였다'는 것은 국가의 부렴賦斂에 잘 공급한 것이다. '正名百物'者, 立定百物之名也. '明民', 使民不惑也. '共財', 供給公上之賦斂也.

【제법 23】

설契이 사도司徒가 되자 백성들의 교화가 이루어졌다.

契爲司徒而民成.

集說 '사도司徒'는 교화하는 관직의 우두머리다. '백성들의 교화가 이루어졌다'는 것은 백성들을 교화하여 아름다운 풍속을 이룬 것이다. '司徒', 敎官之長. '民成', 化民成俗也.

【제법 24】

명冥은 자기의 관직에 부지런히 힘쓰다가 물에서 죽었다.

冥勤其官而水死.

集說 '명冥'은 현명玄冥이다. 「월령月令」(200)에서 말하는 겨울의 신이다. 물에서 죽었다는 것에 대해서는 알려진 바가 없다. '冥', 卽玄冥也. 「月令」冬之神. 水死未聞.

【제법 25】

탕 임금은 너그러움으로 백성을 다스리고 포악한 자를 제거하였다.

湯以寬治民而除其虐.

集說 『서書』에서는 "너그럽기를 잘하였고 어질게 하기를 잘하였다"[33]고 하고, 또 "너그러움으로 포악함을 대신하였다"[34]라고 한다. 『書』曰: "克寬克仁", 又言, "代虐以寬."

【제법 26】

문왕文王은 문치文治로, 무왕武王은 무공武功으로, 백성들의 재앙이 되는 자를 제거하였다. 이들은 모두 백성에게 공업이 있는 자이다.

文王以文治, 武王以武功, 去民之菑. 此皆有功烈於民者也.

集說 진씨陳氏는 말한다. "농農과 기棄부터 요堯까지, 그리고 황제黃帝부터 설契까지는 백성들에게 법도(法)를 널리 베풀어 행한 자이다. 순舜·곤鯀과 명冥은 죽기를 무릅쓰고 대중의 일에 부지런히 힘쓴 자이다. 우禹가 곤鯀의 공업을 이어받아 이룬 것은 수고로움을 다하여 나라를 안정시킨 것이다. 탕이 그 포악한 자를 제거한 것과 문왕과 무왕이 백성들의 재앙이 된 자를 제거한 것은 능히 큰 재해를 막아내고 큰 환란을 물리친 것이다." 陳氏曰: "自農·棄至堯, 自黃帝至契, 法施於民者也. 舜·鯀與冥, 以死勤事者也. 禹脩鯀功, 以勞定國者也. 湯除其虐, 文武之去民菑, 能禦大菑, 能捍大患者也."

【제법 27】

그리고 저 일월성신은 백성이 우러러보는 바이고 산림과 하천, 계곡과 구릉은 백성이 재용을 얻는 곳이나 이들은 (이상에서 말한) 그러한 종류가 아니어서 제사의 전적典籍에 들어가지 못한다.

及夫日月星辰, 民所瞻仰也, 山林川谷丘陵, 民所取財用也, 非此族也, 不在祀典.

鄭注 이것이 이른바 '대신大神'이니, 『춘추좌씨전』에서 "봉해져 상공이 되었고, 제사로 받들어져 대신大神이 되었다"35)라고 하였다. '여산씨厲山氏'는 염제炎帝로 여산厲山에서 흥기하였다. 어떤 이는 "열산씨烈山氏가 있었다"라고 한다.36) '기棄'는 후직后稷의 이름이다. 공공씨共工氏는 기록할 만한 공적이 없이 왕 노릇을 하였으므로 '패자 노릇을 하였다'(覇)고 한 것이다. 공공씨는 태호大昊와 염제炎帝의 사이에 있었다. '대중들이 (일하고 쉬는 절후를) 분명히 알게 하였다'(著衆)는 것은 백성들이 일을 일으켜 행할 때 일하고 쉬는 시기를 알도록 한 것이다. '상賞'은 잘한 사람에게 상을 준 것이니, 순舜에게 선양을 하고 우禹와 직稷을 봉한 것 등을 말한다. '형을 공평하게 시행하였다'(能刑)는 것은 사흉四凶을 제거한 것을 말한다. '의로써 지위를 잘 마쳤다'(義終)는 것은 선양을 하고 28년 만에 죽은 것을 말한다. '(창오의) 들에서 죽었다'(野死)는 것은 유묘有苗를 정벌하다가 창오蒼梧에서 죽은 것을 말한다. '형벌을 받아 죽었다'(殛死)는 것은 그 공업을 이루지 못한 것을 말한다. '백성들이 분명히 알게 하였다'(明民)는 것은 의복에 신분에 맞는 절도(文章)가 있게 한 것을 말한다. '백성들의 교화가 이루어졌다'(民成)는 것은 다섯 가지 가르침(五教)37)의 예禮를 알았음을 말한다. '명冥'은 설契의 6대 자손이다. 그의 관직이 현명玄冥이었는데 물을 관장하는 관직이었다. '포악

함'(虐)과 '재앙'(菑)은 걸桀과 주紂를 말한다. '열烈'은 업적이다. '족族'은 종류와 같은 뜻이다. '사전祀典'은 제사를 말한다. 此所謂'大神'也, 『春秋傳』曰: "封爲上公, 祀爲大神." '厲山氏', 炎帝也, 起於厲山. 或曰: "有烈山氏." '棄', 后稷名也. 共工氏無錄而王, 謂之'霸'. 在大昊・炎帝之間. '著衆', 謂使民興事, 知休作之期也. '賞', 賞善, 謂禪舜, 封禹・稷等也. '能刑', 謂去四凶. '義終', 謂既禪二十八載乃死也. '野死', 謂征有苗, 死於蒼梧也. '殛死', 謂不能成其功也. '明民', 謂使之衣服有章也. '民成', 謂知五敎之禮也. '冥', 契六世之孫也. 其官玄冥, 水官也. '虐'・'菑', 謂桀・紂也. '烈', 業也. '族', 猶類也. '祀典', 謂祭祀也.

集說 '족族'은 종류의 뜻이다. '사전祀典'은 제사의 전적典籍이다. '族', 類也. '祀典', 祭祀之典籍.

역주

1) 명당에서 ~ 배향한다 : 이 말은 『孝經』 「聖治章」에 나온다.

2) 선후의 ~ 옳다 : 공영달의 소에 따르면 경문에서 有虞氏와 夏后氏의 경우 '郊嚳', '郊鯀'에 모두 '祖顓頊'으로 되어 있는데, 생몰년대의 선후로 볼 때, '郊顓頊'이어야 한다는 것이다.

3) 유우씨는 ~ 배향하였다 : 이 말은 『국어』 「魯語上」에 나온다.

4) 『모시』 「전」에 ~ 하였으니 : 관련 내용은 『毛詩』 「大雅 · 生民」의 毛傳, 鄭玄의 箋, 공영달의 소 참조. 특히 공영달의 소에 인용된 馬融의 설에 보인다.

5) 공이 ~ 삼는 것 : 『춘추공양전』, 成公 6년 조 傳 참조.

6) 요가 ~ 여겼다 : 『書』 「堯典」에 "정월 초하루 舜이 文祖에서 제위를 이어받았다"(正月上日, 受命于文祖)라고 하였는데, 孔安國의 傳에 文祖는 堯의 始祖廟라고 하였다. 蘇氏의 설은 출처가 미상이다.

7) 순이 ~ 묘이다 : 『書』 「大禹謨」에 "정월 초하루 아침에 신종에서 제위를 이어받았다"(正月朔旦, 受命于神宗)고 하였는데, 孔安國의 傳에 神宗은 文祖 곧 堯의 廟라고 하였다.

8) 은대에 ~ 있어 : 『書』 「無逸」에 中宗(大戊) · 高宗(武丁) · 太宗(祖甲)의 세 명의 은나라 宗을 언급하고 있다.

9) 양의 제사 : 南郊 및 宗廟에서 天神에게 지내는 제사를 말한다.

10) 음의 제사 : 北郊 및 社稷에서 地祇에게 지내는 제사를 말한다.

11) 환구 · 방구 :

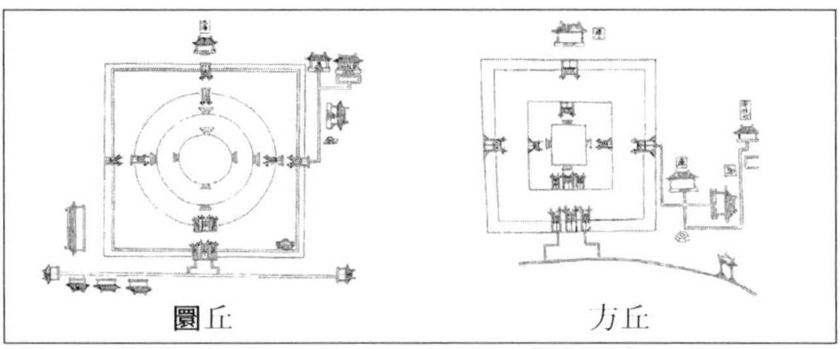

『明集禮』(明) 『明集禮』(明)

12) 해와 달 ~ 올린다 : 인용문은 『춘추좌씨전』, 昭公 元年 조 12월 傳에 다음과 같이 앞뒤의 순서가 바뀌어 나온다. "山川의 신은 홍수와 가뭄 그리고 역병을 계절에 맞지 않게 내리는데, 이때 제사를 올린다. 해와 달 그리고 별의 신은 눈과 서리와 風雨를 계절에 맞지 않게 내리는데, 이때 제사를 올린다."(山川之神, 則水旱癘疫之災, 於是乎禜之. 日月星辰之神, 則雪霜風雨之不時, 於是乎禜之)

13) 중춘의 ~ 맞이한다 : 『주례』 「春官 · 籥章」에 "중춘일 낮에 土鼓를 치고 豳風을 불면서 더위의 신을 맞이한다. 중추일 밤에 추위의 신을 맞이할 때에도 또한 그렇게 한다"(中春晝, 擊土鼓吹豳詩以逆暑. 中秋夜迎寒, 亦如之)라고 하였다.

14) 해와 ~ 안다 : 인용문은 『法言』「學行」에 나온다.

15) 구설 : 정현의 설을 가리킨다.

16) 대협의 ~ 드린다 : 관련 인용문은 『춘추공양전』, 文公 2년 조 傳에 다음과 같이 나온다. "협제란 무엇인가? 합해서 제사 드리는 것이다. 합해서 제사 드린다는 것은 무엇인가? 훼묘된 신주를 태조의 묘에 진설하고 아직 훼묘되지 않은 신주를 모두 올려서 태조의 묘에서 함께 흠향하게 하는 것이다."(祫者何? 合祭也. 其合祭奈何? 毁廟之主, 陳于大祖. 未毁廟之主, 皆升, 合食于大祖)

17) 세 단을 ~ 같이하였다 : 이 말은 『書』, 「金縢」에 나온다.

18) 현고 : 공영달의 소에 '顯'은 '皇'이 되어야 옳다고 하였다. 곧 顯考는 고조를 가리키기 때문에 여기서는 증조를 가리키는 皇考로 되어야 한다는 뜻이다.

19) 3단을 ~ 같이하였다 : 이 말은 『書』, 「金縢」에 나온다.

20) 별자 : 제후의 次子 이하로 大夫에 봉해진 이를 가리킨다.

21) 부사 : 고대에 재화와 문서의 출납을 관리하던 하급관리. 『주례』「天官 · 序官」에 "府가 6인, 史가 12인이다"(府六人, 史十有二人)라고 하였다. 이에 대한 정현의 주에 "府는 창고를 관리하고 史는 문서를 담당하는 자이다. 무릇 부와 사는 모두 그 관서의 우두머리가 자체적으로 임명한다"(府, 治藏, 史, 掌書者. 凡府 · 史, 皆其官長所自辟除)라고 하였다.

22) 사 : 祀는 여러 작은 신들에게 제사하는 禮를 가리키는데, 그 신과 제사 장소를 함께 의미한다. 이 祀는 인간에게 해를 끼칠 수 있는 신들을 안정시켜 해를 끼치지 않게 하는 데 주 목적이 있다. 「檀弓下」(65) "오나라가 陳나라를 침범하여 사당의 나무(祀)를 역병에 걸린 사람까지 죽였다"(吳侵陳, 斬祀殺厲)의 '祀'에 대하여 정현은 "'祀'는 神位가 사당과 나무를 가진 경우이다"(祀, 神位有屋樹者)라고 주해하였다. 「曲禮上」(19) "禱와 祠, 祭와 祀 등의 제사를 지낼 때, 귀신에게 바치는 제물이 禮에 맞지 않으면 정성스럽지 못하고 장엄하지 않게 된다"(禱 · 祠 · 祭 · 祀, 供給鬼神, 非禮不誠不莊)에서 陳澔는 "祀는 안정시키는 것을 도리로 삼는다"(祀以安爲道)라고 하였다.

23) 삼명 : 공영달의 소에 따르면 三命은 受命 · 遭命 · 隨命이다.

24) 귀는 ~ 않는다 : 이 말은 『춘추좌씨전』, 昭公 7년 조 傳에 나온다.

25) 성년이 ~ 죽은 자 : 남녀가 冠禮와 笄禮를 하기 전에 죽은 것을 殤이라 한다. 19살에서 16살 사이에 죽은 자는 長殤, 15살에서 12살 사이에 죽은 자는 中殤, 11살에서 8살 사이에 죽은 자는 下殤, 8살 미만에 죽은 자는 無服之殤이 된다. 『의례』「喪服」 정현 주.

26) 음염 : 尸를 맞이하기 전에 축이 술을 따라 올리기를 마치고 주인을 위해 신에게 말을 풀이하면서 흠향할 것을 권면하는 것이다. 이때 방의 아랫목 어둡고 고요한 곳에 있으므로 음염이라고 한다. 보다 자세한 내용은 「曾子問」(51, 56)의 정현 주와 진호 집설 참조.

27) 양염 : 尸가 내려온 뒤에 佐食이 尸에게 올렸던 薦 · 俎를 거두어 서북쪽 모퉁이에 진설하는데 출입문 쪽의 밝은 곳이므로 양염이라고 한다. 보다 자세한 내용은 「曾子問」(51, 56)의 정현 주와 진호 집설 참조.

28) 『국어』에 보인다 : 『국어』 「魯語上」에 "옛날 烈山氏가 천하를 차지하였을 때, 그 자손 중에 柱라고 하는 이가 온갖 곡식과 온작 채소를 잘 번성하게 하였다"(昔烈山氏之有天下也, 其子曰柱, 能殖百穀百蔬)는 기록이 나온다.

29) 태호 : '昊'는 '皞'와 통용한다. 伏羲氏를 가리킨다.

30) 『춘추좌씨전』에서는 ~ 하였다 : 『춘추좌씨전』, 昭公 17년 조 傳에 "共工氏는 물로써 기강을 세웠다"(共工氏以水紀)라고 하였고, 정현은 箋에서 "共工은 제후로서 九州에 대하여 패자 노릇을 한 사람으로 神農의 앞, 大皞의 뒤에 활동하였다. 또한 물의 상서를 받아, 물로써 관직에 명칭을 부여하였다"(共工, 以諸侯霸有九州者, 在神農前大皞後. 亦受水瑞, 以水名官)라고 하였다.

31) 유묘 : 堯 · 舜 · 禹의 시기에 중국 남부에 존재했던 것으로 추정되는 나라 이름으로 三苗라고도 한다. 『書』 「大禹謨」에 보인다.

32) 정현은 ~ 말하는데 : 「祭法」(27)에 나오는 정현의 주를 참조.

33) 너그럽기를 ~ 잘하였다 : 이 말은 『書』 「仲虺之誥」에 나온다.

34) 너그러움으로 ~ 대신하였다 : 이 말은 『書』 「伊訓」에 나온다.

35) 봉해져 ~ 되었다 : 『춘추좌씨전』, 昭公 29년 조 傳에 "봉해져 상공이 되었고, 제사로 받들어져 존귀한 神이 되었다"(封爲上公, 祀爲貴神)라고 하였다.

36) 어떤 ~ 한다 : 공영달은 소에서 이 말은 『춘추좌씨전』, 昭公 29년 조 傳의 "열산씨의 자손 중에 柱라는 이가 있어 稷이 되었다"(有烈山氏之子曰柱爲稷)는 구절에 근거한 것이라고 설명하고 있다.

37) 다섯 가지 가르침 : 이 말은 『書』 「舜典」의 "너는 사도가 되어 다섯 가지 가르침을 공경히 베풀어라"(汝作司徒, 敬敷五敎)라는 구절에서 유래한다. 孔安國은 이 구절에 대한 傳에서 五常의 가르침을 뜻한다고 해석하였다. 곧 아버지로서 의롭게 처신하는 것,(父義) 어머니로서 자애롭게 처신하는 것,(母慈) 형으로서 우애롭게 처신하는 것,(兄友) 동생으로서 공손하게 처신하는 것,(弟恭) 자식으로서 효성으로 처신하는 것(子孝) 등을 가리킨다. 『춘추좌씨전』, 文公 18년 조 傳에 "여덟 명의 뛰어난 인재를 등용하여 사방에 다섯 가지 가르침(五敎)을 베풀게 하자, 아버지는 의롭고, 어머니는 자애롭고, 형은 우애하고, 동생은 공손하고, 자식은 효도하여, 나라 안으로 화평하고 나라 밖으로 이민족도 교화되어 편안하였다"(擧八元, 使布五敎于四方, 父義 · 母慈 · 兄友 · 弟共 · 子孝, 內平外成)라고 하였다.

예기역주 권22

제의 제24
祭義

정현鄭玄의 『예기목록禮記目錄』에서 말한다. “「제의祭義」라고 제목을 붙인 것은 제사祭祀, 재계齋戒, 천수薦羞(제사 음식)의 뜻에 대하여 기록하였기 때문이다. 이 편은 유향劉向의 『별록別錄』에서는 「제사祭祀」에 속해 있다.”

鄭『目錄』云: “名曰「祭義」者, 以其記祭祀·齋戒·薦羞之義也. 此於『別錄』屬「祭祀」.”

【제의 1】

제사는 자주 지내는 것을 바라지 않는다. 자주 지내면 번거롭고 번거로우면 공경스럽지 못하게 된다. 제사는 드물게 지내는 것을 바라지 않는다. 드물게 지내면 태만해지고 태만해지면 잊게 된다. 이 때문에 군자는 하늘의 도(天道)에 부합하여 봄에는 체제禘祭를 지내고, 가을에는 상제嘗祭를 지낸다. 서리와 이슬이 내리고 나면 군자는 그것을 밟을 때 반드시 슬퍼지는 마음이 생긴다. 추위 때문에 그렇게 된다는 뜻이 아니다. 봄에 비와 이슬이 내려 땅을 적시면,

군자는 그것을 밟을 때 반드시 놀라는 마음이 생긴다. (돌아가신 분을) 마치 직접 만날 것 같기 때문이다. 즐거운 마음으로 오는 것을 맞이하고 슬픈 마음으로 가는 것을 보낸다. 그러므로 체제에는 음악이 있고 상제에는 음악이 없다.

祭不欲數. 數則煩, 煩則不敬. 祭不欲疏. 疏則怠, 怠則忘. 是故君子合諸天道, 春禘秋嘗.① 霜露既降, 君子履之, 必有悽愴之心. 非其寒之謂也. 春, 雨露既濡, 君子履之, 必有怵惕之心. 如將見之.② 樂以迎來, 哀以送往. 故禘有樂, 而嘗無樂.③

鄭注 ① '잊게 된다'(忘)는 것과 '공경스럽지 못하게 된다'(不敬)는 것은 예에 어긋남이 이보다 큰 것이 없다. '하늘의 도에 부합한다'(合於天道)는 것은 계절이 바뀌는 것으로 인해 효자가 시절의 변화에 느끼는 바가 있어 부모를 생각하면 이에 제사를 지내는 것을 말한다. '봄에 체제를 지낸다'(春禘)는 것은 하夏나라와 은殷나라의 예이다. 주나라는 체제禘祭를 성대하게 지내는 제사(殷祭)[1]로 여겼기 때문에 봄 제사의 이름을 '사祠'로 바꾸었다. '忘'與'不敬', 違禮莫大焉. '合於天道', 因四時之變化, 孝子感時念親, 則以此祭之也. '春禘'者, 夏・殷禮也. 周以禘爲殷祭, 更名春祭曰'祠'.

② '추위 때문에 그렇게 된다는 뜻이 아니다'(非其寒之謂)라는 것은 마음이 '슬퍼지고'(悽愴) '놀라는'(怵惕) 것은 모두 계절에 느끼는 바가 있어 부모를 생각하기 때문에 그렇게 된다는 말이다. '서리와 이슬이 내린다'(霜露既降)는 것은 『예설禮說』에 가을에 해당되는데, 이 경문에서 '가을'(秋)이라는 글자가 없으니 아마도 잘못 빠진 것 같다. '非其寒之謂', 謂'悽愴'及'怵惕', 皆爲感時念親也. '霜露既降', 『禮說』在秋, 此無'秋'字, 蓋脫爾.

③ '오는 것을 맞이하여 즐거워한다'(迎來而樂)는 것은 부모가 장차 오실 것

을 즐거워한다는 뜻이다. '가는 것을 전송하여 슬퍼한다'(送去而哀)는 것은 부모가 흠향하실지 알 수 없어 슬퍼한다는 뜻이다. 이것은 작게 말하면 한 번 제사지내는 사이에 효자는 귀신이 언제 오고가는지 모르기 때문이며, 미루어서 확대해서 논하면 귀신이 오고 가는 것을 음양의 변화에 의거하는 것이다. '迎來而樂', 樂親之將來也. '送去而哀', 哀其享否不可知也. 小言之, 則爲一祭之間, 孝子不知鬼神之期, 推而廣之, 放其去來於陰陽.

集說 「왕제王制」(56)에 "천자와 제후의 종묘제사는, 봄 제사를 '약礿'이라 하고, 여름 제사를 '체禘'라고 하고, 가을 제사를 '상嘗'이라 하고 겨울 제사를 '증烝'이라 한다"고 하였는데, 이에 대한 정현의 주에 "이것은 하나라와 은나라의 제사 명칭인 듯하다. 주나라에서는 봄 제사를 '사祠'라고 했고 여름 제사를 '약禴'이라 했으며, 가을 제사를 상제嘗祭라고 했고, 겨울 제사를 증제烝祭라고 하였다"고 하였다. 「교특생郊特牲」(5)에 "향례饗禮와 체제禘祭에는 음악을 쓰고, 사례食禮와 상제嘗祭에는 음악을 쓰지 않는다"고 하였는데 '체禘'는 약禴으로 읽는다. 그렇다면 이 장의 두 '체禘' 자 역시 모두 '약禴'의 뜻으로 읽어야 한다. 다만 「제통祭統」(38)에 "대상大嘗과 대체大禘의 제사에는 당 위에 올라가 청묘淸廟의 시를 노래하고, 당 아래에서 관악기로 상象(무왕武王의 악무)을 연주하여 행한다"라고 한 것과 『시詩』「상송商頌·나那」에서 "종소리 북소리 성대하게 울리고, 모든 춤이 질서 있네"라고 하고, 그 아래에서 "우리 증제烝祭와 상제嘗祭를 돌아보소서"라고 한 것을 보면 은나라와 주나라의 가을과 겨울에 지내는 제사에 음악이 없었다고 말할 수는 없다. 이곳과 「교특생」(5)에서 모두 "음악이 없다"고 한 것은 무엇 때문인지 자세히 알 수 없다. ○ 정씨鄭氏(정현鄭玄)는 말한다. "오는 것을 맞이할 때 즐거운 것은 (돌아가신) 부모가 장차 오게 될 것을 즐거워하는 것이다. 가는 것을 보낼 때 슬픈 것은 그 제사를 받을지 안 받을지 알 수 없어 슬퍼

하는 것이다.” ○ 방씨方氏는 말한다. “비와 이슬에 대해서는 봄이라고 말했으므로, 서리와 이슬은 가을임을 알 수 있다. 서리와 이슬에 대해서는 ‘추위 때문에 그렇게 된다는 말이 아니다’라고 하였으므로, 비와 이슬은 따스함 때문에 그렇게 된다는 말이 아니라는 뜻이 된다. 비와 이슬에 대해서 ‘장차 볼 것 같다’고 하였으므로 서리와 이슬은 ‘장차 잃을 것 같다’는 의미가 된다. 봄과 여름에는 오는 것을 맞이하는 것이고, 가을과 겨울에는 가는 것을 보내는 것이다.” 「王制」 言, “天子・諸侯宗廟之祭, 春‘礿’, 夏‘禘’, 秋‘嘗’, 冬‘烝’”, 註云: “夏・殷之祭名. 周則春‘祠’, 夏‘禴’, 秋‘嘗’, 冬‘烝’也.” 「郊特牲」 “饗禘有樂, 而食嘗無樂”, ‘禘’讀爲禴. 然則此章二‘禘’字, 亦皆當讀爲‘禴’也. 但「祭統」 言, “大嘗禘升歌淸廟, 下管象”, 與「那」 詩言, “庸鼓有斁, 萬舞有奕”, 下云: “顧予烝嘗”, 是殷周秋冬之祭, 不可言無樂也. 此與「郊特牲」 皆云: “無樂”, 未詳. ○ 鄭氏曰: “迎來而樂, 樂親之將來也. 送去而哀, 哀其享否不可知也.” ○ 方氏曰: “於雨露言春, 則知霜露之爲秋矣. 霜露言‘非其寒’, 則雨露爲非其溫之謂矣. 雨露言‘如將見之’, 則霜露爲‘如將失之’矣. 蓋春夏所以迎其來, 秋冬所以送其往也.”

【제의 2】

안으로 마음을 삼가고 밖으로 거동을 조심한다. 재계하는 기간에는 부모가 거처하시던 바를 생각하고 웃고 말씀하시던 것을 생각하고 뜻을 두고 의향하시던 바를 생각하고 좋아하시던 음악을 생각하고 즐기시던 음식을 생각한다. 그렇게 3일을 재계하면, 곧 재계하며 생각하였던 대상을 본다.

致齊於內, 散齊於外. 齊之日, 思其居處, 思其笑語, 思其志意,思其所樂, 思其所嗜. 齊三日, 乃見其所爲齊者.

鄭注 '치재致齊'는 이 다섯 가지를 생각한다. 산재散齊는 7일 동안 말을 타지 않고, 음악을 연주하지 않고, 조문을 하지 않는다. '재계하며 생각하였던 대상을 본다'(見所爲齊)는 것은 그리워함이 깊기 때문이다. '즐기던 음식'(所嗜)은 평소 마시고 먹고 싶어 하던 바이다. 『춘추전春秋傳』에 "굴도屈到가 세발마름을 즐겨하였다"[2]고 하였다. '致齊', 思此五者也. 散齊, 七日不御·不樂·不弔耳. '見所爲齊'者, 思之熟也. '所嗜', 素所欲飮食也. 『春秋傳』曰: "屈到嗜芰."

集說 다섯 '그'(其) 자 및 아래 문장의 행위는 모두 부모를 가리켜 말한 것이다. ○ 소疏에서 말한다. "먼저 그 대강의 것을 생각하고 점차적으로 그 정밀한 것을 생각한다. 그러므로 거처가 앞에 있고 좋아하고 즐기는 것이 뒤에 온 것이다." 五'其'字及下文所爲, 皆指親而言. ○ 疏曰: "先思其粗, 漸思其精. 故居處在前, 樂嗜居後."

【제의 3】

제사지내는 날에 묘실廟室에 들어가면 어렴풋하게 부모가 신위에 앉아 계시는 것을 꼭 보는 듯하다. 둥글게 돌아 문을 나오면 숙연히 부모가 거동하시는 소리를 꼭 듣는 듯하다. 문을 나와서 들으면 크게 한숨을 쉬 듯 부모가 탄식하는 소리를 꼭 듣는 듯하다.

祭之日, 入室, 僾然必有見乎其位. 周還出戶, 肅然必有聞乎其容聲. 出戶而聽, 愾然必有聞乎其歎息之聲.

鄭注 '둥글게 돌아 문을 나온다'(周還出戶)는 것은 음식을 바쳐서 진설할 때를 가리킨다. 시尸가 없는 경우, 시尸가 식사하는 때처럼 문을 닫으면 문을 나오면서 듣는 것이 있다. '周還出戶', 謂薦設時也. 無尸者, 闔戶若食間, 則有出戶而聽之.

集說 '입실入室'은 묘실廟室에 들어간다는 뜻이다. '애연僾然'은 어렴풋한 모습이다. '견호기위見乎其位'는 마치 부모가 신위에 앉아 계시는 것을 보는 듯하다는 뜻이다. '주선출호周旋[3]出戶'는 제물을 올리고 술을 따라 올리면서 걸음걸이를 둥글게 하여 도는 것 혹은 문 안쪽에서 밖으로 나오는 것을 가리킨다. '숙연肅然'은 경계하고 두려워하는 모습이다. '용성容聲'은 거동하고 용모를 취하는 소리다. '개연愾然'은 크게 탄식하는 소리다. '入室', 入廟室也. '僾然', 彷彿之貌. '見乎其位', 如見親之在神位也. '周旋出戶', 謂薦俎酌獻之時, 行步周旋之間, 或自戶內而出也. '肅然', 儆惕之貌. '容聲', 擧動容止之聲也. '愾然', 太息之聲也.

【제의 4】

그러므로 선왕의 효는 부모의 얼굴이 눈에서 잊히지 않고, 목소리가 귀에서 끊어지지 않고, 생각과 좋아하시던 것이 마음에서 잊히지 않는다. 친애하는 마음을 극진하게 하면 보존되고, 정성을 극진하게 하면 나타난다. 나타나고 보존되어 마음에서 잊히지 않는데, 어떻게 공경하지 않을 수 있겠는가? 군자는 부모가 살아 계실 때는 공경히 봉양하고 돌아가시면 공경히 제사를 올리며 종신토록 부모를 욕되게 하지 않기를 생각한다.

是故先王之孝也, 色不忘乎目, 聲不絶乎耳, 心志嗜欲不忘乎心.

致愛則存, 致慤則著. 著存不忘乎心, 夫安得不敬乎?① 君子生則敬養, 死則敬享, 思終身弗辱也.②

鄭注 ① '보존하고'(存) '나타난다'(著)는 것은 생각하고 그리워하는 것을 말한다. '存'·'著'則謂其思念也.

② '향享'은 제사지낸다는 뜻이며, 음식을 바친다는 뜻이다. '享', 猶祭也, 饗也.

集說 '친애하는 마음을 극진하게 한다'(致愛)는 것은 부모를 친애하는 마음을 다한다는 뜻이다. '정성을 극진하게 한다'(致慤)는 것은 부모에게 공경하는 정성을 다한다는 뜻이다. '보존한다'(存)는 것은 위의 문장 세 가지 '잊히지 않는다'는 것을 가지고 말하였고, '나타난다'(著)는 것은 위의 문장 '부모가 신위에 앉아 계시는 것을 보는 듯하다' 이하 세 가지를 가지고 말한 것이다. 공경하지 않으면 봉양과 제사는 단지 부모를 욕되게 할 뿐이다. '致愛', 極其愛親之心也. '致慤', 極其敬親之誠也. '存'以上文三者'不忘'而言, '著'以上文'見乎其位'以下三者而言. 不能敬則養與享, 祇以辱親而已.

【제의 5】

군자는 평생 지내는 상례喪禮가 있는데, 기일忌日을 두고 하는 말이다. 기일에 다른 일을 하지 않는 것은 상서롭지 않아서가 아니다. 이 날에는 마음에 이르는 바가 있어서 감히 자기의 사적인 일에 마음을 다하지 않음을 말한다.

君子有終身之喪, 忌日之謂也. 忌日不用, 非不祥也. 言夫日志有所至, 而不敢盡其私也.

鄭注 '기일忌日'은 부모가 돌아가신 날이다. 기일에 다른 일을 하지 않는 것은 때와 날에 금기가 있는 듯이 하는 것이다. '상祥'은 좋다(善)는 뜻이다. '생각에 이르는 바가 있다'(志有所至)는 것은 부모가 이날에 돌아가신 것에 생각이 미쳐 그 슬픈 마음이 상을 당했을 때와 같음을 말한다. '忌日', 親亡之日. 忌日者, 不用擧他事, 如有時日之禁也. '祥', 善也. '志有所至', 至於親以此日亡, 其哀心如喪時.

集說 '기일忌日'은 부모가 돌아가신 날이다. '사용하지 않는다'(不用)는 것은 이날에 다른 일을 하지 않는다는 뜻이다. '상서롭지 않아서가 아니다'(非不祥)라는 것은 죽음이 상서롭지 못하기 때문에 그날을 피한다는 것이 아니라는 말이다. '부일夫日'은 이날(此日)이라는 말과 같다. '마음에 이르는 바가 있다'(志有所至)는 것은 이 마음이 부모를 생각하는 데 극진한 것이다. '불감진기사不敢盡其私'라고 했을 때, 이 사私 자는 "사적인 재산을 소유하지 않는다"[4]라고 할 때의 사私와 같은 것으로, 감히 자기의 사적인 일에 마음을 다하지 않는다는 뜻이다. '忌日', 親之死日也. '不用', 不以此日爲他事也. '非不祥', 言非以死爲不祥而避之也. '夫日', 猶此日也. '志有所至'者, 此心極於念親也. '不敢盡其私', 此'私'字如"不有私財"之私, 言不敢盡心於己之私事也.

【제의 6】

오직 성인聖人만이 상제에게 흠향하게 할 수 있으며, 효자만이 부모에게 흠향하게 할 수 있다. 향饗은 향한다(鄕)는 뜻으로, 마음이 향한 후에야 흠향하게 할 수 있다. 이 때문에 효자는 시尸를 임하여서 안색이 바뀌지 않는다. 군주가 희생을 끌고 가면, 부인夫人은 앙제盎齊의 술동이를 (시尸의 자리 앞에) 진설한다. 군주가 시尸에게 술을 따르면, 부인은 두豆에 담긴 제물(肉醬)을 올린다. 경과 대부는 군주를 돕고 명부命婦는 부인을 돕는다. 그 공경하는 용모는 정숙하고 그 충순한 마음은 화평하고 부드러우며 귀신이 흠향하기를 간절히 바라는 것이라 공경스럽게 힘쓰도다!

唯聖人爲能饗帝, 孝子爲能饗親.① 饗者, 鄕也, 鄕之然後能饗焉.② 是故孝子臨尸而不怍. 君牽牲, 夫人奠盎. 君獻尸, 夫人薦豆. 卿・大夫相君, 命婦相夫人. 齊齊乎其敬也, 愉愉乎其忠也, 勿勿諸其欲其饗之也!③

鄭注 ① 제사를 지내어 흠향하게 할 수 있음을 가리킨다. '제帝'는 하늘이다. 謂祭之能使之饗也. '帝', 天也.

② 안의 마음이 그것에 향해야 비로소 그 제사를 흠향하게 할 수 있음을 말한 것이다. 위의 '향饗'은 어떤 본에는 '상相'으로 되어 있다. 言中心鄕之, 乃能使其祭見饗也. 上'饗'或爲'相'.

③ 얼굴빛이 화평하지 못한 것을 '바뀐다'(怍)고 한다. '전앙奠盎'은 앙제盎齊의 술동이를 (시尸의 자리 앞에) 진설한다는 뜻이다. 이때 군주가 희생을 끌고 가서 털과 피를 올린다. '군주가 시尸에게 술을 따르면, 부인은 두豆에 담은 제물을 올린다'(君獻尸而夫人薦豆)는 것은 역제繹祭[5]를 지내는 날에 하는 것을 가리킨다. 시尸에게 접대를 할 때(儐尸)[6] 주인은 시尸에게 술을 따르고 주부가 동쪽 방에서 부추(韭)・절인 채소(菹)・젓갈(醢)을 올린다. '물물勿勿'은 '면면勉勉'과 같은 뜻으로 정성스럽고 친애하는 모습이다. 色不和曰'怍'. '奠盎', 設盎齊之奠也. 此時君牽牲, 將薦毛血. '君獻尸而夫人薦豆', 謂繹日也. 儐尸, 主人獻尸, 主婦自東房薦韭・菹・醢. '勿勿', 猶'勉勉'也, 愨愛之貌.

集說 '시尸를 임하여서 안색이 바뀌지 않는다면' 부모를 향한 마음이 친애와 정성을 다함을 알 수 있다. '전앙奠盎'은 앙제盎齊의 술동이를 (시尸의 자리 앞에) 진설한다는 뜻이다. '제제齊齊'는 정숙한 모습이다. '충순한 마음은 화평하고 부드럽다'는 것은 화평하고 유순한 실질이 있는 것이다. '물물勿勿'은 '공경스럽게 힘쓰는 모습'(切切)과 같은 뜻이다. '저諸'는 어사로서 '연然'[7]과 같다. '臨尸不怍', 則其鄕親之心, 致愛致慤可知矣. '奠盎', 設盎齊之奠也. '齊齊', 整肅之貌. '愉愉其忠', 有和順之實也. '勿勿', 猶'切切'也. '諸', 語辭, 猶'然'也.

【제의 7】

문왕의 제사는 죽은 이를 섬기기를 마치 살아 있는 사람 섬기듯 하였고, 죽은 사람을 생각하기를 마치 살고 싶지 않은 듯이 하였다. 기일에는 반드시 슬퍼하였고, 부모의 이름을 칭할 때는 마치 부모를 뵙는 듯이 하였으니, 제사를 드림에 그 마음 충순하였다. 부모가 아끼시던 것을 보면, 부모가 좋아하심을 보듯이 하였으니, 이것이 문왕이다! 『시詩』에 "아침이 동틀 때까지 잠을 이루지 못하고, 두 분을 그리워하였다"고 하였는데, 문왕을 잘 말한 시다. 제사 지낸 이튿날 아침 동이 틀 때까지 잠을 이루지 못하고 흠향하여 제물을 바쳤고, 또 이어서 그리워하였던 것이다. 제사지내는 날에는 즐거움과 슬픔이 반반이니, 제물을 올릴 때는 반드시 즐겁고, 이미 귀신이 이르면 반드시 슬프다.

文王之祭也, 事死者如事生, 思死者如不欲生. 忌日必哀, 稱諱如見親, 祀之忠也. 如見親之所愛, 如欲色然, 其文王與!① 『詩』云: "明發不寐, 有懷二人", 文王之詩也. 祭之明日, 明發不寐, 饗而致之, 又從而思之. 祭之日, 樂與哀半, 饗之必樂, 已至必哀.②

鄭注 ① '죽은 사람을 생각하기를 마치 살고 싶지 않은 듯이 한다'(思死者如不欲生)는 것은 부모를 그리워함이 깊음을 말한다. '여색을 탐하듯이 하였다'(如欲色)는 것은 당시 사람들이 여색을 많이 좋아하였기 때문에 이를 빌어 비유한 것이다. '思死者如不欲生', 言思親之深也. '如欲色'者, 以時人於色厚, 假以喻之.

② '아침 동이 틀 때까지 잠을 이루지 못하였다'(明發不寐)는 것은 밤에서 새벽까지를 말한다. '제사지낸 이튿날'(祭之明日)은 역제繹祭를 지내는 날을 말한다. 역제를 지내는 날 밤잠을 이루지 못했음을 말한다. '두 분'(二人)은 부모를 가리키는 것으로, 시尸와 유侑(시尸를 돕는 사람)를 허용하는 것이다. '明發不寐', 謂夜而至旦也. '祭之明日', 謂繹日也. 言繹之夜不寐也. '二人', 謂父母, 容尸侑也.

集說 '살고 싶지 않는 듯이 하였다'는 것은 따라서 함께 죽고자 하듯 하였다는 뜻이다. 종묘의 예에서는 윗사람은 아랫사람의 이름을 피하지 않는다. 그러므로 이름을 칭할 때가 있다. 예를 들면 고조를 제사지낼 때에는 증조 이하의 이름을 피하지 않는다. '여욕색연如欲色然'은 부모가 평소 아끼던 물건을 상상하면서 마치 부모가 그것을 얻고 싶어 하는 기색을 보는 듯한다는 뜻이다. '『시』'는 「소아小雅 · 소완小宛」이다. '동이 튼다'(明發)는 것은 밤부터 새벽빛이 밝아오는 때까지를 말한다. 『시詩』에서는 본래 선왕宣王이 문왕과 무왕의 공적을 그리워하는 내용이었는데, 이곳에서는 이를 빌어 문왕이 부모를 생각하는 것에 근면함을 비유하였다. '문왕의 시詩'란 이 시가 문왕을 노래하기에 충분하다는 뜻이다. '제물을 올릴 때는 반드시 즐

겁다'는 것은 부모가 오시는 것을 맞이하기 때문이다. 부모가 이미 오셨다가 제사가 끝나면 돌아가시기 때문에 슬픈 것이다. '如不欲生', 似欲隨之死也. 宗廟之禮, 上不諱下. 故有稱諱之時. 如祭高祖則不諱曾祖以下也. '如欲色然', 言其想像親平生所愛之物, 如見親有欲之之色也. '『詩』', 「小雅・小宛」之篇. '明發', 自夜至光明開發之時也. 『詩』本謂宣王永懷文王・武王之功烈, 此借以喩文王念父母之勤耳. '文王之詩', 言此詩足以咏文王也. '饗之必樂', 迎其來也. 已至而禮畢則往矣, 故哀也.

【제의 8】

중니仲尼(공자)가 상제嘗祭를 지낼 때, 제물을 받들고 나아가는데 그 직접 일을 집행하는 것이 성실하였고, 그 걸음걸이는 서둘러 다녔고 신속하였다. 제사를 마치자, 자공子贛이 물었다. "선생님께서 제사에 대해 말씀하실 때는 제제濟濟하고 절절漆漆하셨는데, 이제 선생님께서 제사지내시면서 제제하고 절절함이 없는 것은 무엇 때문입니까?" 공자께서 말씀하셨다. "제제濟濟란 여러 성대한 위의威儀(예에 맞는 모양)를 갖추는 것으로, 신명神明과 관계가 소원한 것이다. 절절漆漆이란 위의를 전심해서 갖추는 것으로 스스로 가다듬어 정돈하는 것이다. 성대한 위의를 갖추며 관계가 먼 것을 보이고, 위의를 갖추느라 자신을 가다듬고 정돈하는 것이 어떻게 신명神明과 더불어 교접하는 방법이겠는가? 어떻게 제제하고 절절함이 있겠는가? 시尸가 묘실로 돌아오고 음식을 진설하고 합악合樂이 이루어지면 조俎와 두豆에 담은 제물(薦俎)[8]을 바치고, 의례와 음악을 질서 있게 진행하고, 백관百官을 갖추니, 제사를 돕는 군자는 그 제제하고 절절함을 다한다. 거기에 무슨 돌아가신 부모를 어렴풋이 보는 듯하는 마음이 있겠는가? 대저 말을 어찌 한 가지로 획일적으로 논할 수 있겠는가? 무릇 각기 마땅한 바가 있는 것이다."

仲尼嘗, 奉薦而進, 其親也慤, 其行也趨趨以數.① 已祭, 子贛問曰: "子之言祭, 濟濟漆漆然, 今子之祭, 無濟濟漆漆, 何也?" 子曰: "濟濟者, 容也, 遠也. 漆漆者, 容也, 自反也. 容以遠, 若容以自反也, 夫何神明之及交? 夫何濟濟漆漆之有乎?② 反饋樂成, 薦其薦俎, 序其禮樂, 備其百官, 君子致其濟濟漆漆. 夫何恍惚之有乎?③ 夫言豈一端而已? 夫各有所當也.④"

鄭注 ① '상嘗'은 가을제사이다. '친親'은 자신이 직접 일을 집행하는 때를 가리킨다. '성실하다'(慤)와 '서둘러 다녔다'(趨趨)는 것은 위의威儀를 신경 쓰지 않는다는 뜻이다. '촉趨'은 '촉促'(서두른다)으로 읽는다. '삭數'은 신속하다(速)는 뜻이다. '嘗', 秋祭也. '親', 謂身親執事時也. '慤'與'趨趨', 言少威儀也. '趨', 讀如'促'. '數'之言速也.

② '절절漆漆'은 "붕우절절朋友切切"[9])과 같은 뜻으로 읽는다. '자반自反'은 자신을 가다듬고 정돈한다는 뜻과 같다. '성대한 위의를 갖추며 관계가 먼 것을 보인다'(容以遠)는 것은 부모를 친애하는 방식이 아님을 말한 것이다. '위의를 갖추느라 자신을 가다듬고 정돈한다'(容以自反)는 것은 자식이 돌아가신 부모를 섬기는 방법이 아님을 말한 것이다. '급及'은 더불다(與)는 뜻이다. 이는 모두 신명과 더불어 교접하는 도리가 아니다. '漆漆', 讀如"朋友切切". '自反', 猶言自脩整也. '容以遠', 言非所以接親親也. '容以自反', 言非孝子所以事親也. '及', 與也. 此皆非與神明交之道.

③ 천자와 제후의 제사는 더러 피(血)와 날고기(腥)를 올리는 것으로부터 시작해서 시尸가 묘실廟室의 자리로 다시 돌아옴에 이르러 음식을 올리는데, 이때는 익은 음식을 올린다. '천조薦俎'는 두豆와 조俎이다. '돌아가신 부모를 어렴풋이 보는 듯하다'(慌惚)는 것은 생각과 그리움이 더욱 깊어지는 때이다. 제사의 일이 완비되면, 백관들로 하여금 자기의 제사를 돕게 하지만 자신의 용모를 보고서 가다듬어 정돈한다면 이는 부모를 어렴풋이 보는 듯하는 생각과 그리움이 없는 것이다. 天子諸侯之祭, 或從血・腥始, 至反饋, 是進熟也. '薦俎', 豆與俎也. '慌惚', 思念益深之時也. 言祭事既備, 使百官助己祭, 然而見其容而自反, 是無慌惚之思念.

④ '어찌 한 가지로 획일적으로 논할 수 있겠는가?(豈一端)는 한 가지 방식으로 획일적으로 말할 수 없음을 뜻한다. '예에는 각기 마땅한 바가 있다'(禮各有所當)는 것은, 종묘에서 제사를 거행하는 경우, 빈객은 제제하고 절절하지만, 주인은 성실하고 서두르며 신속히 하는 것이다. '豈一端?', 言不可以一概也. '禮各有所當', 行祭宗廟者, 賓客濟濟漆漆, 主人慤而趨趨.

集說 '상嘗'은 가을 제사이다. '제물을 받들고 나아간다'는 것은 시尸에게 올린다는 뜻이다. '친親'은 자신이 스스로 일을 집행한다는 뜻이다. '각慤'은 전심하고 삼가는 모습이다. '촉촉趨趨'은 촉촉促促(서둘러 한다)으로 읽는다. 걸음걸이가 급하고 좁은 것을 뜻한다. '삭數'은 발을 움직이는 것이 빈번하다는 뜻이다. 모두 용모를 예에 맞게 하는 것에 신경 쓰지 않는 모습이다. 자공子貢10)이 제사가 끝나기를 기다렸다가 공자가 예전에 했던 말을 가지고 물은 것이다. 지금 행동하는 것이 예전에 말했던 것과 다름을 이상하게 여긴 것이다. 공자가 '제제濟濟란 여러 성대하게 위의威儀를 갖춘 모습이요, 멀게 하는 것이다'라고 말한 것은 부모를 접하고 친애하는 방법이 아니라는 뜻이다. '절절漆漆'이란 전심해서 갖추는 모습이다. '자반自反'은 자신을

가다듬고 정돈한다는 뜻과 같다. '약若'은 및(及)이라는 뜻이다. '성대한 위의를 갖추어 관계가 먼 것을 보이고, 위의를 위해 갖추느라 자신을 가다듬어 정돈하는 것으로 어떻게 신명과 교접할 수 있겠는가? 내가 스스로 지내는 제사에서 어떻게 제제하고 절절함이 있을 수 있겠는가?'라고 하는 것은 성실함을 귀하게 여긴다는 뜻이다. 예를 들어 천자나 제후의 제사를 말한다면, 시尸는 처음 묘실廟室에 있는데, 나중에 나와서 당堂에 있다가 다시 도로 묘실廟室로 들어가면, 음식을 진설하고 합악合樂[11])이 이루어지며, 주인은 음식을 담은 두豆와 희생의 몸체를 올려놓은 조俎를 바친다. 이보다 앞서 공경을 다하여 신명과 교접하였다가 이때에 이르러 예禮와 악樂을 순서대로 거행하고 백관을 갖추어 헌獻과 수酬를 반복한다. 제사를 돕는 군자는 각기 위의威儀로 서로 높이며 제제하고 절절한 의용儀容을 이루기를 다한다. 이때에 생각하고 그리워하며 어렴풋이 보는 것 같은 느낌으로 귀신과 교접하는 마음이 어떻게 있을 수 있겠는가? '각기 마땅한 바가 있다'는 것은 각기 위주로 하는 바가 있다는 뜻으로, 제제하고 절절한 것은 곧 종묘 안에서 빈객이 갖추는 의용이지 주인의 의용은 아니라는 말이다. 주인이 부모를 섬김에는 마땅히 성실해야 하고 서둘러 신속히 주선해야 하는 것이다. '嘗', 秋祭也. '奉薦而進', 進於尸也. '親', 身自執事也. '慤', 專謹貌. '趨趨', 讀爲促促. 行步迫狹也, '數', 擧足頻也. 皆不事威儀之貌. 子貢待祭畢, 以夫子所嘗言者爲問. 蓋怪其今所行與昔所言異也. 夫子言'濟濟者, 衆盛之容也, 遠也', 言非所以接親親也. '漆漆'者, 專致之容也. '自反', 猶言自脩整也. '若', 及也. '容之疏遠及容之自反者, 夫何能交及於神明乎? 我之自祭, 何可有濟濟漆漆乎?', 言以誠慤爲貴也. 若言天子諸侯之祭, 尸初在室, 後出在堂, 更反入而設饋, 作樂旣成, 主人薦其饋食之豆與牲體之俎. 先時則致敬以交於神明, 至此則序禮樂, 備百官, 獻酬往復. 凡助祭之君子, 各以威儀相尙而致其濟濟漆漆之容. 當此之際, 何能有思念慌惚交神之心乎? '各有所當', 言各有所主, 謂濟濟漆漆, 乃宗廟中賓客之容, 非主人之容也. 主人之事親, 宜慤而趨數也.

【제의 9】

효자는 제사 때가 다가오면 일을 생각해두는 것을 미리 하지 않을 수 없고, 제사지낼 때에 이르러 기물과 제수를 구비해두는 것을 완비하지 않을 수 없는데, 잡념을 갖지 않고 맑은 마음으로 제사 일을 관리한다.
孝子將祭慮事, 不可以不豫, 比時具物, 不可以不備, 虛中以治之.

鄭注 '비시比時'는 제사 시기보다 앞서 라는뜻이다. '허중虛中'은 다른 일을 겸하여 생각하지 않는다는 뜻이다. '比時', 猶先時也. '虛中', 言不兼念餘事.

集說 '비시比時'는 때에 미쳐서라는 뜻으로 예를 거행할 때를 맞은 것을 말한다. '구물具物'은 기물과 음식 등을 진설하는 것이다. '마음을 비운다'(虛中)는 것은 맑고 밝은 것이 몸에 있어서 마음에 잡념이 없는 것이다. '比時', 及時也, 謂當行禮之時. '具物', 陳設器饌之屬. '虛中', 淸明在躬, 心無雜念也.

【제의 10】

궁실을 수리하고, 담장과 지붕을 설비하고, 온갖 물건을 이미 갖추었으면, 주인인 부부가 목욕재계하고 제물을 받들고 나아가는데, 공경하고 성실하며, 감당하지 못하듯 장차 잃을 듯 어려워하며 행한다. 그 효도하고 공경하는 마음이 지극한 것이다! 조俎와 두豆에 담은 제사 음식들을 바치고, 의례와 음악을 질서 있게 진행하고, 백관을 갖추고, (제사를 돕는 이들이) 제물을 받들어 올린다. 이에 축관祝官이 효자의 효성스런 뜻을 아뢰고, 어렴풋이 보는 듯한 마음으로 신명과 교접하고, 흠향하기를 바란다. 흠향하기를 바라는 것이 효자의 마음이다.

宮室旣脩, 牆屋旣設, 百物旣備, 夫婦齊戒沐浴, 奉承而進之, 洞洞乎, 屬屬乎, 如弗勝, 如將失之. 其孝敬之心至也與!① 薦其薦俎, 序其禮樂, 備其百官, 奉承而進之.② 於是諭其志意, 以其慌惚以與神明交, 庶或饗之. 庶或饗之, 孝子之志也.③

鄭注 ① '수脩'와 '설設'은 청소하고 질을 하는 것을 말한다. '脩'·'設', 謂掃除及黝堊.

② 주인이 음식을 올리는 것을 백관百官이 돕는다. 百官助主人進之.

③ '그 뜻을 아뢴다'(諭其志意)는 것은 축관으로 하여금 흠향하도록 기축祈祝하고 시尸에게 권하는 것을 말한다. '혹或'은 유有의 뜻과 같으니, 생각에 신명이 어렴풋이 이름을 보는 것을 말한다. '諭其志意', 謂使祝祝饗及侑·尸也. '或', 猶有也, 言想見其仿佛來.

集說 '동동洞洞'(내외가 일치되어 공경하는 모양)과 '축촉屬屬'(거짓 없이 성실한 모양)은 설명이 「예기」(63)에 보인다. 두 번 '제물을 받들고 나아간다'(奉承而進之)고 하였는데, 위에 것은 주인을 가리키고 아래의 것은 제사를 돕는 자를 가리킨다. '그 뜻을 아뢴다'(諭其志意)는 것은 "축관이 효로 고하는 것"12)이다. '洞洞'·'屬屬', 見「禮器」. 兩言'奉承而進之', 上謂主人, 下謂助祭者. '諭其志意', "祝以孝告"也.

【제의 11】

효자의 제사는 그 성실한 마음을 다하니 정성스럽고, 그 진실한 마음을 다하니 신실하고, 그 공경하는 마음을 다하니 경건하고, 그 예를 다하니 잘못함이 없다. 나아가고 물러날 때 반드시 공경스러워 마치 부모의 명령을 직접 듣고 부모가 혹 시키는 듯이 한다.
孝子之祭也, 盡其愨而愨焉, 盡其信而信焉, 盡其敬而敬焉, 盡其禮而不過失焉. 進退必敬, 如親聽命, 則或使之也.

鄭注 마땅히 자신의 마음을 다해, 면전에서 부모의 명령을 장차 받고 부모가 일을 시키는 듯이 한다는 것이다. 言當盡己而已, 如居父母前, 將受命而使之.

集說 '그 성실한 마음을 다하니 정성스럽고, 그 진실한 마음을 다하니 신실하고, 그 공경하는 마음을 다하니 경건하다'는 것은 털끝만큼도 그 극진함을 다하지 않음이 없음을 말한다. 예에는 일정한 법도가 있어서 사적인 마음으로 더 높이거나 줄일 수 없다. 그러므로 '그 예를 다하니 잘못함이 없다'고 한 것이다. 나아가고 물러나는 사이에 공경하는 마음이 보존되어 있는 것이 마치 친히 부모의 명을 듣고 부모가 일을 시킴이 있는 것처럼 한다는 말은 또한 앞 장(4)에서 말한 '나타나고 보존된다'는 뜻이다. '盡其愨而爲愨, 盡其信而爲信, 盡其敬而爲敬', 言無一毫之不致其極也. 禮有常經, 不可以私意爲隆殺. 故曰'盡其禮而不過失焉'. 進退之間, 其敬心之所存, 如親聆父母之命, 而若有使之者, 亦前章'著存'之意.

【제의 12】

효자가 제사하는 것은 알아볼 수 있다. 서 있을 때는 공경하면서 굽히고, 나아갈 때는 공경하면서 기뻐하고, 제물을 올릴 때에는 공경하면서 드리고 싶어 하듯이 하고, (잠시) 물러나 서 있을 때는 마치 장차 명령을 받을 듯이 한다. 제물을 다 거두고 물러나서도 공경하고 가지런한 빛이 얼굴에서 끊이지 않는다. 효자의 제사에서 서 있으면서 굽히지 않으면 고루한 것이고, 나아가면서 기뻐하지 않으면 소원하게 여기는 것이고, 제물을 올리면서 드리고 싶어 하지 않으면 친애하지 않는 것이다. 물러나 서 있으면서 명령을 받을 듯이 하지 않는 것은 오만한 것이고, 제물을 다 거두고 물러나서도 계속 공경하고 재계하는 빛이 없으면 근본을 잊은 것이다. 이렇게 하여 제사지내면 잘못하는 것이다.

孝子之祭可知也. 其立之也, 敬以詘, 其進之也, 敬以愉, 其薦之也, 敬以欲, 退而立, 如將受命. 已徹而退, 敬齊之色不絶於面.① 孝子之祭也, 立而不詘, 固也, 進而不愉, 疏也, 薦而不欲, 不愛也. 退立而不如受命, 敖也, 已徹而退, 無敬齊之色, 而忘本也. 如是而祭, 失之矣.②

鄭注 ① '굴詘'은 기뻐서 모양을 잃은 것(充詘)으로 기뻐하는 모습을 형용한 것이다. '진지進之'는 피와 날고기를 올린다는 뜻이다. '유愉'는 안색이 화평한 모습이다. '천지薦之'는 익은 음식을 올린다는 뜻이다. '욕欲'은 온순한 모습이다. '제齊'는 가지런하고 장중하다는 뜻이다. '詘', 充詘, 形容喜貌也. '進之', 謂進血腥也. '愉', 顔色和貌也. '薦之', 謂進熟也. '欲', 婉順貌. '齊', 謂齊莊.
② '고固'는 질박하고 비루하다는 뜻과 같다. '이망본而忘本'에서 '이而'는 불필요하게 들어간 글자이다. '固', 猶質陋也. '而忘本', '而', 衍字.

集說 방씨方氏는 말한다. "'효자의 제사를 알 수 있다'는 것은 그가 제사지내는 것을 보면 그 마음을 알 수 있다는 뜻이다. '서 있다'는 것은 막 일을

기다리면서 서 있다는 뜻이다. '나아간다'라는 것은 이미 일을 따라서 나아간다는 뜻이다. '올린다'는 것은 제물을 받들어 올린다는 뜻이다. '물러나서 있다'는 것은 나아갔다가 다시 물러난다는 뜻이다. '제물을 다 거두고 물러난다'는 것은 제물을 올려 제사한 이후에 거두는 것이다. 대개 '물러나서 있다'고 할 때에는 잠시 물러나 서 있는 것이고, '제물을 다 거두고 물러난다'고 할 때 비로소 완전히 물러나는 것이다. 이것이 다른 점이다. '서 있을 때 공경하면서 몸을 굽힘'은 몸이 굽혀지면서 그로 인해 마음에 변화가 있는 것이다. 그러므로 '서 있으면서 굽히지 않으면 고루한 것'이다. '나아갈 때 공경하면서 기뻐함'은 안색에 기뻐하면서 그 친애함을 다하는 것이다. 그러므로 '나아가면서 기뻐하지 않으면 소원하게 여기는 것'이다. '제물을 올릴 때 공경하면서 드리고 싶은 듯이 함'은 마음에서 드리고 싶어하며 흠향하기를 바라는 것이다. 그러므로 '제물을 올리면서 드리고 싶어하지 않는 것은 친애하지 않는 것'이다. '물러나 서 있으면서 마치 장차 명령을 받을 듯이 함'은 명령에 순응하여 소홀히 하는 바가 없는 것이다. 그러므로 '물러나 서 있으면서 명령을 받을 듯이 하지 않는 것은 오만한 것'이다. '제물을 다 거두고 물러나 있을 때 공경하고 재계하는 빛이 얼굴에서 끊이지 않음'은 끝까지 삼가 행하기를 처음과 같이 하는 것이다. 그러므로 '제물을 다 거두고 물러나서도 계속 공경하고 재계하는 빛이 없으면 근본을 잊은 것'이다." 方氏曰: "'孝子之祭可知'者, 言觀其祭, 可以知其心也. '立之'者, 方待事而立也. '進之'者, 旣從事而進也. '薦之'者, 奉物而薦也. '退而立'者, 進而復退也. '已徹而退'者, 旣薦而後徹也. 蓋'退而立'則少退而立, '已徹而退'則於是乎退焉. 此其所以異也. '立之, 敬以詘', 則身之屈而爲之變焉. 故'立而不詘, 固也'. '進之, 敬以愉', 則色之愉而致其親焉. 故'進而不愉, 疏也'. '薦之, 敬以欲', 則心之欲而冀其享焉. 故'薦而不欲, 不愛也'. '退而立, 如將受命', 則順聽而無所忽焉. 故'退立而不如受命, 敖也'. '已徹而退, 敬齊之色不絶於面', 則愼終如始矣. 故'已徹而退, 無敬齊之色, 而忘本也'."

【제의 13】

깊이 친애하는 마음을 갖고 있는 효자에게는 반드시 온화한 기운이 있다. 온화한 기운이 있는 사람에게는 반드시 기뻐하는 안색이 있으며, 반드시 유순한 자태가 있다. 효자는 마치 옥을 잡은 듯이 하고, 마치 가득 찬 것을 받드는 듯이 하고, 공경스럽고 성실하여 마치 감당하지 못할 듯이 하고, 마치 장차 잃을 듯이 한다. 위엄을 엄격하게 갖추고 지나치게 삼가는 것은 부모를 섬기는 도리가 아니라 어른이 하는 도리다.

孝子之有深愛者, 必有和氣. 有和氣者, 必有愉色, 有愉色者, 必有婉容.① 孝子如執玉, 如奉盈, 洞洞屬屬然, 如弗勝, 如將失之. 嚴威儼恪, 非所以事親也, 成人之道也.②

鄭注 ① '온화한 기운'(和氣)이란 서 있으면서 굽히는 것을 말한다. '和氣', 謂立而詘.

② '성인成人'은 관례冠禮를 마친 자이다. 그렇다면 효자는 유자孺子(어린 아이)의 마음을 잃지 않는 것이다. '成人', 旣冠者. 然則孝子不失其孺子之心也.

集說 '온화한 기운'·'기뻐하는 안색'·'유순한 자태'는 모두 친애하는 마음에서 발하는 것이다. '옥을 잡은 듯이 하고', '가득 찬 것을 받드는 듯이 하고', '감당하지 못할 듯이 하고', '장차 잃을 듯이 하는' 것은 모두 공경하는 마음이 들어 있는 것이다. 친애함과 공경함이 함께 있는 것이 곧 효자의 도리다. 그러므로 '위엄을 엄격하게 갖추고 지나치게 삼가여' 사람들이 그것을 바라보면서 경외하게 만드는 것은 어른이 하는 도리이지 효자가 할 도리가 아니다. '和氣'·'愉色'·'婉容', 皆愛心之所發.'如執玉'·'如奉盈'·'如

弗勝'·'如將失之', 皆敬心之所存. 愛敬兼至, 乃孝子之道. 故'嚴威儼恪', 使人望而畏之, 是成人之道, 非孝子之道也.

【제의 14】

선왕이 천하를 다스리는 방법에는 다섯 가지가 있다. 덕이 있는 사람을 귀하게 여기고, 신분이 높은 사람을 귀하게 여기고, 노인을 귀하게 여기고, 어른을 공경하고, 어린아이를 자애롭게 대하는 것이다. 이 다섯 가지가 선왕이 천하를 안정시킨 방법이었다. 덕망 있는 사람을 귀하게 여기는 것은 무엇 때문인가? 그 사람이 도에 가깝기 때문이다. 신분이 높은 사람을 귀하게 여기는 것은 그 사람이 군주에 가깝기 때문이다. 노인을 귀하게 여기는 것은 그 사람이 부모에 가깝기 때문이다. 어른을 공경하는 것은 그 사람이 형에 가깝기 때문이다. 어린아이를 자애롭게 대하는 것은 그가 자식에 가깝기 때문이다. 그러므로 지극한 효도는 왕도王道에 가깝고, 지극한 우애는 패도霸道에 가깝다. 지극한 효도가 왕도에 가까운 것은 비록 천자라도 반드시 아버지가 있기 때문이며, 지극한 우애가 패도에 가까운 것은 비록 제후라도 반드시 형이 있기 때문이다. 선왕의 가르침을 이어받고 바꾸지 않는 것이 곧 천하와 국가를 이끄는 방법이다.

先王之所以治天下者五. 貴有德, 貴貴, 貴老, 敬長, 慈幼. 此五者, 先王之所以定天下也. 貴有德, 何爲也? 爲其近於道也. 貴貴, 爲其近於君也. 貴老, 爲其近於親也. 敬長, 爲其近於兄也. 慈幼,爲其近於子也.① 是故至孝近乎王, 至弟近乎霸. 至孝近乎王, 雖天子, 必有父, 至弟近乎霸, 雖諸侯必有兄. 先王之敎, 因而弗改, 所以領天下國家也.②

鄭注 ① 나라를 다스리는 것에는 집안을 다스리는 도리가 있음을 말한 것이다. 言治國有家道.

② 천자에게는 부모로 섬기는 대상이 있고, 제후에게는 형으로 섬기는 대상이 있다는 것은 삼로三老와 오경五更[13] 같은 이를 말한다. 천자가 쇠약해지면 제후가 흥기하므로 '패霸(제후의 우두머리)'라고 한 것이다. 天子有所父事, 諸侯有所兄事, 謂若三老五更也. 天子衰, 諸侯興, 故曰'霸'.

集說 응씨應氏는 말한다. "인仁으로 부모를 섬기고 그 친애의 마음을 넓혀서 그 지극함을 다하는 것은 왕자王者가 덕으로 인을 행하는 마음이다. 의義로 형을 섬기고 그 서열에 순종하면서 그 지극함을 다하는 것은 패자霸者가 예禮로 의義를 밝히는 일이다. 효도와 우애(孝弟)의 근본이 한 집안에서 확립되면 왕도와 패도의 공업功業이 천하에 두루 미친다. 비록 왕자와 패자의 탁월한 일을 다 하지 못하더라도 또한 거기에 가까울 것이다. 천자는 지극히 존귀하여 안으로 비록 형제간에 화목을 다하더라도 족인들은 감히 나이를 가지고 서열을 삼지 못한다. 그러므로 존귀한 대상은 오직 아버지뿐이요, 제후에 이르러 단지 형이 더 있음을 말한 것이다. 도道는 혼연히 전체여서 자취가 없지만, 덕德은 순수하고 진실하여 정해진 방향이 있어, 대개 사람이 도를 행함으로써 자신에게서 획득된다. 그러므로 '가깝다'(近之)고 말한 것이다." ○ 석량왕씨石梁王氏는 말한다. "'효도로 왕자가 되고 우애로 패자가 된다'는 것은 공자의 말이 아니다." ○ 유씨劉氏는 말한다. "도는 이일理一이지만, 덕은 분수分殊여서,[14] 덕을 지녔다고 해서 반드시 모두 도

의 커다란 전체를 다할 수 있는 것은 아니다. 그러나 '덕을 지니면 또한 도와의 거리가 멀지 않다'고 말한다. 이것이 덕이 도에 가까운 까닭이다." 應氏曰: "仁以事親, 而廣其愛, 極其至, 則王者以德行仁之心也. 義以從兄而順其序, 極其至, 則霸者以禮明義之擧也. 孝弟之根本, 立乎一家, 王霸之功業, 周乎天下. 雖未能盡王霸之能事, 而亦近之矣. 天子至尊, 內雖致睦於兄弟, 而族人不敢以長幼齒之. 故所尊者惟父, 而諸侯特言有兄. 道渾全無跡, 德純實有方, 蓋以人行道而有得於身也. 故曰'近之'矣." ○ 石梁王氏曰: "'王孝霸弟', 此非孔子之言." ○ 劉氏曰: "道之理一, 而德之分殊, 人之有德者, 未必皆能盡道之大全也. 然曰'有德則亦違道不遠矣'. 此德之所以近道也."

【제의 15】

공자가 말하였다. "친애의 마음을 세울 때 부모로부터 시작하는 것은 백성들에게 화목함을 가르치기 위한 것이다. 공경의 마음을 세울 때 어른으로부터 시작하는 것은 백성에게 순종을 가르치기 위한 것이다. 자애와 화목을 가르치면 백성이 부모가 있음을 귀하게 여기고, 어른 공경을 가르치면 백성이 명에 따르는 것을 귀하게 여긴다. 효도로서 부모를 섬기고 순종하여 명을 들으면, 천하 어디에 시행하더라도 행해지지 않는 바가 없다."

子曰: "立愛自親始, 教民睦也. 立敬自長始, 教民順也.① 教以慈睦, 而民貴有親, 教以敬長, 而民貴用命.② 孝以事親, 順以聽命, 錯諸天下, 無所不行."

鄭注 ① '친親'과 '장長'은 아버지와 형을 가리킨다. '목睦'은 온화하고 도타운 것이다. '親'·'長', 父·兄也. '睦', 和厚也.

② '존장尊長'은 교화의 명령을 내리는 자이다. '尊長', 出教令者.

集說 이 경문은 친애와 공경 두 도리가 집안을 가지런히 하고 나라를 다스리고 천하를 태평하게 하는 근본이 됨을 말한 것이다. 군주가 스스로 그 부모를 친애하여 그로써 백성에게 화목함을 가르치면, 백성이 모두 부모 있는 것을 귀하게 여긴다. 군주가 스스로 어른을 공경하여 그로서 백성에게 순종을 가르치면 백성은 모두 윗사람의 명에 따르는 것을 귀하게 여긴다. 친애하고 공경함을 부모를 섬기고 어른을 섬기는 데에 다하면, 덕의 교화를 백성에게 가하는 것은 (자신이 하고 있는 친애하고 공경하는 것을) 들어서 시행하면 되는 것일 뿐이다. 此言愛敬二道爲齊家·治國·平天下之本. 君自愛其親, 以教民睦, 則民皆貴於有親. 君自敬其長, 以教民順, 則民皆貴於用上命. 愛敬盡於事親事長, 而德教加於百姓, 擧而措之而已.

【제의 16】

교제郊祭를 지낼 때에는 상을 당한 자가 감히 곡을 하지 않고, 상복을 입은 자가 감히 도성 문에 들어가지 않는 것은 공경함이 극진한 것이다.

郊之祭也, 喪者不敢哭, 凶服者不敢入國門, 敬之至也.

鄭注 제사는 길례吉禮이므로, 흉한 일을 당한 자를 보거나 듣고자 하지 않는다. 祭者吉禮, 不欲聞見凶人.

集說 길례와 흉례는 도를 달리하므로 서로 간여할 수 없다. 吉凶異道, 不得相干.

【제의 17】

제사지내는 날에, 군주가 희생을 끌고 가면 군주의 아들 항렬에 해당하는 사람이 군주와 짝을 이루어 함께 희생을 끌며, 경卿과 대부大夫는 차례로 뒤를 따른다. 종묘 문으로 들어가 희생을 돌기둥(碑)에 묶어두면, 경과 대부는 단袒을 하고 소의 털을 취하는데, 귀의 털을 높이 여기고, 난도鸞刀로 소를 잡아 (그 피와) 발기름을 취한 후에 물러난다. 데친 고기와 날고기를 제기에 올려 바친 뒤에 물러난다. 공경함의 지극함이다.

祭之日, 君牽牲, 穆答君, 卿・大夫序從.① 旣入廟門, 麗于碑, 卿・大夫袒, 而毛牛尙耳, 鸞刀以刲, 取膟膋, 乃退. 爓祭祭腥, 而退. 敬之至也.②

鄭注 ① '제사'(祭)는 종묘에 제사지내는 것을 말한다. '목穆'은 아들 항렬을 가리킨다. '답答'은 짝을 이룬다는 뜻이다. '서序'는 차례대로 따른다는 뜻이다. '서序'는 어떤 본에는 '예豫'로 되어 있다. '祭', 謂祭宗廟也. '穆', 子姓也. '答', 對也. '序', 以次第從也. '序'或爲'豫'.

② '리麗'는 묶어둔다는 뜻과 같다. '소의 털을 취하는데, 귀의 털을 높이 여긴다'(毛牛尙耳)는 것은 귀의 털을 높게 여긴다는 뜻이다. '발기름'(膟膋)은 피와 창자 사이의 기름을 가리킨다. '섬제제성爓祭祭腥'은 데친 고기와 날고기로 제사지낸다는 뜻이다. 고기를 데친 것을 '섬爓'이라고 한다. '섬제제성爓祭祭腥'은 어떤 본에는 '합제성合祭腥・설泄・습膠・숙熟'으로 되어 있다. '麗', 猶繫也. '毛牛尙耳', 以耳毛爲上也. '膟膋', 血與腸間脂也. '爓祭祭腥', 祭爓肉・腥肉也. 湯肉曰'爓'. '爓祭祭腥'或爲'合祭腥・泄・膠・熟'也.

集說 '제사지내는 날'이란 종묘에 제사지내는 날을 가리킨다. 아버지가 소昭이고 아들이 목穆이다. '목穆이 군주에 답한다'(穆答君)는 것은 군주가 희생을 끌고 갈 때, 아들의 항렬에 해당하는 사람이 군주와 짝을 이루어 함께 끄는 것을 가리킨다. 경卿과 대부大夫는 곁에서 폐백을 들어 돕고 사士는 꼴을 받들면서 차례로 희생의 뒤를 따른다. 그러므로 '차례로 뒤를 따른다'라고 말한 것이다. 희생을 묶어 두는 기둥은 종묘의 중앙 뜰에 있다. '리麗'는 묶어둔다는 뜻과 같다. 희생을 끄는 줄을 기둥의 구멍에 묶어두는 것을 말한다. '단袒을 하는 것'(袒衣)[15]은 해야 할 일이 있음을 보이는 것이다. 희생을 잡을 때 먼저 귀 곁의 털을 취하여 신에게 바친다. 털은 온전함을 고하고 귀는 듣는 것을 주관하는데, 신이 들어주기를 바라는 것이다. 귀의 털을 높게 여기기 때문에 '귀를 숭상한다'라고 한 것이다. '난도鸞刀'와 '발기름'(膟膋)은 모두 앞 편에 설명이 보인다.[16] '이에 물러난다'(乃退)는 것은 털과 피와 기름을 바치는 예가 끝난 뒤 잠시 물러나는 것을 가리킨다. '섬제爓祭'는 탕 속에서 데친 고기를 제물로 올리는 것이다. '제성祭腥'은 날고기를 제물로 올리는 것이다. 데친 고기(爓)[17]와 날고기를 제물로 올리는 의식이 끝나면 예가 끝나서 물러난다. 이는 모두 공경하는 마음이 지극한 것이다. '祭之日', 謂祭宗廟之日也. 父爲昭, 子爲穆. '穆答君', 言君牽牲之時, 子姓對君共牽也. 卿・大夫佐幣, 士奉芻, 以次序在牲之後. 故云'序從'也. 麗牲之碑, 在廟之中庭. '麗', 猶繫也. 謂以牽牲之紖, 繫于碑之孔也. '袒衣', 示有事也. 將殺牲, 則先取耳旁毛, 以薦神. 毛以告全, 耳以主聽, 欲神聽之也. 以耳毛爲上, 故云'尙耳'也. '鸞刀''膟膋', 並見前篇. '乃退', 謂薦毛・血・膟膋畢, 而暫退也. '爓祭', 祭湯中所爓之肉也. '祭腥', 祭生肉也. 爓腥之祭畢, 則禮終而退矣, 此皆敬心之極至也.

【제의 18】

교제郊祭는 크게 하늘에 보답하는 것으로, 해(日)를 주신主神으로 삼고 달(月)을 배향한다. 하후씨夏后氏는 저녁에 제사지냈고, 은나라는 낮에 제사지냈다. 주나라에서 제사지내는 날은 아침부터 해가 떨어지려고 할 때까지 제사의 일이 있었다.[18)]

郊之祭, 大報天, 而主日, 配以月. 夏后氏祭其闇, 殷人祭其陽. 周人祭日, 以朝及闇.

鄭注 '해를 주신으로 삼는다'(主日)는 것은 그 빛이 밝아서, 볼 수 있는 천신天神 가운데 해보다 더 밝은 것이 없기 때문이다. '암闇'은 저녁때이다. '양陽'은 "우雨라고 하고, 양暘이라고 한다"[19)]고 했을 때의 '양暘'의 뜻으로 읽어야 하니, 한낮(日中)의 때를 가리킨다. '조朝'는 해가 뜰 때이다. "하후씨夏后氏는 중요한 일을 저녁에 하였고 은나라는 중요한 일을 낮에 하였고 주나라는 중요한 일을 아침에 하였다"[20)]는 것에서 중요한 일이란 교제郊祭를 가리키기도 한다. '아침에서 저녁까지'(以朝及闇)란 종일 제사의 일이 있다는 뜻이다. '主日'者, 以其光明, 天之神可見者, 莫著焉. '闇', 昏時也. '陽'讀爲"曰雨曰暘"之'暘', 謂日中時也. '朝', 日出時也. "夏后氏大事以昏, 殷人大事以日中, 周人大事以日出", 亦謂此郊祭也. '以朝及闇', 謂終日有事.

集說 도의 큰 근원은 하늘에서 나오는데, (하늘에 걸려 있는) 상象 가운데 두드러지고 밝은 것은 해와 달보다 더 큰 것이 없다. 그러므로 교제郊祭를 지내 하늘에 보답할 때 해를 주신主神으로 하니 예를 제정한 뜻이 깊고 원대한 것이다. ○ 방씨方氏는 말한다. "교제는 비록 그것으로 하늘에 보답하는 것이지만, 하늘은 존귀하여 보이는 일로 함이 없다. 그 도로써 제사지

낼 수는 있지만, 그 일에 주인 노릇하게 할 수는 없다. 그러므로 단지 해로써 주인이 되게 하는 것이다. 비유하자면 왕이 연례燕禮를 행하여 술을 마실 때, 대부로 하여금 주관하게 하고, 왕이 딸을 시집보낼 때 제후로 하여금 혼사를 주관하게 하는 것과 마찬가지다. 제사가 있으면 반드시 배향하는 것이 있다. 그러므로 또 달로써 배향한다. 사社에 제사지내면 구룡勾龍으로 배향하고, 직稷에게 제사지내면 주나라의 기棄로 배향하는 것과 마찬가지다. '암闇'은 해가 이미 져서 어두워진 것을 뜻한다. 하夏나라는 흑색을 숭상하였으므로 '저녁에 제사지냈다.' '양陽'은 해가 바야흐로 한가운데 떠서 밝은 것을 뜻한다. 은殷나라는 백색을 숭상하였으므로 '낮에 제사지냈다.' 해가 처음 떠오르면 붉고, 해가 지려고 할 때 역시 붉다. 주나라는 붉은색(赤)을 숭상하였으므로 '아침부터 해가 떨어지려고 할 때까지 제사의 일이 있었다.' '급及'은 아직 어두워지지 않고 해가 막 떨어지려고 할 때이다. '제일祭日'은 제사지내는 날을 뜻한다." 道之大原, 出於天, 而懸象著明, 莫大乎日月. 故郊以報天而日以主神, 制禮之意, 深遠矣. ○ 方氏曰: "郊雖以報天, 然天則尊而無爲. 可祀之以其道, 不可主之以其事. 故止以日爲之主焉. 猶之王燕飮則主之以大夫, 王嫁女則主之以諸侯而已. 有其祀, 必有其配. 故又配以月也. 猶祭社則配以勾龍, 祭稷則配以周棄焉. '闇'者, 日旣沒而黑. 夏尙黑, 故'祭其闇'. '陽'者, 日方中而白. 殷尙白, 故'祭其陽'也. 日初出而赤, 將落亦赤. 周尙赤, 故祭'以朝及闇'. '及'者, 未至於闇, 蓋日將落時也. '祭日', 謂祭之日也."

【제의 19】

해에 제사지낼 때는 단壇에서 하고 달에 제사지낼 때는 감坎에서

하여, 어두움과 밝음을 구별하고 위와 아래를 제정한다. 해에 제사지낼 때는 동쪽에서 하고 달에 제사지낼 때는 서쪽에서 하여, 안과 밖을 구별하고 그 지위를 바르게 한다. 해는 동쪽에서 떠오르고 달은 서쪽에서 생겨난다. 밤과 낮의 길이가 한 번 길어지고 한 번 짧아지는 것이 끝나면 다시 시작하여 서로 순행巡行하니 그로써 천하의 조화를 이룬다.

祭日於壇, 祭月於坎, 以別幽明, 以制上下.① 祭日於東, 祭月於西, 以別外內, 以端其位.② 日出於東, 月生於西. 陰陽長短, 終始相巡, 以致天下之和.③

鄭注 ① '어두움과 밝음'(幽明)은 해는 낮에 비추고 달은 밤에 비추는 것을 말한다. '幽明'者, 謂日照晝, 月照夜.

② '단端'은 바르게 한다는 뜻이다. '端', 正.

③ '순巡'은 "한수漢水를 따라 내려간다"(沿漢)[21]고 할 때의 따라 내려간다(沿)로 읽는다. 길을 서로 따르는 것(更相從道)을 말한다. '巡', 讀如"沿漢"之'沿'. 謂更相從道.

集說 '끝나면 다시 시작하여 서로 순행한다'는 것은 단지 끝과 시작이 왕래하여 두루 돌아서 그치지 않는다는 뜻으로, 반드시 따라간다(沿)는 뜻으로 읽을 필요는 없다. ○ 방씨方氏(방각方慤)는 말한다. "단壇의 형태는 둥글어서 이지러지는 바가 없다. 해가 이지러지는 바가 없이 가득 찬 것을 상징하기 위한 것이다. 감坎의 형태는 텅 비어서 받는 바가 있다. 달이 받는 바가 있어서 밝음을 상징하기 위한 것이다. 단은 높고 드러나며 감은 깊고 감춘다. 한 번 드러나고 한 번 감추는 것은 음과 양의 어둡고 밝음을 구별하기 위한 것이다. 한 번 높고 한 번 깊은 것은 음과 양의 높고 낮음을

제정하기 위한 것이다. 동쪽에서 움직이며 나오고, 서쪽에서 고요해지면서 들어간다. 나오면 밖에 있고, 들어가면 안으로 되돌아간다. 그러므로 동쪽과 서쪽은 음과 양의 밖과 안을 구별하는 것이다. 동쪽은 양의 중앙이 되고, 서쪽은 음의 중앙이 된다. 중앙이 되면 자리를 얻는다. 그러므로 동쪽과 서쪽은 음과 양의 자리를 바르게 하는 것이다. 어두움과 밝음의 도를 구별한 연후에 상과 하의 분수를 제정할 수 있고, 안과 밖의 자리를 구별한 연후에 음과 양의 위치를 바르게 할 수 있다. 말의 순서는 이와 같은 것이다. 또 단壇과 감坎은 사람이 만든 형태이고, 동과 서는 본래부터 그러한 방위다. 사람이 만든 것에서 나왔기 때문에 '제정한다'(制)고 말하였고, 본래부터 그러한 데에서 나왔기 때문에 '그 자리를 바르게 한다'고 말했을 뿐이다. '해는 동쪽에서 떠오른다'는 것은 그 상象이 하늘과 땅의 동쪽에서 나온다는 뜻이다. '달은 서쪽에서 생겨난다'는 것은 그 밝음이 윤곽輪廓의 서쪽에서 생겨난다는 뜻이다. 이는 해와 달을 동쪽과 서쪽에서 제사지낸다는 뜻을 다시 밝힌 것이다. 해는 '동쪽에서 떠오른다'고 말하였음으로 서쪽으로 들어간다는 것을 알 수 있다. 『서書』「요전堯典」에 동쪽에 대해서는 '떠오르는 해를 공손히 인도한다'(寅賓出日)고 하고, 서쪽에 대해서는 '지는 해를 공손히 전송한다'(寅餞納日)고 한 것은 이 때문이다. 달은 '서쪽에서 생겨난다'고 말하였으므로, 동쪽에서 이지러지는 것을 알 수 있다. 양웅揚雄이 '보름 이전에는 서쪽에서 달빛(魄)이 나오기 시작하고, 보름이 지나면 동쪽에서 달빛이 다한다'[22]고 한 것은 이 때문이다. 해의 출입은 아침과 저녁, 낮과 밤을 지나 하루를 이룬다. 달이 생겨나 이지러지는 것은 그믐과 초하루 반달과 보름달을 거쳐 한 달을 이룬다. 해가 가면 달이 오고, 달이 가면 해가 와서 음과 양의 의리가 짝한다. 양의 도는 항상 풍요로운 것이고, 음의 도는 항상 결핍되어 있는 것이다. 그러므로 운행하여 기氣가 되고, 품부되어 형체가 된다. 무릇 양에 속하는 것은 모두 길고, 음에 속하는 것은 모두 짧다. 한 번 길어지고 한 번 짧아지는 것은 마치면 시작이 있어 서로 순행하여서 끊어진 적이 없다. 그러므로 천하의 조화를 이루기에 충분한 것은 음양이 서로 구제해주는 결과이다. 단지 음만 있고 양이 없거나 양만 있고 음이 없다면 이는 똑같은 것이 될 뿐이니 또 어떻게 조화를 이루겠는가?" '終始相巡', 止是終始往來周回不息之義, 不必讀爲'沿'也. ○ 方氏曰: "壇之形, 則圓而無所虧. 以象日之無所虧而盈也. 坎之形, 則虛而有所受. 以象月之有所受而明也. 壇高而顯, 坎深而隱. 一顯一隱, 所以別陰陽之幽明. 一高一深, 所以制陰陽之上下. 東動而出, 西靜而入. 出則在外, 入則反內. 故東西所以別陰陽之外內. 東爲陽中, 西爲陰中. 中則得位. 故東西所以端陰陽之位. 別幽明之道, 然後能制上下之分, 別外內之所, 然後能端陰陽之位. 言之序, 所以如此. 且壇·坎者, 人爲之形, 東·西者, 天然之方. 出於人爲, 故言'制', 出於天然也, 故言'以端其位'而已. '日出於東', 言其象出於天地之東也. '月生於西', 言其明生於輪郭之西也. 此又復明祭日月於東西之意也. 日言'出於東'則知爲入於西. 「堯典」於東曰'寅賓出日', 於西曰'寅餞納日''者, 以此. 月言'生於西', 則知爲死於東. 揚雄言, '未望則載魄于西, 旣望則終魄于東'者, 以此. 日之出入也, 歷朝夕晝夜而成一日. 月之死生也, 歷晦朔弦望而成一月. 日往則月來, 月往則日來, 而陰陽之義配焉. 陽道常饒, 陰道常乏. 故運而爲氣, 賦而爲形. 凡屬乎陽者皆長, 屬乎陰者皆短. 一長一短, 終則有始, 相巡而未嘗相絕. 故足以致天下之和者, 陰陽相濟之效也. 獨陰而無陽, 獨陽而無陰, 是同而已, 又何以致和乎?"

【제의 20】

천하의 예는 처음으로 되돌아가는 데에 지극함을 다하고, 귀신의 일에 지극함을 다하고, 화목和睦과 재용財用에 지극함을 다하고, 의

義에 지극함을 다하고, 겸양(讓)에 지극함을 다하는 것이다. 처음으로 되돌아가는 것에 지극함을 다함으로써 근본을 돈후하게 한다. 귀신에 지극함을 다함으로써 윗사람을 존귀하게 높인다. 사물의 재용에 지극함을 다함으로써 백성의 기강을 세운다. 의義에 지극함을 다하면 윗사람과 아랫사람이 어긋나지 않는다. 겸양에 지극함을 다함으로써 쟁란을 제거한다. 이 다섯 가지를 합하여 천하의 예를 다스린다면, 비록 기이하고 사악한 행동을 하여 다스려지지 않는 이가 있더라도 적게 있을 것이다.

天下之禮, 致反始也, 致鬼神也, 致和用也, 致義也, 致讓也.① 致反始, 以厚其本也. 致鬼神, 以尊上也. 致物用, 以立民紀也. 致義, 則上下不悖逆矣. 致讓, 以去爭也. 合此五者, 以治天下之禮也, 雖有奇邪而不治者, 則微矣.②

鄭注 ① 제사의 의미를 말한 것을 인해서 두루 예禮에 대해서 설명한 것이다. '치致'라는 말은 이른다는 뜻으로, 사람으로 하여금 부지런히 행해서 이곳에 이르게 하는 것이다. 처음으로 돌아가는 데에 이른다는 것은 하늘 등에 보답한다는 말이다. 귀신의 일에 이른다는 것은 종묘 등에 제사지내는 것을 말한다. 화용和用에 이른다는 것은 백성의 일을 다스려 재용財用을 풍족하게 한다는 뜻이다. 因祭之義, 汎說禮也. '致'之言至也, 使人勤行至於此也. 至於反始, 謂報天之屬也. 至於鬼神, 謂祭宗廟之屬也. 至於和用, 謂治民之事以足用也.

② '물物'은 일(事)이라는 뜻과 같다. '화和'를 물物로 바꾸어 말한 것은 호문互文으로 말한 것이다. '미微'는 적다는 뜻과 같다. '物', 猶事也. 變'和'言物, 互之也. 微, 猶少也.

集說 소疏에서 말한다. "'화和'는 백성이 조화를 이루는 것을 뜻하고, '용用'은 재용財用이 풍족한 것을 뜻한다. '사물의 재용에 지극함을 다함으로써 백성의 기강을 세운다'는 것은 백성들에게 재화가 풍부하면 영광과 욕됨 그리고 예절을 알기 때문에 백성의 기강을 확립할 수 있다는 뜻이다. '기奇'는 기이함을 말하고, '사邪'는 사악함을 말하는 것으로 모두 행동을 기이하게 하는 사람을 가지고 말한 것이다. 이 다섯 가지 일로 다스리면 설령 이상한 행동으로 다스림에 따르지 않는 사람이 있더라도 또한 마땅히 적다는 뜻이다." ○ 응씨應氏는 말한다. "'치致'는 미루어서 그 지극함을 다한다는 뜻이다. '처음으로 되돌아가는 것에 지극함을 다한다'는 것은 근본에 보답하는 내 마음의 정성을 다하는 것이 된다. '귀신의 일에 지극함을 다하는 것'은 귀신의 존엄한 이치를 극진히 하는 것이 된다." 疏曰: "'和', 謂百姓和諧, '用', 謂財用豐足. '致物用, 以立民紀'者, 民豐於物用, 則知榮辱禮節, 故可以立人紀也. '奇', 謂奇異, '邪', 謂邪惡, 皆據異行之人言. 用此五事爲治, 假令有異行不從治者, 亦當少也." ○ 應氏曰: "'致'者, 推致其極也. '致反始', 所以極吾心報本之誠. '致鬼神', 所以極鬼神尊嚴之理."

【제의 21】

재아宰我가 말하였다. "저는 귀신이라는 이름은 들었지만, 그것이 무슨 의미인지는 모르겠습니다." 공자가 말하였다. "기氣란 신神이 왕성한 것이고, 백魄이란 귀鬼가 왕성한 것이다. 귀와 신을 합해 제사지내는 것은 가르침의 지극함이다."

宰我曰: "吾聞鬼神之名, 不知其所謂." 子曰: "氣也者, 神之盛也,魄也者, 鬼之盛也. 合鬼與神, 敎之至也."

鄭注 '기氣'는 불고 들이마시고 들어오고 나가고 하는 것을 가리킨다. 귀와 눈이 밝은 것이 '백魄'이다. 귀鬼와 신神을 모아 제사지내는 것은 성인의 가르침이 이룬 것이다. '氣', 謂噓吸出入者也. 耳目之聰明爲'魄'. 合鬼·神而祭之, 聖人之敎致之也.

集說 정자程子는 말한다. "귀신은 천지의 작용이요, 조화造化의 자취이다." ○ 장자張子는 말한다. "귀신은 음과 양 두 기의 본래적인 속성(良能)이다." ○ 주자朱子는 말한다. "음과 양 두 기로서 말하면 귀신의 귀鬼는 음기의 영활한 부분이요, 신神은 양기의 영활한 부분이다. 동일한 기로서 말하면 이르러서 펼치는 것이 신神이 되고, 돌이켜서 되돌아가는 것이 귀鬼가 되는데 실제로는 같은 것이다."[23] ○ 진씨陳氏(진순陳淳)[24]는 말한다. "예를 들면 입과 코로 호흡하는 것이 기氣이다. 그 영험한 것이 곧 혼魂에 속한다. 보고 듣는 것은 체體이다. 그 (보고 들음이) 밝은 것이 곧 백魄에 속한다."[25] ○ 방씨方氏는 말한다. "혼魂과 기氣는 하늘로 돌아가고, 형形과 백魄은 땅으로 돌아간다. 그러므로 반드시 귀와 신을 합한 뒤에 가르침의 지극함이 될 수 있다. 「중용」에 '천하의 사람으로 하여금 마음을 깨끗이 하고 옷을 성대하게 하여 제사를 받들게 한다'[26]고 하였다. 이것은 모두 가르침의 지극함이다." 程子曰: "鬼神, 天地之功用, 而造化之迹也." ○ 張子曰: "鬼神者, 二氣之良能也." ○ 朱子曰: "以二氣言, 則鬼者陰之靈也, 神者陽之靈也. 以一氣言, 則至而伸者爲神, 反而歸者爲鬼, 其實一物而已." ○ 陳氏曰: "如口鼻呼吸, 是氣. 那靈處, 便屬魂. 視聽是體. 那聰明處, 便屬魄." ○ 方氏曰: "魂氣, 歸于天, 形魄, 歸于地. 故必合鬼與神, 然後足以爲敎之至. 「中庸」曰: '使天下之人, 齊明盛服, 以承祭祀.' 此皆敎之至也."

【제의 22】

(공자가 말하였다.) "뭇 생명은 반드시 죽고, 죽으면 반드시 흙으로 돌아간다. 이를 귀鬼라고 한다. 뼈와 육신은 아래에 쓰러지고, (땅 속에서) 가려져 들의 흙이 된다. 그 기는 위로 발양하여 밝게 빛나고, 피어오르며 오싹하게 처연하다. 이것은 온갖 사물의 정精이요, 신神이 드러난 것이다."

"衆生必死, 死必歸土. 此之謂鬼. 骨肉斃于下, 陰爲野土.① 其氣發揚于上, 爲昭明, 焄蒿悽愴. 此百物之精也, 神之著也."②

鄭注 ① '음陰'은 '그늘에 의지한다'(依蔭)고 했을 때의 '가린다'(蔭)로 읽는다. 사람의 뼈와 육신이 땅속에서 가려져서 토양이 됨을 말한다. '陰', 讀爲'依蔭'之'蔭'. 言人之骨肉蔭於地中, 爲土壤.

② '훈焄'은 향기로운 냄새이다. '호蒿'는 기가 올라 나오는 모습이다. 위에서는 중생衆生이라고 하였고 여기서는 백물百物이라 한 것은 사람과 같지만 사람만큼 존귀하지 못함을 밝힌 것이다. '호蒿'는 어떤 본에는 '표藨'로 되어 있다. '焄', 謂香臭也. '蒿', 謂氣烝出貌也. 上言衆生, 此言百物, 明其與人同也, 不如人貴爾. '蒿'或爲'藨'.

集說 주자朱子는 "귀신의 이슬방울처럼 빛나는 것이 '소명昭明'(밝게 빛남)이고, 그 기가 위로 올라가는 것이 '훈호焄蒿'(피어오름)이고, 사람으로 하여금 정신이 송연悚然하게 만드는 것이 '처창悽愴'(오싹하게 처연함)이다"라고 하였고, 또 "소명昭明은 빛이 나는 것이고, 훈호焄蒿는 피어오르는 것이고, 처창悽愴은 오싹해지는 것이다"27)라고 하였고, 또 "소명은 햇살 따위이고, 훈고는 기가 사람에게 감촉되는 것이고, 처창은 『한서』에서 말한 '신군神君이

이르자, 그 바람이 홀연 쓸쓸하였다'는 뜻이다"라고 하였고, 또 "훈호는 귀신의 정기가 교감하는 것이다"28)라고 하였다. 朱子曰: "如鬼神之露光處是'昭明', 其氣蒸上處是'焄蒿', 使人精神悚然是'悽愴'", 又曰: "昭明是光耀底, 焄蒿是衮然底, 悽愴是凛然底", 又曰: "昭明乃光景之屬, 焄蒿氣之感觸人者, 悽愴, 如『漢書』所謂'神君至, 其風肅然'之意", 又曰: "焄蒿是鬼神精氣交感處."

【제의 23】

(공자가 말하였다.) "사물의 정을 인해서 준칙을 제정하고 분명하게 귀신이라 명명하여 백성의 법칙으로 삼으면 백성이 두려워하고 만민이 복종한다."

"因物之精, 制爲之極, 明命鬼神, 以爲黔首則, 百衆以畏, 萬民以服."

鄭注 '분명하게 명명한다'(明命) 것은 이름을 높인다는 뜻과 같다. 존귀함은 귀신이라는 이름에서 지극해지니, 다시 더할 수 없다. '검수黔首'는 백성을 뜻한다. '칙則'은 법法을 뜻한다. 백성을 위해 법을 만들어서 백성으로 하여금 또한 조상을 섬기게 한다. 귀신은 백성이 두려워하고 복종하는 바이다. '明命', 猶尊名也. 尊極於鬼神, 不可復加也. '黔首', 謂民也. '則', 法也. 爲民作法, 使民亦事其祖禰. 鬼神, 民所畏服.

集說 그 가릴 수 없는 정령精靈을 따라 존귀하고 지극한 칭호를 제정하고, 뚜렷하게 '귀신'이라고 이름하여 천하의 법칙으로 삼은 것이다. 그러므로 백성이 두려워할 바를 알고 감히 오만하지 않으며, 복종할 바를 알고 감히 어기지 않는다. ○ 방씨方氏(방각方慤)는 말한다. "'극極'이라는 글자는

지극하다(至)는 뜻이다. '귀신鬼神'이라고 이름하였으니 존경하는 것의 지극함이 이에 더할 것이 없다. 이것이 제정하여 그것의 준칙으로 삼은 까닭이다. 또 귀신은 본래 이름이 없다. 그 이름은 사람이 명명한 것일 뿐이다. 귀신은 지극히 그윽하여 헤아릴 수가 없어, 이름으로 명명하면 분명해져 헤아릴 수 있다. 그러한 뒤에 사람이 그것을 준칙으로 삼는다. 그러므로 '백성의 법칙으로 삼는다'고 한 것이다. 이것이 가르침의 지극함이 되는 까닭이다." ○ 풍씨馮氏는 말한다. "진나라에서는 백성을 검수黔首라고 불렀다. 공자 때에는 아직 그렇게 부르지 않았으니, 분명 이는 후세 유자들이 끼워 넣은 것이다." 因其精靈之不可揜者, 制爲尊極之稱, 而顯然命之曰'鬼神', 以爲天下之法則. 故民知所畏, 而無敢慢, 知所服而無敢違. ○ 方氏曰: "'極'之爲言, 至也. 名曰'鬼神', 則尊敬之至, 不可以復加. 是其所以制爲之極也. 且鬼神本無名也. 其名則人命之爾. 鬼神至幽, 不可測也, 命之以名, 則明而可測矣. 然後人得而則之. 故曰'以爲黔首則'. 是乃所以爲敎之至也." ○ 馮氏曰: "秦稱民爲黔首. 夫子時未然也, 顯是後儒竄入."

【제의 24】

(공자가 말하였다.) "성인은 이것으로 아직 충분하지 않다고 여기고, 궁실을 쌓고 종묘를 설치하여 친한 이와 소원한 이, 먼 사람과 가까운 사람을 구별하였으며, 그로써 백성에게 옛날을 되돌아보고 시원을 되돌아보는 것(反古復始)[29]을 가르쳐 자신이 말미암아 태어난 바를 잊지 않게 하였다. 백성이 복종하는 것은 이로부터 말미암는다. 그러므로 가르침을 따르는 것이 또한 빠르다."

"聖人以是爲未足也, 築爲宮室, 設爲宗祧, 以別親疏遠邇, 敎民反古復始, 不忘其所由生也. 衆之服自此. 故聽且速也."

鄭注 '자自'는 말미암는다(由)는 뜻으로, 사람이 이를 말미암아 성인의 가르침에 복종한다는 말이다. '청聽'은 가르침과 명령에 순종한다는 뜻이다. '속速'은 빠르다는 뜻이다. '自', 由也, 言人由此服於聖人之敎也. '聽', 謂順敎令也. '速', 疾也.

集說 성인이 종묘제사의 예를 제정하여 백성을 가르쳤기 때문에 백성들이 이로 말미암아 복종하여, 명령에 따르는 것이 빠름을 말한 것이다. 言聖人制宗廟祭祀之禮, 以敎民, 故衆民由此服從, 而聽之速也.

【제의 25】

(공자가 말하였다.) "두 가지 기氣와 백魄이 이미 확립되면, 두 가지 예로 보답한다. 조천朝踐의 일을 행하여 진설하고 발기름을 태워 향기가 피어오르게 하고 쑥의 연기로 섞으니, 그로써 기氣에 보답하는 것이다. 이는 백성들에게 시원을 되돌아보는 것(反始)을 가르치는 것이다. 서직黍稷을 올리고 간·폐·머리·심장을 바치면서 두 동이 예주醴酒를 함께 포함하여 올리고 (제사 처음에) 울창주를 땅에 부으니, 그로써 백魄에 보답하는 것이다. 백성에게 서로 친애하는 것을 가르쳐 윗사람과 아랫사람이 정을 나누게 하니 예의 지극함이다."

"二端旣立, 報以二禮. 建設朝事, 燔燎羶薌, 見以蕭光, 以報氣也. 此敎衆反始也. 薦黍稷, 羞肝·肺·首·心, 見間以俠甒, 加以鬱鬯, 以報魄也. 教民相愛, 上下用情, 禮之至也."

鄭注 '두 가지가 이미 확립되었다'(二端旣立)는 것은 기氣와 백魄을 가리키는데, 다시 호칭을 높여 '귀신鬼神'이라고 부르는 것이 있다. '두 가지 예'(二禮)는 조사朝事와 서직黍稷을 올리는 일을 가리킨다. '조사朝事'는 피와 날고기를 올리는 때를 가리킨다. '서직을 올린다'(薦黍稷)는 것은 이른바 궤사饋食[30]의 의절이다. '견見' 및 '견간見間'은 모두 '간覸'으로 되어야 옳다. 글자가 잘못 쓰인 것이다. '전羶'은 '형馨'이어야 한다. 발음 때문에 잘못된 것이다. '발기름을 태워 향기가 피어오르게 하고 쑥의 연기로 섞는다'(燔燎馨香, 覸以蕭光)는 것은 희생을 잡아서 그 발기름을 취하여 행하는 것이다. '광光'은 기氣(연기)의 뜻과 같다. 유우씨有虞氏는 머리(首)로 고수레하고, 하후씨夏后氏는 심장(心)으로 고수레하고, 은殷나라는 간肝으로 고수레하고, 주周나라는 폐肺로 고수레하였다. '한이협무覸以俠甒'는 두 동이의 예주醴酒를 함께 포함하여 올린다는 뜻이다. '서로 친애하고'(相愛) '정을 나눈다'(用情)는 것은 이때에 인도人道로 제사지냄을 말한다. '기氣에 보답할 때'(報氣)는 기氣로 하고, '백魄에 보답할 때'(報魄)는 실물(實)로 하는 것은 각기 그 같은 종류에 근거하는 것이다. '二端旣立', 謂氣也魄也, 更有尊名云'鬼神'也. '二禮', 謂朝事與薦黍稷也. '朝事', 謂薦血腥時也. '薦黍稷', 所謂饋食也. '見'及'見間', 皆當爲'覸覸'. 字之誤也. '羶', 當爲'馨'. 聲之誤也. '燔燎馨香, 覸以蕭光', 取牲祭脂也. '光', 猶氣也. 有虞氏祭首, 夏后氏祭心, 殷祭肝, 周祭肺. '覸以俠甒', 謂雜之兩甒醴酒也. '相愛'·'用情', 謂此以人道祭之也. '報氣'以氣, '報魄'以實, 各首其類.

集說 '두 가지'(二端)는 "기氣는 신神이 왕성한 것이고, 백魄은 귀鬼가 왕성한 것"[31]을 가리킨다. '두 가지 예'(二禮)는 조천朝踐의 예와 궤사饋食의 예를 가리킨다. '조사朝事'는 제사지내는 날 이른 아침에 시행하는 일을 가리킨

다. '번료전향燔燎羶薌'은 희생의 발기름을 취하여 화롯불에 태워서 누린내 나는 기운을 위로 피어오르게 하는 것을 말한다. '견見'은 '간覸'으로 읽는데, 섞는다(雜)는 뜻이다. 쑥을 발기름에 섞어서 태우기 때문에 '쑥의 연기로 섞는다'(覸以蕭光)고 한 것이다. '빛'(光)이란 연기가 피어오를 때 비추는 광채가 있는 것을 가리킨다. 이는 '기氣에 보답하는' 예이다. "백성에게 옛날을 되돌아보고 시원을 되돌아보는 것을 가르치는"32) 것이다. 궤사饋食의 예를 행할 때에 이르면, 서직을 올리고, 간肝, 폐肺, 머리(首)·심장(心) 등 네 가지 음식을 바친다. '견見'은 곧 '간覸' 자인데, 글자가 잘못하여 나뉜 것이다. '협무俠甒'는 두 술동이다. 올리고 바칠 때(薦與羞)에는 두 동이의 예주醴酒를 함께 포함하여 올린다. 그러므로 '두 동이 예주를 함께 포함하여 올린다'라고 한 것이다. '울창주를 땅에 붓는다'는 것은 백魄은 내려가 땅에 있으므로, 울창의 술로 땅에 뿌리는 것이다. 본래 제사 처음에 행하는데, 올리고 바치는 예(薦羞) 다음에 말한 것은 서직을 올리고 여러 익힌 음식을 바치는 두 가지만 백에 보답하는 것일 뿐 아니라, 처음 울창주를 더하는 것도 백에 보답하는 것임을 말한다. 이는 백에 보답하는 예로 백성에게 서로 친애하는 것을 가르치는 것임을 말한 것이다. '윗사람과 아랫사람이 정을 나눈다'(上下用情)는 것은 익힌 궤사饋食의 예를 행할 때 술을 주고받는 것을 예로 삼아서 제사의 술과 음식이 두루 상하에 미쳐 정의情義에 간격이 없는 것을 말한다. 그러므로 예의 지극함이 되는 것이다. '二端', 謂"氣者神之盛, 魄者鬼之盛也." '二禮', 謂朝踐之禮與饋熟之禮也. '朝事', 謂祭之日早朝所行之事也. '燔燎羶薌', 謂取膟膋燎於爐炭, 使羶薌之氣上騰也. '見', 讀爲'覸', 雜也. 以蕭蒿雜膟膋而燒之, 故曰'覸以蕭光'. '光'者, 煙上則有照映之光采也. 此是'報氣'之禮. 所以'敎民反古復始'也. 至饋熟之時, 則以黍稷爲薦, 而羞進肝·肺·首·心四者之饌焉. '見'間卽'覸', 字誤分也. '俠甒', 兩甒也. 當此薦與羞, 而雜以兩甒醴酒. 故曰'覸以俠甒'也. '加以鬱鬯'者, 魄降在地, 用鬱鬯之酒以灌地. 本在祭初, 而言於薦羞之下者, 謂非獨薦羞二

者爲報魄, 初加鬱鬯, 亦是報魄也. 此言報魄之禮, 敎民相愛. '上下用情'者, 饋熟之時, 以酬酢爲禮, 祭之酒食, 徧及上下, 情義無間. 所以爲禮之極至也.

【제의 26】

(공자가 말하였다.) "군자는 옛날을 되돌아보고 시원을 되돌아보면서(反古復始) 자신이 말미암아 태어난 바를 잊지 않는다. 그러므로 그 공경함을 다하고 그 정情을 일으키고, 힘을 다해 종사하여 그 부모에게 보답함에 감히 다하지 않는 바가 없다. 그러므로 옛날에 천자는 천무千畝의 적전藉田을 경작하여 면복冕服을 입고 관에는 붉은색 끈을 달고 몸소 쟁기를 잡았으며, 제후는 백무의 적전을 경작하여 면복을 입고 관에 청색 끈을 달고 몸소 쟁기를 잡았다. 이렇게 하여 천지와 산천과 사직社稷과 선조에게 제사드릴 때, 신에게 바치는 술과 음료(酪)와 자성粢盛(제사음식)을 이 적전에서 취하였다. 공경함이 지극한 것이다."

"君子反古復始, 不忘其所由生也. 是以致其敬, 發其情, 竭力從事, 以報其親, 不敢弗盡也.① 是故昔者天子爲藉千畝, 冕而朱紘, 躬秉耒, 諸侯爲藉百畝, 冕而青紘, 躬秉耒. 以事天地 · 山川 · 社稷 · 先古, 以爲醴酪齊盛於是乎取之. 敬之至也."②

鄭注 ① '종사從事'는 제사지낼 수 있는 제수를 관리하는 것을 말한다. '從事', 謂修薦可以祭者也.

② '적藉'은 적전藉田이다. '선고先古'는 선조先祖이다. '藉', 藉田也. '先古', 先祖.

集說 '적藉'은 적전藉田이다. '굉紘'은 면류관에 매다는 것으로 견고하게 하기 위한 것이다. '선고先古'는 선조先祖이다. '여기에서 취한다'(於是乎取之)는 것은 모두 이 적전에서 취한다는 뜻이다. '藉', 藉田也. '紘', 冠冕之繫, 所以爲固也. '先古', 先祖也. '於是乎取之', 言皆於此藉田中取之也.

【제의 27】

(공자가 말하였다.) "옛날에 천자와 제후에게는 반드시 가축을 기르는 관직이 있었다. 세시歲時가 되면 천자와 제후는 재계하고 목욕하여 몸소 희생을 살펴보았다. 희犧와 전牷 등 희생으로 제사지낼 때에는 반드시 여기에서 취하였다. 공경함이 지극한 것이다. 군주는 소를 불러 받아들여서 살펴보고, 그 털을 뽑아 점을 쳐서 길함을 얻고, (3개월을 정결하게 씻긴) 뒤에 길렀다. 군주는 피변복皮弁服에 흰색 치마를 입고, 매달 초하루와 보름에 희생을 순시하였다. 이는 선조의 제사를 위해 힘을 다하는 것으로, 효가 지극한 것이다."

"古者天子·諸侯必有養獸之官. 及歲時, 齊戒沐浴而躬朝之. 犧·牷祭牲, 必於是取之. 敬之至也. 君召牛, 納而視之, 擇其毛而卜之, 吉, 然後養之. 君皮弁素積, 朔月·月半君巡牲. 所以致力, 孝之至也."

鄭注 '재계하고, 목욕하여 몸소 희생을 살펴본다'(齊戒沐浴而躬朝之)는 것은 장차 제사를 지내려고 희생을 고르는 것을 가리킨다. '군주는 매달 초하루와 보름에 희생을 순시한다'(君朔月·月半巡)는 것은 희생의 상태를 살펴보는 것이다. '군주는 소를 불러 받아들여서 살펴본다'(君召牛, 納而視之)는 것은 다

시 희생을 뽑는 뜻에 의거하는 것이다. '歲時, 齊戒沐浴而躬朝之', 謂將祭祀, 卜牲. '君朔月・月半巡', 視之. '君召牛, 納而視之', 更本擇牲意.

集說 색이 순수한 것을 '희犧'라고 하고 몸체가 완전한 것을 '전牷'이라고 한다. 소와 양과 돼지를 '생牲'이라고 한다. 『주례』에 따르면, 목인牧人은 여섯 희생 기르는 일을 관장하는데, 소・말・양・돼지・개・닭이다. '그러한 뒤에 길렀다'는 것은 3달을 씻긴 뒤에 기른다는 뜻이다. '피변복에 흰색 치마를 입는다'[33]는 것은 그 설명이 앞에 나온다. 色純曰'犧', 體完曰'牷'. 牛・羊・豕曰'牲'. 『周禮』牧人掌牧六牲, 牛・馬・羊・豕・犬・雞也. '然後養之', 謂在滌三月也. '皮弁素積', 見前.

【제의 28】

(공자가 말하였다.) "옛날에 천자와 제후에게는 반드시 공상公桑과 잠실蠶室이 있었다. 하천 가까운 곳에 설치하는데, 높이 한 장丈되는 궁宮을 쌓고, 담장 위에 가시나무를 얹고, 문을 밖에서 (안으로 향해서) 닫히게 한다. 3월 초하루 아침이 되면, 군주가 피변복에 흰 치마(素積)를 입고 삼궁三宮의 부인과 세부世婦 가운데서 점을 쳐서 길한 점이 나온 자를 뽑아서 잠실에 들어가 누에를 치게 하였다. 뽑힌 자는 씨앗을 받들고 냇가에서 씻고 공가公家의 뽕나무(公桑)에서 뽕잎을 따서 바람에 (물기를) 말린 뒤 누에에게 먹이게 하였다."

"古者天子・諸侯, 必有公桑・蠶室. 近川而爲之, 築宮仞有三尺, 棘牆而外閉之. 及大昕之朝, 君皮弁素積, 卜三宮之夫人・世婦之吉者, 使入蠶于蠶室. 奉種浴于川, 桑于公桑, 風戾以食之."

鄭注 '대흔大昕'은 3월 초하루의 아침이다. 제후의 부인夫人은 궁이 3곳으로 왕후王后의 절반이다. '바람에 말린다'(風戾之)는 것은 이른 아침 서늘하고 시원할 때 따서, 바람에 건조시켜 물기가 마른 뒤에 누에에게 먹인다는 것이다. 누에의 본성은 습한 것을 싫어한다. '大昕', 季春朔日之朝也. 諸侯夫人三宮, 半王后也. '風戾之'者, 及早凉脆採之, 風戾之使露氣燥, 乃以食蠶. 蠶性惡濕.

集說 '공상公桑'은 공가公家의 뽕나무이다. '잠실蠶室'은 누에를 기르는 방이다. '하천 가까운 곳에 설치한다'는 것은 씨앗을 씻기 편리하기 때문이다. '극장棘牆'은 담장 위에 가시나무를 얹는 것이다. '외폐外閉'는 출입문이 바깥쪽에 있어서 닫으면 안으로 향한다는 뜻이다. '대흔지조大昕之朝'는 3월 초하루 아침이다. '삼궁三宮'은 천자의 경우에는 세 부인을 뜻하고, 제후 부인의 경우에는 3궁을 세우는데 왕후가 6궁인 것에 비하여 절반이다.[34] '상桑'은 뽕을 따는 것이다. '려戾'는 말린다는 뜻이다. 누에는 습기를 싫어하기 때문에 잎(의 젖은 물기)이 마른 뒤에 먹인다. ○ 방씨方氏는 말한다. "'려戾'는 이른다(至)는 뜻이다. 바람이 이르면 건조해진다." '公桑', 公家之桑也. '蠶室', 養蠶之室也. '近川', 便於浴種也. '棘牆', 置棘於牆上也. 外閉, 戶扇在外而閉則向內也. '大昕之朝', 季春朔之旦也. '三宮', 在天子則謂三夫人, 在諸侯之夫人則立三宮, 半后之六宮也. '桑', 采桑也. 戾, 乾也. 蠶惡濕, 故葉乾, 乃以食也. ○ 方氏曰: "'戾', 至也. 風至則乾矣."

【제의 29】

(공자가 말하였다.) "3월이 끝나면 세부世婦는 잠사蠶事를 마치고 고치를 받들어 군주에게 보여주고, 이어서 부인에게 고치를 바친다. 부인이 '이것은 군주의 옷을 만드는 것이다'라고 말하고, 드디어 머

리장식(副)을 얹고 휘의褘衣를 입고 받는다. 소뢰少牢의 예를 갖추어 누에고치를 바친 세부를 예우한다. 옛날에 고치를 바칠 때에는 그 법이 이러한 예를 사용하였다.[35)]"

"歲既單矣, 世婦卒蠶, 奉繭以示于君, 遂獻繭于夫人. 夫人曰: '此所以爲君服與', 遂副·褘而受之. 因少牢以禮之.① 古之獻繭者, 其率用此與."②

鄭注 ① '세단歲單'은 3월 한 달이 끝난 후라는 뜻이다. '세歲'라고 말한 것은 누에치기는 한 해의 큰일인데, 일이 이때에 끝나기 때문이다. '부副와 휘褘'는 왕후王后의 복장인데 '부인夫人'이라고 한 것은 기록자가 하나라와 은나라의 후손일 수 있다. '예우한다'(禮之)는 것은 고치를 바치는 세부世婦를 예우한다는 뜻이다. '歲單', 謂三月月盡之後也. 言'歲'者, 蠶, 歲之大功, 事畢於此也. '副·褘', 王后之服, 而云'夫人', 記者容二王之後與. '禮之', 禮奉繭之世婦.

② 질문한 자의 말이다. 問者之辭.

集說 '단單'은 마친다(盡)는 뜻이다. '부副'는 덮는다(覆)는 뜻이다. 부인婦人의 머리 장식[36)]으로 머리를 덮는 것이다. '휘褘'는 휘의褘衣다. '예우한다'는 것은 고치를 바치는 부인婦人을 예로 대하는 것이다. '솔率'은 옛날에는 '류類'(부류)의 뜻으로 읽었는데, 지금은 글자 뜻 그대로 (법法의 뜻으로) 읽는다. ○ 방씨方氏는 말한다. "3월이 끝나는 것이지 한 해가 다하는 때는 아니다. 그러나 잠사蠶事가 완성되는 때는 지난해의 완성된 후로부터 금년 완성되는 때까지가 1년이다. 그러므로 '해가 끝난다'(歲單)고 말한 것이다. 맹하孟夏(4월)를 맥추麥秋라고 칭하는 것도 이러한 의미다.[37)]" '單', 盡也. '副'之爲言, 覆也. 婦人首飾, 所以覆首者. '褘', 褘衣也. '禮之', 禮待獻繭之婦人也. '率'舊讀爲'類', 今如字. ○ 方氏曰: "三月之盡, 非歲單之時. 然蠶成之時也, 自去歲蠶成之後, 迄今

歲蠶成之時, 期歲矣. 故謂之'歲單'. 若孟夏稱麥秋者, 亦此之意."

【제의 30】

(공자가 말하였다.) "길일吉日을 택하여 부인은 고치를 켜는데, 고치를 동이에 두고 손으로 세 차례 적신다. 이어서 삼궁三宮의 부인夫人과 세부世婦 가운데 선택된 자에게 나누어 주고 실을 뽑게 한다. 이어서 그것을 붉은색과 초록색으로 물을 들이고, 검은색과 누런색으로 물들여서 보불黼黻의 문양을 만들게 한다. 옷이 완성되면, 군주는 그것을 입고 선왕과 선공에게 제사를 드린다. 공경함이 지극한 것이다."

"及良日, 夫人繅, 三盆手. 遂布于三宮夫人·世婦之吉者, 使繅. 遂朱綠之, 玄黃之, 以爲黼黻文章. 服旣成, 君服以祀先王先公. 敬之至也."

鄭注 '삼분수三盆手'란 세 번 담근다는 뜻이다. 실을 뽑을 때는 매번 큰 묶음을 물에 담가 손으로 흔들어서 실을 낸다. '三盆手'者, 三淹也. 凡繅, 每淹大揔, 而手振之, 以出緖也.

集說 '양일良日'은 길일吉日이다. '삼분수三盆手'란 물동이 안에 고치를 넣고 손으로 세 차례 적신다. 적실 때마다 손으로 흔들어서 그 실을 낸다. 그러므로 '삼분수'라고 한 것이다. ○ 방씨方氏는 말한다. "부인夫人이 고치를 켤 때 세 번 동이에 넣고 적시는 것은 천자가 적전藉田을 경작할 때 세 번 쟁기를 미는 것과 같다." '良日', 吉日也. '三盆手'者, 置繭于盆中而以手三次淹

之. 每淹則以手振出其緖. 故云'三盆手'也. ○ 方氏曰: "夫人之繅, 止於三盆, 猶天子之耕, 止於三推."

【제의 31】

군자는 말한다. "예禮와 악樂은 잠시라도 몸을 떠날 수 없는 것이다. 악의 이치를 깊이 파악하여 마음을 다스리면 화평하고 곧으며 자애롭고 신실한 마음이 새롭게 생겨난다. 화평하고 곧으며 자애롭고 신실한 마음이 생기면 즐겁고, 즐거우면 편안하고, 편안하면 오래가고, 오래가면 하늘처럼 미덥고, 하늘처럼 미더우면 신처럼 경외스럽다. 하늘처럼 미더우면 말하지 않아도 믿고, 신처럼 경외스러우면 성내지 않아도 위엄이 있으니, 이것이 악을 깊이 알아서 마음을 다스리는 것이다. 예를 깊이 알아서 몸을 다스리면 장중하고 공경하며, 장중하고 공경하면 엄숙하고 위엄 있다. 마음속이 잠깐이라도 화평하고 즐겁지 않으면 비루하고 거짓된 마음이 들어온다. 바깥 모습이 잠깐이라도 장중하고 공경하지 않으면 경솔하고 게으른 마음이 들어온다. 그러므로 악이란 마음속에서 움직이는 것이고, 예란 바깥 모습에서 움직이는 것이다. 악은 화평함을 지극하게 하고 예는 공순함을 지극하게 한다. 마음속이 화평하고 바깥 모습이 공순하면 백성들은 그 낯빛만 보고도 더불어 다투지 않고, 그 몸가짐만 보고도 백성들은 경솔하고 게으른 마음을 내지 않는다. 그러므로 덕의 윤택함이 마음속에서 움직이면 백성들은 받들어서 듣지 않음이 없고, 몸가짐의 조리(질서정연함)가 바깥 모습으로 드러나면 백성들은 받들어서 따르지 않음이 없다. 그러므로 예악의 도를 깊이 파악하여 천하가 이에 충만케 하면, 들어서 시행함에 어려울 일이 없다. 악이란 마음속에서 움직이는 것이고 예란 바깥 모습에서 움직이는 것이다. 그러므로 예는 그 덜어내는 것을 위주로 하고 악은 그 채우는 것을 위주로 한다. 예는 덜어내면서 힘써 나아가니, 힘써 나아가는 것을 아름답고 훌륭하게 여긴다. 악은 채워가면서 되돌아가니, 되돌아가는 것을 아름답고 훌륭하게 여긴다. 예가 덜어내면서 나아가지 않으면 쇠잔하고, 악이 채워가면서 되돌아가지 않으면 방탕해진다. 그러므로 예는 보답함이 있고 악은 되돌아감이 있다. 예가 보답하는 것을 얻으면 즐겁고, 악이 되돌아가는 것을 얻으면 편안하다. 예가 보답하는 것과 악이 되돌아가는 것은 그 뜻이 같다."

君子曰: "禮·樂不可斯須去身.① 致樂以治心, 則易·直·子·諒之心油然生矣. 易·直·子·諒之心生則樂, 樂則安, 安則久, 久則天, 天則神. 天則不言而信, 神則不怒而威, 致樂以治心者也.② 致禮以治躬則莊敬, 莊敬則嚴威.③ 心中斯須不和不樂, 而鄙詐之心入之矣. 外貌斯須不莊不敬, 而慢易之心入之矣. 故樂也者, 動於內者也, 禮也者, 動於外者也. 樂極和, 禮極順. 內和而外順, 則民瞻其顔色而不與爭也, 望其容貌而衆不生慢易焉.④ 故德煇動乎內, 而民莫不承聽, 理發乎[38]外, 而衆莫不承順.⑤ 故曰致禮·樂之道, 而天下塞焉, 擧而措之,[39] 無難矣.⑥ 樂也者, 動於內者也, 禮也者, 動於外者也. 故禮主其減, 樂主其盈. 禮減而進, 以進爲文. 樂盈而反, 以反爲文.⑦ 禮減而不進則銷, 樂盈而不反, 則放. 故禮有報而樂有反.⑧ 禮得其報則樂, 樂得其反則安. 禮之報, 樂之反, 其義一也."

鄭注 ① '사수斯須'는 잠시라는 뜻과 같다. '斯須', 猶須臾也.

② '자子'는 자식답지 않다(不子)고 할 때의 자식답다(子)로 읽는다. '량諒'은 신실하다는 뜻이다. '유연油然'은 사물이 처음 생겨날 때 예쁘고 아름다운 모습이다. '子', 讀如不子之子. '諒', 信也. '油然', 物始生好美貌.

③ '궁躬'은 몸이라는 뜻이다. '躬', 身也.

④ '극極'은 지극하다는 뜻이다. '極', 至也.

⑤ '리理'는 말과 행동(言行)을 가리킨다. '理', 謂言行也.

⑥ '색塞'은 충만하다는 뜻이다. '塞', 充滿也.

⑦ '감減'은 게으르다는 뜻이다. '영盈'은 넘친다는 뜻이다. 악樂으로 정을 통제하고, 예禮로 행동을 다스린다. 사람의 정에는 넘쳐나는 것이 있고, 행동에는 게으른 것이 있다. 게으르면 나아가게 하니, 나아갈 수 있는 것을 아름답게 여긴다. 넘치면 되돌아가게 하니, 되돌아갈 수 있는 것을 아름다움으로 여긴다. '문文'은 재주가 아름다운 것을 뜻한다. '減', 猶倦也. '盈', 猶溢也. 樂以統情, 禮以理行. 人之情有溢而行有倦. 倦而進之, 以能進者爲文. 溢而使反, 以能反者爲文. '文', 謂才美.

⑧ '보報'는 모두 '포褒'(기리다)로 되어야 한다. 발음 때문에 잘못된 것이다. '報', 皆當爲'褒'. 聲之誤.

集說 설명이 「악기樂記」(76~79)에 보인다. 說見「樂記」.

【제의 32】

증자가 말하였다. "효에는 세 가지가 있다. 대효大孝는 부모를 높이고, 그 다음은 욕되지 않게 하고, 그 아래는 음식 봉양만 한다." 공명의公明儀가 증자에게 "선생님께서는 효를 하신다고 할 수 있습니까?"라고 물었다. 증자가 말하였다. "이 무슨 말인가, 이 무슨 말인가! 군자가 말하는 효란 부모의 마음을 미리 헤아리고 부모의 뜻을 받들며 부모께서 도리를 알도록 유도한다. 나는 단시 음식 봉양만 하는 자이다. 어찌 효라 할 수 있겠는가?"

曾子曰: "孝有三. 大孝尊親, 其次弗辱, 其下能養." 公明儀問於曾子曰: "夫子可以爲孝乎?" 曾子曰: "是何言與, 是何言與! 君子之所謂孝者, 先意承志, 諭父母於道. 參直養者也. 安能爲孝乎?"

鄭注 '공명의公明儀'는 증자의 제자이다. '公明儀', 曾子弟子.

集說 '대효大孝는 부모를 높인다'는 것은 아버지를 높여 하늘에 배향한다는 뜻이다. '공명의公明儀'는 증자의 제자이다. '大孝尊親', 嚴父配天也. '公明儀', 曾子弟子.

【제의 33】

증자가 말하였다. "몸이란 부모가 물려준 몸이다. 부모가 물려준 몸을 움직이면서 감히 공경스럽게 하지 않을 수 있겠는가? 거처할 때 장중하지 못하면, 효가 아니다. 군주를 섬기면서 충직하지 못하면, 효가 아니다. 관직을 수행하면서 공경하지 못하면, 효가 아니다. 친구와 사귀면서 진실하지 못하면, 효가 아니다. 전쟁에서 용감하지 못하면, 효가 아니다. 다섯 가지를 이루지 못하면, 재앙이 부모에게까지 미친다. 감히 공경스럽게 하지 않을 수 있겠는가?"
曾子曰: "身也者, 父母之遺體也. 行父母之遺體, 敢不敬乎? 居處不莊, 非孝也. 事君不忠, 非孝也. 莅官不敬, 非孝也. 朋友不信, 非孝也. 戰陳無勇, 非孝也. 五者不遂, 烖及於親. 敢不敬乎?"

鄭注 '수遂'는 이룬다는 뜻이다. '遂', 猶成也.

集說 위 문장([제의 32])의 '욕되지 않게 한다'는 것과 '음식 봉양만 한다'는 것을 이어서 이 다섯 가지가 모두 부모를 욕되게 하기에 충분함을 말한 것이다. 그러므로 '재앙이 부모에게까지 미친다'(烖及於親)라고 말한 것이다. 承上文'弗辱'與'養', 而言此五者皆足以辱親. 故曰'烖及於親'.

【제의 34】

(증자가 말하였다.) "삶고 익히고 누린내 나고 향기 나는 음식을 먼저 맛본 뒤 부모에게 올리는 것은 효가 아니라 음식 봉양이다. 군자가 말하는 효란 나라사람이 칭찬하고 부러워하면서 '행운이다, 이런 아들이 있다니!'라고 말하면 이것이야말로 효이다. 백성의 근본 가르침은 효孝이고, 이를 사용하는 것이 봉양(養)이다. 봉양하는

것은 할 수 있지만, 공경하는 것은 어렵다. 공경하는 것은 할 수 있지만 편안하게 여기며 하는 것이 어렵다. 편안하게 여기며 하는 것은 할 수 있지만, 끝까지 하기가 어렵다. 부모가 이미 돌아가시고 그 몸을 삼가 행동하여 돌아가신 부모에게 나쁜 이름을 끼쳐드리지 않는다면 잘 끝마쳤다고 할 수 있다. 인仁이란 효를 어질게 행하는 것이고, 예禮란 효를 (예에 맞게) 실행하는 것이고, 의義란 효를 의리에 마땅하게 행하는 것이고, 신信이란 효를 진실하게 행하는 것이고, 강强이란 효를 힘써 행하는 것이다. 즐거움은 효에 순응하면서 생겨나고, 형벌은 효에 반하면서 생겨난다.

"亨·孰·羶·薌, 嘗而薦之, 非孝也, 養也. 君子之所謂孝也者, 國人稱願然曰: '幸哉, 有子如此!', 所謂孝也已.① 衆之本敎曰孝, 其行曰養. 養可能也, 敬爲難. 敬可能也, 安爲難. 安可能也, 卒爲難. 父母旣沒, 愼行其身, 不遺父母惡名, 可謂能終矣. 仁者仁此者也, 禮者履此者也, 義者宜此者也, 信者信此者也, 强者强此者也. 樂自順此生, 刑自反此作."

鄭注 ① '연然'은 여如와 같은 뜻이다. '然', 猶如也.

集說 '원願'은 부러워하다(羨)는 뜻과 같다. '칭원稱願'은 칭찬하고 부러워한다는 뜻이다. '연然'은 이而[40]와 같은 뜻이다. 『효경孝經』에 "무릇 효는 덕의 근본으로, 가르침이 생겨나는 곳이다"라고 하였다. '백성의 근본 가르침은 효孝이다'라는 것도 이러한 뜻이다. 이러한 뜻으로, 효가 백성을 가르치는 근본임을 말한다. '기행왈양其行曰養'이라고 했을 때의 '행行'은 사용한다(用)의 뜻과 같다. 봉양하는 사이에 효를 사용한다는 말이다. '편안하게 여

기며 하는 것이 어렵다는 것은 억지로 참으면서 하는 공경이 아니라는 뜻이다. '끝까지 하기가 어렵다'는 것은 비단 부모가 돌아가실 때까지만이 아니라 효자 또한 스스로 생을 마칠 때까지 한다는 뜻이다. '능종能終'은 곧 위의 글 '졸卒(끝까지)' 자를 설명한 것이다. '인자인차자야仁者仁此者也' 이하 일곱 번의 '차此' 자는 모두 효를 가리켜 말한 것이다. '願', 猶羨也. '稱願', 稱揚羨慕也. '然', 猶而也. 『孝經』曰: "夫孝, 德之本也, 敎之所由生也." '衆之本敎曰孝', 亦此意. 言孝爲敎衆之本也. '其行曰養', '行', 猶用也. 言用之於奉養之間也. '安爲難'者, 謂非勉强矯拂之敬也, '卒爲難'者, 謂不特終父母之身, 孝子亦自終其身也. '能終', 卽說上文'卒'字. '仁者仁此者也'以下凡七'此'字, 皆指孝而言也.

【제의 35】

증자가 말하였다. "무릇 효는 그것을 세우면 천지에 가득차고, 그것을 펼치면 사해를 가로지르고, 후세에 남겨주면 아침과 저녁이 따로 없다. 미루어 동해에 이르면 사람들의 기준이 되고, 미루어 서해에 이르면 사람들의 기준이 되고, 미루어 남해에 이르면 사람들의 기준이 되고, 미루어 북해에 이르면 사람들의 기준이 된다. 『시詩』에 '서쪽에서 동쪽에서, 남쪽에서 북쪽에서 사모하여 복종하지 않음이 없다'고 한 것은 이를 두고 한 말이다."

曾子曰: "夫孝, 置之而塞乎天地, 溥之而横乎四海, 施諸後世而無朝夕. 推而放諸東海而準, 推而放諸西海而準, 推而放諸南海而準, 推而放諸北海而準.① 『詩』云, '自西自東, 自南自北, 無思不服', 此之謂也."

鄭注 ① '아침과 저녁이 따로 없다'(無朝夕)는 것은 항상 행하여 그칠 때가 없다는 뜻이다. '방放'은 이른다(至)는 뜻이다. '준準'은 공평하다(平)는 뜻과 같다. '無朝夕', 言常行無輟時也. '放', 猶至也. '準', 猶平也.

集說 '보溥'는 옛날에는 펼친다(敷)는 뜻으로 읽었는데, 지금은 글자 뜻 그대로 (넓다는 뜻으로) 읽는다. '『시詩』'는 「대아大雅 · 문왕유성文王有聲」이다. ○ 방씨方氏는 말한다. "'치置'는 곧게 하여 세운다는 뜻이고, '보溥'는 펼쳐서 흩뿌린다는 뜻이다. '시施'는 그 나오는 것이 끝이 없음을 말한 것이다. '추推'는 그 나아가는 것이 넘추지 않음을 말한 것이다. '방放'은 『맹자』의 '방호사해放乎四海'(사해에 이르다)라고 할 때의 '방放'과 같다.[41] '준準'은 사람들이 이를 기준으로 삼는다는 뜻이다." '溥', 舊讀爲敷, 今如字. '『詩』', 「大雅 · 文王有聲」之篇. ○ 方氏曰: "'置'者, 直而立之, '溥'者, 敷而散之. '施', 言其出無窮. '推', 言其進不已. '放'與『孟子』'放乎四海'之'放'同. '準', 言人以是爲準."

【제의 36】

증자가 말하였다. "수목은 때에 따라 베고, 금수는 때에 맞추어 잡는다. 공자께서는 '나무 한 그루 자르고, 짐승 한 마리 죽이는 것도 때에 맞지 않게 하면 효가 아니다'라고 하였다."

曾子曰: "樹木以時伐焉, 禽獸以時殺焉. 夫子曰: '斷一樹, 殺一獸, 不以其時, 非孝也.'"

鄭注 '부자夫子'는 공자를 가리킨다. 증자가 공자의 말을 기술하여 말한 것이다. '夫子', 孔子也. 曾子述其言以云.

集說 위에서([제의 34]) '인仁이란 효를 어질게 행하는 것'이라고 말하였는데, 이 두 가지도 어질지 못함을 싫어하는 것이다. 따라서 대에 맞지 않게 베고 죽이는 것은 효가 아니라고 말한 것이다. 증자가 또 공자의 말을 인용하여 실증한 것이다. 上言'仁者仁此者也', 此二者亦爲惡其不仁. 故言非孝. 曾子又引夫子之言以爲證.

【제의 37】

(증자가 말하였다.) "효에는 세 가지가 있다. 작은 효는 힘을 쓰고, 중간 효는 노고를 다하고, 커다란 효는 부족함이 없는 것이다. 부모의 자애로움을 생각하여 자신이 힘든 것을 잊는다면, 힘을 쓴다고 할 수 있다. 인을 높이고 의에 편안하다면, 노고를 다한다고 할 수 있다. 널리 베풀고 사물을 두루 갖춘다면, 부족함이 없다고 할 수 있다. 부모가 자신을 사랑해주면 기뻐하고 잊지 않는다. 부모가 자신을 미워하면 두려워하면서 원망하지 않는다. 부모에게 잘못이 있으면 간언하면서 부모의 뜻을 어기지 않는다. 부모가 이미 돌아가셨으면 반드시 어진 자의 곡식을 구하여 제사지낸다. 이것을 두고 예가 완수되었다고 말한다."

"孝有三. 小孝用力, 中孝用勞, 大孝不匱.① 思慈愛忘勞, 可謂用力矣. 尊仁安義, 可謂用勞矣. 博施備物, 可謂不匱矣.② 父母愛之, 喜而弗忘. 父母惡之, 懼而無怨.③ 父母有過, 諫而不逆.④ 父母既沒, 必求仁者之粟以祀之. 此之謂禮終.⑤"

鄭注 ① '로勞'는 수고(功)와 같은 뜻이다. '勞', 猶功也.

② '부모의 자애로움을 생각하며 자신이 힘든 것을 잊는다'(思慈愛忘勞)는 것은 부모가 자기를 자애롭게 키운 것을 생각하여 스스로 자신의 힘든 것을 잊는다는 뜻이다. '思慈愛忘勞', 思父母之慈愛己, 而自忘己之勞苦.

③ '원망하지 않는다'(無怨)는 것은 부모의 마음에 대하여 원망을 갖지 않는다는 뜻이다. '無怨', 無怨於父母之心.

④ 순종하면서 간언을 드리는 것이다. 順而諫之.

⑤ 빈곤하여도 오히려 나쁜 사람의 물건을 취하여 돌아가신 부모를 섬기지 않음을 비유한 것이다. 喻貧困, 猶不取惡人物以事亡親.

集說 서인庶人은 부모의 자애로움을 생각하여 자신이 몸소 경작하며 힘든 것을 잊으니, '힘을 쓴다'고 할 수 있다. 이는 '그 아래는 음식 봉양만 한다'는 일이다. 제후·경·대부·사는 인仁을 높이고 중시하며, 의義를 편안히 여기고 실천하여 공로가 충분히 다른 사람에게 미치니, '노고를 다한다'고 할 수 있다. 이는 '그 다음은 욕되지 않게 한다'는 일이다. '궤匱'는 부족하다는 뜻이다. '널리 베푼다'는 것은 덕과 가르침을 백성에게 베풀어 사해에 모범이 된다는 뜻이요, '사물을 갖춘다'는 것은 천하 사람이 각기 자기 직무로 와서 제사를 돕는다는 뜻이니, '부족함이 없다'고 할 수 있다. 이는 곧 '대효는 부모를 높인다'[42]는 일이다. 庶人思父母之慈愛, 而忘己躬耕之勞, 可謂'用力'矣. 此'其下能養'之事也. 諸侯·卿·大夫·士尊重於仁, 安行於義, 功勞足以及物, 可謂'用勞'矣. 此'其次弗辱'之事也. '匱', 乏也. '博施', 謂德教加於百姓刑于四海也, '備物', 謂四海之內各以其職來助祭, 可謂'不匱'矣. 此卽'大孝尊親'之事也.

【제의 38】

악정자춘樂正子春이 당堂에서 내려오다가 다리를 다쳤는데, 몇 달이 지나도록 밖을 나가지 않고 여전히 근심스런 기색이 있었다. 제자가 "선생님 다리는 다 나았는데, 몇 달이 지나도록 밖을 나가지 않고 여전히 근심스런 기색이 있으신 것은 무엇 때문입니까?"라고 하였다. 악정자춘이 말하였다. "훌륭하구나, 너의 질문이여! 훌륭하구나, 너의 질문이여! 내가 증자께 들었고, 증자는 공자께 들었다. '하늘이 낳고, 땅이 길러준 것 중에 사람보다 위대한 것은 없다. 부모가 온전하게 낳아주셨으니, 자식이 온전하게 돌아간다면 효라고 할 수 있다. 그 신체를 훼손하지 않고 그 몸을 욕되게 하지 않는다면 온전하다고 할 수 있다. 그러므로 군자는 한 발을 내딛으면서도 감히 효를 잊지 않는다.' 이제 나는 효의 도리를 잊었기 때문에 나에게 근심스런 기색이 있는 것이다. 한 번 발을 내딛는 사이에도 감히 부모를 잊지 않고, 한 번 말을 하는 사이에도 감히 부모를 잊지 않는다. 한 번 발을 내딛는 사이에도 부모를 잊지 않기 때문에 길로 다니고 샛된 지름길로 다니지 않고, 배를 타고 건너고 맨몸으로 건너지 않아, 감히 돌아가신 부모가 물려주신 몸으로 위험한 행동을 하지 않는다. 한 번 말을 하는 사이에도 감히 부모를 잊지 않기 때문에 남을 험담하는 말이 입에서 나오지 않고, 남이 성내는 말이 자신에게 돌아오지 않는다. 그 자신을 욕되게 하지 않고, 자기 부모를 부끄럽게 하지 않는다면 효라고 할 수 있다."

樂正子春下堂而傷其足, 數月不出, 猶有憂色. 門弟子曰: "夫子之足瘳矣, 數月不出, 猶有憂色, 何也?" 樂正子春曰: "善如, 爾之問也! 善如, 爾之問也! 吾聞諸曾子, 曾子聞諸夫子曰: '天之所生, 地之所養, 無人爲大. 父母全而生之, 子全而歸之, 可謂孝矣. 不虧其體, 不辱其身, 可謂全矣.① 故君子頃步而弗敢忘孝也.' 今予忘孝之道, 予是以有憂色也.② 壹擧足而不敢忘父母, 壹出言而不敢忘父母. 壹擧足而不敢忘父母, 是故道而不徑, 舟而不游, 不敢以先父母之遺體行殆. 壹出言而不敢忘父母, 是故惡言不出於口, 忿言不反於身. 不辱其身, 不羞其親, 可謂孝矣."③

鄭注 ① '증자는 공자께 들었다'(曾子聞諸夫子)는 것은 증자가 공자에게 들은 말을 기술한다는 뜻이다. '曾子聞諸夫子', 述曾子所聞於孔子之言.

② '경頃'은 마땅히 '규跬'(한 걸음)가 되어야 한다. 발음 때문에 잘못된 것이다. '여予'는 나라는 뜻이다. '頃'當爲'跬'. 聲之誤也. '予', 我也.

③ '경徑'은 샛된 길로 가고 빨리 가는 것이다. '성내는 말이 자신에게 돌아오지 않는다'(忿言不反於身)는 것은 사람은 성내고 노하는 일이 없을 수 없는데, 성내고 노하는 말을 정직한 것을 따라서 해야 한다는 말이다. 정직하면 남이 승복하여 감히 노하는 말을 해오지 않는다. '徑', 步邪趨疾也. '忿言不反於身', 人不能無忿怒, 忿怒之言, 當由其直. 直則人服, 不敢以忿言來也.

集說 '사람보다 위대한 것은 없다'는 것은 사람만큼 가장 위대한 존재가 없다는 뜻이다. 천지의 성性 가운데 사람이 가장 귀하다.43) '도道'는 바른 길이다. '경徑'은 지름길로 빨리 가는 것이다. '유游'는 걸어서 건너는 것이다. '험담하는 말이 입에서 나오지 않는다'는 것은 자기가 험담을 남에게 가하지 않는다는 뜻이다. '성내는 말이 자신에게 돌아오지 않는다는 것은 남이 성내는 말로 나에게 되갚지 않는다는 뜻이다. 이렇게 하면 자신을 욕

되게 하지 않고 부모를 부끄럽게 하지 않는다. '無人爲大', 言無如人最爲大. 蓋天地之性, 人爲貴也. '道', 正路也. '徑', 捷出邪徑也. '游', 徒涉也. '惡言不出於口', 己不以惡言加人也, '忿言不反於身', 則人自不以忿言復我也. 如此則不辱身不羞親矣.

【제의 39】

옛날에 유우씨有虞氏는 덕을 귀하게 여기고 나이를 숭상하였고, 하후씨夏后氏는 작위를 귀하게 여기고 나이를 숭상하였고, 은인殷人은 부富를 귀하게 여기고 나이를 숭상하였고, 주인周人은 친親을 귀하게 여기고 나이를 숭상하였다. 유우씨와 하나라와 은나라와 주나라는 천하의 성한 덕을 갖춘 왕자王者인데, 나이를 무시한 적이 없었다. 나이가 천하에서 귀하게 여겨진 것은 오래되었지만, 부모를 섬기는 것보다는 다음이다.

昔者有虞氏貴德而尙齒, 夏后氏貴爵而尙齒, 殷人貴富而尙齒, 周人貴親而尙齒.① 虞夏殷周, 天下之盛王也, 未有遺年者. 年之貴乎天下久矣, 次乎事親也.②

鄭注 ① '귀하게 여긴다'(貴)는 것은 연회에서 술을 따를 때 다른 여러 신하보다 우대해 주는 것을 뜻한다. '숭상한다'(尙)는 것은 섬기는 일이 있을 때 그 무리에서 다른 사람보다 높여준다는 뜻이다. 신하가 대대로 녹을 받는 것을 '부유하다'(富)고 한다. 순임금 때에는 덕을 지닌 어질고 성스런 사람이 많았다. 덕이 뒤지면 낮은 관직을 받는다. '貴', 謂燕賜有加於諸臣也. '尙', 謂有事尊之於其黨也. 臣能世祿曰'富'. 舜時多仁聖有德. 後德則在小官.

② 노인을 먼저 배려한다는 뜻이다. 言其先老也.

集說 유씨劉氏는 말한다. "위대한 순임금은 덕으로 백성을 교화시키는 것을 귀하게 여겼다. 천하를 소유하였으면서도 괘념하지 않는 듯이 하였는데 백성이 거기에 교화되어 거의 작위가 귀한 줄 몰랐다. 그러므로 우禹임금은 순임금을 계승하여 작위를 귀하게 여겨 백성으로 하여금 귀한 이를 귀하게 여기는 도리를 알게 하였다. 그러나 작위를 귀하게 여기는 폐단이 종국에는 위에 있는 자가 높이 있는 것에 지나쳐서 은택이 아랫사람에게 미치지 못하였다. 그러므로 탕湯임금이 우임금을 계승해서는 백성을 부유하게 하는 데에 힘쓰는 것을 귀하게 여겼다. 그러나 백성을 부유하게 하는 폐단이 종국에는 백성이 각자 자기 재산을 사사로이 하여 가까운 이를 친애하는 도리를 모르게 되었다. 그러므로 무왕武王이 탕임금을 계승해서는 가까운 이를 친애하는 도리를 귀하게 여겼다. 이른바 '주나라에서 천자와 제후가 맹약을 맺을 때, 이성異姓은 뒷자리에 있었다'[44]는 말이 그것이다. 네 왕조의 다스림은 시대의 조건에 상응하여 폐단을 혁파하였으므로 귀하게 여기는 것이 비록 달랐지만 나이를 숭상한 점에서는 같았다. 나이를 저버리고 숭상하지 않은 적은 없었다. 나이가 천하의 공통된 존중의 대상이 된 지는 오래되었지만, 나의 노인을 먼저 공경하고 남의 노인에게 미치는 것이다. 그러므로 나이 많은 분을 존경하는 것은 '부모를 섬기는 것보다는 다음'이 된다. 그러나 네 가지를 귀하게 여기는 것은 또한 네 왕조에 공통된 것이다. 기록자가 단지 예로부터 나이를 숭상하였던 것을 위주로 말했을 뿐이다. 독자는 말에 치우쳐 뜻을 해쳐서는 안 된다." 劉氏曰: "大舜貴以德化民. 有天下如不與, 而民化之, 幾於不知爵之爲貴矣. 故禹承之以爵爲貴而使民知貴貴之道也. 然貴爵之弊, 其終也, 在上者, 過於亢而澤不及下. 故湯承之, 以務富其民爲貴. 然富民之弊, 終也, 民各私其財而不知親親之道. 故武王承之, 以親親爲貴. 所謂'周之宗盟, 異姓爲後', 是也. 四代之治, 隨時救弊, 所貴雖不同, 而尙齒則同也. 未有遺年齒而不

尙者. 齒居天下之達尊, 久矣. 老吾老以及人之老. 故尊高年, '次於事親'也. 然四者之所貴, 亦四代之所同. 記者但主於自古尙齒爲言耳. 讀者不以辭害意可也."

【제의 40】

이 때문에 조정에서는 작위가 같으면 나이를 숭상한다. 70세가 되면 조정에서 지팡이를 잡고 서 있으며, 군주가 질문할 때는 자리를 마련해준다. 80세가 되면 조회가 끝날 때까지 기다리지 않고, 군주가 자문할 때에는 그의 집에 찾아간다. 그럼으로써 공손함의 도리가 조정에서 통용된다.

是故朝廷同爵則尙齒. 七十杖於朝, 君問則席. 八十不俟朝, 君問則就之. 而弟達乎朝廷矣.

鄭注 '작위가 같으면 나이를 숭상한다'(同爵尙齒)는 것은 노인이 윗자리에 자리한다는 뜻이다. '군주가 질문할 때는 자리를 마련해준다'(君問則席)는 것은 노인을 위해 당堂 위에 자리를 마련해주고 더불어 말을 한다는 뜻이다. 무릇 조회의 자리는 뜰에서 서 있는다. 노魯나라 애공哀公이 공자에게 자문할 때 자리를 마련하도록 명하였다. '조회가 끝날 때까지 기다리지 않는다'(不俟朝)는 것은 군주가 그에게 읍을 하면 곧 물러나서 조회의 일이 다 끝날 때까지 기다리지 않는다는 뜻이다. '그에게 찾아간다'(就之)는 것은 그의 집으로 찾아간다는 뜻이다. 늙어서 벼슬에서 물러나기를 요청하는데 군주가 혹 허락하지 않는다면, 그에 대한 예를 다르게 한다. '同爵尙齒', 老者在上也. '君問則席', 爲之布席於堂上, 而與之言. 凡朝位立於庭. 魯哀公問於孔子, 命席. '不俟朝', 君揖之卽退, 不待朝事畢也. '就之', 就其家也. 老而致仕, 君或不許, 異其禮而已.

集說 옛날에 조회를 보는 예는 군주와 신하가 모두 서 있었다. 70세가 되면 조정에서 지팡이를 잡고 지팡이에 의지하여 서 있는다. '군주가 질문할 때는 자리를 마련해준다'는 것은 군주가 만약 자문할 것이 있으면 노인을 위해 당堂 위에 자리를 마련하고 거기에 앉게 한다는 뜻이다. '조회가 끝날 때까지 기다리지 않는다'는 것은 군주를 뵙고 읍을 하면 곧바로 물러나서 조회의 일이 끝나기를 기다리지 않는다는 뜻이다. '찾아간다'는 것은 그 노인의 집으로 간다는 뜻이다. 古者視朝之禮, 君臣皆立, 七十杖於朝據杖而立也. '君問則席', 謂君若有問, 則爲之布席於堂, 而使之坐也. '不俟朝', 謂見君而揖之卽退, 不待朝事畢也. '就之', 卽其家也.

【제의 41】

연장자와 동행할 때, 어깨를 나란히 하여 걷지 않으며, 옆으로 조금 뒤처져서 따르거나 뒤에서 따라간다. 길에서 노인을 만나면, 수레를 타고 가든 도보로 가든 노인에게 길을 피하여 양보한다. 머리가 희끗희끗한 사람이 길에서 짐을 지고 다니지 않는다. 그리하여 공손함의 도리가 길에서 통용된다.

行, 肩而不併, 不錯則隨. 見老者則車・徒辟. 斑白者不以其任行乎道路. 而弟達乎道路矣.

鄭注 '착錯'은 안항鴈行[45]이다. 아버지 항렬이면 뒤에서 따라가고 형의 항렬이면 옆으로 조금 뒤처져서 따라간다. '거車・도피徒辟'는 수레를 타고 가든 걸어서 가든 모두 노인을 피한다는 뜻이다. '반백斑白'은 머리카락이 흰색과 검은색이 섞여 있는 것이다. '임任'은 짊어지거나 들고 있는 물건이다.

'짐을 지고 다니지 않는다'(不以任)는 것은 젊은 사람이 대신 들고 간다는 뜻이다. '錯', 鴈行也. 父黨隨行, 兄黨鴈行. '車·徒辟', 乘車·步行, 皆辟老人也. '斑白'者, 髮雜色也. '任', 所擔持也. '不以任', 少者代之.

集說 이는 젊은이가 연장자와 동행할 때의 예를 말한 것이다. '병併'은 나란하다(並)는 뜻이다. '어깨를 나란히 하여 걷지 않는다'는 것은 젊은이는 어깨를 연장자의 어깨와 나란히 할 수 없고, 마땅히 조금 물러나 뒤에 있어야 한다는 뜻이다. '옆으로 조금 뒤처져서 따르거나 뒤에서 따라간다'는 것은 이 연장자가 만약 형의 항렬이라면 안항雁行의 차이를 두어 조금 처져서 뒤따르고, 만약 아버지의 항렬이라면 곧바로 그 뒤에서 따라가는 것을 말한다. '거車·도피徒辟'는 수레를 타거나 도보로 걷거나 모두 길을 피해야 한다는 뜻이다. '임任'은 등에 지고 머리에 인 짐이다. '길에서 짐을 지고 다니지 않는다'는 것은 곧 『맹자』에 말한 "머리가 희끗희끗한 자가 길에서 짐을 등에 지거나 머리에 이고 다니지 않는다"46)는 의미다. 此言少者與長者同行之禮. '併', 並也. '肩而不併', 謂少者不可以肩齊並長者之肩, 當差退在後也. '不錯則隨', 謂此長者若是兄之輩, 則爲鴈行之差錯, 稍偏而後之, 若是父之輩, 則直隨從其後矣. '車·徒辟', 言或乘車, 或徒行, 皆當避之也. '任', 所負戴之物也. '不以任行道路', 卽『孟子』"頒白者不負戴於道路"矣.

【제의 42】

항촌에 있을 때는 나이를 기준으로 한다. (그리하면) 늙고 곤궁한 사람이 버려지지 않고 강한 사람이 약한 사람을 침범하지 않으며 다수의 사람이 소수의 사람을 학대하지 않는다. 그리하여 공손함이 향리에서 통용된다.

居鄕以齒. 而老窮不遺, 强不犯弱, 衆不暴寡. 而弟達乎州巷矣.

鄭注 '늙고 곤궁한 사람이 버려지지 않는다'(老窮不遺)는 것은 향촌 사람들이 그를 높이고 공경하여 비록 가난하고 자손이 없더라도 버리거나 잊지 않는다는 뜻이다. 1향鄕은 5주州로 이루어져 있다. '항巷'은 려閭의 뜻과 같다. '老窮不遺', 以鄕人尊而長之, 雖貧且無子孫, 無棄忘也. 一鄕者五州. '巷', 猶閭也.

集說 '유遺'는 버린다(棄)는 뜻이다. ○ 정씨鄭氏(정현鄭玄)는 말한다. "1향鄕은 5주州로 이루어져 있다. '항巷'은 려閭의 뜻과 같다." '遺', 棄也. ○ 鄭氏曰: "一鄕者五州. '巷'猶閭也."

【제의 43】

옛날의 도에서는 50세가 된 사람은 전甸의 보졸(甸徒)이 되지 않고, 사냥에서 잡은 짐승을 나누어 줄 때는 연장자에게 많이 준다. 그리하여 공손함의 도리가 사냥에서 통용된다.

古之道, 五十不爲甸徒, 頒禽隆諸長者. 而弟達乎獀狩矣.

鄭注 4정井이 읍邑이 되고, 4읍이 구丘가 되고, 4구가 전甸을 이루므로 전甸은 64정井이다. 이것으로 군사나 사냥에 역役을 내는 법을 만든다. 50세가 되면 쇠약하기 시작하므로 역역力役의 일에 동원되지 않는다. '반頒'이라는 말은 나눈다(分)는 뜻이다. '융隆'은 많다(多)는 뜻과 같다. 사냥한 짐승을 나누어 줄 때에 이르러 노인에게 많이 준다는 것은 모두 아직 50세가 되지 않은 사람들로 사냥하게 함을 말한다. 봄 사냥을 '수獀'라고 하고, 겨울 사냥을 '수狩'라고 한다. 四井爲邑, 四邑爲丘, 四丘爲甸, 甸六十四井也. 以爲軍田出役之法. 五十始衰, 不從力役之事也. '頒'之言分也. '隆', 猶多也. 及田者分禽, 多其老者, 謂竭作未五十者. 春獵爲'獀', 冬獵爲'狩'.

集說 4정井이 읍邑이 되고, 4읍이 구丘가 되고, 4구丘가 전甸이 된다. 군주가 사냥을 나가면 백성을 징발하여 졸도卒徒로 삼는다. 그러므로 '전도甸徒'라고 한 것이다. 나이 50세에 쇠약하기 시작한다. 그러므로 이 노역에 차출되지 않는다. '반頒'는 나눈다(分)는 뜻과 같다. '융隆'은 많다(多)는 뜻과 같다. 사냥이 끝나 잡은 짐승을 나눌 때 연장자가 젊은이보다 많은 것을 받는다. 봄 사냥을 '수獀'라고 하고, 겨울 사냥을 '수狩'라고 한다. 이것에 따르면 여름과 가을 사냥의 경우도 그러함을 알 수 있다. 四井爲邑, 四邑爲丘, 四丘爲甸. 君田獵則起其民爲卒徒. 故曰'甸徒'. 五十始衰. 故不供此役也. '頒', 猶分也. '隆', 猶多也. 田畢分禽, 則長者受賜多於少者. 春獵爲'獀', 冬獵爲'狩'. 擧此則夏秋可知.

【제의 44】

군대의 편제에서 지위가 같으면 나이를 높인다. 그리하여 공손함의 도리가 군대에서 통용된다.

軍旅什五, 同爵則尚齒. 而弟達乎軍旅矣.

鄭注 '십오什伍'는 사졸의 편제 단위다. 「소의少儀」(54)에 "장수는 왼쪽을 높이고 군졸은 오른쪽을 높인다"고 하였다." '什伍', 士卒部曲也. 「少儀」曰: "軍尚左, 卒尚右."

集說 5인이 오伍가 되고, 2오가 십什이 된다. 五人爲伍, 二伍爲什.

【제의 45】

효제의 도리가 조정에서 일어나, 길에서 행해지고 향리에 이르며 사냥에 적용되고 군대의 편제에서 행해지니, 대중이 효제의 의리에 통달하여 효제의 도리를 위해서 죽고 감히 침범하지 않는다.

孝弟發諸朝廷, 行乎道路, 至乎州巷, 放乎獀狩, 脩乎軍旅, 衆以義死之, 而弗敢犯也.

鄭注 '위해서 죽는다'(死之)는 것은 이 효제의 예를 위해 죽는다는 뜻이다. '死之', 死此孝弟之禮.

集說 조정에서부터 군대에까지 이른다면 그 사람들이 많다고 할 수 있다. 그러나 모두 효제의 의리에 통달하여 효제를 위해 죽고 감히 침범하지 않는다. 自朝廷至軍旅, 其人可謂衆矣. 然皆以通達孝弟之義, 死於孝弟而不敢干犯也.

【제의 46】

명당明堂에서 제사지내는 것은 제후가 효를 행하는 도리를 가르치기 위한 것이다. 태학大學에서 삼로三老와 오경五更에게 음식을 봉양하는 것은 제후가 공손함(弟)을 행하는 도리를 가르치기 위한 것이다. 서학西學에서 선현先賢을 제사지내는 것은 제후가 덕을 숭상하는 도리를 가르치기 위한 것이다. 적전籍田을 직접 경작하는 것은 제후가 귀신을 봉양(養)하는 도리를 가르치기 위한 것이다. 조근朝覲의 예를 행하는 것은 제후가 신하로서 할 도리를 가르치기 위한 것이다. 이 다섯 가지는 천하의 중대한 가르침이다.

祀乎明堂, 所以教諸侯之孝也. 食三老·五更於大學, 所以教諸侯之弟也. 祀先賢於西學, 所以教諸侯之德也. 耕藉, 所以教諸侯之養也. 朝覲, 所以教諸侯之臣也. 五者, 天下之大教也.

鄭注 '명당에서 제사지낸다'(祀乎明堂)는 것은 문왕을 종사宗祀하는 것을 말한다. '서학西學'은 주나라의 소학小學이다. '선현先賢'이란 도덕을 갖추고 있어 왕이 국자國子를 가르치게 하는 자이다. '祀乎明堂', 宗祀文王. '西學', 周小學也. '先賢', 有道德, 王所使教國子者.

集說 '서학西學'은 서쪽 교郊에 있는 학교로서 주나라의 소학이다. 「왕제王制」(131)에 "우상은 도성의 서교西郊에 있다"고 한 것이 그것이다. ○ 방씨方氏는 말한다. "'선현先賢'은 악조樂祖[47])가 이에 해당되고, '서학西學'은 고종瞽宗[48])이 이에 해당된다. 악조는 도덕을 갖춘 자이다. 그러므로 '제후가 덕을 숭상하는 도리를 가르친다'라고 한 것이다. '적전을 직접 경작하는' 것은 신을 섬겨서 봉양의 도리를 다하기 위한 것이다. 그러므로 '제후가 귀신을 봉양하는 도리를 가르친다'라고 한 것이다. '조근朝覲'은 천자를 높이기 위한 것이다. 그러므로 '제후가 신하로서 할 도리를 가르친다'라고 한 것이다. 「악기樂記」(73)에서 조근을 먼저 언급하고 경적耕藉을 뒤에 언급한 것은 무왕이 처음에 천하를 소유하여 군주와 신하의 구분을 일찍 변별하지 않을 수 없었기 때문이다." '西學', 西郊之學, 周之小學也. 「王制」云: "虞庠在國之西郊", 是也. ○ 方氏曰: "'先賢'則樂祖, 是也, '西學'則瞽宗, 是也. 樂祖有道德者. 故曰'教諸侯

之德'. '耕藉', 所以事神致養之道. 故曰'敎諸侯之養'. '朝覲', 所以尊天子. 故曰'敎諸侯之臣'. 「樂記」 先朝覲而後耕藉者, 武王初有天下, 君臣之分, 辨之不可不早也."

【제의 47】

태학에서 삼로三老와 오경五更에게 음식으로 봉양할 때, 천자는 단袒을 하고 희생의 고기를 썰며, 스스로 장을 들어 음식을 올리고, 식사가 끝나면 술잔을 들어 입가심을 하고, 면복冕服에 방패를 들고 춤추는 자리에 선다. 제후가 공손함(弟)을 행하는 도리를 가르치기 위한 것이다. 그러므로 향리에서 나이에 따른 위계를 알아, 늙고 곤궁한 사람을 버리지 않고 강한 자가 약한 자를 침범하지 않으며 다수의 사람이 소수의 사람을 학대하지 않는다. 이는 태학에서 행하는 양로의 예로 말미암은 것이다.

食三老·五更於大學, 天子袒而割牲, 執醬而饋, 執爵而酳, 冕而摠干. 所以敎諸侯之弟也. 是故鄕里有齒而老窮不遺, 强不犯弱, 衆不暴寡. 此由大學來者也.

鄭注 '희생의 고기를 썬다'(割牲)는 것은 조俎에 넣을 음식을 만드는 것이다. '면복에 방패를 들고 춤추는 자리에 선다'(冕而摠干)는 것은 직접 춤추는 자리에 나아가 음악으로 식사를 권한다는 뜻이다. 제후가 공손함을 행하는 도리를 가르치는 것은 부모 섬기는 일에게 버금간다. '割牲', 制俎實也. '冕而摠干', 親在舞位, 以樂侑食也. 敎諸侯之弟, 次事親.

集說 '단袒을 하고 희생의 고기를 썬다'(袒而割牲)는 것은 단袒을 하고 희생

의 몸체를 썰어서 조俎에 들어갈 음식을 만든다는 뜻이다. '궤饋'는 음식을 올린다는 뜻이다. '윤酳'은 식사가 끝나고 술로 입가심을 한다는 뜻이다. '총간總干'은 방패를 잡고서 춤추는 자리에 선다는 뜻이다. '향리에는 나이가 있다'(鄕里有齒)는 것은 사람이 모두 어른과 젊은이의 위계를 안다는 뜻이다. '袒而割牲'者, 袒衣而割制牲體爲俎實也. '饋', 進食也. '酳', 食畢而以酒虛口也. '總干', 總持干盾, 以立于舞位也. '鄕里有齒', 言人皆知長少之序也.

【제의 48】

천자는 네 개의 태학을 설립하고, 태학에 들어갈 때 태자는 (그 자리를 정함에) 나이를 기준으로 한다.

天子設四學, 當入學而大子齒.

鄭注 '네 개의 태학'(四學)은 주나라 사방 교郊에 설치한 학교(虞庠)를 가리킨다. 「문왕세자文王世子」(22)에 "한 가지 일을 행하여 세 가지 선善을 모두 얻는 이는 오직 세자뿐이니, 같이 공부하는 사람들과 나이의 많고 적음을 가지고 양보하는 것을 가리킨다"라고 하였다. '四學', 謂周四郊之虞庠也. 「文王世子」曰: "行一物而三善皆得, 唯世子而已, 其齒於學之謂也."

集說 '네 개의 태학'은 우虞·하夏·은殷·주周 네 왕조의 태학이다. '태자는 나이를 기준으로 한다'는 것은 태자는 동학과 더불어 장유長幼에 따라 위계를 정하고 신분이 높은 것을 적용하지 않는다는 뜻이다. '四學', 虞·夏·殷·周四代之學也. '大子齒', 謂大子與同學者序長幼之位, 不以貴加人也.

【제의 49】

천자가 순수巡守를 나가면 제후는 국경에서 기다린다. 천자는 먼저 나이 100세 된 노인을 찾아가 본다. 80세 혹은 90세 된 노인의 경우, 동쪽으로 갈 때 서쪽의 노인을 그냥 지나치지 않고, 서쪽으로 갈 때 동쪽의 노인을 그냥 지나치지 않는다. 노인이 정사에 대해서 논의하고자 하면, 군주가 찾아가서 들을 수 있다.

天子巡守, 諸侯待于竟. 天子先見百年者.① 八十九十者, 東行, 西行者弗敢過, 西行, 東行者弗敢過. 欲言政者, 君就之可也.②

鄭注 ① 그 나라의 군주에게 100세 된 사람의 소재를 묻고 찾아가서 만나보는 것이다. 問其國君以百年者所在, 而往見之.

② '그냥 지나치지 않는다'(弗敢過)는 것은 가는 길이 그 곳을 지나가게 되면 인사를 드린다는 뜻이다. '弗敢過'者, 謂道經之則見之.

集說 응씨應氏는 말한다. "상대가 동쪽을 향하고 내가 서쪽을 향하거나, 상대가 서쪽으로 가고 내가 동쪽으로 나아가면 이것은 서로 어긋나서 서로 만나지 않는 것이지만, 그래도 반드시 가던 길을 멈추고 돌아가서 찾아가 인사드리고 감히 건너 뛰어 그냥 지나치지 않는다." 應氏曰: "彼向東此向西, 彼西行此趨東, 是相違而不相値, 然必駐行反迂, 謁而見之, 不敢超越徑過也."

【제의 50】

일명壹命은 향리에서 나이를 따지고, 재명再命은 종족에서 나이를 따진다. 삼명三命은 나이를 따지지 않지만, 종족에 70세 된 노인이 있으면 감히 먼저 자리에 들지 않는다. 70세 된 노인은 큰일이 생기지 않으면 들어가서 조회하지 않는다. 만약 큰일이 생겨서 들어가면, 군주가 반드시 그와 더불어 먼저 읍양揖讓의 예를 행하고, 그런 뒤에 작위를 가진 자에게 읍을 한다.

壹命齒于鄕里, 再命齒于族. 三命不齒, 族有七十者弗敢先.① 七十者不有大故不入朝. 若有大故而入, 君必與之揖讓, 而后及爵者.②

鄭注 ① 이는 향사鄕射의 예에서 술을 마실 때를 가리키는 것이다. '치齒'란 나이에 따라 서거나 앉는 것을 가리킨다. '삼명三命'은 열국의 경卿이므로, 다시 나이를 따지지 않고, 빈賓의 동쪽에 자리를 배치한다. '감히 종족 가운데 70세 된 노인보다 먼저 자리에 들지 않는다'(不敢先族之七十)는 것은 이미 한 사람이 술잔을 들고 난 뒤에 비로소 들어간다는 뜻이다. 비록 종족 사람이 아니라도 그렇게 한다. '종족에서 나이를 따진다'(齒乎族)는 문장을 이어받아 말하였기 때문에 '종족'(族)이라고 한 것이다. 此謂鄕射飮酒時也. '齒'者, 謂以年次立若坐也. '三命', 列國之卿也, 不復齒, 席之於賓東. '不敢先族之七十'者, 謂旣一人擧觶乃入也. 雖非族, 亦然. 承'齒乎族', 故言'族'爾.

② 벼슬을 돌려주고 집에 있는 자를 가리킨다. 그가 들어가서 조회를 하게 되면, 군주가 먼저 그와 더불어 예를 행하고, 그런 뒤에 경·대부·사에게 읍을 한다. 謂致仕在家者. 其入朝, 君先與之爲禮, 而后揖卿·大夫·士.

集說 ○ 방씨方氏(방각方慤)는 말한다. "'일명一命은 향리에서 나이를 따진다'고 하였으니, 향리가 아니라면 작위를 가지고 하고 나이를 가지고 하지 않음을 알 수 있다. '재명再命은 종족에서 나이를 따진다'고 하였으니, 종족

이 아니라면 작위를 가지고 하고 나이를 가지고 하지 않음을 또한 알 수 있다. '삼명三命은 나이를 따지지 않는다'고 하였으니 비록 자기 종족에서라도 또한 나이를 따지지 않을 수 있다. 그렇다면 향리에서도 나이를 따지지 않음을 알 수 있다. 이는 다만 신분이 높은 이를 높이는(貴貴) 의리일 뿐이다. 노인을 공경하는(老老) 인仁 또한 폐기할 수 없으므로 종족에 70세 된 노인이 있으면 감히 먼저 하지 못한다. '먼저 한다'(先)는 것은 향음주의 자리에 70세 된 노인이 먼저 들어온 뒤에 들어온다는 뜻이다. '군주가 그와 더불어 읍양揖讓의 예를 행하고, 그런 뒤에 자위를 가진 자에게 읍을 한다'고 하였는데, 어찌 동종의 삼명三命 정도가 그보다 먼저 할 수 있겠는가? 5주州가 향鄕이 되고, 5린隣이 리里가 된다. 멀리는 향鄕을 거론하였으므로 가까이로는 5비比의 려閭까지 이른다는 것을 알 수 있다. 가까이로는 리里를 거론하였으므로 멀리로는 5현縣의 수遂까지 이른다는 것을 알 수 있다. 6향鄕과 6수遂가 서로 함께하는 것임을 알 수 있다. 경문에서 '족族'이라고 말한 것은 「주관周官」에서 말한 '아버지의 친족'(父族)이다. 천하天下를 소유하고 있는 자를 왕족王族이라 하고, 국國을 소유하고 있는 자를 공족公族이라 하고, 가家를 소유하고 있는 자는 관족官族이라 한다. 대대로 전해지는 점에서 말하면 세족世族이라 하고, 제사를 주관하는 점에서 말하면 종족宗族이라고 한다." ○ 方氏曰: "'一命齒于鄕里', 非其鄕里, 則以爵而不以齒可知. '再命齒于族', 非其族, 則以爵而不以齒亦可知. '三命不齒', 雖於其族, 亦不得而齒之矣. 則鄕里又可知然. 此特貴貴之義耳. 至於老老之仁, 又不可得而廢焉, 故族有七十者, 弗敢先也. '先', 謂鄕飮之席, 待七十者先入而后入也. '君與之揖讓而後及爵者', 豈族之三命得以先之乎? 五州爲鄕, 五隣爲里. 於遠擧鄕, 則近至於五比之閭可知. 於近擧里, 則遠達於五縣之遂可知. 六鄕六遂, 足以互見也. 此言'族', 「周官」所謂'父族'也. 蓋有天下者, 謂之王族, 有國者, 謂之公族, 有家者, 則謂之官族. 以傳世言之, 則曰世族, 以主祭言之, 則曰宗族."

【제의 51】

천자는 선한 일이 있으면 덕을 하늘에 돌린다. 제후는 선한 일이 있으면 공을 천자에게 돌린다. 경과 대부는 선한 일이 있으면 제후에게 공을 돌린다. 사와 서인은 선한 일이 있으면 공의 근본을 부모에게 돌리고, 공을 장로長老들에게 돌린다. 작록爵祿과 상을 내릴 때 종묘에서 명하는 것은 공순함을 보여주기 위한 것이다.

天子有善, 讓德於天. 諸侯有善, 歸諸天子. 卿·大夫有善, 薦於諸侯. 士·庶人有善, 本諸父母, 存諸長老. 祿爵·慶賞, 成諸宗廟, 所以示順也.

鄭注 '천薦'은 올린다(進)는 뜻이다. '종묘에서 이룬다'(成諸宗廟)는 것은 종묘에서 명을 내린다는 뜻이다. 「제통祭統」(15)에 열 가지 인륜(倫)이 있는데, 여섯 번째가 작위와 은상의 수여를 보여주는 것이다. '薦', 進也. '成諸宗廟', 於宗廟命之. 「祭統」有十倫, 六曰見爵賞之施焉.

集說 '종묘에서 이룬다'(成諸宗廟)는 것은 종묘에서 명령을 내린다는 뜻이다. 상세한 설명은 「제통祭統」(15) '십륜장十倫章'에 있다. '成諸宗廟', 言於宗廟中命之也. 詳在「祭統」'十倫章'.

【제의 52】

옛날에 성인은 음양과 천지의 정情을 세워 『역易』을 지었다. 역관易官이 거북이(龜)를 껴안고 남면하면, 천자는 곤면袞冕을 입고 북면하여 비록 밝고 지혜로운 마음이 있어도 반드시 나아가 거북점을 보고서 그 뜻을 결단한다. 감히 마음대로 하지 않고 하늘을 높임을 보여주는 것이다. 선한 일이 있으면 남을 칭찬하고, 잘못된 일이 있으면 자기 탓을 한다. 공을 과시하지 않고 현인을 높임을 가르치는 것이다.
昔者聖人建陰陽天地之情, 立以爲『易』. 易抱龜南面, 天子卷冕北面, 雖有明知之心, 必進斷其志焉. 示不敢專, 以尊天也. 善則稱人, 過則稱己. 敎不伐以尊賢也.

鄭注 '세워 『역』을 만든다'(立以爲『易』)는 것은 『역易』을 지은 것을 말한다. '역포귀易抱龜'에서 '역易'은 관직의 명칭으로, 『주례』에서는 '태복大卜'이라고 하였다. 태복은 삼조三兆[49]・삼『역』(三『易』)[50]・삼몽三夢[51]의 점을 주관한다. '立以爲『易』', 謂作『易』. '易抱龜', '易', 官名, 『周禮』曰'大卜'. 大卜主三兆・三『易』・三夢之占.

集說 방씨方氏는 말한다. "길흉의 상象을 밝히는 것에 『역易』만한 것이 없고, 길흉의 상을 보여주는 것에 거북(龜)만한 것이 없다. 남쪽은 밝아서 보여주는 바가 있는 방향이다. 그러므로 역관易官은 거북을 껴안고 남쪽을 향한다. 천자가 북면하는 것은 신하의 예로 자처하여 존경의 마음을 다하는 것이다. 남면은 안이고, 북면은 밖이다. 밖에서 안으로 이르는 것을 '진進'이라고 한다. 그러므로 '나아가 그 뜻을 결단한다'(進斷其志)고 한 것이다." ○ 응씨應氏(응용應鏞)는 말한다. "『역易』은 책이고, 거북을 껴안는 자는 사람이다. 『역』을 관장하는 사람이라고 말하지 않고, 곧바로 역易(역관)이라고 한 것은 밝게 천하 사람에게 보여주는 것인 『역』이기 때문이다. 『역』의 도는 굽힐 수 없다. 그러므로 북면을 하지 않고 남면을 하는 것은 이를 분명히 하는 것이다. 북면을 하는 것은 신하이다. 신하의 자리는 넘어설 수 없

기 때문에 '사람'(人)이라 말하지 않고 '역易'이라 한 것이니 대개 깊은 뜻이 있다." ○ 석량왕씨石梁王氏는 말한다. "이 경문에서 점치는 자의 자리를 말한 것은 『의례』와 부합하지 않으니, 또한 과장하는 말에 가깝다." ○ 유씨劉氏는 말한다. "『역易』은 천지의 귀신을 대신하여 천자에게 길흉을 고하는 것이다. 그러므로 남면하여 제사 때의 시尸가 신의 존귀함을 대신하는 것처럼 한다. 천자가 북면하여 점을 묻고서 그 뜻을 결단하는 것은 하늘을 높이고 신을 섬기는 예이다." 方氏曰: "明吉凶之象者, 莫如『易』, 示吉凶之象者, 莫如龜. 南則明而有所示之方也. 故易抱龜南面焉. 天子北面, 則以臣禮自處, 而致其尊也. 南面, 內也, 北面, 外也. 自外至內謂之'進'. 故曰'進斷其志'." ○ 應氏曰: "『易』, 書也, 抱龜者, 人也. 不曰掌『易』之人, 而直以爲易者, 蓋明以示天下者, 『易』也. 『易』之道不可屈. 故不於北而於南, 明此. 以北面者, 臣也. 臣之位不可踰, 故不曰'人'而曰'易', 蓋有深意焉." ○ 石梁王氏曰: "此說卜者之位與『儀禮』不合, 亦近於張大之辭." ○ 劉氏曰: "『易』代天地鬼神, 以吉凶告天子. 故南面如祭祀之尸代神之尊也. 天子北面問卜以斷其志, 蓋尊天事神之禮也."

【제의 53】

효자가 제사를 지내려고 할 때는 반드시 가지런하고 경건한 마음으로 일을 미리 생각하여 복장과 기물을 갖추고 궁실을 수리하며 온갖 일을 대비한다. 제사지내는 날이 되면 안색은 반드시 온화하고 걸을 때는 반드시 두려운 모습으로 걸어 마치 좋아하는 사람을 보지 못할까 두려워하는 듯이 한다. 전奠을 올릴 때에는 용모가 반드시 온화하고 몸은 반드시 조금 굽혀서 마치 돌아가신 부모가 하고 싶은 말이 있는데 미처 말을 하지 못한 듯이 한다. (제사가 끝나고) 제사를 돕던 사람들이 모두 나가면 그 서 있는 모습이 공손하고 조용하여 마음을 바로 잡아서 마치 부모를 보지 못하게 될 듯이 한다. 제사가 끝나고 나면 부모를 그리워하고 추모하여 부모가 다시 돌아오실 것처럼 한다. 이 때문에 정성과 선함이 몸과 어긋나지 않고 귀로 듣고 눈으로 보는 것이 마음과 어긋나지 않으며 생각과 사고가 부모에 대한 그리움에서 떠나지 않는다. 마음에 맺혀 있고 안색으로 드러나서 돌아가신 부모를 자꾸 돌이켜 생각하고 살펴본다. 이것이 효자의 마음이다.

孝子將祭祀, 必有齊莊之心以慮事, 以具服物, 以脩宮室, 以治百事.① 及祭之日, 顔色必溫, 行必恐, 如懼不及愛然.② 其奠之也, 容貌必溫, 身必詘, 如語焉而未之然.③ 宿者皆出, 其立卑靜以正, 如將弗見然.④ 及祭之後, 陶陶遂遂, 如將復入然.⑤ 是故愨善不違身, 耳目不違心, 思慮不違親. 結諸心, 形諸色, 而術省之. 孝子之志也.⑥

鄭注 ① 재계하기 전후를 가리킨다. 謂齊之前後也.

② 마치 사랑하는 사람을 보지 못할까 두려워하는 듯이 한다는 것이다. 如懼不及見其所愛者.

③ '전을 올린다'(奠之)는 것은 술동이의 술을 따라서 그것을 올리고 입가심을 하는 등을 가리킨다. '말을 하였지만 대답을 듣지 못한 듯이 한다'(如語焉而未之然)는 것은 부모에게 말을 하였지만 대답을 미처 듣지 못한 듯이 한다는 뜻이다. '奠之', 謂酌尊酒奠之及酳之屬. '如語焉而未之然', 如有所以語親而未見答.

④ '머물던 자가 모두 나간다'(宿者皆出)는 것은 제사를 도우러 온 빈객이 일

이 끝나서 떠나간다는 뜻이다. '볼 수 없을 듯이 한다'(如將弗見然)는 것은 제사의 일이 끝나고 부모가 계신 곳을 몰라 그리움이 깊어져서 마치 나가는 것을 보지 못한 듯이 한다는 것이다. '宿者皆出', 謂賓助祭者事畢出去也. '如將弗見然', 祭事畢, 而不知親所在, 思念之深, 如不見出也.

⑤ 그리움이 이미 깊어져서 부모가 다시 들어오는 것을 본 듯이 하는 것이다. '요요수수陶陶遂遂'는 서로 따라서 가는 모습이다. 思念旣深, 如睹親將復入也. '陶陶遂遂', 相隨行之貌.

⑥ '술術'은 마땅히 '술述'로 되어야 한다. 발음 때문에 잘못된 것이다. '術'當爲'述'. 聲之誤也.

集說 '정성과 선함이 몸과 어긋나지 않는다'는 것은 주선하고 오르내릴 때 공경하지 않음이 없다는 뜻이다. '귀로 듣고 눈으로 보는 것이 마음과 어긋나지 않는다'는 것은 듣고 보는 바가 그 마음속에 담고 있는 것을 어지럽히지 못한다는 뜻이다. '맺힌다'(結)는 것은 풀 수 없다는 뜻이다. '술術'은 '술述'과 같은 뜻으로, '술성述省'은 되돌아보고 살펴본다는 뜻과 같으며, 일을 할 때마다 생각하고 살펴본다는 뜻이다. ○ 방씨方氏는 말한다. "부모가 오실 때에는 '친애하는 사람을 보지 못할까 두려워하듯이 하고', 이미 오시게 되면 또 '마치 돌아가신 부모가 하고 싶은 말이 있는데 미처 말을 하지 못한 듯이 하고', 가실 때에는 '마치 부모를 보지 못하게 될 듯이 하고', 이미 떠나가신 뒤에는 또 '다시 돌아오실 것처럼 한다.' 이는 효자가 부모를 그리워하여 어떤 것도 그 그리워하는 마음을 흡족하게 해주기에 부족하고, 잠시도 그 부모 생각을 끊을 수 없는 것이다. '마치 친애하는 사람을 보지 못할까 두려워하듯이 한다'는 것은 즉 앞의 경문에서 말한 '친애하는 마음을 극진하게 하면 보존된다'[52]는 것이요, '마치 말을 하였지만 부모의 대답을 듣지 못한 듯이 한다'는 것은 즉 이른바 '마치 부모의 명령을 직접 듣는

것같이 한다'[53]는 것이고, '마치 다시 되돌아오실 듯이 한다'는 것은 곧 이른바 '또 이어서 그리워하였다'[54]는 것이다. '친애한다'(愛)는 것은 그 부모를 친애한다는 뜻이다. '친애하는 사람을 보지 못할까 두려워한다'는 것은 부모를 친애하는 마음에 지극하지 못한 바가 있을까 두려워한다는 뜻이다. '말'(語)은 부모의 말이다. '마치 돌아가신 부모가 하고 싶은 말이 있는데 미처 말을 하지 못한 듯이 한다'는 것은 마치 부모가 말을 하고 싶은 것이 있는데 미처 말을 꺼내지 못한 듯이 한다는 뜻이다. '요요陶陶'는 부모를 그리워하는 마음이 안에 보존되어 있는 것이고, '수수遂遂'는 부모를 그리워하는 마음이 밖으로 표현되는 것이다. 제사가 끝난 뒤에도 이와 같이 하는 것은 부모가 마치 다시 돌아오실 것 같기 때문이다." '慤善不違身', 周旋升降, 無非敬也. '耳目不違心', 所聞所見, 不得以亂其心之所存也. '結'者, 不可解之意. '術', 與述同, '述省', 猶循省也, 謂每事思省. ○ 方氏曰: "於其來也, '如懼不及愛然', 及旣來也, 又'如語而未之然', 於其往也, '如將弗見然', 及旣往也, '又如將復入然'. 則是孝子之思其親, 無物足以慊其心, 無時可以絶其念. '如懼不及愛然', 卽前經所謂'致愛則存', 是矣, '如語焉而未之然', 卽所謂'如親聽命', 是矣, '如將弗見然', 卽所謂'如將失之', 是矣, '如將復入然', 卽所謂又'從而思之', 是矣. '愛'者, 愛其親也. '懼不及愛'者, 懼愛親之心, 有所未至也. '語'者親之語也. '語而未之然', 如親欲有所語而未發也. '陶陶', 言思親之心存乎內, '遂遂', 言思親之心達乎外. 祭後猶如此者, 以其如將復入故也."

【제의 54】

나라의 신위神位를 세울 때에는 오른쪽에 사직을, 왼쪽에 종묘를 세운다.

建國之神位, 右社稷而左宗廟.

鄭注 주나라는 왼쪽을 숭상하였다. 周尙左也.

集說 방씨方氏는 말한다. "신神은 방위가 없다. 방위가 없으면 자리가 없다. 이른바 '신위神位'란 또한 사람이 세운 것일 뿐이다. 그러므로 '세우다'(建)라고 말한 것이다. 세우면 있게 되는 것이다. 왕씨王氏(왕안석王安石)는 '오른쪽은 음으로, 지도地道가 높이는 바이다. 그러므로 사직을 오른쪽에 세운다. 왼쪽은 양으로, 인도人道가 향하는 바이다. 그러므로 종묘를 왼쪽에 세운다. 인도가 향하는 바에 종묘를 위치시키는 것은 또한 그 부모를 죽은 것으로 여기지 않는 의미이다'라고 하였다." 方氏曰: "神無方也. 無方則無位. 所謂'神位'者, 亦人位之耳. 故以'建'言之. 建之, 斯有矣. 王氏謂, '右陰也, 地道所尊. 故右社稷. 左陽也, 人道之所鄕. 故左宗廟. 位宗廟於人道所鄕, 亦不死其親之意.'"

역주

1) 성대하게 ~ 제사 : '殷'은 성대하다는 뜻으로, '殷祭'는 곧 성대하게 지내는 제사를 말한다. 종묘제사에서는 3년마다 지내는 大祭와 여러 조상의 신주를 합제하여 5년마다 지내는 대제를, 군주의 상복을 벗은 뒤에 자신의 부모에 대한 練祭와 大祥祭를 은제의 형식으로 지낸다. 「王制」(58)의 "천자는 礿은 단독으로(犆) 지내고, 禘 · 嘗 · 烝의 시제는 祫祭로 지낸다"(天子犆礿, 祫禘 · 祫嘗 · 祫烝)의 정현 주에 "'祫'은 합한다는 뜻이다. 천자와 제후가 喪을 마치고 先君의 신주를 始祖廟에 함께 모셔놓고 제사를 지내는 것을 '祫'이라고 한다.…… 노나라의 禮에서는, 삼년상을 마치고 태조의 묘에서 협제를 지내고, 그 이듬해 봄에 群廟에 禘제사를 지냈다. 이후로 5년 동안에 은제를 두 번 지내는데, 한 번은 협제로 한 번은 禘祭로 지냈다."('祫', 合也. 天子 · 諸侯之喪畢, 合先君之主于祖廟而祭之, 謂之'祫'……魯禮, 三年喪畢而祫于大祖, 明年春禘于群廟. 自爾之後, 五年而再殷祭, 一祫一禘)라고 하였다. 「曾子問」(41)의 "군주에 대한 상복을 벗은 뒤에 성대하게 제사를 지내는 것이 예이다"(君之喪服除, 而後殷祭, 禮也)에 대한 공영달의 소에서 "'은殷'은 성대하다는 뜻이다. 小祥과 大祥의 두 祥祭는 상복을 바꾸어 입고 벗는 성대한 제사이다. 그러므로 殷祭라고 한 것이다"('殷', 大也. 小大二祥, 變除之大祭. 故謂之殷祭也)"라고 하였다. 『漢書』「韋玄成傳」에 "훼묘한 신주들은 태조묘에 보관하고, 5년에 두 번 성대하게 제사를 올리는데 한 번은 禘祭로 한 번은 祫祭로 제사하는 것을 말한다"(毁廟之主, 藏乎太祖, 五年而再殷祭, 言一禘一祫也)라고 하였다.

2) 굴도가 ~ 즐겨하였다 : 『국어』 권17, 「楚語上」에 "굴도가 세발마름을 즐겨하였는데, 병에 걸려 죽게 되었다. 그의 宗老를 불러 놓고 '나를 제사지낼 때에는 세발마름으로 하라'고 부탁하였다"(屈到嗜芰, 有疾. 召其宗老而屬之曰: "祭我必以芰")라고 하였다. '宗老'는 대부의 가신으로 宗事를 관리하는 자이다.

3) 旋 : 경문의 '還'은 음이 '선'이며 '旋'(돌아서다)으로 읽는다. 따라서 陳澔는 '旋'으로 바꾸어 읽었다. 「玉藻」(81)에 의하면, 의식을 수행하여 오고갈 때 '周旋'은 원 모양을 그리며 둥글게 돌아 방향을 전환하고, '折旋'은 직각 모양을 그리며 각지게 방향을 전환하는 동작을 뜻한다.

4) 사적인 ~ 않는다 : 이 말은 「曲禮上」(46)에 나온다.

5) 역제 : 천자와 제후는 정식 제사를 지낸 다음날 또 이어서 제사를 지내면서 尸를 모시는 예도 행한다. 이 제사를 正祭를 이어서 지내는 제사라는 의미에서 繹, 또는 繹祭라고 한다. 繹日은 곧 繹祭를 지내는 날이다. 「祭義」(7)에도 설명이 보인다. 「檀弓下」(83) '繹祭' 주 참조.

6) 시에게 ~ 때 : 室 안에서 시동을 모시고 지내는 제사를 正祭라고 하고, 正祭가 끝난 후 시동을 당 위로 인도하여 빈객의 예로 모시는 것을 '儐尸'라고 한다. 「檀弓下」(83) 정현 주 참조.

7) 연 : '然'은 단어의 뒤에 와서 단어가 형용어의 의미를 가지도록 해주는 문법적 역할을 한다.

8) 조와 ~ 제물 : 정현과 공영달의 설에 따르면 여기서 '薦'은 올린다는 뜻이 아니라 豆에 담긴 제사 음식이다. 공영달은 "'薦俎'는 익은 음식을 올릴 때, 익은 음식을 담은 豆와 함께 희생의 몸체를 담은 俎까지 올리는 것을 가리킨다"('薦俎'者, 謂薦孰之時, 薦其饋食之豆並牲體之俎)라고 하였다.

9) 붕우절절 : 이 말은 『논어』「子路」에 나온다. 친구 사이에 간곡하게 고하고 권면하는 것을 말한다.

10) 자공 : 성은 端木, 이름은 賜로 공자의 高弟 72명 중 한 사람이다. 劉向의 『說苑』에 의하면 본래 자는 子贛인데 후대에 子貢으로 잘못 불린 것이라고 한다.

11) 합악 : 음악과 악무가 동시에 이루어지는 것을 말한다. 공영달의 소에 의거하여 원문 '樂成'의 '樂'을 合樂으로 해석하였다.

12) 축관이 ~ 고하는 것 : 이 말은 「禮運」(11)에 나온다. '孝'는 살아 있는 사람이 선조를 섬기는 도리를 말한다. 곧 축관이 神明에게 신명을 섬기는 孝子의 마음을 알리는 것이다.

13) 삼로와 오경 : 삼로와 오경은 각각 1인씩이다. 일설에 삼로는 3인, 오경은 5인이라고 한다. 모두 연로하고 경험을 쌓아서 퇴관한 사람들이다. 삼로와 오경이라는 명칭은 三辰과 五星에서 취했다고 한다. 또 일설에 삼로는 三公의 퇴관자, 오경은 孤卿의 퇴관자라고 한다. 고경은 삼공 다음가는 관직으로 少師·少傅·少保의 三孤이다. 「樂記」(74), 「祭義」(46, 47) 등에도 용례가 보인다.

14) 도는 ~ 분수여서 : '理一', 곧 '理는 동일하다'는 말은 만물의 개별적인 차이들에 상관없이 모든 物事에 조금의 차이도 없이 구족되고 관통되어 있다는 의미를 담고 있다. '分殊' 곧 '分은 다르다'는 말은 개별적으로 나누어진 개별 物事의 다양한 조건에 따라 理를 행하는 방식과 한계가 다르다는 의미를 담고 있다. 곧 德은 理를 행하는 한 주요한 방식이요 부분이 된다는 맥락에서 한 말이다.

15) 단을 하는 것 : 웃옷의 어깨 겉옷을 벗어 안의 옷을 보이는 것이다.

16) '난도'와 ~ 보인다 : '鸞刀'에 대해서는 「禮器」(55), 「郊特牲」(61) 등에, '膟膋'에 대해서는 「郊特牲」(81)에 그 설명이 보인다.

17) 데친 고기 : 끓는 물에 데쳐 반쯤 익힌 고기를 말한다. 완전히 익히는 것은 '熟'이라고 한다.

18) 주나라에서 ~ 있었다 : 경문 '以朝及闇'에 대하여 해석은 두 가지로 나뉜다. 정현과 가공언 그리고 陳澔가 인용한 嚴陵方氏 등은 해가 뜰 무렵 하늘이 붉을 때부터 해가 떨어지기 전 붉을 때까지 하루 종일 제사의 일이 있었다고 해석한다. 淸江劉氏, 延平周氏 등은 아침 또는 저녁에 제사를 지낸다고 해석한다. 『禮記集說大全』에는 방씨와 유씨의 설을 수록하였는데, 여기서는 『진씨예기집설』에 따라 방씨의 설에 근거하여 해석하였다. 衛湜의 『禮記集說』 이 부분 주석들에 비교가 좀 더 자세하다.

19) 우라고 ~ 한다 : 이 말은 『書』「洪範」에 나온다. 공영달의 소에 "'暘'은 양기가 극성하여 마른 것을 말하니 해가 한 가운데 있을 때도 또한 밝다. 해가 한 가운데 있어 건조한 것은 저녁 무렵에 밝은 것과 다르다. 그러므로 '雨라고 하고, 暘이라고 한다'의 '暘'의 뜻을 따라 읽었다"('暘', 謂亢陽乾燥, 日中之時亦明. 日中乾燥, 異於昏明, 故讀從'曰雨曰暘'之暘也)라고 하였다. '暘'은 해가 구름에 가렸다가 다시 나와서 밝은 상태를 가리킨다. 여기서는 낮이 아니라 한낮이라는 뜻으로 경문의 '陽'의 의미를 해석해야 한다는 취지다.

20) 하후씨는 ~ 하였다 : 이 말은 「檀弓上」(18)을 부분 인용한 것이다. 다만 해당 경문에 대한 정현의 주에서는 '중요한 일'을 '喪事'로 규정하였다.

21) 한수를 ~ 내려간다 : 『左傳』, 文公 10년 조 傳에 "子西가 한수를 타고 내려가고, 양자강을 거슬러 올라가서 초나라 도읍인 郢으로 쳐들어가려 하였다"고 하였다.

22) 보름 ~ 다한다 : 이 말은 『揚子法言』 권6에 나온다.

23) 정자는 ~ 것이다 : 이 말은 모두 『中庸』(16-1)에 나오는 말이다.

24) 진순 : 1159~1223. 자는 安卿, 호는 北溪이다. 주희의 만년 제자로 저서에 『北溪字義』, 『嚴陵講義』가 있다.

25) 예를 ~ 속한다 : 이 말은 『北溪字義』 卷下에 나오는 말이다.

26) 천하의 ~ 한다 : 이 말은 「中庸」(16-3)에 나오는 말이다.

27) 소명은 ~ 것이다 : 이 말은 『주자어류』 87권 166항에 나온다. 원문 '焄蒿是袞然底'가 『주자어류』에는 '焄蒿是滚上底'로 되어 있다. 『주자어류』에 맞추어 해석하였다.

28) 소명은 ~ 것이다 : 이 인용문들은 『주자어류』 85권 169항에 나온다.

29) 옛날을 ~ 되돌아보는 것 : 공영달의 소에 "'古'는 선조를 가리킨다. 추모하여 제사지내는 것 이것이 옛날을 되돌아보는 것이다. '始'는 시원을 가리킨다. 부모가 나에게 생을 처음 주신 것을 이제 추모하여 제사지내는 것 이것이 시원을 되돌아보는 것이다"('古', 謂先祖. 追而祭之, 是反古也. '始', 謂初始. 父母始生於己, 今追祭祀, 是復始也)라고 하였다.

30) 궤사 : 제사에서 익힌 음식과 黍稷을 올리는 것으로 시작하는 의절을 饋食이라고 한다. 「예운」(11) 각주 참조.

31) 기는 ~ 왕성한 것 : 이 말은 앞의 「祭義」(21)에 나온다.

32) 백성에게 ~ 가르치는 : 이 말은 앞의 「祭義」(24)에 나온다.

33) 피변복에 ~ 입는다 : 피변복은 禮服의 이름이다. 피변은 흰 사슴의 가죽으로 만든다. 이 예복은 위에는 흰 베옷을 입고, 아래는 흰 비단 치마에, 흑색의 띠, 흰색의 슬갑을 한다. 천자가 조회를 보거나, 매달 초 희생을 태묘에 바치고 한 달의 정령을 반포하는 곡삭의 예에 제후가 참여할 때, 제후가 서로 朝聘할 때 모두 피변복을 입는다. 素積은 허리에 주름이 잡힌 흰색의 치마이다. 「明堂位」(11)에 설명이 보인다. 『三禮辭典』, 317쪽 참조.

34) 제후 ~ 절반이다 : 「昏義」(8)에 "천자의 왕후는 6궁을 세운다"(天子后立六宮)고 하였다. 그러므로 왕후의 절반이라고 한 것이다.

35) 옛날에 ~ 사용하였다 : 정현의 해석에 따르면 "옛날에 고치를 바칠 때에는 그 법이 이러한 예를 사용하였습니까?"라는 질문자의 발언이 된다.

36) 머리 장식 : 副는 부녀의 머리 장식으로, 머리카락을 엮어서 임시 상투를 만드는 것이다. 『三禮辭典』, 705쪽 참조.

37) 맹하를 ~ 의미다 : '麥秋'는 음력 4월의 칭호이다. 가을이란 보리가 익는 때이기 때문에 그렇게 칭하는 것이다. 「月令」(81)에 "이 달에 온갖 약초를 비축한다. 미초가 죽고, 맥추가 이른다"(是月也, 聚畜百藥. 靡草死, 麥秋至)고 한 것에 대해 진호의 집설에 "가을은 온갖 곡물이 익는 시기다. 이 경문의 때는 시기상 여름이지만, 보리농사로는 (보리가 여무는) 가을에 해당하므로 '麥秋'라고 한 것이다"(秋者, 百穀成熟之期. 此於時雖夏, 於麥則秋, 故云'麥秋'也)라고 하였다.

38) 乎 : 「樂記」(77)에는 '諸'로 되어 있다.

39) 而天下塞焉, 擧而錯之 : 이 부분이 「樂記」(77)에는 '擧而錯之天下'로 되어 있다.

40) 이 : 而는 어떤 단어 뒤에 붙어서 형용어나 부사어가 되도록 만드는 역할을 한다.

41) 방은 ~ 같다 : 이 말은 『맹자』「離婁下」에 나온다.

42) 그 아래는 ~ 높인다 : 여기 인용문들은 위 「祭義」(32)에 나온다.

43) 천지의 ~ 귀하다 : 이 말은 『孝經』「聖治」에 나온다.

44) 주나라에서 ~ 있었다 : 이 말은 『춘추좌씨전』, 隱公 11年 조 傳에 나온다.

45) 안항 : 기러기가 이동할 때는 나란히 가지 않고 앞의 기러기 옆으로 조금 처져서 편대를 이루어 간다. 어른을 모시고 갈 때 어른의 옆쪽으로 조금 뒤처져서 따라가는 것을 말한다. 곧 어른과 대등하지 않으려는 것이다. 「왕제」(141) 정현 주 참조.

46) 머리가 ~ 않는다 : 이 말은 『맹자』「梁惠王上」에 나온다.

47) 악조 : 음악의 祖師로서, 神瞽라고도 칭한다. 『주례』「春官 · 大司樂」에 "무릇 도가 있고 덕이 있는 사람으로 하여금 가르치게 하고, 죽으면 악조로 삼아서 고종에서 제사지낸다"(凡有道者有德者, 使敎焉, 死則以爲樂祖, 祭於瞽宗)라고 하였다. 이에 대한 정현의 주에는 "도는 才藝가 많은 자이고, 덕은 몸소 실천하는 자이다. 예를 들면 순임금이 夔에게 명하여 음악을 관장하면서 태자를 가르치게 한 것이 그것이다. 그가 죽자 음악의 조신으로 삼아서 제사지냈다"(道多才藝者, 德能躬行者. 若舜命夔典樂, 敎胄子, 是也. 死則以爲樂之祖神而祭之)라고 하였다.

48) 고종 : 은나라 때 태학의 명칭인데, 주나라에서도 이를 계승하여 태학으로 삼아서 예와 악을 가르치는 장소로 삼고, 태학 四學의 하나로 하였다. 「明堂位」(33)에 "瞽宗은 은나라의 학교이고, 頖宮은 주나라의 학교이다"라고 하였다.

49) 삼조 : 兆는 거북점을 칠 때, 불로 거북을 태우면 균열이 생기는 문양을 말한다. 균열의 문양에 따라 그 길흉을 점친다. 삼조는 玉兆 · 瓦兆 · 原兆를 말한다.

50) 삼『역』 : 『連山易』 · 『歸藏易』 · 『역』을 가리킨다. 이에 대해서는 두 가지 설이 있다. 하나는 세 『역』의 명칭을 왕조의 이름과 연관시키는 설로, 공영달은 다음과 같이 말한

다. 연산은 烈山의 가차음으로서, 열산은 신농이 일어난 지명이기 때문에 신농을 烈山氏라고 하고, 따라서 연산은 신농의 역이다. 역은 岐山 남쪽의 땅, 즉 주나라가 일어난 주씨의 역이다. 귀장은 황제의 역이라고 한다. 또 다른 하나는 삼역을 그 내용에서 분류하는 방식으로, 후한의 杜子春은 『연산』을 복희씨, 『귀장』을 황제에 해당시키는데 반하여, 정현은 『易讚』에서 "하나라의 역을 『연산』, 은나라의 역을 『귀장』, 주나라의 역을 『역』이라 한다"고 하였다. 『연산』과 『귀장』은 한대에 이미 없어져서 어느 설이 옳은지 알 수 없다.

51) 삼몽 : 하 · 은 · 주 삼대의 점치는 법이다. 삼몽은 致夢 · 觭夢 · 咸陟이다. 치몽 · 기몽 · 함척은 모두 꿈을 풀이하는 점법으로, 정현에 따르면 치몽은 하나라, 기몽은 은나라, 함척은 주나라의 제도라고 한다. 『주례』「春官 · 太卜」에 "(태복은) 삼몽의 법을 관장한다. 첫 번째는 치몽이고, 두 번째는 기몽이고, 세 번째는 함척이다"라고 하였다. 정현의 주에 "몽이란 사람의 정신이 잠들 때 점을 칠 수 있다. 치몽은 꿈이 이르는 곳을 말한다. 하후씨가 만들었다. '함'은 모두라는 뜻이다. 척은 얻는다는 뜻이다"고 하였다.

52) 친애하는 ~ 보존된다 : 이 말은 「祭義」(4)에 나온다.

53) 마치 ~ 한다 : 이 말은 「祭義」(11)에 나온다.

54) 또 ~ 그리워하였다 : 이 말은 「祭義」(7)에 나온다.

예기역주 권23

제통 제25

祭統

정현鄭玄의 『예기목록禮記目錄』에서 말한다. "「제통祭統」이라고 제목을 붙인 것은, 제사의 근본을 기록하였기 때문이다. '통統'은 근본과 같은 의미다. 이 편은 유향劉向의 『별록別錄』에서는 「제사祭祀」에 속해 있다."

鄭『目錄』云: "名曰「祭統」者, 以其記祭祀之本也. '統', 猶本也. 此於『別錄』屬「祭祀」."

【제통 1】

무릇 사람을 다스리는 도道 가운데 예보다 시급한 것이 없다. 예에는 오경五經(다섯 가지 근간)이 있는데 그 중에서 제사보다 중요한 것은 없다. 제사란 어떤 것이 외부로부터 와서 이르는 것이 아니라, 안에서 나와 마음에서 생기는 것이다. 마음에 놀라고 생각나 예로써 받드는 것이다. 이런 까닭에, 어진 사람이라야 제례의 의義를 다할 수 있다.

凡治人之道, 莫急於禮. 禮有五經, 莫重於祭.① 夫祭者, 非物自外至者也, 自中出生於心者也. 心怵而奉之以禮. 是故唯賢者能

盡祭之義.②

鄭注 ① '예에는 오경이 있다'(禮有五經)는 것은 길례吉禮·흉례凶禮·빈례賓禮·군례軍禮·가례嘉禮를 가리킨다. '제사보다 중요한 것은 없다'(莫重於祭)는 것은 길례로 첫째를 삼음을 말한다. "대종백大宗伯의 직임은 길례로 방국邦國의 인귀人鬼와 천신天神과 지기地祇를 섬기는 것이다"[1]라고 하였다. '禮有五經', 謂吉禮·凶禮·賓禮·軍禮·嘉禮也. '莫重於祭', 謂以吉禮爲首也. "大宗伯職曰以吉禮事邦國之鬼·神·祇."

② '출怵'은 마음에 떠올라 어버이를 생각하는 모습이다. '출怵'은 어떤 본에는 '술述'로 되어 있다. '怵', 感念親之貌也, '怵'或爲'述'.

集說 '오경五經'은 길례·흉례·군례·빈례·가례 등 오례이다. '마음에 놀라고 생각난다'(心怵)는 것은 앞 편에서 "(봄에 비와 이슬이 내려 땅을 적시면) 군자는 그것을 밟을 때 반드시 놀라는 마음이 생긴다"[2]는 것으로서, 마음에 느끼어 움직여지는 것이 있음을 말한다. ○ 방씨方氏(방각方慤)는 말한다. "마음을 극진히 하는 것은 제사의 근본이고, 제물을 극진하게 하는 것은 제사의 말단이다. 근본이 먼저 있고 나서 말단이 따르는 것이다. 그러므로 '제사란 어떤 것이 외부로부터 와서 이르는 것이 아니라, 내부로부터 나와 마음에서 생기는 것이다.' '마음에 놀라고 생각나 예로써 받든다'는 것은 마음이 안에서 느끼는 바가 있기 때문에 밖으로 예로써 받든다는 것이다. 대개 내부로부터 나오는 것이지 외부로부터 와서 이르는 것이 아니기 때문이다. 예로써 받드는 것은 제물에 나타나고, 의義로써 극진하게 하는 것은 마음에 있다. 사물을 따라가느라 마음을 잊는 자는 대중들이고, 마음에서 나와 사물로 표현되는 자는 군자이다. 그러므로 '어진 사람이라야 제례의 의義를 다할 수 있다'고 한 것이다." '五經', 吉·凶·軍·賓·嘉之

五禮也. '心怵', 卽前篇"君子履之, 必有怵惕之心", 謂心有感動也. ○ 方氏曰: "盡其心者祭之本, 盡其物者祭之末. 有本然後末從之. 故'祭非物自外至, 自中出生於心'也. '心怵而奉之以禮'者, 心有所感於內, 故以禮奉之於外而已. 蓋以其自中出, 非外至者也. 奉之以禮者見乎物, 盡之以義者存乎心. 徇其物而忘其心者, 衆人也, 發於心而形於物者, 君子也. 故曰'唯賢者能盡祭之義'."

【제통 2】

어진 사람이 제사를 지내면 반드시 복을 받는데, 그것은 세상 사람들이 말하는 복이 아니다. 복이라는 것은 모든 것이 갖추어지는 것이다. 모든 것이 갖추어진다는 것은 모든 일을 도리에 따라 하는 것을 말한다. 도리에 따르지 않은 바가 없는 것을 모든 것이 갖추어졌다고 한다. 내면적으로는 자기 자신을 다하고 외면적으로는 도에 따르는 것이다. 충신은 그것으로써 임금을 섬기고 효자는 그것으로써 어버이를 섬기는데 그 근본은 하나이다. 위로 귀신에게 순종하고 밖으로 임금과 어른에게 순종하며 안으로 부모에게 효도한다. 이와 같으면 모든 것이 갖추어졌다고 한다. 오직 어진 사람이라야 모든 것을 갖출 수 있고 모든 것을 갖춘 뒤에야 제사를 지낼 수가 있다. 그러므로 어진 사람이 제사를 지낼 때에는 정성(誠)과 신의(信)를 다하고 충직(忠)과 공경(敬)을 다한다. 제물로 받들고 예로 인도하고 음악으로 편안하게 하고 시일로 참용參用하여 정결하게 제수를 올릴 뿐이요 자기에게 복이 되기를 구하지 않는다.

이것이 효자의 마음이다.

賢者之祭也, 必受其福, 非世所謂福也. 福者, 備也. 備者, 百順之名也. 無所不順者之謂備. 言內盡於己, 而外順於道也. 忠臣以事其君, 孝子以事其親, 其本一也.① 上則順於鬼神, 外則順於君長, 內則以孝於親. 如此之謂備. 唯賢者能備, 能備然後能祭. 是故賢者之祭也, 致其誠信, 與其忠敬. 奉之以物, 道之以禮, 安之以樂, 參之以時, 明薦之而已矣, 不求其爲. 此孝子之心也.②

鄭注 ① '세상 사람들이 말하는 복'(世所謂福)이라는 것은 귀신의 보살핌과 도움을 받는 것을 말한다. '현자가 말하는 복'이라는 것은 모두 순리에 맞는다는 명성을 듣는 것을 말한다. '그 근본은 하나'(其本一)라는 것은 충과 효가 모두 순리에 맞는 것으로부터 나옴을 말한다. '世所謂福'者, 謂受鬼神之祐助也. '賢者之所謂福'者, 謂受大順之顯名也. '其本一'者, 言忠孝俱由順出也.

② '명明'은 정결함과 같다. '위爲'(되다)는 복과 신의 도움이 자신의 행위에 대해 보답이 되는 것을 뜻한다. '明', 猶絜也. '爲', 謂福祐爲己之報.

集說 방씨方氏(방각方慤)는 말한다. "정성(誠) · 신의(信) · 충직(忠) · 공경(敬) 네 가지는 제사의 근본이다. 제물이라는 것은 이것을 받드는 것일 뿐이고, 예라는 것은 이것을 인도하는 것일 뿐이고, 음악이라는 것은 이것을 편안하게 여기는 것일 뿐이고, 시일이라는 것은 이것을 참용參用하는 것일 뿐이다." ○ 응씨應氏는 말한다. "'자기에게 복이 되기를 구하지 않는다'는 것은 복을 구하는 마음이 없는 것으로서, 이른바 '제사를 지낼 때, 사적인 복을 빌지 않는다'[3]는 것이다." 方氏曰: "誠 · 信 · 忠 · 敬四者, 祭之本. 所謂物者, 奉乎此而已, 所謂禮者, 道乎此而已, 所謂樂者, 安乎此而已, 所謂時者, 參乎此而已." ○ 應氏

曰: "'不求其爲', 無求福之心也, 所謂'祭祀不祈'也."

【제통 3】

제사는 다 못한 봉양을 뒤좇아 행하여 효를 이어가는 것이다. 효란 간직하는 것(畜)이다. 도에 따르고 윤서倫序에 거스르지 않는 것, 이것을 간직하는 것(畜)이라고 한다.

祭者, 所以追養繼孝也. 孝者, 畜也. 順於道, 不逆於倫, 是之謂畜.

鄭注 '휵畜'은 덕의 가르침에 따르는 것을 말한다. '畜', 謂順於德教.

集說 응씨應氏(응용應鏞)는 말한다. "그 미처 하지 못한 봉양을 뒤좇아 행하여 그 다하지 못한 효를 이어가는 것이다. '축畜'은 본래 기르고 봉양한다는 뜻이지만, 머무르게 하여 쌓고 모으는 뜻도 있다." ○ 유씨劉氏는 말한다. "부모가 이미 돌아가신 뒤에 뒤좇아 봉양함으로써 그 효를 계속 이어가고 잊지 않는다. '축畜'이란 간직하는 것이다. 마음속에 간직하고 잊지 않는 것이다. 이것이 본성을 따르는 도에 순종하여 하늘이 내려준 윤서倫序를 거스르지 않는 것이다. 『시詩』에서 '마음으로 사랑하니 어찌 말하지 않으리오. 마음속에 간직하고 있으니 언제인들 잊으리오'[4]라고 했는데, 이것이 '축畜'의 뜻이다." 應氏曰: "追其不及之養, 而繼其未盡之孝也. '畜', 固爲畜養之義, 而亦有止而畜聚之意焉." ○ 劉氏曰: "追養其親於旣遠, 繼續其孝而不忘. '畜'者, 藏也. 中心藏之而不忘. 是順乎率性之道, 而不逆天敍之倫焉. 『詩』曰, '心乎愛矣, 遐不謂矣. 中心藏之, 何日忘之', 此'畜'之意也."

【제통 4】

그러므로 효자가 부모를 섬기는 것에 세 가지 도리가 있다. 살아 계실 땐 봉양하고 돌아가시면 상을 치르며 상이 끝나면 제사를 지낸다. 봉양할 때에는 그 순종하는 것을 살펴보고 상을 치를 때에는 그 슬퍼하는 것을 살펴보며 제사를 지낼 때에는 그 공경하고 때맞추어 지내는 것을 살펴본다. 이 세 가지 도리를 다하는 것이 효자의 행실이다.

是故孝子之事親也, 有三道焉. 生則養, 沒則喪, 喪畢則祭. 養則觀其順也, 喪則觀其哀也, 祭則觀其敬而時也. 盡此三道者, 孝子之行也.

鄭注 '몰沒'은 돌아가신 것이다. '沒', 終也.

集說 "살아 계실 때에는 예로써 섬기고, 돌아가시면 예로써 장사를 치르고 예로써 제사를 지낸다."5) 봉양은 순종함을 주로 하고 장례葬禮는 슬퍼함을 주로 하며 제사는 공경함을 주로 한다. '시時'는 때마다 부모를 생각하는 것이니, 예는 때가 중요하다. "生事之以禮, 死葬之以禮, 祭之以禮." 養以順爲主, 喪以哀爲主, 祭以敬爲主. '時'者, 以時思之, 禮時爲大也.

【제통 5】

안으로 스스로 극진하게 하고 또 밖으로 도움을 구하는데, 혼례가 그것이다. 그러므로 국군國君이 부인을 맞이할 때 하는 말에, "그대의 옥 같은 딸을 청하여 과인과 함께 이 나라를 소유하여 종묘와 사직을 받들고자 합니다"라고 하는데, 이것이 도움을 구하는 근본이다. 무릇 제사란 반드시 부부가 몸소 지내는 것이니, 남녀의 직분을 갖추어야 하기 때문이다. 직분이 갖추어지면 제물이 갖추어진다. 수초를 절인 것과 육지 산물로 만든 젓갈은 작은 제물이 갖추어진 것이다. 제기에 담긴 세 가지 희생 고기와 8개의 궤簋(제기)에 담긴 음식들은 융성한 제물이 갖추어진 것이다. 곤충의 특별한 것과 초목의 열매들은 음양의 제물이 갖추어진 것이다. 하늘이 낳은 것과 땅이 기른 것으로서 신령에게 바칠 수 있는 것이라면 모두 차려져 있지 않은 것이 없는데, 그것은 제물을 다 바침을 보이는 것이다. 외적으로는 제물을 다 바치고, 내적으로는 뜻을 극진히 하는 것, 이것이 제사지내는 마음이다.

旣內自盡, 又外求助, 昏禮是也. 故國君取夫人之辭曰: "請君之玉女與寡人共有敝邑, 事宗廟社稷", 此求助之本也.① 夫祭也者, 必夫婦親之, 所以備外內之官也. 官備則具備.② 水草之菹, 陸産之醢, 小物備矣. 三牲之俎, 八簋之實, 美物備矣. 昆蟲之異, 草木之實, 陰陽之物備矣.③ 凡天之所生, 地之所長, 苟可薦者, 莫不咸在, 示盡物也. 外則盡物, 內則盡志, 此祭之心也.④

鄭注 ① '옥 같은 딸'(玉女)이라고 말하는 것은 찬미하여 말하는 것이다. 군자는 옥으로 덕을 비유한다. 言'玉女'者, 美言之也. 君子於玉比德焉.

② '구具'는 바치는 여러 제물을 말한다. '具', 謂所供衆物.

③ '수초를 절인 것'(水草之菹)은 미나리(芹)와 순채(茆) 따위다. '육지 산물로

만든 젓갈'(陸産之醢)은 개미 알과 개미 새끼 따위다. 천자의 제사에는 궤簋[6]가 8개이다. '곤충昆蟲'은 따듯한 시기에는 살아 있다가 추워지면 죽는 벌레이다. 「내칙內則」(60)에서 먹을 수 있는 것으로 매미와 벌(집)이 있다고 하였다. '초목의 열매'(草木之實)는 마름(蔆)·가시연(芡)·개암(榛)·밤 따위다. '水草之菹', 芹·茆之屬. '陸産之醢', 蚳·蝝之屬. 天子之祭八簋. '昆蟲', 謂溫生寒死之蟲也. 「內則」可食之物, 有蜩·范. '草木之實', 蔆·芡·榛·栗之屬.

④ '함咸'은 모두라는 뜻이다. '咸', 皆也.

集說 살펴보건대 「내칙」에 먹을 수 있는 것으로 '조蜩'와 '범范'이 있다고 하였는데 매미와 벌이다. 또 '지해蚳醢'와 같은 것은 개미 알로 만든 것이다. 이 경문에서 '곤충의 특별한 것'이라고 한 것은 또한 이러한 종류들일 것이다. 按「內則」, 可食之物, 有'蜩''范'者, 蟬與蜂也. 又如'蚳醢', 是蟻子所爲. 此言'昆蟲之異', 亦此類乎.

【제통 6】

그러므로 천자는 남쪽 교郊에서 몸소 적전籍田을 경작하여 제사에 쓸 곡식을 바치고, 왕후는 북쪽 교에서 양잠을 하여 천자의 치복緇服을 만들어 바친다. 제후는 동쪽 교에서 적전을 경작하여 역시 제사에 쓸 곡식을 바치고, 부인은 북쪽 교에서 양잠을 하여 제후의 면복冕服을 만들어 바친다. 천자나 제후가 밭을 경작할 사람이 없어서 경작하는 것이 아니며, 왕후나 부인이 양잠할 사람이 없어서 양잠을 하는 것이 아니라 몸소 그 정성(誠)과 신의(信)를 바치는 것이다. 정성스럽고 신의가 있는 것을 극진히 한다고 하고, 극진히 하는 것을 공경한다고 말한다. 공경함을 다한 뒤에야 신명神明을 섬길 수 있다. 이것이 제사지내는 도리다.

是故天子親耕於南郊, 以共齊盛, 王后蠶於北郊, 以共純服. 諸侯耕於東郊, 亦以共齊盛, 夫人蠶於北郊, 以共冕服. 天子·諸侯非莫耕也, 王后·夫人非莫蠶也, 身致其誠信. 誠信之謂盡, 盡之謂敬. 敬盡然後可以事神明. 此祭之道也.

鄭注 '치복純服'은 또한 면복이다. 서로 바꾸어 말한 것뿐이다. '치純'는 비단의 빛깔을 나타내고, '면冕'은 제복祭服임을 나타낸 것이다. '동쪽 교'(東郊)는 소양少陽으로 제후의 상象이다. (제후의) 부인이 서쪽 교에서 양잠을 하지 않(고 천자의 왕후처럼 북쪽 교외에서 양잠을 하)는 것은 부인의 예는 변하는 것이 적기 때문이다. '제齊'는 어떤 본에는 자粢로 되어 있다. '純服', 亦冕服也. 互言之爾. '純'以見繒色, '冕'以著祭服. '東郊', 少陽, 諸侯象也. 夫人不蠶於西郊, 婦人禮少變也. '齊'或爲'粢'.

集說 제복은 모두 상의는 검은빛이고 하의는 분홍빛이다. 천자의 경우는 치복이라고 하고 제후의 경우는 면복이라고 하였지만 치복도 면복이다. '치緇'는 빛깔을 가지고 말한 것이고, 면복은 그것이 제복임을 드러낸 것이다. '비막경非莫耕·비막잠非莫蠶'은 경작할 수 있는 사람이 없어서가 아니고, 양잠할 수 있는 사람이 없어서가 아님을 말한다. 祭服, 皆上玄下纁. 天子言緇服, 諸侯言冕服, 緇服, 亦冕服也. '緇'以色言, 冕服則顯其爲祭服耳. '非莫耕·非莫蠶', 言非無可耕之人, 非無可蠶之人也.

【제통 7】

때가 되어 장차 제사를 지내려 할 때에, 군자는 곧 재계를 한다. 재계라고 하는 말은 가지런히 한다는 것이다. 가지런하지 못한 것들을 가지런하게 함으로써 정돈된 상태(齊)를 이루는 것이다. 이런 까닭에 군자는 큰일이 있지 않고 공경할 일이 있지 않으면, 재계하지 않는다. 재계하지 않으면 일에 대해 방지하지 못하고, 즐겨하는 욕구들이 멈춤이 없다. 장차 재계함에 미쳐서는 사악한 일들을 막고 즐겨하는 욕구들을 그치게 하며 귀로는 악樂을 듣지 않는다. 그러므로 『기記』에서 "재계하는 사람은 악을 사용하지 않는다"고 하였는데, 감히 그 뜻을 분산시키지 않는다는 말이다. 마음은 구차한 생각을 하지 않고 반드시 도에 의거하며, 손발은 구차하게 움직이지 않고 반드시 예의에 의거한다. 이런 까닭에 군자가 재계하면 자기의 순수하고 밝은 덕을 전일하게 이루는 것이다. 그러므로 7일 동안 산재하여 뜻을 안정시키고 3일 동안 치재하여 뜻을 가지런하게 한다. 뜻을 안정시키는 것을 재계라고 하니, 재계란 순수하고 밝음이 지극해지는 것이다. 그런 뒤에 신명神明과 교감할 수 있다.

及時將祭, 君子乃齊. 齊之爲言齊也. 齊不齊以致齊者也. 是以君子非有大事也, 非有恭敬也, 則不齊. 不齊則於物無防也, 耆欲無止也. 及其將齊也, 防其邪物, 訖其耆欲, 耳不聽樂. 故『記』曰: "齊者不樂", 言不敢散其志也. 心不苟慮, 必依於道, 手足不苟動, 必依於禮.① 是故君子之齊也, 專致其精明之德也. 故散齊七日以定之, 致齊三日以齊之. 定之之謂齊, 齊者精明之至也.

然後可以交於神明也.②

鄭注 ① '흘訖'은 그친다는 뜻과 같다. '訖', 猶止也.

② '정定'이란 지의志意를 안정시키는 것이다. '定'者, 定其志意.

集說 '어물무방於物無防'에서 '물物'은 일과 같다. '구차하게 생각을 하지 않고'(不苟慮) '구차하게 움직이지 않는다'(不苟動)는 것은 모두 이른바 방지한다(防)는 것이다. '於物無防', '物', 猶事也. '不苟慮'·'不苟動', 皆所謂防也.

【제통 8】

그러므로 제사지내기 11일 전에 궁재宮宰가 부인에게 엄숙하게 알린다. 부인도 7일 동안 산재散齊하고 3일 동안 치재致齊한다. 임금은 밖[7]에서 부인은 안[8]에서 각각 치재한다. 그런 뒤에 (제삿날에는) 태묘에 모인다. 임금은 치면純冕의 복장으로 동쪽 섬돌에 서며, 부인은 부휘副褘(머리장식과 휘의褘衣)의 복장으로 동쪽 방에 선다. 임금이 규찬圭瓚을 잡고 시尸 앞에서 관례祼禮(강신례)를 하면, 대종大宗이 장찬璋瓚으로 아관례亞祼禮를 한다. 희생을 맞이함에 미쳐서는 임금이 그 고삐를 잡고 경대부卿大夫가 (폐백을 들고) 따르며 사士는 볏짚을 잡고 따른다. 종부宗婦들은 앙제盎齊를 잡고 따르고, 부인은 거른 술(涚水)을 시尸에게 올린다. 임금이 난도鸞刀를 잡고 갈라서 간肝·폐肺를 올리면 부인은 두豆를 올린다. 이것을 가리켜서 부부가 몸소 제사를 지낸다고 한다.

是故先期旬有一日, 宮宰宿夫人. 夫人亦散齊七日, 致齊三日.① 君致齊於外, 夫人致齊於內. 然後會於大廟. 君純冕立於阼, 夫人副褘立於東房. 君執圭瓚祼尸, 大宗執璋瓚亞祼. 及迎牲, 君執紖, 卿大夫從, 士執芻. 宗婦執盎從, 夫人薦涚水. 君執鸞刀羞嚌, 夫人薦豆. 此之謂夫婦親之.②

鄭注 ① '궁재宮宰'는 궁을 지키는 관리다. '숙宿'은 숙肅으로 읽는다. 엄숙한 것은 삼간다는 것과 같은데, 삼간다는 것은 가볍고 엄숙한 것은 보다 무거운 뜻이다. '宮宰', 守宮官也. '宿', 讀爲'肅'. 肅, 猶戒也, 戒輕肅重也.

② '태묘大廟'는 시조묘始祖廟이다. '규찬圭瓚'과 '장찬璋瓚'은 관례祼禮에 쓰는 기명器皿이다. 규圭와 장璋이 손잡이가 된다. 울창주를 따르는 것을 '관祼'이라고 한다. 대종大宗이 두 번째로 관례를 할 수 있는 것은 부인에게 혹 일이 있어 섭행攝行하는 경우이다. '인紖'은 희생을 끄는 줄인데, 『주례』에서는 '진絼'이라고 되어 있다. '추芻'는 볏짚(稾)이다. 희생을 잡을 때에 깔개로 쓴다. 『주례』「지관地官·봉인封人」에 "제사에서 희생을 정결하게 씻을 때에는 물과 볏짚을 바친다"고 하였다. '세涚'는 앙제盎齊이다. 앙제는 걸러서 따른다. 무릇 술동이에는 맑은 물이 있기 때문에 '수水'를 겸해서 말한 것이다. '제嚌'는 '제폐嚌肺'(폐를 맛보는 것)나 '제폐祭肺'(폐를 고수레하는 것) 따위다. 임금이 난도鸞刀로 그것을 가른다. 천자와 제후의 제례에서는 먼저 시尸 앞에서 관례祼禮를 행하는 것이 있고 난 뒤에 희생을 맞이한다. '추芻'는 '추犓'로 되어 있기도 한다. '大廟', 始祖廟也. '圭瓚'·'璋瓚', 祼器也. 以圭·璋爲柄. 酌鬱鬯曰'祼'. 大宗亞祼, 容夫人有故, 攝焉. '紖', 所以牽牲也, 『周禮』作'絼'. '芻', 謂稾也. 殺牲時用薦之. 『周禮』「封人」"祭祀, 飾牲, 共其水稾." '涚', 盎齊也. '盎齊', 涚酌也. 凡尊有明水, 因兼云'水'爾. '嚌', '嚌肺'·'祭肺'之屬也. 君以鸞刀割制之. 天子諸侯之祭禮, 先

有祼尸之事, 乃後迎牲. 芻, 或爲犓.

集說 '숙宿'은 숙肅으로 읽는다. 삼간다는 것과 같다. 정씨鄭氏(정현鄭玄)는 말한다. "'태묘大廟'는 시조묘始祖廟이다. '규찬圭瓚'과 '장찬璋瓚'은 관례祼禮에 쓰는 기명器皿이다. 규圭와 장璋이 손잡이가 된다. 울창주를 따르는 것을 '관祼'이라고 한다. 대종大宗이 두 번째로 관례를 할 수 있는 것은 부인에게 혹 일이 있어 섭행하는 경우이다. '인紖'은 희생을 끄는 줄이다. '추芻'는 볏짚(藁)이다. 희생을 잡을 때에 깔개로 쓴다." ○ 소疏에서 말한다. "'종부宗婦들은 앙제盎齊를 잡고 따른다'는 것은 동종同宗의 부인婦人들이 앙제를 잡고 부인夫人을 따르는 것이다. '부인은 거른 술(涚水)을 시尸에게 올린다'는 것은 세涚는 앙제盎齊인데, 탁하기 때문에 청주 부분을 가지고 거르는 것이다. 거른 술(涚水)은 명수明水이다. 종부들이 앙제를 잡고 부인을 따라와서 앙제를 자리에 올리면, 부인은 이에 앙제가 담긴 준尊에 나아가 이 거른 앙제(涚齊)를 떠서 바치는 것이다. 앙제를 이어서 명수明水가 있기 때문에 '수水'를 이어서 말한 것뿐이다. '임금이 난도鸞刀를 잡고 갈라서 간肝·폐肺를 올린다'는 것에서 '제嚌'는 간肝·폐肺이다. 제嚌는 두 가지 경우에 올린다. 첫째, 조천朝踐[1])할 때이다. 간을 취하여 발기름으로 꿰어서 입방에 들어가 화롯불에 태우고 나와서 신주 앞에 올린다. 둘째, 익힌 고기를 올리는 궤사饋食의 예를 행할 때이다. 임금이 난도로 시尸가 맛보도록 올릴 폐를 자르는데, 가로로 잘라서 끊어지지 않게 하고 조俎에 담아 올리면 시尸가 함께 그것을 맛본다. 그러므로 '간·폐를 올린다'(羞嚌)고 하였다. 일설에 '수羞는 바친다는 뜻이다'라고 한다. 부인이 두豆를 올린다는 것은 임금이 간·폐를 올릴 때에 부인이 이 궤사饋食례의 두豆를 올리는 것이다." 또 말한다. "「교특생」(81)에서는 '앙제로 제사지낼 때 명수를 더한다'고 하였다. 천자와 제후의 제례에서는 시尸에게 관례祼禮를 하는 일이 먼저 있다."

‘宿’, 讀爲‘肅’. 猶戒也. ○ 鄭氏曰: “‘大廟’, 始祖廟也. ‘圭瓚’·‘璋瓚’, 祼器也. 以圭·璋爲柄. 酌鬱鬯曰‘祼’. 大宗亞祼, 容夫人有故攝焉. ‘紖’, 所以牽牲. ‘芻’, 稾也. 殺牲用以薦藉.” ○ 疏曰: “‘宗婦執盎從’者, 謂同宗之婦, 執盎齊以從夫人也. ‘夫人薦涗水’者, 涗卽盎齊以濁, 用淸酒以涗泲之. 涗水是明水. 宗婦執盎齊從夫人而來, 奠盎齊於位, 夫人乃執盎齊之尊, 酌此涗齊而薦之. 因盎齊有明水, 連言‘水’耳. ‘君執鸞刀羞嚌’者, ‘嚌’, 肝肺也. 嚌有二時. 一是朝踐之時. 取肝以膋貫之, 入室燎於爐炭, 而出薦之主前. 二是饋熟之時. 君以鸞刀割制所羞嚌肺, 橫切之不使絶, 亦奠於俎上, 尸並嚌之. 故云‘羞嚌’. 一云: ‘羞’, 進也.’ ‘夫人薦豆’者, 君羞嚌時, 夫人薦此饋食之豆也.” 又曰: “「郊特牲」云: ‘祭齊加明水.’ 天子諸侯祭禮, 先有祼尸之事.”

【제통 9】

종묘에 들어가서 춤을 출 때에 군주는 방패와 도끼를 잡고 춤추는 자리로 나아간다. 군주의 자리는 동쪽 윗자리가 된다. 군주는 면복을 입고 방패를 들고 여러 신하를 거느리고 선군의 시尸를 즐겁게 한다. 그러므로 천자의 제사에는 천하와 더불어 즐거워하고 제후의 제사에는 그 나라 안의 백성과 더불어 즐거워한다. 면복을 입고 방패를 들고 여러 신하를 거느리고 선군의 시尸를 즐겁게 하는 것, 이것은 나라 안의 백성과 더불어 즐거워한다는 뜻이다.

及入舞, 君執干戚就舞位. 君爲東上. 冕而總干, 率其群臣, 以樂皇尸. 是故天子之祭也, 與天下樂之, 諸侯之祭也, 與竟內樂之. 冕而總干, 率其群臣, 以樂皇尸, 此與竟內樂之之義也.

鄭注 '군주의 자리는 동쪽 윗자리가 된다'(君爲東上)는 것은 주인의 자리에 가깝기 때문이다. '황皇'은 군주이다. '선군의 시'(君尸)라고 말한 것은 존중하는 것이다. '君爲東上', 近主位也. '皇', 君也. 言'君尸'者, 尊之.

集說 '동쪽 윗자리'라고 한 것은 주인의 자리에 가깝기 때문이다. 이것은 제사지낼 때 천자와 제후가 몸소 춤추는 자리에 있음을 설명한 것이다. '東上', 近主位也. 此明祭時天子諸侯親在舞位.

【제통 10】

제사에는 세 가지 중요한 것이 있다. 진헌하는 것으로는 관祼보다 더 중요한 것이 없다. 소리로는 승가升歌(악공이 당에 올라가 노래하는 것)보다 더 중요한 것이 없다. 춤으로는 「무숙야武宿夜」보다 더 중요한 것이 없다. 이것들은 주周나라의 도道이다. 무릇 세 가지 도란 외물을 빌려서 군자의 뜻을 중대시키는 것이다. 그러므로 뜻에 따라서 나아가고 물러나는 것이니, 뜻이 가벼우면 빌리는 외물도 가볍고, 뜻이 무거우면 빌리는 외물도 무겁다. 뜻을 가볍게 가지면서 밖에서 빌리는 것을 무겁게 하기를 요구하는 것은 성인聖人이라도 할 수 없다. 그러므로 군자의 제사에서 반드시 몸소 자신의 뜻을 다하는 것은 그것으로써 뜻이 무거운 것임을 밝히기 위함이다. 예로써 인도하여 세 가지 중요한 것을 받들어서 선군의 시尸에게 올리는 것, 이것이 성인聖人의 도이다.

夫祭有三重焉. 獻之屬, 莫重於祼. 聲莫重於升歌. 舞莫重於「武宿夜」. 此周道也.① 凡三道者, 所以假於外而以增君子之志也. 故與志進退, 志輕則亦輕, 志重則亦重. 輕其志而求外之重也, 雖聖人弗能得也. 是故君子之祭也, 必身自盡也, 所以明重也. 道之以禮, 以奉三重, 而薦諸皇尸, 此聖人之道也.

鄭注 ① '「무숙야武宿夜」'는 무무武舞의 악곡 이름이다. '주도周道'는 주周나라의 예禮라는 뜻과 같다. '「武宿夜」', 武曲名也. '周道', 猶周之禮.

集說 관례祼禮로써 강신降神을 하는 것은 예에서 중요하다. 노래하는 악공이 당위에 있는 것은 사람의 목소리를 귀하게 여기는 것이다. '「무숙야」'[10]는 무무의 악곡 이름인데, 그 의미는 알려져 있지 않다. '외물을 빌린다'는 것은, 관례祼禮는 울창을 빌리고 가歌는 성음聲音을 빌리고 무舞는 간척干戚을 빌리는 것을 말한다. 성誠과 경敬이란 외물을 아직 받들기 전에 있는 것이다. 성誠 · 경敬의 뜻이 마음속에 보존되어 있고 나서 외물을 빌려 싣기 때문에 그 (외물의) 가볍고 무거움은 뜻의 나아가고 물러남에 따른다. 만약 내면의 뜻이 가벼운데도 외물을 무겁게 하기를 구하는 것은 성인이라도 할 수 없다. 성인은 진실로 내면이 가벼운데도 외물을 무겁게 하기를 구하지 않는다. 이것은 다만 뜻에 힘쓰는 것이 근본이 됨을 밝힌 것이다. 祼以降神, 於禮爲重. 歌者在上, 貴人聲也. '「武宿夜」', 武舞之曲名也, 其義未聞. '假於外'者, 祼則假於鬱鬯, 歌則假於聲音, 舞則假於干戚也. 誠 · 敬者, 物之未將者也, 誠敬之志存於內, 而假外物以將之, 故其輕重隨志進退. 若內志輕而求外物之重, 雖聖人不可得也. 聖人固無內輕而求外重之事. 此特以明役志爲本耳.

【제통 11】

제사에는 준餕이 있는데, 준이란 제사의 끝부분이니 잘 알지 않으면 안 된다. 그러므로 옛 사람에게 말이 있어 "끝을 잘 맺는 자는 시작할 때 하였던 것과 같이 한다. 제사에 있어서 준이 그것이다"라고 하였다. 그러므로 옛날의 군자는 "시尸도 귀신이 남긴 것을 먹는다(餕)"라고 하였다. (준은) 은혜를 베푸는 방법이니 이것으로 정치를 살펴볼 수 있나.

夫祭有**餕**, **餕**者祭之末也, 不可不知也. 是故古之人有言曰: "善終者如始. **餕**其是已." 是故古之君子曰: "尸亦**餕**鬼神之餘也." 惠術也, 可以觀政矣.

鄭注 '술術'은 법法과 같다. 정치를 하는 데 있어서는 은혜를 베푸는 것을 숭상하며, 잘 알고 은혜를 잘 베푸는 것을 지극히 아름답게 여긴다. 『시詩』에서는 "이 은혜로운 임금이시여, 백성들이 우러러보는 분이시다"11)라고 하였다. '術', 猶法也. 爲政尙施惠, 盡美能知能惠. 『詩』云: "維此惠君, 民人所瞻."

集說 방씨方氏는 말한다. "희생을 죽이고 나면 피와 날고기(血腥)를 귀신에게 올리고, 그것을 익혀서 조俎에 담아 올리면 시尸가 비로소 먹는다. 이것이 '시尸가 귀신이 남긴 것을 먹는다'는 것이다." ○ 유씨劉氏(유이蜼彝)12)는 말한다. "제사가 끝나고 남긴 음식을 먹는 것은 제사의 마지막 일이다. 준餕의 예를 반드시 삼가는 것은 마지막을 삼가기를 처음 시작할 때와 같이 하는 것이다. 그러므로 옛 사람의 말을 인용하여 '끝을 잘 맺는 이는 처음에 잘하였던 것과 같이 한다. 지금 남은 음식을 먹는 예禮가 바로 이러한 의미다'라고 한 것이다. 그러므로 옛날의 군자에게 하는 말이 있어 '시尸

가 먹고 마시는 것 또한 귀신이 먹고 남긴 것을 먹는 것이다'(餕)라고 하였는데, 이것이 바로 은혜를 베푸는 방법이다. 준의 예를 살펴보면 정치를 하는 도를 살펴볼 수 있다." 方氏曰: "牲旣殺, 則薦血腥於鬼神, 及熟之於俎, 而尸始食之. 是'尸餕鬼神之餘'也." ○ 劉氏曰: "祭畢而餕餘, 是祭之終事也. 必謹夫餕之禮者, 愼終如始也. 故引古人曰: '善終者, 如其始之善. 今餕餘之禮, 其是此意矣.' 所以古之君子有言, '尸之飮食, 亦是餕鬼神之餘也', 此卽施惠之法也. 觀乎餕之禮, 則可以觀爲政之道矣."

【제통 12】

그러므로 시尸가 일어서면 군주가 경卿 네 사람과 더불어 준餕을 한다. 군주가 일어서면 대부 여섯 사람이 준을 하는데, 이것은 군주가 남긴 것을 신하가 먹는 것이다. 대부들이 일어서면 여덟 사람의 사士가 준을 하는데, 이것은 천한 사람이 귀한 사람이 남긴 것을 먹는 것이다. 사들이 일어나서 각자 찬구饌具를 가지고 나가 당 아래에 그것들을 늘어놓으면 모든 관원들이 그것을 먹고 치우는데, 이것은 아랫사람이 윗사람이 남긴 것을 먹는 것이다. 무릇 준의 도는 매번 바뀔 때마다 사람이 많아지는데, 이것으로 귀천의 등급을 분별하고 은혜를 베푸는 상象을 일으키는 것이다. 그러므로 네 궤簋의 서직으로 종묘 안에서 거행됨을 보인다. 종묘 안은 나라 안(境內)을 상징한다.

是故尸謖, 君與卿四人餕. 君起, 大夫六人餕, 臣餕君之餘也. 大夫起, 士八人餕, 賤餕貴之餘也. 士起, 各執其具以出, 陳于堂下, 百官進, 徹之, 下餕上之餘也.① 凡餕之道, 每變以衆, 所以別貴賤之等, 而興施惠之象也. 是故以四簋黍見其脩於廟中也. 廟中者竟內之象也.②

鄭注 ① '진進'은 당연히 준餕이 되어야 한다. 발음으로 인한 잘못이다. '백관百官'은 임금의 제사에서 일을 맡은 사람들이다. 준餕을 하고 나면 거두어서 가는 것은 이른바 '자신을 지극히 천한 사람으로 낮추는 것'이다. '진進'·'철徹'은 어떤 본에는 모두 '준餕'으로 되어 있다. '進'當爲餕. 聲之誤也. '百官', 謂有事於君祭者也. 旣餕, 乃徹之而去, 所謂'自卑至賤'. '進'·'徹'或俱爲'餕'.
② 귀신의 은혜가 종묘 안에 두루 베풀어지는 것은 국군의 은혜가 나라 안에 두루 베풀어지는 것과 같다. 鬼神之惠徧廟中, 如國君之惠, 徧竟內也.

集說 '속謖'은 일어선다는 뜻이다. 천자의 제사에는 궤簋가 여덟 개이고, 제후는 궤가 여섯 개이다. 여기서 '궤가 네 개'라고 말한 것은 두 개의 궤는 양염陽厭[13]의 제사를 위하여 남겨두기 때문이다. 그러므로 네 개의 궤를 가지고 준餕을 한다. 궤에는 서와 직을 담으니 서를 거명하면 직을 올림도 알 수 있다. 군君·경卿에서 백관百官에 이르기까지 매번 바뀔 때마다 사람이 더욱 많아지는 것은 이로써 귀천을 구별하고 은혜를 베푸는 것을 상징하는 것이다. 은혜를 베푸는 예가 종묘 안에서 정비되어 거행되면 은혜를 베푸는 정치가 반드시 나라 안에 두루 미치게 된다. 이 때문에 (준으로) 정치를 살펴볼 수 있다고 하는 것이다. '謖', 起也. 天子之祭八簋, 諸侯六簋. 此言'四簋'者, 留二簋爲陽厭之祭. 故以四簋餕也. 簋以盛黍稷, 擧黍則稷可知矣. 自君卿至百官, 每變而人益衆, 所以別貴賤, 象施惠也. 施惠之禮, 脩擧於廟中, 則施惠之政, 必遍及於境內. 此可以觀政之謂也.

【제통 13】

제사라는 것은 은택이 큰 것이다. 그러므로 윗사람에게 큰 은택이 있으면 은혜가 반드시 아래에 미친다. 다만 윗사람에게 먼저 베풀어지고 아랫사람에게 나중에 베풀어지는 것뿐이다. 위에서 쌓인 것이 무거운데 아래에서는 얼고 굶주린 백성이 있는 것이 아니다. 그래서 윗사람에게 큰 은택이 있으면 백성들은 저마다 그것이 아래로 흐를 것을 기대한다. 혜택이 반드시 장차 이르게 될 것을 아는 것은 준으로 말미암아 보는 것이다. 그러므로 "이것으로 정치를 살펴볼 수 있다"고 한다. 제사의 예가 중요하니, 제물을 준비하여 갖춘다. 예를 따라서 갖추는 것이니, 그 가르침의 근본이다! 그러므로 군자의 가르침은 밖으로는 임금과 연장자를 존경할 것을 가르치고 안으로는 그 어버이에게 효도할 것을 가르친다. 그러므로 현명한 임금이 위에 있으면 모든 신하가 복종한다. 종묘와 사직을 높이고 섬기면 그 자손들이 순종하고 효도한다. 그 도道를 다하고 그 의義를 바르게 하면서 가르침이 생겨난다.

祭者, 澤之大者也. 是故上有大澤則惠必及下. 顧上先下後耳. 非上積重而下有凍餒之民也. 是故上有大澤, 則民夫人待于下流. 知惠之必將至也, 由餕見之矣. 故曰: "可以觀政矣."① 夫祭之爲物大矣, 其興物備矣. 順以備者也, 其教之本與!② 是故君子之教也, 外則教之以尊其君長, 內則教之以孝於其親. 是故, 明君在上, 則諸臣服從. 崇事宗廟社稷, 則子孫順孝. 盡其道, 端其義, 而教生焉.③

鄭注 ① 귀신이 제사가 있으면 혼자 흠향하지 않고 사람들로 하여금 준餕을 하도록 하므로 은택이 큰 것이다. 국군은 쌓아둔 것이 있으면 혼자 먹지 않고 역시 나라 안에 은혜를 베푼다. 鬼神有祭, 不獨饗之, 使人餕之, 恩澤之大者也. 國君有蓄積, 不獨食之, 亦以施惠於竟內也.

② '위물爲物'은 위례爲禮와 같은 뜻이다. '흥물興物'은 온갖 물품을 올리는 것이다. '爲物', 猶'爲禮'也. '興物', 謂薦百品.

③ '숭崇'은 높이는 것과 같다. '崇', 猶尊也.

集說 '위물爲物'은 일로써 말한 것이고 '흥물興物'은 제물로써 말한 것이다. 희생과 제수를 준비해 올리는 것은 모두 예에 따라서 갖추어야 할 것을 다 이루는 것이다. 성인이 가르침을 세우는 것은 그 근본이 여기에 있다. '爲物', 以事言也, '興物', 以具言也. 興擧牲羞之具, 凡以順於禮而致其備焉耳. 聖人立教, 其本在此.

【제통 14】

그러므로 군자가 임금을 섬기는 데에는 반드시 몸소 행한다. 윗사람에게서 편안치 않은 것을 아랫사람에게 시키지 않으며, 아랫사람이 싫어하는 것으로 윗사람을 섬기지 않는다. 남에게 그르다고 한 것을 자신에게 행하는 것은 가르침의 도가 아니다. 그러므로 군자의 가르침은 반드시 그 근본으로부터 말미암으니 도리에 따르는 것이 지극하다. 제사가 바로 그러한 것이다. 그러므로 "제사는 가르침의 근본이다"라고 한다.

是故君子之事君也, 必身行之. 所不安於上, 則不以使下, 所惡於下, 則不以事上. 非諸人, 行諸己, 非教之道也.① 是故君子之教也, 必由其本, 順之至也. 祭其是與. 故曰: "祭者, 教之本也已."②

鄭注 ① '반드시 몸소 행한다'(必身行之)는 것은 자기 마음을 남에게 미루어서 행하는 것을 말한다. '必身行之', 言恕己乃行之.

② 가르침은 효순孝順함으로부터 생긴다. 敎由孝順生也.

集說 자기의 마음으로 남의 마음을 헤아리는 것은 바로 「대학」의 '혈구絜矩의 도道'이다. 이와 같이 한 뒤에야 그 도道를 다하고 그 의義를 바르게 할 수 있다. 가르침의 근본을 거듭 말함으로써 앞글의 뜻을 총결하였다. 以己之心, 度人之心, 卽「大學」'絜矩之道'. 如此而後能盡其道, 端其義也. 申言敎之本, 以結上文之意.

【제통 15】

제사에는 열 가지 인륜(倫)이 있다. 귀신을 섬기는 도리를 나타내는 것이요, 군신君臣의 의리(義)를 나타내는 것이요, 부자父子의 윤서倫序를 보이는 것이요, 귀천貴賤의 차등을 보이는 것이요, 친소親疏의 차이(殺)[14]를 보이는 것이요, 작위와 상을 베푸는 것을 보이는 것이요, 부부夫婦의 구별을 보이는 것이요, 정사政事의 균등함을 보이는 것이요, 장유長幼의 순서를 보이는 것이요, 상하上下의 교제를 보이는 것이다. 이것을 열 가지 인륜(倫)이라고 한다.

夫祭有十倫焉. 見事鬼神之道焉, 見君臣之義焉, 見父子之倫焉, 見貴賤之等焉, 見親疏之殺焉, 見爵賞之施焉, 見夫婦之別焉, 見政事之均焉, 見長幼之序焉, 見上下之際焉. 此之謂十倫.

鄭注 '윤倫'은 의리(義)와 같다. '倫', 猶義也.

集說 정씨鄭氏(정현鄭玄)는 말한다. "'윤倫'은 의리(義)와 같다." 鄭氏曰: "'倫', 猶義也."

【제통 16】

자리(筵)를 펴고 공동의 궤几를 진설하여 여기에 신이 의지하게 한다. 축관이 묘실에서 시尸에게 일을 고하고, 팽祊에 나가서 제사를 지낸다. 이것은 신명神明과 교감하는 도이다.

鋪筵設同几, 爲依神也. 詔祝於室, 而出于祊. 此交神明之道也.

鄭注 '동同'은 공동이라는 뜻이다. 제사에서는 그 비妃를 배향하므로 궤几를 따로 하지 않는다. '조축詔祝'은 축관이 시尸에게 일을 고하는 것이다. '팽에 나간다'(出於祊)는 것은 신령을 찾아 제사 드리는 것(索祭)을 말한다. '同'之言詷也. 祭者以其妃配, 亦不特几也. '詔祝', 告事於尸也. '出於祊', 謂索祭也.

集說 '연筵'은 자리(席)다. '궤几'는 기대어 몸을 편안하게 하는 것이다. 사람이 살아서는 형체가 다르므로 부부의 윤리가 구별이 있는 것에 있지만, 죽어서는 정기精氣에 구별이 없기 때문에 하나의 궤를 공동으로 설치한다. 그러므로 축사祝辭에서 "아무개의 비妃를 배향한다"고 하는 것이다. '신이

의지하게 한다'(依神)는 것은 신으로 하여금 여기에 의지하게 한다는 것이다. '조詔'는 고한다는 뜻이다. '축祝'은 축관이다. 축관이 일로서 시尸에게 묘실 안에서 고하는 것을 말한다. '팽祊에 나가서 제사를 지낸다'는 것은 다음날 역제繹祭[15])를 지낼 때, 묘문廟門 밖의 옆으로 나가는 것이다. 「교특생」(79)에서 "신령을 찾아 축관이 팽祊에서 제사 드린다"고 한 것이 이것이다. 팽祊[16])은 앞 편에 설명이 보인다. '신이 계신 곳이 저기 방 안에 계신가? 여기 당에 계신가?'[17]) 하므로 '이것은 신명神明과 교감하는 도이다'라고 하였다. '筵', 席也. '几', 所馮以爲安者. 人生則形體異, 故夫婦之倫在於有別, 死則精氣無間, 共設一几. 故祝辭云: "以某妃配也." '依神', 使神馮依乎此也. '詔', 告也. '祝', 祝也. 謂祝以事告尸於室中也. '出于祊'者, 謂明日繹祭, 出在廟門外之旁也. 「郊特牲」云: "索祭祝于祊"是也. '祊', 說見前篇. '神之所在, 於彼乎? 於此乎?', 故曰'此交神明之道也'.

【제통 17】

군주가 희생은 맞이하지만 시尸는 맞이하지 않는 것은 신분이 혼동되는 혐의를 분별하기 위한 것이다. 시尸가 묘문廟門 밖에 있으면 신하로 의심하게 되고, 묘안에 있으면 선군의 시尸로서 존엄함을 온전히 하게 된다. 임금이 묘문 밖으로 나오면 군주로 의심하게 되고, 묘문 안으로 들어오면 신자臣子가 됨을 온전히 하게 된다. 그러므로 임금이 시尸를 맞이하러 나가지 않는 것은 '군주와 신하 사이의 의리'를 밝히려는 것이다.

君迎牲而不迎尸, 別嫌也. 尸在廟門外則疑於臣, 在廟中則全於君. 君在廟門外則疑於君, 入廟門則全於臣, 全於子. 是故不出者, 明'君臣之義'也.

鄭注 시尸를 맞이하지 않는 것은 그 존엄함을 온전하게 하려는 것이다. 시尸는 신을 형상하는 것이다. 귀신의 존엄함은 종묘 안에 있으므로, 인군人君의 존엄함은 묘문 밖으로 나가면 펼치는 것이다. '不迎尸'者, 欲全其尊也. '尸', 神象也. 鬼神之尊在廟中, 人君之尊出廟門則伸.

集說 시尸는 본래 신하이지만 시尸가 되어 신을 상징하게 되면 존엄함이 군부君父와 같아진다. 그러나 종묘 밖에서 들어가지 않고 있으면 여전히 신하로 의심하게 된다. 종묘에 들어가게 되면 군부의 존엄함을 상징하는 것을 온전히 가지게 된다. 군주의 제사는 본래 군부君父를 높이는 것을 위주로 하여 신자臣子의 도리를 다한다. 그러나 종묘에 들어가지 않고 있으면 여전히 군주로 의심하게 된다. 종묘에 들어가게 되면 신자臣子가 됨을 온전히 하여서 시尸를 섬기는 것에 아무 혐의가 없는 것이다. 만약 임금이 묘문廟門 밖으로 나와서 시尸를 맞이하면 존엄한 군주로서 신하를 맞이하는 것으로 의심하게 된다. 그러므로 맞이하러 나가지 않는 것은 이러한 혐의들을 분별하여 군주와 신하의 의리를 밝히려는 것이다. 尸本是臣, 爲尸而象神, 則尊之如君父矣. 然在廟外未入, 則猶疑是臣也. 及旣入廟, 則全其象君父之尊矣. 君祭固主於尊君父而盡臣子之道. 然未入廟, 則猶疑是君也. 及旣入廟, 則全爲臣子而事尸無嫌矣. 若君出門迎尸, 則疑以君而迎臣. 故不出者, 所以別此嫌而明君臣之義也.

【제통 18】

제사의 도리에서는 손자가 조부의 시尸가 된다. 시尸가 되게 뽑히는 사람은 제사지내는 사람의 아들 항렬이다. 아버지가 북쪽을 보고 그를 섬기는 것은 아들이 아버지를 섬기는 도리를 밝히는 것이다. 이것이 '부자의 윤서倫序'이다.

夫祭之道, 孫爲王父尸. 所使爲尸者, 於祭者子行也. 父北面而事之, 所以明子事父之道也. 此'父子之倫'也.

鄭注 '자항子行'은 자의 항렬과 같다. 조부에게 제사를 지낼 때 손자의 항렬을 (시尸로) 쓰는데, 다 동성同姓의 적손適孫 가운데에서 취한다. 천자·제후의 제사에서 조천朝踐을 행할 때 출입문 밖에서 시尸를 인도한다.[18] 그러므로 북면北面을 하고 시尸를 섬기는 예가 있는 것이다. '子行', 猶子列也. 祭祖則用孫列, 皆取於同姓之適孫也. 天子·諸侯之祭, 朝事延尸於戶外. 是以有北面事尸之禮.

集說 '항行'은 항렬과 같다. 아버지가 북쪽을 보고 아들 항렬의 시尸를 섬기는 것은 아들이 아버지를 섬기는 도가 이와 같아야 함을 알게 하려는 것이다. ○ 방씨方氏(방각方慤)는 말한다. "'열 가지 인륜'(十倫) 모두 인륜인데 부자父子에 대해서만 인륜을 말한 것은 부자의 인륜이 있은 뒤에야 종묘의 제사가 있는 것이므로, 제사의 윤리는 부자 관계에 근본하기 때문일 뿐이다. 그래서 부자에 대해서만 '인륜'(倫)이라고 한 것이다." '行', 猶列也. 父北面而事子行之尸者, 欲子知事父之道當如是也. ○ 方氏曰: "'十倫'皆倫也, 止於父子言倫者, 有父子之倫, 然後有宗廟之祭, 則祭之倫, 本於父子而已. 故止於父子爲'倫'焉."

【제통 19】

시尸가 다섯 번째 헌주獻酒를 마시고 나면 임금이 옥작玉爵을 씻어서 경卿에게 헌주를 하고, 시尸가 일곱 번째 헌주를 마시고 나면 임금이 요작瑤爵으로 대부에게 헌주를 하며, 시尸가 아홉 번째 헌주를 마시고 나면 임금이 산작散爵으로 사士와 여러 유사有司들에게 헌주를 하는데, 모두 나이의 순서대로 한다. 이것은 '귀천貴賤의 차등'을 밝히는 것이다.

尸飮五, 君洗玉爵獻卿, 尸飮七, 以瑤爵獻大夫, 尸飮九, 以散爵獻士及群有司, 皆以齒. 明'尊卑之等'也.

鄭注 '시尸가 다섯 번째 헌주를 마신다'(尸飮五)는 것은 시尸에게 궤사饋食 후에 식사를 마치고 입가심을 하도록(酳尸) 다섯 번째 술을 올리는 것을 말한다. 대부와 사의 제사에서는 삼헌三獻의 예를 하고 나서 빈賓에게 헌주를 한다. '尸飮五', 謂酳尸五獻也. 大夫・士祭, 三獻而獻賓.

集說 경卿에게 헌주하는 것으로부터 여러 유사有司들에게 헌주하는 것에 이르기까지 모두 작위가 같으면 연장자가 반드시 먼저 마신다. 그러므로 모두 '나이의 순서대로 한다'고 한 것이다. ○ 소疏에서 말한다. "이것은 구헌九獻의 예를 갖추는 경우에 근거하여 말한 것이다. 궤사 후에 시尸가 식사를 마치고 입가심을 하도록 주인이 시尸에게 헌주하는 때(酳尸)에 이르렀기 때문에 '다섯 번째 헌주를 마시는 것'이 된다. 무릇 제사에서, 두 번의 헌주로 관례祼禮를 하면서 울창주를 사용하는데 시尸는 올린 것을 흠향하기만 하고 마시지는 않는다. 조천朝薦에서 2번 헌주 한 것과 궤사饋食에서 2번 헌주를 한 것, 그리고 궤사를 마치고 주인이 시尸에게 입가심을 하도록 헌주를 한 것 등은 모두 시尸가 마신다. 그러므로 '시尸가 다섯 번째 헌주를

마신다'고 한 것이다. 이때에 경卿에게 헌주를 하는데, 경에게 헌주를 한 뒤에는 주부主婦가 시尸에게 헌주를 한다. 시尸에게 헌주하는 것을 마치면 빈賓의 우두머리가 시尸에게 헌주를 하는데 이것이 '시尸가 일곱 번째 헌주를 마신다'는 것이다. 요작瑤爵으로 대부에게 헌주를 하게 되면 이것이 바로 구헌九獻의 예가 끝나는 것인데, 처음에 관례祼禮에서 두 차례의 올린 잔은 마시지 않기 때문에 '일곱 번째 헌주를 마신다'고 한다. 이 이후로 장빈長賓(빈의 연장자)과 장형제長兄弟(형제의 연장자)가 다시 술을 더 올리면 시尸는 다시 두 번의 헌주를 마시게 되는데 이것이 앞의 헌주와 합해서 시尸가 아홉 번의 헌주를 마시는 것이다. 주인은 이에 산작散爵으로 사와 여러 유사들에게 헌주를 한다. 이것은 상공上公이 행하는 구헌九獻의 예를 가리킨다. 그러므로 시尸에게 궤사 후에 입가심을 하도록 한 번 술을 올린 것을 시尸가 다섯 번째 헌주를 마시는 것으로 삼는다. 만약 후侯·백伯의 칠헌七獻의 예에서라면, 조천과 궤사에서 각각 1번씩 헌주를 하고, 식사가 끝나면 시尸에게 입가심을 하도록 술을 올리므로 단지 3번의 헌주를 마신다. 자子·남男의 오헌五獻의 예에서라면 식사가 끝난 후에 시尸에게 입가심을 하도록 술을 올리므로 시尸는 1번의 헌주를 마신다." 自獻卿以下至群有司, 凡同爵, 則長者必先飮. 故云'皆以齒'. ○ 疏曰: "此據備九獻之禮者. 至主人酳尸, 故'尸飮五'也. 凡祭, 二獻祼用鬱鬯, 尸祭奠而不飮. 朝踐二獻, 饋食二獻, 及食畢, 主人酳尸, 此皆尸飮之. 故云'尸飮五'. 於此時以獻卿, 獻卿之後主婦酳尸. 酳尸畢, 賓長獻尸, 是'尸飮七'也. 乃以瑤爵獻大夫, 是正九獻禮畢, 但初二祼不飮, 故云'飮七'. 自此以後, 長賓長兄弟更爲加爵, 尸又飮二, 是幷前尸飮九. 主人乃以散爵獻士及群有司也. 此謂上公九獻. 故以酳尸之一獻爲尸飮五也. 若侯·伯七獻, 朝踐饋食時各一獻, 食訖酳尸, 但飮三也. 子·男五獻, 食訖酳尸, 尸飮一."

【제통 20】

제사에는 소昭와 목穆의 구별이 있는데, 소목이라는 것은 부자父子·원근遠近·장유長幼·친소親疏의 순서를 구별하여 문란하지 않게 하는 것이다. 그러므로 태묘大廟에 제사가 있으면 여러 소와 목이 다 그 자리에 있어서 그 윤서倫序를 잃지 않는다. 이것을 '친소親疏의 차이(殺)'라고 한다.

夫祭有昭穆, 昭穆者, 所以別父子·遠近·長幼·親疏之序而無亂也. 是故, 有事於大廟, 則群昭群穆咸在而不失其倫. 此之謂'親疏之殺'也.

鄭注 '소와 목이 다 그 자리에 있다'(昭穆咸在)는 것은 동종同宗의 부자父子들이 다 참여하는 것을 말한다. '昭穆咸在', 同宗父子皆來.

集說 소疏에서 말한다. "'태묘에서 제사할 때 여러 소昭와 목穆이 다함께 있다'고 하였으므로, 나머지 묘제廟制의 경우에는 묘廟에 해당하는 시尸와 주인, 그리고 그가 낳은 자손들만 있고 여러 소와 목이 다 그 자리에 있을 수 없다." 疏曰: "'祭大廟, 則群昭群穆咸在', 若餘廟之祭, 唯有當廟尸·主及所出之子孫, 不得群昭群穆咸在也."

【제통 21】

옛날에 현명한 임금은 덕이 있는 사람에게 작위를 주고 공이 있는 사람에게 녹祿을 하사하였는데, 반드시 태묘大廟에서 작위와 녹을 하사한 것은 감히 마음대로 하지 않음을 보인 것이다. 그러므로 제사지내는 날 궤사 후에 시尸에게 한 번 헌주를 하고 나면, 임금은 내려와 조계阼階의 남쪽에 서서 남쪽을 향한다. 명命을 받을 사람은 북면北面을 한다. 사관은 임금의 오른쪽에서 책策을 잡고 명을 읽는다. 명을 받은 사람은 머리를 지면에 대고 두 번 배례를 한다. 책서策書를 받고 돌아가서는, 자기 집안의 묘廟에서 석전釋奠을 올린다. 이것이 '작록을 베푸는 것'이다.

古者, 明君爵有德而祿有功, 必賜爵祿於大廟, 示不敢專也. 故祭之日, 一獻, 君降立于阼階之南, 南鄉. 所命北面. 史由君右執策命之. 再拜稽首. 受書以歸, 而舍奠于其廟. 此'爵賞之施'也.

鄭注 '한 번 헌주를 한다'(一獻)는 것은 궤사 후에 시尸가 식사를 마치고 입가심을 하도록(酳尸) 한 번 술을 올리는 것이다. '사舍'는 석釋이 되어야 옳다. 발음으로 인한 잘못이다. 정해진 때가 아닌데 제사지내는 것을 '전奠'이라고 한다. '一獻', 一酳尸也. '舍'當爲'釋'. 聲之誤也. 非時而祭曰'奠'.

集說 소疏에서 말한다. "시尸에게 궤사 후의 헌주를 올리기 전에는 다 귀신을 받들어 봉양하느라 책명策命을 내릴 겨를이 없다. 여기서의 '한 번 헌주를 한다'(一獻)는 것은 앞(19장)에서 '시尸가 다섯 번째 헌주를 마시고 나면 임금이 경卿에게 헌주를 한다'고 한 때이다. 만약 천자가 여러 신하에게 명命을 내릴 경우에는 정기적인 제사를 지내는 날을 이용하지 않고 단지 묘廟에서 행한다. '석전釋奠'은 군주의 명령을 받았음을 고하는 것이다."疏曰: "酳尸之前, 皆承奉鬼神, 未暇策命. 此'一獻', 則上文'尸飮五, 君獻卿'之時也. 若天子命群臣, 則不因常祭之日, 特假於廟. '釋奠', 告以受君之命也."

【제통 22】

제사에서 군주는 곤면袞冕의 복장으로 조계阼階에 서고, 부인은 부휘副褘의 복장으로 동쪽 방에 선다. 부인이 두豆를 올릴 때에는 두의 가운데 기둥을 잡고, 예주醴酒를 관장하는 자가 부인에게 두를 넘겨줄 때에는 두의 아래 받침을 잡는다. 시尸가 부인에게 술잔을 되돌릴 때(酢)에는 술잔의 자루를 잡고, 부인이 시尸가 주는 잔을 받을 때에는 잔의 발을 잡는다. 부부夫婦가 올리는 산을 서로 주고받을 때에는 서로 손을 댄 자리에는 손을 대지 않고, 술잔을 되돌릴 때에 반드시 술잔을 바꾸는 것은 '부부의 구별'을 밝히는 것이다.

君卷冕立于阼, 夫人副褘立于東房. 夫人薦豆執校, 執醴授之執鐙. 尸酢夫人執柄, 夫人受尸執足. 夫婦相授受, 不相襲處, 酢必易爵, 明'夫婦之別'也.

鄭注 '효校'는 두豆의 가운데 곧은 기둥 부분이다. '집례執醴'는 예주醴酒를 주는 사람인데, 부인에게 두豆를 줄 때에 '두의 아래 받침을 잡는다.' '등鐙'은 두의 아래 받침이다. '校', 豆中央直者也. '執醴', 授醴之人, 授夫人以豆, 則'執鐙'. '鐙', 豆下跗也.

集說 '권면卷冕'과 '부휘副褘'는 앞에 설명이 보인다.[19] '효校'는 두豆의 가운데 곧은 기둥 부분이다. '집례執醴'는 예주醴酒를 들고 있는 사람이다. 이 사람이 두豆를 주는 것도 함께 관장한다. '등鐙'은 두의 아래 받침이다. 작爵은 모양이 참새와 같은데 손잡이는 꼬리 부분이다. '습처襲處'는 그 손댄 곳을 따라서 손대는 것을 말한다. '卷冕'·'副褘', 見前. '校', 豆中央直者. '執醴', 執醴齊之人也. 此人兼掌授豆. '鐙', 豆之下跗也. 爵形如雀, 柄則尾也. '襲處', 謂因其處.

【제통 23】

조俎에 담는 것은 뼈를 위주로 삼는다. 뼈에는 귀하게 여기는 부분과 천하게 여기는 부분이 있다. 은殷나라 사람은 넓적다리뼈(髀)를 귀하게 여겼고 주周나라 사람은 어깨뼈(肩)를 귀하게 여겼다. 무릇 앞부분의 뼈를 뒤의 뼈보다 귀하게 여긴다. 조俎라는 것은 제사에 반드시 은혜를 베풀어줌이 있음을 밝히는 것이다. 이런 까닭에 귀한 사람은 귀하게 여기는 뼈를 취하고 천한 사람은 천하게 여기는 뼈를 취한다. 귀한 사람이 거듭 취하는 일이 없고, 천한 사람의 그릇이 비는 일이 없는 것은 귀천貴賤에 균등함을 보이는 것이다. 은혜를 베풀어주는 것이 균등하면 정사政事가 잘 시행된다. 정사가 잘 시행되면 계획한 일이 이루어진다. 계획한 일이 이루어지면 공功이 확립된다. 공이 확립되는 까닭을 잘 알아두지 않으면 안 되는 것이다. 조俎는 은혜를 베풀어주는 것이 반드시 균등하다는 것을 밝히는 것이다. 정사政事를 잘 돌보는 자는 이와 같이 한다. 그러므로 '정사의 균등함을 보이는 것'[20]이라고 한 것이다.

凡爲俎者, 以骨爲主. 骨有貴賤. 殷人貴髀, 周人貴肩. 凡前貴於後. 俎者, 所以明祭之必有惠也. 是故貴者取貴骨, 賤者取賤骨. 貴者不重, 賤者不虛, 示均也. 惠均則政行. 政行則事成. 事成則功立. 功之所以立者, 不可不知也. 俎者, 所以明惠之必均也. 善爲政者如此. 故曰'見政事之均焉'.

鄭注 은殷나라 사람이 넓적다리뼈를 귀하게 여긴 것은 그것이 두터웠기 때문이다. 주周나라 사람이 어깨뼈를 귀하게 여긴 것은 그것이 잘 드러난

부분이기 때문이다. '무릇 앞부분의 뼈를 뒤의 뼈보다 귀하게 여겼다'(凡前貴於後)는 것은 등뼈 · 갈비뼈 · 팔뚝뼈 · 팔꿈치뼈 따위를 말한다. 殷人貴髀, 爲其厚也. 周人貴肩, 爲其顯也. '凡前貴於後', 謂脊 · 脅 · 臂 · 臑之屬.

集說 소疏에서 말한다. "은殷나라는 질박함을 숭상하기 때문에 넓적다리뼈의 두터움을 귀하게 여기고 어깨뼈의 얇음을 천하게 여겼다. 주周나라는 문채를 숭상하기 때문에 어깨뼈의 잘 드러나는 점을 귀하게 여겼고 넓적다리뼈의 숨겨진 점을 천하게 여겼다. '앞부분의 뼈를 뒤의 뼈보다 귀하게 여겼다'는 것은 주周나라에 근거하여 말한 것이니다." ○ 방씨方氏(방각方慤)는 말한다. "조俎는 두豆와 짝하는 제기다. 조俎가 뼈를 위주로 하므로, 두豆는 고기를 위주로 함을 알 수 있다. 뼈는 양陽에 속하고 고기는 음陰에 속한다. 조의 개수는 홀수로 하여 양을 따르고 두의 개수는 짝으로 하여 음을 따르는 것은 이러한 이유이다." 疏曰: "殷質, 貴髀之厚, 賤肩之薄. 周文, 貴肩之顯, 賤髀之隱. '前貴於後', 據周言之." ○ 方氏曰: "'俎'者, 對豆之器. 俎以骨爲主, 則豆以肉爲主可知. 骨, 陽也, 肉, 陰也. 俎之數以奇而從陽, 豆之數以偶而從陰, 爲是故也."

【제통 24】

임금이 술잔을 하사할 때에는 소昭가 한 무리가 되고 목穆이 한 무리가 된다. 소와 소가 나이 순서대로 하고, 목과 목이 나이 순서대로 한다. 대개 여러 유사有司들도 모두 나이 순서대로 한다. 이것을 '장유長幼의 순서가 있다'고 한다.

凡賜爵, 昭爲一, 穆爲一. 昭與昭齒, 穆與穆齒. 凡群有司皆以齒. 此之謂'長幼有序'.

鄭注 '소목昭穆'은 「특생궤사례特牲饋食禮」와 「소뢰궤사례少牢饋食禮」에서 궤사례饋食禮를 행하는 여러 형제들과 같다. '여러 유사'(衆有司)는 중빈衆賓 이하와 집사執事들과 같은 뜻이다. '임금이 술잔을 하사한다'는 것은 여수旅酬의 예를 행하는 것처럼 함을 말한다. '昭穆', 猶「特牲」·「少牢」饋食之禮衆兄弟也. '群有司', 猶衆賓下及執事者. '君賜之爵', 謂若酬之.

集說 '작爵'은 술을 돌리는 잔이다. ○ 소疏에서 말한다. "이는 여수旅酬禮의 예를 행할 때 제사에 참여하여 돕는 자들에게 술을 하사하는 것이다. 여러 형제와 자손들은 소昭의 항렬에 있는 자들이 한 갈래가 되고 목穆의 항렬에 있는 자들이 한 갈래가 되어 각자 서로 무리를 이루는데 연장자는 앞에 있고 젊은이는 뒤에 있는 것, 이것이 '소와 소가 나이 순서대로 하고, 목과 목이 나이 순서대로 한다'는 것이다." ○ 방씨方氏(방각方慤)는 말한다. "종묘 안에서 일을 맡길 때에는 작위에 따라 시키는데, 술잔을 하사함에 이르러서는 나이 순서대로 하는 것은 무엇 때문인가? 대개 일을 맡기는 것은 의義를 위주로 하며 여수례 전에 행하고, 술잔을 하사하는 것은 은혜를 위주로 하며 여수례 이후에 행한다. 은혜를 주로 하므로 모두 나이 순서대로 하는 것이다. 『주례』「하관夏官·사사司士」에서 '제사에서 술잔을 하사할 때는 소목에 따라 불러서 나오게 한다'고 한 것이 이것을 가리킨다. 나이는 장유長幼의 순서를 세우는 것이므로, '이것을 장유長幼의 순서가 있다고 한다'라고 하였다." '爵', 行酒之器也. ○ 疏曰: "此, 旅酬時, 賜助祭者酒. 衆兄弟·子孫等, 在昭列者則爲一色, 在穆列者自爲一色, 各自相旅, 長者在前, 少者在後, 是'昭與昭齒, 穆與穆齒'也." ○ 方氏曰: "宗廟之中, 授事則以爵, 至於賜爵則以齒, 何也? 蓋授事主義, 而行於旅酬之前, 賜爵主恩, 而行於旅酬之後. 以其主恩, 故皆以齒也. 「司士」所謂'祭祀賜爵, 呼昭穆而進之'是矣. 夫齒所以序長幼, 故曰'此之謂長幼有序'."

【제통 25】

제사에서 운煇, 포胞, 적翟, 혼閽에게 (음식을) 나누어줌이 있는 것은 아랫사람에게 은혜를 베푸는 도리다. 오직 덕이 있는 임금이라야 이것을 실행할 수 있다. 밝음이 아랫사람들을 돌아보기에 충분하고, 어질기가 아랫사람들에게 베풀어주기에 충분한 것이다. 나누어준다(畀)는 말은 베풀어준다는 뜻이다. 자기가 가진 나머지를 아랫사람에게 나누어줄 수 있는 것이다. 운煇은 갑옷을 만드는 관리로 천한 자이다. 포胞는 가축의 도살을 담당하는 관리로 천한 자이다. 적翟은 악무樂舞를 맡은 관리로 천한 자이다. 혼閽은 문을 지키는 천한 자이다. 옛날에는 형벌을 받은 자는 문을 지키게 하지 않았다. 이 네 가지 직분을 담당하는 자들은 관리 중에서 지극히 천한 자이다. 시尸는 지극히 존귀한데도, 지극히 존귀한 자가 제사의 끝에 지극히 천한 사람을 잊지 않고, 나머지를 그들에게 주는 것이다. 그런 까닭에 현명한 임금이 위에 있으면 나라 안의 백성이 얼거나 굶주린 자가 없다. 이것을 '상하上下의 교제'라고 한다.

夫祭有畀煇胞翟閽者, 惠下之道也. 唯有德之君爲能行此. 明足以見之, 仁足以與之. 畀之爲言與也. 能以其餘畀其下者也. 煇者, 甲吏之賤者也. 胞者, 肉吏之賤者也. 翟者, 樂吏之賤者也. 閽者, 守門之賤者也. 古者不使刑人守門. 此四守者, 吏之至賤者也. 尸又至尊, 以至尊旣祭之末, 而不忘至賤, 而以其餘畀之. 是故明君在上, 則竟內之民無凍餒者矣. 此之謂'上下之際'.

鄭注 '밝음이 아랫사람들을 돌아보기에 충분하다'(明足以見之)는 것은 이

천한 사람들을 돌아본다는 것이다. '어질기가 아랫사람들에게 베풀어주기에 충분하다'(仁足以與之)는 것은 이 천한 사람들에게 베풀어준다는 것이다. '운煇'은 『주례』에 '운韗'으로 되어 있는데 가죽을 다듬고 자르는 관리를 말한다. '적翟'은 우무羽舞[21]를 가르치는 관리다. '옛날에는 형벌을 받은 자는 문을 지키게 하지 않았다'는 것은 하夏와 은殷의 시대를 말한다. '明足以見之', 見此卑者也. '仁足以與之', 與此卑者也. '煇', 『周禮』作'韗', 謂韗磔皮革之官也. '翟', 謂敎羽舞者也. '古者不使刑人守門', 謂夏・殷時.

集說 '옛날에는 형벌을 받은 자는 문을 지키게 하지 않았다'는 것은 아마도 주周나라 이전에 그와 같았을 것이다. 주나라에서는 묵형墨刑을 받은 자에게 문을 지키게 하였다.[22] '제際'는 접한다는 뜻으로, 존귀한 자가 천한 자와 함께 은혜를 베풀고자 하는 뜻에서 서로 접하는 것이다. '不使刑人守門', 恐是周以前如此. 周則墨者使守門也. '際', 接也, 言尊者與賤者恩意相接也.

【제통 26】

제사에는 사시四時에 지내는 것이 있다. 봄 제사는 약礿이라 하고, 여름 제사는 체禘라 하고, 가을 제사는 상嘗이라 하고, 겨울 제사는 증烝이라 한다.

凡祭有四時. 春祭曰礿, 夏祭曰禘, 秋祭曰嘗, 冬祭曰烝.

鄭注 하夏나라와 은殷나라 시대의 예를 말한다. 謂夏・殷時禮也.

集說 『주례』에는 봄에는 사祠, 여름에는 약禴, 가을에는 상嘗, 겨울에는 증烝이라고 하였다. 정현은 이 경문의 내용이 하夏나라와 은殷나라 시대의

예를 가리킨다고 하였다. 『周禮』, 春祠, 夏禴, 秋嘗, 冬烝. 鄭氏謂此夏殷之禮.

【제통 27】

약礿과 체禘에는 양陽의 뜻이 있고, 상嘗과 증烝에는 음陰의 뜻이 있다. 체는 양이 성대한 것이고, 상은 음이 성대한 것이다. 그러므로 "체와 상보다 더 중요한 제사는 없다"고 한다.

礿·禘, 陽義也, 嘗·烝, 陰義也. 禘者陽之盛也, 嘗者陰之盛也. 故曰: "莫重於禘·嘗."

鄭注 여름에는 존귀하고 비천한 것이 뚜렷해지고, 가을에는 만물이 이루어진다. 夏者尊卑著, 而秋萬物成.

集說 방씨方氏는 말한다. "양陽의 도道는 항상 풍요롭고 음의 도는 항상 궁핍하다. 풍요롭기 때문에 여름이 되면 성대해지기 시작하고, 궁핍하기 때문에 가을이 되면 성대해지기를 그만둔다. 이것이 체가 양이 성대한 것이 되고, 상은 음이 성대한 것이 되는 이유일 것이다. 그 음과 양의 성대한 것을 가지고 하기 때문에 '체와 상보다 더 중요한 제사는 없다'고 말한 것이다." 方氏曰: "陽道常饒, 陰道常乏. 饒故及於夏始爲盛焉, 乏故及於秋已爲盛矣. 此禘所以爲陽之盛, 嘗所以爲陰之盛歟. 以其陰陽之盛, 故曰'莫重於禘·嘗'."

【제통 28】

옛날에 체제禘祭에서 작위를 내리고 의복을 하사한 것은 양陽의 뜻에 따른 것이다. 상제嘗祭에서 전지와 읍을 내려주고 가을의 정령政令을 내린 것은 음陰의 뜻에 따른 것이다. 그러므로 옛 기록에서 "상제를 지내는 날에 공실公室의 재물을 내서 상賞을 준다"고 하였다. 풀이 벨 만해지면 묵형墨刑을 행하는데, 가을의 정령을 내리기 전에는 백성들이 감히 풀을 베지 못하였다.

古者於禘也, 發爵賜服, 順陽義也. 於嘗也, 出田邑, 發秋政, 順陰義也.① 故記曰: "嘗之日, 發公室, 示賞也." 草艾則墨, 未發秋政, 則民弗敢草也.②

鄭注 ① 작명爵命은 양에 속하고 나라의 땅은 음에 속함을 말한다. 言爵命屬陽, 國地屬陰.

② '공실을 연다'(發公室)는 것은 상으로 내리는 재물을 내는 것이다. '풀을 벤다'(草艾)는 것은 풀을 베서 취하는 것이다. 가을에는 초목이 다 이루어지므로 베어서 불 때는 데 충당할 수 있다. 이때가 되면 비로소 소소한 형벌을 시행한다. '發公室', 出賞物也. '草艾', 謂艾取草也. 秋, 草木成, 可芟艾給爨亨. 時則始行小刑也.

集說 방씨方氏는 말한다. "'작위'는 명령을 하는 것이고 '의복'은 음기(陰)를 이기는 것이다. 그러므로 양의 뜻에 따르는 것이 된다. '녹'은 먹여주는 것이고 '전지와 읍'은 땅을 정해서 주는 것이다. 그러므로 음의 뜻에 따르는 것이 된다. '상제를 지내는 날에 공실公室의 재물을 내서 상賞을 준다'는 것은 만물이 이루어짐을 따라서 재물을 사용해서 상을 시행하는 것이다. 그러므로 '상을 준다'고 하였다. '풀이 벨 만해지면 묵형墨刑을 행한다'는 것은 풀이 마를 무렵에 그것을 베어서 불 때는 데 공급하는 것이다. 풀을 베는 것(刈草)을 '풀'(草)이라고 말한 것은 뽕잎을 따는 것(采桑)을 '뽕'(桑)이라고

말한 것과 같을 것이다. '묵형'(墨)은 다섯 가지 형벌 가운데 가벼운 것이다. 『춘추좌씨전』에 '봄과 여름에는 상을 주고, 가을과 겨울에는 형벌을 내린다'[23]고 말했는데, 여기서 '상제를 지내는 날에 공실公室의 재물을 내서 상을 준다'고 한 것은 무엇 때문인가? 아마도 상을 주는 것을 비록 봄, 여름에 주로 하지만, 형벌 역시 사용하지 않는 때가 없기 때문일 것이다. 「월령」(82)에서 '맹하孟夏에 가벼운 형벌을 선고하여 집행하고 작은 죄를 처결한다'고 한 것이 이러한 뜻일 것이다." 형벌을 주는 것은 비록 가을, 겨울에 주로 하지만 상 역시 사용하지 않는 때가 없으니 여기에서 말하는 것이 그것이다. ○ 응씨應氏는 말한다. "'애초艾草'라고 하지 않고 '초애草艾'라고 한 것은 풀이 스스로 벨 만해진다는 뜻이다." 方氏曰: "'爵', 命之者也, '服', 勝於陰者也. 故爲順陽義. '祿', 食之者也, '田邑', 制於地者也. 故爲順陰義. '嘗之日, 發公室', 因物之成而用之以行賞也. 故曰'示賞'. '草刈則墨'者, 因其枯槁之時, 刈之以給爨. 刈草謂之'草', 猶采桑謂之'桑'歟. '墨', 五刑之輕者. 『左氏』言, '賞以春夏, 刑以秋冬', 而此言, '嘗之日發公室', 何也? 蓋賞雖以春夏爲主, 而亦未始不用刑. 「月令」'孟夏斷薄刑, 決小罪'是也. 刑雖以秋冬爲主, 亦未始不行賞, 此所言是也." ○ 應氏曰: "不曰'艾草', 而曰'草艾'者, 草自可艾也."

【제통 29】

그러므로 "체禘와 상嘗의 의義(의리)가 크다. 나라를 다스리는 근본이므로 알아두지 않으면 안 된다"고 하였다. 그 의義를 밝히는 사람은 임금이요, 그 일을 수행하는 사람은 신하이다. 그 의를 밝히지 못하면 사람들에게 임금 노릇 하는 것이 온전하지 못하고, 그 일을 잘 수행하지 못하면 신하 노릇하는 것이 온전하지 못하다. 의義라는 것은 그것으로 뜻을 이루는 것이며, 여러 덕들이 발하여 나오는 기틀이다. 그러므로 그 덕이 성대한 사람은 그 뜻이 두텁고, 그 뜻이 두터운 사람은 그 의가 밝게 드러난다. 그 의가 밝게 드러나는 사람은 그 제사지내는 것이 공경스럽다. 제사지내는 것이 공경스러우면, 나라 안의 자손이 감히 공경하지 않음이 없다. 그러므로 군자가 제사를 지낼 때 반드시 자신이 몸소 참석하며, 사고가 있는 경우에는 다른 사람을 시켜서 지내도 괜찮다. 비록 다른 사람을 시켜서 지내더라도 임금이 그 의를 잃지 않는 것은 임금이 그 의를 밝히기 때문이다. 그 덕이 천박한 사람은 그 뜻이 가벼워서 그 의義에 대하여 의혹을 가지고 있으면서 제사를 지내고자 구하니, 반드시 공경하게 하려 해도 불가능하다. 제사를 지내면서 공경하지 않는다면, 어떻게 백성의 부모가 될 수 있겠는가?

故曰, "禘嘗之義大矣. 治國之本也, 不可不知也." 明其義者君也, 能其事者臣也. 不明其義, 君人不全, 不能其事, 爲臣不全.① 夫義者, 所以濟志也, 諸德之發也. 是故其德盛者, 其志厚, 其志厚者, 其義章. 其義章者, 其祭也敬. 祭敬, 則竟內之子孫, 莫敢不敬矣.② 是故君子之祭也, 必身親莅之, 有故, 則使人可也. 雖使人也, 君不失其義者, 君明其義故也.③ 其德薄者, 其志輕, 疑於其義而求祭, 使之必敬也, 弗可得已. 祭而不敬, 何以爲民父母矣?

鄭注 ① '전全'은 갖추어진 것과 같다. '全', 猶具也.

② '제濟'는 이룬다는 뜻이다. '발發'은 기틀로서 발원한다는 뜻이다. '나라 안의 자손'(竟內之子孫)은 모든 사람들이 자손임을 가리킨다. '濟', 成也. '發',

謂機發也. '竟內之子孫', 萬人爲子孫.

③ '리莅'는 임하는 것이다. '임금이 그 의를 잃지 않는 것'(君不失其義)이란 군주가 비록 몸소 제사를 지내지는 못해도 제사의 예에 대해 빠뜨린 것이 없어서 군주의 덕에 손상됨이 없음을 말한다. '莅', 臨也. '君不失其義'者, 言君雖不自親祭, 祭禮無闕, 於君德不損也.

集說 「중용」(19-6)에서 "교郊·사社의 예와 체禘·상嘗의 의에 밝으면, 나라 다스리는 것을 마치 손바닥 위에 올려놓고 들여다보듯 할 것이다"라고 하였다. 이 경문은 앞글의 양의 의와 음의 의에 따라서 거듭 말한 것이다. '뜻을 이루는 것'(濟志)은 그 하고자 하는 것을 성취하는 것이다. '덕을 일으키는 것'(發德)은 그 당연히 해야 하는 것을 드러내는 것이다. ○ 방씨方氏(방각方慤)는 말한다. "『주례』 「춘관春官·대종백大宗白」에 '만일 왕이 제사에 참여하지 못하면 섭행하도록 한다'고 한 것에 대하여 선유先儒[24]는 '왕이 사고가 있으면 대신해서 그 제사를 지내도록 한다'고 하였는데, 바로 이것을 말한다. 대신하는 것은 다른 사람에게 있지만, 시키는 것은 임금에게서 나온다. 대신하는 것은 비록 그 일을 행하는 것이지만, 시키는 것은 의義에 근본하는 것이다." 「中庸」言, "明乎郊社之禮·禘嘗之義, 治國如視諸掌." 此因上文陽義·陰義而申言之. '濟志', 成其所欲爲也. '發德', 顯其所當爲也. ○ 方氏曰: "「大宗伯」'若王不與祭祀, 則攝位', 先儒謂'王有故, 代之行其祭事', 正謂是矣. 代之雖在乎人, 使之則出乎君. 代之雖行其事, 使之則本乎義."

【제통 30】

정鼎에 명銘이 있으니, 명이라는 것은 스스로 선조를 현양하는 효를 이루는 것이다.[25] 스스로 선조를 현양하는 효를 이루어, 그로써 조상의 아름다운 점을 칭송하여 널리 알리고 후세에 밝게 드러내는 것이다. 조상이 되는 사람에게는 아름다운 점이 있지 않을 수 없고 나쁜 점이 있지 않을 수 없다. 명銘의 의義(의리)는 아름다운 것을 일컫고 나쁜 것을 일컫지 않는 것이다. 이것은 효자와 효손의 마음으로, 오직 현자賢者만이 할 수 있다.

夫鼎有銘, 銘者, 自名也. 自名以稱揚其先祖之美, 而明著之後世者也. 爲先祖者, 莫不有美焉, 莫不有惡焉. 銘之義, 稱美而不稱惡. 此孝子孝孫之心也, 唯賢者能之.

鄭注 '명銘'은 쓰고 새겨서 일을 기록하는 것이다. '자신의 이름을 쓰는 것'(自名)은 자기 선조의 덕을 칭송하여 드러내고 아래에 자기 이름을 쓰는 것이다. '銘', 謂書之刻之以識事者也. '自名', 謂稱揚其先祖之德, 著己名於下.

集說 '자명自名'은 아랫글에서 "스스로 이름을 이룬다"고 한 것이 그것이다. ○ 방씨方氏는 말한다. "'칭稱'은 말로써 칭찬하는 것이고, '양揚'은 그가 한 일을 널리 알리는 것이다. '명明'은 드러나게 해서 어둠 속에 묻히지 않게 하는 것이고, '저著'는 나타나게 하고 숨겨지지 않게 하는 것이다." '自名', 下文謂"自成其名"是也. ○ 方氏曰: "'稱'則稱之以言, '揚'則揚其所爲. '明'則使之顯而不晦, '著'則使之見而不隱."

【제통 31】

명銘이라는 것은 조상이 남긴 덕의 아름다움, 일에 대한 업적, 왕에 대한 공로, 포상, 명성을 논해서 기록하여, 천하에 드러내고, 제기祭器에다 짐작하여 새겨 넣어서, 스스로 선조를 현양하는 효를 이루고 조상에게 제사지내는 것이다. 조상을 드러내고 널리 알리는 것은 효를 높이는 것이다. 자신의 이름을 조상의 아래에 새겨두는 것은 따르는 것이다. 후세에 밝혀 보이는 것은 가르치는 것이다.

銘者, 論譔其先祖之有德善 · 功烈 · 勳勞 · 慶賞 · 聲名, 列於天下, 而酌之祭器, 自成其名焉, 以祀其先祖者也. 顯揚先祖, 所以崇孝也. 身比焉, 順也. 明示後世, 敎也.

鄭注 '열烈'은 업적이다. 대대로 쌓은 공을 '훈勳'이라 하고, 일에 대한 공로를 '로勞'라고 한다.[26] '제기에 짐작하여 새겨 넣는다'(酌之祭器)는 것은 그 아름다운 점을 헤아려서 종鐘과 정鼎에 새겨서 부착하는 것을 말한다. '자신을 나란히 나열한다'(身比焉)는 것은 스스로 아래에 이름을 새겨 부착하는 것을 말한다. '따른다'(順也)는 것은 스스로 이름을 새겨 넣어 선조의 덕을 칭송하고 널리 알리는 것으로서, 효를 행하고 순종하는 행실이다. '가르친다'는 것은 후세에게 가르치는 것이다. '勳', 業也. 王功曰'勳', 事功曰'勞'. '酌之祭器', 言斟酌其美, 傳著於鐘鼎也. '身比焉', 謂自著名於下也. '順也', 自著名以稱揚先祖之德, 孝順之行也. '敎也', 所以敎後世.

集說 '논論'은 설명하는 것이다. '찬譔'은 기록하는 것이다. 왕을 도운 공로를 '훈勳'이라 하고, 일을 도운 공로를 '로勞'라고 한다. '작酌'은 그 경중과 크고 작음을 헤아리는 것이다. '제기祭器'는 정鼎이나 이彝 따위다. '스스로 그 이름을 이룬다'(自成其名)는 것은 스스로 조상을 드러내고 널리 알리는 효를 이루는 것이다. '비比'는 위치한다는 뜻이다. 자기 이름이 조상 밑에 위치하는 것이다. '순順'은 예에 어그러진 것이 없는 것이다. 후세에 보여서

자손들로 하여금 그 행한 바를 본받게 하는 것이 '가르친다'는 것이다. '論', 說. '譔', 錄也. 王功曰'勳', 事功曰'勞'. '酌', 斟酌其輕重大小也. '祭器', 鼎彝之屬. '自成其名'者, 自成其顯揚先祖之孝也. '比', 次也. 謂己名次於先祖之下也. '順', 無所違於禮也. 示後世而使子孫效其所爲, 則是'敎'也.

【제통 32】

명銘이란 것은 한 번 일컬어서 위로 조상과 아래로 자신이 모두 제자리를 얻는 것이다. 이런 까닭에 군자는 명銘을 볼 때, 그 칭송된 선조를 아름답게 여기며 또 그 명을 만든 사람이 한 일을 아름답게 여긴다. 명을 만든 사람은, 현명하기가 선조의 훌륭한 점을 드러낼 만하고, 어질기는 군주가 그 명의 내용을 허락하게 할 만하고, 지혜롭기는 선조의 이름 아래 자신의 이름을 함께 넣는 것을 이롭게 여길 만한 것이다. 그러니 현명하다고 할 만하다. 현명하면서도 자랑하지 않는다면, 공손하다고 할 수 있다.

夫銘者, 壹稱而上下皆得焉耳矣. 是故君子之觀於銘也, 旣美其所稱, 又美其所爲.① 爲之者, 明足以見之, 仁足以與之, 知足以利之. 可謂賢矣. 賢而勿伐, 可謂恭矣.②

鄭注 ① '그 명을 만든 사람이 한 일을 아름답게 여긴다'(美其所爲)는 것은 이 사람이 이 명銘을 만든 것을 아름답게 여기는 것이다. '현명하기가 선조의 훌륭한 점을 드러낼 만하다'(明足以見之)는 것은 그 조상의 아름다움을 드러내는 것이다. '美其所爲', 美此人爲此銘. '明足以見之', 見其先祖之美也.

② '어질기는 군주가 그 명의 내용을 허락하게 할 만하다'(美其所爲)는 것은

그 조상에 대한 명銘(의 내용)을 허락한다는 것이다. 자신에게 어진 은혜가 있지 않다면, 군주가 (그 내용을) 허락하게 하지 않는다. '지혜롭기가 그것을 이롭게 여길 만하다'(知足以利之)는 것은 자기의 이름이 조상과 함께 있을 수 있음을 이롭게 여기는 것이다. '仁足以與之', 與其先祖之銘也. 非有仁恩, 君不使與之也. '知足以利之', 利己名得比於先祖.

集說 '상上'은 조상을 말하고, '하下'는 자신을 말한다. '드러낸다'는 것은 선조의 훌륭함을 드러내는 것이니, 현명하지 않으면 할 수 없는 일이다. '허락한다'는 것은 임금이 자신에게 그 명銘의 내용을 허락하게 만드는 것이니, 어질지 않으면 그렇게 할 수 없는 일이다. '이롭게 여긴다'는 것은 자기가 선조의 아래에 이름을 쓸 수 있는 것을 이롭게 여기는 것이니, 지혜롭지 않다면 미칠 수 없는 일이다. '上', 謂先祖, '下', 謂己身也. '見之', 見其先祖之善也, 非明不能. '與之', 使君上與己銘也, 非仁莫致. '利之', 利己之得次名於下也, 非知莫及.

【제통 33】

그러므로 위衛나라 공회孔悝의 정鼎에 새긴 명銘에서 말한다. "유월 정해일에 장공莊公이 태묘에 이르렀다. 장공은 '숙구叔舅여! 그대의 조상 장숙莊叔이 성공成公을 잘 보좌하였다'라고 하였다. 성공은 장숙에게 명하여 한수漢水 북쪽에서 위난危難에 따르게 하였고, 성공이 종주宗周에서 깊은 방에 갇혔으니, 바쁘게 힘쓰면서 고생스러움에도 싫어하지 않았다."

故衛孔悝之鼎銘曰: "六月丁亥, 公假于大廟.① 公曰: '叔舅! 乃祖莊叔, 左右成公.' 成公乃命莊叔隨難于漢陽, 卽宮于宗周, 奔走無射."②

鄭注 ① '공회孔悝'[27]는 위衛나라의 대부이다. '공公'은 위나라 장공莊公인 괴외蒯聵이다. 공회가 자신을 군주로 세워주자 예에 따라서 그를 포상하여 국인國人들을 안정시키고 자신을 견고하게 하였다. '격假'은 이른다는 뜻이다. '태묘에 이르렀다'(至於大廟)는 것은 하정夏正 맹하孟夏에 체제禘祭를 지내는 것을 말한다. '孔悝', 衛大夫也. '公', 衛莊公蒯聵也. 得孔悝之立己, 依禮褒之以靜國人, 自固也. '假', 至也. '至於大廟', 謂以夏之孟夏禘祭.

② '장공은 숙구여! 라고 하였다'(公曰叔舅)는 것은 장공莊公이 책서策書를 만들어 공회를 높여서 부르며 명한 것이다. '내乃'는 너와 같다. '장숙莊叔'은 공회의 7세 조상인 위나라 대부 공달孔達이다. '따랐다'(隨難)는 것은 성공成公이 진晉나라 문공文公의 토벌을 당하여 초楚로 달아났는데 장숙에게 명하여 성공을 따르게 하였던 것을 말한다. '한漢'은 초楚나라의 강 이름이다. '종주에서 깊은 방에 갇혔다'(卽宮於宗周)는 것은 성공成公이 뒤에 귀국하여 나라를 차지하였는데, 동생 숙무叔武를 살해하였다는 죄에 걸려, 진晉나라 사람들이 성공을 붙잡아서 주나라 서울로 보냈고, 주나라에서는 깊은 방에 그를 가두어 두었던 일을 말한다. '역射'은 싫어한다는 뜻이다. 장숙이 언제나 바쁘게 힘쓰면서 힘들고 고생스러움에 이르러도 싫어하고 게으르지 않았음을 말한다. 주周가 이미 호경鎬京을 떠난 뒤에도 사람들은 여전히 왕성王城(주나라 서울)을 종주宗周라고 불렀다. '公曰叔舅'者, 公爲策書, 尊呼孔悝而命之也. '乃', 猶女也. '莊叔', 悝七世之祖, 衛大夫孔達也. '隨難'者, 謂成公爲晉文公所伐, 出奔楚, 命莊叔從焉. '漢', 楚之川也. '卽宮於宗周', 後反得國, 坐殺弟叔武, 晉人執而歸之於京師, 寘之深室也. '射', 厭也. 言莊叔常奔走, 至勞苦而不厭倦也. 周旣去鎬京, 猶名王城爲宗周也.

集說 '공회孔悝'는 위衛나라의 대부이다. 주周의 6월은 하夏의 4월이다. '공公'은 위나라 장공莊公 괴외蒯聵이다. '격假'은 이른다는 뜻으로, 종묘에

이르러 체제禘祭를 지내는 것이다. 제사를 지내면서 명銘을 하사한 것은 대개 공회가 자기를 세워준 것을 은덕으로 여겨서 그 선조를 포상하고 현창한 것이다. 이성異姓의 대부이면서 나이가 어리므로 '숙구叔舅'라고 칭하였다. '장숙莊叔'은 공회의 7세조인 공달孔達이다. 성공成公이 진晉에게 정벌되어 초楚나라로 도망하였다. 그러므로 '한수漢水 북쪽에서 위난危難을 따랐다'고 한 것이다. 뒤에 비록 나라를 되찾았으나, 다시 아우인 숙무叔武를 살해한 것 때문에 진나라 사람들이 그를 잡아 경사京師로 보냈고, 깊은 방에 가두었다. 그러므로 '종주宗周에서 깊은 방에 갇혔다'고 한 것이다. '역射'은 싫어한다는 뜻이다. ○ 석량왕씨石梁王氏는 말한다. "공회는 바로 괴외의 누이의 아들이므로 괴외는 공회의 외삼촌(舅)이고 공회는 생질이다. 이제 도리어 '숙구叔舅'라고 한 것은 주나라의 예에서 동성同姓의 신하에 대해서는 백부伯父나 숙부叔父라 칭하고, 이성異姓의 신하에 대해서는 백구伯舅나 숙구叔舅라고 칭한 것을 본뜬 것일 것이다." '孔悝', 衛大夫. 周六月, 夏四月也. '公', 衛莊公蒯聵也. '假', 至也, 至廟禘祭也. 因祭而賜之銘, 蓋德悝之立己, 故褒顯其先世也. 異姓大夫而年幼, 故稱'叔舅'. '莊叔', 悝七世祖孔達也. 成公爲晉所伐而奔楚. 故云'隨難于漢陽'. 後雖反國, 又以殺弟叔武, 晉人執之歸于京師, 寘諸深室. 故云'即宮于宗周'也. 射, 厭也. ○ 石梁王氏曰: "悝, 乃蒯聵姊之子, 蒯聵, 悝之舅, 而悝則甥. 今反謂之'舅', 其放周禮同姓之臣稱伯叔父, 異姓之臣稱伯叔舅歟."

【제통 34】

(위衛나라 공회孔悝의 정鼎에 새긴 명銘에서 말한다.) "또 헌공獻公을 인도하여 도와주었다. 헌공은 이에 성숙成叔에게 명하여 조부의 일

을 잇게 하였다."
"啓右獻公. 獻公乃命成叔纂乃祖服."

鄭注 '헌공獻公'은 위衛나라 제후인 간衎이다. 성공成公의 증손인데 또한 나라를 잃었다 되찾았다. 장숙莊叔의 공이 후세에까지 이어져서 헌공獻公을 도와 인도하여 나라를 되찾을 수 있게 하였음을 말하는 것이다. '성숙成叔'은 장숙의 손자인 성자成子 증서烝鉏이다. '우右'는 돕는다는 뜻이다. '찬纂'은 잇는다는 뜻이다. '복服'은 일이다. 헌공이 나라를 되찾자, 성자成子에게 너의 조부 장숙의 일을 이으라고 명하였으니, 공달처럼 충성하기를 바란 것이다. '獻公', 衛侯衎. 成公曾孫也, 亦失國得反. 言莊叔之功, 流於後世, 啓右獻公, 使得反國也. '成叔', 莊叔之孫成子烝鉏也. '右', 助也. '纂', 繼也. '服', 事也. 獻公反國, 命成子繼女祖莊叔之事, 欲其忠如孔達也.

集說 '헌공獻公'은 성공成公의 증손인데 이름은 간衎이다. '계啓'는 열어준다는 뜻이다. '우右'는 돕는다는 뜻이다. 노魯나라 양공襄公 14년에, 위衛나라의 손문자孫文子와 영혜자甯惠子가 위衛의 군주 헌공獻公을 몰아내자 위후 헌공이 제齊나라로 도망갔다. 장숙莊叔의 공이 후세에까지 이어져서 헌공을 도와 인도하여 역시 나라를 되찾을 수 있게 하였음을 말하는 것이다. '성숙成叔'은 장숙의 손자인 증서烝鉏이다. 그 당시에 성숙은 헌공을 섬겼으므로 헌공은 너의 조부가 옛날에 받들어 행하던 일을 이으라고 명하였던 것이다. ○ 소疏에서 말한다. "살펴보건대 『춘추좌씨전』에는 공달孔達의 일이 없다. 헌공이 나라를 되찾은 것도 성숙의 공이 아니다." '獻公', 成公之曾孫, 名衎. '啓', 開. '右', 助也. 魯襄十四年, 衛孫文子甯惠子逐衛侯, 衛侯奔齊. 言莊叔餘功流於後世, 能右助獻公, 使之亦得反國也. '成叔', 莊叔之孫烝鉏也. 其時成叔事獻公, 故公命其纂繼爾祖舊所服行之事也. ○ 疏曰: "按, 『左傳』無孔達之事. 獻公反國, 亦非成叔之功."

【제통 35】

(위衛나라 공회孔悝의 정鼎에 새긴 명銘에서 말한다.) "이에 그대의 아버지인 문숙文叔이 선조들이 충성하던 심지를 진작하여, 떨쳐 일어나 경卿과 사士를 이끌고, 몸소 위나라를 구하려고 애썼으며, 공가公家를 위해 부지런히 힘써서 밤낮으로 게을리하지 않았으므로, 백성들이 모두 '아름답다!'고 하였다. 공은 '숙구여! 그대에게 명銘을 하사하니, 그대는 아버지의 일을 잇도록 하라'고 말하였다."

"乃考文叔, 興舊耆欲, 作率慶士, 躬恤衛國, 其勤公家, 夙夜不解, 民咸曰: '休哉!'① 公曰: '叔舅! 予女銘, 若纂乃考服.'"②

鄭注 ① '문숙文叔'은 성숙成叔의 증손 문자어文子圉인데 바로 공회孔悝의 아버지다. '작作'은 일어난다는 뜻이다. '솔率'은 따른다는 뜻이다. '경慶'은 훌륭하다는 뜻이다. '사士'는 일을 말한다. 문숙이 조상의 옛 덕을 일으켜 실행하고, 분발하여 그 훌륭한 일을 따른 것을 말한다. '文叔'者, 成叔之曾孫文子圉, 卽悝父也. '作', 起也. '率', 循也. '慶', 善也. '士'之言事也. 言文叔能興行先祖之舊德, 起而循其善事.

② '약若'·'내乃'는 너와 같은 뜻이다. 장공이 공회에게 명하여 너에게 선조의 덕을 명으로 하사하여 높이 드러내는 바이니 너는 너의 아버지의 일을 이으라고 말하였다. 이는 공회가 선친 문자文子처럼 충성하기를 바란 것이다. 성공成公·헌공獻公·장공莊公은 다 나라를 잃었다가 되찾았는데, 공씨가 대대로 공이 있다고 말한 것은 총애한 것이다. '若'·'乃', 猶女也. 公命悝, 予女先祖以銘, 以尊顯之, 女繼女父之事. 欲其忠如文子也. 成公·獻公·莊公, 皆失國得反, 言孔氏世有功焉, 寵之也.

集說 응씨應氏는 말한다. "'기욕嗜慾'이란 마음의 뜻에 가지고 있는 것이다. 그 선대에 충성하였던 이들은 모두 임금을 아끼고 나라를 걱정하는 것을 마음에 지니고 있었기 때문에 문숙文叔 공어孔圉가 흠모하고 숭상하여 떨쳐 일어날 수 있었던 것이다. '작솔作率'은 떨치고 일어나서 앞장서 이끄는 것이다. '경慶'은 경卿이다. 옛날에는 경卿과 경慶의 음이 같아서 글자도 함께 사용했다. 그러므로 '경운慶雲'을 '경운卿雲'이라고도 하는 것이다. 應氏曰: "'嗜欲'者, 心志之所存. 言其先世之忠, 皆以愛君憂國爲嗜欲, 文叔孔圉慕尙而能興起之也. '作率', 奮起而倡率之也. '慶', 卿也. 古卿慶同音, 字亦同用. 故'慶雲'亦言'卿雲'.

【제통 36】

(위衛나라 공회孔悝의 정鼎에 새긴 명銘에서 말한다.) "공회는 머리를 지면에 대고 배례하며 말하기를, '대답하오니 우리 임금의 배려 깊은 위대한 명령을 높이 받들어 증제烝祭의 이준彝尊과 정鼎에 새기겠습니다'라고 하였다." 이것이 위나라 공회의 정鼎에 새긴 명銘이다. "悝拜稽首曰: '對揚以辟之,① 勤大命, 施于烝彝鼎.'"② 此衛孔悝之鼎銘也.③

鄭注 ① '대對'는 드디어 라는 뜻이다. '벽辟'은 밝힌다는 뜻이다. 드디어 임금의 명령을 현양하여 우리 선조의 덕을 밝힘을 말한 것이다. '對', 遂也. '辟', 明也. 言遂揚君命, 以明我先祖之德也.

② '시施'는 부착한다는 뜻과 같다. 내가 장자 군주의 명을 행하고 또 증烝제사의 이彝, 정鼎에 새겨서 부착하겠다고 말한 것이다. '이彝'는 술동이(尊)이다. 『주례』에 "큰 서약은 종묘의 이彝에 새긴다"[28]고 하였다. '施', 猶著也.

言我將行君之命, 又刻著於烝祭之彝鼎. '彝', 尊也. 『周禮』"大約劑, 書於宗彝."

③ 명銘의 종류가 매우 많아 대략 그 하나를 취하여 말하였음을 뜻한다. 言銘之類衆多也, 略取其一以言之.

集說 '대양對揚'에서 '이정彝鼎'까지 13개 글자는 단지 하나의 구절로 읽는다. '대답하오니 우리 임금의 배려 깊은 위대한 명령을 높이 받들어 증烝제사의 이준彝尊과 정鼎에 새기겠습니다'라고 말한 것이다. '對揚'至'彝鼎'十三字, 止作一句讀. 言'對答揚擧用吾君殷勤之大命, 施勒于烝祭之彝尊及鼎'也.

【제통 37】

옛날의 군자는 그 조상의 아름다운 점을 논하여 기록하여서 후세에 밝혀 드러내었던 것이니, 자신의 이름을 선조의 아래에 쓰고 그 국가國家를 존중하기를 그와 같이 하였다. 자손으로 종묘와 사직을 지키는 자가 자신의 조상에게 아름다운 점이 없는데도 그것을 일컫는다면 이것은 속이는 것이다. 훌륭한 점이 있는데도 알지 못한다면 현명하지 못한 것이고, 알면서도 전하지 않는다면 어질지 못한 것이다. 이 세 가지는 군자가 부끄럽게 여기는 것이다.

古之君子論譔其先祖之美, 而明著之後世者也, 以比其身, 以重其國家如此.① 子孫之守宗廟社稷者, 其先祖無美而稱之, 是誣也. 有善而弗知, 不明也, 知而弗傳, 不仁也. 此三者, 君子之所恥也.

鄭注 ① 장공莊公이 공회孔悝에게 명하여 하도록 한 일과 같은 것이다. 장공과 공회는 비록 아름다운 덕이 없으나 그 일을 마쳤으니 예禮에는 맞지

만 행위는 옳지 않다. 如莊公命孔悝之爲也. 莊公·孔悝, 雖無令德, 以終其事, 於禮是, 行之非.

集說 공훈이 정鼎과 이彝에 새겨져 있음은 나라에 현명한 신하가 있는 것이다. 그러므로 나라와 집안의 소중한 것이 될 만하다. 勳在鼎彝, 是國有賢臣也. 故足爲國家之重.

【제통 38】

예전에 주공周公 단旦이 천하에 공훈이 있었다. 주공이 죽고 나서, 성왕成王과 강왕康王은 주공이 세운 공훈을 추모하여 노魯나라를 높이고자 하였다. 그러므로 노나라에 높여서 지내는 제사(重祭)를 하사하였다. 외제外祭로는 교제郊祭와 사제社祭가 그것이다. 내제內祭로는 대상제大嘗祭와 대체제大禘祭가 이것이다. 대상제와 대체제에서는 당堂에 올라 「청묘淸廟」를 부르고, 당 아래에서는 관管악기로 연주하여 「상象」을 행하는데, 붉은 방패와 큰 도끼를 들고 「대무大武」를 춤추며, 팔일八佾로 서서 「대하大夏」를 춤춘다. 이것들은 천자의 악樂이다. 주공을 포숭褒崇하기 때문에 노나라에 하사한 것이다. 자손들이 이어서 지금에 이르도록 없애지 않았으니, 주공의 덕을 밝히고 또 그 나라를 존중하기 위함이다.

昔者, 周公旦有勳勞於天下. 周公旣沒, 成王康王追念周公之所以勳勞者, 而欲尊魯. 故賜之以重祭. 外祭則郊·社是也. 內祭則大嘗·禘是也.① 夫大嘗·禘, 升歌「淸廟」, 下而管「象」, 朱干玉戚以舞「大武」, 八佾以舞「大夏」. 此天子之樂也. 康周公, 故以賜魯也.② 子孫纂之, 至于今不廢, 所以明周公之德, 而又以重其國也.③

鄭注 ① 이것은 왕실에서 명銘으로 삼는 것이니 주공의 공훈과 같은 경우임을 말한 것이다. 言此者, 王室所銘, 若周公之功.

② '「청묘淸廟」'는 문왕을 기리는 시다. '관악기로 연주하며 「상象」을 행한다'(管「象」)는 것은 관악기를 불이 연주하면서 「무武」와 「상象」의 악무樂舞를 춤추는 것이다. '주간朱干'은 붉은 방패이다. '척戚'은 도끼다. 이것은 「무」와 「상」을 춤출 때 잡는 것이다. '일佾'은 줄과 같다. '「대하大夏」'는 우禹 임금의 악곡인데, 문무文舞로, 깃털과 약籥을 잡는다. 문·무의 춤은 다 여덟 줄로, 같이 말한 것이다. '강康'은 포숭하는 것이다. 『역』「진晉」괘에서 "후侯를 포숭하여 말을 하사한다"고 하였다. '「淸廟」', 頌文王之詩也. '管「象」', 吹管而舞「武」·「象」之樂也. '朱干', 赤盾. '戚', 斧也. 此「武」·「象」之舞所執也. '佾', 猶列也. '「大夏」', 禹樂, 文舞也, 執羽籥. 文·武之舞皆八列, 互言之耳. '康', 猶褒大也, 『易』「晉」卦曰: "康侯用錫馬."

③ '없애지 않았다'(不廢)는 것은 이 예악을 없애지 않았다는 것이다. '중重'은 존중한다는 뜻과 같다. '不廢', 不廢其此禮樂也. '重', 猶尊也.

集說 『시詩』「유청維淸」에 "「상象」의 춤을 연주한다"라고 하였다. 엄씨嚴氏는 "문왕의 춤을 「상象」이라고 하는데 문무文舞이다. 대무大武는 무무武舞이다"라고 하였다. '관管악기로 연주하면서 「상象」을 행한다'는 것은 관管악기로 그 소리를 퍼뜨리는 것이다. 나머지는 앞에서 보인다. 『詩』「維淸」"奏「象」舞." 嚴氏云: "文王之舞謂之「象」, 文舞也. 大武, 武舞也." '管「象」', 以管播其聲也. 餘見前.

역주

1) 대종백의 ~ 것이다 : 이 말은 『주례』 「春官 · 大宗伯」에 나오는 말이다.

2) 봄에 ~ 생긴다 : 이 말은 「祭義」(1)에 나온다.

3) 제사를 ~ 않는다 : 이 말은 「禮器」(40)에 나온다.

4) 마음으로 ~ 잊으리오 : 이 말은 『詩』 「小雅 · 隰桑」에 나온다.

5) 살아 계실 ~ 지낸다 : 이 말은 『논어』 「爲政」에 나온다.

6) 궤 : 黍稷 등 제사 음식을 담는 제기를 말한다. 곧 천자가 지내는 제사에는 8가지 음식이 올라간다는 뜻이다.

7) 임금은 밖 : 君의 路寢이다. 공영달의 소 참조.

8) 부인은 안 : 夫人의 正寢이다. 공영달의 소 참조.

9) 조천 : 천자와 제후의 종묘제사에서 처음에 제사를 시작할 때 하는 의절로, 朝事라고도 한다. 곧 降神의 예(祼)를 하고 나서 진행하는 醴酒를 따라 올리고(獻醴), 피와 날고기를 올리는(薦血腥) 의절을 말한다. 「예운」(11) 진호집설의 '朝踐'에 대한 주 참조.

10) 「무숙야」 : 공영달의 소에 皇氏의 설을 인용하여 武王이 紂를 정벌하고 商의 郊에 이르러 하루 묵었을 때, 병사들이 모두 즐거워하며 새벽까지 노래와 춤으로 지샜던 고사에서 '武宿夜'라는 명칭이 나왔다고 한다.

11) 이 은혜로운 ~ 분이시다 : 이 말은 『詩』 「大雅 · 桑柔」에 나온다.

12) 유이 : 1017~1086. 長樂劉氏로 불린다. 자는 執中이다. 水利 전문가로 胡瑗에게 수학하였다. 저서로 『七經中義』, 『明善集』, 『居陽集』이 있다. 『七經中義』 안에 「禮記」 40권이 포함되어 있다.

13) 양염 : 尸가 없이 廟室의 밝은 곳에 간략하게 제수를 차려놓는 의절을 말한다. 吉祭에서는 尸가 묘실에서 나간 뒤에 西北 쪽 모퉁이에 음식을 차려놓는 것을 양염이라고 한다. 庶子의 殤에서도 양염을 한다. 「제법」(14) 각주 참조.

14) 친소의 차이 : '殺'는 줄어든다는 뜻이다. 혈연적으로 가깝고 먼 정도와 관계의 정도에 따라서 예를 표시하는 정도에 輕重의 차이를 두는 것을 말한다. 여기서 '殺'를 '等'의 의미와 마찬가지로 차이 또는 차등으로 번역하였다. 「中庸」(20-5)에 "가까운 이를 친하게 여기는 것의 차이와 현자를 높이는 차이에서 예가 생겨나는 바이다"(親親之殺, 尊賢之等, 禮之所生也)라고 하였다.

15) 역제 : 천자와 제후가 제사를 지낸 다음날 또 제사를 지내면서 시를 접대(儐尸)하는 예를 행하는데, 이것을 繹이라고 부른다. 자세한 내용은 「檀弓下」(83) '繹祭' 주 참조.

16) 팽 : 팽은 종묘의 문이다. 역제는 제사 음식을 종묘 문 밖의 서쪽 곁에 진설한다. 자세한 내용은 「郊特牲」(26, 79) 등 참조.

17) 신이 ~ 여기인가 : 이 말은 「郊特牲」(79)에 나온다.

18) 천자 · 제후의 ~ 인도한다 : 관련 내용은 「郊特牲」(79) 참조.

19) '권면'과 ~ 보인다 : 「明堂位」(12) 참조.

20) 정사의 ~ 것 : 이 말은 十倫의 하나로 앞 「제통」(15)에 나온다.

21) 우무 : 羽舞는 흰색의 깃털을 잡고 추는 춤으로, 大山 · 大川에 제사지낼 때 추는 춤의 이름이다. 「단궁하」(83) 집설 참조.

22) 주나라에서는 ~ 하였다 : 墨者는 형벌의 표식을 먹물로 刺字하는 墨刑을 받은 자이다. 묵자로 하여금 문을 지키게 한다는 것은 『주례』「秋官 · 掌戮」에 보인다.

23) 봄과 ~ 내린다 : 이 말은 『춘추좌씨전』, 襄公 26年 조 傳에 나온다.

24) 선유 : 鄭玄을 가리킨다. 인용문은 『주례』 해당 구절에 대한 정현의 주에 나온다.

25) 스스로 ~ 것이다 : 정현은 이 '自名'에 대하여 '銘에다가 선조의 아름다운 점을 칭송하여 널리 알리고 그 아래에 자신의 이름을 새겨 넣는다'는 의미로 해석하였다.

26) 대대로 ~ 한다 : '勳'은 업적이다. 왕을 도운 공로를 '勳'이라 하고, 일을 도운 공로를 '勞'라고 한다.

27) 공회 : 『禮記正義』에는 '悝'의 음을 口와 回의 反이라고 하여 '괴'로 읽었다. 그러나 『禮記集說大全』에서는 음을 '회恢'로 읽었다. 본 번역서에서는 『예기집설대전』에 따랐다.

28) 큰 서약은 ~ 새긴다 : 이 말은 『주례』「秋官 · 司約」에 나온다.

예기역주 권23

경해 제26
經解

정현鄭玄의 『예기목록禮記目錄』에서 말한다. "「경해經解」라고 제목을 붙인 것은, 육예六藝와 정교政教의 득실을 기록하였기 때문이다. 이 편은 유향劉向의 『별록別祿』에서는 「통론通論」에 속해 있다."

鄭『目錄』云: "名曰「經解」者, 以其記六藝·政教之得失也. 此於『別錄』屬「通論」."

【경해 1】

공자가 말하였다. "그 나라에 들어가면 그 가르침을 알 수 있다. 그 사람됨이 온유하고 돈후한 것은 『시詩』의 가르침이다. 두루 통달하고 먼 옛일까지 알고 있는 것은 『서書』의 가르침이다. 넓게 통하고 쉽고 선량한 것은 『악樂』의 가르침이다. 정결하고 정미한 것은 『역易』의 가르침이다. 공손하고 검소하며 엄숙하고 공경한 것은 『예禮』의 가르침이다. 말을 이어 엮고 일을 비교하는 것은 『춘추春秋』의 가르침이다. 그러므로 『시』의 잘못은 어리석은 것(愚)에 있고, 『서』의 잘못은 허탄한 것(誣)에 있고, 『악』의 잘못은 낭비하는 것

(奢)에 있고, 『역』의 잘못은 해치는 것(賊)에 있고, 『예』의 잘못은 번잡한 것(煩)에 있고, 『춘추』의 잘못은 어지럽히는 것(亂)에 있다. 그 사람됨이 온유하고 돈후하면서도 어리석지 않다면, 『시』를 깊이 터득한 자이다. 두루 통달하고 먼 옛일까지 알면서도 허탄하지 않다면, 『서』를 깊이 터득한 자이다. 널리 통하고 쉽고 선량하면서도 낭비하지 않는다면, 『악』을 깊이 터득한 자이다. 정결하고 정미하면서도 (도를) 해치지 않는다면 『역』을 깊이 터득한 자이다. 공손하고 검소하며 엄숙하고 공경하면서도 번잡하지 않다면, 『예』를 깊이 터득한 자이다. 말을 이어 엮고 일을 비교하면서도 어지럽히지 않는다면 『춘추』를 깊이 터득한 자이다."

孔子曰: "入其國, 其教可知也.① 其爲人也, 溫柔敦厚, 『詩』教也. 疏通知遠, 『書』教也. 廣博易良, 『樂』教也. 絜靜精微, 『易』教也. 恭儉莊敬, 『禮』教也. 屬辭比事, 『春秋』教也.② 故『詩』之失愚, 『書』之失誣, 『樂』之失奢, 『易』之失賊, 『禮』之失煩, 『春秋』之失亂.③ 其爲人也, 溫柔敦厚而不愚, 則深於『詩』者也. 疏通知遠而不誣, 則深於『書』者也. 廣博易良而不奢, 則深於『樂』者也. 絜靜精微而不賊, 則深於『易』者也. 恭儉莊敬而不煩, 則深於『禮』者也. 屬辭比事而不亂, 則深於『春秋』者也."④

鄭注 ① 그 풍속을 관찰하면 그 가르친 근본을 안다. 觀其風俗, 則知其所以教.

② '촉屬'은 합한다는 뜻과 같다. 『춘추』에는 제후의 조빙朝聘과 회동會同에 서로 만나 교제하는 말과 죄를 따지고 변론하는 일이 있음을 기록한 것이 많다. '屬', 猶合也. 『春秋』多記諸侯朝聘・會同, 有相接之辭・罪辯之事.

③ '잘못한다'(失)는 것은 그 가르침을 절제하여 행하지 못함을 가리킨다.

『시詩』는 돈독하고 두터우므로 우매함(愚)에 가깝게 된다. 『서書』는 멀리 오래된 것을 알아내므로 허탄함(誣)에 가깝게 된다. 『역易』은 정밀하고 은미하여 (효爻들 사이에) 애착하고 싫어함이 서로 공격하고 멀리 있는 것과 가까이 있는 것이 서로 취하므로 남을 용납하지 못하고 해치고 상하게 하는데 가깝게 된다. 『춘추』는 전쟁의 일을 익히므로, 어지럽히는 것에 가깝게 된다. '失', 謂不能節其敎者也. 『詩』敦厚, 近愚. 『書』知遠, 近誣. 『易』精微, 愛惡相攻, 遠近相取, 則不能容人, 近於傷害. 『春秋』習戰爭之事, 近亂.

④ 깊이 아는 자는 잘 가르칠 수 있고 또 그 잘못되는 것을 방지할 수 있음을 말한다. 言深者, 旣能以敎, 又防其失.

集說 방씨方氏(방각方慤)는 말한다. "육경의 가르침은 선한 것이다. 그러나 온유하고 돈후한 것에 힘쓰다가 자기 뜻에 빠지게 되면, 스스로 옳다고 생각한 것에 따라 행동하고 남의 의견을 받아들이지 않는 데에서 잘못을 하게 된다. 그러므로 '『시詩』의 잘못은 어리석은 것(愚)에 있다.' 정사에 두루 통달하고 먼 옛일까지 아는 데에 힘쓰면서도 일에 치중하면 실질이 없는 데에서 잘못을 하게 된다. 그러므로 '『서書』의 잘못은 허탄한 것(誣)에 있다.' 넓게 통하고 쉽고 선량한 것에 힘쓰면서 그 마음(情)에만 따르면 큰 것을 좋아하는 데에서 잘못을 하게 된다. 그러므로 '『악樂』의 잘못은 낭비하는 것(奢)에 있다.' 정결하고 정미한 것에 힘쓰면서 도道에 가려지게 되면 훼손하는 데에서 잘못을 하게 된다. 그러므로 '『역易』의 잘못은 해치는 것(賊)에 있다.' 공손하고 절검하며 엄숙하고 공경하는 데 힘쓰면서 그 체體를 잊으면 너무 합당하게 하는 데에서 잘못을 하게 된다. 그러므로 '『예禮』의 잘못은 번잡한 것(煩)에 있다.' 말을 서로 잇고 일을 비교하는 것에 힘쓰면서 법을 세우면 윗사람을 침범하는 데에서 잘못을 하게 된다 그러므로 '『춘추春秋』의 잘못은 어지럽히는 것(亂)에 있다.' 무릇 육경의 가르침은 선

왕이 도를 실어놓는 도구였다. 그 가르침에 어찌 잘못이 있겠는가? 그 터득한 바에 깊고 얕은 차이가 있는 데에서 말미암은 것이다." ○ 응씨應氏(응용應鏞)는 말한다. "순박하고 도타운 자는 진실과 거짓을 반드시 깊이 알고 있지는 않기 때문에 (자신처럼 상대도 그럴 것이라고 믿는) 어리석은 것에서 잘못을 한다. 두루 통달한 자는 반드시 확실하고 성실하지는 않기 때문에 (불명확한 지식을 사실인 것처럼 주장하는) 허탄한 것에서 잘못을 한다. 관대하고 도타운 자는 반드시 엄격하게 확립하고 법도에 맞게 검속하지는 않기 때문에 낭비하는 것에서 잘못을 한다. 사색에 깊이 침잠하여 자신을 소모하는 것이 많으면 또한 더러 도에 해가 되므로 해치는 것에서 잘못을 한다. 절도를 세우는 것을 밝게 알지 못하고 덕성이 확립되어 있지 못하면 용모를 문식하고 행동을 바르게 할 수가 없기 때문에 번잡한 것에서 잘못을 한다. 붓을 놀려 포폄을 하면서 시비를 문란시켜 놓으면, 또한 때로 난亂을 초래한다. 그러므로 어지럽히는 것에서 잘못을 한다. 오직 터득한 바가 깊으면 길러주는 바도 튼튼하여 천지의 순일하게 온전함과 옛사람의 커다란 본체를 볼 수 있게 된다. 그러고서 어찌 이른바 '잘못하는 것'(失)이 있겠는가?" ○ 석량왕씨石梁王氏는 말한다. "공자 때에 『춘추』의 필삭筆削이라는 것은 아직 출현하지 않았으며, 또 (공자는) '나에게 몇 년의 수명을 빌려주어 마침내 『역』을 배우게 해준다면'[1]이라고 하였고, (자공은 공자가) '성과 천도에 대해 말씀하시는 것을 들을 수 없었다'[2]고 하였다. 어찌 갑자기 이 『춘추』와 『역易』을 가지고 사람들에게 가르쳤겠는가? 공자가 가르쳤던 것에는 『시詩』·『서書』·『예禮』·『악樂』에 대해 말한 것이 많다. 게다가 어리석은 것, 허탄한 것, 낭비하는 것, 해치는 것, 어지럽히는 것 등의 잘못이 어찌 『시』·『서』·『악』·『역』·『예』·『춘추』가 그렇게 하도록 시키는 것이겠는가? 이는 결코 공자의 말이 아니다." 方氏曰: "六經之敎, 善矣. 然務溫柔敦厚, 而溺其志, 則失於自用矣. 故'『詩』之失愚'. 務疏通知遠, 而趨於事,

則失於無實矣. 故'『書』之失誣'. 務廣博易良, 而徇其情, 則失於好大矣. 故'『樂』之失奢'. 務絜靜精微, 而蔽於道, 則失於毁則矣. 故'『易』之失賊'. 務恭儉莊敬, 而亡其體, 則失於過當矣. 故'『禮』之失煩'. 務屬辭比事, 而作其法, 則失於犯上矣. 故'『春秋』之失亂'. 夫六經之敎, 先王所以載道也. 其敎豈有失哉? 由其所得, 有淺深之異耳." ○ 應氏曰: "淳厚者, 未必深察情僞, 故失之愚. 通達者, 未必篤確誠實, 故失之誣. 寬厚者, 未必嚴立繩檢, 故失之奢. 沈潛思索, 多自耗蠹, 且或害道, 故失之賊. 品節未明, 德性未定, 無以飾貌正行[3], 故失之煩. 弄筆褒貶, 易紊是非, 且或召亂. 故失之亂. 惟得之深, 則養之固, 有以見天地之純全・古人之大體, 而安有所謂'失'哉?" ○ 石梁王氏曰: "孔子時, 『春秋』之筆削者未出, 又曰'加我數年, 卒以學『易』', '性與天道不可得聞.' 豈遽以此敎人哉? 所以敎者, 多言『詩』・『書』・『禮』・『樂』. 且有愚・誣・奢・賊・煩・亂之失, 豈『詩』・『書』・『樂』・『易』・『禮』・『春秋』使之然哉? 此決非孔子之言."

【경해 2】

천자는 천지와 더불어 셋이 된다. 그러므로 덕이 천지와 짝하고, 만물을 함께 이롭게 하고, 해와 달과 더불어 나란히 밝고, 밝음이 사해를 비추어 은미하고 작은 것까지도 빠뜨리지 않는다. 조정에 있을 때에는 인성仁聖과 예의禮義의 차서를 말하고, 집에 한가롭게 있을 때에는 「아雅」와 「송頌」의 음을 듣는다. 걸어 다닐 때에는 패환佩環과 패옥佩玉의 소리가 들리고, 수레에 타서는 난鸞과 화和의 방울소리가 울린다. 거처할 때에는 예禮가 있고, 나아가고 물러날 때에는 법도가 있다. 백관들이 그 마땅함을 얻고, 모든 일이 그 순서를 얻는다. 『시詩』에 "착하신 군자, 그 위의威儀가 어긋나지 않네! 그 위의가 어긋나지 않으니, 사방의 나라들 바로잡네!"라고 한 것은 이를 두고 하는 말이다.

天子者, 與天地參. 故德配天地, 兼利萬物, 與日月並明, 明照四海, 而不遺微小. 其在朝廷, 則道仁聖禮義之序, 燕處則聽「雅」·「頌」之音. 行步則有環佩之聲, 升車則有鸞和之音. 居處有禮, 進退有度. 百官得其宜, 萬事得其序. 『詩』云: "淑人君子, 其儀不忒! 其儀不忒, 正是四國!", 此之謂也.

鄭注 '도道'는 말한다는 뜻과 같다. '환패環佩'는 패환佩環과 패옥佩玉으로 보행의 절도를 삼는 것이다. 「옥조玉藻」(81)에 "나아갈 때에는 몸을 조금 굽혀 읍을 하듯이 하고, 물러날 때에는 몸을 조금 위로 쳐든다. 그런 뒤에 옥의 소리가 쟁쟁 절도에 맞게 울린다"라고 하였다. '환環'(둥근 옥환)은 막히고 멈춤이 없음을 취한 것이고, 옥玉은 덕을 비유한 것이다. 공자는 상환象環을 찼는데 5촌이었다.[4] 군주가 차는 옥환은 그 제도가 알려져 있지 않다. '난鸞'과 '화和'는 모두 방울로 수레가 가는 절도로 삼는다. 『한시내전韓詩內傳』에 "난鸞은 멍에(衡)에 달려 있고, 화和는 가름대(軾)에 달려 있어, 앞으로 수레에 오르니 말이 움직이고, 말이 움직이니 난鸞이 울리고, 난이 울리니 화和가 그에 호응하여 울린다"라고 하였다. '거처居處'는 조정과 집이다. '진퇴進退'는 걸어가는 것과 수레를 타고 가는 경우를 모두 가리킨다.

'道', 猶言也. '環佩', 佩環·佩玉也, 所以爲行節也. 「玉藻」曰: "進則揖之, 退則揚之. 然後玉鏘鳴也." '環'取其無窮止, 玉則比德焉. 孔子佩象環, 五寸. 人君之環, 其制未聞也. '鸞'·'和', 皆鈴也, 所以爲車行節也. 『韓詩內傳』曰: "鸞在衡, 和在軾, 前升車則馬動, 馬動則鸞鳴, 鸞鳴則和應." '居處', 朝廷與燕也. '進退', 行步與升車也.

集說 '난鸞과 화和'는 모두 방울(鈴)이다. 난은 멍에에 달려 있고, 화는 가

름대의 앞에 달려 있다. '『시詩』'는 「조풍曹風 · 시구鳲鳩」 이다. ○ 석량왕씨石梁王氏는 말한다. "이 단락은 가장 순수하다." '鸞 · 和', 皆鈴也. 鸞在衡, 和在軾前. '『詩』', 「曹風 · 鳲鳩」 篇. ○ 石梁王氏曰: "此段最粹."

【경해 3】

정치적 명령을 내렸을 때 백성이 기뻐하는 것을 화和라고 한다. 윗사람과 아랫사람이 서로 친애하는 것을 인仁이라고 한다. 백성이 하고자 하는 바를 요구하지 않아도 얻는 것을 신信이라고 한다. 천지의 해를 제거하는 것을 의義라고 한다. 의義와 신信, 화和 · 인仁은 패자霸者와 왕자王者의 수단이다. 백성을 다스리고자 하는 뜻이 있더라도 그 수단이 없으면, 성취하지 못한다.

發號出令而民說, 謂之和. 上下相親, 謂之仁. 民不求其所欲而得之, 謂之信. 除去天地之害, 謂之義. 義與信, 和與仁, 霸 · 王之器也. 有治民之意, 而無其器, 則不成.

鄭注 '기器'는 가지고 일을 행하는 수단을 말한다. '의義' · '신信' · '화和' · '인仁'은 모두 예를 통해서 발휘된다. '器', 謂所操以作事者也. '義' · '信' · '和' · '仁', 皆存乎禮.

集說 풍씨馮氏는 말한다. "의義, 신信, 화和, 인仁의 도를 논하면서 왕도와 패도를 함께 말하였으니, 어찌 공자의 말이겠는가?" 馮氏曰: "論義 · 信 · 和 · 仁之道, 而以王 · 霸並言之, 豈孔子之言?"

【경해 4】

예로 나라를 바로 잡는 것은 저울대로 무게를 다는 것과 같고, 먹줄로 굽고 곧게 하는 것과 같고, 그림쇠와 곱자로 네모와 원을 그리는 것과 같다. 그러므로 저울대에서 저울추를 자세하게 살피면 무게를 속일 수 없고, 먹줄에서 줄을 쏜 것을 자세하게 살피면 굽은 것과 곧은 것을 속일 수 없고, 그림쇠와 곱자에서 선을 그은 것을 자세하게 살피면 네모와 원을 속일 수 없다. 군자가 예를 자세히 살펴 파악하고 있으면, 간사하고 거짓된 것으로 속일 수 없다.

禮之於正國也, 猶衡之於輕重也, 繩墨之於曲直也, 規矩之於方圜也. 故衡誠縣, 不可欺以輕重, 繩墨誠陳, 不可欺以曲直, 規矩誠設, 不可欺以方圜. 君子審禮, 不可誣以姦詐.

鄭注 '형衡'은 저울대이다. '현縣'은 저울추이다. '진陳'과 '설設'은 (줄을 던져) 쏘고 (선을) 긋는 것이다. '성誠'은 자세히 살핀다는 뜻과 같다. 어떤 본에는 '성成'으로 되어 있다. '衡', 稱也. '縣', 謂錘也. '陳'·'設', 謂彈畫也. '誠', 猶審也. 或作'成'.

集說 방씨方氏는 말한다. "'가볍다'(輕)는 것은 예의 작은 것이고, '무겁다'(重)는 것은 예의 큰 것이다. '큰 것에 대하여 줄여서도 옳지 않고 작은 것에 대하여 더하여도 옳지 않다'[5]는 것이 그것이다. '굽었다'(曲)는 것은 예의 번거로운 것이고, '곧다'(直)는 것은 예의 간소한 것이다. '신하가 오시어 그 예가 간소하면 신하의 간소한 예를 행하고, 임금께서 오시어 그 예가 광대하면 임금의 광대한 예를 행하였다'[6]는 것이 그것이다. '네모지다'(方)는 것은 상례常禮이고, '둥글다'(圜)는 것은 변례變禮이다. 이를테면 예를 체

體로 삼는 것은 상례이고, 의리에 근거하여 예를 새로 제정하는 것은 변례이다. 예의 쓰임이 이와 같기 때문에 군자가 예를 자세하게 살피고 있으면, 간사하고 거짓된 것으로 속일 수 없게 된다." 方氏曰: "'輕'者, 禮之小, '重'者, 禮之大. 若'大者不可損, 小者不可益', 是矣. '曲'者, 禮之煩, '直'者, 禮之簡. 若'易則易, 于則于', 是矣. '方'者, 禮之常, '圜'者, 禮之變. 若以禮爲體者, 禮之常也, 以義起禮者, 禮之變也. 禮之用如是, 故君子審禮, 不可誣以姦詐也."

【경해 5】

그러므로 예禮를 높이고 예에서 말미암는 사람을 도(方)가 있는 선비라고 부르고, 예를 높이지 않고 예에서 말미암지 않는 사람을 도가 없는 백성이라고 부르니, 공경하고 겸양하는 도리를 말한다. 그러므로 예로써 종묘에서 제사를 받들면 사람들이 공경하고, 조종에 들어가면 귀한 사람과 천한 사람이 제자리를 얻고, 집에 거처하면 아버지와 아들이 친하고 형제가 화목하며, 향리에 머물면 어른과 젊은이 사이에 위계가 있다. 공자가 "윗사람을 편안하게 하고 백성을 다스리는 데에는 예보다 좋은 방법이 없다"[7]고 한 것은 이를 두고 한 말이다.

是故隆禮由禮, 謂之有方之士, 不隆禮不由禮, 謂之無方之民, 敬讓之道也. 故以奉宗廟則敬, 以入朝廷則貴賤有位, 以處室家則父子親, 兄弟和, 以處鄉里則長幼有序. 孔子曰: "安上治民, 莫善於禮", 此之謂也.

鄭注 '융례隆禮'는 예를 성대하게 행하는 것을 말한다. '방方'은 도道와 같은 뜻이다. 『춘추좌씨전』에 "의義의 도리로 가르친다"[8]고 하였다. '隆禮', 謂盛行禮也. '方', 猶道也. 『春秋傳』曰: "教之以義方."

集說 이 편의 앞머리에서 '공자왈孔子曰'이라고 한 것은 기록자가 공자의 말을 기술한 것이다. 이장의 '그러므로'(是故) 이하는 아마도 기록자 자신의 말일 것이다. 그러므로 『효경』의 공자 말을 인용해서 매듭지은 것이다. ○ 방씨方氏는 말한다. "'융隆'은 융성하게 하여 높인다는 뜻이고, '유由'는 그 가운데로부터 말미암는다는 뜻이다. 예를 융성하게 높이는 것은 '높고 밝음을 다하기 위한 것'이고, 예에서 말미암는 것은 '중용을 따르기 위한 것'[9]이다. '높고 밝음을 다하는 것'은 근본을 세우기 위한 것이고, '중용을 따르는 것'은 때에 맞게 하기 위한 것이다. 근본을 세우는 것과 때에 맞게 하는 것은 비록 다른 것 같지만 요컨대 도에서 벗어나지 않는 것일 뿐이다. 그러므로 그러한 사람을 도(方)를 지닌 선비(有方之士)라고 하는 것이다. 도道는 '일정한 방향'(方)이 없지만, 예에서 도를 체인하면 일정한 방향(方)을 가지게 된다. 이 경문은 예를 위주로 하기 때문에 도道를 '방方'이라고 한 것이다. 선비는 도에 뜻을 둔다. 그러므로 일정한 지향을 가졌다는 점에서 '선비'(士)라고 부른다. 백성은 항상된 마음이 없다. 그러므로 일정한 지향을 가지고 있지 않다는 점에서 '백성'(民)이라고 부른다." 篇首'孔子曰', 記者述孔子之言也. '是故'以下疑是記者之言. 故引『孝經』孔子之言, 以結之也. ○ 方氏曰: "'隆', 言隆之而高, '由', 言由乎其中. 隆禮, 所以'極高明', 由禮, 所以'道中庸'. '極高明', 所以立本, '道中庸', 所以趨時. 立本・趨時, 雖若不同, 要之不離於道而已. 故謂之有方之士也. 道, 無'方'也, 體之於禮則爲有方. 此以禮爲主, 故謂之'方'焉. 士志於道. 故於有方曰'士'. 民無常心. 故於無方曰'民'."

【경해 6】

그러므로 조근朝覲의 예는 군신 사이의 의리를 밝히기 위한 것이다. 빙문聘問의 예는 제후가 서로 존경하도록 하기 위한 것이다. 상례와 제례는 신하나 아들에 대한 은혜를 밝히기 위한 것이다. 향음주례鄕飮酒禮는 어른과 젊은이 사이의 질서를 밝히기 위한 것이다. 혼인昏姻의 예는 남녀 사이의 구별을 밝히기 위한 것이다. 무릇 예는 난이 발생하게 되는 원인을 빙지하는 것으로 제방으로 물이 흘러들어 오게 되는 근원을 막는 것과 같다. 그러므로 옛 제방을 쓸모없다고 생각하여 파괴하는 자는 반드시 수화를 당하게 되고, 옛 예를 쓸모없다고 생각하여 없애는 자는 반드시 화란을 겪게 된다.

故朝覲之禮, 所以明君臣之義也. 聘問之禮, 所以使諸侯相尊敬也. 喪祭之禮, 所以明臣子之恩也. 鄕飮酒之禮, 所以明長幼之序也. 昏姻之禮, 所以明男女之別也. 夫禮, 禁亂之所由生, 猶坊止水之所自來也. 故以舊坊爲無所用而壞之者, 必有水敗, 以舊禮爲無所用而去之者, 必有亂患.

鄭注 봄에 신하가 군주를 찾아가 만나는 것을 '조朝'라고 하고, 소규모의 빙례聘禮를 '문問'이라고 하는데, 그 편이 지금은 없어졌다. '혼인昏姻'은 시집가고 장가드는 것이다. 남편을 '혼昏'이라고 하고 처를 '인姻'이라고 한다. '자自'는 또한 말미암는다는 뜻이다. 春見曰'朝', 小聘曰'問', 其篇今亡. '昏姻', 謂嫁娶也. 婿曰'昏', 妻曰'姻'. '自', 亦由也.

集說 남편이 부인의 집안에 대해서는 '혼昏'이라고 하고, 부인이 남편의 집안에 대해서는 '인姻'이라고 한다. ○ 방씨方氏(방각方慤)는 말한다. "군주

와 신하의 어지러움은 의義가 없는 데에서 생겨난다. 그러므로 조근朝覲의 예로 그것을 방지한다. 제후의 어지러움은 화목하지 못한 데에서 생겨난다. 그러므로 빙문聘問의 예로 그것을 방지한다. 신하와 자식의 어지러움은 은혜가 없는 데서 생겨난다. 그러므로 상례와 제례로 그것을 방지한다. 어른과 젊은 사람 사이에 향음주례를 시행하고 남녀 사이에 혼인을 하는 것도 그 뜻은 이와 같을 뿐이다." 壻於婦家曰'昏', 婦於壻家曰'姻'. ○ 方氏曰: "君臣之亂, 生於無義. 故以朝覲之禮禁之. 諸侯之亂, 生於不和. 故以聘問之禮禁之. 臣子之亂, 生於無恩. 故以喪祭之禮禁之. 以至鄉飮之施於長幼・昏姻之施於男女, 其義亦若是而已."

【경해 7】

그러므로 혼인의 예가 폐해지면 부부의 도리가 힘들어져 음행과 편벽의 죄가 많아진다. 향음주의 예가 폐해지면 어른과 젊은이의 질서가 상실되어 다투고 싸우는 옥송이 빈번해진다. 상례와 제례가 폐해지면 신하와 아들에 대한 은혜가 각박해져서 죽은 이를 배반하고 살아 있는 사람을 잊는 자가 많아진다. 빙문聘問과 조근朝覲의 예가 폐해지면 군주와 신하의 지위가 실추되고 제후의 행실이 악해져서 배반하고 침탈하는 패역이 발생한다. 그러므로 예로 교화시키는 것은 은미할 때이니 아직 모습을 갖추기 전에 사악함을 방지하여 사람들이 자신도 모르는 사이에 매일 선으로 옮기고 죄를 멀리하게 한다. 그러므로 선왕先王은 예를 성대하게 높였다. 『역易』에서 "군자는 처음을 삼가니, 처음에는 빗나간 것이 털끝만한 것 같아도 나중에는 천리나 벌어진다"고 한 것은 이를 두고 하는 말이다.

故昏姻之禮廢, 則夫婦之道苦, 而淫辟之罪多矣. 鄉飮酒之禮廢, 則長幼之序失而爭鬪之獄繁矣. 喪祭之禮廢, 則臣子之恩薄而倍死忘生者衆矣. 聘覲之禮廢, 則君臣之位失, 諸侯之行惡, 而倍畔侵陵之敗起矣.① 故禮之敎化也微, 其止邪也於未形, 使人日徙善遠罪而不自知也. 是以先王隆之也. 『易』曰: "君子愼始, 差若豪氂, 繆以千里", 此之謂也.

鄭注 ① '고苦'(힘들다)는 이르지 않는 것, 응답하지 않는 것 등을 가리킨다. '苦', 謂不至・不答之屬.

② '륭隆'은 높이고 성대하게 하는 것이다. '시始'는 처음 미미할 때를 가리킨다. '隆', 謂尊盛之也. '始', 謂其微時也.

集說 이 경문은 또 '혼인昏姻'으로부터 '빙문聘問'과 '조근朝覲'까지 다시 반복해서 설명하여 위 문장의 뜻을 밝힌 것이다. '『역易』에서 이르기를'이라고 인용한 것은 위서緯書의 말이다. '약若'은 같다(如)는 뜻이다. ○ 정씨鄭氏(정현鄭玄)는 말한다. "'고苦'는 이르지 않는 것, 응답하지 않는 것 등을 가리킨다." 此又自'昏姻'覆說至'聘問'・'朝覲', 以明上文之義. 所引'『易』曰', 緯書之言也. '若', 如也. ○ 鄭氏曰: "'苦'謂不至・不答之屬."

역주

1) 나에게 ~ 해준다면 : 이 말은 『논어』「術而」에 나온다.

2) 성과 ~ 없었다 : 『논어』「公冶長」에 "자공이 말하였다. '선생의 문장은 들을 수 있지만, 선생께서 性과 天道에 대해 말씀하시는 것은 들을 수가 없었다"(子貢曰: "夫子之文章, 可得而聞也, 夫子之言性與天道, 不可得而聞也")라고 하였다.

3) 品節未明, 德性未定, 無以飾貌正行 : 『禮記淺見錄』과 『禮記集說大全』에는 이 부분이 缺文으로 되어 있는데, 사고전서본 『禮記集說大全』과 『陳氏禮記集說』에 따라 추가하고, 번역한다.

4) 공자는 ~ 5촌이었다 : 이 말은 「玉藻」(87)에 나온다.

5) 큰 것에 ~ 않다 : 이 말은 「禮器」(43)에 나온다.

6) 신하가 ~ 행하였다 : 이 말은 「檀弓下」(112)에 나온다.

7) 윗사람을 ~ 없다 : 이 말은 『孝經』「廣要道章」에 나온다.

8) 의의 ~ 가르친다 : 이 말은 『춘추좌씨전』, 隱公 3년 조 傳에 나온다.

9) 높고 ~ 위한 것 : 이 말은 「中庸」에 나온다.

예기역주 권24

애공문 제27
哀公問

징현鄭玄의 『예기목록禮記目錄』에서 말한다. "「애공문哀公問」라고 제목을 붙인 것은, 예를 질문한 것을 훌륭하게 여긴 것이다. 시호를 드러낸 것은 현양한 것이다. 이 편은 유향劉向의 『별록別錄』에서는 「통론通論」에 속해 있다."

鄭『目錄』云: "名曰「哀公問」者, 善其問禮. 著謚, 顯之也. 此於『別錄』屬「通論」."

[애공문 1]

애공哀公이 공자에게 물었다. "중대한 예는 어떠한 것입니까? 군자가 예를 말할 때 어찌 그리도 높이는 것입니까?" 공자가 말하였다. "저는 소인이므로 예를 알기에 부족합니다." 애공이 말하였다. "사양하지 마시고, 그대는 말해주도록 하시오."

哀公問於孔子曰: "大禮何如? 君子之言禮, 何其尊也?" 孔子曰: "丘也小人, 不足以知禮."① 君曰: "否, 吾子言之也."

鄭注 겸손하여 대답하지 않은 것이다. 謙不答也.

集說 '애공哀公'은 노魯나라의 군주로서, 이름은 장蔣이다. '대례大禮'는 예 가운데 중대한 것을 가리킨다. '하기존何其尊'은 칭찬하여 드러냄이 심하다는 뜻이다. '哀公', 魯君, 名, 蔣. '大禮', 謂禮之大者. '何其尊', 言稱揚之甚.

[애공문 2]

공자가 말하였다. "제가 듣건대, 백성들이 그것에 말미암아서 살아가게 되니, 예는 중대한 것입니다. 예가 아니면 천지의 신을 절도에 맞게 섬길 수가 없습니다. 예가 아니면 군주와 신하, 윗사람과 아랫사람, 어른과 어린사람의 지위를 변별할 수 없습니다. 예가 아니면 남녀(부부) · 부자 · 형제 사이의 친애와, 혼인昏姻[1])을 통해 또는 왕래往來를 통해 교제하는 것을 분별할 수 없습니다. 군자는 이러한 이유 때문에 예를 그처럼 높이고 공경합니다.

孔子曰: "丘聞之, 民之所由生, 禮爲大. 非禮無以節事天地之神也. 非禮無以辨君臣 · 上下 · 長幼之位也. 非禮無以別男女 · 父子 · 兄弟之親, 昏姻 · 疏數之交也. 君子以此之爲尊敬然."

鄭注 군자가 이런 점 때문에 예를 높인다고 말한 것이다. 言君子以此故尊禮.

集說 이는 모두 예의 중대한 것이다. 그러므로 그것을 높이고 공경하지 않을 수 없다. 此皆禮之大者. 故不得不尊敬之也.

[애공문 3]

그렇게 한 후에 군자 자신이 예에 대하여 행할 수 있는 것을 가지고 백성을 가르쳐서 그 시기와 절차를 폐하지 않도록 하였습니다.

然後以其所能敎百姓, 不廢其會節.

鄭注 군자는 자신이 예에 대하여 행할 수 있는 것을 가지고 백성을 가르쳐 이들 위에서 말한 일들의 시기를 폐하지 않게 한다는 것이다. 君子以其所能於禮, 敎百姓, 使其不廢此上事之期節.

集說 예는 하늘에서 주어진 질서에 근본하며, 성인이 인정人情에 따라 거기에 절도와 문식을 가하는 것이니, 너무 높아 행하기 어려운 일로 강제하는 것이 아니다. 그러므로 '자신이 예에 대하여 행할 수 있는 것을 가지고 백성을 가르친다'고 말한 것이다. '회절會節'은 예를 행하는 시기를 가리킨다. 예를 들면 장례와 제례에는 장례와 제사를 지내는 때가 있고, 관례와 혼례에는 관례와 혼례를 거행하는 때가 있어서 그때를 폐해서는 안 된다. 禮本天秩, 聖人因人情而爲之節文, 非强之以甚高難行之事也. 故曰'以其所能敎百姓'. '會節', 謂行禮之期節. 如葬祭有葬祭之時, 冠昏, 有冠昏之時, 不可廢也.

[애공문 4]

일이 이루어질 수 있게 된 후에 조루雕鏤·문장文章·보불黼黻 등의 장식을 바로잡아 행하여 예가 끊어지지 않도록 하였습니다.

有成事, 然後治其雕鏤·文章·黼黻以嗣.

鄭注 위에서 말한 일들이 백성들에게서 행해지고 효과를 이룬 뒤에 이어서 문식文飾하는 것을 바로잡아 행하여 존비의 차등을 두었다는 것이다. 上事行於民, 有成功, 乃後續以治文飾, 以爲尊卑之差.

集說 '유성사有成事'는 날짜를 점쳐 점괘의 길함을 얻어서 일이 이루어질 수 있음을 말한다. '조루雕鏤'(조각하여 장식하는 것)는 제기의 장식이고, '문장文章'과 '보불黼黻'[2]은 제복의 문식이다. '사嗣'는 이어져서 끊어지지 않는다는 뜻이다. 이들 제기와 제복이 항상 보존되면 이들 예는 반드시 사라지거나 끊어지지 않을 것이다. '有成事', 謂諏日而得卜筮之吉, 事可成也. '雕鏤', 祭器之飾, '文章'·'黼黻', 祭服之飾也. '嗣'者, 傳續不絶之義. 此器服常存, 則此禮必不泯絶矣.

[애공문 5]

윗사람과 아랫사람이 모두 어기는 마음이 없게 된 뒤에 그 상례喪禮의 기한과 시기를 밝혀주고, 그 정鼎과 조俎 등 제기를 갖추고, 돼지고기와 포 등 제물을 진설하고, 종묘를 정비하고, 시기에 맞추어 제사를 공경하게 올리면서, 종족의 질서를 세웁니다. 거처하는 곳에 따라 편안하게 여기고, 그 의복을 검소하게 하며, 그 궁실을 낮게 하고, 수레에는 화려하게 장식하지 않으며, 일상의 기물에는 아로새기는 등 문식을 가하지 않으며, 음식에는 맛있는 반찬을 곁들이지 않으면서, 그럼으로써 백성과 이익을 함께하였습니다. 옛날 군자가 예를 행하는 바가 이와 같았습니다."

其順之, 然後言其喪算, 備其鼎俎, 設其豕腊, 脩其宗廟, 歲時以敬祭祀, 以序宗族. 卽安其居, 節醜其衣服, 卑其宮室, 車不雕幾, 器不刻鏤, 食不貳味, 以與民同利. 昔之君子之行禮者如此.

鄭注 '언言'은 말한다는 뜻이다. '산算'은 (의절의) 수數이다. '즉卽'은 나아간다는 뜻이다. '추醜'는 유형이다. '기幾'는 부착한다는 뜻이다. 군자가 예를 높이고 백성이 순응하게 된 뒤에는 상례와 제례의 예를 말하고, 나아가 자신의 거처를 편안히 여기고 의복을 바로잡고, 절제하고 검소한 생활을 가르치고 백성들과 이익을 함께하였기 때문에 위와 아래가 모두 풍족하였음을 말한다. '言', 語也. '算', 數也. '卽', 就也. '醜', 類也. '幾', 附纏之也. 言君子旣尊禮, 民以爲順, 乃後語以喪祭之禮, 就安其居處, 正其衣服, 敎之節儉, 與之同利者, 上下俱足也.

集說 '순지順之'는 윗사람과 아랫사람이 모두 어기는 마음이 없다는 뜻이다. '언言'은 밝다(明)는 뜻과 같다. '상산喪算'은 상례에 입는 오복五服의 기간과 빈장殯葬의 시기를 말한다. '나아가 그 거처를 편안히 여긴다'(卽安其居)는 것은 거주하는 곳을 그대로 편안하게 여긴다는 뜻이다. '절節'은 검소하다는 뜻이다. '추醜'는 조악하다(惡)는 뜻과 같다. '조기雕幾'[3]는 설명이 「교특생郊特牲」(59)에 보인다. '기器'는 일상생활에서 사용하는 기물이다. 자신의 생활을 이와 같이 검박하게 하는 것은 재화를 손상시키지 않고 백성을 해치지 않아서 백성과 그 이익을 함께하고자 하는 것이다. '順之', 謂上下皆無違心也. '言', 猶明也. '喪算', 五服歲月之數・殯葬久近之期也. '卽安其居'者, 隨其所處而安之也. '節', 儉也. '醜', 猶惡也. '雕幾', 見「郊特牲」. '器', 養器也, 自奉如此其薄者, 蓋欲不傷財不害民, 而與民同其利也.

【애공문 6】

애공이 말하였다. "오늘날의 군자는 어째서 그것을 행하지 않습니까?" 공자가 말하였다. "오늘날의 군자는 재화를 좋아하여 싫증을 내지 않고, 방탕한 행동을 질려하지 않으며, 방일하고 오만하여 백성의 부를 남김없이 취하는 데 전력합니다. 많은 사람들의 마음을 어기며 도리를 따르는 사람들을 해치고, 자신의 사욕에 걸맞게 하기를 추구하여 이치의 소재는 따지지 않습니다. 과거 백성을 다스리던 이들은 옛 도를 따라 행하였는데, 오늘날 백성을 다스리는 이들은 오늘날의 도를 따라 행하여 아무도 예를 행하지 않습니다."

公曰: "今之君子胡莫之行也?" 孔子曰: "今之君子好實無厭, 淫德不倦, 荒怠敖慢, 固民是盡. 午其衆以伐有道, 求得當欲不以其所. 昔之用民者由前, 今之用民者由後, 今之君子, 莫爲禮也."

鄭注 '실實'은 부富를 뜻한다. '음淫'은 방종함을 뜻한다. '고固'는 그러므로라는 뜻과 같다. '많은 사람들의 마음을 어긴다'(午其衆)는 것은 그 종족의 무리(族類)와 어긋나게 함을 말한다. '당當'은 걸맞다는 뜻과 같다. '소所'는 도리와 같은 뜻이다. '옛 도를 따라 행한다'(由前)는 것은 위 경문에서 말한 바들을 행한다는 뜻이다. '오늘날의 도를 따라 행한다'(猶後)는 것은 아래 경문에서 말한 바들을 행한다는 뜻이다. '實', 猶富也. '淫', 放也. '固', 猶'故'也. '午其衆', 逆其族類也. '當', 猶稱也. '所', 猶道也. '由前', 用上所言. '猶[4]後', 用下所言.

集說 '실實'은 재화를 뜻한다. '음덕淫德'은 방탕한 행동을 뜻한다. '고固'는 '고획固獲'(단단히 잡는다)이라고 할 때의 '고固'와 같은 뜻으로, 취하는 데에 힘을 쏟는 것을 가리킨다. '진盡'은 가지고 있는 것을 다한다는 뜻이다. '오

'午'는 오迕와 같은 뜻으로, '오기중午其衆'은 많은 사람들의 마음을 거스른다는 뜻이다. '얻기를 추구할 때에는 욕망에 맞게 한다'(求得當欲)는 것은 자기 사사로운 욕망에 맞게 하는 것을 추구하는 데에 불과함을 말한다. '제 자리로써 하지 않는다'(不以其所)는 것은 그 이치의 소재를 따지지 않음을 말한다. '앞을 따른다'(由前)는 것은 옛날의 도를 따른다는 뜻이다. '뒤를 따른다'(由後)는 것은 오늘날의 도를 따른다는 뜻이다. '實', 貨財也. '淫德', 放蕩之行也. '固', 如'固獲'之'固', 言取之力也. '盡', 謂竭其所有也. '午', 與'迕'同, '午其衆', 違逆衆心也. '求得當欲', 言不過求以稱其私欲而已. '不以其所', 不問其理之所在也. '由前', 由古之道. '由後', 由今之道也.

【애공문 7】

공자가 애공을 모시고 앉아 있었다. 애공이 말하였다. "감히 묻겠습니다. 사람의 도리 가운데 무엇이 가장 중대합니까?" 공자가 두려워하며 얼굴빛을 바꾸고 대답하였다. "임금께서 이런 말씀을 하시는 것은 백성의 행복입니다. 진실로 신이 어찌 감히 발언하여 대답하지 않을 수 있겠습니까? 사람의 도리 가운데 정치가 가장 중대합니다."

孔子侍坐於哀公. 哀公曰: "敢問. 人道誰爲大?" 孔子愀然作色而對曰: "君之及此言也, 百姓之德也. 固臣敢無辭而對? 人道政爲大."

鄭注 '초연愀然'은 얼굴색이 바뀌는 모양이다. '작作'은 변한다는 뜻과 같다. '덕德'은 복福과 같은 뜻이다. '사辭'는 사양한다는 뜻이다. '愀然', 變動貌

也. '作', 猶變也. '德', 猶福也. '辭', 讓也.

集說 '초연愀然'은 두려워 떠는 모습이다. '작색作色'은 얼굴빛을 바꾼다는 뜻이다. '백성의 덕'(百姓之德)은 백성의 행복이라고 말하는 것과 같다. '감무사敢無辭'는 '어찌 감히 말이 없겠습니까?'라고 말하는 것과 같다. '愀然', 悚動之貌. '作色', 變色也. '百姓之德', 猶言百姓之幸也. '敢無辭', 猶言'豈敢無辭?'

【애공문 8】

애공이 말하였다. "감히 묻겠습니다. 정치를 한다는 것은 무슨 뜻입니까?" 공자가 대답하였다. "정政이란 올바르다正는 뜻입니다. 군주가 올바른 것을 행하면 백성이 정치를 따릅니다. 군주가 행하는 바를 백성은 좇아서 합니다. 군주가 하지 않는 것을 백성이 어떻게 따라 하겠습니까?" 애공이 말하였다. "감히 묻겠습니다. 정치를 하는 것은 어떻게 하는 것입니까?" 공자가 대답하였다. "부부 사이에는 구별이 있고, 부자 사이에는 친애함이 있고, 군신 사이에는 엄격함이 있습니다. 이 세 가지가 올바르면 모든 일이 그에 따라 올바르게 됩니다." 애공이 말하였다. "과인이 비록 닮지 못해 덕이 없습니다만, 원컨대 세 가지 말씀을 행하는 방법을 듣고자 합니다. 들어볼 수 있겠습니까?"

公曰: "敢問. 何謂爲政?" 孔子對曰: "政者正也. 君爲正, 則百姓從政矣. 君之所爲, 百姓之所從也. 君所不爲, 百姓何從?"① 公曰: "敢問. 爲政如之何?" 孔子對曰: "夫婦別, 父子親, 君臣嚴. 三者正, 則庶物從之矣."② 公曰: "寡人雖無似也, 願聞所以行三言之道. 可得聞乎?"③

鄭注 ① 군주는 응당 정치에 힘써야 함을 말한다. 言君當務於政.

② '서물庶物'은 모든 일이라는 뜻과 같다. '庶物', 猶衆事也.

③ '무사無似'는 닮지 못하였다는 말과 같다. '無似', 猶言不肖.

集說 '부부'·'부자'·'군신'은 삼강三綱이다. '서물庶物'은 모든 일(衆事)이라는 뜻이다. '무사無似'는 닮거나 비슷한 바가 없다는 뜻으로, 덕이 없음을 말한다. '夫婦'·'父子'·'君臣', 三綱也. '庶物', 衆事也. '無似', 無所肖似, 言無德也.

【애공문 9】

공자가 대답하였다. "옛 시대의 정치에서는 사람을 친애하는 것이 중요하였습니다. 사람을 친애하도록 다스리는 방법에서는 예가 중요하고, 예를 다스리는 데에는 공경함이 중요합니다. 공경함이 지극한 것으로는 대혼大昏(천자와 제후의 혼례)이 큰일이니, 대혼은 지극한 것입니다. 대혼이 이미 공경을 지극히 하는 것이므로 면복冕服을 입고 부인을 직접 맞이하니, 몸소 직접 하는 것입니다. 몸소 직접 한다고 하는 것은 친애함을 나타내는 것입니다. 이 때문에 군자는 공경을 일으켜 친애하는 것이니, 공경함을 버리면 이는 친애함을 버리는 것입니다. 친애하지 않으면 가까워지지 않고, 공경하지 않으면 바르지 못합니다. 친애하는 것과 공경하는 것은 정치의 근본입니다."

孔子對曰: "古之爲政, 愛人爲大. 所以治愛人, 禮爲大, 所以治禮, 敬爲大. 敬之至矣, 大昏爲大, 大昏至矣. 大昏旣至, 冕而親迎, 親之也. 親之也者, 親之也. 是故君子興敬爲親, 舍敬是遺親也. 弗愛不親, 弗敬不正. 愛與敬, 其政之本與."

鄭注 '대혼大昏'은 국군이 부인을 맞이하는 예이다. '지극하다'(至矣)는 것은 지극히 중대함을 말한다. '공경함을 일으켜 친애한다'(興敬爲親)는 것은 서로 공경하며 친애함을 말한다. '大昏', 國君取禮也. '至矣', 言至大也. '興敬爲親', 言相敬則親.

集說 방씨方氏는 말한다. "부부 사이에는 안과 밖의 자리가 있으므로 '구별한다'(別)고 말한다. 부자 사이에는 자애하고 효도하는 은혜가 있으므로 '친애한다'(親)고 말한다. 군주와 신하 사이에는 상하의 분수가 있으므로 '엄격하다'(嚴)고 말한다. 『역』에 '부부가 있고 난 후에 부자가 있다. 부자가 있고 난 후에 군신이 있다'[5]고 하였다. 그러므로 선후의 순서가 이와 같은 것이다. 세 가지의 올바름은 한결같이 부부를 그 근본으로 삼는다. 그러므로 뒤에서 '대혼大昏은 중대하다'고 한 것이다. 정치는 사람을 길러주는 데에 있다. 그러므로 옛날에 정치를 할 때에는 사람을 친애하는 것을 중시하였다. 그렇지만 사랑하면서 절도가 없으면 그것은 묵자의 겸애兼愛(차별하지 않고 함께 친애함)이다. 어떻게 혼란이 없을 수 있겠는가? 그러므로 '사람을 친애하는 것을 다스리는 방법에 예가 중요하다'고 말한 것이다. 예는 공경함(敬)에 그칠 뿐이다. 그러므로 '예를 다스리는 데에는 공경함이 중요하다'고 한 것이다. 예는 공경을 위주로 하는데, 대혼大昏은 또 그 (공경) 가운데서도 지극한 것이다. 그러므로 '공경을 지극히 하는 것에는 대혼이 중요하

다'고 한 것이다. 대혼이 이미 공경함을 지극히 하는 것이기 때문에 비록 천자 · 제후의 존귀한 신분이라도 또한 반드시 면복冕服을 하고 직접 부인을 맞이한다. 자기가 그 사람을 직접 맞이하는 것이 곧 남으로 하여금 자기를 친애하게 하는 방법이다. 그러므로 '몸소 직접 한다고 하는 것은 친애함을 나타내는 것이다'라고 말한 것이다. 면복을 하고 직접 부인을 맞이한다면, 공경한다고 말할 수 있다. 그러므로 '공경을 일으켜 친애하는 것이니, 공경함을 버리면 이는 친애함을 버리는 것이다'라고 한 것이다. 친애하지 않으면 서로 화합할 수가 없어서 그 정이 소원해진다. 그러므로 '친애하지 않으면 가까워지지 않는다'라고 한 것이다. 공경하지 않으면 서로 구별할 수 없어서 그 정이 설만褻慢해진다. 그러므로 '공경하지 않으면 바르지 못하다'고 한 것이다. 친애하고 공경하는 도는 그 시작이 규문閨門의 안에 뿌리를 두고 있다. 그것을 확충시키게 되면 그 친애함이 함부로 남을 미워하지 않는 데까지 이르고, 그 공경함은 함부로 남에게 오만하지 않는 데까지 이르며, 덕의 가르침이 백성에게 더해지고 사해에 모범이 된다. 그러므로 '친애하는 것과 공경하는 것은 정치의 근본이다'라고 말한 것이다." 方氏曰: "夫婦有內外之位, 故曰'別'. 父子有慈孝之恩, 故曰'親'. 君臣有上下之分, 故曰'嚴'. 『易』曰, '有夫婦然後有父子. 有父子然後有君臣.' 故先後之序如此. 三者之正, 一以夫婦爲之本. 故後言'大昏爲大'也. 政在養人. 故古之爲政, 愛人爲大. 然而愛之無節, 則墨氏之兼愛矣. 安能無亂乎? 故曰'所以治愛人, 禮爲大'. 禮止於敬而已. 故曰'所以治禮, 敬爲大'. 禮以敬爲主, 而大昏又爲至焉. 故曰'敬之至矣, 大昏爲大'. 大昏旣爲敬之至, 故雖天子 · 諸侯之尊, 亦必冕而親迎也. 己親其人, 乃所以使人之親己而已. 故曰'親之也者, 親之也'. 冕而親迎, 可謂敬矣. 故曰'興敬爲親. 舍敬是遺親也'. 弗愛, 則無以相合, 而其情疎. 故曰'弗愛不親'. 弗敬則無以相別, 而其情褻. 故曰'弗敬不正'. 愛敬之道, 其始本於閨門之內. 及擴而充之, 其愛至於不敢惡於人, 其敬至於不敢慢於人, 而德敎加于百姓, 刑于四海. 故曰'愛與敬其政之本與'."

【애공문 10】

애공이 말하였다. "과인이 말을 하고 싶습니다. 면복冕服을 하고 친영을 하는 것은 지나치게 무거운 것이 아닙니까?" 공자가 (그 말의 잘못됨에) 두려워하면서 얼굴빛을 바꾸어 대답하였다. "두 집안의 우호를 맺어 선성先聖[6]의 뒤를 계승하고, 그로써 천지·종묘·사직의 주인으로 되는 것인데, 임금께서는 어째서 지나치게 무겁다고 말씀하십니까?" 애공이 말하였다. "과인이 고루하였습니다. 고루하지 않다면 어찌 이러한 말씀을 듣겠습니까? 과인이 묻고 싶은데, 적절한 말이 떠오르지 않습니다. 조금 더 말씀하여 가르쳐주기 바랍니다."

公曰: "寡人願有言然. 冕而親迎, 不已重乎?"① 孔子愀然作色而對曰: "合二姓之好, 以繼先聖之後, 以爲天地·宗廟·社稷之主, 君何謂已重乎?"② 公曰: "寡人固. 不固, 焉得聞此言也? 寡人欲問, 不得其辭. 請少進."③

鄭注 ① '이已', 지나치다는 뜻과 같다. 친영을 하는데 제복祭服을 입는 것을 이상하게 여긴 것이다. '已', 猶大也. 怪親迎乃服祭服.

② '선성先聖'은 주공周公이다. '先聖', 周公也.

③ '고루하였습니다. 고루하지 않다면'(固. 不固)이라고 한 것은 내가 고루하기 때문이라고 말한 것이다. '조금 더 말씀하여 가르쳐주기 바랍니다'(請少進)라고 한 것은 말씀을 해서 나를 깨우쳐주기를 바란 것이다. '固. 不固', 言吾由鄙固故也. '請少進', 欲其爲言以曉己.

集說 '이중已重'은 지나치게 무겁다는 뜻이다. '과인고寡人固'는 스스로 자

신이 고루하다고 말한 것이다. '고루하지 않다면 어찌 이러한 말씀을 듣겠습니까'라는 것은 만약 고루하지 않다면 이러한 질문을 하지 않았을 것이니 어찌 이러한 말을 들을 수 있었겠는가? 라고 말한 것이다. '조금 더 말씀하여 가르쳐주기 바랍니다'라는 것은 공자가 다시 대략적으로 말하여 자신을 가르쳐주기를 바란 것이다. ○ 석량왕씨石梁王氏는 말한다. "천지를 아울러 말하였으니 제후의 예에 그치는 것이 아니다." '已重', 太重也. '寡人固', 自言其固陋也. '不固, 焉得聞此言'者, 言若不固陋, 則不以此爲問, 安得聞此言乎? '請少進'者, 幸孔子更略有以進敎我也. ○ 石梁王氏曰: "併言天地, 非止諸侯之禮也."

【애공문 11】

공자가 말하였다. "천지가 합쳐지지 않으면 만물이 생장하지 못합니다. 대혼大昏은 만세의 후사를 잇는 일입니다. 임금께서는 어찌 지나치게 무겁다고 말씀하십니까!" 공자가 이어서 말하였다. "안으로 종묘의 예를 다스리면 천지의 신명과 충분히 짝할 수 있습니다. 밖으로 조정의 예를 다스리면 상하 사이에 공경하는 것을 충분히 확립할 수 있으며, 일의 부끄러움을 떨쳐낼 수 있고, 국가의 부끄러움을 부흥시킬 수 있습니다. 정치를 할 때에는 예를 먼저 힘써야 합니다. 예는 정치의 근본입니다!"

孔子曰: "天地不合, 萬物不生. 大昏, 萬世之嗣也. 君何謂已重焉!" 孔子遂言曰: "內以治宗廟之禮, 足以配天地之神明. 出以治直言之禮, 足以立上下之敬, 物恥足以振之, 國恥足以興之. 爲政先禮. 禮其政之本與!"

鄭注 '종묘宗廟의 예禮'는 종묘에 제사를 드리는 것이다. 남편과 아내는 하늘과 땅에 짝하니 남편은 해가 되고 아내는 달이 되는 상象이 있다. 「예기禮器」(60)에 "군주는 동쪽 계단에 있고 부인은 서쪽 곁방에 있는다. 해(大明)는 동쪽에서 뜨고 달은 서쪽에서 뜬다. 이것은 음과 양의 구분이요, 부부의 자리다"라고 하였다. '직直'은 바르다(正)는 말과 같다. 바른 말(正言)은 정교政敎를 내놓는 것이다. 정교에는 부부의 예가 있다. 「혼의昏義」(8)에 "천자는 바깥의 다스림을 관장하고 왕후는 안의 일을 관장한다. 교화와 효순함이 아름다운 풍속을 이루고 바깥과 안이 화목하여 서로 따르면 나라와 집안이 다스려진다. 이것을 성대한 덕이라고 한다"라고 하였다. '물物'은 일과 같은 뜻이다. '일의 부끄러움'(事恥)은 신하들의 부끄러움이다. '떨친다'(振)는 말은 구제한다는 뜻과 같다. '국가의 부끄러움'(國恥)은 군주의 부끄러움이다. 군주와 신하의 행동에 부끄러워할 만한 것이 있으면 예禮로 하면 충분히 구제할 수 있고 충분히 일으켜 회복할 수 있다. '宗廟之禮', 祭宗廟也. 夫婦配天地, 有日月之象焉. 「禮器」曰: "君在阼, 夫人在房. 大明生於東, 月生於西. 此陰陽之分, 夫婦之位也." '直', 猶正也. '正言', 謂出政敎也. 政敎有夫婦之禮焉. 「昏義」曰: "天子聽外治, 后聽內職. 敎順成俗, 外內和順, 國家理治. 此之謂盛德." '物', 猶事也. '事恥', 臣恥也. '振', 猶救也. '國恥', 君恥也. 君臣之行有可恥者, 禮足以救之, 足以興復之.

集說 '직언直言' 두 글자의 뜻은 자세하지 않다. 어떤 사람은 '조정朝廷'으로 되어야 한다고 하였다. ○ 육씨陸氏(육전陸佃[7])는 말한다. "사물은 떨치지 못하는 것으로 부끄러움을 삼고, 국가는 흥기하지 못하는 것으로 부끄러움을 삼는다." ○ 응씨應氏(응용應鏞)는 말한다. "'물치物恥'는 사물이 더럽고 누추한 것을 말하고, '국치國恥'는 국체가 낮고 욕된 것을 말한다. 안과 밖의 예가 서로 다스려지면 국가는 편안하고 부유하며 존귀하고 영화로울 것이니, 어찌 부끄러움을 털어내지 못하겠는가? 당시 노나라는 미약하였는데,

애공은 떨치고 일어나 부흥시키고자 하면서도 예가 힘써야 될 급무라는 것을 알지 못하였다. 그러므로 공자가 이것으로 알려준 것이다." '直言'二字, 未詳. 或云當作'朝廷'. ○ 陸氏曰: "物以不振爲恥, 國以不興爲恥." ○ 應氏曰: "'物恥', 謂事物之汙陋, '國恥', 謂國體之卑辱. 內外之禮交治, 則國家安富尊榮, 何恥之不伸? 是時魯微弱, 哀公欲振而興之, 而不知禮之爲急. 故夫子以是告之."

【애공문 12】

공자가 이어서 말하였다. "옛날 삼대三代의 현명한 왕들이 정치를 할 때에는 반드시 그 처와 아들을 공경하는 것에 방법이 있었습니다. 처는 친親을 맡은 주인이니, 감히 공경하지 않을 수 있겠습니까? 아들은 친親을 잇는 후사이니, 감히 공경하지 않을 수 있겠습니까? 군자는 공경하지 않는 바가 없지만, 자신을 공경하는 것이 중요합니다. 자신은 친의 가지이니, 감히 공경하지 않을 수 있겠습니까? 자신을 공경하지 않는 것은 그 친을 상하게 하는 것입니다. 그 친을 상하게 하는 것은 그 뿌리를 상하게 하는 것입니다. 그 뿌리를 상하게 하면 가지도 따라서 없어지게 됩니다. 세 가지는 백성의 상象이니, 나의 몸을 공경하여 백성의 몸에까지 미치고, 나의 아들을 공경하여 백성의 아들에까지 미치고, 나의 아내(妃)를 공경하여 백성의 아내에까지 미칩니다. 임금이 이 세 가지를 행하면 천하에까지 미치게 되니 태왕大王이 행하였던 도입니다. 이렇게 한다면 국가는 순조로워질 것입니다."

孔子遂言曰: “昔三代明王之政, 必敬其妻 · 子也, 有道. 妻也者, 親之主也, 敢不敬與? 子也者, 親之後也, 敢不敬與? 君子無不敬也, 敬身爲大. 身也者, 親之枝也, 敢不敬與? 不能敬其身, 是傷其親. 傷其親, 是傷其本. 傷其本, 枝從而亡. 三者, 百姓之象也, 身以及身, 子以及子, 妃以及妃. 君行此三者, 則愾乎天下矣, 大王之道也. 如此, 則國家順矣.”

鄭注 ‘흘愾’은 이른다는 뜻과 같다. 태왕大王이 빈豳에 살 때 적인狄人에게 침략을 당하자 “토지는 사람을 봉양하는 수단이다. 군자는 봉양하는 수단 때문에 봉양할 사람을 상하게 하지 않는다”[8]라고 하고 이내 그곳을 떠나 기岐로 갔다. 이것은 백성의 몸을 곧 내 몸과 같이 여기고, 백성의 처와 자식이 나의 처와 자식과 같이 여겨 차마 토지 때문에 상하게 하지 못함을 말한다. 빈豳을 떠나 기岐로 가서 왕자王者의 자취가 거기에서 일어났다.

‘愾’, 猶至也. 大王居豳, 爲狄所伐, 乃曰, “土地, 所以養人也. 君子不以其所養害所養”, 乃去之岐. 是言百姓之身猶吾身也, 百姓之妻 · 子猶吾妻 · 子也, 不忍以土地之故而害之. 去之岐, 而王迹興焉.

集說 나의 몸을 공경하여 백성의 몸에까지 미치며, 나의 자식을 공경하여 백성의 자식에게까지 미치며, 나의 처를 공경하여 백성의 처에까지 미치는 것이다. ‘개愾’는 이른다(至)는 뜻이며, 미친다(曁)는 뜻이다. ‘북쪽과 남쪽에까지 이르는 풍성風聲과 교화敎化’[9]의 뜻과 같다. ‘태왕大王’은 백성을 사랑한 군주이다. 그가 일찍이 ‘사람을 길러주는 것을 가지고 사람을 해치지 않는다’[10]라고 말하였다. 그러므로 ‘태왕의 도이다’라고 말한 것이다. ○ 방씨方氏는 말한다. “면복을 하고 직접 부인을 맞이하는 것은 처를 공경하는 것이다. 조계阼階에서 관례를 거행하는 것은[11] 아들을 공경하는 것이

다. 집안에서 주인이 되는 것은 처이다. 그러므로 '친親을 맡은 주인'이라고 한 것이다. 아래로 후사를 전하는 것은 아들이다. 그러므로 '친親을 잇는 후사'라고 한 것이다. 안으로 주인이 있지 않으면 밖으로 그 국가를 다스릴 수 없으며, 아래로 후사가 있지 않으면 위로 그 조상을 승계할 수 없다. 이것이 감히 공경하지 않을 수 없는 까닭이다. 군자는 비록 공경하지 않는 바가 없지만, 또한 자신을 공경하는 것을 중요하게 여긴다. 그저 자신을 공경하는 것이 아니라 그 자신이 친親의 가지가 되기 때문이다. 자신은 부모에 대해서 나무에 가지가 있는 것과 같으며, 부모는 자신에 대해서 나무에 뿌리가 있는 것과 같다. 서로 의지하여 공동의 몸체를 이루니, 또한 주인이 되고 후사가 되는 것에 그칠 뿐이 아니다. 이 때문에 더욱 공경하지 않을 수 없다." 敬吾身以及百姓之身, 敬吾子以及百姓之子, 敬吾妻以及百姓之妻. '愾', 猶至也, 暨也. 如'朔南暨聲教'之意. '大王', 愛民之君也. 嘗言'不以養人者害人'. 故曰'大王之道也'. ○ 方氏曰: "冕而親迎, 所以敬其妻也. 冠於阼階, 所以敬其子也. 爲主於內者, 妻也. 故曰'親之主'. 傳後於下者, 子也. 故曰'親之後'. 內非有主, 則外不足以治其國家矣, 下非有後, 則上不足以承其祖考矣. 此所以不敢不敬也. 君子雖無所不敬, 又以敬身爲大焉. 非苟敬身也, 以其爲親之枝故也. 身之於親, 猶木之有枝, 親之於身, 猶木之有本. 相須而共體, 又非特爲主爲後而已. 此尤不敢不敬也."

【애공문 13】

애공이 말하였다. "감히 묻겠습니다. '자신을 공경한다'(敬身)는 말은 무슨 뜻입니까?" 공자가 대답하였다. "군자가 말을 잘못되게 하더라도 백성들은 그 말을 변명의 구실로 삼고, 행동을 잘못되게 하더라도 백성들은 그 행동을 본보기로 삼습니다. 군자가 말을 할 때 잘못된 구실이 되지 않게 하고, 행동할 때 잘못된 본보기가 되지 않게 한다면, 백성들은 명령을 내리지 않아도 공경하고 공손하게 됩니다. 이렇게 하면 그 자신을 잘 공경하는 것이 됩니다. 그 자신을 잘 공경할 수 있으면, 그 부모의 명성을 이룰 수 있습니다."
公曰: "敢問. 何謂'敬身'?" 孔子對曰: "君子過言則民作辭, 過動則民作則. 君子言不過辭, 動不過則, 百姓不命而敬恭. 如是則能敬其身. 能敬其身, 則能成其親矣."

鄭注 '칙則'은 본보기를 뜻한다. 백성이란 군주에 의해 감화되는 자이다. 군주의 말에 비록 잘못이 있어도 백성들은 오히려 그 말을 일컫고, 군주의 행동에 잘못이 있어도 백성들은 그 행동을 본보기로 삼는다. '則', 法也. 民者, 化君者也. 君之言雖過, 民猶稱其辭, 君之行雖過, 民猶以爲法.

集說 '군자君子'는 지위를 가지고 말한 것이다. 위에 있는 사람의 말이 비록 잘못되었더라도 백성은 오히려 변명의 구실(辭)로 삼는다. '사辭'는 말이 문식文飾(변명)을 이룬 것이다. 행동이 비록 잘못되었더라도 백성은 오히려 본보기(則)로 삼는다. '칙則'은 행동이 본보기로 된 것이다. 이것이 군자가 말과 행동에 함부로 잘못을 하지 않는 이유이다. 말과 행동에 모두 잘못이 없다면, 백성은 명령이 이를 때까지 기다리지 않고 스스로 그 윗사람을 공경할 줄 안다. 백성이 모두 윗사람을 공경하면, 임금의 몸은 다른 사람들에게 욕을 당하지 않게 되고, 그제야 자신을 잘 공경한다고 말한다. '그 부모의 명성을 이룬다'는 것은 부모의 이름이 다른 사람에 의해 훼손되지 않게 하는 것이다. '君子', 以位言也. 在上者言雖過, 民猶以爲辭. '辭'者, 言之成文者也. 動雖過, 民猶以爲則. '則'者, 動之成法者也. 此所以君子之言動不敢有過. 俱無過, 則民不

待命令之及, 而自知敬其上矣. 民皆敬上, 則君之身不爲人所辱, 方謂之能敬身. '成其親'者, 不使親名爲人所毀也.

【애공문 14】

애공이 말하였다. "감히 묻겠습니다. '부모의 명성을 이룬다'(成親)는 말은 무슨 뜻입니까?" 공자가 대답하였다. "군자란 사람 가운데 이름을 이룬 자입니다. 백성들은 그에게 이름을 부여하여 '군자의 아들'이라고 부릅니다. 이는 그 부모로 하여금 군자가 되게 하는 것입니다. 이것이 그 부모의 명성을 이루는 것입니다." 공자는 이어서 말하였다. "옛날에 정치를 할 때 남을 친애하는 것이 중요하였습니다. 남을 친애하지 못하면, 그 자신을 보존할 수 없습니다. 그 자신을 보존하지 못하면, 땅에 편안히 안착할 수 없습니다. 땅에 편안히 안착하지 못하면, 하늘을 즐거워할 수 없습니다. 하늘을 즐거워하지 못하면, 그 자신을 이룰 수 없습니다."

公曰: "敢問. 何謂'成親'?" 孔子對曰: "君子也者, 人之成名也. 百姓歸之名, 謂之'君子之子'. 是使其親爲君子也. 是爲成其親之名也已." 孔子遂言曰: "古之爲政, 愛人爲大. 不能愛人, 不能有其身. 不能有其身, 不能安土. 不能安土, 不能樂天. 不能樂天, 不能成其身."

鄭注 '유有'는 보존한다는 뜻과 같다. '몸을 보존할 수 없다'(不能保身)는 것은 남이 장차 해칠 것임을 말한다. '땅에 편안히 안착할 수 없다'(不能安土)는 것은 옮겨가고 생업을 잃는다는 뜻이다. '하늘을 즐거워한다'(不能樂天)는 것

은 자신의 잘못은 알지 못하고 하늘을 원망한다는 뜻이다. '有', 猶保也. '不能保身'者, 言人將害之也. '不能安土', 動移失業也. '不能樂天', 不知己過而怨天也.

集說 방씨方氏는 말한다. "남을 친애할 수 있지 않으면 자신을 해치는 자가 이르게 된다. 그러므로 그 자신을 보존할 수가 없다. 그 자신을 보존할 수 없으면 한 몸을 둘 곳이 없다. 그러므로 땅에 편안히 안착하지 못한다. '땅에 편안히 안착한다'고 하면 거처하는 곳에 가려서 택하는 바가 없는 것이요, '하늘을 즐거워한다'고 하면 처한 상황에 대하여 원망하는 바가 없는 것이다. 아래로 땅에 대하여 가려서 택하는 바가 없다면, 위로 하늘에 대하여 원망하는 바도 또한 없다. 그러므로 '땅에 편안히 안착하지 못하면, 하늘을 즐거워할 수 없다.' 하늘을 즐거워할 수 있으면, 이치에 순조롭지 않은 것이 없다. 자신을 이루는 방법은 또한 그 이치에 따르는 것일 뿐이다." 方氏曰: "不能愛人, 則傷之者至矣. 故不能有其身. 不能有其身, 則一身無所容矣. 故不能安土. '安土'則所居無所擇, '樂天'則所遭無所怨. 俯能無所擇, 則仰亦無所怨矣. 故'不能安土, 不能樂天'. 能樂天, 則於理無所不順. 成身之道, 亦順其理而已."

【애공문 15】

애공이 말하였다. "감히 묻겠습니다. '자신을 이룬다'(成身)는 말은 무슨 뜻입니까?" 공자가 대답하였다. "이치를 벗어나지 않는 것입니다."
公曰: "敢問. 何謂'成身'?" 孔子對曰: "不過乎物."

鄭注 '물物'은 일과 같은 뜻이다. '物', 猶事也.

集說 응씨應氏(응용應鏞)는 말한다. "'물物'은 실제로 그러한 이치를 가리킨

다. 성품 안에 만물이 모두 갖추어져 있다. 어진 사람(仁人)과 효성스러운 아들(孝子)은 이치에서 벗어나지 않는 사람이니, 곧 그 자신이 실천하는 바가 모두 의리의 안에 있고 벗어나지 않아, 「대학」에서 말한 '인에 머물고'·'효에 머문다'[12]는 것과 같다. 의리에서 어긋나면 벗어나게 되고, 머물면 벗어나지 않게 된다. 무릇 사물에는 정해진 이치가 있고, 이치에는 정해진 체體가 있다. 비록 성현이라 한들 어찌 여기에 털끝만큼이라도 더할 수 있겠는가? 또한 마땅히 그렇게 해야 하는 것을 다하고 그칠 뿐이다."

應氏曰: "'物'者, 實然之理也. 性分之內, 萬物皆備. 仁人孝子, 不過乎物者, 卽其身之所履, 皆在義理之內而不過焉, 猶「大學」之'止於仁'·'止於孝'也. 違則過之, 止則不過矣. 夫物有定理, 理有定體. 雖聖賢, 豈能加毫末於此哉? 亦盡其當然而止耳."

【애공문 16】

애공이 말하였다. "감히 묻겠습니다. 어째서 하늘의 도를 귀하게 여기는 것입니까?" 공자가 대답하였다. "그 그치지 않음을 귀하게 여기는 것입니다. 예를 들면 해와 달이 동쪽과 서쪽에서 서로 따르면서 그치지 않으니, 이것이 하늘의 도입니다. 닫히게 하지 않고 그 장구함을 지속하니, 이것이 하늘의 도입니다. 작위作爲를 행함이 없이 이루니, 이것이 하늘의 도입니다. 이미 이룬 뒤에도 밝으니, 이것이 하늘의 도입니다."

公曰: "敢問. 君子何貴乎天道也?" 孔子對曰: "貴其不已. 如日月東西相從而不已也, 是天道也. 不閉其久, 是天道也. 無爲而物成, 是天道也. 已成而明, 是天道也."

鄭注 '이已'는 멈춘다는 뜻과 같다. '이것이 하늘의 도이다'(是天道也)라는 것은 군주가 본받아 응당 그렇게 해야 함을 말한다. '해와 달이 서로 따른다'(日月相從)는 것은 군주와 신하가 서로 조회朝會하는 것이다. '닫히게 하지 않고 그 장구함을 지속한다'(不閉其久)는 것은 정교政敎를 행하여 소통시키고 게을리해서는 안 됨을 말한다. '작위를 행함이 없이 이룬다'(無爲而成)는 것은 백성을 번거롭게 해서는 안 됨을 말한다. '이미 이룬 뒤에도 밝다'(已成而明)는 것은 결과를 이룬 것을 밝게 살피고 있는 것이다. '已', 猶止也. '是天道也'者, 言人君法之, 當如是也. '日月相從', 君臣相朝會也. '不閉其久', 通其政敎, 不可以倦. '無爲而成', 使民不可以煩也. '已成而明', 照察有功.

集說 '해와 달은 서로 따르면서 그치지 않는다'는 것은 계속해서 사방을 밝게 비춘다는 뜻이다. '닫히게 하지 않고 그 장구함을 지속한다'는 것은 '막히면 변하고, 변하면 통한다'[13]는 뜻이다. '작위作爲를 행함이 없이 이룬다'는 것은 '말을 하지 않아도 믿고, 노하지 않아도 위엄이 있다'[14]는 뜻이다. '이미 이룬 뒤에도 밝다'는 것은 천하에 법이 되어 후세에까지 전해질 수 있다는 뜻이다. ○ 유씨劉氏는 말한다. "하늘의 도는 지극히 성실하여 쉼이 없으니, 이른바 '하늘의 명은, 아 심원하여 그침이 없네!'(維天之命, 於穆不已)[15]라는 것이다. 군자는 그것을 귀하게 여기는 것은 '순수함이 또한 그치지 않는'[16] 것이다. 그러나 그것이 그치지 않는다는 것은 한 번 움직이고 한 번 고요하여 서로 그 뿌리가 된다는 것이다. 예를 들면 해가 가면 달이 오고, 달이 가면 해가 오는 것과 같은 것이다. 이 때문에 막히지 않고 영구히 지속하며, 궁리하고 영위함이 없지만 만물은 저절로 각기 그 이룸을 획득하고, 이룸에 이르러서는 모두 찬란하여 볼 수 있다. 대개 그 기미가 봉해져 있어, 운행하여 그침이 없는 것을 (보이지 않아) 이름붙이기 어렵지만, 결과를 이룸에 이르면 밝게 드러난다. '작위作爲를 행함이 없이 이

룬다'는 것은 그 이루는 자취는 보지 못하고, 단지 이루어진 것이 있음을 본다는 뜻이다. 이는 '오직 하늘만이 위대하거늘, 오직 요임금이 본받았다. 넓고 넓도다, 백성들이 무어라 이름 붙일 수가 없었도다! 높고 높도다, 그가 이룬 업적이여! 위대하도다, 그문장이여!'[17]를 두고 하는 말이다." '日月相從不已', 繼明照于四方也. '不閉其久', '窮則變, 變則通'也. '無爲而成', '不言而信, 不怒而威'也. '已成而明', 爲法於天下, 可傳於後世也. ○ 劉氏曰: "天道至誠無息, 所謂'維天之命, 於穆不已'也. 君子貴之, '純亦不已'焉. 然其不已者, 一動一靜, 互爲其根. 如日往則月來, 月往則日來. 是以不窮其久, 無思無營, 而萬物自然各得其成, 及其旣成, 皆粲然可見也. 蓋其機緘密, 運而不已者, 雖若難名, 而成功則昭著也. '無爲而成'者, 不見其爲之之迹, 而但見有成也. 此'唯天爲大, 唯堯則之. 蕩蕩乎, 民無能名焉! 巍巍乎, 其有成功也! 煥乎其有文章'之謂也."

【애공문 17】

애공이 말하였다. "과인은 기질에 가려 어리석고, 이치와 사물에 어둡습니다. 당신이 (간명하고 절실한 말로) 제 마음에 새겨주시기 바랍니다."[18]

公曰: "寡人惷愚, 冥煩. 子志之心也."

鄭注 '지志'는 식識으로 읽는다. 식識은 안다는 뜻이다. '명번冥煩'은 도리를 명확히 이해하지 못하였음을 말한다. '이것은 당신의 마음이 아는 바'(此事子之心所知也)라는 것은 말을 간명하게 해서 행하기 쉽게 해주기를 바란 것이다. '志', 讀爲'識'. '識', 知也. '冥煩'者, 言不能明理. '此事子之心所知也', 欲其要言, 使易行.

集說 '송우惷愚'는 기질에 가려진 것이다. '명冥'은 이치에 어두운 것이다. '번煩'은 일에 얽매이는 것이다. '지志(기억해둔다)'는 글자 그대로 읽는다. 애공이 공자가 가르쳐 준 바를 민첩하게 깨우칠 수 없음을 스스로 말하면서, 공자가 간명하고 절실한 말로 자신의 마음에 새겨주기를 바란 것이다. 그러므로 공자가 아래 문장에서 대답한 것은 그 요점을 들어 말한 것이다.
'惷愚', 蔽於氣質也. '冥'者, 暗於理. '煩'者, 累於事. '志', 讀如字. 哀公自言其不能敏悟所敎, 欲孔子以簡切之語, 志記於我心. 故孔子下文所對, 是擧其要者言之.

【애공문 18】

공자가 공경하는 모습으로 얼굴색이 변하며 자리를 피하면서 대답하였다. "어진 사람은 이치에서 벗어나지 않고, 효성스런 아들은 이치에서 벗어나지 않습니다. 이 때문에 어진 사람은 부모를 섬김에 하늘을 섬기듯 하고, 하늘을 섬김에 부모를 섬기듯 합니다. 그러므로 효성스런 아들은 자신을 이루는 것입니다." 애공이 말하였다. "과인이 이미 이 말씀을 들었습니다만, 후에 짓게 될 죄를 어찌해야 할지 모르겠습니다." 공자가 대답하였다. "임금께서 이런 말씀까지 하시니, 이는 신의 복입니다."

孔子蹴然辟席而對曰: "仁人不過乎物, 孝子不過乎物. 是故仁人之事親也, 如事天, 事天如事親. 是故孝子成身."① 公曰: "寡人旣聞此言也, 無如後罪何."② 孔子對曰: "君之及此言也, 是臣之福也."

鄭注 ① '축연蹴然'은 (감당하지 못하고) 공손해하는 모양이다. '물物'은 일이라는 뜻과 같다. '부모를 섬기는 것'(事親)과 '하늘을 섬기는 것'(事天)은 효도하는 것과 공경하는 것이 같다. 『효경孝經』에 "어버이를 섬김에 효도하므로 하늘을 섬김이 밝다"라고 하였다. 행함에 일을 어긋나게 함이 없이 효로써 부모를 섬기는 것 이것이 자신을 이루는 근거이다. '蹴然', 敬貌. '物', 猶事也. '事親'·'事天', 孝·敬同也. 『孝經』曰: "事父孝, 故事天明." 擧無過事, 以孝事親, 是所以成身.

② '이미 이 말씀을 들었습니다'(旣聞此言也)고 말한 것은 부지런히 실행하려고 하는 것이다. '후에 짓게 될 죄를 어찌해야 할지 모르겠습니다'(無奈後日過於事之罪何)라는 것은 겸사이다. '旣聞此言也'者, 欲勤行之也. '無奈後日過於事之罪何', 爲謙辭.

③ 애공이 이 말까지 한 것을 좋게 여긴 것이다. '이 말'(此言)은 착한 말이다. 善哀公及此言. '此言', 善言也.

集說 '축연蹴然'은 용모를 (감당하지 못하는 모양으로) 바꾸며 공경하는 모양이다. '후에 짓게 될 죄를 어찌해야 할지 모르겠습니다'라는 말은 비록 위와 같은 말씀을 들었지만, 후일 일을 잘못하는 죄가 있게 되는 것을 어떻게 할 도리가 없다고 말한 것이다. 이 말은 잘못을 적게 하려는 뜻이 있는 것이다. 그러므로 공자가 '이는 신의 복입니다'라고 말한 것이다. ○ 방씨方氏(방각方慤)는 말한다. "'인인仁人'은 하늘 섬기는 것을 위주로 하여 말한 것이다. '효자孝子'는 부모를 섬기는 것을 위주로 하여 말한 것이다. 부모는 가까워서 높지 않다고 의심하고, 하늘은 멀어서 이르기 어렵다고 의심한다. 한갓 가깝다고 하여 높이지 않으면 부모와 자식 사이가 거의 설만해진다. 한갓 멀다고 하여 이르기 어렵다고 생각하면, 하늘과 사람의 관계는 거의 단절된다. 그러므로 부모를 섬김에 하늘을 섬기듯 하는 것은 그 존경

을 다하면서 설만하지 않고자 하는 것이다. 하늘을 섬김에 부모를 섬기듯 하는 것은 이르기를 추구하면서도 소원히 하지 않고자 하는 것이다." ○ 석량왕씨石梁王氏는 말한다. "'인인仁人이 부모를 섬김에 하늘을 섬기듯 하고, 하늘을 섬김에 부모를 섬기듯 한다'는 이 두 구절은 성인이 아니면 말할 수 없는 것이다." '蹴然', 變容爲肅敬貌. '無如後罪何', 言雖聞此言, 然無奈後日過乎物而有罪何. 此言是有意於寡過矣. 故孔子以爲'是臣之福'. ○ 方氏曰: "'仁人'者, 主事天言之也. '孝子'者, 主事親言之也. 親則近而疑其不尊, 天則遠而疑其難格. 徒以近而不尊, 則父子之間, 或幾乎褻矣. 徒以遠而難格, 則天人之際, 或幾乎絶矣. 故事親如事天者, 所以致其尊而不欲其褻也. 事天如事親者, 所以求其格而不欲其疎也." ○ 石梁王氏曰: "'仁人之事親也如事天, 事天如事親', 此兩句, 非聖人不能言."

역주

1) 혼인 : 婚族과 姻族을 가리킨다.

2) 문장과 보불 : 옷에 문양을 넣어 장식하는 것을 말한다. 黼黻은 흑색과 백색을 사용하여 도끼모양과 亞자 형태의 문양을 하의에 장식하는 것이다.

3) 조기 : 수레의 둘레를 조각하여 장식하는 것을 말한다.

4) 猶 : 경문에는 '猶'로 되어 있어 차이가 난다. 이학근 교감기에 따르면 『禮記訓纂』에는 '由'로 되어 있다. 『禮記正義』, 1604쪽, 주 4) 참조.

5) 부부가 ~ 있다 : 이 말은 『역』「序卦」에 나온다.

6) 선성 : 정현은 周公이라고 해석하였다.

7) 육전 : 1042~1102. 山陰陸氏로 불린다. 자는 農師, 호는 陶山이다. 王安石에게 師事하였으나, 그의 新法에 반대하였다. 저서로 『埤雅』, 『春秋後傳』, 『禮象』이 있다.

8) 토지는 ~ 않는다 : 관련 내용은 『맹자』「梁惠王下」에 보인다.

9) 북쪽과 ~ 교화 : 『書』「禹貢」에 "동쪽으로 바다에까지 적시고, 서쪽으로 사막까지 을 덮고, 북쪽과 남쪽에까지 미쳐서 聲教가 사해에 이르렀다"(東漸于海, 西被于流沙, 朔南暨, 聲教訖于四海)라고 하였다. 聲教는 소문을 듣고 감화되는 風聲과 먼 지역에서도 법으로 본받아 감화되는 教化의 두 방식을 말하는 것으로 해석한다.

10) 사람을 ~ 않는다 : 『맹자』「梁惠王下」에 보인다. 태왕 고공단보가 豳 땅에 거주할 때 狄人의 공격을 받아 빈 땅을 버리고 떠날 때 한 말이다.

11) 조계에서 ~ 것은 : 「冠義」(3) 참조.

12) 「대학」에서 ~ 머문다' : 「大學」(18)에 "『詩』에 '심원하신 文王이여, 덕이 계속 빛나고 공경하여 머무르는 바를 편안하게 여기셨네'라고 하였다. 군주가 되어서는 인자함(仁)에 머물렀고, 신하가 되어서는 공경함(敬)에 머물렀고, 자식이 되어서는 효도함(孝)에 머물렀고, 부모가 되어서는 자애로움(慈)에 머물렀고, 나라 사람들과 교제할 때에는 신의가 있음(信)에 머물렀다"(詩云: "穆穆文王, 於緝熙敬止." 爲人君, 止於仁, 爲人臣, 止於敬, 爲人子, 止於孝, 爲人父, 止於慈, 與國人交, 止於信)라고 하였다.

13) 막히면 ~ 통한다 : 『역』「繫辭下」에 "신농씨가 죽고 황제 · 요 · 순이 나왔다. 그 변을 통하여 백성으로 하여금 게을리하지 않게 하고, 신묘하게 교화시켜 백성으로 하여금 마땅하게 하였다. 易은 궁하면 변하고 변하면 통하고 통하면 오래간다"(神農氏沒, 黃帝 · 堯 · 舜氏作. 通其變, 使民不倦, 神而化之, 使民宜之. 易, 窮則變, 變則通, 通則久)라고 하였다.

14) 말을 ~ 있다 : 이 말은 「樂記」(75), 「祭義」(31) 등에 나온다.

15) 하늘의 ~ 없네! : 이 말은 『시』「周頌 · 維天之命」에 나온다.

16) 순수함이 ~ 않는 : 이 말은 「中庸」(26-10)에 나온다.

17) 오직 ~ 문장이여! : 이 말은 『논어』 「泰伯」에 나온다.

18) 과인은 ~ 바랍니다 : 정현의 해석에 따르면 "과인이 어리석어 도리를 이해하지 못하니, 그것은 당신도 아는 바입니다"의 뜻이 된다.

예기역주 권24

중니연거 제28
仲尼燕居

정현鄭玄의 『예기목록禮記目錄』에서 말한다. "「중니연거仲尼燕居」라고 제목을 붙인 것은, 게으르게 지내지 않고, 물러나 집에 있는 중에 세 제자에게 시중을 들게 하면서, 말이 예에 미친 것을 훌륭하게 여긴 것이다. 그 자字를 드러낸 것은 일이 본받을 만한 함을 말한다. 조정에서 물러나와 집에 머무는 것을 '연거燕居'라고 한다. 이 편은 유향劉向의 『별록別祿』에서는 「통론通論」에 속해 있다."

鄭『目錄』云: "名曰「仲尼燕居」者, 善其不倦, 燕居猶使三子侍之, 言及於禮. 著其字, 言事可法. 退朝而處曰'燕居'. 此於『別錄』屬「通論」."

석량왕씨는 말한다. "글은 서로 이어지지만 글의 뜻이 산만한 곳이 많으니 반드시 공자의 말인 것은 아니다."

石梁王氏曰: "文雖有首尾, 然辭旨散漫處多, 未必孔子之言."

【중니연거 1】

공자가 조정에서 물러나와 집에 있을 때 자장子張과 자공子貢 그리고 자유子游가 모시고 있었는데, 일들에 관해 두루 이야기를 하다가 예에 관해 언급하기에 이르렀다. 공자가 말하였다. "앉거라, 너희 세 사람, 내가 너희에게 예에 관해 말하여 너희들이 예를 두루 행함에 절도에 맞지 않음이 없게 해주겠다." 자공이 자리에서 벗어나 일어서서 대답하였다. "감히 여쭈건대 어떻게 하는 것인지요?" 공자가 대답하였다. "공경하면서 예에 맞지 않는 것을 야野(거칠음)라고 하고, 공손하면서 예에 맞지 않는 것을 급給(말재주가 좋음)이라 하며, 용감하면서 예에 맞지 않는 것을 역逆(도리에 어긋남)이라고 한다." 공자가 말하였다. "급給은 자애로움(慈)과 어짐(仁)을 어지럽힌다."

仲尼燕居, 子張·子貢·言游侍, 縱言至於禮.① 子曰: "居, 女三人者, 吾語女禮, 使女以禮周流無不徧也."② 子貢越席而對曰: "敢問何如?"③ 子曰: "敬而不中禮謂之野, 恭而不中禮謂之給, 勇而不中禮謂之逆." 子曰: "給奪慈仁."④

鄭注 ① '언유言游'는 언언言偃으로 자字가 자유子游이다. '종언縱言'은 일들을 두루 이야기하는 것이다. '言游', 言偃, 子游也. '縱言', 汎說事.

② '앉거라, 너희 세 사람'(居女三人)이라는 것은 너희 세 사람은 일단 앉으라는 것으로, 그들을 자리에 앉게 한 것이다. 지위가 높은 사람과 말할 때 화제가 바뀌면 일어난다. '居女三人'者, 女三人且坐也, 使之坐. 凡與尊者言, 更端則起.

③ '대對'는 응답한다는 뜻이다. '對', 應也.

④ '탈奪'은 어지럽다는 말과 같다. 말을 좋게 꾸미고 지나치게 공손한 사람은 '자애롭고 어진 것'처럼 보이지만 실제로 어진 사람은 드물다. 특별히 이렇게 언급한 것은 자공을 감발하기 위한 것이다. 자공은 언변이 뛰어나 '급給'(말재주가 좋음)에 가깝기 때문이다. '奪', 猶亂也. 巧言足恭之人似'慈仁', 實鮮仁. 特言是者, 感子貢也. 子貢辨, 近於'給'.

集說 '종언縱言'은 여러 일에 관해 두루 이야기 하는 것이다. '두루 행함에 절도에 맞지 않음이 없게 해준다'는 것은 만나는 상황에 따라 행함에 절도에 맞지 않음이 없다는 뜻이다. '경敬'은 마음으로 말하는 것이고 '공恭'은 용모로 말하는 것이다. 예가 비록 공경을 위주로 하지만 절도와 문식에 어긋나면 두 가지의 폐단이 있게 된다. '급給'이란 지나치게 공손하며 말만 번지르르하게 하는 모양이고, '역逆'이란 도리에 어긋나고 다투어 싸우는 것이다. 공자는 일찍이 "공손하기만 하고 예가 없으면 수고롭고, 용감하기만 하고 예가 없으면 어지럽다"[1]라고 하였다. 지나치게 공손하고 말만 번지르르하게 하면 수고롭고, 도리에 어긋나고 다투어 싸우기만 하면 혼란하게 된다. 공자가 세 가지의 폐단 가운데 '급給(말재주가 좋음)의 폐해만을 언급한 것은 왜인가? '야野'(거칠음)와 '역逆'(도리에 어긋남) 두 가지는 오히려 마음에 충직하고 급하게 행동해서 그런 것이어서 예를 익히게 하면 이러한 폐단은 없어진다. 오직 지나치게 공순하고 말만 번지르르하게 하는 사람은 자기의 생각을 굽혀 남의 의견에 따르고 외면만을 꾸미며 사람들을 기쁘게 하는 데만 힘을 쏟아, 겉으로는 자애롭고 어진 듯 해보이지만 본심의 덕은 없다. 그러므로 '자애로움(慈)과 어짐(仁)을 어지럽힌다'고 한 것이다. '말을 좋게 꾸미고 낯빛을 좋게 꾸미는 사람은 어진 사람이 드물다고 하면서 지나치게 공순한 것을 부끄러워한 것'[2]은 바로 이러한 뜻이다. '縱言', 汎言諸事也. '周流無不偏'者, 隨遇而施, 無不中節也. '敬'以心言, '恭'以容言. 禮雖以敬恭爲主, 然違於節文, 則有二者之弊. '給'者, 足恭便佞之貌, '逆'者, 悖戾爭鬪之事. 夫子嘗言, "恭而無禮則勞, 勇而無禮則亂." 給則勞, 逆則亂矣. 夫子於三者之弊, 獨言'給'之爲害, 何也? 蓋'野'與'逆'二者, 猶是直情徑行而然, 使習於禮, 則無此患矣. 惟足恭便給之人, 是曲意徇物, 致飾於外, 務以悅人, 貌雖類於慈仁, 而本心之德則亡矣. 故謂之'奪慈仁'. 謂'巧言令色, 鮮矣仁, 而恥乎足恭', 正此意也.

【중니연거 2】

공자가 말하였다. "사師야! 너는 지나치고 상商은 모자란다. 자산子産은 일반 사람에서 보이는 어머니와 같아, 백성들을 먹일 수는 있었지만 그들을 가르치지 못하였다." 자공이 자리에서 벗어나 일어서서 대답하였다. "감히 여쭈건대 무엇을 통해서 이 중中(절도에 맞음)을 이루는지요?" 공자가 대답하였다. "예禮이다, 예일 뿐이다. 대저 예는 중中을 수립하게 해주는 것이다."

子曰: "師! 爾過, 而商也不及. 子産猶衆人之母也, 能食之, 不能教也."① 子貢越席而對, 曰: "敢問將何以爲此中者也?" 子曰: "禮乎禮. 夫禮所以制中也."②

鄭注 ① 지나치거나 모자라다는 것은 예민하거나 둔한 차이가 있지만 모두 예에 어긋난다는 말이다. '일반 사람에서 보이는 어머니'(衆人之母)라는 것은 자산子産이 자애롭고 어질기만 하고 장중하지 않은 경우가 많았다는 말이다. 이 점은 또한 자장子張과 상반된다. 자산은 자신의 수레로 한겨울에 내를 건너는 사람을 건네주기는 했지만 수레가 건너다닐 수 있는 다리를 세우지 않았다. 이러한 자애로움과 어짐도 또한 예에 어긋나는 것이다. 過與不及, 言敏鈍不同, 俱違禮也. '衆人之母', 言子産慈仁, 多不矜莊. 又與子張相反. 子産嘗以其乘車濟冬涉者, 而車梁不成. 是慈仁亦違禮.

② '예이다, 예일 뿐이다'(禮乎禮)라는 말은 오직 예가 있을 뿐이라는 뜻이다. '禮乎禮', 唯有禮也.

集說 먹이기는 하지만 가르치지 못하는 것 역시 모자라는 것이 되기 때문에 자공이 함께 '중中'으로 물은 것이다. 能食不能教, 亦爲不及, 故子貢幷以'中'爲問.

【중니연거 3】

자공子貢이 물러나고 자유子游가 앞으로 나아가 물었다. "감히 여쭈건대 예란 악을 다스려 거두고 선을 온전히 보존하는 것인지요?" 공자가 대답하였다. "그렇다." "그렇다면 어떻게 해야 합니까?" 공자가 말하였다. "교제郊祭와 사제社祭의 취지는 귀신을 친애하는 것이다. 상제嘗祭와 체제禘祭의 예는 소목昭穆의 친족을 친애하는 것이다. 궤전饋奠의 예는 죽은 이를 친애하는 것이다. 향사례鄕射禮와 향음주례鄕飮酒禮는 향당의 사람들을 친애하는 것이다. 사례食禮와 향례饗禮[3]는 빈객을 친애하는 것이다."

子貢退, 言游進曰: "敢問禮也者, 領惡而全好者與?" 子曰: "然."① "然則何如?" 子曰: "郊·社之義, 所以仁鬼神也. 嘗·禘之禮, 所以仁昭·穆也. 饋·奠之禮, 所以仁死喪也. 射·鄕之禮, 所以仁鄕黨也. 食·饗之禮, 所以仁賓客也."②

鄭注 ① '영領'은 다스린다는 뜻과 같다. '호好'는 선善이다. '領', 猶治也. '好', 善也.

② '인仁'은 보존한다는 뜻과 같다. 이들을 두루 보존하는 것이 선善의 도리를 온전하게 보존하는 방법이다. '교郊'·'사社'·'상嘗'·'체禘'·'궤饋'·'전奠'은 죽은 사람에 대한 선한 도리를 보존하는 것이다. '사射'·'향鄕'·'사食'·'향饗'은 살아 있는 사람에 대한 선한 도리를 보존하는 것이다. 교郊에는 후직后稷(곡물의 신)이 있고 사社에는 구룡句龍(토지의 신)이 있다. '仁', 猶存也. 凡存此者, 所以全善之道也. '郊'·'社'·'嘗'·'禘'·'饋'·'奠', 存死之善者也. '射'·'鄕'·'食'·'饗', 存生之善者也. 郊有后稷, 社有句龍.

集說 앞에서 "예는 사사롭고 치우친 것을 풀어서 없애주며 아름다운 바탕을 증대시킨다"[4]고 하였는데, 여기서는 '악을 다스려 거두고 선을 온전하게 보존하는 것'이라 말했는데 대의가 서로 같다. '소목昭穆의 친족을 친애하는 것이다'라는 것은 제사를 드릴 때는 소昭에 속하는 여러 친족들과 목穆에 속하는 친족들이 모두 함께 있음을 말한다. '궤전饋奠'은 상례喪禮 때의 전奠이지 길제吉祭가 아니다. '향사례鄕射禮'와 '향음주례鄕飮酒禮'는 모두 향당에서 시행하므로 '향당의 사람들을 친애하는 것이다'라고 한 것이다. 사람이 어질지 못하면 예가 무슨 소용인가? 이 다섯 가지 예는 모두 본심本心이 어진 데에서 나온다. ○ 응씨應氏(응용應鏞)는 말한다. "'영領'은 전체를 장악하여 거두어들이는 것이다. 선과 악은 대립하니 하나가 자라면 하나는 쇠퇴한다. 악惡이 거두어들여져 남은 것이 없으면, 선善은 혼연히 온전하여 어그러진 바가 없게 된다. '예가 중을 확립해주는 것'은 힘들여 악과 대적해서 제거하는 것이 아니다. 양심良心을 기르고 선한 단서를 열면 선하지 못한 것은 저절로 사라진다. '인仁'은 선의 도리다. 제사와 빙향聘享[5]에서 두루 절도에 맞게 움직이고 행동하고 완곡하게 말하는 것들은 모두 인仁을 온전하게 하려는 것이다. 어진 마음이 속에서 발한 뒤에 예의 문식이 밖으로 드러난다. 예가 거행될 때에 이 마음이 실려 행해지면, 귀신과 인간(幽明) 사이에 모든 것이 그 질서에 따르고 기뻐하는 마음이 흘러넘쳐 모두 나의 인仁 가운데 있게 된다. 이것이 인仁이 두루 퍼져 널리 행해지는 것이다." ○ 유씨劉氏(유이劉彝)는 말한다. "'악을 다스린다'(領惡)는 것은 사욕을 이겨내는 것과 같은 말이다. '보고 듣고 말하고 움직임에 예가 아니면 일체 하지 않는 것'이 사욕이라는 악을 제거하고 천리의 선함을 온전히 보존하는 방법이다. '하루라도 사욕을 이기고 예로 돌아가면 천하 사람들이 인으로 돌아간다'[6]는 것이 귀신鬼神과 소목昭穆, 사상死喪, 향당鄕黨, 빈

객賓客의 예가 어디서나 인仁의 실천이 되는 이유이다." 前言"禮, 釋回, 增美質", 此言'領惡全好', 大意相類. '仁昭穆', 謂祭時則群昭群穆咸在也. '饋奠', 喪奠也, 非吉祭. '鄕射'·'鄕飮酒', 皆行之於鄕, 故曰'仁鄕黨'. 人而不仁, 如禮何? 此五者之禮, 皆發於本心之仁也. ○ 應氏曰: "'領', 謂總攬收拾之也. 好惡對立, 一長一消. 惡者收斂而無餘, 則善者渾全而無虧矣. '夫禮之制中', 非屑屑然與惡爲敵而去之也. 養其良心, 啓其善端, 而不善者自消矣. '仁'者, 善之道也. 祭祀·聘享, 周旋委曲焉者, 凡以全此而已. 仁心發於中, 而後禮文見於外. 及禮之旣擧, 而是心達焉, 則幽明之間, 咸順其序, 驩欣浹洽, 皆在吾仁之中. 是仁之周流暢達也." ○ 劉氏曰: "'領惡', 猶言克己也. '視聽言動, 非禮則勿', 所以克去己私之惡, 而全天理之善也. '一日克己復禮, 則天下歸仁', 所以鬼神·昭穆·死喪·鄕黨·賓客之禮, 無所往而不爲仁也."

【중니연거 4】

공자가 말하였다. "교제郊祭와 사제社祭의 의리, 상제嘗祭와 체제禘祭의 예에 밝으면 나라를 다스리는 것은 손바닥을 가리키는 것과 같을 것이다."

子曰: "明乎郊·社之義, 嘗·禘之禮, 治國其如指諸掌而已乎."

鄭注 '나라를 다스리는 것은 손바닥을 가르치는 것과 같다'(治國指諸掌)는 말은 쉽게 안다는 뜻이다. '교제郊祭'와 '사제社祭', '상제嘗祭'와 '체제禘祭'는 존비尊卑에 관한 일로 나라를 다스리는 상象이 있다. '治國指諸掌', 言易知也. '郊'·'社'·'嘗'·'禘', 尊卑之事, 有治國之象焉.

集說 교제郊祭와 사제社祭의 의리에 밝으면 하늘을 섬기는 것을 부모를 섬기는 것과 같이 하고, 상제嘗祭와 체제禘祭의 예에 밝으면 부모를 섬기는

것이 하늘을 섬기는 것과 같다. 어진 사람과 효자는 이에 밝으므로 백성들은 나의 형제이고, 사물들은 내가 더불어 사는 짝이라는 마음을 미루어 확대하니 천하국가도 어렵지 않게 다스리는 바가 있는 것이다. 明乎郊社之義, 則事天如事親, 明乎嘗禘之禮, 則事親如事天. 仁人孝子明於此, 故能推民胞物與之心, 而天下國家有不難治者矣.

【중니연거 5】

(공자가 말하였다.) "그러므로 그것으로 거처하는 것에 예禮를 갖추므로 장유長幼가 분별되고, 그것으로 규문閨門 안에 예를 갖추므로 삼족三族이 화합하고, 그것으로 조정朝廷에 예를 갖추므로 관작官爵에 질서가 있고, 그것으로 사냥함에 예를 갖추므로 전쟁의 일(戎事)이 한가롭고[7], 그것으로 군대에 예를 갖추므로 무공武公이 이루어진다.

"是故以之居處有禮, 故長幼辨也, 以之閨門之內有禮, 故三族和也, 以之朝廷有禮, 故官爵序也, 以之田獵有禮, 故戎事閑也, 以之軍旅有禮, 故武功成也."

鄭注 '변辨'은 구별한다는 뜻이다. '삼족三族'은 아버지와 아들과 손자이다. '辨', 別也. '三族', 父・子・孫也.

集說 '삼족三族'은 아버지와 아들과 손자이다. 위 문장에서는 교사郊社 이하의 다섯 가지를 말했고 여기서는 거처居處 이하의 다섯 가지 일을 말하였다. 이는 모두 예가 없는 곳이 없음을 밝힌 것이다. '三族', 父・子・孫也. 上文言郊社以下五者, 此又言居處以下五事. 皆所以明禮之無乎不在也.

【중니연거 6】

(공자가 말하였다.) "그러므로 궁실宮室이 법도를 갖추고, 양量과 정鼎이 상象(격식)을 갖춘다. 음식의 맛이 때에 맞고, 음악(樂)이 절도에 맞는다. 수레가 법식에 맞고, 귀신이 제사를 흠향한다. 상사喪事가 슬퍼함의 법도에 맞고, 논의하는 것이 그 유형에 맞는다. 관官이 그 분직의 체제에 맞고, 정사政事가 합당하게 시행됨을 얻는다. 예를 몸에 가하여 앞에서 시행하니, 모든 일의 움직임이 합당함을 획득한다."

"是故宮室得其度, 量鼎得其象. 味得其時, 樂得其節. 車得其式, 鬼神得其饗. 喪紀得其哀, 辨說得其黨. 官得其體, 政事得其施. 加於身而錯於前, 凡衆之動得其宜."

鄭注 무릇 '득得'이라고 한 것은 예에 맞는다는 뜻이다. '양量'은 두豆·구區·두斗·곡斛의 종류이다. '미味'는 시고 쓴 맛 등이다. 네 계절에는 각각 많이 나는 것과 올리기 좋은 것이 있다. '식式'은 싣는다는 뜻으로 싣는 것에 존비가 있다는 말이다. '예에 관한 주장을 변별한다'(辨禮之說)는 것은 예악을 담당한 관리가 배우는 이들을 가르친다는 말이다. '당黨'은 종류라는 뜻이다. '체體'는 존비尊卑는 다르지만 합치한다는 뜻이다. 凡言'得'者, 得法於禮也. '量', 豆·區·斗·斛也. '味', 酸·苦之屬也. 四時有所多及獻所宜也. '式', 謂載也, 所載有尊卑. '辨禮之說', 謂禮樂之官教學者. '黨', 類也. '體', 尊卑異而合同.

集說 방씨方氏(방각方慤)는 말한다. "오奧는 존자尊者가 거처하는 곳이다. 조阼는 주인이 머무는 곳이다. 침寢은 침侵이 없고 방房은 모서리가 있다. 이곳에 이르러 꼭대기이자 중앙이 되는 곳이 옥극屋極이다. 이곳으로부터 (양쪽으로) 줄어들어가는 곳이 서까래(榱)이다. 영楹(기둥)은 채우는 것으로 맡는 바가 있다. 처마(檐)는 바라보는 것으로 이르는 바가 있다. 두공(櫨)은

두개골과 같고, 문미(楣)는 눈썹과 같다. 이와 같이 하면 '궁실이 법도를 갖춘다.' 노魯나라 장공莊公이 기둥에 붉은 칠 하고 서까래에 조각을 한 것[8]과 장문중臧文仲이 대들보에 마름 장식을 한 것[9] 등은 법도를 잃었기 때문이다. 도량형의 왼쪽이 승升이 되는데 이로써 양이 상승함을 상징하고, 오른쪽이 합合이 되는데 이로써 음이 합치되는 것을 상징한다. 아래에서 올려다보는 것이 곡斛이 되는데 드러냄을 상징하면서 받드는 바가 있다. 위에서 덮는 것이 두斗가 되는데 감추는 것을 상징하면서 덮는 바가 있다. 바깥으로 그 모양을 둥글게 하였으니 운동하는 하늘을 상징한 것이다. 안으로 그 모양을 네모지게 하였으니 정지해 있는 땅을 상징한 것이다. 정鼎의 아가리는 위에 있으니 위에서 편안함을 상징한다. 정의 다리는 아래에 있으니 아래에서 서 있는 것을 상징한다. 큰 정이 내鼐(가마솥)이니 기氣가 이어지는 것을 상징하고, 아가리를 오므리고 있는 정이 자鼒(옹달솥)이니 재주에 따라 담당하는 것을 상징한다. 정의 다리를 홀수로 하는 것은 하늘의 수가 3이기 때문이요 정의 귀를 짝수로 하는 것은 땅의 수가 2이기 때문이다. 이것뿐만이 아니다. 모옥하게 하는 것으로는 조庣가 있고 깎아서 미는 것으로는 개概(평미레)가 있으니 도량이 상징하는 바에 또한 이와 같음이 있다. 꿸 때는 귀에 꿰고, 들 때는 선鉉(솥 귀)으로 하니, 정이 상징하는 바에 또한 이와 같음이 있다. 그 소리는 황종黃鐘에 들어맞기에 충분하니 양量에 또한 악樂의 상象이 있다. 삶는 것은 상제에게 바치기에 충분하니 정은 또한 예의 상象이 있다. 『역周易』에 '기물을 제작하는 자는 그 상象을 숭상한다'[10]고 한 것이 대개 이를 말한다. 그러나 그 기물이 트여서 통창한 것은 봄을 상징하고, 높고 거친 것은 여름을 상징하고, 모나고 깊은 것은 가을을 상징하며, 막고 가리는 것은 겨울을 상징한다. 기물은 어디나 상象 아닌 것이 없다. 양量과 정鼎을 가지고 말해보면, 대개 양量은 기물 가운데 큰 것인데 큰 것이 그 상을 가지면 작은 것도 상을 가짐을 더불어 알 수 있다.

정鼎은 기물 가운데 무거운 것인데 무거운 것이 그 상을 가지면 가벼운 것도 상을 가짐을 더불어 알 수 있다. 봄에는 신 것이 많고, 여름에는 쓴 것이 많고, 가을에는 매운 것이 많고, 겨울에는 짠 것이 많으니 이른바 '맛이 때에 맞는다'는 것이다. 양의 소리가 흩어지지 않고, 음의 소리가 뭉치지 않으며, 강한 기가 노하지 않고 부드러운 기가 두려워하지 않으니, 이른바 '음악(樂)이 절도에 맞는다'는 것이다. '수레가 법식에 맞는다'는 것과 관련해서는 여섯 등급의 수가 수레를 만드는 법식이요, 다섯 종류의 수레(五路)가 쓰이는 용도는 수레를 타는 법식이다. '귀신이 제사를 흠향한다'는 것은 '천신天神이 모두 내려오고 지기地祇가 모두 나오고 인귀人鬼가 모두 이르러 제사의 예禮를 행할 수 있다'[11]는 것이 그것이다. '상사喪事가 슬퍼함의 법도에 맞는다'는 것은 혹은 용모에서 나오고, 혹은 소리로 나오고, 혹은 언어와 음식에서 나오고, 혹은 거처와 의복에서 나오는 것이 모두 그 슬퍼하는 법도에 맞는다는 것이다. '논의하는 것이 그 유형에 맞는다'는 것은 '군주의 명령이 관官에 관계된 일이면 관을 논의하고, 부府에 관계된 일이면 부를 논의하고, 고庫에 관계된 일이면 고를 논의하고, 조정(朝)에 관계된 일이면 조정을 논의한다'[12]는 것과 같은 부류이다. '관官이 그 분직의 체제에 맞는다'는 것은 천관天官은 나라의 정사政事를 관장하고 지관地官은 나라의 교화를 관장하는 것과 같은 부류이다. '정사政事가 합당하게 시행됨을 얻는다'는 것은 '방국邦國에 전典을 시행하고, 도비都鄙에 칙則을 시행하고, 관부官府에 법을 시행하는 것'과 같은 부류이다." ○ 유씨劉氏는 말한다. "예禮로서 중中을 확립하면 지나치거나 모자람이 없게 된다. (자신이) 사욕을 이기고 예로 돌아가 인이 되면, '넓고 광대하며 깊고 뿌리가 있어 때에 맞추어 나온다.'[13] 그러므로 모든 움직임이 시중時中(상황에 맞는 중도)으로서의 합당함을 획득하지 않음이 없다. 삼백 가지 경례經禮와 삼천 가지 곡례曲禮가 한 가지도 인仁이 아님이 없다." 方氏曰: "奥爲尊者所居. 阼爲主者所在. 寢則無侵,

房則有方. 至是極而中者爲極. 自是衰而殺者爲榱. 楹以盈而有所任也. 檐以瞻而有所至也. 櫨若顱然, 楣若眉然. 如是則'宮室得其度'矣. 若魯莊公丹楹刻桷, 臧文仲山節藻梲, 蓋失其度故也. 量左爲升以象陽之所升, 右爲合以象陰之所合. 仰者爲斛以象顯而有所承. 覆者爲斗以象隱而有所庇. 外圜其形, 動以天也. 內方其形, 靜以地也. 鼎口在上, 以象有所安乎上. 足在下以象有所立乎下. 大者爲鼐, 以象氣之所仍, 揜者爲鼒, 以象才之所任. 足奇其數, 參乎天也, 耳偶其數, 兩乎地也. 非特此而已. 以兆之則有庣, 以旣之則有槪, 而量之所象, 又有如此者. 以貫之則有耳, 以擧之則有鉉, 而鼎之所象又有如此者. 其音足以中黃鍾, 而量又有樂之象焉. 其亨足以享上帝, 而鼎又有禮之象焉. 『易』曰, '以制器者, 尙其象', 蓋謂是矣. 然其器疏以達者, 所以象春, 高以粗者, 所以象夏, 廉以深之象秋, 閎以奄之象冬. 器固無適而非象也. 止以量鼎爲言者, 蓋量爲器之大者, 大者得其象, 則小者從可知. 鼎爲器之重者, 重者得其象, 則輕者從可知. 若春多酸, 夏多苦, 秋多辛, 冬多鹹, 所謂'味得其時'也. 陽而不散, 陰而不密, 剛氣不怒, 柔氣不懾, 所謂'樂得其節'也. '車得其式'者, 六等之數, 作車之式也, 五路之用, 乘車之式也. '鬼神得其饗'者, 若'天神皆降, 地祇皆出, 人鬼皆格, 可得而禮', 是矣. '喪紀得其哀'者, 或發於容體, 或發於聲音, 或發於言語飮食, 或發於居處衣服, 而各得其哀也. '辯說得其黨', 若'在官言官, 在府言府, 在庫言庫, 在朝言朝'之類. '官得其體', 若天官掌邦治, 地官掌邦敎之類. '政事得其施', 若'施典于邦國, 施則於都鄙, 施法于官府'之類." ○ 劉氏曰: "禮以制中, 無過無不及. 克己復禮爲仁, 則'溥博淵泉而時出之'. 故凡衆之動, 無不得其時中之宜. 經禮三百, 曲禮三千, 無一事之非仁也."

【중니연거 7】

공자가 말하였다. "예란 무엇인가? 바로 일을 다스리는 것이다. 군자는 일이 있으면 반드시 그것을 다스림이 있다. 나라를 다스리면서 예가 없는 것은 비유하자면 소경에게 인도해줄 사람이 없는 것과 같으니, 방향을 못 잡아 방황하면서 어디로 가겠는가? 비유하자면 밤새도록 어두움 속에서 무엇인가를 찾으려는 것과 같으니, 촛불이 아니면 어떻게 찾겠는가? 예가 없으면 손발을 둘 곳이 없고, 눈과 귀를 쓸 곳이 없고, 나아가고 물러가며 읍揖하고 사양함에 제도가 없을 것이다. 그러므로 예가 없이 거처하면 어른과 젊은이 사이에 구별을 잃게 되고, 집안과 친족들 간에 화합을 잃게 되고, 조정에서 관작의 질서를 잃게 되고, 사냥을 통한 군사훈련은 책략을 잃게 되고, 군대의 무력사용은 승리를 잃게 되고, 궁실은 법도를 잃게 되고, 양量과 정鼎은 상象(격식)을 잃게 되고, 음식의 맛이 때에 맞지 않게 되고, 상사喪事가 슬퍼함의 법도를 잃고, 수레가 법식을 잃게 되고, 귀신이 흠향을 받지 않고, 논의가 그 유형에 맞지 않게 되고, 관직이 분직分職의 체제와 맞지 않게 되고, 정사가 시행의 합당함을 잃는다. 그것을 자신에게 가하여 앞에서 시행하니, 모든 일의 움직임이 합당함을 잃게 된다. 이와 같이 하면 솔선수범하면서 여러 사람을 화합시킬 수 없다."

子曰: "禮者何也? 卽事之治也. 君子有其事, 必有其治. 治國而無禮, 譬猶瞽之無相與, 倀倀乎其何之? 譬如終夜有求於幽室之中, 非燭何見? 若無禮, 則手足無所錯, 耳目無所加, 進退揖讓無所制. 是故以之居處, 長幼失其別, 閨門三族失其和, 朝廷官爵失其序, 田獵戎事失其策, 軍旅武功失其制, 宮室失其度, 量鼎失其象, 味失其時, 樂失其節, 車失其式, 鬼神失其饗, 喪紀失其哀, 辨說失其黨, 官失其體, 政事失其施. 加於身而錯於前, 凡衆之動失其宜. 如此則無以祖洽於衆也."

鄭注 무릇 '잃는다'(失)고 하는 것은 예가 없기 때문이다. '책策'은 도모한다는 뜻이다. '조祖'는 시작이라는 뜻이다. '흡洽'은 합치한다는 뜻이다. 예를 잃으면 사람들의 선도가 될 수 없고 사람들을 융화할 수 없다는 말이다. 凡言'失'者, 無禮故也. '策', 謀也. '祖', 始也. '洽', 合也. 言失禮, 無以爲衆倡始, 無以合和衆.

集說 '창창倀倀'은 정해진 방향이 없는 모양이다. '조祖'는 시작이라는 뜻이다. '흡洽'은 합치한다는 뜻이다. 이는 천하 사람들의 앞에서 솔선수범하여 화합하도록 할 수 없다는 말이다. '倀倀', 無定向之貌. '祖', 始也. '洽', 合也. 言無以率先天下而使之協合也.

【중니연거 8】

공자가 말하였다. "삼가 들어라 너희 세 사람은! 내가 너희에게 예禮에 대하여 말해줄 것이 아직 아홉 가지가 남아 있으니, 대향大饗에 네 가지가 들어 있다. 이것을 알기만 한다면, 시골에서 농사짓는 가운데 그것을 익힌다 해도 성인의 도에 나아갈 수 있다. 두 군주가 서로 만나서 읍양揖讓을 하고 문으로 들어간다. 문으로 들어갈 때 악기 틀에 걸어놓은 악기(縣)가 연주된다. 읍양揖讓을 하고 당에 오르는데, 당에 오르고 음악이 종료된다. 당 아래에서 관악기로 「상象」과 「무武」를 연주하여 행하고, 「하약夏籥」이 차례에 따라 번갈아 행해진다. 올릴 제물을 진설하고, 예악을 질서 있게 진행하며,

백관을 갖춘다. 이와 같이 한 뒤에 군주는 인仁을 안다. 원을 그리며 가는 동작은 규規에 맞고, 직각을 이루며 도는 동작은 구矩에 맞고,[14] 수레의 방울소리는 「채제采齊」에 들어맞는다. 객이 나갈 때는 「옹雍」을 연주하여 전송하고 기물을 거둘 때는 「진우振羽」를 연주한다. 그러므로 어떤 것이든 예에 따르지 않는 것이 없다. 문으로 들어올 때 금석악기(金)를 연주하는 것은 정情을 보이는 것이고, (악공이) 당에 올라 「청묘淸廟」를 노래하는 것은 덕德을 보이는 것이다. 당 아래서 관악기로 「상象」을 연주하여 행하는 것은 일을 보이는 것이다. 그러므로 옛날의 군자는 서로 직접 말할 필요가 없었으니, 예악으로 서로 보여줄 뿐이었다."

子曰: "愼聽之, 女三人者! 吾語女禮, 猶有九焉, 大饗有四焉. 苟知此矣, 雖在畎畝之中事之, 聖人已. 兩君相見, 揖讓而入門. 入門而縣興. 揖讓而升堂, 升堂而樂闋. 下管「象」·「武」, 「夏」·「籥」序興. 陳其薦俎, 序其禮樂, 備其百官. 如此而后君子知仁焉. 行中規, 還中矩, 和鸞中「采齊」. 客出以「雍」, 徹以「振羽」. 是故君子無物而不在禮矣. 入門而金作, 示情也, 升歌「淸廟」, 示德也. 下而管「象」, 示事也. 是故古之君子不必親相與言也, 以禮樂相示而已."

鄭注 '아직 아홉 가지가 남았다'(猶有九焉)는 것은 내가 너희들에게 말해주고 싶은 것이 아홉 가지가 남아 있다는 말이다. 다만 '대향大饗에 네 가지가 들어 있다'(大饗有四)에서, '대향大饗'은 조회 온 제후를 위해 연회를 베푸는 것이다. 네 가지는 금석악기(金)를 두 번 연주하는 것[15], 당 위에서 「청묘淸廟」를 노래하는 것, 당 아래에서 피리 등(管)으로 「상象」을 연주하는 것이

다. '그것을 익힌다'(事之)는 것은 세워서 군주의 지위에 올린다는 뜻이다. '성인의 도에 나아갈 수 있다'(聖人已)라는 것은 성인이라는 것이다. '악기 틀에 걸어놓은 악기를 연주한다'(縣興)는 것은 금석악기(金)를 연주하는 것이다. '(내가) 금석악기(金)를 두 번 연주한다'(金再作)고 한 것은 빈賓이 주군主君에게 잔을 올릴 때 다시 연주하기 때문이다. '아래'(下)는 당 아래를 말한다. '「상象」'·'「무武」'는 무무武舞이다. '「하약夏籥」'은 문무文舞이다. '서序'는 번갈아한다는 뜻이다. 당 아래에서 관악기를 연주하여 문무文舞와 무무武舞의 음악이 번갈아 행해진다. '인仁을 안다'(知仁焉)는 것은 예악이 머무는 곳을 안다는 뜻이다. '「채제采齊」'·'「옹雍」'·'「진우振羽」'는 모두 악장樂章이다. '「진우振羽」'와 '「진로振鷺」' 그리고 '「옹雍」'은 금석악기(金)를 연주하는 것으로 정감을 보이는 것이다. 빈과 주인이 각각 자신의 정감을 보이는 것이다. 금金(쇠 종류)은 안이 청명한 성질을 가지고 있는데 이것이 사람의 정감을 상징한다. '덕을 보인다'(示德也)는 것은 서로 덕을 보여준다는 뜻이다. '「청묘淸廟」'는 문왕의 덕을 칭송한 것이다. '일을 보인다'(示事也)는 것은 서로 일을 보여준다는 뜻이다. '「무武」'와 '「상象」'은 무왕의 정벌에 관한 것이다. '猶有九焉', 吾所欲語女餘有九也. 但'大饗有四', '大饗', 謂饗諸侯來朝者也. 四者, 謂金再作·升歌「淸廟」·下管「象」也. '事之', 謂立置於位也. '聖人已'者, 是聖人也. '縣興', 金作也. '金再作'者, 獻主君又作也. '下'謂堂下也. '「象」'·'「武」', 武舞也. '「夏籥」', 文舞也. '序', 更也. 堂下吹管, 舞文·武之樂更起也. '知仁焉', 知禮樂所存也. '「采齊」'·'「雍」'·'「振羽」', 皆樂章也. '「振羽」'·'「振鷺」'及'「雍」', 金作, 示情也. 賓·主人各以情相示也. 金性內明, 象人情也. '示德也', 相示以德也. '「淸廟」', 頌文王之德. '示事也', 相示以事也. '「武」'·'「象」', 武王之大事也.

集說 '안다'는 것은 그 이치를 안다는 말이다. '사事'는 그 의절儀節을 익힌다는 것이다. '성인일 뿐이다'(聖人已)라는 것은 성인이 제작한 예악의 도에

나아갈 수 있다는 말이다. '두 군주가 서로 만나다'는 것은 제후가 서로 조회朝會하는 것이다. '현縣'은 악기 틀에 매달아 설치하는 악기를 말한다. '흥興'은 연주한다는 뜻이다. '당에 오르고 음악이 종료된다'는 것은 당에 오른 뒤 주인이 빈에게 술을 올리는데 빈이 다 마시면 음악이 그친다는 뜻이다. 이것이 향례饗禮의 첫 번째 의절이다. 빈이 주인에게 잔을 올리면 다시 음악을 연주하고 주군主君이 다 마시면 음악이 멈추는데 이것이 향례의 두 번째 의절이다. '당 아래에서 관악기로 「상象」과 「무武」를 연주한다'의 위에 '당에 올라 「청묘淸廟」를 노래한다'는 한 구절이 빠졌다. 아마도 기록자가 생략한 것인 듯하다. 당에 올라 「청묘淸廟」의 시를 노래하는 것이 세 번째 의절이다. '당 아래서 관악기로 「상象」과 「무武」를 연주하여 행한다'는 것이 네 번째 의절이다. '「하약夏籥」'은 우禹왕 때 만들어진 대하大夏[16]의 한 악곡으로 피리(籥)로 연주하여 행한다. 「상象」, 「무武」와 차례로 번갈아 연주하여 행하므로 '「하약夏籥」이 차례에 따라 번갈아 행해진다'고 한 것이다. 예를 말하면서 구태여 '군자가 인仁을 안다'고 한 것은 세 사람에게 천리 가운데에서 절문節文을 추구하도록 유도한 것이다. '원을 그리며 가는 동작은 규規에 맞는다'는 것이 다섯 번째 의절이다. '직각을 이루며 도는 동작은 구矩에 맞는다'는 것이 여섯 번째 의절이다. '「채제采齊」'는 악장의 이름이다. '화란和鸞'은 수레에 장식된 방울이다. 수레가 가지런하고 느리게 움직이면 방울소리가 음악소리와 서로 들어맞는다. 문을 나가 손님을 맞이할 때가 일곱 번째 의절이다. 빈객이 나갈 때 「옹雍」 시를 노래하여 전송하는 것이 여덟 번째 의절이다. '「진우振羽」'는 곧 「진로振鷺」이다. 예를 마치고 기물을 치울 때 「진로」의 시를 노래하는 것이 아홉 번째 의절이다. 아홉 가지 예 가운데 대향大饗에 그 네 가지가 포함되어 있다. 첫째는 빈이 술을 다 마시면서 음악이 종료되는 것이고, 둘째는 빈이 주인에게 잔을 올리고 주인이 다 마시고 나면 음악이 다시 한 번 종료되는 것이고, 셋째는 당위에 올라 「청묘淸廟」를 노래하는 것이며, 넷째는 당 아래에서 「상象」과 「무武」를 관악기로 연주하는 것이다. 나머지 다섯 의절은 향례饗禮에서만 하는 것이 아니다. ○ 방씨方氏(방각方慤)는 말한다. "「옹雍」은 태조太祖에게 체제禘祭를 지낼 때 사용하는 시다. 그 용도가 크므로 그것을 노래하면서 손님을 전송한다. 「진로振鷺」는 제사를 도울 때 사용하는 시다. 그 용도가 작으므로 그것을 노래하면서 기물을 거둔다. 두 시는 본디 태조에게 체제를 드릴 때와 제사를 도울 때 사용하는 것에 중심이 있지만, 이와 같은 경우에도 사용하는 것은 「녹명鹿鳴」이 본래 군신群臣에게 연회를 베풀 때 사용하는 시이기는 하지만 향음주례鄕飮酒禮에서도 사용되는 것과 같다. 그런데 『논어』에서 '옹雍을 연주하면서 기물을 거둔다'17)고 하여 그 용도가 이곳의 말과 다른 것은 또 왜인가? 대개 『논어』에서는 천자가 신에게 흠향歆饗하는 일을 말하였고, 이곳에서는 제후가 빈객에게 연향燕饗하는 일을 말하였으니, 그 경중의 차이가 있음을 알 수 있다. '정情을 보인다'는 것은 주인과 손님이 진심으로 서로 교제하기를 바라는 것이다. '덕德을 보인다'는 것은 주인과 손님이 덕으로 서로 양보하기를 바라는 것이다. '일을 보인다'는 것은 주인과 손님이 일을 서로 이루기를 바라는 것이다." ○ 유씨劉氏는 말한다. "인仁은 천하의 바른 이치다. 예禮가 질서 있고 악樂이 조화를 이루면, 천하의 바른 이치는 여기에서 벗어나지 않는다. 그러므로 '이와 같은 뒤에 군자는 인仁을 안다'라고 한 것이다." '知'者, 知其理也. '事'者, 習其儀也. '聖人已'者, 言可以進於聖人禮樂之道也. '兩君相見', 諸侯相朝也. '縣', 樂器之懸於筍簴者也. '興', 作也. '升堂而樂闋'者, 旣升堂, 主人獻賓酒, 賓卒爵而樂止也, 此饗禮之一節也. 賓酢主君, 又作樂, 主君飮畢, 則樂止, 此饗禮之二節也. '下管「象」·「武」'之上, 缺'升歌「淸廟」'一句. 或記者略耳. 升堂而歌「淸廟」之詩, 是三節也. '堂下以管吹「象」·「武」之曲', 是四節也. '「夏籥」', 禹大夏之樂曲, 以籥吹之也. 與「象」·「武」次序更迭而作, 故云'夏籥序興'. 言禮而必曰'君子知仁', 使三子求節文於天理之中也. '行中規', 第五節也.

'還中矩', 第六節也. '「采薺」', 樂章名. '和鸞', 車上之鈴也. 車行整緩, 則鈴聲與樂聲相中. 蓋出門迎賓之時, 此第七節也. 客出之時, 歌「雍」詩以送之, 此第八節也. '「振羽」'卽「振鷺」. 禮畢徹器, 則歌「振鷺」之詩, 九節也. 九者之禮, 大饗有其四. 一是賓卒爵而樂闋, 二是賓酢主卒爵則樂又闋, 三是升歌「淸廟」, 四是下管「象」·「武」. 餘五者則非饗禮所得專也. ○ 方氏曰: "「雍」, 禘太祖之詩也. 其用爲大, 故歌之以送客. 「振鷺」, 助祭之詩. 其用爲小, 故歌之以徹器而已. 二詩本主於禘太祖與助祭, 而又用之於此者, 猶「鹿鳴」本以燕群臣, 而又用於鄕飮也. 然『論語』言'以雍徹', 其用與此不同又何也? 蓋彼言天子饗神之事, 此言諸侯饗賓之事, 重輕固可知矣. '示情'者, 欲賓·主以情相接也. '示德'者, 欲賓·主以德相讓也. '示事'者, 欲賓·主以事相成也." ○ 劉氏曰: "仁者, 天下之正理. 禮序樂和, 天下之正理不外是矣. 故曰'如此而後, 君子知仁'."

【중니연거 9】

공자가 말하였다. "예禮라는 것은 이치다. 악樂이라는 것은 절도이다. 군자는 이치가 없으면 움직이지 않고 절도가 없으면 행하지 않는다. 시를 할 수 없으면 예에 잘못이 있게 된다. 악을 할 수 없으면 예가 질박하기만 하다. 덕에 박하면 예가 충실하지 못하게 된다."

子曰: "禮也者理也. 樂也者節也. 君子無理不動, 無節不作. 不能詩, 於禮繆. 不能樂, 於禮素. 薄於德, 於禮虛."

鄭注 '무繆'는 잘못이라는 뜻이다. '소素'는 바탕이라는 뜻과 같다. 시를 노래하는 것은 예의 의미에 통하려는 것이다. 음악을 만든 것은 예의 문식을 함께 완성하려는 것이다. 덕을 숭상하는 것은 예에 따른 행동을 충실하게 하려는 것이다. 「왕제」(88, 89)에 "악정樂正은 네 가지 학술(術)을 높여서, 네

가지 교육을 진작시키는데, 선왕先王의 『시詩』·『서書』·『예禮』·『악樂』에 따라 교육시켜 사士를 양성한다. 봄과 가을에 『예』와 『악』으로 가르치고, 겨울과 여름에 『시』와 『서』로 가르친다. 왕의 태자, 왕의 서자, 제후들의 태자, 경과 대부 그리고 원사元士의 적자, 국인國人 가운데 준사俊士와 선사選士가 모두 악정에게 나아가 배운다"라고 하였다. 그러므로 옛 사람들은 모두 제후의 예악을 알고 있었다. '繆', 誤也. '素', 猶質也. 歌詩, 所以通禮意也. 作樂, 所以同成禮文也. 崇德, 所以宴禮行也. 「王制」曰: "樂正崇四術, 立四敎, 順先王『詩』·『書』·『禮』·『樂』, 以造士. 春秋敎以『禮』·『樂』, 冬夏敎以『詩』·『書』. 王大子·王子·群后之大子·卿大夫元士之適子·國之俊選, 皆造焉." 則古之人皆知諸侯之禮樂.

集說 「악기樂記」(17)에 "악이란 천지의 화합이고, 예란 천지의 질서이다"라고 하였다. 이곳에서는 '예는 이치고 악은 절도이다'라고 하였다. 대개 예가 그 이치를 얻으면 질서가 있고 어지럽지 않고, 음악이 절도에 맞으면 화합하면서도 지나치지 않기 때문이다. 군자가 이치에 맞지 않으면 행동하지 않는 것은 혼란을 방지하기 위한 것이고, 절도가 없으면 행하지 않는 것은 넘쳐 일탈함을 방지하기 위해서이다. "사람이 되어서 「주남周南」과 「소남召南」을 배우지 않으면 담벼락을 마주하고 서 있는 것과 같으니"[18] 시를 할 수 없는 사람이 예를 행함에 잘못이 없을 수 있겠는가? "예를 행하는 것은 화합이 귀중한 것이 되니"[19] 악을 할 수 없으면 여유 있고 완곡한 절도가 없다. 이것이 '예에 통달하였으나 악에 통달하지 못한 것을 소素라고 하는[20]' 이유이다. '소素'는 질박함을 말한다. 충신忠信한 사람은 예를 배울 수 있지만, 덕이 박한 사람은 반드시 예에 충실할 수 없다. 「樂記」言: "樂者天地之和也. 禮者天地之序也." 此言'禮者理也. 樂者節也'. 蓋禮得其理, 則有序而不亂, 樂得其節, 則雖和而不流. 君子無理不動, 防其亂也, 無節不作, 防其流也. "人而不爲「周南」「召南」, 猶正墻面而立", 不能詩者, 能不繆於禮乎? "禮之用, 和爲貴", 不能樂,

則無從容委曲之度. 是'達於禮而不達於樂謂之素'也. '素', 謂質朴也. 忠信之人, 可以學禮, 薄於德者, 必不能充於禮也.

【중니연거 10】

공자가 말하였다. "제도도 예에 달려 있고, 문식文飾으로 나타내는 것도 예에 달려 있으나, 그것을 실행하는 것은 사람에게 달려 있는 것이다." 자공이 자리에서 벗어나 일어서서 이르기를 "감히 여쭈건대 기夔는 예에 통달하지 못하였습니까?"라고 하였다. 공자가 말하였다. "옛사람을 말하는 것인가? 옛사람이다. 예에 통달하였지만 악에 통달하지 못한 것을 '소素'(완비하지 못함)라 하고, 악에 통달하였지만 예에 통달하지 못한 것은 '편偏'(완비하지 못함)이라 한다. 저 기夔는 악에 통달하였지만, 예에 통달하지 못하였기 때문에 이러한 평가를 후세에 전하게 된 것이지만, 그래도 옛 현인이다."

子曰: "制度在禮, 文爲在禮, 行之其在人乎."① 子貢越席而對曰: "敢問夔其窮與?"② 子曰: "古之人與? 古之人也. 達於禮而不達於樂謂之'素', 達於樂而不達於禮謂之'偏'. 夫夔達於樂, 而不達於禮, 是以傳於此名也, 古之人也."③

鄭注 ① '문위文爲'는 문장으로 표현하는 것이다. '文爲', 文章所爲.

② 예에 통달하지 못했음을 본 것이다. 見其不達於禮.

③ '소素'와 '편偏'은 모두 완비하지 못하였다는 뜻이다. 기夔는 음악에 통달하여 세상에 이름을 전했으니 현인이다. 예를 잘 행하지 못하였던 것이 아니니, 이른바 '궁窮'(예에 막힌 것)은 아니다. '素'與'偏', 俱不備耳. 夔達於樂, 傳世

名, 此賢人也. 非不能, 非所謂'窮'.

集說 '문文'은 문장으로 드러내 사용하는 것이다. 그 사람이 아니면, 예禮는 거짓으로 행해지지 않는다.21) 그러므로 실행하는 것이 사람에게 달려 있는 것이다. 자공子貢의 생각은 기夔가 음악으로 명성이 높지만, 예를 안다고는 일컫지 않으므로 예에 통달하지 못한 것이라고 여긴 것이다. '궁窮'은 통달하지 못했다는 뜻이다. 공자가 거듭 '옛사람'이라고 언급한 것은 또한 폄하해 보아서는 안 된다는 생각을 간접적으로 보인 것이다. 즉 기夔는 음악을 아는 것에 치우쳐 있어, 그 때문에 예에 통달하지 못했다는 평가를 후세에 전하게 되었음을 말한다. 그러나 궁극적으로는 옛날의 현인이기 때문에 '옛사람이다'라는 말로 맺은 것이다. 그러므로 예악의 도에 대하여 배우는 이는 예와 악이 각각의 쓰임에 서로 근원이 된다는 것을 잘 이해하면 '질박하다'거나 '치우쳤다'거나 하는 잘못이 없게 될 것이다. '文', 謂文章之顯設者. 苟非其人, 則禮不虛道. 是以行之在人也. 子貢之意, 謂夔以樂稱, 而不言其知禮, 其不通於禮乎. '窮', 不通也. 夫子再言'古之人', 亦微示不可貶之意. 言夔以偏於知樂, 是以傳此不達禮之名於後世耳. 然而畢竟是古之賢者也, 故又終之以'古之人'也之言. 然則禮樂之道, 學者能知其相爲用之原, 則無'素'與'偏'之失矣.

【중니연거 11】

자장子張이 정치에 관해 물었다. 공자가 말하였다. "사師야, 이전에 내가 너에게 말해주었다. 군자는 예악을 밝혀, 그 도리를 가지고 정사에 시행할 뿐이다."

子張問政. 子曰: "師乎, 前吾語女乎. 君子明於禮樂, 擧而錯之而已."

鄭注 예악은 그것으로 충분히 정치를 할 수 있다는 말이다. '조錯'는 시행한다는 뜻과 같다. 言禮樂足以爲政也. '錯', 猶施行也.

集說 '이전에 내가 너에게 말해주었다'(前吾語女)는 것은 예전에 이미 너에게 알려주었다는 뜻이다. '들어서 행한다'(擧而錯之)는 것은 예악의 도를 들어서 정사에 시행한다는 말이다. '前吾語女', 謂昔者已嘗告汝矣. '擧而錯之', 謂擧禮樂之道而施之政事也.

【중니연거 12】

자장子張이 다시 물었다. 공자가 말하였다. "사師야, 너는 반드시 궤연几筵을 펴고, 당에 오르고 내리며, 술잔을 따르고 올리고, 빈에게 권하고 주인에게 되돌려 권한 뒤에야 예라고 생각하는가? 너는 반드시 춤추는 자리에 열을 지어 서고, 우羽를 들고 약籥을 불고,[22] 종鐘과 북 등 악기를 연주한 뒤에 음악이라고 생각하는가? 말하고 그것을 실천하는 것이 예이다. 행하고 그것을 즐거워하는 것이 악이다. 군자는 이 두 가지를 힘써 행하여 천하를 다스린다. 그러므로 천하는 크게 평화로워진다. 제후들은 조회하며, 만물은 이치에 따르고, 백관들은 공경스럽게 일을 받들지 않는 이가 없다."

子張復問. 子曰: "師, 爾以爲必鋪几筵, 升降, 酌·獻·酬·酢, 然後謂之禮乎? 爾以爲必行綴兆, 興羽籥, 作鍾鼓, 然後謂之樂乎? 言而履之, 禮也. 行而樂之, 樂也. 君子力此二者, 以南面而立. 夫是以天下大平也. 諸侯朝, 萬物服體, 而百官莫敢不承事矣."

集說 '연筵'은 자리다. '철조綴兆'는 춤추는 사람들의 행렬이다. '만물이 몸을 굽힌다'(萬物服體)는 것은 만사가 모두 그 이치에 따름을 가리킨다. '筵', 席也. '綴兆', 舞者之行列也. '萬物服體', 謂萬事皆從其理.

【중니연거 13】

(공자가 말하였다.) "예가 흥기하는 곳에서는 대중(衆)이 잘 다스려지며, 예가 폐해진 곳에서는 대중이 어지러워진다. 눈으로 어림잡아(目巧) 지은 집에도 '오奧'와 '조계阼階'가 있고, 자리에 상석과 하석의 구분이 있고, 수레에 왼쪽과 오른쪽의 구분이 있고, 동행할 때 뒤에서 따라가는 경우가 있고, 자리에 설 때 위계가 있으니, 이것이 옛 시대의 (성인이 예를 제정한) 의리다."

"禮之所興, 衆之所治也, 禮之所廢, 衆之所亂也. 目巧之室, 則有'奧''阼', 席則有上下, 車則有左右, 行則有隨, 立則有序, 古之義也."

集說 백성들의 치란은 예가 흥하느냐 폐해지느냐에 따라 결정된다. 이것이 정치를 할 때 예를 앞세우는 까닭이다. '목교目巧'는 규구와 먹줄을 사용하지 않고 빼어난 눈썰미에만 의존한다는 뜻이다. 이는 비록 매우 간결하게 하더라도 반드시 '오奧'와 '조阼' 같은 곳은 있다는 말이다. 방에 오奧가 있는 것은 존귀한 사람이 거처하도록 하려는 것이다. 당에 조계阼階가 있는 것은 주인이 설자리를 만들기 위해서이다. 자리는 남쪽을 상석으로 하기도 하고 서쪽을 상석으로 하기도 하는데, 자세한 내용은 「곡례상曲禮上」(67)에 나온다. 수레에서 높은 자리는 왼쪽이고, 아버지와 같은 연배의 어른과 동행할 때 뒤에서 따라가고, 신분과 연령의 차이에 따라 각각 서는

자리가 있다. 이것은 모두 옛 성인이 예를 제정한 의리다. 衆之治亂, 由禮之興廢. 此所以爲政先禮也. '目巧', 謂不用規矩繩墨, 但據目力相視之巧也. 言雖苟簡爲之, 亦必有'奧''阼'之處. 蓋室之有奧, 所以爲尊者所處. 堂之有阼, 所以爲主人之位也. 席或以南方爲上, 或以西方爲上, 詳見「曲禮」. 車之尊位在左, 父之齒隨行, 貴賤長幼各有所立之位. 此皆古聖人制禮之義也.

【중니연거 14】

(공자가 말하였다.) "집을 짓는데 오奧와 조阼가 없으면 집에 혼란이 생긴다. 자리에 상하가 없으면 자리에서 혼란이 생긴다. 수레에 좌우가 없으면 수레에 혼란이 생긴다. 동행할 때 뒤에서 따라가는 것이 없으면 동행에 혼란이 생긴다. 설 때 위계가 없으면 자리에서 혼란이 생긴다. 옛날 성제聖帝와 명왕明王과 제후諸侯는 귀천과 장유와 원근과 남녀와 내외를 변별하여 감히 서로 넘어서지 못하도록 하였는데, 이는 모두 이러한 예악의 도리에 따른 것이다." 세 사람이 공자로부터 이 말을 듣고는 어두웠던 눈이 뜨이는 것같이 명확해졌다. "室而無奧·阼, 則亂於堂室也. 席而無上下, 則亂於席上也. 車而無左右, 則亂於車也. 行而無隨, 則亂於塗也. 立而無序, 則亂於位也. 昔聖帝·明王·諸侯, 辨貴賤·長幼·遠近·男女·外內, 莫敢相踰越, 皆由此塗出也."① 三子者旣得聞此言也於夫子, 昭然若發矇矣.②

鄭注 ① '복체服體'는 몸을 굽힌다는 뜻이다. 만물 가운데 상서의 대표적인 것들이 모두 와서 상서로운 조짐을 보여줌을 말한다. '대중이 잘 다스려

진다'(衆之所治)라는 것은 대중이 다스려지는 이유라는 뜻이다. '대중이 어지러워진다'(衆之所亂)라는 것은 대중이 어지러워지는 이유라는 것이다. '목교目巧'는 단지 눈으로 어림잡고 머릿속으로 계산하여 집을 짓는 것을 가리킨다. 법도에 따르지 않았지만 그래도 오奧와 조阼 등 빈과 주인이 거처하는 곳의 구분이 있다. '목교目巧' 이하는 고금을 막론하고 정해진 것이어서 폐하거나 변경할 없다. '服體', 體服也. 謂萬物之符長, 皆來爲瑞應也. '衆之所治', 衆之所以治也. '衆之所亂', 衆之所以亂也. '目巧', 謂但用巧目善意作室. 不由法度, 猶有奧阼賓主之處也. 自'目巧'以下, 古今常事, 不可廢改也.

② 예악은 폐하거나 변경해서는 안 된다는 뜻을 설명한 것이다. 乃曉禮樂不可廢改之意也.

集說 이 경문은 예의 쓰임새가 없는 곳이 없어서 예를 잃으면 일마다 혼란해지니 정치를 하는 자가 예를 버려두고 다른 것에서 구할 수 있겠는가? 라는 말이다. 귀천貴賤은 작위를 가지고 말한 것이고, 장유長幼는 나이를 가지고 말한 것이고, 원근遠近은 친소를 가지고 말한 것이고, 남녀男女는 차이를 가지고 말한 것이며, 외내外內는 지위의 서열을 가지고 말한 것이다. ○ 방씨方氏는 말한다. "'눈이 뜨인다'(發矇)는 것은 눈이 어두웠는데 다른 사람이 눈을 뜨게 하여 보게 되는 경우와 같다." ○ 석량왕씨石梁王氏는 말한다. "편 끝의 두 구절은 기록자가 스스로 결론을 지어 말한 것이다." 此言禮之爲用無所不在, 失之則隨事致亂, 爲政者可舍之而他求乎? 貴賤以爵言, 長幼以齒言, 遠近以親疎言, 男女以同異言, 外內以位序言也. ○ 方氏曰: "'發矇'者, 若目不明, 爲人所發而有所見也." ○ 石梁王氏曰: "篇末二句, 是記者自作結語."

역주

1) 공손하기만 ~ 어지럽다 : 이 말은 『논어』 「泰伯」에 나온다.

2) 말을 ~ 부끄러워한 것 : 『논어』 「學而」에 "말을 좋게 꾸미고 낯빛을 좋게 꾸미는 사람은 어진 사람이 드물다"(巧言令色, 鮮矣仁)라고 하였고, 「公治長」에 "말을 좋게 꾸미고 낯빛을 좋게 꾸미며 지나치게 공손한 것을 左丘明은 부끄러워하였는데, 丘도 또한 부끄럽게 여긴다"(巧言令色足恭, 左丘明恥之, 丘亦恥之)라고 하였다.

3) 사례와 향례 : 養老의 예에서 음식을 대접하는 예나 公食大夫禮 등을 말한다. 「王制」(115~119) 참조.

4) 예는 ~ 중대시킨다 : 이 말은 「禮器」(1)에 나온다.

5) 빙향 : 聘禮와 享禮를 말한다. 정현의 『三禮目錄』에서는 聘禮에 대해서, "성대하게 예방하는 것을 '聘'이라고 한다. 제후들이 서로 돈독히 하는 의리로서, 오랫동안 회맹 등의 일이 없을 때 卿을 보내어 서로 예방하는 예이다. 小聘의 경우에는 大夫를 보낸다. 『주례』 「秋官 · 大行人」에서 '무릇 제후의 나라는 서로 왕래하는데, 매년 서로 問을 하고, 중간에 오래도록 일이 없을 때에 서로 聘을 하고, 새로운 군주가 즉위하면 서로 朝를 한다'고 하였다"(大問曰'聘'. 諸侯相於久無事, 使卿相問之禮. 小聘使大夫. 『周禮』曰, "凡諸侯之邦交, 歲相問, 殷相聘也, 世相朝也.")라고 하였다. 빙례를 행한 뒤에 향례를 행한다. 그러므로 하나의 禮로 묶어서 표현한 것이다.

6) 보고 ~ 돌아간다 : 이 말들은 『논어』 「顔淵」에 나온다.

7) 전쟁의 ~ 한가롭고 : 고대의 사냥은 군사훈련의 일종이다. 사냥에 예를 갖추면 군사훈련이 잘되어 전쟁의 대비를 위한 번잡한 노력을 기울이지 않아도 능숙하게 대응할 수 있다는 뜻에서 한가롭다(閑)고 한 것이다.

8) 노나라 ~ 한 것 : 魯나라 莊公이 桓公의 廟 기둥에 붉은 칠을 하고 서까래에 조각한 것을 말한다. 관련 내용이 『국어』 「魯語」에 보인다.

9) 장문중이 ~ 한 것 : 『논어』 「公冶長」에 "臧文仲이 큰 거북을 간수하는데, 두공에 山 모양을 조각하고 동자기둥에 마름 모양을 장식하였으니, 어찌 지혜롭다 하겠는가?"(臧文仲居蔡, 山節藻梲, 何如其知也?)라고 하였다.

10) 기물을 ~ 숭상한다 : 이 말은 『역』 「繫辭上」에 나온다.

11) 천신이 ~ 있다 : 이 말은 『주례』 「春官 · 大師樂」에 나온다.

12) 군주의 ~ 논의한다 : 이 말은 「曲禮下」(112)에 나온다.

13) 넓고 ~ 나온다 : 이 말은 「中庸」(31-2)에 나온다.

14) 원을 ~ 맞고 : 規는 원을 그리는 데 사용하는 컴퍼스이고, 矩는 직각을 그리는 데 사용하는 직각자이다. 이 둘은 곧 정해진 법도를 뜻한다. 의례의 진행에서 당사자가 움직일 때 크게 원을 그리면서 움직이는 경우가 있고 직각으로 움직이는 경우가 있기 때문에

이와 같이 말한 것이다.

15) 금석악기를 ~ 것 : 공영달의 소에 따르면, 賓이 연회장소로 들어오면 악기가 연주되기 시작하여 서로 읍양하면서 당에 오르고, 주인이 賓에게 먼저 술을 따라 올리고 빈이 받아 다 마시면서, 음악이 한 번 종료된다. 이 과정이 大饗의 첫 번째 儀節이 된다. 다시 賓이 주인에게 술을 따라 올리면 음악이 연주되며 주인이 받아 마시는 절차가 끝나면서 음악도 마친다. 이 과정이 대향의 두 번째 의절이 된다. 따라서 정현은 '악기를 두 번 연주하는 것'이라고 하여 大饗의 네 의절 가운데 두 가지를 함께 말한 것이다. 경문에 악기를 '金'이라고 하였는데, 編鐘, 編磬 등이 중심 악기가 됨을 말한다.

16) 대하 : 周代에 사용된 6가지 주요 樂舞 중 하나로 夏禹시대 만들어진 樂舞라고 한다. 「祭統」(38)의 注와 集說 등에 설명이 보인다. 『三禮辭典』, 97쪽, '大夏' 참조.

17) 옹을 ~ 거둔다 : 이 말은 『논어』 「八佾」에 나온다.

18) 사람이 ~ 같으니 : 이 말은 『논어』 「陽貨」에 나온다.

19) 예를 ~ 되니 : 이 말은 『논어』 「學而」에 나온다.

20) 예에 ~ 하는 : 이 말은 「仲尼燕居」(10)에 나온다.

21) 그 사람이 ~ 않는다 : 「禮器」(69)에 "충실하고 신실한 사람이 없으면, 禮는 거짓으로 행해지지 않는다"(苟無忠信之人, 則禮不虛道)라고 하였다.

22) 우를 ~ 불고 : 羽는 춤을 출 때 드는 도구이고, 籥은 文舞를 연주할 때 부는 피리다. 곧 '羽籥'은 악무를 연주하고 춤추는 것을 말한다.

예기역주 권24

공자한거 제29

孔子閒居

정현鄭玄의 『예기목록禮記目錄』에서 말한다. "「공자한거孔子閒居」라고 제목을 붙인 것은, 게으르지 않고 설만褻慢하지 않으면서 한 제자에게 시중을 들게 하고 그를 위해 『시詩』를 설명해준 것을 훌륭하게 여긴 것이다. 그 성씨를 드러낸 것은 모범으로 본받을 만함을 말한다. 물러나서 편히 쉬면서 사람을 피하는 것을 한거閒居라고 한다. 이 편은 유향劉向의 『별록別錄』에서는 「통론通論」에 속해 있다."

鄭『目錄』云: "名曰「孔子閒居」者, 善其無倦而不褻, 猶使一弟子侍, 爲之說『詩』. 著其氏, 言可法也. 退燕避人曰閒居. 此於『別錄』屬「通論」."

【공자한거 1】

공자가 한가로이 거처할 때 자하子夏가 모시고 있었다. 자하가 말하였다. "『시詩』에 '즐겁고 화평한 군자여! 백성의 부모라네'라고 하였는데, 어떻게 하면 백성의 부모라 할 만합니까?" 공자가 말하였다. "저 백성의 부모는 반드시 예악의 본원에 통달하여 '오지五至'(다섯 가지 지극함에 이르는 일)를 이루고 '삼무三無'(세 가지 무형의 일)를 행하여 천하에 널리 미친다. 사방에 재화災禍가 있으면 반드시 먼저 안다. 이것을 백성의 부모라고 하는 것이다."

孔子閒居, 子夏侍. 子夏曰: "敢問『詩』云: '凱弟君子! 民之父母', 何如斯可謂民之父母矣?"① 孔子曰: "夫民之父母乎, 必達於禮樂之原, 以致'五至', 而行'三無', 以橫於天下. 四方有敗, 必先知之. 此之謂民之父母矣."②

鄭注 ① '개제凱弟'는 즐겁고 화평하다는 뜻이다. '凱弟', 樂易也.
② '원原'은 본원과 같은 뜻이다. '횡橫'은 가득 찬다는 뜻이다. '패敗'는 재화災禍를 말한다. '原', 猶本也. '橫', 充也. '敗', 謂禍烖也.

集說 『시詩』「대아大雅 · 형작泂酌」이다. '개凱'는 즐겁다는 뜻이다. '제弟'는 화평하다는 뜻이다. '횡橫'이란 널리 미친다는 뜻으로 삼무三無와 오지五至의 도가 세상에 널리 미침을 말한다. 사방에 장차 화란이 발생할 조짐이 있을 때 반드시 먼저 알 수 있는 것은 백성을 걱정하는 마음이 절실하기 때문이다. 그러므로 치란의 기미를 잘 알 수 있다. 『詩』, 「大雅 · 泂酌」之篇. '凱', 樂也. '弟', 易也. '橫'者, 廣被之意, 言三無五至之道, 廣被於天下也. 四方將有禍敗之釁, 而必能先知者, 以其切於憂民. 是以能審治亂之幾也.

【공자한거 2】

자하子夏가 말하였다. "백성들의 부모라는 것에 대해서는 이미 가르침을 받았습니다. 감히 여쭈건대, 무엇을 '오지五至'(다섯 가지 지극함에 이르는 일)라 하는지요?" 공자가 대답하였다. "뜻이 지극해지면 시詩 또한 지극해진다. 시詩가 지극해지면 예 또한 지극해진다. 예가 지극해지면 악樂 또한 지극해진다. 악樂이 지극해지면 슬픔 또한 지극해진다. 슬픔과 즐거움은 서로 낳는다. 그러므로 밝은 눈을 바르게 하여 보아도 볼 수가 없고, 귀를 기울여 들어도 들을 수가 없으나 지기志氣는 천지에 충만하다. 이것을 '오지五至'라고 한다."

子夏曰: "民之父母, 旣得而聞之矣. 敢問何謂'五至'?" 孔子曰: "志之所至, 詩亦至焉. 詩之所至, 禮亦至焉. 禮之所至, 樂亦至焉. 樂之所至, 哀亦至焉. 哀樂相生. 是故正明目而視之, 不可得而見也, 傾耳而聽之, 不可得而聞也, 志氣塞乎天地. 此之謂'五至'."

鄭注 무릇 '이른다'(至)고 한 것들은 모두 백성들에게 이른다는 말이다. '지志'는 은혜를 베푸는 마음(恩意)을 가리킨다. 군주의 은혜로운 마음이 백성들에게 이르면 (백성들이 칭송하는) 그 시詩 또한 나옴을 말한다. '시詩'는 좋아하고 싫어하는 정情이다. 이 구절 이하는 모두 백성들의 부모 된 자는 자기가 가진 것을 잘 미루어 백성들과 함께함을 말한다. 사람이 귀로 듣지 못하고 눈으로 보지 못하는 것은 행하는 것이 마음속에 있기 때문이다. '색塞'은 충만하다는 뜻이다. 凡言'至'者, 至於民也. '志', 謂恩意也. 言君恩意至於民, 則其詩亦至也. '詩', 謂好惡之情也. 自此以下, 皆謂民之父母者, 善推其所有, 以與民共之. 人耳不能聞, 目不能見, 行之在胸心也. '塞', 滿也.

集說 '오지五至'와 '삼무三無'라는 것에서 '지至'는 지극히 융성해서 덧붙일 것이 없고, '무無'는 지극히 은미해서 형적에 나타나지 않음을 말한다. 마음속에 있으면 뜻(志)이고, 말로 드러나면 시詩가 된다. 뜻이 성대해지면 말 또한 성대해지므로, '뜻이 지극해지면 시詩 또한 지극해진다'고 한 것이다.

시에는 찬미함과 풍자함이 있어서 선을 좋아하고 악을 미워하는 마음을 홍기시킬 수 있다. 시를 통해 홍기되면 반드시 예로 세울 수 있기 때문에 '시詩가 극진해지면 예 또한 지극해진다'고 한 것이다. 예禮는 질서를 귀하게 여기고 악樂은 조화를 귀하게 여긴다. 질서가 있으면 조화가 있으며, 질서가 없으면 조화도 없다. 그러므로 '예가 지극해지면 악樂 또한 지극해진다'고 한 것이다. 악이 지극하면 백성들이 살아남을 즐거워하고 백성들의 죽음을 슬퍼하게 된다. 그러므로 '악樂이 지극해지면 슬픔 또한 지극해진다'고 한다. 군주가 이와 같을 수 있으므로 백성들 또한 군주가 살아 있음을 기뻐하고 군주의 죽음을 슬퍼하니 이것이 '슬픔과 즐거움이 서로 낳는다'는 것이다. "백성들의 즐거움을 즐거워하면 백성들도 그의 즐거움을 즐거워하며, 백성들의 근심을 걱정해주면 백성들도 그의 근심을 걱정한다"[1]는 것은 바로 아래 문장의 '소리 없는 음악, 상복 없는 상'이 그것이다. 눈은 바르게 보면 밝음이 온전해지고, 귀는 기울여 들으면 들음이 깊어진다. 그러나 이제 바르게 해서 보아도 보이지 않고 기울여 들어도 들리지 않으니, '오지五至'는 형체도 소리도 없고 오직 그 지기志氣만이 천지에 충만하기 때문이다. '천지에 충만하다'는 것은 곧 '천하에 두루 미친다'는 것이다. '五至'·'三無'者, '至'則極盛而無以復加, '無'則至微而不泥於迹之謂也. 在心爲志, 發言爲詩. 志盛則言亦盛, 故曰'志之所至, 詩亦至焉'. 詩有美刺, 可以興起好善惡惡之心. 興於詩者, 必能立於禮, 故曰'詩之所至, 禮亦至焉'. 禮貴於序, 樂貴於和. 有其序, 則有其和, 無其序則無其和. 故曰'禮之所至, 樂亦至焉'. 樂至則樂民之生而哀民之死. 故曰'樂之所至, 哀亦至焉'. 君能如此, 故民亦樂君之生而哀君之死, 是'哀樂相生'也. "樂民之樂者, 民亦樂其樂. 憂民之憂者, 民亦憂其憂", 卽下文'無聲之樂, 無服之喪', 是也. 目正視則明全, 耳傾聽則聽審. 今正視且不見, 傾聽且不聞, 是'五至'無體無聲, 而惟其志氣之充塞乎天地也. '塞乎天地'卽所謂'橫於天下'也.

【공자한거 3】

자하가 말하였다. "오지五至에 관해서는 이미 가르침을 받았습니다. 감히 여쭈건대 무엇을 '삼무三無'(세 가지 무형의 일)라고 하는지요?" 공자가 대답하였다. "소리 없는 음악, 예 없는 예, 상복 없는 상복 이것을 삼무三無라고 한다." 자하가 말하였다. "삼무에 대해서는 대략 가르침을 받았습니다. 감히 여쭈건대 어떤 시가 그에 가까운지요?" 공자가 대답하였다. "'새벽부터 늦은 밤까지 근심하고 부지런히 수고하여 천명의 단초를 열고, 관대하고 안정된 정치에 힘써 백성들을 편안케 하였네'라고 하였으니 소리 없는 음악이다. '예에 맞는 몸가짐 성대하여 절로 일정한 법도 있으니 가려 택할 것 없네'라고 하였으니 형체 없는 예이다. '백성들에게 상사喪事가 있으면 서둘러 가서 구휼하네'라고 하였으니 상복喪服 없는 상이다."

子夏曰: "五至旣得而聞之矣. 敢問何謂'三無'?" 孔子曰: "無聲之樂, 無體之禮, 無服之喪, 此之謂三無." 子夏曰: "三無旣得略而聞之矣. 敢問何詩近之?"① 孔子曰: "'夙夜其命宥密', 無聲之樂也. '威儀逮逮, 不可選也', 無體之禮也. '凡民有喪, 匍匐救之', 無服之喪也."②

鄭注 ① 의도를 깊이 이해하지 못하자 유사한 것을 시에서 찾은 것이다. 시는 사람의 정서를 길러준다. 於意未察, 求其類於詩. 詩長人情.

② 『시詩』에서는 '기其'를 '기基'로 읽었다. (이 경문의 '기其'는) 발음 때문에 잘못된 것이다. '기基'는 도모한다는 뜻이다. '밀密'은 고요하다는 뜻이다. 군주가 새벽부터 늦은 밤까지 정교政敎를 도모하여 백성들을 편안하게 하

면, 백성들은 그것을 즐거워한다. 이것은 악기로 연주하는 음악을 행하는 것이 아니다. '체체逮逮'는 편안하고 조화로운 모습이다. 군주의 예에 맞는 행동거지가 편안하고 조화로우면 백성들이 그것을 본받는다. 이는 오르고 내리며 읍하고 사양하는 예를 행하는 것이 아니다. '구휼한다'(救之)는 것은 진휼하고 보살핀다는 것으로, 군주가 백성들의 상사喪事를 진휼하고 보살피면 백성들이 모두 그것을 본받는다. 이는 최복衰服을 입고 질經을 착용하는 상복을 행하는 것이 아니다. 『詩』讀'其'爲'基'. 聲之誤也. '基', 謀也. '密', 靜也. 言君夙夜謀爲政教以安民, 則民樂之. 此非有鐘鼓之聲也. '逮逮', 安和之貌也. 言君之威儀, 安和逮逮然, 則民傚之. 此非有升降揖讓之禮也. '救之', 賙恤之, 言君於民有喪, 有以賙恤之, 則民傚之. 此非有衰経之服.

集說 '숙夙'은 이른 아침이다. '기基'는 시작한다는 뜻이다. '유宥'는 관대하다의 뜻이다. '밀密'은 편안하다는 뜻이다. 「주송周頌 · 호천유성명昊天有成命」이다. '문왕과 무왕은 새벽부터 늦은 밤까지 백성들을 위해 근심하고 부지런히 수고하여 천명天命의 단초를 열었고, 오직 관대하고 안정된 정치를 힘써 행함으로써 백성들을 안정시켰다'고 하였다. 공자가 그러한 정치를 '소리 없는 음악'에 비유한 것은 군주의 정치가 선하면 백성들이 자연스레 기뻐하는 것이지 종과 북 관악기와 현악기 등 온갖 악기로 음악을 행해서 그런 것이 아님을 말한 것이다. '체체逮逮'가 『시詩』에는 '체체棣棣'로 되어 있는데, 성대하다는 뜻이다. '선選'은 택한다는 뜻이다. 시는 「패풍邶風 · 백주栢舟」편이다. 어진 사람은 예에 맞는 행동거지가 성대하여 절로 일정한 법도가 있기에 가려서 택할 것이 없으니 사물을 따라 예를 행한 뒤에야 볼 수 있기를 애초에 기다릴 필요가 없음을 말한 것이다. 그러므로 이 시로 '형체 없는 예'에 비유한 것이다. 손으로 가는 것이 '포匍'이고 땅에 엎드리는 것이 '복匐'이다. 시는 「패풍邶風 · 곡풍谷風」이다. 사람들에게 상사喪事

의 재난이 있으면 반드시 서둘러 가서 구휼하고 돕는 것은 상복을 해야 하는 친족이기 때문이 아니라 다만 그 위급함을 먼저 구제하고자 하기 때문이다. 그 때문에 '상복 없는 상'으로 비유한 것이다. '夙', 早也. '基', 始也. '宥', 寬也. '密', 寧也. 「周頌 · 昊天有成命」篇. 言'文王 · 武王, 夙夜憂勤以肇基天命, 惟務行寬靜之政以安民'. 夫子以喩'無聲之樂'者, 言人君政善, 則民心自然喜悅, 不在於鐘鼓管絃之聲也. '逮逮', 『詩』作'棣棣', 盛也. '選', 擇也. 「邶風 · 栢舟」之篇. 言仁人威儀之盛, 自有常度, 不容有所選擇, 初不待因物以行禮而後可見. 故以喩'無體之禮'也. 手行爲'匍', 伏地爲'匐'. 「邶風 · 谷風」之篇. 言凡人有死喪之禍, 必汲汲然往救助之, 此非爲有服屬之親, 特周救其急耳. 故以喩'無服之喪'也.

【공자한거 4】

자하가 말하였다. "설명이 위대하고 아름다우며 성대합니다. 설명이 이것으로 남김없이 된 것입니까?" 공자가 말하였다. "어찌 그렇겠는가? 군자가 삼무三無를 익히는 것에 그 뜻을 일으키는 다섯 가지 설명이 아직 더 있다."

子夏曰: "言則大矣, 美矣, 盛矣. 言盡於此而已乎?" 孔子曰: "何爲其然也? 君子之服之也, 猶有五起焉."

鄭注 '설명이 이것으로 남김없이 된 것입니까?'(言盡於此乎)라고 한 것은 설명이 미진하다고 생각한 것이다. '복服'은 익힌다는 뜻과 같다. 군자가 이 시를 익혀 읽고 이 시의 뜻을 흥기시키는 것에 그 설명이 다섯 가지가 있다는 말이다. '言盡於此乎', 意以爲說未盡也. '服', 猶習也. 君子習讀此詩, 起此詩之義, 其說有五也.

集說 소疏에서 말한다. "'복服'은 익힌다는 뜻이다. 군자가 이 '삼무三無'를 익히는 것에 그 뜻을 흥기시키는 다섯 가지 설명이 아직 더 있음을 말한다." 疏曰: "'服', 習也. 言君子習此'三無', 猶有五種起發其義."

【공자한거 5】

자하가 여쭈었다. "어떤 것입니까?" 공자가 대답하였다. "소리 없는 음악은 지기志氣가 내면에서 어긋나지 않고, 형체 없는 예는 몸가짐이 급박하지 않으며, 상복 없는 상은 내면의 미루어 느낌(恕)이 더욱 슬프다. 소리 없는 음악은 지기가 자신에게 이미 획득되어 있고, 형체 없는 예는 몸가짐이 공손하고 신중하며, 상복 없는 상은 뻗어서 사방의 나라에 미친다. 소리 없는 음악은 지기가 다른 사람에서도 이미 뒤따르고, 형체 없는 예는 위와 아래가 서로 화합하며, 상복 없는 상은 그로써 만방의 나라들을 기른다. 소리 없는 음악은 날마다 사방으로 소문이 퍼지고, 형체 없는 예는 날마다 나아가고 달마다 자라며, 상복 없는 상은 순일한 덕이 더욱 밝다. 소리 없는 음악은 지기志氣가 이미 홍기하고, 형체 없는 예는 뻗어서 사해까지 미치며, 상복 없는 상은 자손에게까지 미친다."

子夏曰: "何如?" 孔子曰: "無聲之樂, 氣志不違, 無體之禮, 威儀遲遲, 無服之喪, 內恕孔悲. 無聲之樂, 氣志旣得, 無體之禮, 威儀翼翼, 無服之喪, 施及四國. 無聲之樂, 氣志旣從, 無體之禮, 上下和同, 無服之喪, 以畜萬邦. 無聲之樂, 日聞四方, 無體之禮,日就月將, 無服之喪, 純德孔明. 無聲之樂, 氣志旣起, 無體之禮, 施及四海, 無服之喪, 施于孫子."

鄭注 '어긋나지 않는다'(不違)는 것은 백성들이 군주의 의지를 어기지 않는다는 것이다. '공孔'은 심하다의 뜻이다. '시施'는 옮긴다는 뜻이다. '종從'은 따른다는 뜻이다. '축畜'은 효도한다는 뜻으로 만방의 백성들이 다투어 효를 행하도록 한다는 것이다. '취就'는 이룬다는 뜻이다. '장將'은 크다는 뜻으로 백성들이 예를 본받아 날마다 성취하는 바가 있고 한 달이 되면 크게 이루도록 하겠다는 것이다. '기起'는 따른다는 뜻과 같다. '不違'者, 民不違君之氣志也. '孔', 甚也. '施', 易也. '從', 順也. '畜', 孝也, 使萬邦之民競爲孝也. '就', 成也. '將', 大也, 使民之傚禮, 日有所成, 至月則大矣. '起', 猶從也.

集說 방씨方氏는 말한다. "소리 없는 음악은 지기志氣로 시작한다. '어긋나지 않는다'는 것은 내면에 어긋남이 없음을 말한다. 어긋남이 없으면 잃는 것이 없으므로 '지기가 자신에게 이미 획득되어 있다'는 말로 뒤이었다. 자신 속에 획득하게 되면 다른 사람도 함께하기 때문에 '지기가 다른 사람에서도 이미 뒤따른다'는 말로 뒤이었다. 다른 사람이 따른다면 명성이 밖으로 들리게 되므로 '날마다 사방으로 소문이 난다'는 말로 뒤이었다. 날마다 소문이 퍼져 그치지 않으면 바야흐로 홍기하고 줄어들지 않으므로 '지기志氣가 이미 홍기한다'는 말로 뒤이었다. 형체 없는 예는 예에 맞는 몸가짐(威儀)으로부터 시작된다. '지지遲遲'는 느리고 급박하지 않음을 말한다. 느리게 되면 태만한 잘못이 있을 수 있으므로 '몸가짐이 공손하고 신중하다'는 말로 뒤이었다. 몸가짐이 절도에 맞으면 어기고 이반하는 마음이 없기 때문에 '위와 아래가 서로 화합한다'는 말로 뒤이었다. 화합해서 어긋나고 이반함이 없으면 오랠수록 더욱 커지므로 '날마다 나아가고 달마다 자란다'

는 말로 이었다. 점점 커지면 가까운 곳만이 아니라 먼 곳까지 미칠 수 있으므로 '뻗어서 사해까지 미친다'는 말로 끝맺었다. 상복 없는 상은 내면의 미루어 느끼는 바(恕)로부터 시작된다. '더욱 슬프다'는 것은 인仁으로 마음을 보존함을 말한다. 어진 사람은 사람을 사랑하므로 '뻗어서 사방의 나라에 미친다'는 말로 뒤이었다. 인으로 다른 사람에게 미치면 양육되는 사람이 많으므로 '그로써 만방의 나라들을 기른다'는 말로 뒤이었다. 양육되는 사람이 많으면 그 덕이 밖으로 발양되기 때문에 '순일한 덕이 더욱 밝다'는 말로 뒤이었다. 덕이 밖으로 발양되면 은택이 후세에까지 미칠 수 있으므로 '자손에게까지 미친다'는 말로 맺었다. 그 순서가 이와 같아 그것을 오기五起(다섯 가지 흥기시키는 바)라고 부르니 또한 마땅하지 않은가?" ○ 응씨應氏는 말한다. "『시』의 구절을 인용하여 뜻을 발양하고 영탄한 것이니, 대개 끊임없이 찬미한 것이다." ○ 유씨劉氏가 말한다. "'지기志氣가 천지에 충만하다'는 것은 군주의 화락한 마음이 천지의 기운을 움직인 것이다. '지기가 어긋나지 않는다'고 한 이하는 군주의 마음이 화락하여 그 기운이 천하 백성들의 뜻(志)과 감응한 것이다." 方氏曰: "無聲之樂, 始之以氣志. '不違'者, 言內無所戾也. 無所戾, 則無所失, 故繼之以'氣志既得'. 得之於身, 則人亦與之, 故繼之以'氣志既從'. 人從之矣, 則聲聞于外, 故繼之以'日聞四方'. 日聞不已, 則方興而未艾, 故繼之以'氣志既起'. 無體之禮, 始之以威儀. '遲遲'者, 言緩而不迫也. 緩或失之於怠, 故繼之以'威儀翼翼'. 威儀得中, 則無乖離之心, 故繼之以'上下和同'. 和同而無乖離, 則久而愈大, 故繼之以'日就月將'. 愈大則不特施于近, 而可以及乎遠, 故終之以'施及四海'. 無服之喪, 始之以內恕. '孔悲'者, 言其以仁存心也. 仁者愛人, 故繼之以'施及四國'. 以仁及人, 則所養者衆, 故繼之以'以畜萬邦'. 所養者衆, 則其德發揚于外, 故繼之以'純德孔明'. 德既發揚于外, 則澤足以被于後世, 故終之以'施于孫子'. 其序如此謂之五起, 不亦宜乎?" ○ 應氏曰: "大抵援『詩』句以發揚詠歎之, 蓋贊美之不已也." ○ 劉氏曰: "'志氣塞乎天地', 則是君之志動天地之氣也. '氣志不違'以下, 則是君心和樂之氣, 感天下之志也."

【공자한거 6】

자하가 말하였다. "삼왕三王의 덕은 천지와 짝합니다. 감히 여쭈건대, 어떻게 해야 천지에 짝한다고 할 수 있습니까?" 공자가 말하였다. "세 가지 사사로움 없음(三無私)을 받들어 천하 사람들을 위로하는 것이다." 자하가 말하였다. "세 가지 사사로움이 없다는 것은 무엇을 말합니까?" 공자가 말하였다. "하늘은 사사로이 덮어주지 않고, 땅은 사사로이 실어주지 않으며, 해와 달은 사사로이 비춰주지 않는다. 이 세 가지를 받들어 천하 사람들을 위무하는 것 이것을 세 가지 사사로움이 없는 것이라고 한다. 『시詩』에 '은나라는 상제上帝의 명을 어김이 없었으나, 탕湯에 이르러 그 정사가 하늘에 짝하게 되었네. 탕이 자신을 낮추는 덕정德政을 민첩하게 펴니 성인聖人의 공경하는 덕이 날마다 높아졌네. 자신의 마음 하늘에 밝게 이르게 하기를 더디더디 하고 오직 상제를 공경하였네. 그러나 상제께서는 명하여 천하의 모범으로 삼았네'라고 하였다. 이것이 탕의 덕이다."

子夏曰: "三王之德, 參於天地. 敢問何如斯可謂參天地矣?" 孔子曰: "奉三無私, 以勞天下."① 子夏曰: "敢問何謂三無私?" 孔子曰: "天無私覆, 地無私載, 日月無私照. 奉斯三者以勞天下, 此之謂三無私. 其在『詩』曰: '帝命不違, 至於湯齊. 湯降不遲, 聖敬日齊. 昭假遲遲, 上帝是祗. 帝命式于九圍.' 是湯之德也."②

鄭注 ① '삼왕三王'은 우禹와 탕湯과 문왕文王이다. '천지와 짝한다'(參天地)는 것은 그 덕에서 하늘, 땅과 더불어 셋이 된다는 말이다. '노勞'는 위로하

다는 뜻이다. '三王', 謂禹·湯·文王也. '參天地'者, 其德與天地爲三也. '勞', 勞來.

② '제帝'는 천제天帝이다. 『시詩』에서는 '탕제湯齊'를 '탕제湯躋'로 읽었다. '제躋'는 오른다는 뜻이다. '강降'은 내려온다는 뜻이다. '제齊'는 장중하다는 뜻이다. '소昭'는 밝다는 뜻이다. '격假'은 이른다는 뜻이다. '지祗'는 공경하다의 뜻이다. '식式'은 사용한다는 뜻이다. '구위九圍'는 구주九州이다. 이 『시詩』에서는 '은나라의 선군先君들은 정치를 함에 천명을 어기지 않아 탕湯에 이르러서는 군주의 지위에 올랐다. 또 하늘의 정교政敎를 매우 빠르게 시행하였고, 성스럽고 공경하는 덕이 날마다 장중하고 엄숙해졌다. 탕 임금의 밝은 도는 백성들에게 이르러 급박하지 않고 화평하였고, 하늘을 공경하니, 하늘은 탕에게 명하여 구주에서 정사를 행하도록 하였다'고 하였다. 이는 왕의 자리에 오르도록 한 것을 의미한다. '이것이 탕의 덕'(是湯之德)이라는 말은 탕이 하늘을 섬김에 사사로움이 없었던 덕이라는 것이다. '帝', 天帝也. 『詩』讀'湯齊'爲'湯躋'. '躋', 升也. '降', 下也. '齊', 莊也. '昭', 明也. '假', 至也. '祗', 敬也. '式', 用也. '九圍', 九州之界也. 此『詩』云'殷之先君, 其爲政不違天之命, 至於湯升爲君. 又下天之政敎甚疾, 其聖敬日莊嚴. 其明道至於民遲遲然安和, 天是用敬之, 命之用事於九州'. 謂使王也. '是湯之德'者, 是湯奉天無私之德也.

集說 '삼왕三王의 덕은 천지와 짝하였다[2]'는 것은 대개 고어古語이다. 그래서 자하子夏가 이 말을 들어서 질문한 것이다. '『시詩』'는 「상송商頌·장발長發」이다. 공자가 이 시를 인용하여 탕의 사사로움 없는 덕을 증명하였다. ○ 엄씨嚴氏는 말한다. "상商나라는 설契이래로 천명天命이 향하는 바여서 한 번도 천명이 상을 떠난 적이 없었다. 그러나 탕湯에 이른 뒤 그 정치가 하늘의 마음과 같아졌다. 이는 왕업王業이 탕에 이르러 완성되고, 천명이 이때에 이르러 모였으며, 하늘과 사람이 서로 부합하게 되었음을 말한다. 탕이 겸손하게 억누르며 자신을 낮추는 다스림이 매우 민첩하고 느리

지 않았으므로 성스럽고 공경하는 덕은 날마다 높아졌다. '공경한다'는 것은 성인의 공경함으로, 지극히 성실함(至誠)을 말한다. '날마다 높아졌다'는 것은 '지극히 성실함을 견지함에 있어 쉼이 없는 것'(至誠無息)을 말한다. 덕이 날마다 진보하고 진보하는 것 이것이 성인의 공경함이 날로 높아지는 성대한 모습으로, 곧 문왕의 '덕이 순일하고 그침이 없었다'[3]는 것이다. 자신의 마음이 하늘에 밝게 다다르게 하기를 서두르지 않아 매우 천천히 하였다는 것은 탕이 하늘의 마음을 얻는 것에 욕심이 없어 세월에 맡겨두었다는 말이다. 탕은 요행을 바라지 않았으므로 오지 상제를 공경하고 그 정성이 전일하였지만, 하늘이 스스로 그에게 명하여 천하의 모범으로 삼고 왕이 되게 한 것이다. '三王之德, 參於天地' 蓋古語. 故子夏擧以爲問. '『詩』', 「商頌·長發」之篇. 孔子引之以證湯無私之德. ○ 嚴氏曰: "商自契以來, 天命所嚮, 未嘗去之. 然至湯而後與天齊. 謂王業至此而成, 天命至此而集, 天人適相符合也. 湯之謙抑, 所以自降下者, 甚敏而不遲, 故聖敬之德, 日以躋升也. '敬'爲聖人之敬, 言至誠也. '日躋'言'至誠無息'也. 德日新又日新, 是聖敬日躋之盛, 卽文王之'純亦不已'也. 其昭格於天, 遲遲甚緩, 言湯無心於得天, 付之悠悠也. 湯無所覬倖, 故唯上帝是敬, 其誠專一, 然天自命之以爲法於天下, 使爲王也."

【공자한거 7】

(공자가 말하였다.) "하늘에는 네 계절이 있어 봄과 가을, 겨울과 여름, 바람과 비, 서리와 이슬, 그 어느 것 하나 가르침 아닌 것이 없다. 땅은 신령스런 기운을 싣고, 신묘한 기운의 변화는 바람과 우뢰를 내뿜고, 바람과 우뢰는 조화의 자취를 실어 나르고, 모든 생

물은 그것을 맞아 생장하니, 가르침 아닌 것이 없다."
"天有四時, 春秋冬夏, 風雨霜露, 無非敎也. 地載神氣, 神氣風霆, 風霆流形, 庶物露生, 無非敎也."

鄭注 하늘이 조화를 베풀어 거두고 죽이며, 땅이 만물을 실어주고 살려주는 것이 사사로이 하는 것이 아님을 말한다. '가르침 아닌 것이 없다'(無非敎)는 말은 모두 인군이 받들어 행하여 정교政敎로 삼아야 한다는 말이다. 言天之施化收殺, 地之載生萬物, 此非有所私也. '無非敎'者, 皆人君所當奉行以爲政敎.

集說 앞 장에서는 『시詩』를 인용하여 왕도가 사사로움이 없음을 밝혔고, 이 장에서는 천지가 사사로움이 없음을 말하였다. 봄과 여름에 열어주고 가을과 겨울에 닫으며, 바람과 비는 생명을 발양하고 서리와 이슬은 시들게 하는 것이 천도의 지극히 공변된 가르침 아닌 것이 없다. '재載'는 이어받는다는 뜻과 같다. 신기身氣의 변화로부터 바람과 천둥의 현저한 변화를 이루고, 땅의 순응함을 진설하고 하늘이 베푸는 바를 받들기 때문에 만물을 발육할 수 있다. '형形'은 자취와 같은 뜻이다. '유형流形'(자취를 나른다)은 조화의 자취를 실어 나르는 것으로 모든 사물들이 그로 인해 살아가니 이것은 지도地道의 매우 공변된 가르침이다. 성인의 지극한 덕과 도의 지극한 가르침은 함께 균평하며 사사로움이 없다. 上章引『詩』以明王道之無私, 此言天地之無私也. 春夏之啓, 秋冬之閉, 風雨之發生, 霜露之肅殺, 無非天道至公之敎也. '載', 猶承也. 由神氣之變化, 致風霆之顯, 設地順承天施, 故能發育群品. '形', 猶迹也. '流形', 所以運造化之迹, 而庶物因之以生, 此地道至公之敎也. 聖人之至德與天道之至敎, 均一無私而已.

【공자한거 8】

(공자가 말하였다) "청명한 덕이 몸에 있고, 지기志氣는 신령과 같다. 바라던 일이 장차 이르려 하면, 반드시 먼저 열어줌이 있다. 하늘이 때에 맞는 비를 내리려 하면, 산과 개울이 먼저 구름을 내는 것과 같다. 『시詩』에서는 '크고 높은 것은 사악四嶽이니, 높이 치솟아 하늘에 닿았네. 사악이 신령스런 기운을 내려 중산보仲山甫[4]와 신백申伯[5]을 낳았네. 신백과 중산보는 주나라의 간성이라, 사방의 나라를 지키고, 사방에서 덕을 펼치네'라고 하였는데, 이것이 문왕文王과 무왕武王의 덕이다."

"淸明在躬, 氣志如神. 耆[6]欲將至, 有開必先. 天降時雨, 山川出雲. 其在『詩』曰: '嵩高惟嶽, 峻極于天. 維嶽降神, 生甫及申. 維申及甫, 爲周之翰, 四國于蕃, 四方于宣', 此文武之德也."

鄭注 '청명한 덕이 몸에 있고, 지기는 신령과 같다'(淸明在躬, 氣志如神)는 말은 성인을 가리킨다. '바라던 일이 장차 이르려 하다'(耆欲將至)라는 말은 천하에 왕이 되어 다스릴 시기가 장차 이르면, 신이 그의 앞길을 열어주어 반드시 먼저 현명한 지혜를 가진 보필하는 신하를 그에게 내주는 것이 마치 하늘이 때에 맞는 비를 내리려고 할 때 산천이 먼저 구름을 내는 것과 같음을 말한다. '준峻'은 높고 크다는 뜻이다. '한翰'는 기둥이라는 뜻이다. 주나라의 도가 흥기하려 하자 오악五嶽이 보필하는 현신賢臣 중산보仲山甫와 신백申伯을 낳아 주나라의 기둥이 되는 신하가 되고 천하를 호위하는 신하가 되어 사방에서 덕을 펼쳐 왕의 공업을 이루게 하였음을 말한다. '이것이 문왕과 무왕의 덕이다'(此文·武之德也)라는 것은 문왕과 무왕이 천지를

받들었던 사사로움이 없는 덕이라는 말이다. 이것은 선왕宣王의 시다. 문왕과 무왕 때는 그 덕이 이와 같았으나 『시詩』에서는 인용해 말할 것이 없어 유사한 것을 취하여 밝힌 것이다. '淸明在躬, 氣志如神', 謂聖人也. '耆欲將至', 謂其王天下之期將至也, 神有以開之, 必先爲之生賢知之輔佐, 若天將降時雨, 山川爲之先出雲矣. '峻', 高大也. '翰', 幹也. 言周道將興, 五嶽爲之生賢輔佐仲山甫及申伯, 爲周之幹臣・天下之蕃衛, 宣德於四方, 以成其王功. '此文・武之德也', 是文王・武王奉天地無私之德也. 此宣王詩也. 文・武之時, 其德如此, 而『詩』無以言之, 取類以明之.

集說 '청명한 덕이 몸에 있고, 지기志氣는 신령과 같다'는 말은 '지극히 성실하여 앞일을 미리 안다'는 말이다. '기욕耆欲'은 원하고 바라는 일이다. '반드시 먼저 열어줌이 있다'는 것은 그 조짐을 열어주는 것이 먼저 있음이 국가가 장차 흥기하려 할 때 반드시 상스러운 조짐이 있는 것과 같이 함을 말한다. 그것은 때에 맞는 비가 내리려 할 때, 산천山川이 반드시 먼저 구름을 내는 것과 같다. 국가가 흥성하려 하면, 하늘이 반드시 미리 보필하는 현신賢臣을 내려준다. 그러므로 「대아大雅・숭고嵩高」의 시를 인용하여 문왕과 무왕은 사사로움이 없는 덕을 소유하였으므로 하늘이 그들에게 보필하는 현신을 내려주어 주나라를 흥기시키게 하였음을 말한 것이다. 문왕과 무왕에게는 이러한 시가 없으므로 선왕宣王의 시를 가져다 비유하면서 '이것은 문왕과 무왕의 덕이다'라고 읊은 것이다. ○ 엄씨嚴氏는 말한다. "우뚝이 높고 두려운 것이 큰 산이다. 그 산이 높고 커 하늘에까지 이른다. 이 큰 산이 신령을 내려주어 중산보와 신백을 낳았다. 신백과 산보는 모두 주나라 왕실의 기둥이 되어, 사방의 나라들에서는 그 환난을 막았고, 사방에서 덕의 은택을 펼쳐 베풀었다." '淸明在躬, 氣志如神', 卽'至誠前知之謂'也. '耆欲', 所願欲之事也. '有開必先'言先有以開發其兆朕者, 如將興必有禎祥. 若時雨將降, 山川必先爲之出雲也. 國家將興, 天必爲之豫生賢佐. 故引「大雅・嵩高」之篇, 言

文武有此無私之德, 故天爲之生賢佐以興周. 而文·武無此詩, 故取宣王詩爲喻, 而曰'此文武之德也'. ○ 嚴氏曰: "嵩然而高竦者, 嶽也. 其山峻大, 極至于天. 維此嶽降其神靈, 以生仲山甫及申伯. 此申伯及山甫, 皆爲周室之翰榦, 四國則于以蕃蔽其患難, 四方則于以宣布其德澤."

【공자한거 9】

(공자가 말하였다.) "삼대三代의 왕들에게는 반드시 먼저 아름다운 소문이 있었다. 『시詩』에 '밝고 밝으신 천자, 아름다운 소문 그침이 없네'라고 하였는데, 이는 삼대의 덕이다. '그 문덕을 베풀어, 사방의 나라를 화합시키네'라고 한 것은 태왕大王의 덕이다." 자하가 기쁨에 펄쩍뛰어 일어나 벽을 등지고 서서는 "제자가 어찌 받들지 않겠습니까?"라고 하였다.

"三代之王也, 必先其令聞. 『詩』云, '明明天子, 令聞不已', 三代之德也.① '弛其文德, 協此四國', 大王之德也."② 子夏蹶然而起, 負牆而立曰: "弟子敢不承乎?"③

鄭注 ① '영令'은 아름답다는 뜻으로 이름난 덕과 아름다운 소문 때문에 하늘이 왕으로 임명하였음을 말한다. '불이不已'는 게으르거나 멈추지 않는다는 뜻이다. '令', 善也, 言以名德善聞, 天乃命之王也. '不已', 不倦止也.

② '이弛'는 베푼다는 뜻이다. '협協'은 화합한다는 뜻이다. '태왕大王'은 문왕의 할아버지다. 주나라의 도가 흥기하려고 아름다운 소문이 퍼지기 시작하였다. '弛', 施也. '協', 和也. '大王', 文王之祖. 周道將興, 始有令聞.

③ '승承'은 받들고 실추시키지 않는다는 뜻이다. '일어나 벽을 등진다'(起負

牆)는 것은 질문이 끝나 뒤에 온 사람을 피하는 것이다. '承', 奉承不失隊也. '起負牆'者, 所問竟, 辟後來者.

集說 '먼저 아름다운 소문이 있었다'는 것은 천하의 왕이 되기 전에 그의 조종祖宗이 덕을 쌓아 이미 훌륭하다는 소문이 있었다는 말이다. '『시詩』'는 「대아大雅·강한江漢」이다. '이弛'는 베푼다는 뜻이다. 『시詩』에는 '시矢'로 되어 있는데 진설한다는 뜻이다. '협協'이 『시詩』에는 '흡洽'으로 되어 있다. 『시詩』는 선왕宣王을 찬미한 것이지만 여기서 또한 취하여 비유한 것이다. 자하子夏가 '삼왕三王의 덕'에 관해 물었는데, 공자가 은나라와 주나라의 경우만을 든 것은 우禹는 선양을 통해 집권하였기 때문에 의심할 여지가 없고, 은나라와 주나라는 방벌을 통해 집권하였으므로 사사로이 한 것이 아님을 특별히 밝힌 것이다. '궐연蹶然'은 기뻐 뛰는 모습이다. '벽을 등지고 선다'는 것은 질문이 끝나면 뒤로 물러나 벽을 등지고 섬으로써 나아가 질문하려는 사람을 피하는 것이다. '받든다'는 것은 받들어 따르고 실추시키지 않는다는 뜻이다. ○ 응씨應氏는 말한다. "높고 큰 사악四嶽이 현자를 낸 것은 문왕과 무왕의 덕에 뿌리가 있지만, 덕이 천하에 넘치게 된 것은 태왕大王에서 시작된 것이니 그 쌓아 온축함이 어찌 하루아침에 이룬 것이겠는가!" '先其令聞'者, 未王之先, 其祖宗積德, 已有令善之聲聞也. '『詩』', 「大雅·江漢」之篇. '弛', 猶施也. 『詩』作'矢', 陳也. '協'『詩』作'洽'. 『詩』美宣王, 此亦取以爲喩. 子夏問'三王之德', 夫子但擧殷·周言之者, 禹以禪無可疑, 殷·周放伐, 故特明其非私也. '蹶然', 喜躍之貌. '負牆而立'者, 問竟則退後, 背壁而立, 以避進問之人也. '承'者, 奉順不失之意. ○ 應氏曰: "嵩高生賢, 本於文·武, 德洽四國, 始於大王, 其積累豈一日哉!"

역주

1) 백성들의 ~ 걱정한다 : 이 말은 『맹자』 「梁惠王下」에 나오는 말이다.

2) 짝하였다 : 원문 '參'의 뜻에 대하여 『禮記集說大全』 小註 石林葉氏의 말에 이른바 "參은 『역』에서 이른바 '(그 덕이 천지의 덕과) 짝한다'고 하는 것이다. 덕이 천지에 짝하면 그 밝음은 日月(해와 달)과 짝한다"(所謂參者, 卽『易』之所謂合也. 德合於天地, 則其明必合於日月)라고 하였다. 『禮記集說大全』에서는 '參'을 짝한다 또는 부합한다는 뜻으로 해석한 것이다.

3) 덕이 ~ 없었다 : 이 말은 「中庸」(26-10)에 나온다.

4) 중산보 : 周 宣王 때의 卿士이다. 姓은 姬, 시호는 穆이며, 중산보는 자이다. 魯 獻公의 둘째 아들로 선왕을 도와 中興을 이루었다

5) 신백 : 周 宣王의 外叔으로 선왕을 도와 주나라를 안정시킨 명신이다.

6) 耆 : 『禮記正義』(1632쪽)에는 '嗜'로 되어 있다. 판본에 따라 서로 차이가 있다. 정현의 注는 '耆'로 되어 있다. 이에 대한 교감기(1632쪽)를 참조.

색인

◆ ㅂ ◆

◆ ㅅ ◆

◆ ㅈ ◆

◆ ㅊ ◆

◆ ㅌ ◆